컴퓨터공학 개론

Introduction to Computer Engineering

이병욱 지음

21세기사

PREFACE

대학에 다닐 때 그리고 대학원에 다닐 때 그리고 대학에서 강의를 시작했을 때도 컴퓨터 공학 개론이라는 책을 접하기 힘들었다. 당시에 '컴퓨터 개론' 책이 있었는데 컴퓨터 학문에 대한 설명보다 주로 컴퓨터 사용법을 소개하는 '컴퓨터란 무엇인가?'를 설명하는 책이었다. 개론이라는 책은 그 학문의 주요 주제들을 다루는 것이기 때문에 책의 내용이 방대하고 상대적으로 두꺼운 편이다. 경제학 개론, 철학 개론, 물리학 개론, 심리학 개론 등의 책들은 모두 두껍고 내용이 방대하다. 그런데 컴퓨터 공학은 신생 학문이었기 때문에 개론을 집필하기 쉽지 않았을 것이다. 물론 컴퓨터 공학 개론 책이 없었던 것은 아니지만 다른 학문 분야처럼 활발하게 보급되지 못했다.

이 책은 컴퓨터 공학을 구성하는 주요 주제들을 중심으로 설명한다. 컴퓨터 공학을 본격적으로 공부하기 전에 이 학문 전반에 대한 이해를 높이고 접근을 쉽게 하는 것이 이 책의 목적이다. 컴퓨터 공학의 범위가 매우 넓기 때문에 어느 특정 분야에 관심을 갖고 진로를 선택하는 데 도움이 되도록 하기 위함이다. 필자는 대학에 입학해서 철학 개론, 화학 개론, 전기공학 개론, 사회학 개론 등 개론 과목들을 수강했고 많은 도움이 되었다. 컴퓨터 공학을 전공하지 않더라도 컴퓨터 공학에 대한 기본 지식을 갖추는 것은 다른 학문을 전공하는데 뿐만 아니라 사회생활에도 큰 힘이 된다. 하물며 컴퓨터 공학을 전공하는 학생들에게는 폭넓은 시야를 확보하고 전공을 공부하는 것이 훨씬 도움이 될 것이다.

컴퓨터 공학이란 '알고리즘에 관한 학문'이므로 핵심 주제는 알고리즘이다. 알고리즘이란 '문제를 해결하기 위해 명확하게 기술한 처리 절차'라고 할 수 있다. 따라서 알고리즘을 실행하기 위해서 자료구조와 프로그램이 필요하고, 프로그램을 실행시키기 위해 컴퓨터라는 기계를 사용해야 하므로 컴퓨터 구조가 필요하다. 컴퓨터를 잘 사용하기 위해 운영체제가 필요하고, 자료관리를 위해 데이터베이스가 필요하고, 프로그램을 잘 개발하고 운영하기 위해 소프트웨어 공학이 필요하고, 자료와 프로그램 등을 보호하기 위해 보안이 필요하다. 외부와 자료를 공유하기 위해 통신이 필요하고, 다양한 효과를 위해 멀티미디어가 필요하고, 인간과 비슷한 수준으로 일을 수행하기 위해 인공지능이 필요하다. 이러한 필요성으로 인하여 이들 주제가 컴퓨터 공학 개론의 주요 과목으로 선정되었다.

컴퓨터는 어느 날 하늘에서 뚝 떨어진 물건이 아니다. 인류가 유사 이래 끊임없이 사용하고 개발해 온 도구의 한 종류이다. 컴퓨터는 수많은 사람이 오랫동안 기술을 발전시키며 만들어낸 최첨단 기술의 산물이다. 인간의 기술이 발전하면서 문명의 발전을 이루었고, 문명의 발전은 새로운 도구를 만들게 하였다. 컴퓨터는 거꾸로 새로운 문명을 탄생시키고 있다. 특히 인공지능은 세상을 크게 바꾸고 있다. 세상이 바뀌는 역사의 과정을 이해하는 것도 중요한 일이다.

이 책은 컴퓨터 공학을 전공하는 관련학과 학생들의 입문을 위하여 집필했다. 그러나 컴퓨터 공학에 관심을 갖고 입문하기를 원하는 비전공학과 학생들에게도 도움이 되도록 집필하였다. 그 이유는 비전공학과 출신들도 자신의 전공을 공부하는데 컴퓨터 공학이 많이 필요하며, 졸업 후에도 상당수가 컴퓨터와 관련된 분야에서 일을 하는 경우가 많기 때문이다.

이 책은 제1장에서 컴퓨터 환경에 대해 기술하였고, 제2장부터 10장까지 컴퓨터 공학의 핵심 주제 9개 분야를 기술하였다. 그러나 제3장에서 운영체제와 프로그램을 기술하였고, 제4장에서 알고리즘과 자료구조를 기술하였으므로 핵심 주제는 모두 11개 주제이다. 나머지는 제11장에서 문명의 발전에서 기술의 역할을 기술하였고, 제12장에서 컴퓨터의 미래를 기술하였다. 컴퓨터 공학의 주요 주제를 강의하는데 집중하려면 11장과 12장은 자습으로 진행해도 가능할 것으로 생각한다.

이 책을 집필하면서 필요할 때마다 ChatGPT에 질문을 통하여 도움을 많이 받았으므로 감사드린다. 또한 책을 출판하는데 힘써주신 21세기사 임직원님들께 감사드린다.

2024년 가을

저자

CONTENTS

CONTENTS

C O N T E N T S

C O N T E N T S

C O N T E N T S

C O N T E N T S

C O N T E N T S

CHAPTER 1

컴퓨터 환경

태초에 신이 자신의 형상대로 인간을 창조했듯이, 인간도 자신의 형상을 따라서 기계를 만들고 싶어 했다. 육체노동을 대신할 수 있는 기계는 많이 만들어졌으나, 정신노동을 대신할 수 있는 기계를 만드는 일은 쉽지 않았다. 컴퓨터는 인간이 오랫동안 꿈꿔온 만능 기계였다. 옛날 사람들은 컴퓨터를 명확하게 정의하지는 못했지만, 인간처럼 생각하고 움직이는 기계를 상상해 왔다.

인간처럼 생각하고 행동하는 기계가 현실화하기 시작한 것은 과학의 발전과 함께 산업혁명이 성공하면서부터이다. 산업혁명으로 기계공업과 전기공업이 발전하면서 전자산업을 기반으로 제2차 세계대전 중에 영국에서 암호를 해독하기 위한 암호 해독기가 발명되었다. 이것이 현대적인 컴퓨터의 시작이다. 컴퓨터는 정보를 처리하는 기계인데 정보를 처리하는 절차는 인간의 마음이 동작하는 원리와 유사하다. 컴퓨터가 정보를 처리하는 것을 경험한 사람들은 인공지능을 꿈꾸게 되었다.

인간처럼 생각하고 행동하는 기계가 현실화하기 시작한 것은 과학의 발전과 함께 산업혁명이 성공하면서이다. 산업혁명으로 기계공업과 전기공업이 발전했고, 그 기반 위에서 제2차 세계대전 중 영국에서는 암호 해독기를 발명했다. 이것이 현대 컴퓨터의 시작이다. 컴퓨터는 정보를 처리하는 기계로, 그 처리 과정은 인간의 사고방식과 유사하다. 컴퓨터가 정보를 처리하는 방식을 경험한 사람들은 인공지능을 꿈꾸기 시작했다.

20세기 후반부터 다양한 학문과 기술의 융합으로 인해 컴퓨터는 사회생활의 중심에 자리 잡게 되었고, 정보화 시대가 본격적으로 개막되었다. 컴퓨터의 발전을 위해서는 논리학, 수학, 물리학, 화학, 전기공학, 기계공학, 심리학, 신경과학, 뇌과학 등 다양한 학문이 융합되어야 했다. 다양한 학문과 기술의 융합을 통해 컴퓨터가 탄생했으며, 역설적으로 컴퓨터는 [그림 1.1]처럼 다양한 학문과 기술들이 서로 융합할 수 있는 최적의 환경을 제공하고 있다.

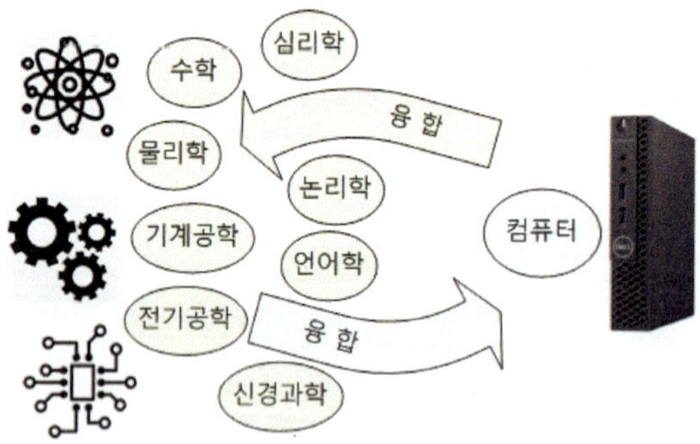

[그림 1.1] 다양한 학문의 융합과 컴퓨터 역할

기계를 설계할 때 CAD 도구를 사용하는데, 이 과정에서 전기장치 설계도 함께 이루어진다. 즉, 전기 기계 설계 과정에서 컴퓨터가 융합의 도구로 사용된 것이다. 인지 심리학에서는 인간의 마음을 컴퓨터 프로그램에 비유하기도 한다. 컴퓨터의 정보처리 과정이 인간의 정보처리 과정과 유사하기 때문이다. 이는 컴퓨터가 프로그래밍과 인간 심리학을 융합하는 도구로도 사용된다는 점을 시사한다.

1.1 개요

현대 사회는 4차 산업혁명 시대에 접어들었다. 4차 산업혁명 시대는 정보화 사회를 의미하며, 더 나아가 컴퓨터와 인공지능 시대를 뜻한다. 여기서는 현대 사회와 컴퓨터, 인공지능 시대의 특징을 살펴보고, 컴퓨터 공학의 개요를 설명한다.

1.1.1 현대 사회의 특징

현대 사회는 이전과는 달리 [표 1.1]에서처럼 세계화가 가속화되고, 기술 혁신의 속도는 빨라지고 있으며, 다양성이 존중되고, 가정과 직장이 세계 네트워크 속에서 빠르게 공통의 관심사를 공유하는 특징을 보인다.

[표 1.1] 현대 사회의 특징

특 징	내 역
세계화	국경이 사라지고 세계가 하나로 통합됨
기술 혁신	세계가 디지털 및 인공지능 중심으로 급격히 변화함
다양성	다양한 생각과 행동이 존중되는 사회
사회적 연결	가정과 직장이 세계적으로 연결되어 공정성이 강화됨

세계화(Globalization)는 국경이 사라지며 세계가 하나로 통합되는 과정이다. 이는 정치, 경제, 문화 등 사회 여러 분야에서 국제 교류가 증대되어, 개인과 사회집단이 하나의 세계 속에서 살아가는 과정을 의미한다. 이로 인해 다양한 문명들이 상호 작용하며 서로 영향을 주고받게 된다.

기술 혁신은 산업혁명을 거듭하면서 기계, 전기, 화학, 생물, 컴퓨터 기술이 계속 발전하여 정보화 사회로 나아가는 원동력이 되었다. 전 세계 직장과 가정에 컴퓨터가 보급되어, 사람들이 정보를 주고받으며 같은 정보망 내에서 생활하는 비율이 증가하고 있다. 소셜 미디어, 빅데이터, 로봇 기술은 이제 전문가뿐만 아니라 일반인들도 접하는 현실이 되었다. 사람들은 휴대폰 같은 작은 컴퓨터에 의존하며 인공지능 시대에 살고 있다. 다양성은 세계화와 함께 컴퓨터가 다른 학문 및 기술과 융합하는 과정에서 나타나는 현상이다. 다양한 기술과 문화가 융합하면서 생각과 행동의 다양성이 인정되고 있으며, 이것이 서로를 이해하고 수용하는 계기가 된다. 사회적 연결은 인공지능과 초연결이 이루어지는 4차 산업혁명 시대의 또 다른 특징이다. 인터넷의 확산으로 대량의 정보가 빠르게 전송되고 공유되어, 전 세계의 직장과 가정이 하나로 연결되고 있다. 이로 인해 업무뿐만 아니라 취미나 특기도 쉽게 공유되며 연결된다.

1.1.2 컴퓨터 시대의 특징

인류 문명의 발전을 이끈 주요 원동력 중 하나는 도구의 개발이다. 인간과 동물을 구별 짓는 가장 큰 차이점 중 하나가 바로 도구의 사용이며, 인류는 도구를 개발함으로써 가난과 굶주림에서 벗어나 풍요로운 삶을 누릴 수 있었다. 그 수많은 도구 중에서 컴퓨터는 인간이 발명한 가장 혁신적인 도구 중 하나이다. 컴퓨터는 언어를 이용해 정보를 처리하는 전기기계며, 이 언어적 특성 덕분에 단순한 물리적 도구를 넘어 '정신적 도구'로 발전할 수 있었다.

컴퓨터가 궁극적으로 추구하는 목표는 인간처럼 생각하고 행동하는 기계가 되는 것이다. 현재 인공지능(AI)은 아직 완전하지 않지만, 인류는 인조인간을 향한 발전을 계속 이어가고 있다. 컴퓨터 시대의 가장 큰 특징은 '융합'으로, [표 1.2]에서 볼 수 있듯이 컴퓨터는 모든 분야에서 학문과 기술의 융합을 촉진하고 있다.

컴퓨터는 수학, 논리학, 전자공학, 기계공학, 화학, 심리학, 신경과학, 생물학 등 다양한 학문과 기술이 융합된 결과물이다. 이러한 다양한 학문이 컴퓨터라는 기계를 탄생시키는 데 기여했으며, 이제는 컴퓨터

[표 1.2] 컴퓨터 시대의 특징

특징	내 역
융합	컴퓨터를 중심으로 많은 학문과 기술이 융합
외국어	컴퓨터 관련 정보는 대부분 영어
지능화	기존의 모든 도구들이 인공지능화

가 다시 여러 학문과 기술들을 연결하고 있다. 예를 들어, 건축공학, 토목공학, 심리학, 사회학, 경영학, 경제학, 의학 등은 오랜 기간 발전해왔지만, 이제 컴퓨터와의 융합을 통해 새로운 돌파구를 찾고 있다.

두 번째 특징은 '외국어'이다. 컴퓨터 관련 정보들은 대부분 영어로 작성되었기 때문에, 영어를 잘 이해해야만 컴퓨터에 익숙해질 수 있었다. 과거에는 명령어부터 관련 매뉴얼까지 대부분 영어로 작성되어 있었으며, 컴퓨터 관련 업무를 수행하거나 해외에서 활동하기 위해서는 영어가 필수적이었다. 오늘날에는 번역 기술의 발달로 그 부담이 줄어들었지만, 여전히 영어는 컴퓨터 기술을 이해하는 데 중요한 역할을 한다.

세 번째 특징은 '지능화'이다. 과거의 물리적, 아날로그 기계였던 자동차, 비행기, 선박 등은 이제 모두 컴퓨터로 제어되는 전자기계로 전환되었다. 더욱이 이들 기계는 컴퓨터 위에 인공지능을 탑재해 더욱더 효율적이고 지능적인 도구로 변모하고 있다. 군사 무기들 역시 컴퓨터와 인공지능으로 제어되고 있는 시대이다.

컴퓨터 시대의 가장 큰 과제는 '인공지능(AI)'이다. 인공지능은 기계적 물질과 인간의 정신을 융합해 기계가 인간처럼 생각하고 행동하는 것을 목표로 한다. 인공지능이 성공한다면, 인간은 육체적 노동뿐 아니라 정신적 노동에서도 해방될 수 있을 것이다. 물론 인공지능이 가져올 부작용에 대한 우려도 있지만, 과학기술의 발달 과정에서 다뤄졌던 원자력, 다이너마이트, 항생제와 마찬가지로 인공지능도 적절한 관리와 규제를 통해 인류에게 유익하게 활용될 것이다.

1.2 기술 혁명

인간의 역사와 기술 발전 인간은 약 400만 년 전에 시작된 오스트랄로피테쿠스[1] 시대로부터 수렵과 채집을 기반으로 생활해왔으나, 두뇌 발달과 도구 개발을 통해 기술 혁명을 이루며 점차 풍요로운 삶을 영위하게 되었다. 이 장에서는 인간이 겪어온 주요 기술 혁명에 대해 다룬다.

1 Australopithecus 猿人 : 약 300~150만 년 전에 남아프리카 초원에서 직립 보행을 한 최초의 인류.

1.2.1 산업혁명

[표 1.3] 산업혁명의 산업화 기준

구분 \ 산업혁명	1차	2차	3차	4차
시기	18세기 말	19세기 말	20세기 말	21세기 초
혁신 기술	기계	화학, 전기	정보	인공지능
에너지	석탄	석유	원자력	재생에너지
동력 기관	증기기관	내연기관	제트기관	수소 터빈
주도 국가	영국	독일	미국	미국

산업혁명 이전에는 석기와 금속 도구로 농업을 발달시켰지만, 근본적인 생활 변화는 [표 1.3]과 같이 1차 산업 혁명부터 시작되었다. 증기기관의 발명은 공장과 교통의 혁신을 이끌었고, 2차 산업 혁명에서는 내연기관과 전기 산업이 주도했다. 3차 산업 혁명에서는 컴퓨터의 등장으로 정보처리 능력이 크게 향상되었으며, 4차 산업 혁명은 인공지능의 발전으로 더욱 효율적인 고도산업 사회를 이끌고 있다.

[그림 1.2]와 같이 1차와 2차 산업혁명은 기계와 전기와 석유를 이용한 하드웨어 산업의 발전이었다. 그러나 3차와 4차 산업혁명은 소프트웨어가 주도하는 IT산업의 발전이다. 모든 기계에는 기계를 효율적으로 움직이게 하는 제어 소프트웨어가 설치되었으며, 더 나가서 인공지능이 설치되어 사람이 직접 관리하지 않아도 인공지능이 기계와 장비를 효과적으로 움직이는 자동화 시대가 된 것이다.

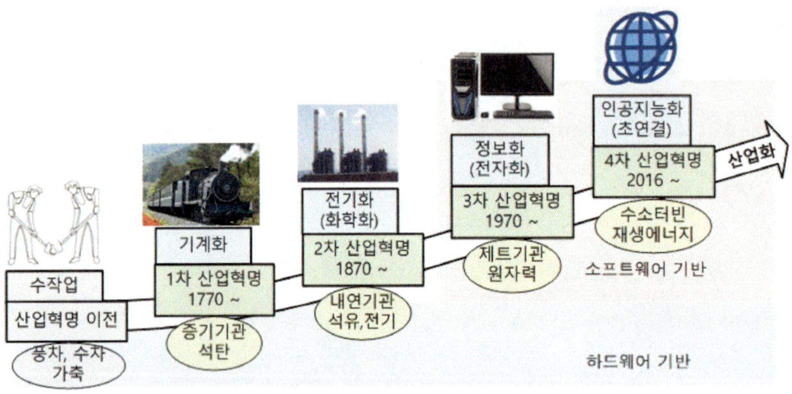

[그림 1.2] 산업혁명의 역사

1.2.2 반도체 혁명

반도체(semiconductor, 半導體) 혁명은 20세기 전자산업과 정보 산업을 주도하는 중요한 이정표이다. 3차와 4차 산업혁명은 컴퓨터가 주도했기 때문에 컴퓨터 하드웨어를 만드는 핵심 소재인 반도체가 중요한 역할을 하였다. 반도체는 말 그대로 도체와 부도체의 중간으로 전기를 한쪽으로만 흐르게 하는 물체이다. 즉, 특정한 조건에서만 전기를 흐르게 한다. 반도체는 전자기기의 핵심적인 부품인 트랜지스터, 집적회로(IC), 마이크로프로세서 등을 만드는 소재이다. 반도체의 발전은 우리가 경험하는 디지털 시대를 가능하게 하였다. 반도체의 발전과정은 [그림 1.3]과 같다. 같다. 진공관 발명 이후 40여 년 만에 트랜지스터가 발명되었다. 트랜지스터 발명 이후 10여 년 만에 집적회로가 만들어졌고 집적회로의 집적도는 시간이 갈수록 대폭 확충되었다. 반도체 혁명은 소재의 크기를 작게 하고 처리 속도를 향상 시켜서 전자제품의 크기를 대폭 축소했고 성능과 편리성을 강화해주었다.

[표 1.4] 반도체 종류

구분	종류	세분	매출 비중	시장 구조
메모리 반도체	RAM	SRAM, DRAM, HBM	30% 개당 2-3$	소품종대량생산 자본력+기술력 시장 변화에 민감
	ROM	Mask ROM, PROM, EPROM		
	Flash 메모리	NAND Flash, NOR Flash		
시스템 반도체	처리장치	CPU, GPU, TPU[2], NPU, AP	70% 메모리의 10배 이상	다품종소량생산 설계 기술력 시장 변화에 둔감
	이미지 센서	CCD, CMOS		
	개별 소자	능동 소자 집합체		
기 타	LED	적색, 청색, 녹색,,,	0~%	조명 시장

2 TPU(Tensor Processing Units) : 구글이 Tensor Flow에 최적화하여 개발한 인공지능 전문 칩. 2016년 1세대, 2017년 2세대 TPU 공개.

1 반도체 발전과정

반도체는 진공관을 트랜지스터로 변환하면서 연구와 개발이 촉진되어 20세기 과학기술 발전의 초석이 되었다. 트랜지스터는 집적회로를 거쳐 다양한 반도체로 발전하며 현대 문명을 밝게 비추고 있다. 반도체의 종류는 [표 1.4]와 같이 메모리 반도체와 시스템 반도체 그리고 기타 반도체로 나눌 수 있다. 이들은 모두 원자가가 4인 실리콘과 게르마늄을 주요 원료로 하고 있다.

(1) 진공관

진공관(vacuum tube)은 에디슨이 만든 전구에 전선을 연결하고 별도의 전극을 걸고 조작하면 조작에 따라 전기를 통하게도 하고 안 통하게도 하는 전기 부품이다. 반도체는 1906년에 존 플레밍[3]이 처음 만든 2극 진공관으로 시작한다. 1906년에는 드 포리스트[4]가 3극 진공관을 만들었다. 드 포리스트는 3극 진공관의 증폭 기능을 이용하여 무전기와 라디오의 수신 성능을 개선하였다.

[그림 1.3] 반도체의 발전과정

(2) 트랜지스터

트랜지스터(Transistor)는 반도체 3개를 접합하여 만든 반도체 소자로 전자회로에서 스위치, 정류기, 증폭기 등의 역할을 하는 전자부품이다. 진공관은 유리로 만들었고 부피가 커서 불편했는데 1947년 미

3 John Ambrose Fleming(1849~1945) : 영국의 전기기술자. 런던대학교 전기공학 교수. 2극 진공관 발명.

4 Lee de Forest(1873~1961): 미국의 전기공학자. 1906년 3극 진공관 발명.

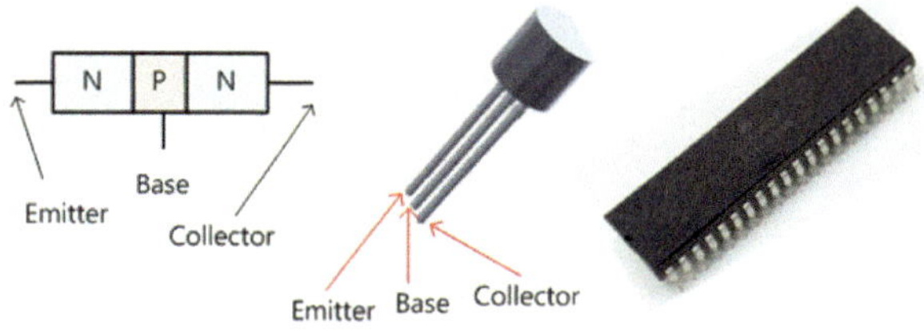

(a) 트랜지스터 구조 (b) 트랜지스터 외형 (c) 집적회로(IC)

[그림 1.4] 트랜지스터와 집적회로(IC)

국 벨연구소의 연구원[5]들이 게르마늄, 실리콘 등의 소재를 이용해서 만든 트랜지스터는 작고 가벼웠다. [그림 1.4](a)와 같이 작은 반도체 소자 3개를 접합시킨 것으로, (b)와 같이 부피가 작고, 작은 전력으로 동작하고, 튼튼했다. 이것으로 인하여 전자산업이 폭발적으로 성장하게 되었다.

(3) 집적회로

집적회로(IC, integrated circuit) 는 트랜지스터, 다이오드, 저항, 축전기 등 많은 부품을 작은 기판 위에서 연결하여 만든 대단위 회로이다. [그림 1.4](c)와 같이 특정한 기능을 수행하기 위해 작은 기판 위에서 연결한 작은 전자소자 시스템이다. 진공관이나 트랜지스터로 만든 전자장비들을 집적회로로 만들면 대폭 소형화할 수 있다. 진공관으로 만든 라디오를 트랜지스터로 만들면 1/10 이하로 작아지고, 집적회로로 만들면 다시 1/10 이하로 작아진다. 전자장비가 작아지면 전력 소모가 작아지고, 속도가 빨라지며, 가격은 하락한다. 집적회로는 1959년에 Jack Kilby[6]와 Robert Noyce[7]가 서로 독자적으로 발명하였다.

집적회로는 점차 더 작은 크기에 더 많은 소자들을 집적하여 1994년에는 100만 개의 소자를 집적하는 ULSI(ultra large scale integrated circuit)를 개발하였고 2008년에는 3차원으로 소자들을 쌓아 올린 3차원 집적회로를 개발하여 전자장비의 성능이 대폭 향상되었다. 반도체 회사들은 더 작은 공간에 더 많은 소자들을 집적하는 집적회로를 개발하고 있다. 집적도가 높을수록 크기가 작아지고 전력 소모가 적어지며 처리 속도는 빨라지는 장점이 있어서 경쟁적으로 집적도를 높이고 있다.

5 John Bardeen, Walter Brattain, 그리고 William Shockley 등 3명. 1956년에 이 연구로 노벨 과학상을 받았음.

6 Jack Kilby(1923~2005) : Texas Instruments에서 일하던 중 발명하였으며, 2000년에 노벨과학상 수상.

7 Robert Noyce(1927~1990) : Fairchild Semiconductor에서 일하다가, Kilby가 집적회로를 발명한지 몇 달 후 독자적으로 발명함. 후에 인텔을 공동 창업하여 전자산업에 크게 기여함.

(4) 마이크로프로세서

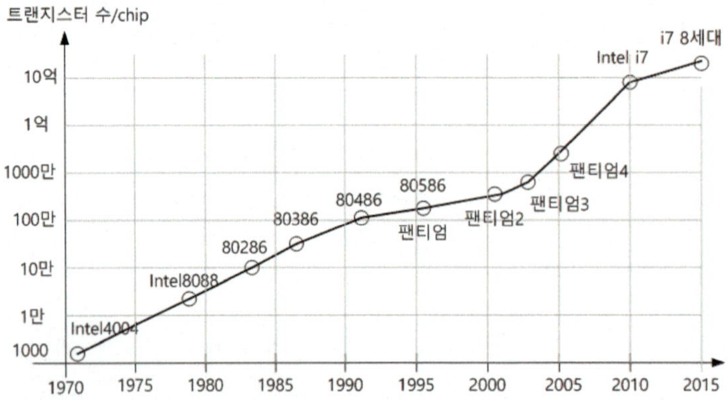

[그림 1.5] 마이크로프로세서의 발전

마이크로프로세서(Microprocessor)는 컴퓨터의 중앙 처리 장치(CPU) 기능을 하나의 반도체 칩에 집적한 것이다. 따라서 컴퓨터와 다른 디지털 기기들이 대폭 소형화되고, 저렴해지며, 매우 효율적으로 작동하게 되었다. 1971년 인텔(Intel)에서 테드 호프(Ted Hoff), 스탠 마제코우스키(Stan Mazor)와 페도르 츠코(Federico Faggin) 등의 협력으로 개발되었다. [그림 1.5]와 같이 그들은 최초로 4비트 크기의 Intel 4004라는 상용 마이크로프로세서를 개발했다. 이 칩은 당시 일본의 계산기를 위해 개발되었으며, 계산기의 모든 논리와 계산 기능을 하나의 칩에 통합할 수 있었다.

마이크로프로세서는 무어의 법칙[8]에 따라 반도체의 용량이 대폭 향상되었다. 1972년에는 8비트 크기의 Intel 8008이 발표되었고, 1974년에는 2MHz의 속도의 Intel 8080이 출시되었고, 1979년에는 32비트 크기의 Motorola 68000이 출시되었고, 1993년 이후에 32비트 이상의 펜티엄 시리즈가 출시되었다. 현재의 마이크로프로세서는 AI, 머신러닝, 고성능 컴퓨팅을 위한 특화된 기능을 포함하고 있다.

[그림 1.6](a)는 다양한 용도의 순차적인 계산을 처리하는 데 사용되는 인텔의 CPU이고, (b)는 수천 개의 산술논리기(ALU)를 내장하여 대량의 병렬 처리 작업을 하는 NVIDIA의 GPU이다. (c)는 'Neural network Processing Unit'의 약자로, GPU와 마찬가지로 '대량의 계산을 병렬로 처리하는' 작업에 특화된

8 무어의 법칙(Gordon Moore's law) : 1965년 반도체 회사 Fairchild의 연구원이었던 Gordon Moore가 마이크로 칩의 용량이 1년에 2배가 될 것이라고 말한 주장. 1975년 1년이 2년으로 바뀌었다.

삼성의 NPU이다. NPU는 기계 학습 전용 설계 칩이기 때문에 CPU나 GPU처럼 다양한 용도로 사용할 수 없다는 단점이 있다. (d)는 'Tensor Processing Unit'의 약자로 구글이 개발한 NPU의 일종이다. 구글 클라우드를 통해 사용자에게 TPU의 처리 능력을 제공하고 있다.

[그림 1.6] 마이크로-프로세서 종류

(5) *메모리 반도체*

반도체의 종류는 [표 1.4]와 같이 메모리 반도체와 시스템 반도체로 구분된다. 메모리 반도체는 자료를 기억·저장하는 기능을 하고 시스템 반도체는 정보를 계산·추론하는 임무를 수행한다. 메모리 반도체는 단순하게 자료를 저장하고 읽는 RAM, ROM, flash memory, HBM 등이 있다. RAM(random access memory)은 전기가 나가면 기억이 사라지지만 처리 속도가 빠르다는 장점이 있는 기억장치이고, ROM(read only memory)은 전기가 나가도 기억이 유지되는 장점이 있는 대신에 읽기만 할 수 있다는 단점이 있는 기억장치이다.

EPROM(erasable programming ROM)은 기억된 자료를 지우고 다시 새로운 자료를 기록할 수 있는 ROM이므로, 응용 프로그래머들이 쉽게 사용할 수 있는 장점이 있다. Flash 메모리는 ROM과 RAM의 장점을 모두 갖추어서 읽고 쓰기가 가능하면서 전기가 나가도 기억이 유지되는 기억장치로 널리 사용된다.

인공지능을 위한 병렬 처리를 신속하게 지원하기 위해 고대역폭 메모리 반도체가 요구되어 나온 것이 HBM(High Bandwidth Memory) 반도체이다. HBM은 원래 고해상도 그래픽 처리를 위해 개발되었는데 인공지능을 위해 사용되고 있다. HBM의 특징은 고대역폭, 저전력 소비, 공간 효율성으로 수요가 증가하고 있다.

(6) 기타 반도체

이미지 센서(image sensor)는 카메라에서 빛을 전기적인 영상 신호로 변환하는 반도체이다. 이미지 센서에는 전하결합소자인 CCD(Charge Coupled Device)와 금속산화물반도체인 CMOS(complementary metal-oxide-semiconductor) 등이 있다. CCD는 높은 화질을 제공하고 노이즈나 잔상 처리 효과가 뛰어난 특징이 있다. CMOS는 소비 전력이 낮고 제조 비용이 낮아서 가격이 저렴한 특징이 있다. 이미지 센서는 디지털카메라, X-ray, MRI, 자율주행차량 운행 등에 중요한 장치이다. LED(light emitting diode)는 전기 에너지를 빛 에너지로 변환하는 반도체이다. 갈륨, 비소, 인, 질소 등이 원료로 사용된다. 전기를 빛으로 직접 변환하기 때문에 열 손실이 적고 수명이 길다. 다양한 빛을 생성할 수 있고 작은 크기로 제작할 수 있으므로 조명, 광고판, 텔레비전 화면 등 디스플레이 장치에 많이 사용된다.

T·I·P GPU(Graphics Processing Unit)

1990년대 초까지 그래픽 카드는 단순히 CPU의 연산 결과를 그림이나 글자 신호로 변환하여 모니터 화면에 출력하는 부품으로 인식되었다. 그러나 멀티미디어와 게임의 등장으로 인하여 그래픽 카드의 중요성이 부각되기 시작하였다. GPU는 벡터 연산할 때 CPU보다 처리 능력이 우수하다. 특히 3D 그래픽이 보급되면서 자료처리량이 대폭 증가하여 이를 전문적으로 취급하는 전용 GPU가 주목받기 시작하였다. 정보처리량 증가에 대처하기 위하여 한 대의 컴퓨터에 복수 개의 GPU가 사용되기 시작했다.

GPU가 주로 2D와 3D 그래픽 연산을 지원하는 것으로 시작되었지만 부동 소수점 연산이나 동영상 처리 등을 위하여 다양하게 사용하기 시작하였다. 비트코인 등 암호화폐를 채굴하는 컴퓨터에 많이 사용되었다. 이제는 일반 용도로도 널리 사용하고 있다. 이런 GPU들을 그래픽 작업 이외에 범용으로 사용된다고 해서 GPGPU(General Purpose computing on GUP)라고 부르기도 한다. 특히 인공지능 프로그램이 신경망을 처리하면서 자료처리량이 대폭 증가하자 GPU를 대거 사용하기 시작하였다. 이에 따라 GPU를 생산하는 NVIDIA의 주가가 폭등하더니 애플과 마이크로소프트사를 제치고 한때 전 세계 시가총액 제1위가 되었다.

반도체 시장은 수많은 분야에서 수많은 회사가 자신의 영역에서 다른 회사들과 협력하면서 사업을 하고 있다. [그림 1.7]과 같이 반도체 먹이 사슬 구조의 맨 밑에는 HBM 메모리 반도체가 있으며 이것을 만드는 SK Hynix와 Micron이 있다. 비메모리 반도체 주문받으면 이것을 만들어주는 TSMC와 삼성전자가 있다. ARM, NVIDIA, AMD, 퀄컴 등은 GPU를 설계하고 파운드리 회사에 하도급을 주고 있다. 이들은 인공지능 서버를 만드는 SMIC, HP, DEL에게 GPU를 납품하고 있다. 브로드컴은 통신 분야의 반도체를 설계하고 생산하고 있으며, 소프트뱅크는 ARM에 투자하고 있어서 반도체 설계 시장에 중요한 역할을

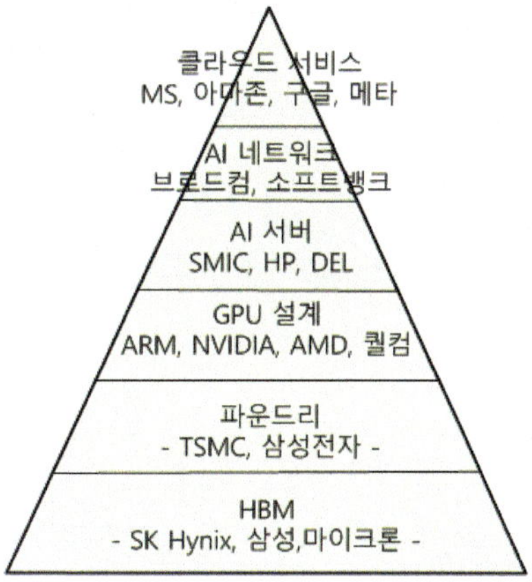

[그림 1.7] 반도체 먹이사슬 구조

하고 있다. 먹이사슬의 최상위자는 클라우드 서비스를 위해 대형 데이터 센터를 운영하며 대량의 컴퓨터들을 수요로 하는 마이크로소프트, 아마존, 구글 등이 있고, 인공지능 칩들을 자체 소화하는 메타 등이 있다.

1.2.3 인공지능 혁명

인공지능 혁명은 정보기술의 발전 때문에 주도되는 변화의 물결로, 인공지능 기술이 사회의 여러 분야에 급속도로 보급되고 통합되면서 산업, 경제, 문화와 일상생활에 근본적인 영향을 미치는 경향이다. 이 혁명은 기계 학습, 심층 학습, 자연어 처리 등 다양한 인공지능 기술들이 발전함에 따라 그 가능성과 영향력이 산업 전 분야에 확산하고 있다.

1 인공지능 혁명의 특징

1940년대에 컴퓨터가 태동하면서부터 인공지능에 대한 꿈이 피어나기 시작하였다. 1950년대에 이르러 전자식 컴퓨터가 소개되고 보급되면서 구체적으로 인공지능을 실현하려는 학자들의 모임이 구성되었다. 인공지능은 여러 차례 희망을 불러왔지만, 기술력 부족으로 번번이 좌절을 맛보아야 했다. 그러나 2000년대 이후에 부는 신경망 기술에 의한 인공지능 불꽃은 꺼지지 않고 계속 타오르고 있다.

(1) 사회적 배경

인공지능은 컴퓨터 기술의 한 분야지만 그 영향력은 최근에 전 세계의 모든 분야에 미치고 있다. 그 이유는 사회적으로 영리한 기기에 대한 욕구가 증가하였으며 이 욕구를 해결해줄 수 있는 인공지능의 사회적 배경과 영향이 [표 1.5]와 같이 확장되고 있기 때문이다.

[표 1.5] 인공지능 발전의 사회적 배경과 영향

요소	내역
기술 발전	컴퓨터 기술과 함께 심층 학습 기술의 발전
산업 자동화	제조, 물류, 금융, 서비스 등에서 자동화와 생산성 증대
경제 성장	산업화에 의한 신산업 확장과 경제 성장
문화 역량	인공지능에 의한 예술 분야의 새로운 영역 확장

인공지능 기술 발전은 컴퓨터가 사람과 유사한 방식으로 학습, 판단, 문제 해결을 수행할 수 있게 하는 분야이다. 심층 학습과 같은 기법은 기계가 스스로 학습하여 인간 수준의 인식 능력을 갖출 수 있게 했다. 제조, 물류, 금융, 서비스 등 다양한 분야에서 인공지능을 통한 산업 자동화가 진행되고 있다. 이로 인해 생산성은 높아지고, 인간의 역할은 더 창의적이고 전략적인 작업으로 이동하고 있다.

인공지능 기술이 새로운 비즈니스 모델을 창출하고 기존 산업의 경쟁 구조를 재편하고 있다. 또한, 일자리 창출과 소멸에 큰 영향을 미치며, 경제적 혜택과 위험성이 재분배되고 있다. 인공지능 기업들이 세계 경제를 주도하며 경제 성장을 이끌고 있다. 인공지능은 예술, 음악, 문학 등 문화적 영역에도 영향을 미치며, 창작의 방식을 변화시키고 새로운 형태의 문화 역량을 확장하고 있다.

(2) 인공지능의 도전과 기회

인공지능 시대에는 새로운 기술과 비즈니스에 도전할 기회가 많아진다. 도전적인 사람들은 자신들이 잘 할 수 있는 것과 하고 싶은 것을 찾아서 새로운 기회를 확충하고 있다. 기술 격차, 일자리 변화, 정보 보호, 인공지능의 윤리적 사용 문제 등이 대표적인 도전 과제이다. 향상된 의료 서비스, 교육의 질 개선, 에너지 효율 향상, 교통 시스템의 최적화 등 사회 전반의 향상을 도모할 수 있는 기회를 제공한다.

인공지능 혁명은 지속적인 기술 혁신과 사회적 대화를 통해 우리 삶의 많은 부분을 재구성하고 있으며, 이를 통해 새로운 시대의 문을 여는 중요한 역할을 하고 있다.

2 기술 혁신 과정

컴퓨터가 세상에 나와서 세상을 바꾸기 시작한 지 100주년이 다가오고 있다. [그림 1.8]과 같이 튜링 기계(Turing Machine)라는 컴퓨터 이론이 처음 발표되어 세상을 놀라게 한 것은 1936년이었고, 튜링이 그 이론을 토대로 컴퓨터(Bombe)를 만들어서 현실 문제를 해결한 것은 1943년이다. 튜링의 컴퓨터는 영국 정부에 의하여 비밀로 감추어졌지만 1946에 미국에서 만든 ENIAC 컴퓨터는 일반에 공개되어 큰 충격을 주었다. 폰 노이만(von Neumann)[9]이 프로그램 저장(stored program) 방식[10]으로 컴퓨터 구조를 혁신적으로 개선한 것은 1949년이었고, 이것을 토대로 만든 현대식 컴퓨터가 EDSAC이었다. 이후 모든 컴퓨터는 폰 노이만 구조를 따라서 프로그램을 주 기억장치(main memory)에 저장하고 중앙처리기(CPU)가 실행하기 시작했다.

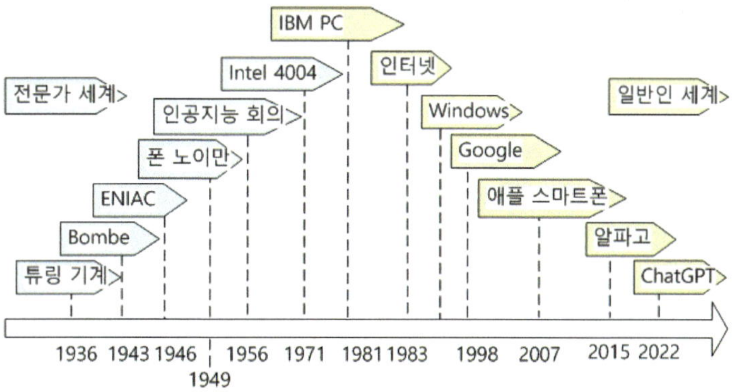

[그림 1.8] 인공지능 시대의 기술 혁신 이정표

ENIAC과 EDSAC 컴퓨터가 세상에 알려지자 관련 학자들이 인공지능에 대한 꿈을 실현하려고 노력하기 시작하였다. 1956년에는 학자들이 다트머스대학에 모여서 회의하고 인공지능을 연구하기 시작하였다. 1971년에는 Intel에서 intel 4004라는 마이크로-컨트롤러를 발표하였다. 당시에 사용하는 컴퓨터는 대형이었으나 마이크로컴퓨터가 나와서 세상을 바꾸기 시작하였다.

---

9 von Neumann(1903-1957): 헝가리 출신 미국 수학, 물리학자. 프로그램 저장 방식의 컴퓨터 구조 개발. 최초로 순서도, 서브루틴, 몬테카를로법 사용.

10 stored program 방식: 프로그램을 실행하는 명령문을 주 기억장치에 저장하고 하나씩 꺼내서 CPU에서 실행하는 방식. 이전에는 프로그램 없이 수많은 스위치와 릴레이들을 이용하여 손으로 작업을 처리하였다.

1981년에 발표된 IBM PC는 마이크로-컨트롤러를 이용하여 컴퓨터 전문가가 아닌 일반인들이 사용할 수 있도록 제작되었다. 이후로 전 세계의 모든 사무실과 가정에는 IBM PC가 설치되어 사용하기 시작하였다. 이것은 저렴한 가격으로 보급되어 아날로그 세상을 디지털 세계로 바꾸어 놓았다. 1983년에는 인터넷이 발표되었고, 1985년에 Windows가 발표되었다. 1989년에는 구글의 검색 엔진이 보급되어 전 세계 사람들이 홈페이지라는 이름으로 지구적 차원에서 검색하고 소통하기 시작하였다. 2007년에 발표된 애플의 스마트폰은 세계적인 붐을 일으켰다. 누구나 휴대폰으로 인터넷의 정보 세계를 공유하게 되어 세계가 점점 좁아지게 되었다. 2015년에는 알파고(AlphaGo)[11]라는 인공지능 프로그램이 나와서 바둑 전문기사들을 누르고 승리하는 모습을 보고 세계인들은 큰 충격을 받았다. 2022년에는 OpenAI 회사에서 ChatGPT(v. 3.5)라는 생성형 인공지능 프로그램이 나왔고, 다시 4.0 버전이 나와서 세상을 바꾸고 있다. 1936년의 튜링 기계부터 1971년의 Intel 4004까지는 컴퓨터 분야 전문가들 사이의 혁신이었지만, 1981년 IBM PC 이후부터는 일반인들도 사용하는 기술로 세상을 바꾸고 있다. 컴퓨터 혁명은 계속하여 세상을 놀라게 하는 혁신 기술을 쏟아내고 있다. 지금은 인공지능 시대가 되었으므로 모든 것이 새롭게 바뀔 것이라는 호기심과 함께 어려운 기술 세계에 적응해야 한다는 작은 두려움도 되고 있다.

1.3 정보화 혁명

컴퓨터가 발명된 것은 제2차 세계대전 시기이고, 보급된 것은 1950년 이후지만 사용은 전문가들에게 국한되었다. 실제로 일반인들에게 컴퓨터가 널리 알려지고 사용할 수 있게 된 것은 IBM의 개인용 컴퓨터가 발표된 1981년 이후의 일이다. IBM은 표준적인 아키텍처와 운영체제를 사용함으로써 다양한 제조사들이 하드웨어와 소프트웨어를 개발할 수 있도록 허용하였다. 따라서 세계 각국에서 호환성 있는 저렴한 제품들이 생산되어 많은 사람이 컴퓨터에 접근할 수 있게 되었다. 이것으로 컴퓨터 환경이 광범위하게 확장되었다. 이것은 사회를 변혁시킬 수 있는 충분한 계기가 되었다.

1.3.1 디지털 환경

컴퓨터가 보급되기 이전의 환경을 아날로그 시대라 하고, 이후를 디지털 시대라고 한다. 과거에는 문

11 AlphaGo: 구글의 딥마인드가 개발한 인공지능 바둑 프로그램. 2015년 프로 바둑 기사(프랑스의 '판 후이')를 이긴 최초의 바둑 프로그램.

자와 숫자, 소리, 그림, 동영상 등이 모두 자료 본연의 자연스러운 값을 가지고 있어서 아날로그(analog) 자료라 하고, 컴퓨터에서 다루는 자료들은 모두 0과 1로 만든 수치값을 가지고 있어서 디지털(digital) 자료라고 한다. 컴퓨터로 자료를 다루기 위해서는 아날로그 자료를 디지털 자료로 변환해야 한다. 1980년대에 한국 정부가 행정 전산화를 하는 과정에서 가장 고심했던 문제가 증명사진과 인감도장을 컴퓨터에 입력하는 것이었다. 문자와 숫자 자료는 이미 표준 코드가 있어서 컴퓨터 처리가 가능한데 사진과 그림을 컴퓨터에 넣을 수가 없었다. 그래서 초기에는 사진과 도장을 주민등록 원장에 붙여놓고 행정 직원이 눈으로 사진과 도장이 원장의 자료와 같은지를 판별하였다. 디지털카메라가 발전하여 해상도를 높일 수 있었기 때문에 이제는 사진, 그림, 도장, 동영상 등을 모두 디지털 자료로 입력하고 처리할 수 있게 되었다.

1 숫자의 표현

우리는 일상생활에서 10진수를 사용하고 있다. 10진수는 0에서 9까지의 숫자를 사용한다. 숫자가 9를 넘어가면 한 자리 숫자에서 두 자리 숫자로 넘어가면서 10으로 바뀐다. 우리가 사용하는 10진수를 컴퓨터에 입력하기 위해서는 컴퓨터의 특성상 0과 1의 2진수로 바꾸어야 한다. 컴퓨터는 전기를 이용하므로 전기의 특성상 + 전기와 - 전기로 표현할 수 있으므로 2진수를 사용한다. 따라서 컴퓨터에 있는 자료는 2진수이기 때문에 사람이 출력해서 보기 위해서는 10진수로 바꾸어야 한다. 따라서 2진수와 10진수를 서로 변환하는 진법 변환이 필요하다.

2진수	8진수	10진수	16진수	
000	0	0	0	
001	1	1	1	
010	2	2	2	
011	3	3	3	
100	4	4	4	
101	5	5	5	
110	6	6	6	
111	7	7	7	
1000		8	8	
1001		9	9	
1010			A	10
1011			B	11
1100			C	12
1101			D	13
1110			E	14
1111			F	15

[그림 1.9] 2진수와 8진수와 10진수와 16진수의 비교

컴퓨터에서 10진수를 표현하려면 [그림 1.9]와 같이 2진수 4개의 자리가 필요하다. 10진수 10개를 모두 표현하려면 2진수를 네 자리 확보해야 한다. 그러나 $2^4 = 16$이므로 10진수를 표현하면 6개의 공간이 남는다. 이렇게 남는 공간을 이용하면 16진수를 사용할 수 있다. 16개의 숫자를 표현하기 위해서 10진수의 10은 A, 11은 B, 12는 C, 13은 D, 14는 E, 15는 F로 표현한다. 2진수를 세 자리 확보하면 $2^3 = 8$이므로 0에서 7까지만 표현할 수 있기 때문에 8진법을 사용할 수 있다. 컴퓨터에서 8진수와 16진수를 사용하는 이유는 10진수를 저장하는데 소요되는 최소한의 2진수를 저장할 공간이 필요하기 때문이다.

[그림 1.10]과 같이 2진수 공간을 3개 확보하면 8진수로 표현할 수 있고, 4개를 확보하면 16진수로 표현할 수 있다. 대개 대형 컴퓨터는 16진수를 저장 공간으로 사용하고, 소형 컴퓨터들은 8진수를 사용한다. 16진수와 8진수를 사용하는 또 다른 이유는 사람이 컴퓨터의 자료를 보려면 2진수를 읽어야 하는데 2진수 자료는 모두 0과 1로 되어 있어서 읽기가 어렵기 때문이다. 사람들은 2진수를 직접 사용하는 것보다는 8진수나 16진수를 읽는 것이 편하여서 컴퓨터 메모리 내용을 확인할 때는 8진수 또는 16진수를 선택적으로 사용하여 읽는다.

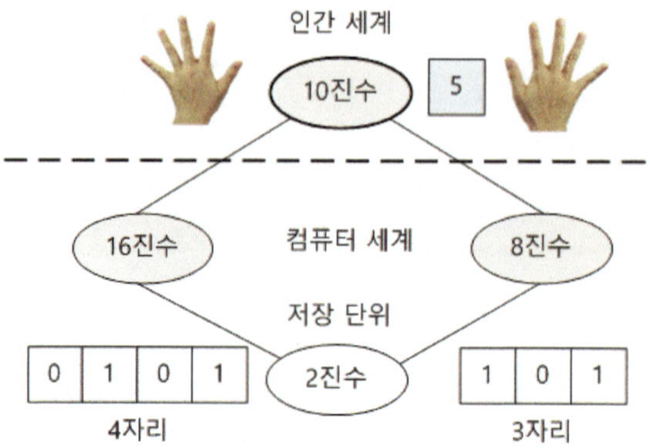

[그림 1.10] 컴퓨터 세계와 인간 세계의 진법

2 문자의 표현

컴퓨터 자료에는 숫자만 있는 것이 아니라 문자도 있다. 컴퓨터는 대체로 영문 알파벳과 숫자를 표현한다. 미국 표준국에서는 1963년에 문자 코드를 표준화하기 위하여 ASCII 코드를 만들었다. ASCII는 "American Standard Code for Information Interchange"의 약자로 2진수 8자리를 할당하고 8자리 중에서 7자리를 문자로 표현하였다. 이진수 7자리는 $2^7 = 128$이므로 128가지의 문자를 표현할 수 있다. 여기에는 영문 알파벳 대문자와 소문자, 숫자 그리고 '+'. '-', '%' 등과 같은 특수문자들을 설정하였다.

영어를 사용하지 않는 나라들은 자기가 사용하는 문자를 표현해야 한다. 한국은 한글을 표현해야 하고, 일본은 가다가나와 히라가나를 표현해야 하고, 중국은 한자를 표현해야 한다. 세계 각국은 자기 나라의 문자를 컴퓨터로 표현하는 방식을 놓고 많은 논쟁을 벌였으나 이제는 유니코드(Unicode)로 통일되었다. 유니코드는 전 세계의 모든 문자를 하나의 통일된 문자 세트로 표현하기 위해 설계된 국제적인 문자 표준이다. 유니코드는 기본적으로 2바이트를 할당하여 세계 각국의 모든 문자를 표현하고 있으므로 문자 정보를 편리하게 교환하고 인식할 수 있게 되었다.

1.3.2 유비쿼터스 환경

유비쿼터스(ubiquitous)의 어원은 종교적으로 하늘에 계신 신이 언제 어디서나 인간들을 돌봐주신다는 의미에서 나온 말이다. 이제는 컴퓨터 자원이 세상에 편재되어 있어서 언제 어디서나 사람들에게 정보 서비스를 지원해준다는 의미이다. 이 개념은 1988년 MIT의 니콜라스 네그로폰테, 제록스(Xerox)사의 마크 와이저(Mark Weiser)[12], 일본 노무라연구소의 무라카미 데루야스 등이 처음 제안하였다. 컴퓨

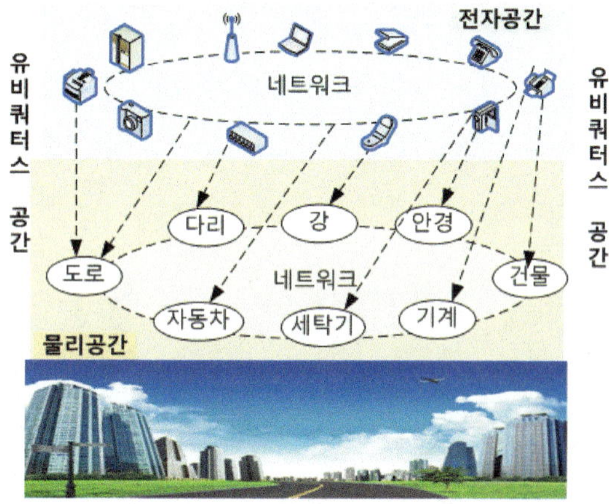

[그림 1.11] 유비쿼터스 공간(전자 공간 + 물리 공간)

12 Mark Weiser(1952~1999): Palo Alto 연구소에서 1988년부터 연구 과제를 시작하여 1990년대에 세 편의 유비쿼터스 관련 논문을 발표.

터 기술이 사람들의 생활 속에 완벽하게 통합되어 마치 공기처럼 어디에나 존재하고, 사용자가 특별히 기술을 의식하지 않아도 되는 상태를 지향한다. 언제 어디서나 컴퓨터가 정보를 서비스하기 위해서는 네트워크 통신망이 사람들이 다니는 모든 장소에 설치되고 필요한 장치들과 연결되어야 한다.

유비쿼터스 환경이란 우리의 일상적인 환경을 유비쿼터스 공간으로 만드는 것이다. 유비쿼터스 공간이란 [그림 1.11]과 같이 전자 공간을 물리 공간에 통합시켜 놓은 공간이다. 따라서 도로와 강, 건물, 자동차 등에 통신망을 깔아놓고 정보를 수신하고 송신할 수 있는 센서와 전자장치들을 설치하는 것이다. 따라서 비가 많이 와서 강에 강물이 범람하면 강가에 설치된 센서가 즉시 네트워크를 통하여 위험 신호를 발신하고 재해대책본부에서는 수문을 여닫아서 수해 대책을 실행할 수 있도록 만드는 것이다. 자동차가 운행 중에 사고가 발생하면 자동차에 설치된 센서가 사고의 크기와 위험을 파악하고 교통 당국에 신호를 보내면 교통 당국에서는 즉시 구조대를 파견하고 구호 조처하도록 하는 것이 유비쿼터스 환경이다.

[그림 1.12]는 전자장치들을 현장에 설치하고 통신망으로 정보센터와 연결하여 유비쿼터스 시스템을 구현한 그림이다. 비가 많이 와서 강물이 크게 불어나서 교량 통행이 위험해지면 현장에 설치된 카메라와 센서가 이를 인식하여 정보센터로 위험 신호를 송신하면 정보센터에서는 위험 수준을 평가하여 조치 사항을 현장에 지시한다. 현장에서는 교통 신호판 또는 수문과 도로 통행 관리 시설을 설치하여 현장의 위험 요소를 제거할 수 있다.

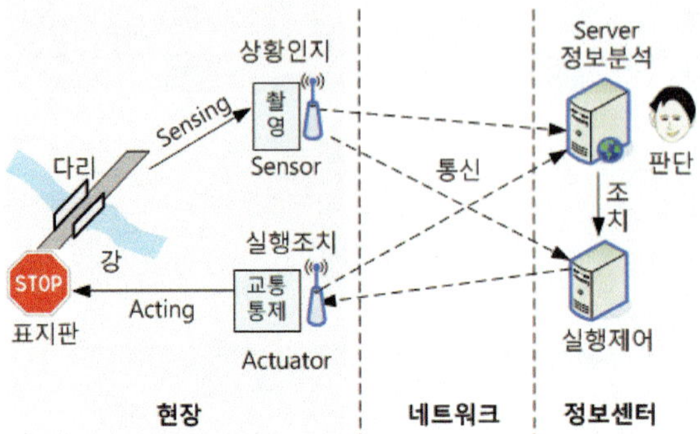

[그림 1.12] 전형적인 유비쿼터스 시스템

1.3.3 멀티미디어 환경

멀티미디어 환경(Multimedia Environment)이란 텍스트, 오디오, 이미지, 비디오 및 애니메이션과 같은 다양한 형태의 미디어 콘텐츠를 통합하여 사용자에게 정보를 제공하고 상호작용을 가능하게 하는 소프트웨어적인 환경을 의미한다. 멀티미디어는 정보 전달 방식을 혁신하고 사용자 경험을 풍부하게 제공하고 교육, 엔터테인먼트, 비즈니스 커뮤니케이션 등 다양한 분야에서 효과적으로 활용된다.

1 멀티미디어의 출현

문자 자료들이 인간 두뇌(전두엽)를 이용하는 이성적인 자료라면 멀티미디어 자료들은 감각기관을 더 이용하는 감성적인 자료라고 할 수 있다. 전자 기술이 발달하여 카메라, 오디오 등과 함께 이들 자료를 처리하는 컴퓨터 기술이 발달하여 멀티미디어가 등장하여 정보 세계를 바꾸고 있다.

(1) 멀티미디어 구성 요소

멀티미디어 환경을 이루는 구성 요소들은 [표 1.6]과 같다.

[표 1.6] 멀티미디어 구성 요소

요소	내역
텍스트	정보 전달의 가장 기본적인 요소
소리	음악, 대화, 효과음 등
이미지	사진, 일러스트 등의 시각 정보
동영상	시각 요소와 청각 요소를 결합한 스토리텔링
애니메이션	복잡한 개념을 쉽게 설명

디지털 텍스트는 정보 전달의 가장 기본적인 요소로, 다른 미디어 유형과 결합하여 효과적인 의사소통을 가능하게 한다. 음악, 대화, 효과음 등은 멀티미디어 프레젠테이션에 생동감을 더하고, 정보의 이해를 돕는다. 정적 이미지(사진, 일러스트 등)는 시각적 정보를 제공하여 메시지를 보다 명확하고 흥미롭게 만든다. 동영상은 시각 요소와 청각 요소를 결합하여 강력한 스토리텔링과 정보 전달 수단으로 사용된다. 움직이는 그래픽은 복잡한 개념을 쉽게 설명하고, 사용자의 주의를 끌고, 콘텐츠에 활력을 불어넣는 데 효과적이다.

(2) 멀티미디어 환경의 특징

[표 1.7] 멀티미디어 환경의 3요소

요소	내역
상호작용	사용자가 콘텐츠와 상호작용하여 깊은 경험과 참여
통합성	미디어들이 동기화하여 승수 효과 발휘
접근성	다양한 장치로 다양한 미디어 접근 용이

멀티미디어 환경의 특징은 사람의 감성을 최대한 활용할 수 있기 때문에 다음과 같이 정보 효과를 효과적으로 활용할 수 있다. [표 1.7]과 같이 멀티미디어 환경의 3요소들이 멀티미디어 환경의 특징을 만들어낸다.

멀티미디어 환경에서는 사용자가 콘텐츠와 상호작용할 수 있도록 설계되어, 사용자 경험을 개인화하고 더 깊은 참여가 가능하다. 멀티미디어는 다양한 미디어 형식들이 서로 동기화되고 통합되어 종합적이고 다차원적인 정보 전달이 가능하다. 디지털 기술의 발전으로 멀티미디어 콘텐츠는 다양한 장치들(컴퓨터, 스마트폰, 태블릿 등)에서 쉽게 접근하고 사용할 수 있다. 멀티미디어 자료가 출현하면서부터 사람들은 문자보다 멀티미디어 정보를 선호하기 시작하였다. 사람들은 책을 읽는 것보다는 그림을 보는 것이 쉽기 때문에 컴퓨터와 휴대폰의 멀티미디어 정보에 집중하였고 멀티미디어 산업이 점차 성장하였다. 컴퓨터가 등장하면서 게임 산업과 성인 산업이 성장하게 된 것도 멀티미디어 영향이 크다.

2 멀티미디어 자료의 표현

컴퓨터 자료에는 숫자와 문자 이외에 소리, 그림, 동영상 등이 있다. 이들은 원시 자료의 특성이 다르므로 다른 방식으로 저장하지만, 공통적인 것은 모두 아날로그 신호를 디지털 신호로 바꾸어 저장한다는 사실이다.

(1) 소리

소리가 마이크를 통하여 컴퓨터로 입력되면 아날로그 신호의 크기에 비례하여 0과 1의 2진수를 이용하여 디지털 값으로 변환한다. 디지털 값으로 바꿀 때 오디오 품질과 호환성 효율 등을 고려하여 다양한 방식으로 변환한다. 다음은 대표적인 오디오 파일 형식이다.

- PCM(Pulse-Code Modulation) : 소리의 아날로그 신호를 일정 간격으로 샘플링하고, 각 샘플을 디지털 값으로 변환하여 저장한다. 펄스 코드를 만드는 이유는 아날로그 신호가 변형되는 것을 막기 위함이다. 이 방식은 CD 오디오의 표준 형식으로 사용된다.
- WAV(Waveform Audio File Format) : Microsoft와 IBM이 개발한 오디오 파일 형식으로, 주로 PCM 오디오 자료를 저장하는 데 사용된다. WAV 파일은 오디오 품질이 높지만 파일 크기가 크다.
- MP3(MPEG-1 Audio Layer III) : 청취에 필수적이지 않은 부분을 제거하여 소리 파일의 크기를 줄인다. 인터넷에서 공유하기 편리하다.

오디오 파일의 형식은 저장 공간, 오디오 품질, 호환성 등 사용자의 요구에 따라 다양하게 제공되기 때문에 사용자 용도에 따라서 적절하게 선택하는 것이 중요하다.

(2) 영상

카메라로 영상을 컴퓨터에 입력하면 카메라 해상도에 따라 영상 신호가 아날로그에서 디지털 값으로 변환되어 저장된다. 디지털 값으로 바꿀 때 영상의 품질과 호환성, 효율 등을 고려하여 다양한 방식으로 변환한다. 다음은 대표적인 영상 파일 형식이다.

- JPEG(Joint Photographic Experts Group) : 손실 압축으로 파일 크기를 줄이면서 상대적으로 좋은 이미지 품질을 유지하여 가장 널리 사용되고 있다.
- PNG(Portable Network Graphics) : 손실 없는 압축으로 이미지의 품질을 유지하면서 저장할 수 있다. 웹 디자인에서 로고나 아이콘 표현 시 사용한다.
- BMP(Bitmap Image File) : 압축하지 않거나 기본적인 압축을 하므로 파일 크기가 매우 크지만, 압축하지 않았기 때문에 다양한 활용이 가능하다.
- TIFF(Tagged Image File Format) : 고품질 이미지를 저장하기 위한 것이므로 손실 없는 압축을 사용하며 전문적인 분야에서 사용된다.

영상 파일의 형식은 저장 공간, 이미지 품질, 호환성 등 사용자의 요구에 따라 다양하게 제공되기 때문에 목적에 따라서 적절한 선택이 중요하다. 웹에서는 파일 크기와 로딩 시간이 중요하고, 인쇄에서는 해상도와 색상의 정확성이 중요하다.

(3) 동영상

동영상을 카메라를 통하여 컴퓨터에 입력하면 카메라 해상도에 따라 동영상 신호가 아날로그에서 디지털 값으로 변환되어 저장된다. 디지털 값으로 바꿀 때 영상의 품질과 호환성, 효율 등을 고려하여 다양한 방식으로 변환한다. 다음은 대표적인 동영상 파일 형식이다.

- AVI(Audio Video Interleave) : MS가 개발한 형식으로 오디오와 비디오가 교차하여 저장된다. 용량이 크지만, 편집과 재생이 쉽다.
- MP4(MPEG-4 Part 14) : 고효율로 동영상을 압축하며, 휴대용 장치와 인터넷 스트리밍에서 널리 사용된다.
- WMV(Windows Media Video) : MS가 개발한 형식으로 파일 크기가 작으며 주로 인터넷 스트리밍에 사용된다.

동영상 파일의 형식은 저장할 비디오의 품질, 필요한 압축률, 재생 환경의 호환성 외에 인코딩 효율과 파일 크기를 고려해야 한다.

1.3.4 융합 환경

융합이란 여러 가지 사물이나 사상들을 합하여 하나의 사물이나 사상으로 만드는 것이다. 다만 하나로 합했을 때 다시 분해할 수 없을 정도로 새로운 사물이 되는 것이다. 예를 들어, 자전거와 모터를 합하면 모페드(moped)가 되는데 이것을 분리하면 물리적으로 원래의 자전거와 모터로 되돌아갈 수 있다. 따라서 이것은 단순한 결합이므로 융합이라고 하지 않고 통합이라고 한다. 이동전화와 컴퓨터를 통합하여 스마트폰을 만들었다. 스마트폰을 분리하면 이동전화와 컴퓨터로 돌아갈 수 없기 때문에 이런 경우에 융합이라고 한다.

융합을 정의하면 "두 가지 이상의 사물을 분해하여 하나의 사물로 화학적으로 결합하는 것"이다. 여기서 말하는 사물에는 제품과 서비스와 프로세스 등이 모두 포함된다. 융합이 성공하기 위해서는 여러 분야의 지식과 기술, 예술 등이 조화를 이루어야 한다. 즉, 기술 분야뿐만 아니라 인문, 사회, 예술 분야의 전문가들이 서로 협력해야 한다. 융합 환경(Converged Environment)이란 다양한 학문, 기술, 문화, 서비스 등이 통합되어 새로운 기능과 가치를 창출하는 환경이다. 이러한 환경은 정보기술, 통신, 미디어,

엔터테인먼트 등 다양한 산업 분야에서의 경계가 모호해지면서 발전하게 되었다. 융합 환경은 기존 기술의 한계를 넘어서 사용자에게 향상된 경험을 제공하고, 산업화를 촉진하기 때문에 선진국으로 가는 길목이라고 할 수 있다.

(1) 융합의 종류

융합(convergence)은 물리적인 연결부터 화학적인 결합까지 다양한 수준의 결합을 포함하고 있다. 간단한 융합에서 복잡한 융합까지 크기와 상세한 정도가 매우 다양하다. 가장 간단한 융합의 실례는 지우개가 달린 연필이다. 연필 끝에 지우개를 부착한 것이지만 사용자들에게는 매우 큰 도움을 주었다. 가장 복잡한 융합 중의 하나가 스마트폰이다. 스마트폰에는 무선 통신기와 전화기, 사진기, 컴퓨터와 인터넷과 길 찾기 서비스, 금융 서비스, 관광 서비스와 온갖 엔터테인먼트들이 융합되어 있다. 너무 복잡하고 정교한 기계이기 때문에 이것을 만들어서 공급하는 회사를 가진 나라들은 별로 많지 않다. 실제로 많은 선진국조차 스마트폰을 제대로 만들지 못하여 외국 기술을 수입해서 사용하고 있다.

[표 1.8] 통합과 융합의 종류

구분	명칭	내역	실 예
통합	결합	다른 상품을 물리적으로 연결	지우개 연필, 모페드
	패키지	다른 상품을 묶어서 판매	여행권(항공+호텔+관광 등)
융합	하이브리드	독립된 기능의 부품을 결합	하이브리드 자동차(엔진 차+전기차)
	융합	독립 상품을 화학적으로 결합	스마트폰(전화+컴퓨터+금융+길 찾기,)

[표 1.8]과 같이 통합과 융합의 개념은 무엇을 결합했다는 점에서는 공통적이지만 내용 면에서는 전혀 다르다. 물리적으로 결합한 것은 통합이라고 하고, 화학적으로 결합한 것은 융합이라고 한다.

(2) 융합 환경의 특징

융합 환경의 특징들을 살펴보면 [표 1.9]와 같이 유사한 분야에서 융합을 시작하여 점차 거리가 먼 분야까지 확장되고 있는 것을 알 수 있다.

[표 1.9] 대표적인 융합 사례

사례	내역
기술 융합	서로 다른 기술 분야가 융합하여 새로운 기술을 창출
산업 융합	상이한 산업이 융합하여 새로운 산업을 창출
서비스 융합	서로 다른 서비스들이 융합하여 새로운 서비스 창출

기술 융합은 서로 다른 기술이 결합하여 새로운 기능을 제공하거나, 향상된 성능을 발휘한다. 예를 들어, 정보기술(IT)과 운영 기술(OT)의 융합은 스마트 팩토리와 같은 산업 자동화에 중요한 역할을 한다. 전화와 복사기와 프린터가 융합하여 복합기를 만들어냈다. 항공 기술과 무선 기술과 컴퓨터 기술이 융합하여 드론을 만들어냈다. 산업 융합은 다양한 산업 분야가 서로 결합하여 새로운 시장과 비즈니스 모델을 창출한다. 예를 들어, 금융사업과 통신사업의 융합은 인터넷뱅킹 산업을 만들었으며, 유통사업과 통신사업의 융합은 전자상거래 산업을 창출했다. 교육·훈련 산업과 인터넷 산업이 융합하여 인터넷 강의 산업 만들었다.

서비스 융합은 이전에는 별개였던 서비스들이 통합되어 사용자에게 통합된 경험을 제공한다. 스마트폰은 이를 대표하는 예로, 통신, 인터넷, 카메라, GPS 등 여러 기능이 하나의 장치에 통합되어 제공된다. 숙박업과 교통사업과 관광사업 등의 서비스 사업이 융합하여 종합 여행 산업으로 성장하였다.

(3) 기술 문명의 융합

[그림 1.13]은 인류의 5대 과학 문명이 각자 독립적으로 발전하다가 점차 인접한 문명과 교류하고 융합하는 과정을 보여준다. 산업혁명 이전에는 기계, 전기, 화학, 논리, 생물학 등이 모두 독자적인 영역에서 출발하고 발전하였다. 문명이 발전할수록 자신들의 필요 때문에 인접한 학문과 기술들이 융합하기 시작했다. 기계와 전기가 융합하면서 전기기계가 발전하였고, 기계가 화학과 융합을 하여 차량이 발전하였고, 전기기계가 논리와 융합하면서 컴퓨터가 탄생하였고, 컴퓨터에 생물학이 융합하면서 생명체 기능을 하는 컴퓨터로 발전하고 있다. 컴퓨터 공학의 최종 목표는 사람과 같은 컴퓨터 즉, 인조인간을 만드는 것이다. 인조인간이야말로 사람과 같이 생각하고 행동하는 기계인데 어느 면에서는 사람보다 매우 뛰어난 기계이다.

내연기관을 구동하려면 동력이 필요해서 석유화학이 필요했고, 인간과 같이 생각하면서 움직이기 위

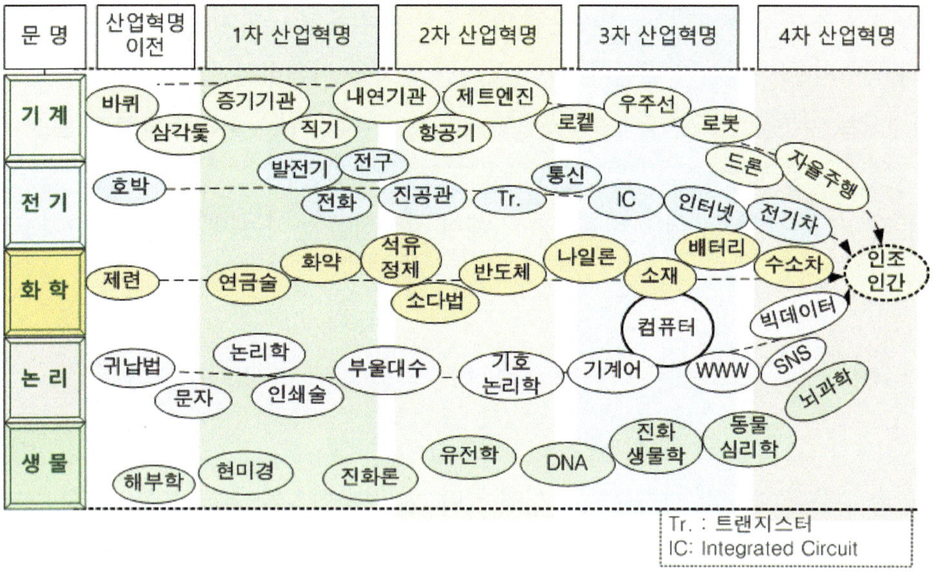

[그림 1.13] 기술 문명의 융합과 컴퓨터

해서는 생물학과 신경과학과 뇌과학이 필요했고, 깊은 생각을 하기 위해서는 심리학과 철학이 필요했기 때문에 많은 학문과 기술들이 융합하면서 발전할 수 있었다. 이제는 오래된 학문과 기술들은 발전할 만큼 발전했기 때문에 독립된 학문이 혼자서 더 이상 발전하기 어려운 상황이 되었다. 따라서 융합이 학문과 사회 발전의 원동력이 되고 있다. 융합 환경은 기술의 발전과 사회의 변화에 따라 계속해서 발전하고 있으며, 이는 다양한 산업에서 새로운 기회를 창출하고 있다. 이러한 환경에서는 창의적이고 혁신적인 접근이 필수적이며, 미래 지향적인 비전을 갖추는 것이 중요하다.

1.4 컴퓨터 공학

정보화 혁명을 주도하고 있는 컴퓨터 과학을 정의하면 다음과 같다.

컴퓨터 과학은 알고리즘을 연구하는 학문이다.

'알고리즘'이란 문제를 해결하기 위한 유한한 단계의 처리 절차이다. 따라서 컴퓨터 과학은 문제를 해결하는 방법과 절차를 연구하는 학문이다. 관련 학문으로는 컴퓨터 공학이 있으며, 컴퓨터 과학과의 차이점은 과학과 공학의 차이에서 비롯된다. 과학은 자연 현상을 이해하고 설명하기 위해 관찰하고 실험하며, 이를 바탕으로 이론을 만드는 학문이다. 반면, 공학은 과학의 원리를 이용하여 현실 문제를 해결하는 학문이다. 현실적으로 사람들에게 필요한 제품을 만드는 데 집중한다.

그래서 컴퓨터 공학은 현실 문제를 해결하기 위해서 생산성을 높이는 방법을 연구한다. 컴퓨터 공학을 정의하면 다음과 같다.

컴퓨터 공학은 현실 문제 해결을 위해 알고리즘을 연구하는 학문이다.

컴퓨터 과학과 컴퓨터 공학의 차이점은 현실에 있다. 공학이 현실을 중시한다면 과학은 이론을 중시한다. 컴퓨터 공학이 현실 문제를 해결하기 위해서는 효율적으로 즉, 경제적으로 달성해야 한다. 문제 해결에 시간, 비용, 공간, 인력 등이 많이 소요하거나 실행하기 어렵다면 현실 문제를 해결하는 것이 아니다. 따라서 컴퓨터 공학은 컴퓨터 이론 기반과 함께 계산에 관한 실용적인 방법을 연구하는 학문이다.

1 컴퓨터 공학의 핵심 주제

컴퓨터 과학(공학)이 출범한 것은 미국에서 1960년대에 컴퓨터 과학(공학) 박사학위 제도를 개설하면서부터이다. 당시에는 컴퓨터 과학 개론이라는 학과목이 개설되어 있지 않았다. 처음 출범하는 학문이어서 시행착오를 거치면서 수학, 물리, 전기공학 등에서 관련 학문을 취합해서 개설하였다. 1980년대에 한국에서 전산학과 또는 컴퓨터학과가 개설되었지만, 당시의 전산학 개론은 컴퓨터가 무엇인가를 소개하는 수준이었다. 컴퓨터 공학이 자리를 잡으면서 이제는 컴퓨터 공학의 핵심 과목들을 압축해서 소개하는 개론서를 만들 때가 되었다.

컴퓨터 공학의 대표적인 핵심 주제들은 다음과 같다.

(1) 알고리즘

알고리즘은 문제를 해결하기 위하여 만든 유한한 단계의 처리 절차이다. 문제를 해결하기 위해서는 처리 절차를 명확하게 정의하는 알고리즘이 필요하다. 프로그램은 알고리즘을 컴퓨터에서 구현하는 명령어들이다. 알고리즘은 자료들을 잘 처리하기 위해 효율적인 자료구조가 필요하다. 따라서 프로그램을 작성하기 위해서는 좋은 알고리즘과 거기에 맞는 자료구조가 필요하다. 어떤 인공지능 제품이 우수하다는 것은 그 알고리즘이 우수하다는 것이다.

(2) 자료구조

자료구조는 자료를 효율적으로 사용하기 위하여 자료를 구성하는 방법이다.

자료의 크기가 커질수록 자료구조가 자료처리 성능에 큰 영향을 준다. 자료구조는 용도에 따라서 다양한 구조가 있을 수 있으므로 용도에 따라 적절한 자료구조를 개발할 필요가 있다. 알고리즘이 고정되어 있다면 그 알고리즘에 적합한 자료구조를 개발할 필요가 있다. 자료구조에 따라서 알고리즘의 성패가 결정될 수 있다.

(3) 컴퓨터 구조

컴퓨터는 하드웨어와 소프트웨어로 구성된다. 하드웨어는 물리적인 전기기계 장치로 소프트웨어의 명령을 받아서 작업을 수행한다. 하드웨어는 전기의 논리회로를 기반으로 만들어진 기계장치이다. 하드웨어는 중앙처리장치, 기억장치, 입출력장치 등으로 구성되어 있고 이들은 버스라는 통신 선로로 연결되어 있다. 컴퓨터 구조는 하드웨어와 소프트웨어를 포함하지만, 하드웨어를 위주로 구성된다.

(4) 운영체제

운영체제는 다른 프로그램들이 컴퓨터 하드웨어를 효과적으로 사용하도록 지원하는 프로그램이다. 따라서 컴퓨터를 잘 사용하려면 성능이 좋은 운영체제가 필요하다. 응용 프로그램은 현실 문제를 해결하기 위해 작성된 것인데, 응용 프로그래머가 컴퓨터의 상세한 부분까지 알기 힘들어서 운영체제에 응용 프로그램의 처리를 맡기는 것이다. 같은 하드웨어라도 운영체제에 따라 프로그램의 성능이 크게 달라질 수 있다.

(5) 데이터베이스

현실 문제를 해결하기 위해서는 정보를 체계적으로 관리하고 자료를 조직, 저장, 검색, 갱신하는 프로그램이 필요하다. 데이터베이스는 자료 자체지만 데이터베이스 관리 시스템(DBMS, Database Management System)은 자료를 관리하는 프로그램이다. 날이 갈수록 자료의 양이 증가하기 때문에 자료를 효과적으로 저장하고 검색하는 기술이 요구된다. 또한 자료가 학습과 인공지능의 근거가 되기 때문에 자료를 관리하는 데이터베이스 관리 시스템의 중요성이 커지고 있다.

(6) 통신 네트워크

컴퓨터들을 연결하여 자료를 교환하고 공유하려면 통신 네트워크를 구축해야 한다. 네트워크를 설계하고 구현하는 방법은 성능과 규모에 따라서 매우 다양한 기술을 요구한다. 인터넷과 같은 네트워크들이 전 세계적으로 수없이 설치되고 있다. 이와 함께 작은 네트워크들이 곳곳에 설치되어 활용되고 있다. 큰 네트워크와 작은 네트워크들을 잘 연결하고 관리하는 것이 정보화 시대의 중요한 일이 되었다.

(7) 인공지능

인공지능은 컴퓨터가 인간의 정신적인 노동을 대신하기 위해 개발되고 있다.

컴퓨터가 인간처럼 학습, 추론, 문제 해결할 수 있는 기능을 갖추도록 연구한다. 자료가 충분하게 많이 있으면 인공지능은 학습을 할 수 있고, 학습을 통하여 지식을 쌓을 수 있다. 인공지능은 스스로 다양한 지식을 쌓고 지능적인 일을 할 수 있으므로 인간을 정신노동에서 해방시켜 줄 수 있을 것이다.

(8) 보안

보안은 정보와 컴퓨터 시스템을 오류와 공격으로부터 안전하게 지키는 기술이다. 네트워크가 발달할수록 정보와 컴퓨터가 악의적인 접근에 노출되기 쉽다.

해킹 기술이 나날이 진화하고 있으므로 스스로 오류를 예방하고 외부적인 침입을 막기 위한 기술 개발이 절실하다. 보안 효과를 달성하기 위해서는 기술 개발과 함께 보안 정책을 잘 수립해야 한다.

(9) 소프트웨어 공학

경제가 발전할수록 정보화해야 할 업무량이 급속하게 증가하고 있다. 과거와 달리 이 세상의 모든 업무가 컴퓨터 소프트웨어로 전환되고 있다. 이것은 프로그램을 개발하고 정비해야 할 소프트웨어 개발과 정비 업무가 급속하게 증가하고 있다는 것을 의미한다. 소프트웨어 공학의 목적은 소프트웨어를 설계, 개발, 유지보수하는 기술을 연구하여 소프트웨어 품질과 생산성을 향상하는 것이다.

컴퓨터 공학의 핵심 주제에는 이 밖에도 스위칭 시스템, 이산구조, 컴파일러, 프로그래밍 언어, 멀티미디어, 그래픽스, 시스템 소프트웨어 등 많이 있다. 이들 주제는 컴퓨터 공학 자체도 있지만 컴퓨터 공학을 위해서 꼭 필요한 기반 지식이거나 활용하기 위한 지식들이다. 그러므로 컴퓨터 공학을 수학하는 과정에서 필수적으로 공부해야 한다.

컴퓨터 공학의 핵심인 알고리즘의 어원은 9세기 페르시아 수학자 '무함마드 이븐 무사 알콰리즈미

(Al-Khwarizmi)'에서 유래되었다. 알콰리즈미는 인도에서 도입된 아라비아 숫자를 이용하여 최초로 사칙연산을 만들고 0을 사용한 수학자이다. 그가 만든 수학책에서 유래하여 algebra(대수학)라는 단어가 사용되었다. 알고리즘을 컴퓨터에서 구현한 것이 프로그램이다. 프로그램은 특정한 언어를 이용하여 작성한 명령어들의 집합이다. 소프트웨어는 처리 절차와 방법론이므로 프로그램을 포함하여 프로그램을 작성하는 기술과 관련 문서 작성법과 문서 자체를 모두 포함한다. 하드웨어와 소프트웨어라는 말은 이미 사회에서 일반적으로 사용하는 용어가 되었다. 같은 하드웨어에서도 운용하는 소프트웨어가 다르면 얼마든지 다른 효과를 얻을 수 있다. 따라서 하드웨어의 성능을 최대한으로 끌어올릴 수 있는 소프트웨어를 만드는 일이 중요하다. 같은 고속도로를 사용하더라도 고속도로를 운용하는 방법이 다르면 얼마든지 다른 효과를 볼 수 있는 것과 마찬가지이다. 컴퓨터 공학은 소프트웨어를 다루는 학문이다.

연습문제

1. 융합의 필요성을 설명하시오.

2. 컴퓨터가 융합에서 수행하는 역할을 설명하시오.

3. 현대 사회의 특징에 관해 설명하시오.

4. 컴퓨터 시대의 특징을 설명하시오.

5. 디지털 자료와 아날로그 자료는 어떻게 다른가?

6. 산업혁명의 과정을 설명하시오

7. 반도체가 발전하는 과정을 설명하시오.

8. 반도체의 종류를 설명하시오.

9. 트랜지스터의 구조와 기능을 설명하시오.

10. RAM, ROM, flash memory, EPROM의 기능의 차이를 설명하시오.

11. flash memory의 실제 제품의 실례를 들어보시오.

12. 비메모리 반도체의 종류와 기능을 설명하시오.

13. GPU가 주목받는 이유를 설명하시오.

14. 반도체의 먹이사슬 구조가 형성되는 이유를 설명하시오.

15. LED가 경제적이라고 하는 이유는 무엇인가?

16. 인공지능이 발전하게 된 사회적 배경과 영향을 설명하시오.

연습문제

17. 인공지능의 도전 과제와 기회에 관해 설명하시오.

18. 컴퓨터가 전문가 세계에 머물다가 일반인 세계로 널리 보급하게 된 과정과 이유를 설명하시오.

19. 사람은 10진법을 사용하는데 컴퓨터는 2진법, 8진법, 16진법을 사용하는 이유를 설명하시오.

20. 문자를 컴퓨터에서 표현하는 방법에 관해 설명하시오.

21. ASCII 코드, EBCDIC 코드, 유니코드 등이 출현한 배경을 설명하시오.

22. 한자는 많은 글자를 어떻게 컴퓨터에 입력하고 표현하는지 설명하시오.

23. 유비쿼터스 환경의 출현 배경을 설명하시오.

24. 멀티미디어 환경의 특징을 설명하시오.

25. 멀티미디어를 많이 사용하는 이유를 설명하시오.

26. 멀티미디어 매체별로 한 개씩 대표적인 파일 형식을 설명하시오.

27. 멀티미디어 파일의 저장 형식들이 많은 이유를 예를 들어 설명하시오.

28. 융합 환경의 성장 배경을 설명하시오.

29. 과학과 공학을 정의하고 차이점을 설명하시오.

30. 컴퓨터 과학과 컴퓨터 공학을 각각 정의하고 차이점을 설명하시오.

31. 컴퓨터 공학의 주요 주제를 설명하시오.

CHAPTER 2

컴퓨터 구조

컴퓨터 시스템은 인간의 육체에 해당하는 하드웨어와 정신에 해당하는 소프트웨어로 구성된다. 하드웨어는 컴퓨터를 구성하는 물리적인 구성 요소이고, 소프트웨어는 하드웨어를 움직이는 논리의 힘이다. 하드웨어가 인간의 육체라면 소프트웨어는 인간의 정신이다. 육체와 정신을 분리하면 죽음이 오듯이 하드웨어와 소프트웨어를 분리하면 컴퓨터에도 죽음이다. 컴퓨터 하드웨어는 인간과 마찬가지로 정보를 처리하는 중앙처리장치와 정보를 저장하는 기억장치 그리고 정보를 입출력하는 입출력장치와 등으로 구성된다. 각 장치들은 인간의 신경망과 같은 버스(bus)에 의하여 연결된다. 건강한 육체 위에 건강한 정신이 깃들 듯이 컴퓨터도 튼튼한 하드웨어가 있어야 튼튼한 소프트웨어가 실행될 수 있다.

2.1 컴퓨터의 시작

현대식 컴퓨터가 나오기 전에도 사람들은 정보를 처리하기 위해서 오랫동안 다양한 노력을 기울였다. 중장비가 인간의 육체노동을 해방 시켜 주었듯이 컴퓨터는 인간의 정신노동을 해방 시켜 주고 있다. 인간의 정신노동을 도와주는 대표적인 도구가 주판이라고 할 수 있다. 주판은 기원전에 중국에서 사용하기 시작하여 한국과 일본으로 전파되어 현대에 이르기까지 효과적으로 사용되었다. 지금은 전자식 계산기가 나와서 주판이 모두 사라졌다고 생각하지만, 아직도 주판은 교육용으로 활용되고 있다.

2.1.1 튜링 기계

앨런 튜링[1]은 1931년에 케임브리지대학의 King's College에 장학생으로 입학한다. 튜링은 1936년에 추상적인 자동기계에 관한 논문을 발표하였다. 그는 독일의 유명한 수학자 Hilbert[2]가 1900년 파리 국제수학회에서 제기한 문제를 해결하여 젊은 나이에 유명 인사가 되었다. 튜링은 달리기를 좋아하였다. 어느 날 달리기를 마치고 쉬면서 "셈이란 무엇인가?"라는 질문에 대해 생각해 보았다.

1 Alan Turing(1912~1954) : 영국의 수학자, 컴퓨터 발명가. 제2차 세계대전에서 컴퓨터를 만들어 독일군의 암호를 해독한 수학 천재.

2 David Hilbert(1862~1943): 독일의 수학자. "모든 수학 문제를 풀 수 있는 알고리즘이 존재하는가?"라는 질문을 던졌고 앨런 튜링이 '불가능'이라고 답변하고 그 이유를 논증하였다.

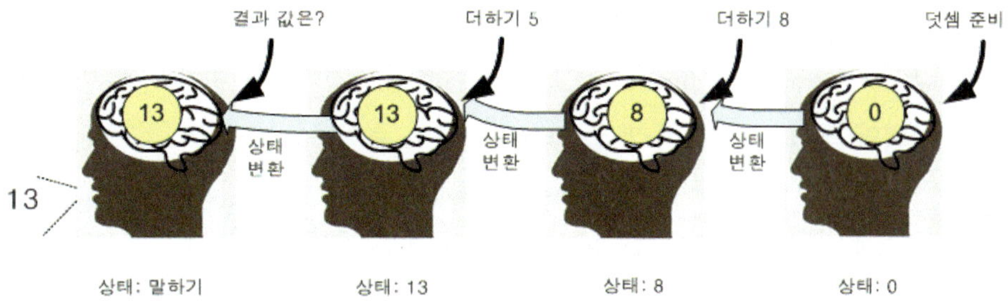

[그림 2.1] 튜링의 사고

덧셈한다고 가정하자. 문제를 주는 사람이 덧셈의 시작을 알리면 계산할 사람은 [그림 2.1]과 같이 머리 상태를 0으로 만들고 숫자를 기다린다. 드디어 "8 더하기 5는 얼마인가?"라는 문제가 주어진다. 계산하는 사람은 머리를 비운 상태 즉 0에서 8을 더하여 8이라는 상태를 만들고, 다시 5를 입력받아서 13이라는 상태를 만든 다음에 "합계는 13입니다"라고 입으로 말할 것이다.

튜링은 인간의 두뇌에는 어떤 상태가 존재하고, 자료가 입력되면 상태를 변경하고, 상태를 변경하다가 결과가 필요하면 입이나 손으로 출력하는 계산 절차를 확인하였다. 이것이 바로 인간의 마음이 수행하는 정보처리 절차이고 이 절차를 답습한 것이 컴퓨터가 정보를 처리하는 방식이다. 튜링은 이 절차를 기반으로 모든 계산을 수행하는 자동기계(automaton)를 설계하였다. 사람들은 이것을 튜링 기계(Turing Machine)라고 불렀다. 튜링 기계가 바로 컴퓨터의 기본 설계이다.

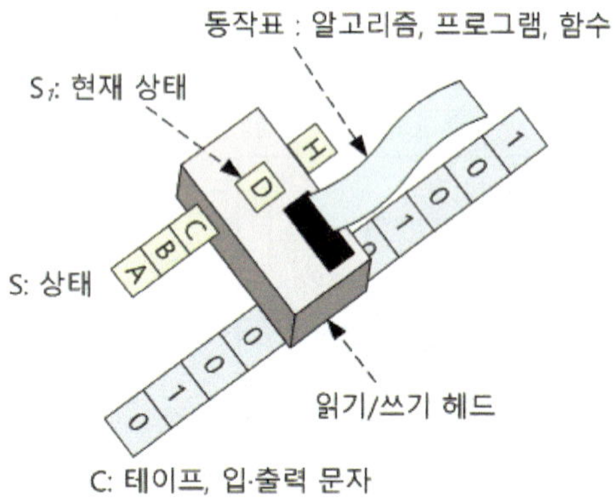

[그림 2.2] 튜링 기계 모델

튜링은 정보를 처리하는 기계는 [그림 2.2]와 같이 정보를 기억하는 상태 S와 문자로 구성된 입력 그리고 연산 장치인 동작 표(transition function) 그리고 입·출력장치가 있으면 계산을 할 수 있다고 생각하였다. 동작 표는 상태와 입력 자료에 따라서 상태를 바꾸고 출력을 결정하는 알고리즘(프로그램, 함수)과 같은 역할을 한다. 테이프로 0과 1로 된 자료를 입력하고, 동작 표를 이용하여 상태를 변환하며 출력장치로 테이프를 사용하는 컴퓨터 모델 설계에 성공한 것이다.

튜링의 이론으로 만든 컴퓨터(Bombe)가 드디어 1943년 3월부터 독일군의 암호를 해독하기 시작하였다. 이것이 바로 전기기계식 컴퓨터의 시작이다. 그는 정보를 처리하는 효율적인 컴퓨터를 만들기 위하여 끊임없이 인간의 사고 기능을 연구하였다.

2.1.2 폰 노이만 구조

폰 노이만은 1945년에 현대 컴퓨터 시스템의 기본이 되는 새로운 설계 구조를 발표하였다. 이 구조의 특징은 프로그램 내장 방식(stored-program concept)으로 폰 노이만 구조라고 한다. 이 방식은 자료와 명령어들을 같은 메모리에 저장하고 차례대로 명령어를 꺼내서 중앙처리장치에서 해독하고 명령어에 따라 자료를 읽어서 처리한다. 폰 노이만 구조의 장점은 프로그램을 메모리에 저장할 수 있기 때문에, 프로그램을 쉽게 변경할 수 있다는 점이다.

폰 노이만 구조는 [그림 2.3]과 같이 중앙처리장치, 주 기억장치, 입·출력장치로 구성된다. 프로그램과 자료는 주 기억장치에 적재되고 중앙처리장치에 의해서 프로그램의 명령이 실행된 결과는 다시 주

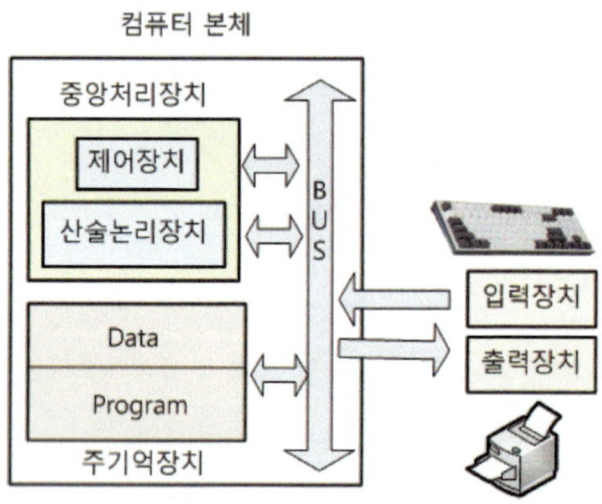

[그림 2.3] 폰 노이만 구조

기억장치에 저장되고, 다시 출력장치를 통하여 출력된다. 폰 노이만 구조는 이 장치들 외에 이들을 연결하여 자료를 전송하고, 장치 주소를 지정하고, 제어 신호를 보내는 버스(BUS)로 구성된다. 이 구조는 자료와 명령어가 같은 메모리를 사용하므로, 메모리 접근에 병목 현상이 생길 수 있는 '폰 노이만 병목 현상(von Neumann Bottleneck)'이라는 단점을 가지고 있다. 따라서 이를 극복하기 위해 멀티프로그래밍 등의 다양한 해법들이 개발되어 사용되고 있다.

T·I·P 하드와이어드 프로그래밍HP, hardwired programming

하드와이어드 프로그래밍(HP)은 컴퓨터나 전자장치에서 소프트웨어를 사용하지 않고 전기 회로만으로 특정 기능을 수행하는 프로그래밍 기법이다. 전기/전자 부품들을 전선으로 연결하여 기능을 수행하기 때문에 안정성이 높고 처리 속도가 빠르다. 소프트웨어가 필요 없으므로 부수적인 장치가 필요 없어서 전력 소모가 적고 고장이 적다. 예를 들어, 디지털 계산기나 시계들은 사칙연산과 시간을 계산하고 표시하기 위한 부품과 논리 회로들로 구성되어 있다. 이 방식은 가전제품이나 의료 장비, 자동차 등에서 특정 기능을 담당하는 임베디드 시스템으로 많이 사용된다.

하드와이어드 프로그래밍은 부품과 회로가 고정되어 있어서 유연성이 적은 단점이 있다. 또한 회로 설계가 중요하기 때문에 설계와 제작비용이 높을 수밖에 없다. 복잡한 기능을 구현하려면 회로가 복잡해진다. 회로를 수정하기는 더욱 어렵다. 이런 경직성을 해결하기 위해 개발된 것이 펌웨어(firmware)이다. 펌웨어는 프로그램을 업그레이드하면 성능을 개선할 수 있어서 매우 편리하다. 전자 회사들은 전자제품의 오류나 성능을 개량할 때 새 펌웨어를 인터넷에 올려놓고 사용자들에게 스스로 내려받아 업그레이드하라고 한다. 시스템 오류 수정과 성능 개선 비용이 상당히 절약된다.

1 폰 노이만 이전의 구조

폰 노이만 이전에는 컴퓨터를 동작시키려면 전선들을 이용하여 실행할 명령들을 기계적으로 입력하였다. 당시의 컴퓨터들은 범용으로 동작하기 어려웠으므로 특정한 목적이나 작업을 수행하도록 설계되었다. 예를 들어, 미군은 대포에서 발사되는 포탄의 탄도 계산 수식을 만들고 이것을 실행하는 시스템을 만들었다.

컴퓨터를 움직이는 소프트웨어가 없었으므로 사람들이 외부에서 배선들을 직접 연결해서 프로그램 기능을 수행하였다. 즉, 외부에서 스위치를 조작하고 릴레이, 전선 등으로 신호를 입력하여 회로를 변경하면서 계산 기능을 수행하였다. 즉, 소프트웨어가 아니라 하드웨어 방식으로 작동시켰다. 이처럼 하드웨어를 직접 전기 신호로 조작하여 정보를 처리하는 방식을 하드와이어드(hardwired) 프로그래밍이라고 한다. 이런 방식으로 컴퓨터를 구동하는 것은 하드웨어를 잘 알아야 하고 수작업을 많이 해야 하므로 매우 힘든 일이었다.

폰 노이만 이전과 이후의 대표적인 컴퓨터들은 다음과 같다.

(1) Bombe

1939년에 앨런 튜링과 고든 웰치만이 만든 전기기계식 컴퓨터이다. 제2차 세계대전에서 영국이 독일의 에니그마 암호를 해독하기 위해서 만들었다. 릴레이와 로터를 사용하여 암호를 분석하기 위해 고안된 특별한 목적의 컴퓨터이다. 프로그램을 사용하지 못했지만 특정한 알고리즘을 실행하는데 최적화되었다.

(2) Harvard Mark I

1944년에 하버드 대학과 IBM이 협력하여 만든 하버드 마크 I은 찰스 배비지[3]의 기계에서 영감을 받은 기계식 컴퓨터이다. 군사 목적으로 사용되었으며 긴 종이테이프에 구멍을 뚫어서 프로그램을 입력하였다. 이 컴퓨터도 매번 프로그램을 변경할 때마다 물리적으로 테이프를 변경해야 했다. 결과는 종이테이프에 구멍을 내거나 전자식 타자기를 통해 출력되었다. 이 컴퓨터로 인하여 프로그래밍 언어가 발전하는 계기가 되었다.

(3) ENIAC(Electronic Numerical Integrator and Computer)

1945년에 완성된 ENIAC은 전자식 범용 컴퓨터로, 폰 노이만 구조 이전의 대표적인 기술이다. ENIAC은 펜실베이니아 대학교의 존 프레스퍼 에커트(J. Presper Eckert)와 존 모클리(John Mauchly)에 의해 설계되고 제작되었다. 주로 군대의 탄도 계산 및 과학적 연구에 사용되었다. 18,000개의 진공관으로 만들었고, 크기는 135m^2이고, 무게가 30톤이었으며, 150kW의 전력을 소비했다. ENIAC은 프로그램 내장 방식을 사용하지 않고, 외부에서 설정 판을 조정하여 프로그래밍을 수행했다. 매번 다른 계산을 하기 위해서는 물리적으로 기계를 재설정해야 했다.

그러나 프로그래밍 분야에서 중요한 이정표를 설정했다.

---

3 Charles Babbage(1792-1871) : 영국의 수학자. 1837년 그가 제안한 컴퓨터는 기계식 프로그래밍이 가능한 컴퓨터로, 기계적인 부품으로 구성되었다. 프로그램을 펀치 카드로 입력받았으나 실제로 구현되지는 못했다.

(4) EDSAC(Electronic Delay Storage Automatic Computer)

1949년 영국 케임브리지(Cambridge)대학의 윌키스(Maurice V. Wilkes)와 그의 동료들이 폰 노이만 설계를 따라 프로그램을 메모리에 저장하는(stored program) 방식으로 디지털 컴퓨터를 만들었다. 대략 3,000개의 진공관을 이용해서 만들었고, $20m^2$의 공간을 차지하고 12kW의 전력을 소비했다. 오늘날의 어셈블러 기능을 하는 프로그램을 개발하여 큰 공헌을 했다. EDSAC은 지금도 사용하고 있는 모든 컴퓨터의 원형인 폰 노이만 구조의 최초 컴퓨터이다. 이후 모든 컴퓨터는 현재까지 이 모델을 따르고 있다.

[표 2.1] 초기 컴퓨터 발전의 이정표

특징	Bombe	Harvard Mark I	ENIAC	EDSAC
개발 시기	1939	1944	1945	1949
개발자	앨런 튜링 고든 웰치만	하워드 에이컨 IBM	존 에커트 존 모클리	모리스 윌크스
용도	암호 해독	범용	범용, 군용	범용
구조	전기기계식	전기기계식	완전 전자식	완전 전자식
특징	최초 컴퓨터 no program	종이테이프 program	진공관 배선 변경	진공관 폰 노이만 방식

컴퓨터를 개발하려는 노력은 예전부터 있었으나 현대식 컴퓨터가 등장한 것은 [표 2.1]과 같이 1939년 앨런 튜링의 Bombe가 세계 최초로 컴퓨터 시대를 열었다. Harvard Mark I은 전기기계식 컴퓨터의 마지막 모델이지만 프로그래밍이 가능한 첫 번째 컴퓨터이고, ENIAC은 진공관으로 만든 완전한 전자식 컴퓨터의 효시이고, EDSAC은 폰 노이만 모델로 만든 최초의 현대식 컴퓨터이다. 이때부터 컴퓨터는 폰 노이만 구조가 변함없이 유지되고 있지만 성능이 나날이 발전하여 오늘에 이르게 되었다.

2.2 컴퓨터 구조

컴퓨터 기술이 계속 발전하여 처리 성능과 속도가 대폭 개선되고 있지만 현재의 컴퓨터 구조는 모두 폰 노이만 구조이다. 폰 노이만 구조의 특징은 프로그램과 자료를 모두 주 기억장치에 저장해 놓고 실행시킨다는 점이다. 그 이전에는 컴퓨터의 하드웨어 배선을 바꾸어 회로를 변경하는 것으로 프로그램을 실행했는데 이제는 하드웨어는 고정해두고 프로그램을 변경하면서 정보를 처리하는 것이다. 새로운 계

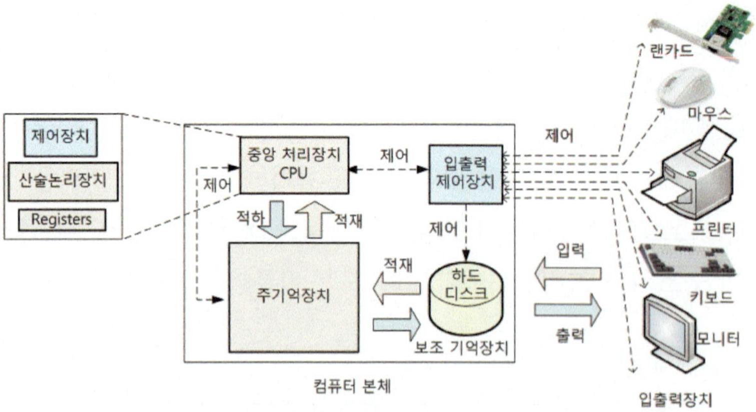

[그림 2.4] 개인용 컴퓨터 구조

산을 하려면 하드웨어 회로를 변경하는 것이 아니고 소프트웨어를 변경하여 다시 주 기억장치에 저장하면 목적을 달성하는 것이므로 컴퓨터 구동이 매우 편리하게 되었다.

개인용 컴퓨터의 구조를 보면 [그림 2.4]와 같이 컴퓨터 본체와 입·출력 장치들로 구성되어 있다. 컴퓨터 본체 안에는 중앙처리장치와 주 기억장치, 입·출력 제어장치 그리고 주 기억장치를 위한 보조기억장치인 하드 디스크 등이 장착되어 있다. 입출력 장치들은 본체의 입출력제어장치와 개별적으로 연결되어 사용된다.

[그림 2.5]는 개인용 컴퓨터의 메인 보드이다. 여기에 중앙처리장치와 주 기억장치와 제어장치 들이 설치되고, 입출력 장치들을 위한 제어장치 들과 다양한 포트들이 장착된다.

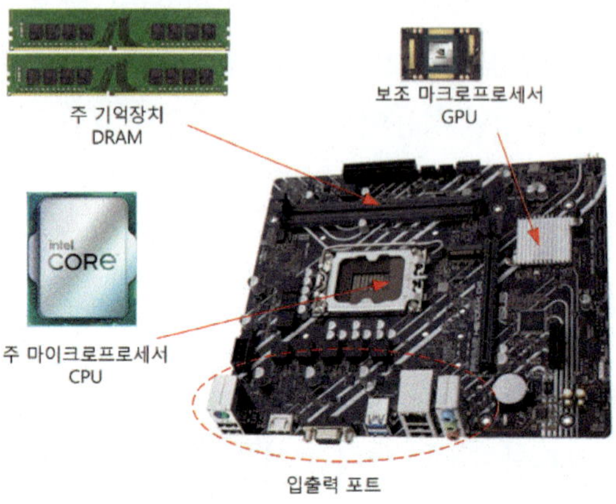

[그림 2.5] 개인용 컴퓨터의 메인 보드

2.2.1 컴퓨터 시스템의 구성 요소

컴퓨터는 하드웨어와 소프트웨어로 구성되어 하나의 시스템을 이루고 있다.

하드웨어는 물리적인 장치들이 버스로 연결되어 있다. 이들 하드웨어가 동작하기 위해서는 적합한 소프트웨어가 설치되어야 한다. 즉, 하드웨어와 소프트웨어가 정보처리라고 하는 공동의 목적을 위하여 함께 기능하기 때문에 시스템이라고 부른다. 같은 하드웨어라도 소프트웨어가 달라지면 기능과 성능도 달라지기 때문에 컴퓨터를 설치한 후에는 시간이 지남에 따라 소프트웨어의 버전을 업그레이드시키는 일이 중요하다.

1 하드웨어

하드웨어는 컴퓨터를 구성하는 물리적인 장치들이다. 하드웨어는 본체와 입출력 장치들로 구성되며, 본체에는 중앙처리장치와 주 기억장치 그리고 보조기억장치인 하드 디스크 그리고 입출력장치를 제어하는 입출력장치 제어판 등이 있다. 입출력장치는 본체와 분리되어 유선과 무선으로 연결된다.

(1) 중앙처리장치

중앙처리장치(CPU, Central Processing Unit)는 프로그램의 명령어에 의해서 실제로 계산을 수행하는 장치이다. 제어장치(control unit), 산술논리장치(ALU, arithmatic logic unit), 레지스터(register) 등으로 구성된다.

제어장치(Control Unit)는 중앙처리장치의 모든 구성 요소들이 정확하게 제 임무를 수행하도록 조정하고 관리한다. 또한 프로그램의 명령을 해석하고, 산술논리장치에 명령 실행을 지시한다. 자료가 장치들 사이에 잘 전송되도록 흐름을 제어하도록 시계 신호를 발송한다.

산술논리장치(ALU, Arithmatic Logic Unit)는 더하기, 빼기, 곱하기, 나누기 등 기본적인 산술 연산을 수행한다. 이와 함께 AND, OR, NOT, XOR 등의 논리 연산도 수행한다.

레지스터(Register)는 명령이나 자료를 산술논리장치에서 실행하기 전후에 임시로 저장해두는 기억장치이다. 레지스터가 있어야 자료를 처리할 수 있으므로 레지스터 속도는 연산 처리 속도와 밀접한 관계에 있다.

(2) 그래픽 처리장치

그래픽 처리장치(GPU, Graphics Processing Unit)는 복잡한 이미지를 빠르게 계산하고 화면에 표시하는 데 특화되어 있는 처리장치이다. 원래 비디오 게임에서 그림을 빠르고 효율적으로 그리기 위해 설계되었다. 이미지를 빠르게 계산하고 처리하기 위해서 병렬 처리 기능이 확충되었다. 암호화폐 채굴과 인공지능이 등장하면서 이들을 위한 GPU의 병렬 처리 기능이 주목받게 되어 컴퓨터의 중요한 핵심 장치로 등장하였다. 중앙처리장치는 시스템의 전반적인 관리와 복잡한 처리를 담당하며, GPU는 그래픽 렌더링과 자료의 병렬 처리 작업을 분담하는 것으로 서로 보완적인 관계이다. 과거에는 중요한 장치가 아니었으나 이제는 게임과 화면 처리 그리고 인공지능 처리를 위해서 매우 중요한 장치가 되었다.

T·I·P DRAM과 SRAM과 ROM

- DRAM(Dynamic Random Access Memory)
  DRAM은 트랜지스터와 캐패시터로 구성된 셀로 이루어져 주 기억장치로 사용된다. SRAM 보다 느리지만 저렴하다.
- SRAM(Static Random Access Memory)
  SRAM은 플립플롭(flip-flop)으로 구성된 셀로 이루어져 주 기억장치로 사용된다. DRAM 보다 빠르지만, 가격이 높다. CPU의 레지스터나 캐시 메모리로 사용된다.
- ROM(Read-Only Memory)
  ROM은 자료가 영구적으로 저장되는 메모리이므로 한 번 저장하면 내용을 변경할 수 없다. 전력이 없어도 자료가 유지된다. 펌웨어를 저장하거나 시스템의 초기 부팅 과정을 제어하는 부트 로더(boot loader)를 저장한다.

(3) 주 기억장치

주 기억장치(main memory)는 중앙처리장치에서 실행한 프로그램과 자료들을 일시적으로 저장하는 기억장치이다. 주 기억장치에 있는 프로그램 명령을 차례대로 중앙처리장치에 보내고 명령에 따라 자료들을 읽어서 처리 결과를 다시 주 기억장치에 저장한다. 주 기억장치에는 RAM, ROM 등이 사용되고 있으며 영상과 인공지능을 처리하기 위하여 HBM 등이 보조로 사용되고 있다.

(4) 보조기억장치

보조기억장치(Auxiliary Memory)는 주 기억장치를 보조하는 기억장치로서 자료를 저장하는 하드 디스크, 테이프, CD-ROM, DVD, USB 등이 있다.

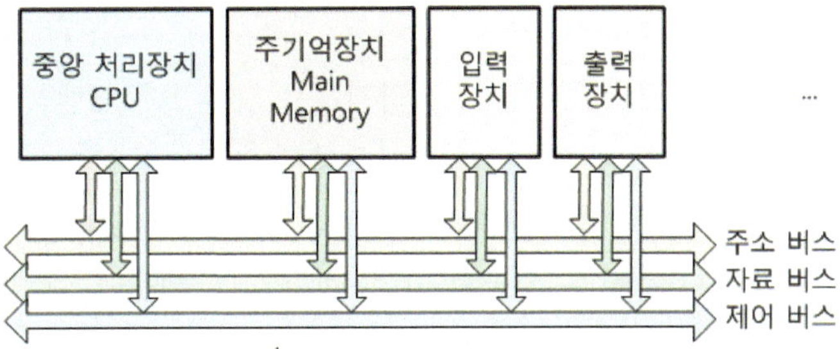

[그림 2.6] 시스템 버스를 통한 자료 전송

(5) 시스템 버스

시스템 버스(System Bus)는 중앙처리장치, 주 기억장치, 보조기억장치, 입출력장치 간 자료를 전송하기 위한 통행로이다. 버스는 자료가 이동하는 길이기 때문에 이동 속도가 빠를수록 효과적이다. [그림 2.6]과 같이 시스템 버스는 자료를 장치 간에 이동하는 자료 버스와 장치들의 주소를 지정하는 주소 버스와 제어 명령을 전송하는 제어 버스로 구성된다. 주소 버스는 특정한 장치에 자료를 전송하기 위해서 그 주소를 전달하고 설정하는 통로이다. 가장 먼저 그 장치의 물리 주소를 알아야 자료를 전송할 수 있기 때문이다. 자료 버스는 주어진 주소로 자료가 이동하는 통로이다. 주 기억장치와 중앙처리장치 그리고 입출력 장치들 사이에서 자료를 보낼 장치의 주소가 설정되어야 전송이 가능하다. 제어 버스는 자료를 전송받을 장치의 주소가 설정되고, 자료 버스를 통해 보낼 자료가 준비되었을 때 자료 전송을 위한 제어 명령을 보내는 통로이다. 제어 명령이 전송되어야 자료가 전송된다.

(6) 입력장치

입력장치는 자료를 컴퓨터가 이해할 수 있도록 전기 신호를 주는 장치이다.

주요 입력장치로는 키보드, 마우스, 마이크 등이 있다. 또는 자료를 전송해주는 디스크, USB, SD 카드 등의 기억장치들이 있다.

(7) 출력장치

출력장치는 컴퓨터 자료를 출력할 때 받아주는 장치이다. 프린터와 모니터 같은 장치들은 사람이 이해할 수 있는 문자와 영상 등을 표현하는 장치이고, 디스크와 USB 같은 장치들은 출력 자료를 저장하는 기억장치들이다. 주요 출력장치로는 프린터, 모니터, 스피커, 디스크, USB, SD 카드 등이 있다.

2 시스템 소프트웨어

하드웨어를 동작시키는 것은 소프트웨어이다. 운영체제는 다른 프로그램들이 하드웨어를 잘 사용하도록 지원하는 프로그램이다. 시스템 소프트웨어는 사용자들이 시스템의 자세한 내용을 모르고도 컴퓨터를 쉽게 사용할 수 있도록 지원하는 프로그램이다. [그림 2.7]과 같이 시스템 소프트웨어의 역할은 응용 프로그램들이 하드웨어를 잘 사용할 수 있도록 지원하는 프로그램이다. 운영체제는 하드웨어를 제어하고 관리하는 프로그램이므로 시스템 소프트웨어에 속하지만, 워낙 중요성이 커서 시스템 소프트웨어에서 분리해서 다루는 경향이 있다.

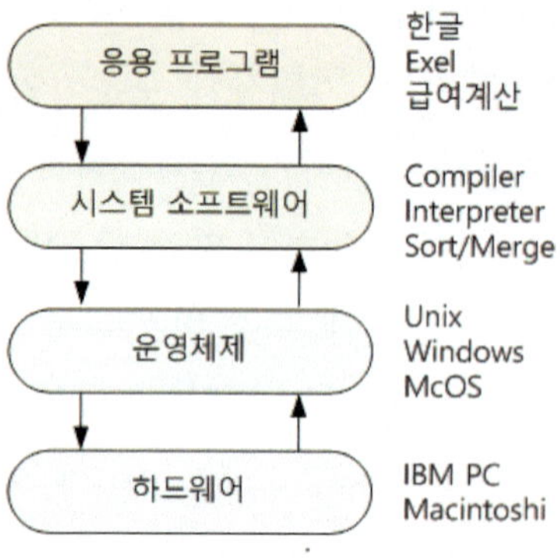

[그림 2.7] 시스템 소프트웨어의 역할

시스템 소프트웨어에는 언어지원 프로그램, 유틸리티, 장치 드라이버, 미들웨어 등이 있다. 언어지원 프로그램은 응용 프로그램을 번역하여 실행 코드를 만들어준다. 어셈블러, 컴파일러, 인터프리터, 프리프로세서 등이 여기에 해당한다. 유틸리티들은 다른 프로그램들이 공통으로 자주 사용하는 기능들을 모듈로 만들어서 사용자나 응용 프로그램들을 지원한다. 유틸리티에는 정렬/병합(sort/merge), 파일 압축, 디스크 관리 프로그램 등이 있다. 미들웨어는 응용 프로그램과 체제가 다른 두 시스템 사이에서 쉽게 사용하도록 연결해 주는 기능을 하는 프로그램이다.

(1) 언어지원 프로그램

소스 프로그램을 컴퓨터에서 실행하기 위해서는 기계가 이해할 수 있는 기계어 코드로 변환해주어야 한다. 이와 같이 프로그램을 기계어로 변환해주는 언어지원 프로그램에는 컴파일러와 인터프리터가 있다. 컴파일러(Compiler)는 컴파일러는 소스 프로그램을 모두 기계어로 번역하는 임무를 수행한다.

Pascal, C 등이 컴파일러에 의한 프로그래밍 언어이다. 인터프리터(Interpreter)는 인터프리터는 소스 프로그램의 명령어를 한 줄씩 번역해서 기계어로 만들고, 즉시 기계어 명령을 실행하는 프로그램이다. Python, Basic 등이 인터프리터에 의한 프로그래밍 언어이다.

(2) 유틸리티

유틸리티(utility) 소프트웨어는 시스템을 관리하기 위해 많은 사용자가 자주 사용하는 기능을 지원하기 위해서 만든 프로그램이다. 예를 들어, 정렬/병합, 바이러스 검사, 파일 관리, 디스크 관리, 시스템 모니터링, 백업 도구 등이 포함된다.

(3) 장치 드라이버

장치 드라이버(Device Driver)는 특정 하드웨어 장치를 운영체제와 연결해 주는 소프트웨어이다. 컴퓨터에 연결된 입출력 장치들을 구동하기 위해서는 운영체제가 이들에 대한 정보를 갖고 있는 장치 드라이버를 사용해야 한다. 이 장치 드라이버는 [그림 2.8]과 같이 운영체제 안에 있으면서 해당 외부장치 안에 설치되어 있는 펌웨어와 협력하면서 임무를 수행한다. 새로운 프린터를 구매했다면 운영체제가 스스로 해당 프린터의 장치 드라이버를 설치하고 프린터의 펌웨어와 통신하면서 서비스를 제공한다.

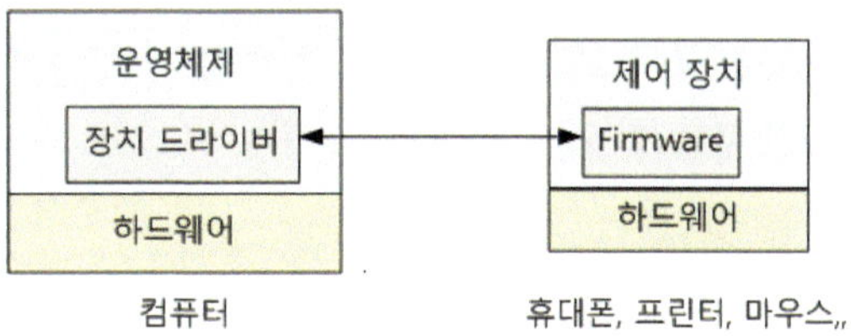

[그림 2.8] 장치 드라이버와 펌웨어의 관계

T·I·P 펌웨어Firmware

펌웨어는 하드웨어를 제어하고, 운영하는 데 필요한 명령들로 하드웨어에 내장된 소프트웨어 프로그램이다. 하드웨어에 내장된 이유는 하드웨어에 가장 기본적인 저수준의 기능들을 관리하기 때문에 정비와 운영에 편리하기 때문이다. 통상적으로 ROM (Resd Only Memory)에 고정되어 저장되어 있다. 그러나 하드웨어에 장착된 칩 속에 내장된 프로그램이므로 저수준 언어로 작성되어 있어 일반적인 프로그램과는 다르다.

펌웨어의 특징은 다음과 같다.

1) 통상적으로 읽기 전용 메모리(ROM, EEPROM, 플래시 메모리 등)에 저장되어 장치와 함께 제공된다.
2) 특정 전기장치에 적합하게 설계되어 그 장치의 기능을 실행하기 위해 최적화된다.
3) 펌웨어는 장치에 전원을 넣는 순간부터 동작을 시작한다.

휴대폰의 펌웨어는 전화, 카메라, 디스플레이 등 기본적인 부품들의 동작을 관리한다. 컴퓨터 BIOS는 컴퓨터를 켤 때 중앙처리장치가 처음 실행하는 펌웨이다. 컴퓨터를 초기화하고 운영체제를 적재하는 기능을 수행한다. 냉장고, 세탁기, 텔레비전 등의 가전제품들은 자신의 특성에 맞는 펌웨어를 내장하여 기계장치를 제어한다.

펌웨어는 장치의 기본 동작을 지원하기 때문에 정확한 기능과 효율적인 관리를 위해 필수적이다. 전자장치를 제작하는 회사들은 제품이 출하된 이후에 발생하는 오류들을 해결하기 위하여 펌웨어를 수시로 인터넷에 올려놓고 사용자들에게 갱신할 것을 알려준다.

2.3 중앙처리장치

컴퓨터의 중앙처리장치(CPU)는 주 기억장치에서 프로그램의 명령어와 자료를 가져와서 명령어를 해독한 후에 연산을 실행하는 장치이다. 중앙처리장치는 연산을 실행하는 산술논리장치와 임시로 실행할 명령과 자료를 저장하는 레지스터와 명령을 실행하는 동작을 제어하는 제어장치로 구성된다. [그림 2.9]는 대표적인 중앙처리장치인 인텔에서 생산하고 있는 Core 마이크로프로세서의 한 종류이다.

마이크로프로세서는 중앙처리장치를 한 개의 칩으로 구현한 것으로 제어장치, 산술논리장치, 레지스터 등을 작은 공간에 집적시켜 놓은 것이다.

[그림 2.9] 인텔 Core 마이크로프로세서

1 중앙처리장치의 구성

중앙처리장치의 구성은 [그림 2.10]과 같이 제어장치, 산술논리장치, 레지스터들로 구성된다.

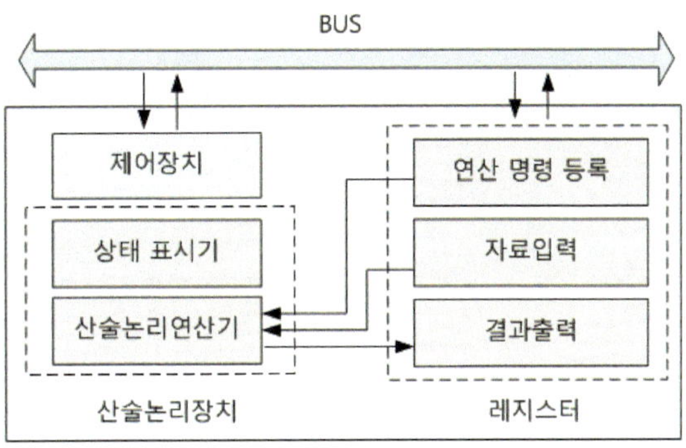

[그림 2.10] 중앙처리장치의 구조

(1) 산술논리장치

산술논리장치(ALU, Arithmatic Logic Unit)는 상태표시기(status flag)와 산술논리연산기로 구성된다. 상태표시기는 현재 실행되고 있는 연산 상태를 표시하고, 산술 연산 논리기는 레지스터에 저장된 자료들을 대상으로 산술 연산과 논리 연산을 실행하는 장치이다.

(2) 레지스터

레지스터(Register)는 처리장치에서 실행할 명령어와 자료들을 임시로 저장하는 작은 기억장치이다. 레지스터는 중앙처리장치와 속도가 비슷한 고속 기억장치이다. 주 기억장치에 있던 프로그램의 명령은 연산 명령 등록 레지스터에 적재되고, 입력 레지스터에는 처리할 자료가 입력된다. 명령이 실행되면 처리 결과가 결과 출력 레지스터에 저장된다.

(3) 제어장치

제어장치(CU, Control Init)는 중앙처리장치가 프로그램을 실행할 수 있도록 각 부품에 처리 신호를 송신하고 처리 결과를 신호로 받고 확인함으로써 처리 절차의 모든 과정을 관리한다.

2 중앙처리장치의 동작

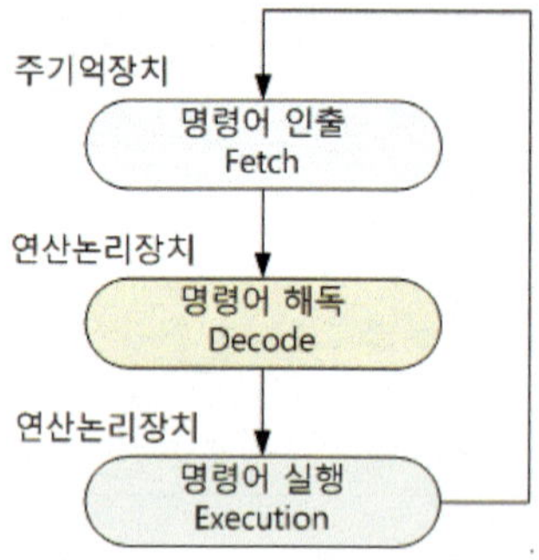

[그림 2.11] 중앙처리장치의 명령어 사이클

중앙처리장치는 [그림 2.11]과 같이 주 기억장치에서 명령어를 인출하고, 명령어의 내용을 해독하고, 명령어를 실행하는 3단계의 사이클을 반복하는 장치이다. 따라서 명령어를 실행하는 시간은 명령어 인출 시간과 해독 시간과 실행 시간을 합한 시간이다. 한 명령어 실행이 끝나면 다음 명령어를 찾는 사이클이 시작된다.

2.4 기억장치

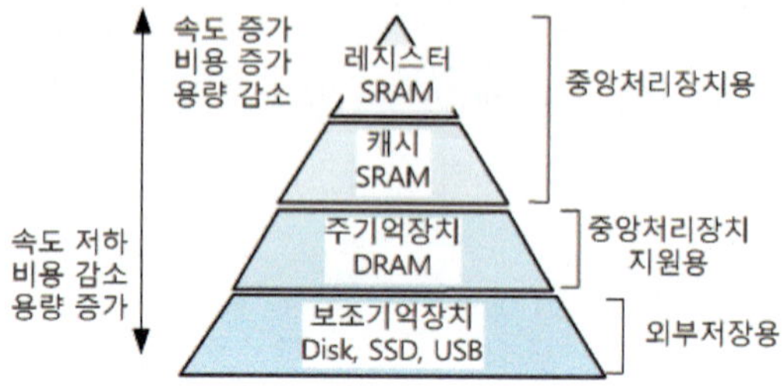

[그림 2.12] 기억장치의 계층

기억장치는 컴퓨터가 정보를 처리하기 위해 프로그램을 실행할 때 필요한 명령어들과 자료들 그리고 처리 결과를 저장하기 위한 공간이다. 중앙처리장치에서 사용할 명령과 자료들을 일시적으로 저장하는 공간을 레지스터라고 하고, 중앙처리장치에서 연산이 수행되기를 기다리는 프로그램과 자료를 기억하는 공간을 주 기억장치라고 하고, 레지스터에 미리미리 자료를 대기시켜놓는 기억 공간을 캐시(cache)라고 하고, 그 이외에 자료를 저장하는 기억장치들을 보조기억장치라고 한다. 기억장치는 [그림 2.12]와 같이 고속인 것부터 저속인 것까지, 저가격에서 고가격까지, 저 용량에서 고용량까지 다양한 소재들로 구성되어 있다. 중앙처리장치는 신속하게 자료를 처리해야 하므로 레지스터와 같은 고속의 기억장치를 사용하고, 외부 저장용 기억장치는 처리 속도가 크게 중요하지 않으므로 저속의 보조 기억장치들을 사용한다. 주 기억장치는 레지스터보다는 느리지만 보조기억장치보다는 빠른 중간 속도의 기억장치들을 사용한다.

1 주 기억장치

주 기억장치는 컴퓨터 하드웨어를 관리하는 운영체제 프로그램이 상주하는 기억 공간이다. 응용 프로그램을 중앙처리장치에서 명령어 단위로 실행하기 위해 전체 명령어들과 함께 처리 대상인 자료들을 넣어두는 핵심 장치이다. [그림 2.13]은 주 기억장치에서 프로그램을 실행하고 과정에서 관련 장치들과의 자료의 흐름을 보여준다. 프로그램을 실행하기 위해서는 주 기억장치에 프로그램 공간과 입력 자료 공간, 출력 자료 공간 등을 확보해야 한다. 명령어와 입력 자료는 캐시를 통하여 산술논리장치에서 연산이 실행되고 결과는 출력공간에 저장되고 다시 출력장치를 통하여 제시된다.

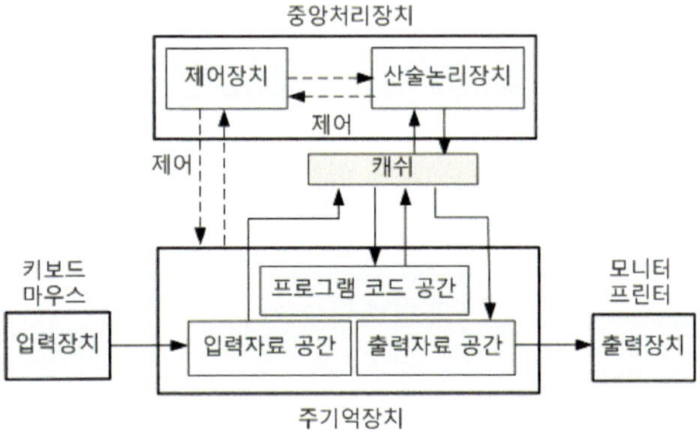

[그림 2.13] 주 기억장치의 동작 흐름

주 기억장치의 소재는 마그네틱 코어(Magnetic Core)로 시작되어 트랜지스터를 거쳐 초고집적도 칩으로 바뀌었다. [그림 2.14]와 같이 마그네틱 코어는 자성을 가진 고리(코어)를 만들고 그사이에 수직과 수평으로 연결된 전선을 깔아서 필요한 코어를 자화 시키거나 비 자화 시켜서 자료를 저장할 수 있었다. 그러나 제작하는 비용이 너무 비싸서 1970년대부터는 반도체에 밀려 사라졌다.

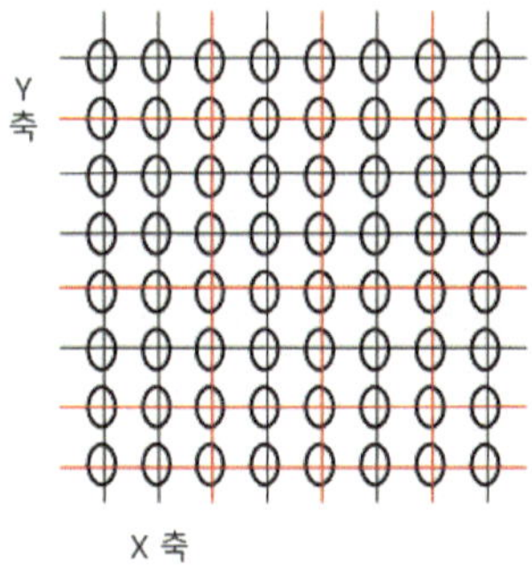

[그림 2.14] 마그네틱 코어

(a) 16G 메모리 3200MHz

(b) 32G 메모리 3200MHz

[그림 2.15] DDR4 DRAM 주 기억장치

(1) RAM

DRAM(Random Access Memory)은 전원이 끊어지면 기억이 사라지는 휘발성 기억장치이다. 따라서 기억이 사라지기 전에 주기적으로 전원을 공급해주어야 한다. 이런 단점을 해결하기 위해서 전원이 끊어져도 기억이 유지되는 SRAM(Static Access Memory)가 개발되었다. RAM 중에서는 DRAM(Dynamic RAM)이 주 기억장치로 주로 사용된다. SRAM은 속도는 빠른 대신에 가격이 비싸다는 단점이 있다. 캐시와 같이 용량이 작고 빠른 속도가 필요한 경우에는 SRAM을 사용하고 대용량과 비교적 저속도가 허용되는 주 기억장치에는 DRAM이 사용된다. [그림 2.15]와 같이 DRAM은 같은 크기의 다양한 용량의 제품이 생산되고 있다.

(2) ROM

ROM(Read-Only Memory)은 전원 공급이 중단되어도 자료가 지워지지 않는 비휘발성 기억장치이다. ROM은 지워지면 안 되는 매우 중요한 프로그램들을 저장하는 용도로 사용된다. 컴퓨터와 전자장치를 시작할 때 꼭 필요한 프로그램과 자료들을 저장하는 데 사용된다. ROM에는 Masked ROM, PROM 등 다양한 종류가 사용되고 있다. Masked ROM은 생산 과정에서 자료를 칩에 기록하며 이후에는 변경이 불가한 기억장치이다.

(3) PROM

PROM(Programmable Read-Only Memory)은 사용자가 1회에 한해서 새로운 내용을 기록할 수 있는 ROM이다. 사용자가 PROM 라이터를 이용하여 내용을 기록할 수 있지만 한 번 들어간 내용은 바꾸거나 지울 수 없다. 한 번 기록할 때 회로를 끊어버리기 때문이다.

(4) EPROM

EPROM(Erasable Programmable ROM)은 자외선을 사용하여 자료를 삭제하고 다시 프로그래밍할 수 있는 ROM이다. 투명한 창을 통해 자외선을 쪼여 자료를 지우고, 전기 신호를 통해 다시 프로그래밍할 수 있다.

(5) EEPROM

EEPROM(Electrically EPROM) 은 전기적 방법으로 자료를 지우고 다시 프로그래밍할 수 있다. EPROM보다 자주 자료를 변경할 수 있으며, 전체 칩을 지우지 않고 부분적으로 자료를 수정할 수 있는 장점이 있다. 편리성 때문에 EPROM보다 EEPROM을 많이 사용한다. [그림 2.16]은 대표적인 EEPROM이다.

[그림 2.16] EEPROM

(6) 플래시 메모리

플래시 메모리(flash Memory)는 전원이 끊겨도 정보가 유지되는 비휘발성 기억장치이다. EEPROM의 일종으로, 빠르게 자료를 지우고 쓸 수 있다. 대량의 자료를 저장하고 자주 갱신해야 하는 스마트폰, 태블릿, USB 드라이브, SSD 등에 주로 사용된다.

(7) HBM

HBM(High Bandwidth Memory)은 DRAM을 수직으로 쌓아올린 고성능 메모리 반도체로서 대역폭이 높은 성능을 제공하는 기억장치이다. 대역폭이 높아서 빠른 속도로 대용량의 자료를 처리할 수 있으므로 인공지능과 같이 대량으로 고속 처리해야 하는 컴퓨터에서 매우 중요하다. 기존의 기억장치들이 2차원의 공간을 차지한다면 고대역폭 기억장치들은 2차원의 기억장치를 수직으로 쌓아서 3차원 방식으로 속도와 용량을 대폭 증가시켰다. HBM은 저 전력과 함께 작은 크기로 인공지능 수요를 충족하고 있다.

2 캐시 메모리

중앙처리장치에서 레지스터를 사용할 때 주 기억장치에 접근하는 시간이 많이 소요되는 것을 줄이기 위해서 캐시(cache) 메모리를 사용한다. 주 기억장치용으로는 RAM, ROM, EPROM, flash memory 등이 있다. 보조기억장치로는 하드 디스크, 테이프, USB, CD, DVD 등이 있다. 캐시는 [그림 2.17]과 같이 중앙처리장치와 주 기억장치의 속도 차이로 인하여 발생하는 비효율을 개선하기 위해서 주 기억장치의 자료를 미리미리 대기시켜놓는 기억장치이다.

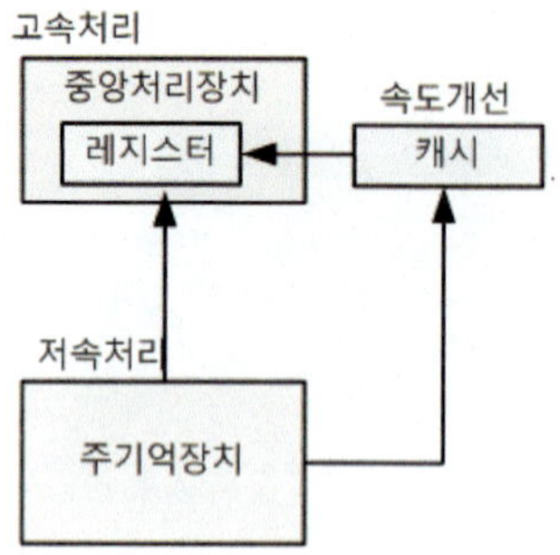

[그림 2.17] 캐시 기억장치의 역할

3 보조기억장치

보조기억장치는 주 기억장치를 보조하기 위한 기억장치이다. [표 2.2]와 같이 하드 디스크, CD, DVD, USB, SD 카드, SSD 등이 사용된다.

[표 2.2] 보조기억장치의 분류와 특징

분류	종류	특징
자기 디스크	하드 디스크	저렴하고 대용량
광디스크	CD	레이저 광선으로 읽기 전용, 700MB
	DVD	17GB까지 영상 수록을 위한 대용량
	Blu-ray Disc	50GB까지 초고 대용량
플래시 메모리	USB	휴대 편리, 보안과 분실 위험
	SD 카드	휴대가 편리하나 분실 위험
	SSD	저전력, 고속도, 저소음, 휴대 편리

(1) 하드 디스크

하드 디스크(Hard Disk)는 플라스틱이나 금속의 원판에 자성 물질을 코팅시켜 여러 장을 하나의 축으로 고정시키고 회전시키는 대용량의 저렴한 기억장치이다. 하드 디스크는 주 기억장치를 지원하기 위하여 컴퓨터가 가동되면 즉시 기능을 수행한다.

(2) CD

CD(Compact Disc)는 대부분 직경 120mm의 원판 디스크에 미세한 홈을 만들어 홈과 평평한 부분으로 자료를 나타낸다. CD 플레이어는 디스크를 돌리면서 레이저 광선을 쏘아서 홈에 담긴 자료를 읽는 장치이다. 기본적으로 읽기 전용이므로 CD-ROM이라고 하지만 여러 번 자료를 기록하는 CD도 있다. 표준 CD는 대략 700MB의 자료를 저장할 수 있다.

(3) DVD

DVD(Digital Vesatile Disk)는 대용량의 영상을 저장하기 위해서 만든 디스크 장치이다. CD와 유사한 구조지만 홈을 촘촘하게 만들어서 CD보다 더 많은 자료를 저장할 수 있고, CD가 한 면만 사용하는 것과 달리 DVD는 양면을 모두 사용한다. 4.7GB에서 최대 17GB까지 저장할 수 있다.

(4) USB

USB(Universal Serial Bus)는 컴퓨터 주변 장치를 연결하기 위한 직렬 버스 규격의 하나이다. USB 포트에 꽂아 쓰는 플래시 메모리를 이용하는 기억장치이다. 2000년대에 처음 나왔을 때는 수백 mega byte로 용량이 작았으나 현재 32GB와 64GB 등이 사용되고 있으며 계속 용량이 증가하고 있다. USB 기억장치는 휴대용으로 많이 사용되고 있어서 편리하지만, 분실과 보안과 내구성에서 문제점이 있다.

(5) SD 카드

SD 카드(Secure Digital Card)는 우표 크기의 플래시 메모리로 만들어서 휴대용 장치에 사용하기 좋은 기억장치이다. 처리 속도가 빠르고 암호 설정이 가능하여 보안에 강하다. 마이크로 SD 카드는 [그림 2.18]과 같이 손톱 크기라서 더욱 작고 가볍다. 미국 SanDisk, 일본 Toshiba와 Matsushita가 공동 개발하였다.

(a) SD 카드 (b) micro SD 카드

[그림 2.18] SD 카드와 micro SD 카드

(6) SSD

SSD(Solid State Drive)는 NAND 기반의 플래시 메모리를 사용하므로 움직이는 부품이 없기 때문에 속도가 빠르고, 전력 소모가 적고, 소음이 작다. 성능 면에서 인기가 많지만, 단위 용량 당 비용이 비싸다. SSD는 수 GB에서 수 TB까지 다양한 저장 용량을 제공한다. 개인용 컴퓨터 부팅용으로 사용되고, 고속을 요구하는 응용 분야에 사용되며, 저 전력을 사용하므로 휴대용으로 적합하다.

2.5 입출력장치

입력장치는 자료를 입력하고 출력장치는 출력을 담당하지만, 입력과 출력을 동시에 할 수 있는 장치들이 있기 때문에 입출력장치라는 말을 사용한다.

1 입력장치

입력장치는 컴퓨터 외부에 있는 자료를 주 기억장치로 이동시키는 장치이다.

- 키보드(keyboard) : 타자기 자판과 유사한 형태의 입력장치이다. 문자, 숫자 그리고 특수문자들을 입력할 수 있다.
- 마우스(Mouse) : 컴퓨터 화면에서 포인터를 움직이거나 클릭하여 자료를 입력한다.
- 스캐너(Scanner) : 종이에 있는 활자나 그림들의 영상 자료를 읽어서 주 기억장치로 전달하는 입력장치이다.
- 3차원 스캐너(3D Scanner) : 레이저 또는 빛을 대상 물체에 투사하여 반사된 신호로부터 얻은 3차원 영상 정보를 컴퓨터에 입력해주는 장치이다. 3차원 정보가 입력되면 3D 프린터로 출력이 가능하다.
- 타치 스크린(Touch screen) : 컴퓨터 화면에서 손가락으로 꾹꾹 눌러서 자료를 입력시키는 장치이다. 사용이 편리해서 휴대폰 등 모바일 기기에서 많이 사용되고 있다.
- 조이스틱(Joystick) : 막대와 손잡이를 움직여서 자료를 입력하는 입력장치이다. 주로 게임에서 많이 사용한다.

2 출력장치

출력장치는 주 기억장치에 있는 자료를 컴퓨터 외부로 내보내는 장치이다.

- 모니터(Monitor) : 주 기억장치에 있는 자료를 시각적인 화면으로 보여주는 출력장치이다. 모니터는

색을 내는 방식에 따라 LCD, OLED 등으로 형태가 나뉘는데 컴퓨터 모니터는 주로 LCD이다.

- 스피커(Speaker) : 주 기억장치에 있는 전기적인 소리 신호를 인간이 들을 수 있는 소리나 음악으로 바꾸어 출력하는 장치이다.
- 프린터(Printer) : 주 기억장치에 있는 문자 정보를 종이에 인쇄하는 출력장치이다. 레이저 프린터와 잉크젯 프린터를 주로 사용한다.
- 3D 프린터 : 주 기억장치에 있는 물체의 입체 정보를 3차원의 입체적인 물품으로 생성해주는 출력장치이다. 3D 프린터는 기업에서 시제품을 제작하는데 매우 편리한 도구로 사용되고 있다. 시제품을 만들기 위한 부품들은 매우 소량이기 때문에 일반 공장에서는 만들어주지 않기 때문에 시제품 제작이 유용하다.

3 입출력 공용장치

하드 디스크, 테이프, USB 등은 입력장치로도 사용되고, 출력장치로도 사용되는 대표적인 입출력 공용장치들이다.

2.6 병렬 처리 컴퓨터

현대 컴퓨터의 특징 중의 하나는 병렬 처리다. CPU를 여러 개 장착하거나 CPU 안에 처리기를 여러 개 장치하거나 컴퓨터 자체를 여러 대 연결하여 병렬 처리하는 것이 슈퍼컴퓨터 한 대를 운영하는 것보다 가성비가 좋기 때문이다. 이런 작업을 잘해서 성공한 회사 중의 하나가 구글이다. 구글은 창업 초기에 값싼 개인용 컴퓨터들을 묶어서 병렬 처리하는 서버들을 구축한 것으로 유명하다.

병렬 처리 컴퓨터(parallel computer)는 여러 프로세서가 동시에 작업을 수행하여 처리 속도를 향상시키는 기술이다. 병렬 처리는 대규모 연산 작업을 빠르게 수행해야 하는 과학, 공학, 자료 분석, 인공지능 등 다양한 분야에서 중요한 역할을 한다.

2.6.1 병렬 처리 개념

병렬 처리는 작업을 여러 작은 단위로 분할하고 각 단위를 동시에 실행하여 전체 작업 시간을 단축하는 처리 방법이다. 여러 개의 작은 작업을 대상으로 여러 처리기를 동시에 사용하여 작업을 수행한다. 병렬로 실행할 수 있는 독립적인 작업 단위를 태스크(task)라고 한다.

1 병렬 처리의 유형

병렬 처리를 하는 것은 여러 작업을 나누어 동시에 처리하는 기술이다. 작업을 나누는 기준은 자료들을 나누거나, 작업을 여러 처리기에서 나누어 처리하거나, 하나의 작업을 여러 단계로 나누어 처리하는 것이다. 작업을 나누는 기준은 자료의 성격이나, 작업의 성격이나, 작업 자체의 성격에 따라 [표 2.3]과 같이 3가지로 분류한다.

[표 2.3] 병렬 처리 유형

유형	내역
자료 병렬 처리	동일한 작업의 자료들을 여러 개로 나누어 동시에 처리
태스크 병렬 처리	여러 작업을 여러 처리기에 동시에 나누어 처리
파이프라인 병렬 처리	하나의 작업을 여러 단계로 나누어 동시에 처리

자료 병렬 처리(Data Parallelism)는 동일한 작업을 여러 자료 조각에 대해 병렬로 수행하는 것이다. 실례로 대규모 배열의 모든 요소에 대해 동일한 연산을 수행하는 데 적합하다. 태스크 병렬 처리(Task Parallelism)는 각 작업이 독립적이거나 상호 의존성이 최소화된 상태라면 서로 다른 작업을 병렬로 수행하는 것이 매우 효과적이다. 그렇지 않은 경우에는 오히려 부담이 클 수 있다. 파이프라인 병렬 처리(Pipeline Parallelism)는 하나의 작업을 여러 단계로 나누고, 각 단계를 병렬로 처리하는 방식이다. 실례로 자료 스트림 처리 방식이 있다.

2 병렬 처리 컴퓨터 구조

병렬 처리 컴퓨터 구조는 컴퓨터 내부의 다중 프로세서 환경과 대규모 병렬 컴퓨팅 환경인 클로스터 컴퓨팅, 그리드 컴퓨팅, GPU 컴퓨팅 등으로 [표 2.4]와 같이 구분할 수 있다.

[표 2.4] 병렬 처리 컴퓨터 구조

구조	내역
다중 프로세서	여러 개의 프로세서로 나누어 처리
클러스터	독립적인 컴퓨터들을 하나로 묶어서 처리
그리드	분산된 컴퓨터들을 네트워크로 연결하여 처리
GPU 방식	병렬 처리를 위해 다수의 GPU를 설치

(1) 다중 프로세서 시스템

다중 프로세서 시스템(Multi-Processor Systems)은 소규모 환경에서 여러 개의 프로세서를 사용하여 병렬 처리를 향상 시키는 시스템이다. 이 과정에서 멀티코어 CPU를 사용하게 된다. 멀티코어는 연산의 핵심 처리기인 코어(core) 여러 개를 하나의 CPU 안에 집적하여 만든 것이다. 코어에는 캐시 메모리가 들어있다. CPU 안에 코어가 4개일 때는 쿼드코어라고 하는데 실제로 인텔에서는 코어를 8개씩 또는 20개씩 넣어서 제작한다. [그림 2.19]와 같이 프로세서들은 메모리와 버스를 공유한다.

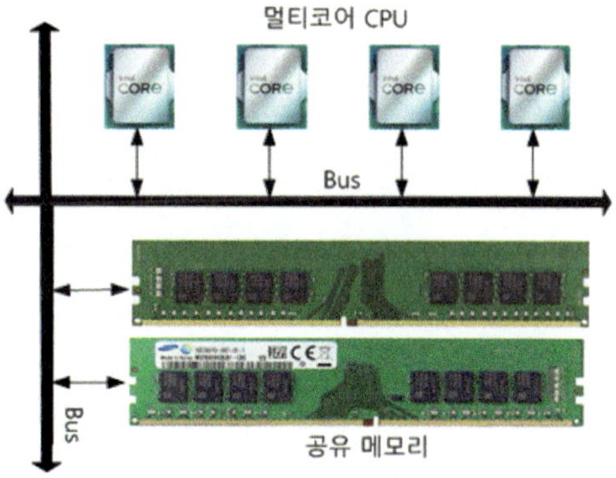

[그림 2.19] 다중 프로세서 시스템

(2) 클러스터 컴퓨팅

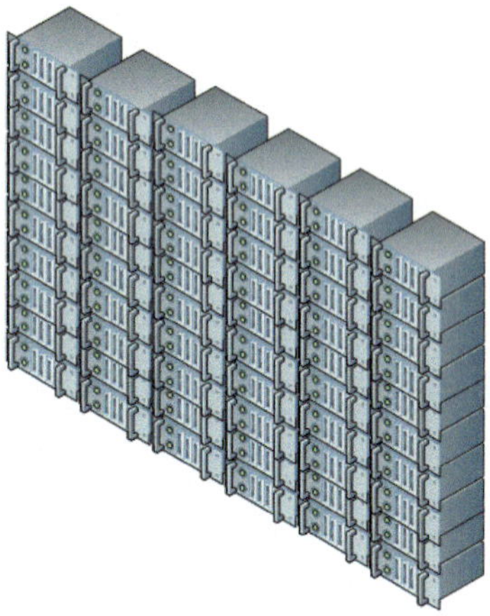

[그림 2.20]클러스터 컴퓨터 구성

클러스터(Cluster)는 독립적인 컴퓨터(노드)를 수십 대에서 수천 대까지 연결하여 하나의 컴퓨터로 사용하는 기술이다. [그림 2.20]과 같이 컴퓨터들을 근거리 통신망(LAN)으로 연결하여 하나의 대형 멀티프로세서로 구성하여 병렬적으로 작업을 수행하는 방식이다. 네이버, 아마존, 구글, 페이스북 등의 IT 대기업에서 사용하고 있는 방식이다. 클러스터는 클라우드 서비스를 제공할 때 가장 기본적인 병렬 처리 구조이다. 고성능 계산을 하거나, 데이터베이스 서버, 웹 서버, 기계 학습을 할 때 유용하다. 이세돌과 바둑을 둔 알파고(Alphgo) 프로그램은 CPU가 1,920개, GPU가 280개 사용된 클러스터 컴퓨터에서 가동되었다.

(3) 그리드 컴퓨팅

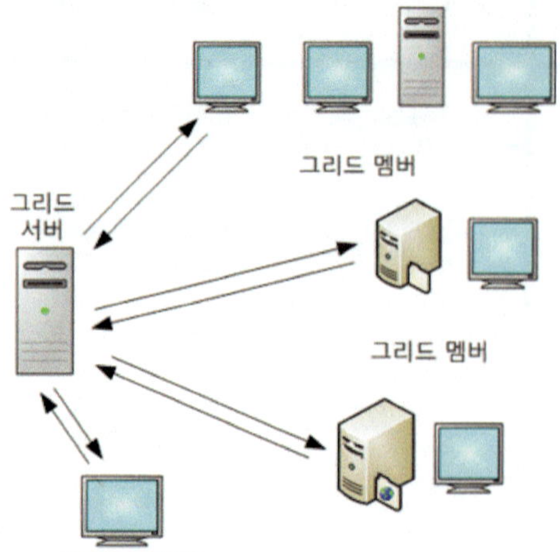

[그림 2.21] 그리드 컴퓨터 구성도

그리드 컴퓨팅(Grid Computing)은 지리적으로 분산된 여러 시스템을 네트워크로 연결하여 자원을 공유하고 병렬 처리를 수행하는 기법이다. 이기종(heterogeneous)의 컴퓨터 자원들을 통신망으로 연결하고 작업을 여러 개로 나누어 여러 컴퓨터에 의뢰하고 처리 결과를 통합하는 방식이다. 그리드 컴퓨팅은 프로세서 파워보다 이를 효과적으로 운용할 수 있는 소프트웨어가 훨씬 더 중요하다. [그림 2.22]와 같이 그리드 사용자가 그리드 서버에게 병렬처리 작업을 의뢰하면 그리드 서버는 작업을 그리드 멤버들에게 분배하고 처리 결과를 받아서 취합하는 구조이다. 대규모 자료를 분석하거나 금융 서비스를 하거나 대규모 헬스케어 작업을 할 때 유용하다.

(4) GPU

[그림 2.22] GPU

병렬 처리를 위해 전문적으로 설계한 GPU 프로세서를 사용하는 방식이다. GPU와 메모리, 입출력장치 등이 세트로 구성된 그래픽 보드가 유통되고 있다. GPU에는 수천 개의 산술논리장치(ALU)가 탑재되어 '대량의 연산을 병렬로 처리하는 작업'에 강점이 있다. NVIDIA는 [그림 2.22]와 같은 GPU 설계에 성공하여 인공지능 처리에 많은 효과를 보고 있다. GPU는 다중 프로세서 시스템의 확장판이다.

3 병렬처리 메모리 모델

[표 2.5] 병렬 처리 메모리 모델

모델	내역
공유 메모리	모든 프로세서가 집중된 대형 메모리를 공유
분산 메모리	독립된 컴퓨터들을 분산하여 설치하고 협력 처리
하이브리드	공유 메모리 모델과 분산 메모리 모델의 혼합형태

병렬 처리를 수행할 때 다수의 메모리를 다수의 프로세서에 배치하는 방식에 따라 [표 2.5]와 같이 처리 모델이 분류된다.

(1) 공유 메모리 모델

공유 메모리 모델(Shared Memory Model)은 모든 프로세서가 [그림 2.23]과 같이 같은 주 기억장치를 공유하는 방식이다. 프로세서 간의 통신이 메모리를 통해 이루어지는 편리함이 있다. 실례로 멀티코어(multi core) 프로세서가 이 방식을 사용한다. 웹 서버, 데이터베이스 서버와 같이 스레드 간에 자료를 공유해야 할 때 사용된다. 과학 시뮬레이션, 이미지와 신호 처리, 기계 학습 등에 활용된다.

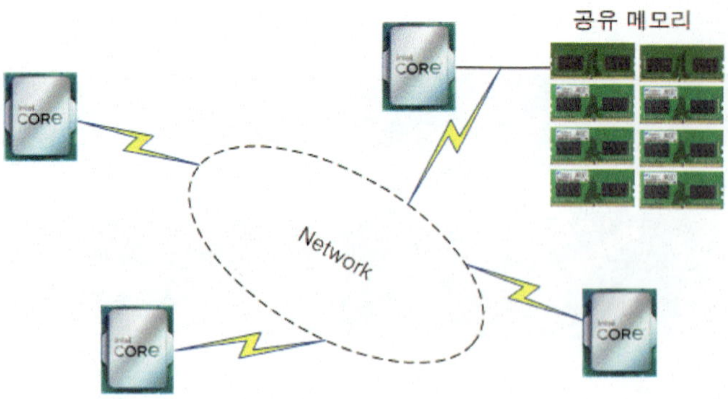

[그림 2.23] 공유 메모리 모델

(2) 분산 메모리 모델

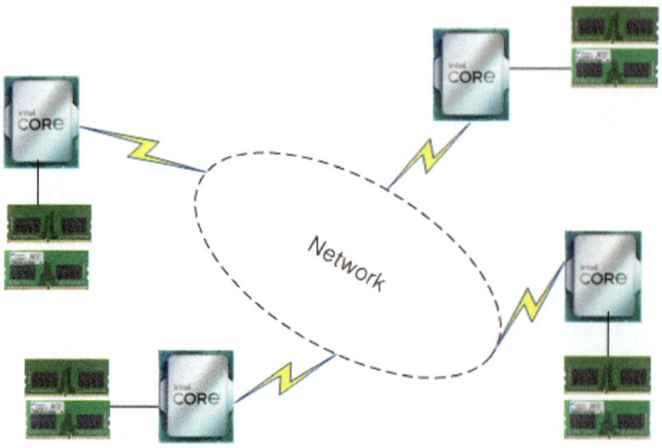

[그림 2.24] 분산 메모리 모델

분산 메모리 모델(Distributed Memory Model)은 각 프로세서마다 [그림 2.24]와 같이 독립적으로 메모리를 배치하는 방식이다. 프로세서 간의 통신은 메시지 전달(message passing)을 통해 이루어진다. 실례로 클러스터 컴퓨팅에서 사용하는 방식이다. 이것은 슈퍼컴퓨터, 클로스터 컴퓨팅, 기후 모델링, 유전체 분석, 데이터베이스 분산 처리, 금융 서비스 등의 분야에서 활용되고 있다.

(3) 하이브리드 모델

하이브리드 모델(Hybrid Model)은 [그림 2.25]와 같이 공유 메모리와 분산 메모리 모델을 혼합하여 사용한다. 실례로 클러스터 내의 각 컴퓨터에는 멀티코어 프로세서로 구성(분산 모델)하고, 전체적으로 공유하는 주 기억장치(공유 모델)를 갖춘 시스템이다. 공유 메모리 모델과 분산 메모리 모델의 장점을 모두 이용하는 방식이다. 분산 공유 메모리라고도 한다.

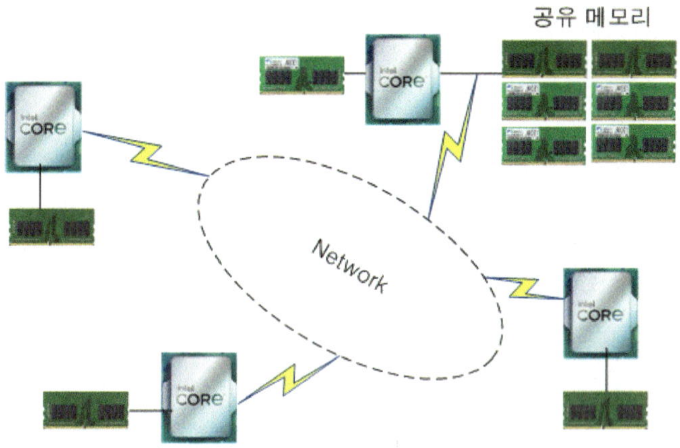

[그림 2.25] 하이브리드 모델

4 병렬 처리 프로그래밍 모델

병렬 처리 프로그램을 실행하는 방식에는 [표 2.6]과 같이 스레드 프로그래밍 방식과 메시지 전달 방식과 병렬 처리 프로그래밍 방식 등이 있다.

[표 2.6] 병렬 처리 프로그래밍 모델

모델	내역
스레드 프로그래밍	하나의 프로세서에서 여러 개의 제어 단위를 실행
메시지 패싱	프로세스 간 통신을 위해 메시지를 전달
프로그래밍 언어 방식	병렬 처리 프로그래밍 언어와 라이브러리

(1) 스레드 프로그래밍

하나의 프로세스에서 여러 개의 제어 단위를 생성하여 처리하는데 그 처리 단위를 스레드(Thread)하고 한다. 스레드 프로그래밍(Thread Programming)은 한 프로세스의 여러 스레드를 병렬 처리하는 방식이다. 실례로 POSIX 스레드, Java 스레드 등이 여기에 해당한다.

(2) 메시지 패싱 인터페이스

메시지 패싱 인터페이스(MPI, Message Passing Interface)는 분산 메모리 시스템에서 프로세서 간의 통신을 위해 사용되는 라이브러리를 이용하여 메시지를 전달하는 방식이다. 프로세서 간의 메시지 교환을 통해 병렬 처리 작업을 수행한다.

(3) 병렬 처리 프로그래밍 언어

병렬 처리 프로그래밍을 지원하는 OpenMP[4], CUDA[5], OpenCL[6] 등의 프로그래밍 언어와 라이브러리를 이용하는 방식이다. 병렬 처리의 장점은 작업을 병렬 처리로 수행하여 처리 속도가 크게 향상되는 점이다. 필요하면 더 많은 프로세서를 추가하여 성능을 향상 시킬 수 있는 확장성이 있다. 그러나 병렬 처리는 병렬 처리 알고리즘의 설계와 구현이 복잡하다는 단점이 있다. 프로세서 간의 통신비용이 발생하여 오버헤드가 될 수 있다. 여러 프로세서 간의 자료 일관성을 유지하기 위해서 동기화 필요성이 크게 대두된다. 병렬 처리 컴퓨터는 대규모 자료처리와 복잡한 계산 작업을 효율적으로 수행하기 위해 필수적인 기술이다. 사람들이 인공지능에 질의했을 때 신속하고 정확하게 답변이 나와야 하므로 인공지능 시대에는 컴퓨터 처리의 핵심 요소가 되고 있다.

---

4 OpenMP((Open Multi-Processing) : 공유 메모리 다중 처리 프로그래밍 API로, C, C++, 포트란 언어와, 유닉스 및 마이크로소프트 윈도우 플랫폼을 비롯한 여러 플랫폼을 지원.

5 CUDA(Compute Unified Device Architecture) : GPU에서 수행하는 (병렬 처리) 알고리즘을 C 프로그래밍 언어를 비롯한 산업표준 언어를 사용하여 작성할 수 있도록 하는 GPGPU 기술.

6 OpenCL(Open Computing Language) : 개방형 범용 병렬 컴퓨팅 프레임워크. CPU, GPU, DSP 등의 프로세서로 이루어진 이종 플랫폼에서 실행되는 프로그램 작성을 지원.

연습문제

1. 튜링 기계의 핵심 요소와 동작 원리를 설명하시오

2. 폰 노이만 구조의 특징과 장단점을 설명하시오

3. 폰 노이만 이전에 프로그램을 실행하던 방식을 설명하시오.

4. 하드와이어드(hardwires) 프로그래밍이란 무엇인가?

5. 하드와이어드 프로그래밍의 실례를 현실에서 찾아서 설명하시오.

6. 폰 노이만 구조 이전의 컴퓨터들을 설명하시오.

7. Harvard Mark I 컴퓨터의 특징과 의미를 설명하시오.

8. ENIAC 컴퓨터의 특징과 의미를 설명하시오.

9. EDSAC 컴퓨터의 특징과 의미를 설명하시오.

10. 중앙처리장치의 내부 구조와 기능을 설명하시오

11. 주 기억장치의 종류와 기능을 설명하시오.

12. 시스템 버스의 종류와 기능을 설명하시오.

13. 시스템 소프트웨어를 정의하고 종류와 기능을 설명하시오.

14. 컴파일러와 인터프리터의 차이점을 설명하시오.

15. 유틸리티를 정의하고 종류와 기능을 설명하시오.

16. 장치 드라이버의 역할을 설명하시오.

연습문제

17. 펌웨어의 기능을 설명하시오.

18. 장치 드라이버와 펌웨어의 관계를 설명하시오.

19. DRAM과 SRAM의 차이를 설명하시오.

20. ROM, PROM, EPROM의 기능과 차이와 용도를 설명하시오.

21. 플래시 메모리가 무엇인지 예를 들어 설명하시오.

22. HBM의 기능과 용도를 설명하시오

23. 캐시 메모리의 역할을 설명하고, 어떤 반도체를 사용하는지 설명하시오.

24. 병렬 처리 프로그래밍 모델을 설명하시오.

25. 병렬 처리 유형을 설명하시오.

26. 병렬 처리 컴퓨터의 구조를 설명하시오.

27. 병렬 처리 메모리 모델을 설명하시오.

28. 공유 메모리 모델과 분산 메모리 모델에 적합한 응용 분야를 설명하시오.

29. 클러스터 컴퓨터와 그리드 컴퓨터가 많이 사용되는 응용 분야들을 제시하시오.

30. 공유 메모리 모델과 분산 메모리 모델이 많이 사용되는 응용 분야들을 제시하시오.

CHAPTER 3

운영체제와 프로그래밍

신이 흙을 빚어서 자신의 형상에 따라 육체를 만들었고 입에 생명을 불어넣어 인간을 만들었다고 한다. 사람은 실리콘을 빚어서 하드웨어를 만들었고, 논리로 코딩하여 소프트웨어를 불어넣어 컴퓨터를 만들었다. 하드웨어가 물질이라면 소프트웨어는 정신이다. 컴퓨터는 점점 인간의 정신 영역을 잠식해 들어가고 있다. 건강한 육체에 건강한 정신이 깃들 듯이 하드웨어가 튼튼해야 소프트웨어도 튼튼하게 돌아간다. 같은 하드웨어라고 해도 소프트웨어에 따라서 하드웨어를 잘 사용할 수 있고, 부실하게 사용할 수도 있다. 옛날과 달리 요즘에는 많은 기계가 전자기계로 바뀌고 있어서 기계를 움직이는 프로그램이 설치되고 있다. 업체들은 기계를 개량하는 방법으로 소프트웨어 업그레이드 프로그램을 제공한다. Windows와 같은 많은 프로그램은 인터넷으로 스스로 자기 자신을 새로운 버전으로 갱신하며 성능을 개량하고 있다.

3.1 소프트웨어

소프트웨어는 문제 해결을 위한 절차와 방법이고, 컴퓨터를 개발하고 운영하기 위한 지식이다. 우리가 현재 사용하고 컴퓨터의 구조는 폰 노이만이 만든 구조이다. 따라서 컴퓨터를 구성하는 중앙처리장치, 주 기억장치, 보조기억장치 등의 물리적인 성능이 좋아질 뿐이지 하드웨어는 혁신을 이루지 못하고 있다. 그러나 소프트웨어는 혁신이 계속되어 큰 효과가 나타나고 있다. 컴퓨터의 궁극적인 목표는 인간

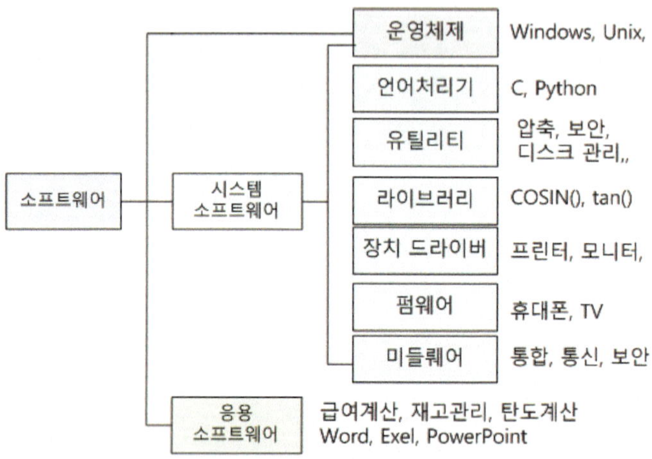

[그림 3.1] 소프트웨어의 분류

처럼 생각하고 행동하는 기계이므로 현대 산업과 경제의 핵심은 인공지능으로 가고 있다. 따라서 소프트웨어의 비중은 계속 확대되고 있다. 소프트웨어를 분류하면 [그림 3.1]과 같이 시스템 소프트웨어와 응용 소프트웨어로 구분할 수 있고, 시스템 소프트웨어는 운영체제와 언어처리기와 유틸리티 등으로 구분할 수 있다.

(1) 시스템 소프트웨어

자동차의 복잡한 구조를 모르고도 자동차를 잘 운전할 수 있는 것처럼 컴퓨터 복잡한 구조를 모르고도 잘 사용할 수 있도록 도와주는 프로그램이 시스템 소프트웨어이다. 시스템 소프트웨어는 하드웨어를 제어하면서 사용자들이 컴퓨터를 잘 사용할 수 있도록 도와주는 일종의 서비스 프로그램이다. Windows와 같은 운영체제가 대표적인 시스템 소프트웨어이다. 이밖에 응용 프로그램을 번역하고 실행 코드로 만들어주는 C 컴파일러, Python 인터프리터 등의 언어처리 프로그램도 여기에 해당한다. 파일을 압축하거나 디스크 공간을 관리하는 프로그램과 컴퓨터와 네트워크의 안전을 지켜주는 보안 프로그램들은 누구나 같은 목적으로 자주 사용한다고 해서 유틸리티(utility) 프로그램이라고 하는데 이들도 역시 시스템 소프트웨어이다. 운영체제도 시스템 소프트웨어이지만 워낙 중요하기 때문에 시스템 소프트웨어와 분리하여 별도로 다루는 경우가 많다.

(2) 응용 소프트웨어

응용 소프트웨어는 현실 문제를 해결하기 위하여 사용되는 프로그램이다.

3.1.1 시스템 소프트웨어

시스템 소프트웨어는 컴퓨터 하드웨어를 관리하며, 응용 소프트웨어가 잘 작동하도록 지원하는 소프트웨어이다. 따라서 시스템 소프트웨어의 성능이 전체 컴퓨터의 성능을 좌우한다고 할 수 있다. [표 3.1]은 시스템 소프트웨어의 구성을 보여준다. [그림 3.2]는 응용 소프트웨어가 시스템 소프트웨어의 지원을 받아서 하드웨어를 사용하는 과정을 보여준다.

[표 3.1] 시스템 소프트웨어 종류

구분	기능
운영체제	하드웨어를 효과적으로 제어하고 관리하기 위한 프로그램
언어처리기	프로그램을 실행시키기 위해 사용하는 프로그램
라이브러리	공동으로 자주 사용하는 프로그램들을 저장해두는 곳
유틸리티	공통으로 자주 사용되는 서비스 프로그램
장치 드라이버	운영체제 안에서 특정 장치를 구동하도록 지원하는 프로그램
펌웨어	전자장치에 내장되어 장치를 제어하는 프로그램
미들웨어	프로그램과 프로그램을 서로 상호 작용해주는 프로그램

(1) 운영체제

운영체제(Operating System)는 컴퓨터의 가장 핵심적인 시스템 소프트웨어로, [그림 3.2]와 같이 하드웨어와 사용자 사이의 중개 역할을 수행한다. 운영체제는 시스템의 기본적인 작업을 관리한다. 운영체제는 사용자와 응용 프로그램이 하드웨어 자원을 효율적으로 사용하고 관리할 수 있도록 지원한다. 이를 통해 컴퓨터 사용이 더욱 편리하게 된다. 대표적인 예로는 Unix, Microsoft Windows, macOS, Linux 등이 있다. 운영체제는 제3.2절에서 더 다루기로 한다.

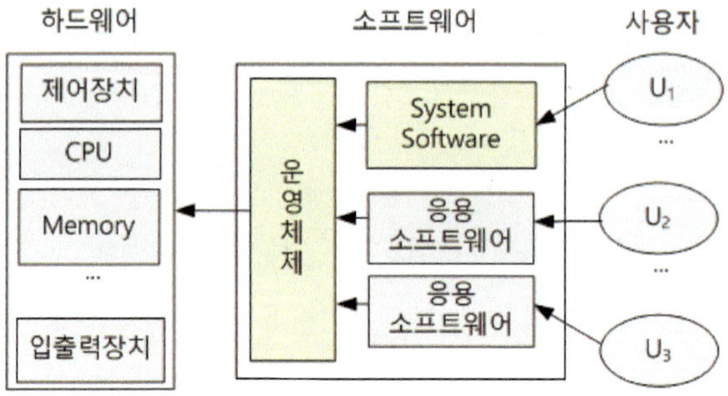

[그림 3.2] 운영체제의 역할

(2) 언어처리기

언어처리기(language processor)는 주로 텍스트 자료를 분석하고 처리하는 소프트웨어를 의미한다. 이것은 인간이 사용하는 언어를 컴퓨터가 이해하고 처리할 수 있는 언어로 변환하는 임무를 수행한다.

언어처리기는 다음과 같이 크게 세 가지 유형으로 나눌 수 있다.

▪ 컴파일러

컴파일러(Compiler)는 고급 프로그래밍 언어로 작성된 코드를 컴퓨터의 하드웨어가 이해할 수 있는 기계어로 전환하는 프로그램이다. 컴파일러는 전체 프로그램 코드를 한 번에 읽고, 오류를 분석한 후 기계어로 변환한다. 여기에 C 언어와 Java 언어 등이 있다. 원시 프로그램을 작성하고 컴파일러를 이용하여 실행하려면 [그림 3.3]과 같이 소스 코드를 컴파일하여 기계어로 변환된 객체 모듈을 만들어야 한다. 객체 모듈을 컴퓨터에서 실행시키려면 주 기억장치에 적재해서 메모리 주소와 연결(binding)해야 한다. 이렇게 연결된 객체 모듈을 실행 모듈이라고 부른다.

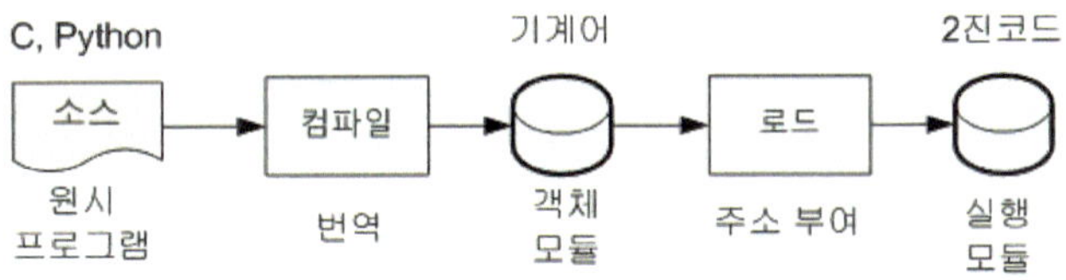

[그림 3.3] 원시 프로그램의 실행 코드 작성 과정

▪ 인터프리터

인터프리터(Interpreter)는 컴파일러와 유사하게 고급 언어로 쓰인 코드를 기계어로 변환하지만, 한 번에 전체 프로그램을 변환하는 대신 한 줄씩 읽고 즉시 실행한다. 이 방식은 프로그램의 오류 탐지를 쉽게 만들지만 실행 속도가 느려진다.

여기에 Python, Java Script, Basic 등이 있다.

▪ 어셈블러

어셈블러(Assembler)는 저급 프로그래밍 언어인 어셈블리 언어를 기계어로 변환한다. 어셈블리 언어는 기계어와 매우 유사하지만, 사람이 이해하기 쉽도록 기호나 단어를 사용하여 표현한다. 어셈블러는 하드웨어 기반으로 제작되므로 컴퓨터 하드웨어마다 존재한다. 언어처리기는 프로그래밍 언어의 구문과 구조를 이해하고, 올바른 실행을 위해 기계어로 번역하는 중요한 임무를 수행한다. 또한, 각 언어의 특성과 사용 목적에 따라 컴파일러, 인터프리터, 어셈블러 중 적절한 도구를 선택하여 사용한다.

(3) 라이브러리

컴퓨터 프로그래밍에서 라이브러리(library)는 일반적으로 재사용할 수 있는 코드 조각, 함수, 클래스, 값, 혹은 기타 유형의 소프트웨어 자산들의 집합을 의미한다. 라이브러리는 특정 작업을 쉽게 수행할 수 있도록 돕는 표준화된 프로그래밍 기능을 제공한다. 라이브러리의 주된 목적은 개발자가 효율적으로 코드를 작성하고 관리할 수 있도록 지원하는 것이다.

라이브러리의 형식은 [표 3.2]와 같은 세 가지가 있다. 소스는 말 그대로 C 언어로 작성된 프로그램은 C 언어 형태로 저장되어 있다. 소스 프로그램을 컴파일하면 기계어로 번역되어 객체 모듈(object module)이 된다. 객체 모듈은 주 기억장치에 적재되지 않아서 실행할 수 없는 상태이다. 객체 모듈을 주 기억장치에 바인딩하면 주소가 할당되어 실행 모듈(execution module)이 된다. 실행 모듈은 언제든지 실행이 가능한 상태이다.

[표 3.2] 라이브러리 형식

형 식	내 역
소스	자료 또는 프로그램의 경우 원시 파일 형태로 저장
객체 모듈	컴파일이 완료되어 기계어 코드 형태로 저장
실행 모듈	주 기억장치에 할당되어 실행할 수 있는 코드 형태로 저장

라이브러리의 종류와 사용 사례는 다음과 같다.

▪ 표준 라이브러리

대부분의 프로그래밍 언어는 자료구조, 알고리즘, 파일 처리 등을 위해 기본적인 기능을 가진 표준 라이브러리(Standard Libraries)를 제공한다. 예를 들어, Python의 표준 라이브러리에는 리스트, 딕셔너리, 세트 같은 자료구조와 파일 읽기/쓰기, 사인과 코사인 등의 삼각함수를 포함한 수학 함수 등 다양한 기능이 포함되어 있다.

▪ 외부 라이브러리

외부 라이브러리(External Libraries)는 외부의 프로그램 개발자들이 자신들의 필요 때문에 만들어 사용하는 라이브러리이다. 이것은 특정 작업을 수행하는 데 필요한 복잡한 기능들을 제공한다. 예를 들어,

자료 분석을 위한 Pandas[1], 머신 러닝 모델을 위한 Scikit-learn[2] 등이 있다. 라이브러리를 사용하여 얻을 수 있는 이점은 [표 3.3]과 같이 매우 효과적이다.

[표 3.3] 라이브러리의 필요성

형 식	내 역
재사용	기존에 개발된 프로그램을 활용할수록 경제적
유지보수	코드를 중앙 관리하는 것이 유지보수에 효과적
확장성	기존 라이브러리를 활용할수록 확장성 우수

재사용이란 개발자가 제작한 프로그램을 자기만 사용하는 것이 아니라 다른 분야에서도 그대로 활용하는 것이다. 라이브러리를 사용하면 같은 코드를 반복해서 작성할 필요가 없으므로 매우 경제적이며, 프로그램 개발 시간을 절약할 수 있다. 중앙 집중화된 코드 덕분에 라이브러리 내의 오류 수정이나 기능 개선이 전체 애플리케이션에 쉽게 적용될 수 있다. 이것은 유지보수를 용이하게 해준다. 프로젝트 규모가 커질 때 라이브러리를 사용하면 추가 기능을 쉽게 통합하고 관리할 수 있다. 따라서 라이브러리는 개발자가 더욱 효율적으로 안정적인 소프트웨어를 만들 수 있는 강력한 도구이다.

(4) 유틸리티

유틸리티(Utility) 소프트웨어는 컴퓨터의 성능을 최적화하고, 시스템 관리와 유지 작업을 지원하는 프로그램이다. 바이러스 검사, 파일 관리, 압축, 시스템 모니터링, 백업 도구 등이 포함된다. 유틸리티는 사용자가 시스템을 더 효율적으로 운영하고 문제를 해결할 수 있도록 지원한다.

(5) 장치 드라이버

장치 드라이버(Device Driver)는 특정 하드웨어 장치를 사용할 수 있도록 운영체제와 연결해 주는 소프트웨어이다. 컴퓨터에 연결된 각각의 하드웨어 장치(프린터, 비디오 카드, 키보드, 마우스 등)는 자신만의 드라이버를 가지고 있어, 이 드라이버를 통해 해당 장치의 기능과 운영체제가 제대로 상호작용할

1 Pandas : 자료 수집, 조작 및 분석에 활용되는 오픈 소스 라이브러리. Python을 기반으로 작동.

2 Scikit-learn : 기계 학습 분야에서 주로 활용되는 오픈 소스 라이브러리. Python을 기반으로 작동

수 있다. 해당 장치에 있는 펌웨어와 협조를 통하여 작업을 쉽게 처리할 수 있다.

(6) 펌웨어

펌웨어(Firmware)는 하드웨어 장치의 내장 소프트웨어로, 장치가 제대로 기능할 수 있도록 기본적인 지침과 제어 논리를 제공한다. 펌웨어는 장치가 처음 켜졌을 때 장치의 처리장치에 적재되며, 장치의 특정 기능을 실행하는 데 필요한 프로그램을 포함하고 있다. 펌웨어는 컴퓨터의 장치 드라이버와 협력하여 작업을 수행한다. 예를 들어, 프린터의 펌웨어는 컴퓨터의 해당 프린터의 장치 드라이버의 인쇄 명령을 받고 작업을 수행한다.

(7) 미들웨어

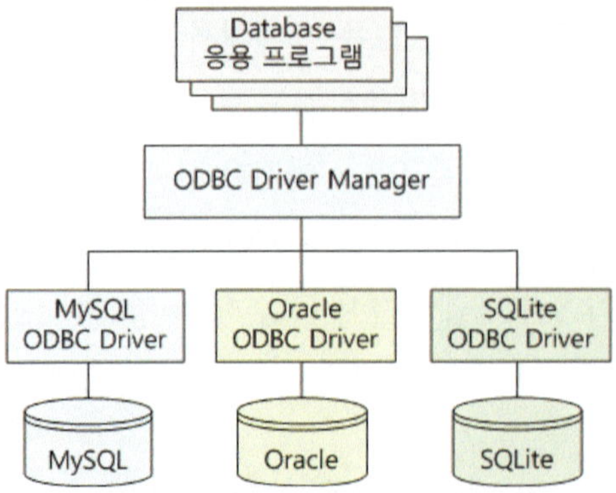

[그림 3.4] ODBC 데이터베이스 미들웨어

미들웨어(Middleware)는 응용 프로그램들이 서로 통신하고 상호 작용할 수 있도록 돕는 소프트웨어 계층이나 서비스이다. 대표적인 미들웨어로 [그림 3.4]와 같이 데이터베이스를 위한 ODBC(Open Database Connectivity)가 있다. 그림에서 응용 프로그램들은 MySQL 등 여러 가지 DBMS를 사용하고 있으므로 DBMS별로 여러 가지 버전의 데이터베이스 프로그램을 사용해야 한다. 그러나 ODBC 미들웨어가 SQL 명령을 DBMS별로 해석해주기 때문에 응용 프로그램들은 하나의 버전으로 MySQL, Oracle, SQLite 등을 모두 사용할 수 있게 되었다. 미들웨어는 위에서와 같이 다양한 환경과 프로토콜을 지원하며, 분산 시스템, 서비스 지향 아키텍처(SOA)[3], 클라우드 컴퓨팅 등의 환경에서 시스템 통합과 통신 등을 위해서 널리 사용된다.

3.1.2 응용 소프트웨어

응용 소프트웨어는 사용자가 특정한 업무나 요구를 충족하기 위하여 개발된 소프트웨어이다. 이것은 시스템 소프트웨어 위에서 실행되며, 시스템 자원을 사용하여 동작한다. 응용 소프트웨어는 [표 3.4]와 같이 응용 분야에 따라서 다양한 종류가 사용되고 있다. 이 소프트웨어들은 소프트웨어 회사에서 제작되어 제품으로 공급되므로 사용자들은 사용법을 잘 숙지하고 사용하면 된다.

[표 3.4] 응용 소프트웨어 종류

구분	기능
사무용	워드, 엑셀, 파워포인트, 한글 등
그래픽용	Photoshop , Illustrator, Adobe InDesign 등
설계용	AutoCAD, FreeCAD, Visio 등
멀티미디어용	곰플레이어, Windows Media Player 등
통신용	카카오톡, Telegram, 페이스북, Gmail, Zoom 등
게임용	Starcraft, Diablo, League of Legends 등
비즈니스용	회사나 정부의 행정을 지원하는 인사관리, 자재관리 업무 등

응용 프로그램은 현장 업무에 따라서 적합한 소프트웨어를 개별적으로 제작하여 사용하는 경우가 많이 있다. 예를 들어, 특정 공장들의 생산관리, 재고관리, 판매관리, 고객관리 등은 모든 고객이 같은 소프트웨어 제품을 사용할 수 없으므로 개별적으로 제작하여 사용하는 경우가 많다. 응용 소프트웨어를 줄여서 애플리케이션(application)이라고 하고 줄여서 '앱'이라고도 한다.

3.2 운영체제

컴퓨터를 만들었던 초창기에는 컴퓨터를 만든 전문가들이 각종 장치와 스위치와 배선과 릴레이 등을 직접 조작하여 수동으로 프로그램을 실행할 수 있었다.

---

3 SOA(Service-Oriented Architecture) : 소프트웨어 설계 방식의 하나. 분산된 서비스 간의 상호 작용을 통해 시스템을 구축하는 방식. 재사용, 유용성, 확장성, 유지·보수 측면에서 장점이 많다.

해당 컴퓨터에 대한 해박한 지식이 있어야 컴퓨터를 사용할 수 있었다. 폰 노이만의 프로그램 저장방식이 도입된 후에는 프로그램을 주 기억장치에 넣은 방식으로 유연성이 확보되었다. 그러나 [그림 3.5]와 같이 사용자가 기계 언어로 작성된 프로그램을 직접 컴퓨터에 입력하고 실행시켜야 했으므로 컴퓨터를 사용하는 것은 쉬운 일이 아니었다. 응용 프로그래머가 하드웨어의 각 장치들의 운용 방법을 정확하게 알고 있어야 프로그램을 작성할 수 있다. 컴퓨터 하드웨어를 아주 잘 아는 사람만 프로그램을 작성하고 실행시킬 수 있었다. 주 기억장치가 아무리 커도 프로그램은 하나씩 차례대로 실행해야 한다.

3.2.1 운영체제의 구성

과거에는 컴퓨터에 운영체제가 없이 사용했다. 그 대신 응용 프로그래머는 컴퓨터 구조와 다양한 장치들에 대한 전문적인 지식이 있어야 이들을 사용할 수 있었다. 응용 프로그래머들은 응용 분야의 업무 지식을 갖고 해당 분야 문제 해결 프로그램을 제작하는 전문가이다. 이들이 하드웨어 지식을 갖추는 것은 전혀 다른 영역의 업무이다. 따라서 하드웨어의 전문적인 지식을 갖춘 운영체제를 개발하고 사용할 필요성이 대두되었다. [그림 3.5]와 같이 운영체제 없이 응용 프로그램을 실행시키기 위해서는 소스 프로그램을 코딩해서 기계어로 변환하여 시스템 디스크의 주 기억장치 영역(가상 메모리)에 적재한다. 프로그램을 실행할 때는 주 기억장치에 있는 명령어들을 하나씩 차례대로 실행하게 된다. 운영체제가 없으면 모든 프로그램들을 하나씩 사람이 컴퓨터에 입력하고, 주변 기기들을 설정하고, 실행하고, 결과를 출력해야 하므로 다양한 지식이 필요하고, 절차도 매우 번거롭다.

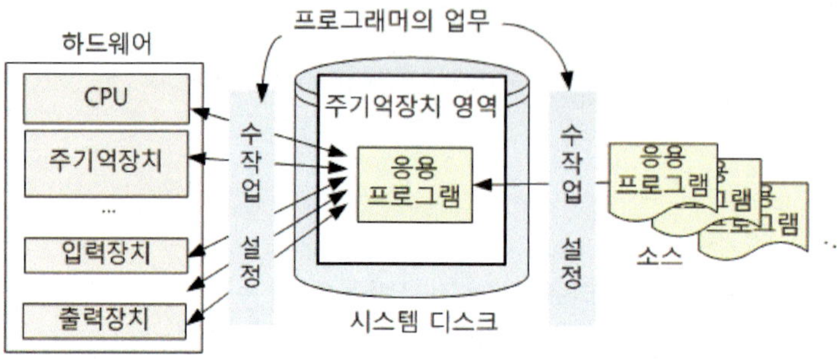

[그림 3.5] 운영체제가 없는 컴퓨터

1 운영체제의 목표

역사적으로 컴퓨터는 1950년대까지 운영체제 없이 사용되었다. 그러나 현재는 운영체제가 없는 컴퓨터는 상상조차 할 수 없다. 운영체제를 만드는 목표는 다음 두 가지이다

① 사용자가 컴퓨터 시스템을 쉽게 사용하는 것.

② 컴퓨터를 효율적으로 사용하는 것.

첫 번째 목표가 중요한 이유는 컴퓨터 하드웨어가 워낙 복잡해서 고급 전문가가 아니면 컴퓨터를 사용하기가 너무 힘들었기 때문이다. 두 번째 목표는 초기에는 대기업들도 컴퓨터를 구매하기 힘들 정도로 가격이 매우 높았기 때문이다. 따라서 컴퓨터 사용을 절약하기 위해서 컴퓨터를 효율적으로 사용해야 할 필요가 있었다.

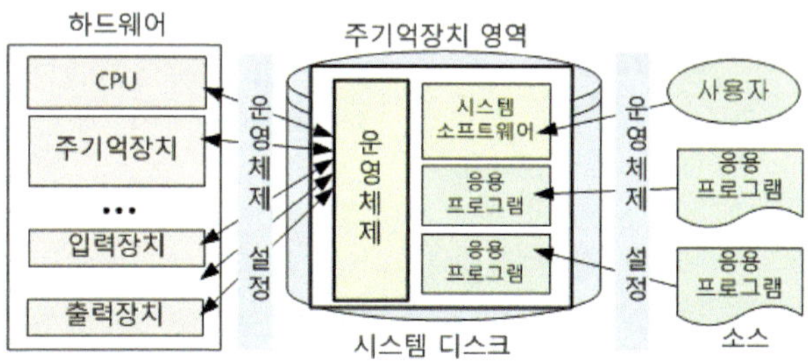

[그림 3.6] 운영체제가 있는 컴퓨터

운영체제가 있는 시스템에서는 [그림 3.6]과 같이 운영체제가 하드웨어를 대신 다뤄주기 때문에 사용자들이 하드웨어에 대해 자세한 지식이 없어도 프로그램을 실행시킬 수 있게 되었다. 응용 프로그램을 시스템 디스크에 올려놓고 프로그램을 실행시키면 운영체제가 프로그램을 주 기억장치에 적재하고 명령어를 하나씩 CPU에 가져가서 실행한다. 운영체제는 동시에 여러 프로그램들을 관리하면서 하드웨어 자원들을 사용할 수 있게 되었다. 운영체제는 하드웨어를 잘 제어할 수 있기 때문에 응용 프로그래머는 컴퓨터 구조의 자세한 사항을 알지 못해도 운영체제가 효율적으로 작업을 진행해준다. 운영체제는 시스템의 상태를 잘 파악하기 때문에 두 개 이상의 프로그램을 병행 처리할 수 있다.

운영체제는 1950년대에 연구되기 시작하여 1960년대에 대표적으로 IBM OS/360이 개발되어 보급되기 시작했다. 이것은 여러 프로그램을 동시에 실행할 수 있는 멀티태스킹 개념이다. 하드웨어를 잘 제어하고 사용할 수 있는 제어 프로그램을 만들어 주 기억장치에 상주시키고 여러 개의 응용 프로그램을 동

시에 실행시키기 시작했다. 이 제어 프로그램을 운영체제라고 한다. [그림 3.7]과 같이 운영체제는 다양한 하드웨어를 효과적으로 사용하기 위한 제어 프로그램이다. CPU는 물론 자신이 저장된 주 기억장치와 하드 디스크 그리고 마우스까지 모든 장치들을 제어한다. 운영체제는 하드웨어와 사용자 사이에서 인터페이스 역할을 수행하는 프로그램이다.

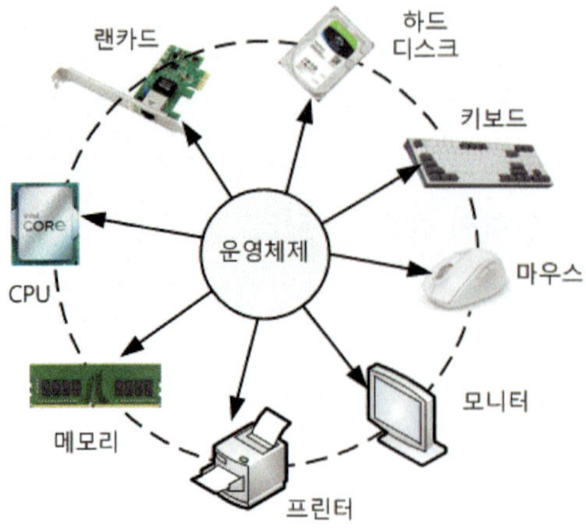

[그림 3.7] 운영체제가 관리하는 물리 자원

2 운영체제의 기능

운영체제의 주요 기능은 하드웨어 자원을 관리하는 것과 다른 시스템 소프트웨어와 응용 소프트웨어를 지원하는 것으로 구체적으로 [그림 3.8]과 같다. 운영체제의 업무는 크게 나누어 프로세스 관리와 자료관리 업무로 구분된다. 프로세스 부문은 중앙처리장치에서 실행되는 프로세스를 관리하는 것, 주 기억장치와 시스템 디스크의 가상 메모리를 관리하는 것, 사용자들이 처리를 요구하는 작업을 관리하는 것 등 세 가지로 구분된다. 자료 부문은 파일 시스템을 관리하는 것, 자료의 입출력을 관리하는 것, 시스템의 안전을 지키는 보안 등 세 가지로 구분된다.

(1) 프로세스 관리

운영체제는 프로세스 생성, 실행, 중지 그리고 작업 스케줄 등을 관리한다. 여러 프로세스가 동시에 실행될 때 충돌 없이 효율적으로 실행될 수 있도록 조정한다. 한 프로세스도 여러 개의 스레드(thread)로 나뉘어 병렬 처리하므로 이들을 종합적으로 관리해야 한다.

(2) 메모리 관리

운영체제는 주 기억장치, 시스템 디스크와 같은 컴퓨터 자원의 할당과 관리를 담당한다. 다양한 프로그램과 응용 프로그램이 자원을 잘 사용할 수 있게 조정한다. 모든 프로그램은 실행을 위해 주 기억장치가 필요하다. 운영체제는 주 기억장치를 할당하고, 각 프로그램이 자신의 기억장치 영역 안에서만 작동하도록 관리한다. 주 기억장치는 대개 경우에 메모리 용량이 부족하다. 따라서 대용량의 하드 디스크를 주 기억장치의 가상공간으로 설정하여 사용한다. 이때 가상공간과 실제 메모리를 연결하는 관리가 필요하다.

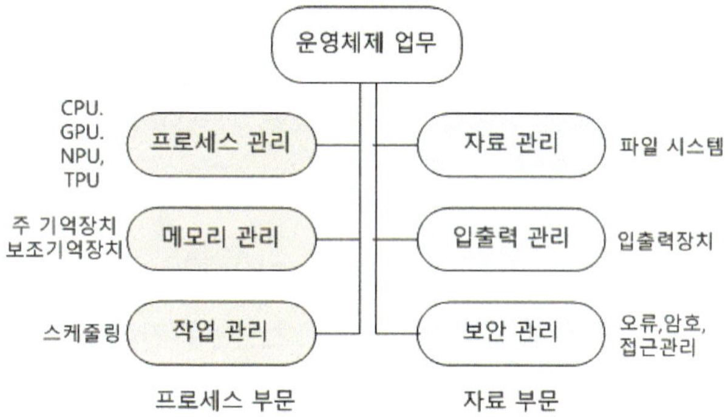

[그림 3.8] 운영체제의 주요 기능

(3) 작업 관리

사용자들이 처리를 요구하는 작업을 우선순위에 따라 순서를 정하고 프로세스와 메모리를 할당하여 효율적으로 처리하도록 관리한다. 실시간(real-time process)으로 처리할 작업과 일괄처리(batch

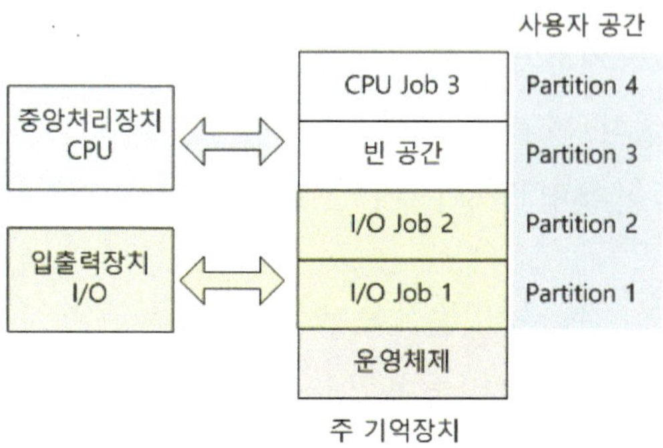

[그림 3.9] CPU 작업과 I/O 작업의 스케줄링

process)할 작업을 구분하여 계획을 세운다. 이를 위해 작업별로 기억장치들을 적절하게 할당하여 처리율(throughput)과 응답률(response rate)을 고려하여 관리한다. 처리율은 단위 시간당 컴퓨터가 처리할 수 있는 작업의 양이고, 응답률은 사용자가 요청을 보낸 시점부터 첫 번째 응답이 올 때까지 걸리는 시간을 의미한다.

[그림 3.9]는 CPU를 많이 소모하는 연산 중심의 작업과 입출력을 많이 하는 I/O 중심 작업을 효과적으로 스케줄링하는 과정을 보여준다. 주 기억장치에서 사용자 공간을 4개로 나누고 각 파티션마다 작업을 할당하여 프로그램을 실행한다. CPU 작업은 빨리 끝나고, I/O 작업은 늦게 끝나는 경향이 있기 때문에 CPU가 쉬지 않고 일하게 하는 것이 작업 관리의 핵심이다. I/O 작업에 우선순위를 높게 부여하여 입출력 장치들이 쉬지 않게 일하는 것이 처리율과 응답률을 높여줄 것이다.

(4) 자료 관리

파일과 자료를 효율적으로 저장하고 접근할 수 있도록 파일 시스템을 제공한다. 이는 자료의 안정성과 접근성을 보장한다. 파일 시스템 관리의 대상은 하드 디스크 공간에 파일을 저장하기 위하여 디렉토리를 만들고 공간을 할당하고 관리하는 것이 주요 업무이다.

(5) 입출력 관리

키보드, 마우스, 프린터, 저장장치 등 다양한 입력 및 출력장치를 통제하고, 사용자와 프로그램 간의 자료의 흐름을 조절한다. 입출력 작업은 기계적인 작업이 많으므로 시간을 많이 소비해서 우선으로 처리하는 것이 좋다.

(6) 보안 관리

운영체제는 시스템의 보안을 유지하기 위해 사용자 인증, 접근 권한 등의 기능을 제공한다. 이를 통해 무단 접근과 자료 손상을 방지한다. 과거에는 보안 회사들이 주로 보안 프로그램을 개발하여 공급하였으나 요즈음은 운영체제 회사들이 운영체제와 보안 프로그램을 같이 공급하고 있다.

운영체제는 컴퓨터 시스템에서 기본적이며 가장 중요한 소프트웨어 구성 요소이다. 사용자들의 활용도를 개선하고 시스템의 효율성을 높이는 데 중요한 임무를 수행한다.

3 운영체제의 자료처리 유형

운영체제는 컴퓨터가 발전을 거듭하면서 많은 발전을 해왔다. CPU가 매우 귀할 때는 CPU를 절약하는 기술이 필요했고, 메모리가 귀했을 때는 메모리를 절약하는 운영체제가 필요했고, 통신장비가 귀할 때는 통신 시간을 절약하는 기술이 필요했다. 따라서 당시 시장 상황에 따라 다양한 운영체제 기법들이 발전하였다.

(1) 다중 프로그래밍

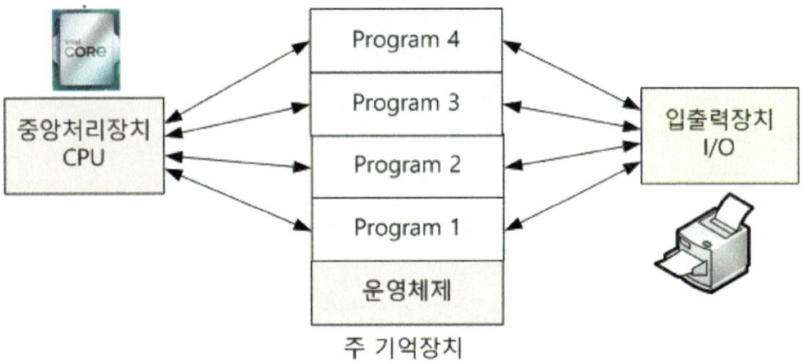

[그림 3.10] CPU와 입출력 시간 차이를 이용한 다중 프로그래밍

다중 프로그래밍(multi-programming)이란 CPU가 매우 귀했을 때 CPU를 쉬지 않고 사용하기 위해서 [그림 3.10]과 같이 주 기억장치를 여러 개의 방으로 나누어 여러 프로그램을 적재하고 CPU가 쉬지 않고 실행하게 하는 기법이 다중 프로그래밍 기술이다. 입출력하려면 기계적인 동작이 필요하기 때문에 시간이 많이 소요된다. 따라서 입출력이 많은 작업을 하면 CPU가 쉬는 시간이 많기 때문에 한 때 다중 프로그래밍 기법이 중요했다.

(2) 다중 처리

다중 처리(multi-processing)란 CPU 가격이 많이 하락하자 [그림 3.11]과 같이 한 컴퓨터에 메모리를 공유하면서 동시에 여러 개의 CPU를 설치하고 실행하는 것이다. 다수의 CPU를 효율적으로 사용하기 위해서는 다수의 프로그램들을 CPU 둘에게 공급하거나, 하나의 프로그램을 여러 개의 제어 단위(thread)로 나누어 여러 개의 CPU에게 나누어 병렬 처리하는 기법이 개발되었다.

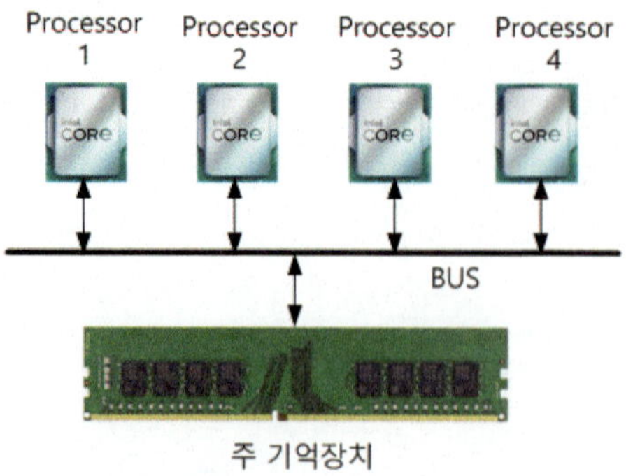

[그림 3.11] 다중 처리 방식

(3) 일괄처리 시스템

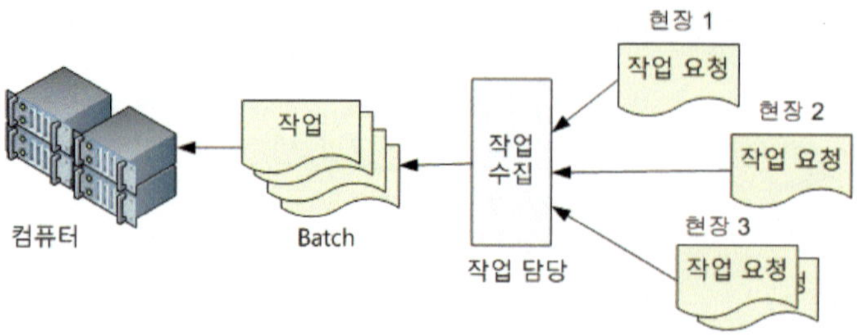

[그림 3.12] 일괄처리 시스템

일괄처리(Batch processing)란 컴퓨터가 매우 귀했을 때 대기업에서도 자료를 수시로 처리하기 힘들었다. 따라서 [그림 3.12]처럼 자료를 모아서 일정한 수량이나 일정 기간이 되면 컴퓨터실에서 한꺼번에 처리하는 것이 일괄처리 방식이다. 월급 계산처럼 주기적으로 처리해도 되는 것은 일괄처리가 효과적이지만 빨리 자료를 처리해야 하는 업무에서는 매우 불편한 방식이다.

(4) 실시간 처리 시스템

컴퓨터 가격이 대폭 하락하여 중소기업에서도 컴퓨터를 구매하여 사용할 수 있을 정도로 많이 보급되었다. 실시간 처리(Real-Time processing)란 일괄처리 대신 자료가 발생할 때마다 즉시 실시간으로 처리하는 방식이다. 특히 긴박하게 시간을 다투는 국방과 비상 대책 업무의 경우에는 즉시 처리가 필수적이다. 이처럼 제한된 시간 안에 신속하게 처리하는 시스템을 실시간 처리 시스템이라고 한다. [그림 3.13]

과 같이 자료가 발생하는 현장에 단말기를 설치하고 단말기에서 자료를 입력하면 제한 시간 안에 실시간으로 작업이 처리되는 시스템이다. CPU의 처리 능력이 향상되었으므로 CPU 시간을 작업별로 나누어 처리하는 시분할 처리 시스템(time sharing system)을 도입하였다. 은행에서 전국에 단말기를 설치하고 고객이 필요할 때마다 즉시 은행 업무를 처리하는 것이 대표적인 사례이다.

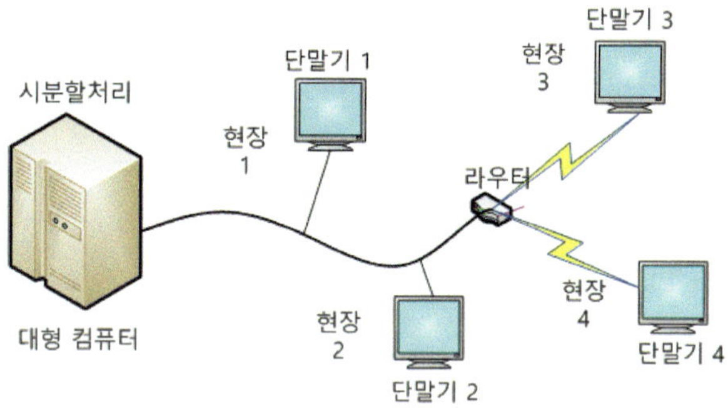

[그림 3.13] 실시간 처리 시스템

(5) 분산 시스템

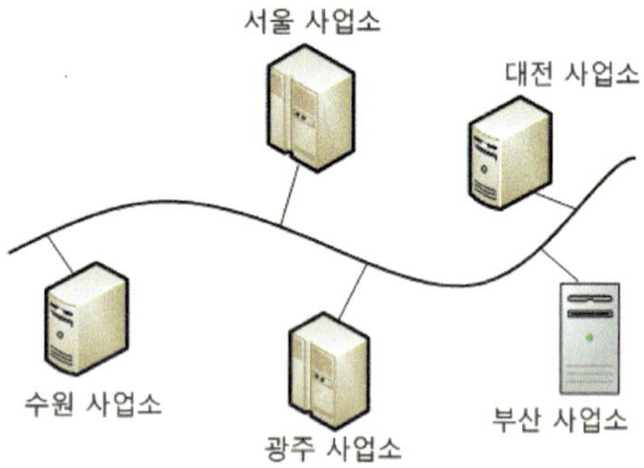

[그림 3.14] 분산 시스템

마이크로-컴퓨터 기술이 발전하면서 중소형 클라이언트-서버 컴퓨터들이 대거 보급되었다. 분산 시스템(Distributed System)이란 각 지역의 사무소마다 컴퓨터를 설치하고 지역의 자료는 지역에서 처리하고 취합하는 시스템이다. [그림 3.14]처럼 본부의 대형 컴퓨터로 전체 시스템을 총괄하며 지역과 연결하는 시스템이 도입되기 시작하였다. 분산 시스템이란 네트워크로 연결된 여러 대의 컴퓨터들을 하나의 컴퓨터처럼 사용하는 기술이다. 컴퓨터들이 여러 지역에 분산되어 있지만 전국 어디서나 하나의 컴퓨터처럼 접근하고 활용할 수 있게 되었다.

4 CPU와 입출력장치의 속도 문제

CPU는 반도체 속도로 실행되는데 반하여 프린터와 키보드는 물리적인 기계와 사람의 손가락이 움직이는 속도로 움직이므로 매우 큰 차이가 난다. 운영체제의 과제는 매우 느린 입출력장치를 기다리느라 비싼 CPU가 쉬고 있는 것을 방지하는 것이었다. 여기에 버퍼링, 스풀링, 채널 등의 여러 가지 해결책이 개발되었다.

(1) 버퍼링(Buffering)

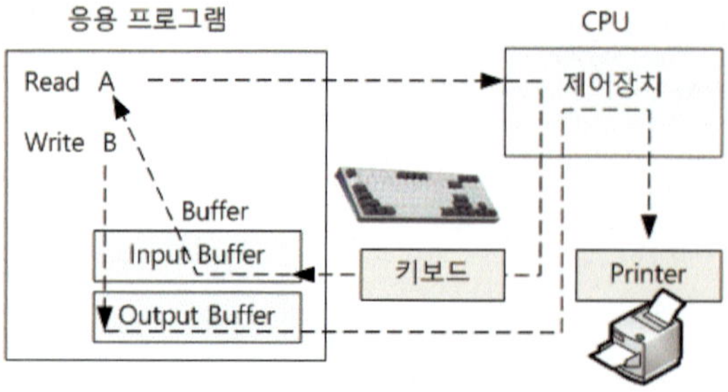

[그림 3.15] 입출력장치와 버퍼

프로그램에서 [그림 3.15]와 같이 입출력 명령을 실행하면 CPU는 속도가 느린 입출력장치의 작업이 끝날 때까지 기다려야 한다. 이것을 방지하기 위해 프로그램의 입출력 구역에 입력 버퍼와 출력 버퍼를 만들어놓고 CPU는 주 기억장치에 있는 버퍼에 자료를 미리 입력하거나 미리 출력하고 다른 작업을 수행한다. 따라서 버퍼링(Buffering)은 CPU의 활용도를 높여준다.

(2) 스풀링(Spooling)

키보드와 프린터같이 속도가 느린 장치의 작업을 할 때 [그림 3.16]과 같이 CPU는 입출력장치 대신 속도가 빠른 하드 디스크를 대상으로 입출력을 실행하고 다른 작업을 수행한다. 하드 디스크에 있는 인쇄물은 천천히 프린터로 인쇄된다. 스풀링(Spooling)이란 CPU를 프린터처럼 속도가 느린 장치에 묶이지 않게 하고 하드 디스크를 대상으로 작업을 수행하여 CPU의 효율을 높이는 기술이다.

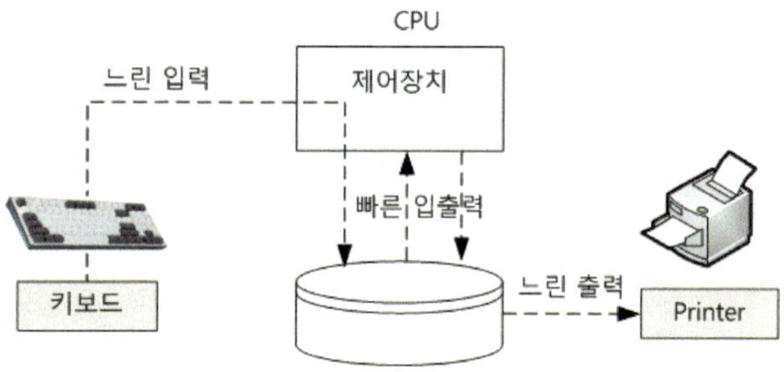

[그림 3.16] 입출력장치의 스풀링 구조

(3) 채널(Channel)

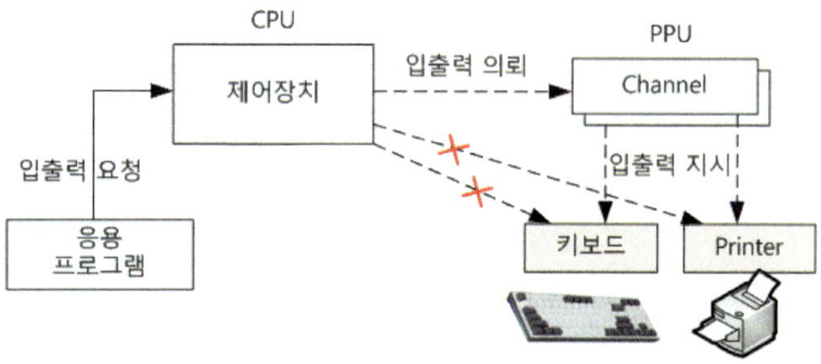

[그림 3.17] 주변처리장치 처리기(PPU) : Channel

입출력 작업이 많아질수록 CPU는 입출력 작업을 기다리는 시간이 길어진다. CPU의 작업 부담을 줄이기 위해 [그림 3.17]과 같이 입출력장치를 전담하여 제어하는 별도의 처리기인 주변장치 처리기(PPU, Peripheral Processing Unit)를 만들었다. 채널(Channel)이란 CPU를 대신하여 입출력 장치들의 업무를 처리하는 PPU이다. CPU는 입출력 작업이 발생하면 즉시 PPU(Channel)에게 작업을 의뢰하고 자신은 다른 작업을 수행함으로써 CPU의 활용도를 높인다. PPU는 CPU와 함께 작업을 병행처리하는 것이다.

(4) 인터럽트 사이클

중앙처리장치가 작업을 수행하다가 중간에 긴급하게 처리할 일이 발생할 경우가 있다. 이때는 중앙처리장치가 하던 일을 즉시 멈추고 긴급한 업무를 먼저 수행한 다음에 다시 멈추었던 일을 시작해야 한다. 이처럼 긴급한 업무가 발생하면 시스템은 인터럽트(interrupt cycle) 사이클을 발생시키고 긴급한 일부터 처리한다. [그림 3.18](a)에서 작업 A를 수행하던 중에 긴급한 전화가 왔다면 작업을 중단하고, 긴급한 전화를 해결한 다음에 중단했던 작업 A를 계속 수행하는 것과 같다.

(b)에서 CPU 작업을 할 때 입출력 작업이 끝나면 인터럽트를 걸어서 CPU 작업을 잠시 중단시키고 다른 입출력 작업을 입출력 제어장치에서 의뢰한다. 입출력 제어장치가 입출력 작업을 시작하면 제어장치는 다시 CPU 작업을 재개한다.

그 이유는 입출력 작업이 항상 느리기 때문에 작업 우선순위가 높기 때문이다. 이처럼 언터럽트가 걸렸을 때 수행하는 프로그램을 인터럽트 서비스 루틴이라고 하여 미리 긴급한 상황에 대비하여 인터럽트 프로그램들을 작성해둔다.

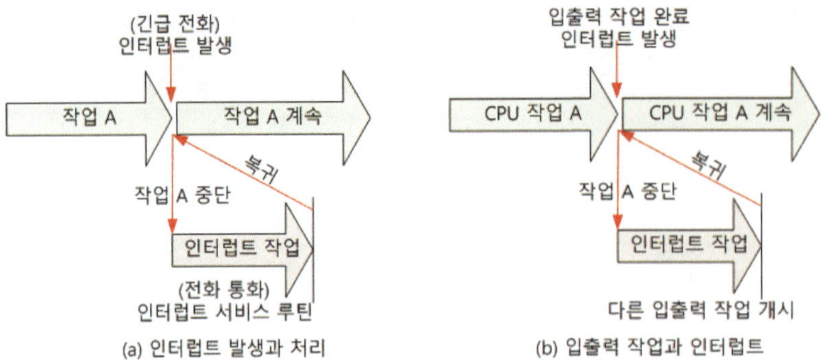

[그림 3.18 인터럽트 발생 시 작업 절차

3.2.2 운영체제의 역사

컴퓨터가 보급되기 시작한 것은 1950년대였으나 워낙 귀했고, 가격이 비쌌으며, 운영체제가 존재하지 않았으므로 전문가도 사용하기 힘들었다. [그림 3.19]와 같이 1960년대에 IBM이 360을 개발하여 작업 스케줄링과 입출력 관리 기능을 제공했다. 1970년대에는 AT&T 벨연구소에서 UNIX 운영체제를 개발하였다. 이것은 소형화, 이식성, 멀티태스킹 기능을 갖춘 운영체제로 이후 운영체제에 많은 영향을 주었다.

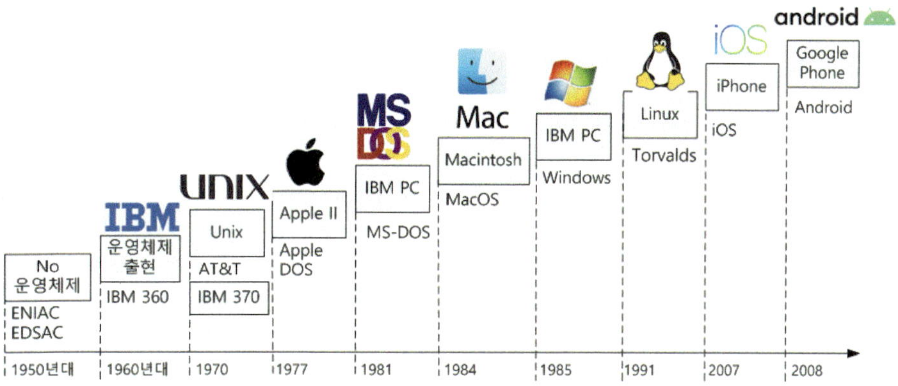

[그림 3.19] 운영체제의 역사

1970년대에는 IBM에서 범용 컴퓨터인 IBM 370 컴퓨터를 출시하였고 다중 프로그래밍과 배치처리를 지원하여 널리 보급되었다. 1977년에 애플이 Apple II 컴퓨터를 출시하면서 Apple DOS 운영체제를 개발하여 PC 시대를 열었다. 1981년에 IBM이 PC용으로 MS-DOS(Microsoft Disk Operating System)를 출시했다. MS-DOS는 명령어 인터페이스 기반의 운영체제로 컴퓨터 보급에 혁혁한 공을 세웠다. 애플이 1984년에 Macintosh 컴퓨터와 함께 GUI(Graphic User Interface)를 제공하는 Mac OS를 출시했다. GUI는 사용자들이 그래픽으로 컴퓨터를 더욱 쉽게 사용할 수 있도록 했다. 1985년에 마이크로소프트가 GUI 기반의 운영체제인 Windows를 출시하였다. 1991년에는 Linus Torvalds가 UNIX 기반의 Linux를 개발하여 서버, 슈퍼컴퓨터, 임베디드시스템 등 다양한 분야에서 널리 사용되고 있다. 2007년에 애플이 iPhone과 함께 iOS를 출시하면서 모바일 운영체제 시장이 급성장했다. 2008년에 구글이 안드로이드(Android) 운영체제를 출시하여 스마트폰 시장에서 세계적인 성공을 거두었다. 전 세계적으로 널리 사용된 운영체제들은 다음과 같다.

1 Unix

Unix는 다중 사용자, 다중 작업을 지원하는 운영체제로, 1960년대 말 AT&T의 벨연구소에서 개발되었다. 초기에는 대학과 기업 연구소에서 주로 사용되었으며, 그 구조와 철학은 이후 다양한 운영체제 설계에 큰 영향을 미쳤다. Unix의 주요 특징은 [표 3.5]와 같다.

[표 3.5] 유닉스의 특징

특징	내역
멀티태스킹	동시에 여러 사용자가 여러 프로그램을 실행 가능
모듈식 설계	잘 설계된 모듈들로 구성
이식성	C로 설계되어 다양한 하드웨어에 이식 가능
텍스트 기반	텍스트로 세밀하게 시스템을 관리
표준화/오픈 소스	많은 변형들을 표준화하고 오픈 소스로 공개

멀티태스킹이란 여러 사용자가 동시에 시스템에 접속해 작업을 수행할 수 있도록 설계한 것이다. 멀티유저란 서버, 워크스테이션 등에서 여러 사람이 동시에 작업하면서 자원을 공유할 수 있게 해주는 기능이다.

모듈식 설계란 작은 프로그램들이 각각 하나의 작업을 잘 수행하도록 Unix를 설계하였다. 이 프로그램들은 파이프라인을 통해 서로 연결할 수 있으므로 복잡한 작업을 효율적으로 수행할 수 있다.

Unix는 C 언어로 개발했기 때문에 하드웨어에 독립적이어서 다양한 하드웨어에 이식할 수 있으므로 이식성이 우수하다. 표준화된 시스템 호출 인터페이스 방식을 택하여 Unix 계열 시스템들과의 일관성이 우수하다. 이것으로 인하여 Unix는 다양한 하드웨어에 이식할 수 있어 빠르게 확산하였다. Unix는 그래픽 인터페이스보다 명령어 라인 인터페이스(CLI, Command Line Interface)를 중심으로 사용한다. 이것은 시스템 관리자와 고급 사용자가 시스템을 더 세밀하게 제어할 수 있게 해준다. 그러나 GUI가 대세인 현대 시스템으로서는 서비스가 부족하다는 평가를 받는다.

Unix의 성공으로 인하여 상업적으로 Linux[4]와 같은 다양한 변형들을 낳았다. 이에 따라 UNIX 시스템을 위한 표준화가 필요하게 되었고, Unix는 POSIX(Portable Operating System Interface) 표준을 개발하였다. 이 표준은 Unix 계열 운영체제 간 호환성을 향상시켜 주었다. Unix의 개발 철학과 기술은 Linux와 BSD[5] 같은 다른 오픈 소스 운영체제의 발전에 기초를 제공했다. Unix는 학술, 연구, 기업 환경에서 여전히 중요한 역할을 하고 있으므로, 현대 컴퓨팅 환경에서 그 영향을 무시할 수 없다. Linux와 같은 시스템은 Unix의 철학을 계승하고 확장하여 현대 운영체제의 기술 발전을 이끌고 있다.

4 Linux : 1991년 리누스 토르발스(Linus Torvalds)가 Unix를 기반으로 개발한 운영체제.

5 BSD(Berkeley Software Distribution) : 1977년 캘리포니아 대학교 버클리 캠퍼스에서 유닉스를 기반으로 개발되었음.

2 Mac OS

Mac OS는 Apple 사가 Macintosh 컴퓨터를 위해 개발한 운영체제다. 이 운영체제는 그래픽 사용자 인터페이스(GUI)의 선구자로 개인용 컴퓨터 사용 방식을 혁신적으로 변화시켰다. Mac OS의 초기 버전은 1984년에 출시된 Macintosh와 함께 등장했다. 이 초기 버전은 사용자 친화적인 인터페이스와 마우스를 도입하여 큰 주목을 받았다. 2001년에 출시된 Mac OS는 UNIX 기반의 안정성과 보안성을 제공하며, 현대적인 멀티태스킹과 확장된 하드웨어를 지원하였다. 이 버전부터 Aqua 인터페이스가 도입되어 매끄러운 디자인과 효과적인 그래픽을 제공했다. Mac OS는 시각적으로 매력적이고 직관적인 사용자 인터페이스를 제공한다.

이것의 특징은 사용자 경험을 중시하며, 일관성과 간결함에 있다. 애플의 모든 제품은 서로 통합되어 작동한다. 예를 들어, iPhone, iPad, Apple Watch 등과의 연동을 통해 파일, 애플리케이션 및 서비스를 원활하게 사용할 수 있다.

3 Windows

Windows는 Microsoft 사에서 공급하는 IBM PC 컴퓨터를 위한 운영체제이다. MS-DOS를 기반으로 개발되었으므로 MS-DOS를 대체하였다. Windows는 1985년에 처음 출시되어 세계 시장에서 70%대의 점유율을 기록하며 널리 사용되고 있다. 이 운영체제의 특징은 그래픽 사용자 인터페이스와 버전 갱신이다. MS-DOS의 명령어를 떠나 아이콘, 창, 메뉴 등을 마우스로 클릭하여 컴퓨터와 상호작용할 수 있게 해준다. Windows의 GUI는 1984년에 출시된 애플 Macintosh의 GUI에서 영향을 받은 것이다. 버전 갱신은 Windows 95, Windows 98, Windows XP, Windows 7, Windows 8, 그리고 최신의 Windows 10, Windows 11, Windows 12 등으로 계속 발전하고 있다. Windows 95부터는 Internet Explorer를 포함했고, Windows XP부터는 인터넷을 사용하는 것을 기반으로 제작되었다.

4 iOS

iOS는 Apple Inc.가 개발한 모바일 운영체제로, 주로 iPhone, iPad 및 iPod Touch와 같은 Apple의 모바일 기기에서 사용된다. iOS는 사용자 친화적인 인터페이스, 강력한 보안 기능, 그리고 광범위한 애플리케이션 생태계로 유명하다. iOS는 스마트폰 시장에 혁신을 가져왔으며, 그래픽 기반의 사용자 인터페이스와 멀티터치 기능이 특징이었다. 이후로도 매년 새로운 기능과 개선사항이 포함된 갱신 버전을 출시하고 있다. iOS는 간결하고 직관적인 사용자 인터페이스를 제공한다. 이는 사용자가 쉽게 학습하고 사용할 수 있게 해준다. 2008년에 시작된 Apple의 App Store는 수백만 개의 앱을 제공하며, iOS 기기 사용자들에게 다양한 애플리케이션과 게임을 쉽게 이용할 수 있게 해주었다. iOS는 보안을 매우 중시해서 갱신과 패치가 정기적으로 제공되며, 앱스토어의 앱들도 엄격한 심사 과정을 거친다. iOS는 macOS, watchOS, tvOS 등 다른 Apple 운영체제와 높은 수준의 통합성을 가진다. 예를 들어, iPhone에서 작업을 시작하면 iPad나 Mac에서 계속 이어갈 수 있다.

5 Android

Android는 스마트폰과 태블릿에서 사용되는 운영체제로 Google에 의해 2008년에 개발되었다. Linux 커널을 기반으로 하는 오픈 소스로서 여러 하드웨어 제조사들이 자신들의 기기에 맞추어 수정하고 사용할 수 있다. Android는 오픈소스이므로 코드가 Android Open Source Project(AOSP)를 통해 공개되어 있다. 따라서 개발자와 제조사가 자유롭게 사용하고 수정할 수 있다. Google Play 스토어를 통해 수백만 개의 애플리케이션과 게임을 이용할 수 있다. 이것은 Android 기기의 가장 큰 매력 중 하나이다. Android는 다양한 기기와 호환되며, 스마트폰 외에도 태블릿, 웨어러블 기기, TV, 자동차 내장 시스템 등에서 널리 사용된다. Android의 공식 통합 개발 환경(IDE)인 Android Studio를 통해 애플리케이션 개발이 이루어진다. Android는 정기적으로 버전을 갱신하여 새로운 기능을 추가하고 보안을 강화한다. 각 버전은 Android 10부터 숫자로 표기하기 시작했다.

3.3 프로그래밍

알고리즘은 특정한 문제를 해결하기 위해 작성된 유한한 절차와 규칙이고, 프로그램이란 작업을 수행하는 순서와 규칙과 방법 등을 지시하는 명령의 집합이고, 프로그래밍은 알고리즘을 특정한 프로그램 언어로 구현(코딩)하는 작업이다. 사회의 일반 행사에서는 진행 프로그램이 필요하듯이 방송국에서는 방송 프로그램이 필요하고, 학교에서는 교육 프로그램이 필요하다. 모든 형태의 계획을 실행하기 위해서는 구체적이고 명확한 프로그램이 필요하다. 프로그램은 예상되는 다양한 때를 대비하여 꼼꼼하게 작성하지 않으면 계획을 성공적으로 실천하기 어렵다.

마찬가지로 컴퓨터에도 명확하고 꼼꼼한 프로그램을 주어야 컴퓨터가 정확하게 일을 수행할 수 있다. 프로그램이란 어떤 목적을 달성하기 위해 만든 알고리즘을 컴퓨터 언어를 이용하여 작성한 명령어들의 집합이다. 프로그램을 컴퓨터에서 실행하면 목적을 달성하는 결과를 얻을 수 있다. 자연 언어에도 한국어, 영어, 일본어가 있듯이 컴퓨터 언어에도 Python, C, Java 등 다양한 컴퓨터 프로그래밍 언어가 있다.

3.3.1 문제 해결과 프로그램

현실 세계에는 해결해야 할 일들이 많이 있다. 컴퓨터가 이 일들을 해결하기 위해서는 문제점들을 정의하고, 문제를 해결할 수 있는 프로그램을 개발해야 한다. 우선 문제를 해결할 수 있는 알고리즘을 세우고 알고리즘을 프로그램으로 작성한다. 알고리즘을 프로그램으로 구현하는 것이 프로그래밍이다.

1 프로그램

컴퓨터 과학을 정의하면 '알고리즘에 대한 과학'이다. 알고리즘은 현실 문제를 해결하기 위한 유한한 절차와 방법이다. 프로그램이란 알고리즘을 구현하기 위해 언어를 이용하여 컴퓨터를 구동할 수 있도록 작성한 명령어들이다. 이렇게 얻은 프로그램을 컴퓨터에서 실행하면 문제를 해결하는 결과를 얻을 수 있다. 자연 언어에도 한국어, 영어, 일본어가 있듯이 컴퓨터 언어에도 Python, C, Java 등 다양한 컴퓨터 프로그래밍 언어가 있다.

2 프로그램 개발

어떤 목적을 위해 과제가 부여되면 [그림 3.20]과 같이 결과를 도출하기 위한 계획을 세워야 한다. 문제를 분석하는 목적은 결과를 도출하는 계획을 세우는 일이다. 계획이 세우려면 문제를 분석해야 하고,

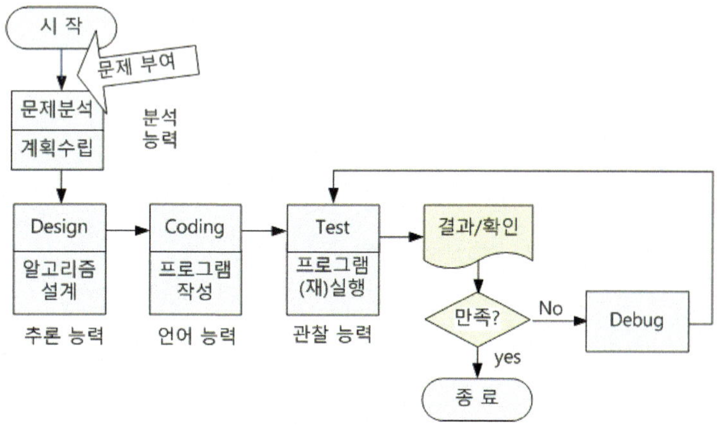

[그림 3.20] 프로그램 개발 절차

알고리즘을 만들어야 하고, 알고리즘대로 프로그램을 코딩해야 하고, 코딩하려면 해당 프로그래밍 언어가 필요하다. 계획을 세우려면 분석 능력이 필요하고, 알고리즘을 설계하려면 추론 능력이 필요하고, 코딩하려면 언어 능력이 필요하고, 테스트하려면 관찰 능력이 필요하다.

모두 논리적인 사고를 기반으로 하고 있다. 즉, 프로그래밍하려면 논리적인 사고 훈련이 요구된다.

해당 언어로 프로그램이 완성되면 프로그램을 실행하고 결과를 확인할 수 있어야 한다. 이 과정에서 [표 3.6]과 같이 네 가지 중요한 능력이 필요하다.

첫째, 주어진 문제를 분석하여 프로그램 개발 계획을 세우는 능력이 필요하다.
둘째, 프로그램 개발 계획과 관련된 알고리즘을 구축하는 추론 능력이 필요하다.
셋째, 알고리즘을 프로그래밍 언어로 구현하는 언어 능력이 필요하다.
넷째, 문제와 프로그램과 결과를 보고 오류와 문제점들을 찾아내는 논리와 관찰 능력이 필요하다.

문제를 분석하는 능력과 알고리즘 구축 능력, 언어 구현 능력, 관찰 능력 등은 모두 논리를 세우고 활용하는 것이므로 논리적인 사고를 갖추는 것이 중요하다.

[표 3.6] 프로그램 개발에 필요한 능력

구분	내역
분석 능력	주어진 문제를 분석하여 개발 계획을 세우는 능력
추론 능력	개발 계획과 관련된 알고리즘을 구축하는 능력
언어 능력	알고리즘을 프로그래밍 언어로 구현하는 능력
관찰 능력	문제점과 오류를 찾아내고 개선하는 논리와 관찰 능력

3.3.2 프로그래밍 언어

컴퓨터 프로그래밍 언어를 분류하면 [그림 3.21]과 같이 크게 3가지로 나눌 수 있다. 첫째, 인간과 기계의 친소 관계에 따라 크게 기계에 가까운 저급 언어(Low-level language)와 인간과 가까운 고급 언어(High-level language)로 나눌 수 있다. 둘째, 자료에 접근하는 방식에 따라 절차 언어와 비절차언어로 분류할 수 있다. 이들은 모두 필요성에 따라 개발되었기 때문에 사용자들은 용도에 따라서 적절하게 선택할 필요가 있다. C, Python 같은 절차 언어는 프로그램의 처리 절차를 프로그래머가 모두 기술해야 하고,

SQL, QBE같은 비절차언어는 자료 이름만 기술하면 언어가 다 처리해주기 때문에 프로그래머들에게는 매우 편리한 언어이다.

객체지향 언어는 Java, C++ 같이 프로그램을 실행시키는 코드와 자료를 객체로 묶어서 처리할 수 있는 방식의 언어이다. 셋째, 프로그램을 기계어로 번역하고 실행하는 방법에 따라 소스를 모두 번역한 다음에 실행하는 컴파일 언어와 소스를 명령어 단위로 번역하고 즉시 실행하는 인터프리트 언어로 분류할 수 있다.

C, Java 등은 컴파일 언어이고 Python, Java script 등은 인터프리트 언어이다.

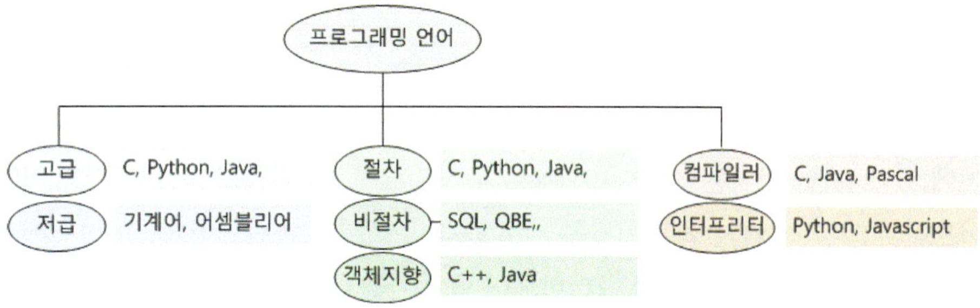

[그림 3.21] 프로그래밍 언어의 분류

사람이 컴퓨터에 일을 시키기 위해서는 언어로 명령을 내려야 한다. 사람은 자연어를 사용하고 컴퓨터는 기계어를 사용하므로 [그림 3.22]와 같이 자연어를 프로그래밍 언어로 바꾸는 작업이 필요하다. 프

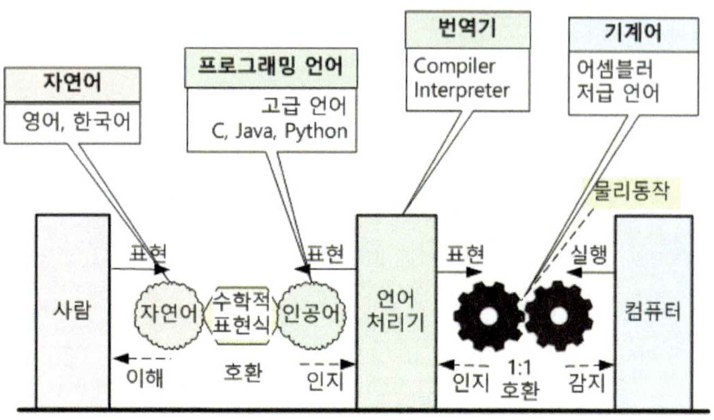

[그림 3.22] 자연어와 기계어의 호환

로그래밍 언어는 C, Java 등의 고급 언어로 작성하므로 몹시 어려운 일이 아니다. 고급 언어로 작성된 프로그램을 기계어로 번역해주는 도구가 컴파일러와 인터프리터이다. C 컴파일러가 C로 작성된 프로그램 전체를 기계어로 번역해주면 컴퓨터를 가동할 수 있다. Python 인터프리터가 Python으로 작성된 프로그램 명령어를 기계어로 바꾸어주면 컴퓨터를 즉시 움직일 수 있다.

1 저급 언어와 고급 언어

프로그래밍에서 저급 언어와 고급 언어는 컴퓨터가 이해할 수 있는 코드와 인간이 이해하기 쉬운 언어의 차이로 구분된다. 각각의 특징과 차이점은 다음과 같다.

(1) 저급 언어

저급 언어는 기계어에 가까워서 컴퓨터가 직접 실행할 수 있도록 설계되었다. 주요 특징은 기계어와 어셈블리 언어에 있다. 저급 언어는 기계어(0과 1로 구성된 코드)와 어셈블리 언어로 나뉜다. 어셈블리 언어는 기계어보다는 약간 더 읽기 쉬운 기호를 사용하지만, 여전히 하드웨어와 밀접한 관련이 있다. 이 언어들은 특정 프로세서 아키텍처에 맞춰 최적화되어 있으므로 다른 플랫폼에서는 사용하기 어렵다. 저급 언어로 작성된 프로그램은 기계에 종속적이기 때문에 처리 속도가 빠르고 메모리 효율이 높다.

(2) 고급 언어

고급 언어는 인간이 이해하기 쉬운 방식으로 설계된 프로그래밍 언어이다. 고급 언어는 영어와 비슷한 구문을 사용하므로 프로그램을 쉽게 작성하고 읽을 수 있게 해준다. 대부분의 고급 언어는 특정 운영체제나 하드웨어에 크게 의존하지 않는다. 컴파일러나 인터프리터를 통해 다양한 시스템에서 실행할 수 있다. 고급 언어는 메모리 관리, 자료구조 등 복잡한 세부 사항을 추상화하여 프로그래머가 현실 논리에 집중할 수 있도록 해준다.

저급 언어는 컴퓨터의 기계 논리에 가깝고 효율적이므로 하드웨어를 직접 제어할 때 주로 사용된다. 반면, 고급 언어는 개발자에게 친숙하고 이해하기 쉬우며, 다양한 플랫폼에서 사용할 수 있다는 이점이 있다. 언어를 선택할 때는 특정 작업의 요구사항, 성능 기대치, 그리고 개발자의 선호에 따라 결정한다.

2 번역 방식의 분류

컴파일(Compiled) 언어와 인터프리트(Interpreted) 언어는 소스 프로그램이 번역되어 실행 코드가 만들어지는 방식에 따라 구분된다. 각각의 방식에 따른 특징과 차이점은 다음과 같다.

(1) 컴파일 언어

컴파일 언어는 소스 코드 전체를 기계어로 변환하는 언어처리 프로그램을 사용한다. 이 과정은 실행 전에 한 번 이루어지며, 변환된 기계어 코드는 직접 실행할 수 있다. 사례로 C, C++, Rust 등이 있다. 컴파일 언어의 특징은 다음과 같다.

컴파일 언어의 특징은 컴파일 과정에서 최적화가 이루어지므로, 실행 시간이 빠르다. 컴파일된 프로그램은 특정 운영 체제나 하드웨어에 맞춰져 있으므로 다른 시스템에서 실행하려면 다시 컴파일해야 한다. 즉, 하드웨어 의존성이 크다. 컴파일 시점에 많은 오류가 발견되므로, 실행 전에 코드를 보다 안정적으로 만들 수 있다는 장점이 있다.

(2) 인터프리트 언어

인터프리트 언어는 소스 코드를 모두 번역하지 않고, 실행 시간에 한 줄씩 읽어서 번역하고 즉시 실행한다. 사례로 Python, JavaScript, BASIC, Ruby 등이 있다. 이들의 특징은 다음과 같다.

인터프리트 언어의 특징은 소스 코드를 명령어 단위로 바로 실행할 수 있어 개발 과정이 빠르고 유연하다는 점이다. 인터프리터는 어느 플랫폼에서든 코드를 실행할 수 있으므로 플랫폼에 독립성이 크다. 전체 코드를 최적화하는 컴파일 언어에 비해 실행 속도가 느릴 수 있다. 그러나 최근에는 새로운 컴파일 기술로 성능을 개선하는 경우가 많다. 컴파일 언어는 전체 코드를 미리 기계어로 번역하여 실행 속도가 빠르고 최적화가 가능하지만, 플랫폼에 종속적일 수 있다. 반면, 인터프리트 언어는 코드를 바로 실행할 수 있어 개발과 수정에 유연하지만, 컴파일 언어보다 실행 속도가 느리다. 각 언어의 선택은 프로젝트의 요구사항, 개발 환경, 성능 기대치 등에 따라 달라질 수 있다.

3 처리 방식의 분류

프로그래밍 언어는 프로그램 구조에 따라 크게 절차형 언어와 객체지향 언어로 나눌 수 있으며, 이 두 분류는 프로그래밍 방식과 코드의 구조화 방법에서 차이를 보인다. 절차형 언어는 컴퓨터 초창기부터 개발되어 사용되었다. 언어들의 특징과 차이점은 다음과 같다.

(1) 절차형 언어

절차형 언어(Procedural Language)는 실행할 작업을 일련의 절차나 함수로 구성하는 방식이다. 프로그램은 자료와 이를 조작하는 함수로 구성되며, 코드는 명령어의 순차적 실행을 중심으로 작성된다. 사례로 C, Fortran, Pascal 등이 있다. 절차형 언어의 특징은 구조화된 프로그래밍에 있다. 코드를 함수 단위로 나누어 모듈화하는데 이것은 유지보수와 오류 탐지와 제거를 용이하게 한다. 절차형 언어 프로그램은 위에서 아래로, 순차적으로 실행된다. 메모리 관리가 직접적이며, 컴파일러가 최적화하기 쉬운 구조이므로 프로그램 실행 효율이 좋다.

(2) 비절차형 언어

비절차형 언어(non-Procedural Language)는 프로그램에서 필요한 자료의 이름만 정의하고 자료에 접근하는 방법에 대해서는 기술하지 않는 것이다. 절차 언어에서는 자료의 이름과 접근 방법을 모두 프로그램에서 명시해주어야 한다. 따라서 비절차언어에서 자료에 접근하는 방법은 프로그래밍 언어가 해결해야 하므로 컴퓨터에 부담이 간다. 그 대신 사람이 편해지는 것이다. 대표적으로 데이터베이스 자료 언어인 SQL이 비절차 언어이다.

(3) 객체지향 언어

객체지향 언어(Object-Oriented Language)는 처리 대상인 자료와 자료를 조작하는 메소드(실행 부분)를 객체라는 하나의 단위로 캡슐화(묶어서)해서 프로그래밍하는 방식이다. 객체를 정의하는 클래스와 클래스에 따라 만들어진 실제 객체인 인스턴스를 통해 코드를 구조화하며, 상속, 다형성, 캡슐화 같은 개

```
def speed_up(spd):
    spd += 20
    return spd

def speed_print(spd):
    print("The ship speed is ", spd,"miles per hour")

spd = 10
spd = speed_up(spd)
speed_print(spd)
spd = speed_up(spd)
speed_print(spd)
```

[그림 3.23] 절차형 방식의 Python 프로그램

념을 사용한다. 사례로 Java, C++, Python, Ruby 등이 있다. 특징은 캡슐화, 상속, 다형성 등에 있다. 캡슐화란 자료와 함수를 하나의 객체로 묶어 외부 접근으로부터 보호하는 것이고, 상속이란 한 클래스의 특성을 다른 클래스가 상속받아 사용하는 것이다. 이를 통해 코드의 재사용과 확장성이 향상된다. 다형성이란 인터페이스나 메소드를 호출할 때 이름이 같아도 객체의 형태에 따라 다른 동작을 할 수 있도록 허용하는 것이다.

[그림 3.23]은 speed를 20씩 증가시키는 speed_up() 함수를 이용하는 절차형 언어의 프로그램이다. 프로그램에서 자료 spd를 선언하고 그 값을 매개변수로 speed_up(spd) 함수에 전달하고 결과 값을 speed_print(spd) 함수에서 출력하는 것을 절차적으로 코딩한 것이다. 이 프로그램의 결과는 다음과 같다.

```
The ship speed is  30 miles per hour
The ship speed is  50 miles per hour
```

[그림 3.24]는 [그림 3.23]과 같은 내용을 객체지향 언어로 작성한 프로그램이다. ship이라는 클래스에서 사용할 자료 data.speed를 초기화하면서 선언하고, data.speed 값을 1씩 증가시키는 speed_up() 메소드를 호출하여 실행하고, 다시 그 값을 프린트하는 print_speed() 메소드를 실행하는 Python 프로그램이다.

[그림 3.24]는 자료 speed와 처리 기능인 speed_up() 메소드를 ship이라는 클래스 안에 가두어 놓고, 밖에서 클래스의 메소드를 호출해서 speed를 올리는 기능을 수행하게 하였다.

객체지향 언어가 개발된 이유는 절차형 언어가 프로그램을 너무 복잡하기 때문이다. 프로그램 안에 자료와 명령어들이 혼재되어 있어서 프로그램이 어떤 상황에서 어떤 기능을 할지 파악하기 어렵다. 객체지향 언어로 프로그래밍하면 특정 자료에는 특정한 처리만을 할 수 있도록 정의하기 때문에 처리 절차가 간단하다.

객체지향 언어는 자료와 처리 기능을 클래스라고 하는 상자에 같이 넣어두고 밖에서 그 처리 기능을 호출하면 기능이 수행하도록 설계되었다. 절차형 언어는 함수와 명령어의 순차적 실행을 중심으로 프로그램을 작성한다. 반면에 객체지향 언어는 자료와 처리 기능을 객체로 묶어 관리하며 코드의 재사용과 유지보수를 용이하게 하는 방식이다. 프로젝트의 요구사항과 특성에 따라 적절한 프로그래밍 언어와 패러다임을 선택하는 것이 중요하다.

```
class ship:
    def __init__(data):
        data.speed = 10

    def print_speed(data):
        print("The ship Speed is ",data.speed,"miles per hour")

    def speed_up(data):
        data.speed += 20

newShip = ship()
newShip.print_speed()
newShip.speed_up()
newShip.print_speed()
# 결과
The ship Speed is  10 miles per hour
The ship Speed is  30 miles per hour
```

[그림 3.24] 객체지향 방식의 Python 프로그램

4 C 계열 언어

C, C++ 그리고 C#은 모두 C 언어에서 유래한 프로그래밍 언어들로서 각기 다른 특성과 사용 목적을 가지고 있다. 이 세 언어를 성능과 개발 편의성과 용도를 중심으로 다음과 같다.

(1) C 언어

C 언어는 1972년에 벨연구소(Bell Labs)의 Dennis Ritchie가 개발한 고성능 절차적 프로그래밍 언어이다. 하드웨어에 접근하고 조작하는 데 유리하며, 운영체제, 임베디드시스템 및 고성능 컴퓨팅 애플리케이션에 주로 사용된다. 메모리 관리는 개발자의 책임이며, 객체지향 기능을 지원하지 않는다. 포인터, 메모리 직접 할당과 해제 등을 통해 높은 수준의 제어가 가능하다.

(2) C++ 언어

C++ 언어는 1979년에 덴마크의 컴퓨터 과학자 Bjarne Stroustrup가 개발하였다. C의 기능을 기반으로

하면서 객체지향 프로그래밍 기능을 추가한 언어이다. 클래스, 상속, 다형성, 캡슐화 등 객체지향 개념을 완벽히 지원한다. 템플릿을 통한 메타 프로그래밍이 가능하다. 게임 개발, 실시간 시스템, 고성능 애플리케이션 등에 많이 사용된다.

(3) C# 언어

C# 언어는 2000년에 마이크로소프트에 의해 개발되었다. NET 프레임워크 상에서 실행되며, 뛰어난 통합 개발 환경(IDE)의 지원을 받는다. 객체지향 프로그래밍뿐만 아니라, 이벤트 구동 프로그래밍 등 현대 프로그래밍 패러다임을 지원한다. 자동 메모리 관리, 안전한 형태 점검 등을 통해 개발자에게 높은 수준의 추상화를 제공한다. 주로 데스크톱 소프트웨어, 웹 애플리케이션, 서버 측 프로그래밍에 사용된다.

앞의 세 가지 C 계열 언어를 비교하면 다음과 같다.

성능 : C 언어가 가장 하드웨어에 가까우며, 성능 최적화에 유리하다. C++은 C에 비해 약간의 오버헤드가 있지만, 매우 높은 성능을 제공한다. C#은 자동 메모리 관리로 인해 이들보다는 성능이 떨어질 수 있지만, 개발의 용이성과 안정성을 크게 향상시켜준다.

개발 편의성 : C#이 가장 높은 수준의 추상화와 편의성을 제공한다. C++은 객체지향과 일반 프로그래밍 기능을 모두 지원하며, C는 가장 기본적인 수준의 언어 기능을 제공한다.

용도 : C 언어는 시스템 프로그램과 임베디드 시스템에 적합하고, C++ 언어는 고성능 애플리케이션 및 시스템 프로그래밍에 사용된다. C# 언어는 주로 데스크톱 및 서버 사이드 애플리케이션 개발에 적합하다.

5 Java와 Python

Java와 Python은 모두 매우 인기 있는 프로그래밍 언어이지만, 각각의 설계 철학, 용도, 그리고 기능에 있어서 중요한 차이점을 가지고 있다. 이 두 언어의 특징과 차이점은 다음과 같다.

(1) Java

Java 언어는 1995년에 선 마이크로시스템즈(Sun Microsystems)에서 개발하였고 이후 오라클(Oracle)사에 인수되었다. Java는 순수 객체지향 언어로, 모든 것을 객체로 취급한다. "Write Once, Run Anywhere" (한 번 작성하면 어디서나 실행) 원칙에 따라 JVM(Java Virtual Machine) 위에서 실행되므로 다양한 시스템에서 같은 Java 프로그램을 실행할 수 있다. 메모리 관리에서 자동으로 조각난 공간을 수집(garbage collection)하는 기능을 제공하여 메모리 누수와 관련된 문제를 줄여준다. 성능은 인터프리트 언어에 비해 빠르며, JIT(Just-In-Time) 컴파일러를 통해 실행 시점에 더 빠른 코드로 최적화된다. 대규모 엔터프라이즈 애플리케이션, 안드로이드 앱 개발, 웹 서버, 소프트웨어 도구 등에 사용되고 있다.

(2) Python

Python은 1991년에 네덜란드의 컴퓨터 프로그래머인 귀도 반 로섬(Guido van Rossum)이 개발하였다. Python은 사람에게 친숙한 문법으로 쉽고 직관적인 코드 작성이 가능하다. 따라서 코드의 가독성이 매우 높다. 절차적, 객체지향적, 함수형 프로그래밍을 모두 지원한다. 표준 라이브러리와 제3자 라이브러리가 풍부하여 자료 과학, 머신 러닝, 웹 개발 등 다양한 영역에서 활용된다. 동적 타이핑을 지원하기 때문에 변수에 대한 타입 선언이 필요 없으므로 런타임 시에 타입이 결정된다. Python은 웹 개발, 자료 과학, 인공 지능, 학술 연구, 스크립팅 및 자동화 등에 많이 사용된다. 두 언어를 비교하면 Java가 Python보다 일반적으로 실행 속도가 빠르다. Python은 편의성과 개발 속도에 중점을 두어, 실행 속도가 다소 느릴 수 있다. Java는 대규모 시스템과 안드로이드 앱 개발에 강점을 보이며, Python은 자료 중심의 애플리케이션과 빠르고 쉬운 개발이 요구되는 영역에서 인기가 높다. Python의 문법은 초보자가 배우기에 더 쉽고 간결하고, Java는 객체지향과 메모리 관리 등을 더 깊이 이해해야 할 필요가 있다.

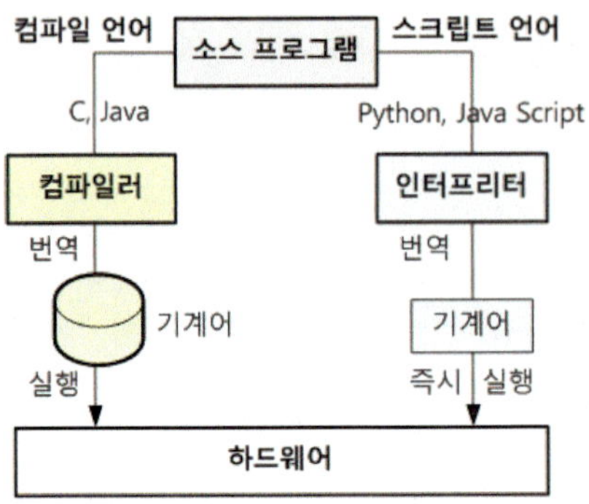

[그림 3.25] 컴파일 언어와 인터프리트 언어의 처리 과정

프로그래밍 언어를 처리하는 관점에서 보면 [그림 3.25]와 같이 컴파일(compile) 언어와 인터프리트(interpret) 언어로 나눌 수 있다. C, Java로 작성된 프로그램은 컴파일러(compiler)가 프로그램을 기계어로 변환하고, 그 기계어를 하드웨어에서 실행하게 된다. 반면에 Python, Java Script로 작성된 프로그램

은 인터프리터(interpreter)가 번역과 동시에 하드웨어에서 실행된다.

각 언어는 그 장점에 따라 다른 종류의 프로젝트에 적합할 수 있으며, 프로젝트의 요구사항과 개발자의 선호에 따라 선택할 수 있습니다. 각 언어는 그 특성에 따라 적절한 프로젝트에 선택적으로 사용되어야 최대 효율을 발휘할 수 있다.

6 4세대 언어

4세대 언어(4GL, Fourth Generation Language)는 고급 추상화를 제공하고, 작은 코드로 많은 일을 할 수 있도록 설계된 언어이다. 프로그램 작성이 쉬워서 비전문가도 쉽게 작성할 수 있도록 개발되었다. 주로 데이터베이스 작업, 보고서 생성, 사용자 인터페이스 디자인 등을 위해서 사용되고 있다. 대표적인 4세대 언어가 비절차언어인 SQL이다. 따라서 원하는 자료의 이름만 기술하면 자료를 접근하는 작업은 프로그래밍 언어가 해결해준다. 이외에도 RPG[6], MATLAB[7], SAS[8], Visual Basic[9] 등의 4세대 언어가 있다.

C, Java, Python과 같은 3세대 언어들은 개발자가 논리의 흐름을 제어하고 세부적인 코드 작성을 해야 한다. 반면에 4세대 언어는 문제를 더 추상적으로 해결하고 작업을 더 간결하게 해결할 수 있다. 3세대 언어는 절차 언어이므로 자료를 접근하는 논리를 명확하게 기술해야 하는 점이 다르다. 4세대 언어는 생산성이 높고, 비전문가도 사용할 수 있고, 자료처리에 최적화되어 있는 등 장점이 많이 있다.

그러나 유연성이 부족하고, 처리 성능이 떨어지고, 복잡한 알고리즘을 구현하기 힘들다는 등의 단점이 있다. 따라서 생산성과 성능의 절충효과를 잘 활용해서 언어들을 선택해야 한다.

3.4 코딩과 코딩 교육

코딩(coding)이란 문제를 해결하기 위해서 알고리즘을 프로그래밍 언어의 명령어로 작성하는 일이다. 즉, 알고리즘을 프로그래밍 언어의 명령어로 변환하는 일이다. 작성된 명령어를 코드라고 부르기 때문

---

6 RPG(Report Program Generator) : 주로 IBM의 미드레인지 컴퓨터에서 사용되며, 자료 처리를 위한 보고서 생성에 사용되는 언어.

7 MATLAB : 수치 계산과 과학적 계산을 위한 고수준 언어로, 매트릭스 조작, 자료 시각화, 수학적 모델링 등에 널리 사용

8 SAS(Statistical Analysis System) : 통계 분석과 자료 시각화, 비즈니스 인텔리전스를 위한 언어

9 Visual Basic : 사용자 인터페이스 디자인에 특화된 언어로, GUI(그래픽 사용자 인터페이스)를 쉽게 개발

에 프로그래밍하는 것을 코딩이라고 한다. 코딩에서 가장 중요한 것은 알고리즘을 설계하는 일과 설계된 알고리즘을 프로그래밍 언어로 변환하는 일이다.

3.4.1 컴퓨터 사고력

컴퓨터가 정보를 처리하는 작업은 사람이 사고하는 작업과 같다. 컴퓨터의 정보처리는 사측연산(+, −, *, /)과 두 가지 자료의 크기를 비교하는 것(>, <, ==, 관계 연산), 자료를 이동하는 것(a = b) 등으로 매우 간단하지만 이 연산 방식으로 사람이 사고하는 것을 모두 해결할 수 있다.

1 코딩 기술

인공지능 시대에 살기 위해서는 인공지능 마인드를 갖추어야 하고, 이것은 인공지능 프로그램을 코딩하는 것으로 시작된다. 인공지능의 목적은 인간의 문제를 해결하는데 있으며 문제 해결은 해결 방법 선택과 함께 해결 절차에 대한 논리적인 사고를 필요로 한다. 코딩은 바로 논리적인 사고를 훈련하는 가장 좋은 방법이다. 문제 해결은 기본적으로 문제를 잘 이해하는 것과 복잡한 문제를 여러 개의 작은 문제로 나누는 것과 나누어진 작은 문제들을 차례대로 해결하는 것이다. 이를 위해서는 문제를 다양한 관점에서 보고, 문제의 핵심에 접근하는 자세가 중요하다. 다양한 관점이란 자유로운 생각으로 문제를 풀어나가는 길을 찾는 것이다.

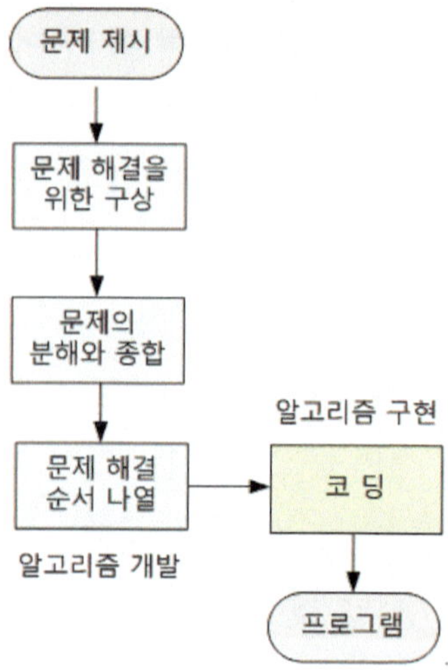

[그림 3.26] 문제 해결을 위한 코딩

코딩(coding)이란 어떤 일을 하는 알고리즘을 프로그래밍 언어의 코드(code)로 작성하는 일이다. 코딩이란 컴퓨터가 해야 할 일을 순서대로 나열하는 일이다.

코딩이란 사람이 생각하는 과정을 명확하게 적어나가는 것과 같은 일이다. 다만 문법이 컴퓨터 프로그램 문법이므로 자연어 문법과 다를 뿐이다. [그림 3.26]은 문제 해결을 위하여 프로그램을 코딩하는 절차이다. 코딩을 하는 과정에서 쌓은 논리적 사고와 경험으로 인하여 일반적인 문제 해결 능력도 향상된다.

MS 창업자 빌 게이츠, 미국 오바마 대통령, Apple 창업자 스티브 잡스 등 세계적으로 유명한 지도자들이 코딩의 중요성을 역설하고 학교에서 적극적으로 교육해야 한다고 강조하였다. 이들의 주장은 코딩이 논리적 사고력을 증진하고, 창의력을 길러주며, 문제 해결을 위한 생각과 자신감을 길러준다는 것이다. 실제로 이 영향을 받아 일본에서는 초등학교 모든 어린이들에게 코딩 교육을 하고 있다.

2 코딩 교육

인공지능 시대에 코딩 교육은 매우 중요하다. 코딩은 단순히 프로그래밍 언어를 배우는 것 이상으로, 문제 해결 능력, 논리적 사고, 창의력을 개발하는 데 도움을 주기 때문이다. 다음은 효과적인 코딩 교육 방법에 대한 몇 가지 제안이다.

(1) 기초부터

코딩에는 왕도가 따로 없으므로 처음부터 하나씩 단계를 천천히 밟아가는 것이 중요하다. 최종 목표는 코딩으로 현실 문제를 해결하는 것이다. 코딩은 기초부터 천천히 이해하고 간단한 프로젝트부터 시작하는 것이 좋다. 변수, 제어 구조, 자료 구조, 알고리즘 등 기본적인 프로그래밍 기초부터 익히는 것이 좋다. Python과 같은 초보자 친화적인 언어로 시작하는 것이 바람직하다. 기초적인 지식을 바탕으로 간단한 프로젝트를 시작하는 것이 바람직하다. 예를 들어, 계산기, 간단한 게임, 자료 분석 프로젝트 등을 만들어 볼 수 있다.

(2) 실습 중심으로

코딩은 프로그래밍 이론을 배우는 것이 아니라 프로그래밍 기술을 익히는 것이므로 다양한 문제를 해결하는 현장 실습과 경험이 중요하다. 프로그램은 이론만 배우는 것이 아니라, 실제로 코드를 작성하면서 학습하는 것이 좋다. 오류를 수정하고 문제를 해결하는 과정에서 더 많이 배울 수 있다. LeetCode[10], HackerRank[11] 등의 온라인 코딩 플랫폼에 참여해서 문제를 풀어보며 실력을 키울 수 있다.

(3) 프로젝트 기반 학습

코딩 교육의 핵심은 현실 문제를 해결하는 것이므로 현장에서 발생하는 문제를 가져와서 프로젝트 방식으로 해결하는 연습을 하는 것이 좋다. 실제 문제를 해결하는 팀 프로젝트에 참여하는 것이 좋다. 현실 세계 문제에 대한 이해를 높이고, 실제로 코딩 능력을 향상시키는 데 도움이 된다. GitHub와 같은 플랫폼에서 오픈 소스 프로젝트에 참여하면 실전 경험을 쌓고, 다른 개발자와 협업하는 방법을 배울 수 있어

10 https://leetcode.com/

11 https://www.hackerrank.com/

서 큰 도움이 된다.

(4) 지속적인 학습과 네트워킹

컴퓨터 프로그래밍은 쉬지 않고 변화하는 속도가 매우 빠른 분야이므로 끊임없이 공부해야 하며, 그러기 위해서 많은 경험자와 끊임없이 교류하는 노력이 중요하다. 컴퓨터 관련 기술은 빠르게 변하고 있기 때문에 최신 기술 동향을 부지런하게 파악해야 한다. 새로운 프로그래밍 언어, 툴, 라이브러리를 지속적으로 학습하여 최신 상태를 유지하는 것이 중요하다. 기술을 향상하려면 지역 컴퓨터 사회 또는 온라인 코딩 커뮤니티에 참여하여 지식을 공유하고, 멘토링을 받으며 네트워크를 확장하는 것이 좋다. 코딩 교육은 단기간에 끝나는 학습이 아니라, 지속적인 관심과 열정을 요구하는 분야이다. 초기에는 기초를 탄탄히 다지고, 점차적으로 더 복잡한 개념과 프로젝트에 도전하면서 실력을 키워 나가는 것이 중요하다고 생각한다.

3.5 Python과 실습

컴퓨터를 공부하는 가장 좋은 방법은 프로그램을 직접 작성해서 문제를 해결해보는 것이다. 현실 문제를 직접 부딪쳐서 해결하는 경험을 쌓는 것이 어떤 방법보다도 가장 빠른 지름길이다.

3.5.1 Python을 권하는 이유

[표 3.7] 초보자에게 Python을 권하는 이유

구분	Python의 편의성
1	간결하고 읽기 쉬운 문법
2	폭넓은 활용 분야
3	방대한 라이브러리와 프레임워크
4	활발한 커뮤니티와 지원
5	쉬운 설치와 환경 구축

컴퓨터를 공부하려면 우선 프로그램을 작성해서 실행해보아야 하고, 프로그램을 경험하려면 Python으로 시작하라고 한다. 많은 전문가들이 초보자들에게 Python을 권하는 이유는 [표 3.7]과 같이 Python은 문법이 간결해서 읽기 쉽고 접근하기 좋기 때문이다. Python은 자료 과학, 웹 개발, 자동화, 인공지능, 기계학습 등 다양한 분야에서 사용된다. 이러한 폭넓은 활용성은 학습자가 Python을 배움으로써 다양한 경로로 진로를 발전시킬 수 있다. Python은 학계와 산업계 양쪽에서 모두 널리 사용되고 있어서 배워두면 사용할 기회가 많다. Python에는 수많은 라이브러리와 프레임워크가 있다. 예를 들면, 기계 학습을 위한

TensorFlow와 Scikit-learn 등이 있다. Python은 매우 활발한 개발자 커뮤니티를 가지고 있다. 이것은 초보자가 프로그래밍을 배우면서 겪는 문제를 해결하는 데 큰 도움이 된다. Python은 대부분의 운영 체제에서 쉽게 설치할 수 있으며, Python 자체의 설치 프로세스도 사용자에게 친화적이다.

■ Python의 장점

Python는 다음과 같은 4가지 장점으로 자연계, 인문계 예체능계 등 다양한 분야에서 사용하고 있다.

① 스크립트 언어

Python은 인터프리터가 소스 코드를 한 줄 읽을 때마다 즉시 실행하는 스크립트 언어(script language)이다. 컴파일을 하지 않아서 실행 결과를 바로 확인할 수 있고 즉시 수정하면서 쉽게 프로그램을 작성할 수 있다.

② 동적 타이핑

Python은 동적 타이핑(Dynamic Typing) 언어이다. 즉, 변수의 자료형(data type)을 선언하지 않고 직접 사용할 수 있다. 변수의 자료형은 코드가 실행되는 시점에 결정된다. 자료형을 다른 형태로 바꿀 때 번거로운 과정이 없으므로 매우 편리한 장점이 있는 동시에 코드를 실행하는 도중에 예기치 않은 오류가 발생할 수 있다는 단점이 있다. 이런 오류는 프로그래머의 책임이다.

③ 독립적인 플랫폼

Python은 Unix, Linux, Windows, Mac OS 등 대부분의 운영체제에서 동작한다. 운영체제가 달라도 다시 컴파일할 필요가 없기 때문에 다양한 운영체제를 쉽게 사용할 수 있는 장점이 있다.

④ 오픈 소스 언어

Python은 오픈 소스이기 때문에 무료로 다운로드 받아서 설치하고 사용할 수 있다.

3.5.2 Python 설치와 실습

Python의 설치 과정은 일반 프로그램들과 유사하며 다음과 같다. 웹브라우저에서 http://www.python.org/ 홈페이지에 접속해서 메뉴에 있는 [Download]를 클릭하면 [그림 3.27]과 같은 홈페이지 화면이 나오고 여기에 있는 Download 버튼에 마우스를 대면 중앙에 팝업 메뉴가 나온다. 여기에서 윈도우즈 사용자는 Dwonload for Windows 밑에 있는 Python 3.12.3 를 누르면 python-3.12.3-amd64 파일이 다운로드 된다.

Python의 버전은 계속 증가하지만 구 버전이라도 사용하는데 별 무리가 없다.

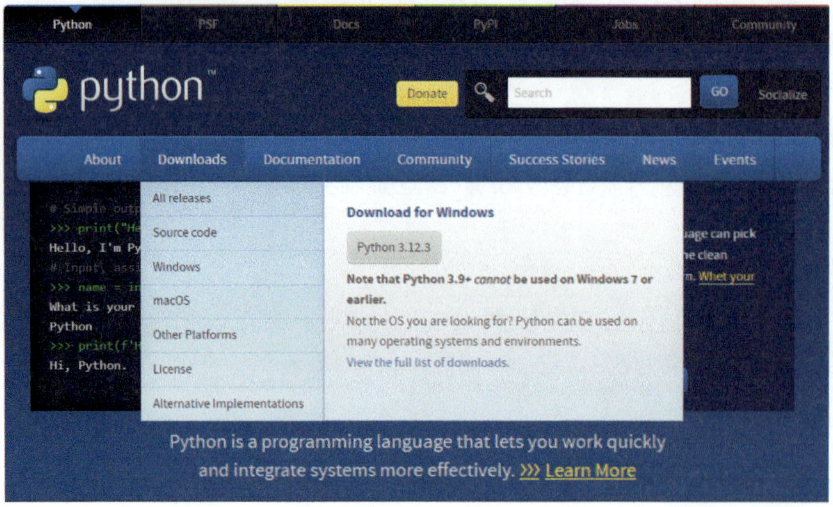

[그림 3.27] Python 홈페이지의 다운로드 화면

다운로드 된 python-3.12.3-amd64 파일을 클릭하면 [그림 3.28]과 같은 설치 화면이 나오고, Install now 버튼을 클릭하면 설치가 진행된다. 진행 과정이 다 처리되면 설치 화면에 'Setup was succcessful'이라는 문구가 나온다. 이것으로 설치는 완료된 것이다.

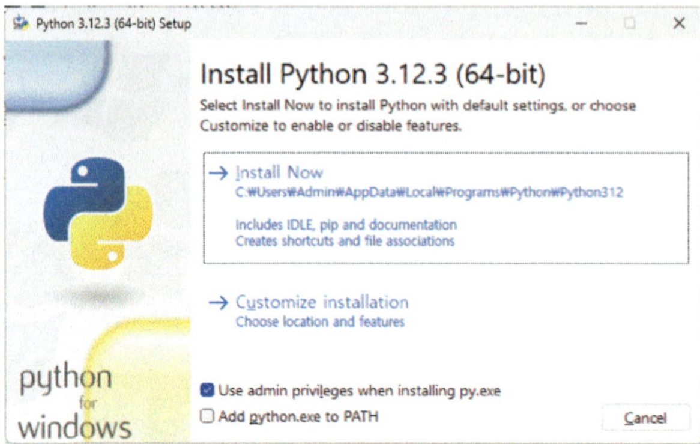

[그림 3.28] Python 설치 화면

이밖에도 Visual Studio Code를 다운 받아서 설치해도 Python을 간편하게 사용할 수 있다.

연습문제

1. 소프트웨어를 정의하고 분류하시오.

2. 시스템 소프트웨어의 역할과 종류를 설명하시오.

3. 장치 드라이버와 펌웨어를 정의하고 관계를 설명하시오.

4. 언어처리기의 역할과 종류를 설명하시오.

5. 라이브러리의 종류와 필요성을 설명하시오.

6. 라이브러리 형식을 설명하시오.

7. 유틸리티의 필요성을 설명하시오.

8. 장치 드라이버의 역할과 필요성을 설명하시오.

9. 펌웨어가 왜 필요한지 설명하시오.

10. 미들웨어의 역할과 기능을 설명하시오.

11. 미들웨어의 실례를 들어서 필요성을 설명하시오.

12. 응용 소프트웨어의 역할과 종류를 설명하시오.

13. 운영체제의 역할과 목표를 설명하시오.

14. 운영체제가 없으면 프로그램을 어떻게 실행시키는지 설명하시오.

15. 운영체제를 사용할 때 얻을 수 있는 이점을 설명하시오.

16. 운영체제의 주요 기능들을 설명하시오.

연습문제

17. 다중 프로그래밍(multi-programming)을 하는 이유는 무엇인가?

18. 다중 처리(multi-processing)를 하는 이유는 무엇인가?

19. 일괄처리는 어떤 경우에 실행하는가?

20. 일괄처리와 실시간처리의 효율성과 필요성을 비교하시오.

21. 분산 시스템을 사용하는 이유를 설명하시오.

22. CPU 처리 속도와 입출력장치의 처리 속도 차이로 인하여 발생하는 문제점을 설명하시오. 이 문제점을 해결하는 방안을 설명하시오.

23. 입출력관리에서 버퍼링을 하는 이유를 설명하시오.

24. 입출력관리에서 스풀링을 사용하는 이유를 설명하시오.

25. 입출력관리에서 채널을 사용하는 이유를 설명하시오.

26. MS-DOS의 특징을 설명하시오.

27. Windows의 특징을 설명하시오.

28. Unix가 세계적인 성공을 거둔 이유를 설명하시오.

29. Mac OS의 특징을 설명하시오.

30. Android의 특징을 설명하시오.

31. iOS의 특징을 설명하시오.

연습문제

32. 알고리즘과 프로그램의 차이를 설명하시오.

33. 프로그램 개발 절차를 설명하시오.

34. 프로그램을 개발하는데 필요한 능력을 설명하시오.

35. 절차언어와 객체지향언어의 차이를 설명하시오.

36. 컴퓨터의 저급 언어와 고급 언어의 차이를 설명하시오.

37. 저급 언어와 고급 언어가 필요한 이유를 각각 설명하시오.

38. 언어처리기의 두 가지 번역 방식을 설명하시오.

39. 컴파일 언어와 인터프리트 언어의 성능을 비교하시오.

40. 절차언어와 객체지향언어의 차이점을 설명하시오.

41. C계열 언어들의 특징과 장단점을 비교하시오.

42. Python의 언어 특징과 함께 장점을 설명하시오.

43. Java와 Python의 차이점과 필요성을 비교하시오.

44. 4세대 언어의 특징과 기능을 설명하시오.

45. 코딩 교육의 필요성을 설명하시오.

46. 코딩 교육을 향상 시킬 수 있는 방안을 설명하시오.

CHAPTER 4

알고리즘과 자료구조

머리가 좋은 사람은 총명한 사람 또는 지혜로운 사람이라고 불리며 어릴 때부터 주변 사람들의 사랑을 받는다. 소프트웨어 세계에서는 문제 해결을 잘 하는 프로그램을 알고리즘이 좋다고 말한다. 알고리즘은 문제 해결을 위한 처리 절차와 규칙이다. 컴퓨터를 잘 활용하기 위해서는 알고리즘을 잘 만들어야 한다. 운영체제도 알고리즘이 좋아야 하고, 응용 프로그램도 알고리즘이 좋아야 사용자들의 사랑을 받는다. 현재는 인공지능이 각광을 받고 있는 시기이다. 그 이유는 인공지능으로 인하여 각종 장비들이 스마트해지고 있으며 사용자들은 더 스마트한 것을 요구하기 때문에 인공지능은 계속 각광을 받을 것이다. 인공지능에서 가장 중요한 것은 바로 인공지능 알고리즘이다. 기계의 논리를 인공지능의 논리로 바꾸는 능력이 더 필요해진 것이다.

T·I·P 무하마드 이븐 무사 알-콰리즈미의 생애와 업적

알-콰리즈미는 서기 780년경에 페르시아에서 태어나 850년경에 사망했다. 그의 업적과 공헌은 다음과 같다.

1. 대수학(Algebra)의 창시자 : 페르시아 최초의 '대수학의 요약'이라는 수학책을 저술했다. 이 책은 방정식을 대수적인 방법으로 해결하는 기초를 마련했다. 여기서 대수학(Algebra)이라는 용어가 유래되었다.
2. 수학 용어와 개념의 도입 : 그가 수행한 작업은 용어 '알고리즘'(Algorithm)의 기원이 되었다. 방정식을 선형과 2차로 분류하고 해결 방법을 제시했다.
3. 산술에 공헌 : 그는 인도의 숫자를 아랍 세계에 소개했다. 이 숫자 체계를 이용하여 산술 계산 방법을 기술하는 책을 썼다.
4. 천문학과 지리학에 공헌 : 달력, 천체의 위치, 태양과 달의 움직임을 계산했고 지리학에 관한 책을 썼다.

그의 업적은 중세 이슬람뿐만 아니라 유럽 수학과 과학 발전에 큰 기여를 했다. 유럽의 르네상스 발전에 중요한 기초가 되었다.

도서관은 사람들이 독서를 하러 오는 곳이다. 도서관에는 많은 장서들을 쌓아놓고 필요한 정보를 신속하게 찾아서 지원할 수 있도록 자료를 분류하고 배열한다. 많은 자료들을 배열하는 방법을 컴퓨터에서는 자료구조라고 한다. 컴퓨터는 알고리즘을 신속하게 실행하기 위해서 자료들을 잘 관리해야 하고, 그렇게 하기 위해서는 자료구조를 잘 활용해야 한다. 자료구조는 알고리즘이 신속하게 자료를 처리할 수 있도록 만들어진 구조 체계이다. 자료구조가 결정되어 있다면 거기에 적합한 알고리즘을 만들어야 한다. 따라서 알고리즘과 자료구조는 상호 보완관계에 있다. 알고리즘은 좋은 자료구조가 필요하고, 자료구조에는 좋은 알고리즘이 필요하다. 좋은 자료구조는 알고리즘의 성능을 높여주고, 좋은 알고리즘은 인공지능을 더욱 스마트하게 만든다.

4.1 알고리즘

알고리즘(algorithm)이라는 단어는 9세기 페르시아 수학자 무하마드 알-콰리즈미(Muhammad Al-Khwarizmi)의 이름에서 유래되었다. 알고리즘의 정의는 다음과 같다.

- 문제 해결을 위해 실행하는 유한한 단계의 수학적 처리 절차
- 문제를 풀기 위하여 작성된 잘 정의된 규칙들의 집합
- 문제를 해결하기 위한 일련의 명확하고 정확한 처리 절차와 규칙
- 목적을 위해 실행하는 절차를 명확하게 기술하는 것

이상의 정의들의 공통점은 문제를 해결하는 것이 목적이고 처리 절차와 규칙들을 명확하게 기술하는 것이다. 알고리즘은 컴퓨터 과학뿐만 아니라 수학, 공학, 일상생활의 다양한 문제들을 해결하는 데 사용된다. 알고리즘은 특정한 입력을 받아들여 처리하고, 원하는 출력을 생성하는 과정을 의미한다.

컴퓨터 알고리즘의 특징은 명확성과 입출력 등으로 [표 4.1]과 같이 적용되어야 한다.

[표 4.1] 알고리즘의 특징

특징	내역
명확성	명확하고 이해하기 쉬워야
입출력	자료 입력으로 시작되고, 출력으로 답을 주어야
유한성	유한한 처리 단계 후에 종료
유효성	모든 처리 단계가 실행 가능하고 단순해야
일반성	모든 일반 문제에도 적용되어야

명확성이란 모든 처리 단계는 명확하고 이해하기 쉬워야 하는 것을 의미한다. 알고리즘은 하나 이상의 입력이 필요하다. 입력은 알고리즘이 작업을 시작하는 데 필요한 자료이다. 하나 이상의 출력이 존재해야 하며, 출력이 문제의 해답이다.

유한성이란 알고리즘은 반드시 유한한 처리 단계 후에 종료되어야 한다. 유효성이란 알고리즘의 모든 처리 단계는 실행이 가능하고 단순해야 한다. 일반성이란 알고리즘은 특정 문제뿐만 아니라 일반 문제에도 적용되어야 한다.

이상과 같은 특징을 통해 알고리즘이 설계되고 평가된다. 예를 들어, 수학 문제를 해결하기 위한 알고리즘은 주어진 문제의 정확한 해답을 찾아낼 수 있어야 하며, 프로그래밍에서는 이를 코드로 구현하여 효과적으로 문제를 해결할 수 있어야 한다. 알고리즘이라는 논리를 컴퓨터에서 구현하기 위해서는 프로그램이라는 도구가 필요하다.

4.1.1 알고리즘 표현

알고리즘을 설계하기 위해서는 알고리즘을 표현하는 좋은 방법이 필요하다. 알고리즘을 잘 표현할 수 있어야 이해하기 쉽고 평가하기 좋고 개선하기 좋다. 알고리즘을 표현하는 방법에는 여러 가지가 있다. 이러한 표현 방법은 알고리즘의 의도를 명확하게 전달하고, 프로그램으로 구현하기 전에 문제점들을 발견하고 해결할 수 있게 도와준다. 대표적으로 사용되는 알고리즘 표현 방법은 [표 4.2]와 같다.

[표 4.2] 알고리즘 표현

표현 방법	내 역
의사코드	텍스트를 기반으로 처리 내용을 간결하게 표현
순서도	여러 종류의 도형으로 처리 내용을 단계적으로 표현
코드	실제 프로그래밍 언어로 처리 내용을 표현
자연어	일상적인 언어로 처리 내용을 표현

의사코드(Pseudocode)는 프로그래밍 언어의 구조를 사용하지만, 특정 언어의 문법에는 얽매이지 않도록 알고리즘을 텍스트 기반으로 설명한다. 이 방법은 개발자가 알고리즘의 논리를 쉽게 이해할 수 있도록 도와준다. 의사코드는 일반적인 제어 구조(예: if, while, for 등)를 사용하여 알고리즘의 흐름을 설명한다.

순서도(Flowchart)는 알고리즘을 시각적으로 표현하는 방법으로, 여러 가지 도형을 사용하여 프로세스의 흐름을 도식화한다. 각 도형은 연산을 나타내고 화살표는 프로세스의 진행 방향을 나타낸다. 이 방법은 알고리즘의 각 단계를 시각적으로 구분하여 복잡한 논리를 이해하는 데 유용하다. 코드 는 실제 프로그래밍 언어를 사용하여 알고리즘을 작성하는 방법이다. 알고리즘은 코드를 통해 컴퓨터에서 실행할 수 있으며, 정확성과 효율성을 검사할 수 있다. 각 프로그래밍 언어는 자체 문법과 구조를 가지고 있으므로 알고리즘 표현 방식이 다소 다를 수 있다.

자연어는 알고리즘을 일반적인 일상 언어로 설명하는 방법이다. 이 방법은 비전문가나 초보자가 알고리즘의 개념을 이해하는 데 도움이 된다. 자연어 설명은 보통 더 상세하고 접근하기 쉽지만, 정확한 기술적 세부사항을 전달하는 데는 한계가 있을 수 있다. 이런 방법들은 각각의 상황과 필요에 따라 선택하여 사용할 수 있으며, 때로는 여러 방법을 조합하여 알고리즘을 설명하기도 한다. 예를 들어, 초기 설계 단계에서는 순서도를 사용하여 전체적인 흐름을 파악하고, 구현에 임박하면 의사코드로 세부 사항을 표현하고 확인할 수 있다.

4.1.2 알고리즘 설계

알고리즘을 설계하는 것은 가장 효율적인 문제 해결 방법을 찾는 과정이다.

여기에는 전통적으로 내려오는 방법들이 있으므로 문제의 성격에 따라서 선택적으로 사용하는 것이 좋다.

1 알고리즘 설계 기술

알고리즘의 역사는 길지만 현재 효율적으로 개발하기 위해 대표적으로 사용되는 기술들은 [표 4.3]과 같다.

[표 4.3] 알고리즘 설계 기술

설계 기술	내역
분할 정복	문제를 작게 나누고 해결한 다음 종합
동적 프로그래밍	복잡한 문제를 하위 문제로 나누고 해결
탐욕 알고리즘	항상 최적의 방안을 찾아서 선택
백트래킹	시도를 하고 안되면 이전 단계로 돌아가 새로운 시도

분할 정복(divide and conquer)은 문제를 더 작고 관리하기 쉬운 부분으로 나누고, 각 부분을 개별적으로 해결한 다음 해결한 결과를 종합하는 방식이다.

동적 프로그래밍(dynamic programming)은 복잡한 문제를 간단한 하위 문제로 나누고, 이 하위 문제들을 해결하고 그 결과를 저장하여 재사용함으로써 전체 문제를 쉽고 효율적으로 해결하는 방식이다.
탐욕 알고리즘(greedy algorithm)은 매 순간 최적이라고 생각되는 방안을 선택하고 최종적으로 전체적인 해결책을 도출하는 방식이다.

백트래킹(backtracking)은 가능한 모든 조합을 시도해 보고, 문제의 조건을 만족하지 않을 때는 이전 단계로 되돌아가 다른 경로를 시도하는 방식이다. 이상과 같은 방법들을 염두에 두고 알고리즘을 설계하는 것이 바람직하다. 또한 알고리즘 문제를 해결하는 데 도움을 주는 논리적 구조나 소프트웨어 도구를 사용하는 것이 좋다.

2 알고리즘 개발 도구

알고리즘을 개발하기 위해서는 알고리즘을 쉽게 보여주고 이해할 수 있는 소프트웨어 도구들이 필요하다. 알고리즘 개발 도구들은 종합개발 환경과 UML 도구 등이 있다. 종합개발 환경(IDE, Integrated Development, Environment)은 코드 작성, 오류 검출, 테스트를 쉽게 할 수 있도록 도와주며, 알고리즘 설계와 구현에 필수적이다. 예를 들어, Visual Studio Code[1], Eclipse[2], PyCharm[3] 등을 활용하면 알고리즘을 쉽게 파악할 수 있으므로 계획을 정리하면서 설계할 수 있다.

UML(Unified Modeling Language)은 알고리즘의 다양한 구성 요소와 그 관계를 도표를 이용하여 시각적으로 표현한다. 예를 들어, 클래스 다이어그램이나 시퀀스 다이어그램을 통해 객체지향 알고리즘을 설계할 때 효과적이다. UML은 제 10장 소프트웨어 공학의 제2절에서 기술하였다. 이상과 같은 도구들을 사용하면 알고리즘 설계 생산성을 대폭 향상할 수 있다. 이러한 설계 방법과 도구들을 통합하여 사용하면 알고리즘 설계 과정을 체계적이고 효율적으로 진행할 수 있다.

각 설계 방법과 도구들을 특정 상황에 맞게 선택하여 적용하는 것은 경험을 쌓아 가면서 훈련할 수 있는 좋은 방법이다.

4.2 알고리즘 종류

알고리즘을 처음 접근할 때는 기초적인 개념을 잘 이해할 수 있는 사례들을 찾아서 경험하는 것이 좋다. 이러한 사례들은 알고리즘의 기본 원리를 이해하고, 문제 해결 방법을 익히는 데 도움을 준다. 학습

1 Visual Studio Code : Microsoft사가 개발한 경량 편집기. 바로 명령어 실행 가능. 다양한 언어 디버깅.

2 Eclipse : Eclipse Foundation사가 개발한 오픈 소스 통합 개발 환경(IDE). 프로젝트 관리와 확장성.

3 PyCharm : JetBrains사가 개발한 전문 Python IDE. 코드 분석, 디버깅, 테스트 지원.

하기 좋은 알고리즘은 정렬과 검색 등이다.

4.2.1 정렬 알고리즘

정렬(sort)이란 자료들을 일정한 기준에 따라 나열하는 것이다. 학교에서 학생 기록 카드가 수천 장에 이르면 어떤 순서로든지 순서에 맞추어 보관해야 관리하기 좋다. 컴퓨터 이전에 학생 기록 카드를 작성했을 때도 학번으로 정렬하여 파일 캐비닛에 보관하였다. 컴퓨터로 관리할 때도 역시 학번으로 정렬 알고리즘을 사용하고 있다. 정렬 알고리즘에는 이해하기 쉬운 것과 효율이 높은 것이 있다. 알고리즘은 사용자가 이해하기 쉬울수록 효율이 낮고, 효율이 높을수록 알고리즘을 이해하기 힘든 경향이 있다.

1 버블 정렬

버블 정렬(Bubble Sort)은 가장 이해하기 쉬운 정렬 방법의 하나이다. 인접한 두 원소를 비교하고 필요에 따라 교환하여 정렬을 수행한다. 오름차순 정렬의 경우에는 첫 원소부터 다음 원소와 차례대로 두 원소를 비교하여 큰 값을 뒤로 보낸다.

이런 방식으로 첫 번째 원소부터 마지막 원소까지 크기를 비교하여 뒤로 보내면 n-1번이면 정렬이 완료된다.

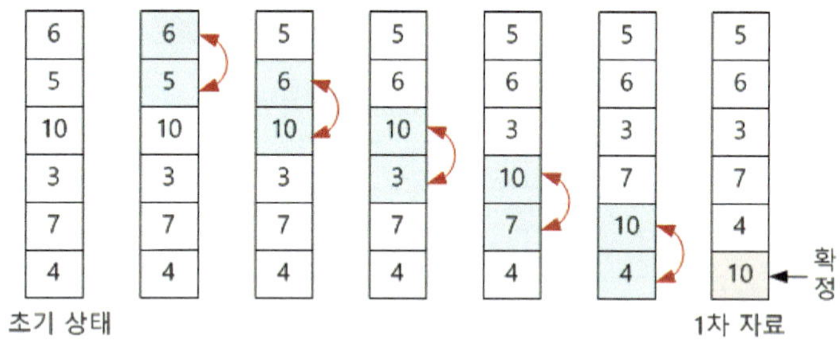

[그림 4.1] 버블 정렬로 1차 정리된 자료

[그림 4.1]은 1차로 정렬하는 과정을 보여준다. 첫째와 둘째 자료를 비교하여 순서를 바꾸고 다음에는 둘째와 셋째 자료를 비교하여 자리를 바꾼다. 이렇게 끝까지 가며 자료를 바꾸면 가장 큰 값이 가장 끝에 위치하면서 한 자료의 자리가 확정된다. 이런 방식으로 자료의 개수만큼 앞과 뒤의 자료를 교환하면 [그림 4.2]와 같이 n-1번 만에 모든 정렬이 완성된다.

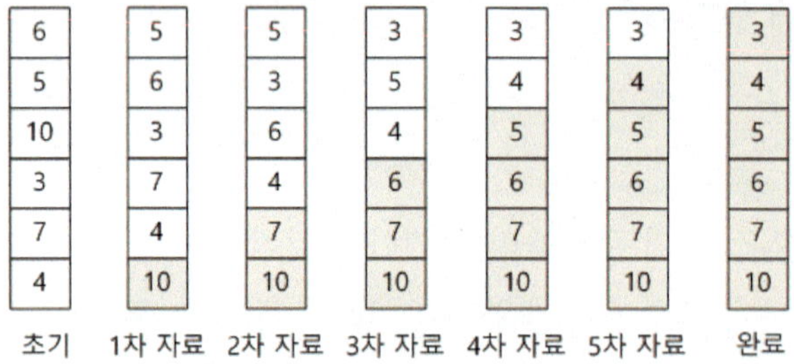

[그림 4.2] 버블 정렬로 정렬이 완성되는 과정

2 선택 정렬

선택 정렬(Selection Sort)은 자료들 중에서 가장 작은 자료를 가장 앞에 있는 자료와 위치를 바꾸는 알고리즘이다. 자료들 중에서 기준 위치에 맞는 자료를 선택하여 자리를 교환하는 방식으로 정렬한다. [그림 4.3](a)와 같이 초기 상태에서 처음부터 끝까지 자료를 비교하면서 가장 작은 값의 찾아서 맨 앞에 위치시킨다. 자료를 전부 읽고 비교하면 한 개의 자료 위치가 확정된다.

[그림 4.3] 선택 정렬의 전체 과정

[그림 4.3](a)와 같이 한 번의 과정에서 하나의 자료가 제 위치를 확정하므로 모두 (n-1)번의 과정을 거쳐야 [그림 4.3](b)와 같이 정렬이 완성된다.

```
# 선택 정렬 프로그램
import random
def selection_sorting(data):
    for index in range(len(data) - 1):
        lowest = index
        for index2 in range(index+1, len(data)):
            if data[lowest] > data[index2]:
                lowest = index2
        data[index], data[lowest] = data[lowest], data[index]
    return data

arr = random.sample(range(100), 10)
print('arr : ', arr)
sort_arr = selection_sorting(arr)
print('sort_arr : ', sort_arr)
```

[그림 4.4] Python으로 작성한 선택 정렬 알고리즘

[그림 4.4]는 Python으로 작성한 선택 정렬 프로그램이다. random 함수를 이용하여 100 이내의 숫자를 10개 선발하여 리스트 arr에 저장한다. 두 개의 중첩 루프를 이용하여 매번의 과정마다 한 개의 자료를 선택하여 제 위치에 저장하는 알고리즘이다. 이 프로그램의 출력은 다음과 같다. 이 프로그램에서 자료 값들은 실행할 때 마다 무작위로 선택되어 처리된다.

- arr : [24, 64, 41, 6, 46, 1, 82, 48, 17, 92]
- sort_arr : [1, 6, 17, 24, 41, 46, 48, 64, 82, 92]

3 퀵 정렬

퀵 정렬(Quick Sort)은 분할 정복 기법을 사용하여 높은 효율성을 자랑하는 정렬 방법이다. 처음에 임의로 기준 키를 설정하고, 기준 키를 기준으로 작거나 같은 값을 지닌 자료는 앞으로, 큰 값을 지닌 자료는 뒤로 가도록 하여 작은 값을 갖는 자료와 큰 값을 갖는 자료로 분리해가며 정렬하는 방법이다. 퀵 정렬은 [그림 4.5](b)와 같이 초기 상태에서 기준키 값을 설정하고 뒤로 가면서 기준 키보다 큰 값을 찾아 나가고, 뒤에서는 앞으로 오면서 작은 값을 찾는다. 이렇게 찾은 값이 (c)의 50과 5이므로 이 두 개의 값

을 교환한다. 다시 뒤로 가면서 더 큰 값을 찾고 뒤에서 앞으로 오면서 작은 값을 찾으면 40과 19를 각각 만난다. 그러면 (e)에서 자료를 교환한다. 다시 뒤고 큰 값을 찾아 나가고 뒤에서 작은 값을 찾아 나가면 (f)에서 9와 40이 만난다. 9와 40은 순서가 맞으므로 9를 맨 앞의 20과 교환하면 (g)가 된다. 이것으로 자료는 중간값 20을 중심으로 20보다 작은 값들과 20보다 큰 값들로 나뉜다. 이제는 나뉜 그룹들을 다시 지금까지 했던 것과 같은 작업을 수행하여 정렬을 한다.

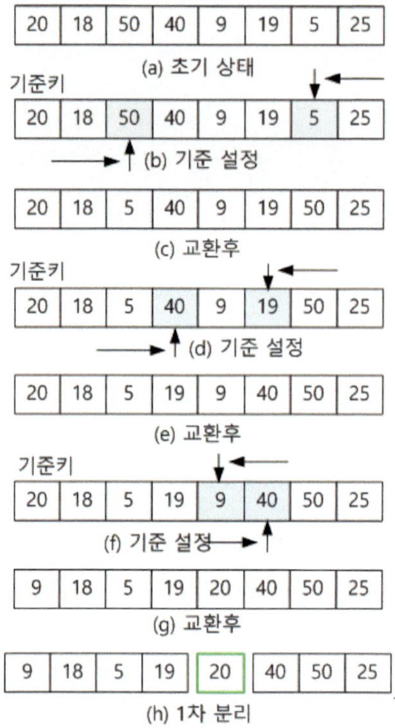

[그림 4.5] 퀵 정렬의 1차 분리 과정

[그림 4.6]은 퀵 정렬 알고리즘을 Python으로 코딩한 것이다. 앞에서 설명한 것과 같이 자료를 3등분하여 왼쪽 자료와 오른쪽 자료를 다시 퀵 정렬하는 모듈을 사용하였다. 이 프로그램을 실행한 결과는 다음과 같다. 퀵 정렬은 선택 정렬보다 이해하기 어렵지만 효율은 훨씬 우수하다.

- 정렬 전 배열: [88, 27, 0, 89, 52, 38, 65, 45, 81, 17, 84, 10, 37, 2, 91]
- 정렬 후 배열: [0, 2, 10, 17, 27, 37, 38, 45, 52, 65, 81, 84, 88, 89, 91]

```
# 퀵 정렬 프로그램
import random
def quick_sort(arr):
    if len(arr) <= 1:
        return arr

    pivot = arr[len(arr) // 2]
    left = [x for x in arr if x < pivot]
    middle = [x for x in arr if x == pivot]
    right = [x for x in arr if x > pivot]

    return quick_sort(left) + middle + quick_sort(right)

arr = random.sample(range(100), 15)
print("정렬 전 배열:", arr)
sorted_arr = quick_sort(arr)
print("정렬 후 배열:", sorted_arr)
```

[그림 4.6] Python으로 작성한 퀵 정렬 프로그램

4.2.2 탐색 알고리즘

탐색 알고리즘(Search Algorithms)은 많은 자료 중에서 원하는 자료를 찾아내는 기술이다. 자료가 많을수록 탐색 알고리즘의 효율이 좋아야 한다.

1 선형 탐색

선형 탐색(Linear Search)은 자료를 처음부터 끝까지 순차적으로 탐색하여 원하는 값을 찾는다. 가장 원시적인 방식이지만 모든 자료를 다 찾아서 처리해야 하는 월급 계산, 기간별 결산 같은 프로그램에서는 잘 사용하는 기법이다. [그림 4.7]은 선형 탐색 프로그램이다.

```
# 선형 탐색 프로그램
import random
def Linear_Search(arr, target):
    n = len(arr) - 1
    index = 0
    while index < n:
        if arr[index] == target:
            return index
        else:
            index = index + 1
    return -1

arr = random.sample(range(100), 10)
target_value = 7
print('생성된 자료 : ', arr)
index = Linear_Search(arr, target_value)
if index == -1:
    print(f"값 {target_value}는 리스트에 없습니다.")
else:
    print(f"값 {target_value}은 인덱스 {index}에 있습니다.")
```

[그림 4.7] 선형 탐색 Python 프로그램

선형 프로그램을 두 번 실행한 결과는 다음과 같다.

- 생성된 자료 : [48, 15, 23, 45, 4, 55, 46, 10, 31, 20, 7, 84, 90, 33, 38, 60, 69, 27, 58, 85]
  값 7은 인덱스 10에 있습니다.
- 생성된 자료 : [31, 45, 22, 94, 0, 97, 14, 83, 85, 35, 24, 33, 60, 43, 88, 84, 56, 6, 13, 15]
  값 7는 리스트에 없습니다.

2 이진 탐색

이진 탐색(Binary Search)은 정렬된 배열에서 중앙값과 탐색 대상 값을 비교하여 중앙값이 탐색하려는 값보다 작으면 중앙값 이하의 자료를 버리고, 크면 중앙값 이상의 자료를 버리며, 범위를 절반씩 줄여

가며 탐색한다. 한 번 비교할 때마다 검색 대상 자료가 반으로 감소하기 때문에 매우 효율이 높다. [그림 4.8]은 2진 탐색 프로그램으로 매번 리스트의 중간 값과 목표 값을 비교하여 목표 값보다 중간 값이 작으면 왼쪽 값을 중간 값으로 교체함으로써 검색 대상 리스트의 크기를 반으로 줄인다. 이와 같이 비교할 때마다 대상 리스트가 반씩 작아지므로 효율이 좋다.

```
#Binary Search Program
def binary_search(arr, target):
    left, right = 0, len(arr) - 1
    while left <= right:
        mid = (left + right) // 2
        if arr[mid] == target:
            return mid
        elif arr[mid] < target:
            left = mid + 1
        else:
            right = mid - 1
    return -1

sorted_list = [1, 3, 5, 7, 9, 11, 13, 15, 17, 19]
target_value = 7

index = binary_search(sorted_list, target_value)
if index = -1:
    print(f"값 {target_value}은 리스트에 없습니다.")
else:
    print(f"값 {target_value}은 인덱스 {index}에 있습니다.")
```

[그림 4.8] Python으로 작성한 2진 탐색 알고리즘

이진 탐색 프로그램을 두 번 실행한 결과는 아래와 같다.

- 값 7은 인덱스 3에 있습니다.
- 값 7은 리스트에 없습니다.

3 해싱 알고리즘

지금까지의 기술한 탐색 알고리즘의 특징은 원하는 자료를 찾기 위하여 다른 자료들을 거쳐서 찾아가는 방법이다. 해싱 알고리즘(Hashing Algorithms)은 자료의 키값을 보고 (다른 자료들을 거치지 않고) 원하는 자료를 직접 찾아가는 방식이다. 즉, 자료의 키값을 이용하여 키가 있는 위치를 계산하고, 그 위치를 찾아간다. 키값으로 키의 위치를 계산하는 함수를 해시 함수(hash function)라고 한다. 해시 함수에 따라 키값과 함께 계산된 주소의 위치를 저장한 표를 해시 테이블이라고 한다.

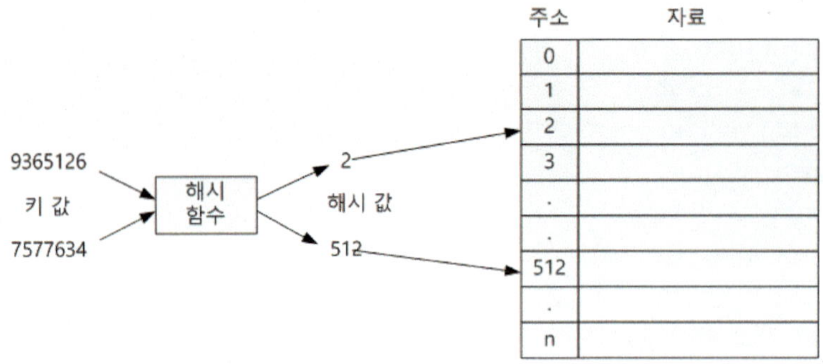

[그림 4.9] 해싱의 검색 절차

가장 쉬운 해싱 알고리즘은 식별번호가 숫자일 때 그 번호의 위치에 자료를 저장하고 찾아가는 방식이다. 예를 들어, 식별번호가 8번이면 8번째 위치에 자료를 저장하는 것이다. 그러나 이렇게 단순한 함수는 현실적으로 일련번호를 사용하지 않는 경우가 많아서 사용하기 힘들다. 예를 들어, 학번, 사번, 군번, 주민번호와 같이 식별자들은 키값이 매우 커서 그런 해시 테이블을 만들기 힘들다. 따라서 매우 큰 값의 키값들을 특정한 범위 안의 숫자들로 바꾸는 함수가 필요하다. 해싱의 검색은 [그림 4.9]와 같이 키값을 해싱 함수에 입력하면 결과 값으로 주소 값을 준다. 그림과 같이 '9365126'이라는 키값을 주면 '2'라는 값이 나오므로 이 주소에 가면 원하는 자료가 있다. 따라서 해시 함수를 만드는 방법이 중요하다. 가장 쉽게 만들 수 있는 해시 함수는 제산법을 이용하는 것이다. 제산법이란 숫자를 어떤 값으로 나누었을 때 얻어지는 나머지 값이다. 키값을 해시 테이블의 크기로 나눈 나머지 값을 이용하면 해시 함수가 된다.

다음과 같이 키값 k를 해싱하면 k 값을 테이블 크기 M으로 나눈 나머지 값을 얻을 수 있다. 이때 얻은 나머지 값을 테이블의 주소로 활용하는 것이다.

$h(k) = k \bmod M$

```
key_data = {0: 'Korea', 1: 'Japan', 2: 'Russia', 3: 'America', 4: 'Indo',
5: 'Norway', 6: 'Vietnam', 7: 'China', 8: 'Mongoria'}

print(key_data)

n = int(input('정수 입력 : '))
key = n % 10

print('Input : ', n, ', key : ', key, ',  data : ',key_data[key])
------------------------------------------------------------------
#  실행 결과

{0: 'Korea', 1: 'Japan', 2: 'Russia', 3: 'America', 4: 'Indo', 5: 'Norway', 6:
'Vietnam', 7: 'China', 8: 'Mongoria'}

정수 입력 : 16
Input :  16 , key :  6 ,  data :  Vietnam
```

[그림 4.10] Python으로 구현한 해싱

[그림 4.10]은 Python에서 Dictionary 자료형을 이용하여 해싱 함수를 만든 것이다. Dictionary는 key와 value로 구성된 자료형으로 단어를 찾으면 설명이 있는 사전과 같은 형태이다. Dictionary는 중괄호로 묶으며 dict = {key:value, key:value, ...}의 방법으로 초기화할 수 있다. key와 value가 1:1로 구성된다.

자료가 10개 있으므로 키값을 10으로 나눈 나머지가 주소가 되어 자료 값들을 찾아주는 프로그램이다.

4 그래프 알고리즘

그래프 알고리즘(Graph Algorithms)은 많은 자료들이 연결되어 그래프 모양을 이루고 있을 때 원하는 자료를 찾는 기법으로 그래프 이론을 이용한다. 그래프에서 탐색할 대상이 많이 있을 때 소스부터 시작해서 거리가 멀어지는 방향으로 탐색하는 방식이 있고, 소스부터 거리가 가까운 방향으로 탐색하는 방식이 있다.

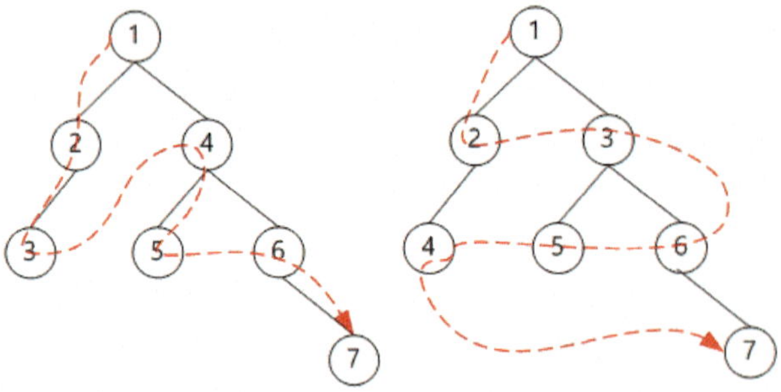

[그림 4.11] 깊이 우선 탐색과 너비 우선 탐색

(1) 깊이 우선 탐색

깊이 우선 탐색(DFS, Depth-First Search)은 [그림 4.11](a) 같이 그래프 시작 노드에서 깊이가 긴 노드까지 우선적으로 탐색하는 방식이다. 미로 탐색 등에 사용된다.

(2) 너비 우선 탐색

너비 우선 탐색(BFS, Breadth-First Search)은 [그림 4.11](b) 같이 그래프 시작 노드에서 거리가 가까운 노드부터 차례대로 찾아가는 방식이다. 최단 경로나 사회 네트워크에서의 친구 추천 등에 사용되며, 거리별로 탐색한다.

4.2.3 기타 알고리즘

지금까지의 알고리즘들이 정렬이나 탐색이었다면 다음 알고리즘들은 전혀 다른 목적으로 원하는 목표를 찾거나 해결하는 것이다.

1 동적 프로그래밍

동적 프로그래밍(Dynamic Programming)은 복잡한 문제를 여러 개의 간단한 하위 문제로 나누어 해결하는 알고리즘 설계 기법이다. 이 기법은 각 하위 문제의 해결 결과를 저장하고 필요할 때 재사용함으로써 중복 계산을 줄이고 효율성을 높인다. 동적 프로그래밍은 최적화 문제에 효과적이다. 동적 프로그래밍은 피보나치 수열이나 최소 비용 경로와 같은 사례가 대표적이다.

```
# 피보나치 순서 프로그램
def fibonacci(n):
    if n == 0:          # 기본 조건
        return 0
    elif n == 1:
        return 1
    fibo[n] = fibonacci(n - 1) + fibonacci(n - 2)
    return fibo[n]
# 예시
fibo = [0]*(11)
fibo[1] = 1
n = 10
print(f"{max+1} 번째 수열 =", fibonacci(max))
print("fibonacci 수열 : ", fibo)
```

[그림 4.12] Python으로 작성한 피보나치 수열의 동적 프로그램

첫째, 피보나치 수열은 기본적인 동적 프로그래밍 예로, 각 숫자가 이전 두 숫자의 합으로 이루어진 수열이다. [그림 4.12]는 0과 1로 시작하는 피보나치 수열을 10개 찾아서 모두 합하여 출력하는 Python 프로그램이다. 이것이 동적 프로그램인 이유는 주어진 문제 fibonacci(n)을 fibonacci(n-1) + fibonacci(n-2)라는 하위 문제의 해답으로 상위 문제를 해결한 것이기 때문이다. 이와 같이 같은 함수 안에서 같은 함수를 호출하는 것을 재귀 함수(recursive function)라고 한다. [그림 4.12]의 결과는 다음과 같다.

- 11 번째 수열 = 55
- fibonacci 수열 : [0, 1, 1, 2, 3, 5, 8, 13, 21, 34, 55]

둘째, 최소 비용 경로 (Minimum Cost Path) 문제는 많은 노드들이 있는 상태에서 출발점에서 도착점까지 가는 데 필요한 최소 비용을 계산한다.

T·I·P 탐욕 알고리즘 : 거스름돈 계산하기 Python 프로그램

870원을 거슬러 줘야 하는데 1원, 5원, 10원, 50원, 100원, 500원의 동전이 있다. 가장 적은 개수의 동전으로 만들 수 있는 방법을 찾는다. 우선 870원에서 가장 큰 동전인 500원을 한 번 빼면 370원이 남는다. 다음에는 370원에서 가장 큰 동전인 100원을 세 번 빼면 70원이 남는다. 다음에는 동전 50원을 한 번 빼면 20원이 남는다. 다음에는 동전 10원을 두 번 빼면 0이 된다. 따라서 500원 짜리 1개, 100원 짜리 세 개, 50원 짜리 1개, 10원 짜리 2개가 가장 적은 수의 거스름 동전이다.

```
def greedy_coin_change(total, coins):
  coins.sort(reverse=True)      # 큰 금액의 동전부터 내림차순으로 정렬
  result = {}                   # dictionary 선언
  for coin in coins:
      count = total // coin     # 해당 동전을 최대 몇 개 사용하나?
      total -= count * coin     # 해당 동전들을 사용한 만큼 금액을 줄임
      result[coin] = count      # 사용한 동전의 개수를 저장
  return result

total_amount = 870
coin_types = [500, 100, 50, 10, 5, 1]
change = greedy_coin_change(total_amount, coin_types)
print(change)
# 결과
{500: 1, 100: 3, 50: 1, 10: 2, 5: 0, 1: 0}
```

2 탐욕 알고리즘

탐욕 알고리즘(Greedy Algorithms)은 각 단계에서 최적의 선택을 하는 기법이다. 매 순간마다 가장 좋아 보이는 선택을 하여 최종적으로 전체적으로 최적의 해답을 찾는 방법이다. 탐욕 알고리즘은 각 단계에서의 선택이 지역적으로는 최적이지만, 전체적으로는 최적이라는 보장은 없다. 다음과 같이 최소 신장 트리나 거스름돈 문제 등은 현실에서는 도움이 많이 되고 있다.

첫째, 최소 신장 트리 (MST, Minimum Spanning Tree)는 주어진 그래프의 모든 노드를 최소한의 비용으로 연결하는 알고리즘이다.

둘째, 거스름돈 문제는 동전의 수를 최소로 구성하면서 주어진 금액을 만드는 문제이다.

이러한 알고리즘들은 기본적인 문제해결 기법을 이해하고, 다양한 프로그래밍 과제나 기술 면접 준비에도 도움이 된다. 각 알고리즘을 학습하면서 실제 코드로 구현해 보는 것이 이해를 더욱 도움이 된다. 또한, 이론적인 배경과 함께 시간 복잡도와 공간 복잡도 등의 성능 분석도 공부하면 좋다.

4.3 알고리즘 분석

알고리즘 분석은 알고리즘의 효율을 측정하고 평가하는 과정이다. 알고리즘을 설계할 때는 효율이 얼마나 되는지를 분석하면서 진행하는 것이 필요하다. 이렇게 하면 전체 시스템의 시간과 공간 효율을 파악하는 데 도움을 준다. 자료가 많을수록 알고리즘 효율성이 프로그램 성능에 큰 영향을 주기 때문이다. 알고리즘 분석은 주로 중앙처리장치의 실행 시간을 가늠하는 시간 복잡도와 기억장치의 사용량을 가늠하는 공간 복잡도 두 가지 측면에서 이루어진다. 대체로 두 가지는 서로 배타적인 경우가 많으므로 응용에 따라서 선택해야 한다.

1 시간 복잡도

시간 복잡도(Time Complexity)는 알고리즘이 실행되어서 끝날 때까지 소요되는 시간의 양을 측정하는 방법이다. 알고리즘이 입력 데이터의 크기에 따라 실행 시간이 어떻게 변하는지를 나타낸다. 컴퓨터 실행 시간을 직접 측정하기 어려우므로 알고리즘의 실행문이 실행되는 횟수를 파악하여 측정한다.

(1) 빅 오 표기법

시간 복잡도는 보통 빅 오 표기법(Big O notation)을 사용하여 표현한다. 시간 복잡도의 주요 분류는 다음과 같다:

- O(1) 상수 시간 : 입력 데이터의 크기와 상관없이 일정한 시간이 소요된다. 리스트에서 자료를 접근할 때 자료의 수에 무관하게 접근 시간이 동일하다.
- O(log n) 로그 시간 : 자료의 양이 늘어나도 알고리즘의 실행 시간이 로그 함수로 증가한다. 자료의 양을 매번 반으로 분할해서 처리하는 2진 검색 기법 등이 여기에 해당한다.
- O(n) 선형 시간 : 알고리즘의 실행 시간이 입력 자료의 크기에 비례하여 증가한다. 배열의 모든 값을 출력하는 알고리즘에 해당한다.
- O(n log n) : 대부분의 정렬 알고리즘의 복잡도이다.

- **$O(n^2)$ 제곱 시간** : 입력 자료의 크기가 두 배가 되면 실행 시간은 네 배가 된다. 선택 정렬과 같은 단순한 정렬 알고리즘이 여기에 해당한다.
- **$O(2^n)$ 지수 시간** : 입력 데이터의 크기에 따라 실행 시간이 지수적으로 증가한다.

2 공간 복잡도

공간 복잡도(Space Complexity)는 알고리즘이 실행되는 동안 필요한 총 저장 공간을 나타내며, 이는 입력 크기에 대한 메모리 사용량을 의미한다. 공간 복잡도 역시 빅 오 표기법으로 표현된다. 재귀 알고리즘(recursive algorithm) 같은 경우 스택을 호출할 때 추가 메모리를 요구할 수 있으므로 이를 고려해야 한다.

3 알고리즘 분석의 중요성

알고리즘에서 중요하게 다루는 분야가 정렬과 검색이다. 응용 소프트웨어에서 어떤 문제를 다루든지 공통적으로 많이 사용하는 프로그램이 정렬과 검색이기 때문이다. 소량의 자료를 다룰 때는 관계가 없지만, 대량의 자료를 다룰 때는 시간과 공간을 많이 소요하기 때문에 알고리즘의 성능을 분석하고 실행해야 하기 때문이다. [표 4.4]는 알고리즘 분석에서 가장 중요시하는 요소들이다.

[표 4.4] 알고리즘 분석의 중요 요소

요소	내역
효율	특정 상황에서 가장 효율적인 것
자원	시간, 공간 등의 자원 사용의 최적화
성능	처리 성능으로 시스템 확장성 평가

[표 4.4]에서 효율 요소는 서로 다른 알고리즘들을 비교했을 때 특정 상황에서 더 효율적인 알고리즘을 선택할 수 있다. 자원 요소는 시스템의 자원 사용을 최적화하여 더 나은 성능을 달성할 수 있다. 성능 요소는 알고리즘의 성능을 예측하여 시스템의 규모 확장성을 평가할 수 있다. 알고리즘 분석은 이론적인 분석과 실제 실험을 통한 분석이 모두 가능하다. 이론적 분석은 알고리즘의 수학적 모델을 사용하여 최악, 평균, 최선의 경우를 평가하는 반면, 실제 실험은 실제 데이터를 사용하여 알고리즘을 실행시켜 보고 성능을 측정한다. 두 방법을 결합하면 알고리즘의 효율성을 보다 정확하게 이해할 수 있다.

4.4 자료구조

자료가 매우 귀했을 때는 자료를 분류하고 검색하는 작업이 중요하지 않았다. 조선시대에는 출판사업이 부진했기 때문에 서적과 같은 자료를 다루는 일이 중요하지 않았다. 근대화 이후 출판사업이 활성화되면서 자료의 수량이 많아졌으므로 서적을 분류하고 보관하는 일이 전문화되기 시작했다. 대학에 도서관학과가 생겼다는 것은 학문이 발전하여 보관한 자료가 많아졌고 자료 분류와 대출 작업이 방대해졌다는 것을 의미한다. 수많은 도서를 분류하기 위해 1876년에 듀이의 십진 분류법이 개발되었다. 도서관에 컴퓨터가 보급되자 도서와 문서관리를 자동화하기 시작했다. 컴퓨터가 활성화되자 정보의 양이 기하급수적으로 증가하였다. 컴퓨터로 정보를 처리하기 위해서는 자료들을 체계적으로 관리하기 위한 기술이 요구되었다. 자료구조는 자료를 체계적으로 관리하고 검색하기 위한 수단으로 개발되기 시작했다. 자료구조(Data Structure)는 자료의 특성을 살려서 체계적으로 저장하고 관리하며 검색하기 위해 자료를 조직하고, 사용하는 방법이다. 다른 의미로는 프로그램이 쉽게 사용하도록 구성하는 자료 간의 논리적인 관계라고 할 수 있다.

1 자료구조의 분류

자료구조의 종류는 [그림 4.13]과 같이 단순 자료구조, 선형 자료구조 그리고 비선형 자료구조로 다음과 같이 구분된다.

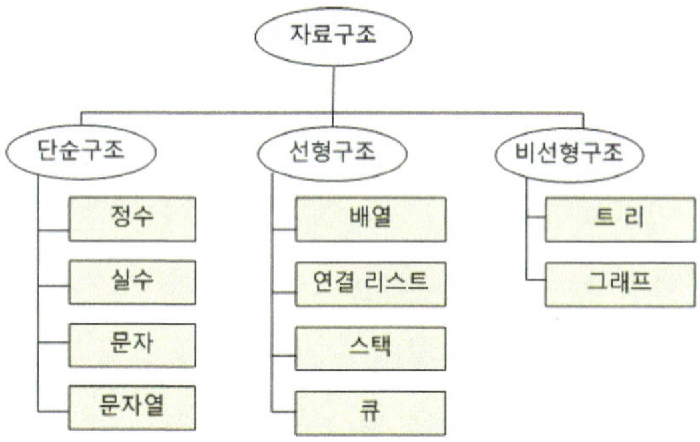

[그림 4.13] 자료구조의 구성

(1) 단순 구조

단순 구조는 정수, 실수, 문자, 문자열 등으로 구성되는데 이들은 하나의 항목이므로 구조라고 할 수 없고 자료형(data type)이라고 할 수 있다. 그러나 자료구조를 이루고 있는 요소이므로 같이 분류하였다.

(2) 선형 구조

선형 구조는 자료들을 한 줄로 나열한 구조이다. 일상생활에서도 한 줄로 나열된 숫자나 사물들을 많이 찾아볼 수 있다. 구조가 복잡하지 않아서 자료의 양이 많지 않을 때 사용하기 편리하다. 대표적인 선형 구조로는 배열, 연결 리스트, 스택, 큐 등이 있다. 현실에서도 일렬로 나열된 숫자처럼 순차적으로 구성된 업무에 적합한 자료구조이다.

(3) 비선형 구조

비선형 구조는 자료들이 비순차적으로 구성된 구조이다. 달리 말하면, 자료들이 한 줄이 아니라 여러 줄로 나열된 구조이다. 대표적인 비선형 구조로는 트리와 그래프가 있다. 현실에서도 비순차적으로 구성된 업무에 적합한 자료구조이다.

2 자료구조의 중요성

자료구조가 중요한 것은 알고리즘 설계와 성능에 큰 영향을 주기 때문이다. 모든 알고리즘에 가장 적합한 자료구조는 존재하지 않는다. 응용 분야마다 가장 적합한 자료구조가 있기 때문에 응용 분야에 따라 가장 적합한 자료구조를 찾는 일이 중요하다. 같은 응용 분야에도 환경에 따라서 다른 자료구조가 적합할 수 있기 때문에 응용 분야에 맞는 자료구조를 선정하는 것이 중요하다고 할 수 있다. 자료구조의 중요성을 결정하는 요소들은 [표 4.5]와 같다.

[표 4.5] 자료구조의 중요성

중요성	내역
효율성	적절한 자료구조는 시간과 공간을 절약
재사용	일반적인 자료구조는 다방면으로 재사용
추상화	복잡한 내용을 모르고도 쉽게 사용

효율성은 적절한 자료구조를 사용하여 자료처리 시간과 공간 효율성을 극대화하는 것이다. 예를 들어, 자료 검색에 이진 탐색 트리를 사용하면 탐색 시간을 대폭 줄일 수 있다. 재사용이란 자료구조를 잘 설계하여 다른 프로그램에서 같이 사용하는 것이다. 추상화는 자료구조의 복잡한 세부 사항을 숨기고 사용자에게 간단한 사용법을 제공하여 사용자를 편리하게 해주는 것이다. 적절한 자료구조를 선택하는 것은 응용 소프트웨어의 성능을 결정짓는 중요한 일이다. 따라서 프로그램의 요구 사항과 연산 종류를 고려하여 가장 적합한 자료구조를 선택해야 한다.

4.5 자료구조 종류

우리가 다루어야 할 자료구조는 선형 자료구조와 비선형 자료구조이다. 선형 자료구조는 한 줄로 자료들을 나열한 것이고, 비선형 자료구조는 여러 줄로 자료들을 나열한 것이다.

4.5.1 배열

배열(array)은 같은 자료형(data type)의 자료를 순서대로 나열하면서 기억장치에 연속으로 저장하여 만든 자료구조이다. 따라서 자료의 논리적인 순서와 물리적인 순서가 같아서 자료의 위치를 찾기 편리하다. 첫 번째 자료를 기준으로 상대적인 위치를 파악하기 때문에 다른 자료들의 위치 파악이 용이하다. [그림 4.14]와 같이 5개의 텍스트를 저장하는 배열을 Python으로 만들기 위해서 [그림 4.15]와 같이 코딩을 하였다. 배열에 있는 두 번째 자료는 animals[1]에 있으므로 자료의 위치를 쉽게 찾을 수 있다.

	animal[0]	animal[1]	animal[2]	animal[3]	animal[4]
animal	rabbit	horse	dog	cat	pig

[그림 4.14] animal 배열의 자료 배치

[그림 4.14]의 배열은 animal이라는 이름으로 5개의 텍스트 자료를 저장하는 장소이다. 각 자료의 위치는 배열의 색인으로 결정되므로 색인을 지정하면 자료의 위치를 찾을 수 있다.

```
animals = ['rabbit', 'horse', 'dog','cat','pig']
print("animals = ",animals)
print("Second data = ", animals[1])

# 실행 결과
animals =  ['rabbit', 'horse', 'dog', 'cat', 'pig']
Second data =  horse
```

[그림 4.15] animal 배열을 만들고 인쇄하는 Python 프로그램

2차원 배열은 색인을 두 개 사용하는 배열이다. 첫 번째 색인은 행을 나타내고 두 번째 색인은 열을 나타낸다. [그림 4.16]은 3행과 3열을 갖춘 배열이다. 2차원 배열은 기억장치에서도 1행을 저장한 다음에 2행과 3행을 순차적으로 저장한다.

	1열	2열	3열
1행	animal[0][0]	animal[0][1]	animal[0][2]
2행	animal[1][0]	animal[1][1]	animal[1][2]
3행	animal[2][0]	animal[2][1]	animal[2][2]

[그림 4.16] 2차원 배열

1 배열의 갱신, 추가, 삭제

모든 자료구조에서는 자료를 추가, 삭제, 갱신, 검색 등의 작업을 효율적으로 수행해야 한다. 배열은 자료를 갱신하는 것은 용이하지만 삽입과 삭제는 복잡한 절차를 거쳐야 한다.

(1) 갱신

배열에서 어떤 자료를 갱신하려면 그 자료의 위치를 찾아가서 갱신하면 된다. 따라서 배열의 갱신은 간단하다.

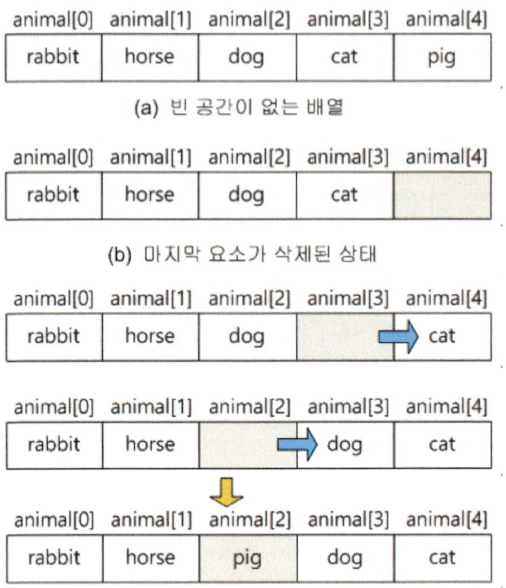

(c) 세 번째 공간에 삽입한 상태

[그림 4.17] 배열의 중간에 자료를 삽입하는 동작

(2) 삽입

배열은 크기가 결정되어 있으므로 자료를 추가하려면 여분의 공간이 있어야 한다. [그림 4.17](a)에서 자료 한 개를 추가하는 것은 빈 공간이 없기 때문에 불가능하다. [그림 4.17](b)처럼 빈 공간이 있다면 자료를 뒤로 밀어서 생긴 빈 공간에 자료를 삽입할 수 있다. animal 배열의 세 번째 공간에 'pig'라는 자료를 추가한다고 가정하자. 세 번째 공간에 자료가 있으므로 세 번째와 네 번째 공간을 한 칸씩 뒤로 밀어낸 후에는 세 번째 공간에 새로운 자료를 추가할 수 있다. [그림 4.17](c)는 자료를 뒤로 밀어서 빈 공간을 만들고 그 자리에 자료를 추가하는 과정을 보여준다. 이와 같이 배열에서 특정한 위치에 자료를 삽입하는 것은 번거로운 일이다.

(3) 삭제

배열은 처음부터 공간의 크기가 결정되어 있으므로 공간 자체를 삭제할 수가 없다. 특정한 위치에 자료가 있는 공간을 삭제하는 것은 곤란하다. 따라서 삭제했다는 표시를 남겨두는 것으로 대신하거나 뒤의 자료들을 앞으로 당겨야 한다. [그림 4.18]은 배열의 두 번째 요소를 삭제했을 때 삭제된 공간을 메우는 과정을 보여준다. 배열에서 요소의 삭제는 공간 자체를 삭제할 수 없으므로 그 공간에 있는 자료 값을 지움으로써 빈 공간으로 만드는 것이다. 그 다음에는 빈 공간의 뒤에 있던 자료들을 앞으로 한 칸씩 이동시키는 것이 필요하다.

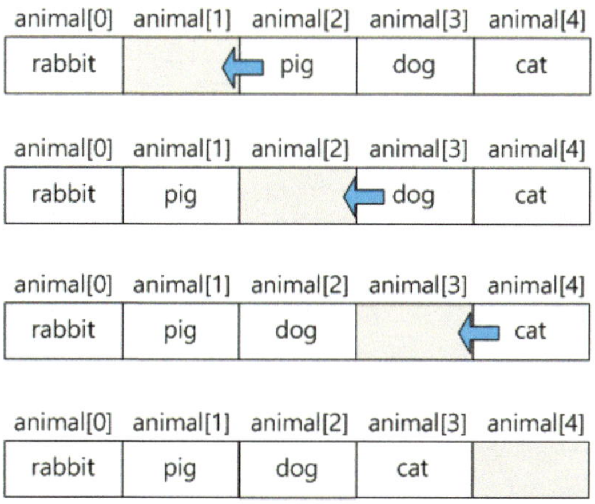

[그림 4.18] 배열의 중간 요소를 삭제하는 과정

4.5.2 연결 리스트

연결 리스트(linked list)는 앞의 자료가 다음 자료의 주소를 기억함으로써 자료들을 연결하는 자료구조이다. 따라서 자료의 논리적인 순서와 물리적인 순서가 일치하지 않을 수 있다. 연결 리스트는 [그림 4.19]와 같이 자료와 다음 자료의 주소를 기억하는 주소(링크)의 노드로 구성된다. 노드에는 자료를 저장하는 자료 필드와 다음 노드의 주소를 기억하는 링크 필드로 구성된다.

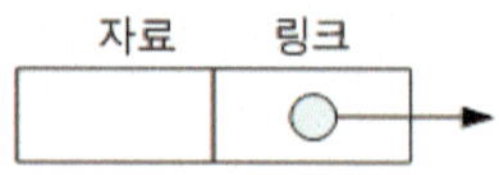

[그림 4.19] 연결 리스트 노드의 구조

연결 리스트의 각 노드들은 [그림 4.20]과 같이 링크로 연결되어 있다. 연결 리스트의 시작은 첫 번째 노드의 주소를 가리키는 노드이고, 다음 노드들은 그 다음 노드들의 주소를 링크에 저장하고 있다. 마지막 노드에는 기억할 노드가 없으므로 링크 필드에 NULL을 저장한다.

1 연결 리스트의 종류

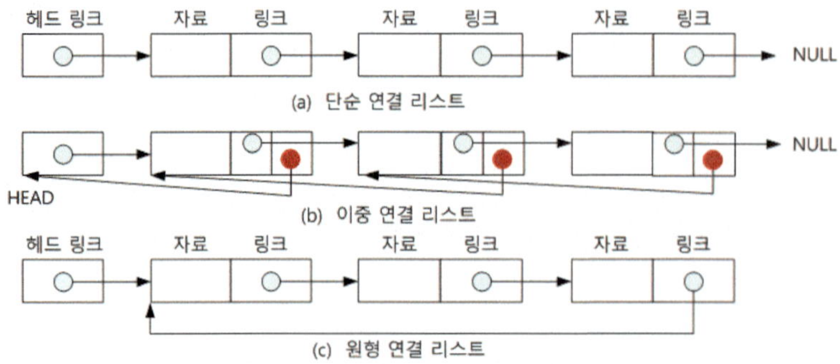

[그림 4.20] 연결 리스트의 구조

연결 리스트는 노드들을 연결하는 방식에 따라 다음과 같이 크게 세 가지 종류가 있다.

첫째, 단순 연결 리스트는 [그림 4.20](a)처럼 한 줄로 연결되는 리스트이다.

둘째, 이중 연결 리스트는 [그림 4.20](b)처럼 뒤 노드에서 앞 노드의 주소를 저장함으로써 노드를 따라 앞으로 또는 뒤로도 이동할 수 있는 리스트이다.

셋째, 원형 연결 리스트 : [그림 4.20](c)처럼 마지막 노드가 첫 노드의 주소를 가리키는 리스트이다. 따라서 어느 노드에서나 전체 노드들을 순회하고 검색할 수 있는 리스트이다.

2 연결 리스트의 생성

```
#Linked List 객체지향 프로그램
class Node:
    def __init__(self, data):
        self.data = data
        self.right = None
class LinkedList:
    def __init__(self):
        self.head = None
    def insert(self, data):
        if not self.head:
            self.head = Node(data)
        else:
            self._insert_recursively(data, self.head)

    def _insert_recursively(self, data, node):
        if node.right is None:
            node.right = Node(data)
        else:
            self._insert_recursively(data, node.right)

    def print_traversal(self, node):
        if node:
            print(node.data, end=' ')
            self.print_traversal(node.right)

linked_list = LinkedList()
linked_list.insert(1)
linked_list.insert(3)
linked_list.insert(7)
linked_list.insert(9)
# 리스트를 처음부터 끝까지 차례대로 출력
print("LinkedList (Traversal) :")
linked_list.print_traversal(linked_list.head)
```

[그림 4.21] 연결 리스트를 생성하고 출력하는 Python 객체지향 프로그램

리스트에 새로운 노드를 추가하려면 새로운 노드를 만들고 마지막 노드의 링크 필드에 새로운 노드의 주소를 기억하면 된다. 어떤 노드를 삭제하려면 그 노드의 다음 노드 주소를 앞의 노드의 링크 필드에 저장하면 된다. [그림 4.21]은 연결 리스트를 생성하고 생성된 자료들을 인쇄하는 객체지향 프로그램이다. Python은 포인터가 없으므로 Node라는 객체를 만들어서 객체를 참조하는 방식으로 프로그램을 작성했다. Node는 data와 right 변수를 저장하는 공간이다. LinkedList 클래스는 연결 리스트의 head 값을 None으로 초기화하고 data가 입력되면 연결 리스트에 data를 입력하는 메소드들을 선언하였다.

프로그램에서 linked_list.insert() 메소드로 자료 5, 3, 7, 1, 4를 입력하면 연결 리스트가 만들어지고, linked_list.print_traversal(linked_list.head) 메소드를 실행한 결과로 만들어진 리스트는 [그림 4.22]와 같다. 프로그램 실행 결과는 다음과 같다.

```
LinkedList (Traversal):
1 3 7 9
```

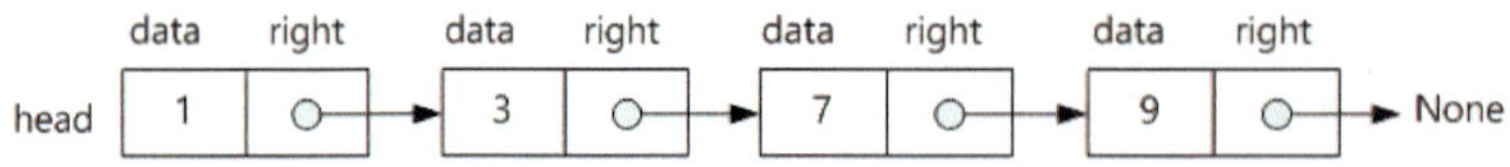

[그림 4.22] [그림 4.21]의 프로그램을 실행한 결과로 만들어진 리스트

3 연결 리스트의 갱신 추가 삭제

연결 리스트의 갱신은 해당 노드를 찾아가서 자료를 갱신하는 것으로 매우 간단한다. 그러나 노드를 추가하고 삭제하는 것은 조금 신경을 써야 한다.

(1) 갱신

연결 리스트의 자료를 갱신하는 것은 해당 노드를 찾아가서 그 값을 갱신하면 되는 것으로 매우 간단하다.

(2) 삽입

연결 리스트의 중간에 노드를 삽입하는 것은 노드를 생성하고 노드들의 링크를 바꾸는 것으로 가능하다. 연결 리스트는 배열처럼 공간이 고정되어 있는 것이 아니므로 컴퓨터 메모리에 여유가 있는 한 얼마든지 자유롭게 삽입이 가능하다.

[그림 4.23]의 연결 리스트에 새로운 자료 5가 있는 노드를 추가하기로 하자. 우선 5가 있는 노드를 생성하고, 노드의 위치는 3 노드의 다음이고 9 노드의 앞에 위치시켜야 한다. 5 노드의 right에 9 노드의 주소를 입력하고, 3 노드의 링크에 5 노드의 주소를 삽입하면 노드의 연결이 완성된다.

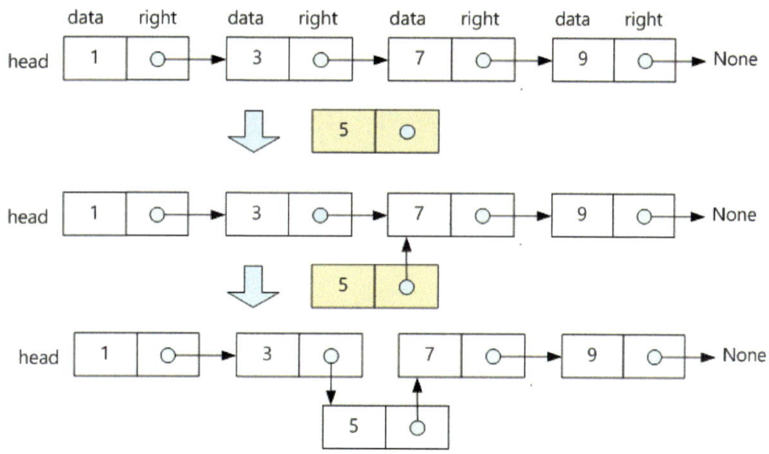

[그림 4.23] 연결 리스트에 새 자료의 추가

(3) 삭제

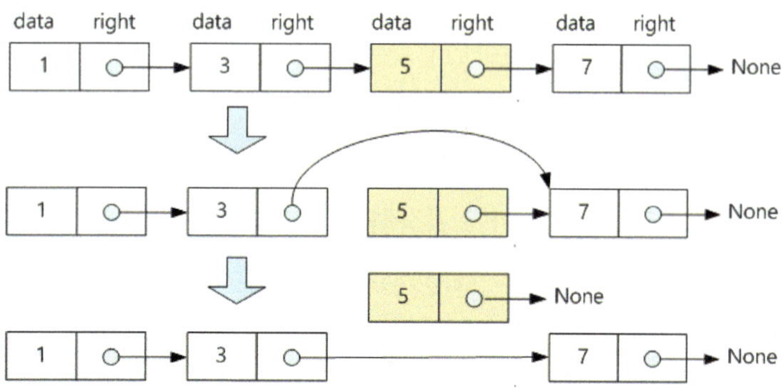

[그림 4.24] 특정 노드의 삭제 과정

[그림 4.24]에서 5를 가진 세 번째 노드를 삭제하기로 하자. 5 노드의 right 링크를 3 노드의 right 링크에 저장하면 리스트는 1, 3, 7로 연결된다. 5 노드의 right 링크를 삭제하고 노드 자체를 삭제하면 리스트는 1, 3, 7로 연결된다.

4.5.3 스택

스택(stack)은 자료들을 순서대로 쌓아 올리는 자료구조이다. 따라서 자료를 추가하는 것은 마지막으로 쌓아 올린 위치에서만 가능하다. 또한 마지막으로 쌓아 올린 위치에서만 자료를 삭제할 수 있다. [그림 4.25]는 화물 상자를 쌓아놓은 모습으로 스택과 비유가 된다. 화물 상자를 쌓을 때는 맨 위에 쌓게 되고, 상자를 꺼낼 때도 역시 맨 위에 있는 상자를 내리게 된다. 이것은 추가할 때와 마찬가지로 삭제할 때도 마지막 위치에서 동작이 발생할 수밖에 없다. 상자를 중간에 추가하거나 중간에 있는 상자를 빼는 것은 곤란하다.

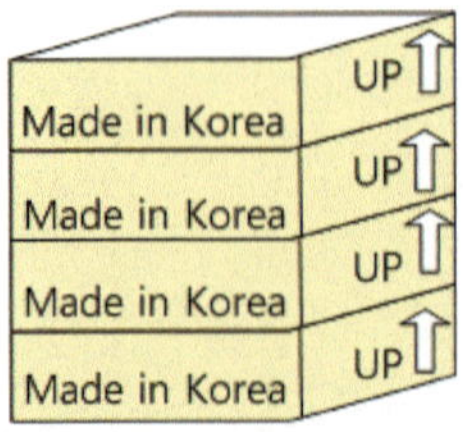

[그림 4.25] 화물 상자의 스택

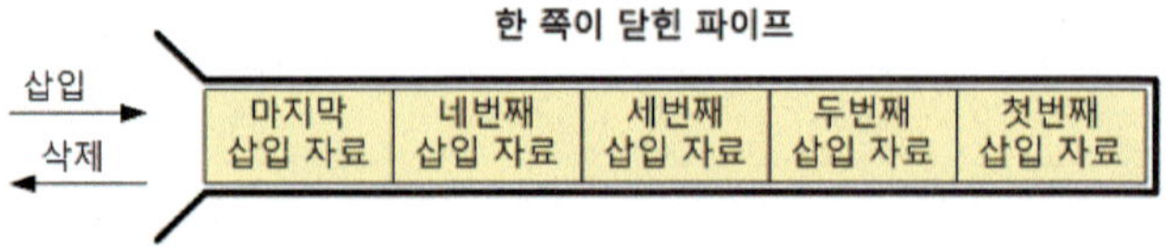

[그림 4.26] 스택의 구조

스택의 자료구조를 논리적인 구조로 표현하면 [그림 4.26]과 같다. 스택의 출입구는 하나 밖에 없으므로, 한쪽에서 삽입하고 삭제하는 것이 동시에 이루어진다.

[그림 4.27]은 스택에 자료를 추가하고 삭제하는 방법을 보여주는 Python 프로그램이다. 첫 문장의 st = [1,3,5,7,9]는 변수 st를 선언하고 [1,3,5,7,9]를 저장하라는 명령이다. st.append(11) 명령은 스택에 11이라는 자료를 추가하라는 것이다. 여기서 append는 Python이 지원하는 함수이다. a = st.pop()은 스택에서 하나를 삭제해서 변수 a에 저장하라는 것이다. 실행 결과는 마지막 부분에 나와 있다.

```
# 스택 프로그램
st = [1,3,5,7,9]

st.append(11)
print("st = ",st)
st.append(13)
print("st = ",st)
a = st.pop()
print(a)
a = st.pop()
print(a)
```

[그림 4.27] Python으로 스택 구현

[그림 4.27]의 프로그램을 실행한 결과는 다음과 같다.

```
st =  [1, 3, 5, 7, 9, 11]
st =  [1, 3, 5, 7, 9, 11, 13]
13
11
```

4.5.4 큐

큐(queue)는 [그림 4.28]과 같이 마지막으로 입력된 자료 다음에만 추가할 수 있고, 가장 먼저 입력된 자료부터 삭제가 가능한 자료구조다. 이것은 등록하기 위해서 기다리는 줄과 같다. 즉, 먼저 들어온 사람이 먼저 나가고, 나중에 오는 사람은 마지막으로 들어온 사람의 다음 위치에 줄을 서야 하는 것과 같다.

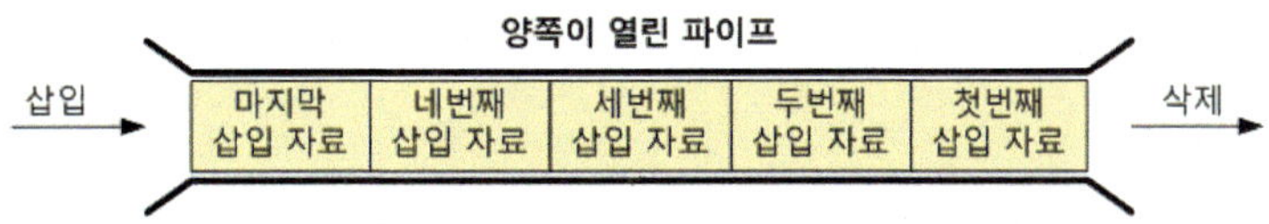

[그림 4.28] 큐의 구조

선형 자료구조는 처음부터 순서대로 읽어야 원하는 자료를 찾을 수 있기 때문에 매우 비효율적으로 보일 수 있다. 그러나 모든 자료를 읽어야 할 때는 매우 효율적이다. 예를 들어, 급여를 계산해야 하는 인사 파일 자료들은 모두 읽어야 하므로 선형 자료구조가 적합하다.

```
# Queue Program
q = [1,3,5,7,9]

q.append(11)
q.append(13)
a = q.pop(0)

print("a = ", a)
print("a = ", q.pop(0))
```

[그림 4.29] Python으로 큐 구현

[그림 4.29]는 Python으로 큐를 구현한 것이다. q = [1,3,5,7,9] 문장은 큐에 자료 5개를 입력한 문장이고 q.append(11)는 마지막에 자료를 추가한 문장이다. q.pop(0) 문장은 큐에서 첫 번째 자료를 출력하라는 것이다. 따라서 마지막으로 자료가 추가되고 첫 자료가 삭제되는 것이므로 배열 q에서 큐가 구현된 것이다.

[그림 4.29]의 프로그램을 실행한 결과는 다음과 같다.

```
a =  1
a =  3
```

4.5.5 트리

트리(tree)는 자료를 여러 방향으로 나열하는 방식 중에서 계층적으로 표현하는 자료구조이다. 트리는 노드(node)와 노드를 연결하는 간선(edge)으로 구성되며, 각 노드는 자료 항목을 포함하고 하나의 노드에서 다른 노드로의 간선을 통해 구성된다. 트리의 구조를 결정하는 주요 용어는 다음과 같다. 뿌리 노드

(Root Node)는 트리의 최상위에 위치하는 노드로, 부모가 없는 유일한 노드이다. 부모 노드(Parent Node)는 하나 이상의 자식 노드를 가지는 노드이다. 자식 노드(Child Node)는 부모 노드로부터 파생된 노드들이다. 잎 노드(Leaf Node)는 자식 노드가 없는 노드이다. 부트리(Subtree)는 노드와 그 자손들로 구성된 트리의 일부분 이다. 깊이(Depth)는 루트 노드에서 특정 노드에 도달하기 위한 간선의 수이다. 높이(Height)는 트리에서 가장 깊은 노드의 간선의 수이다.

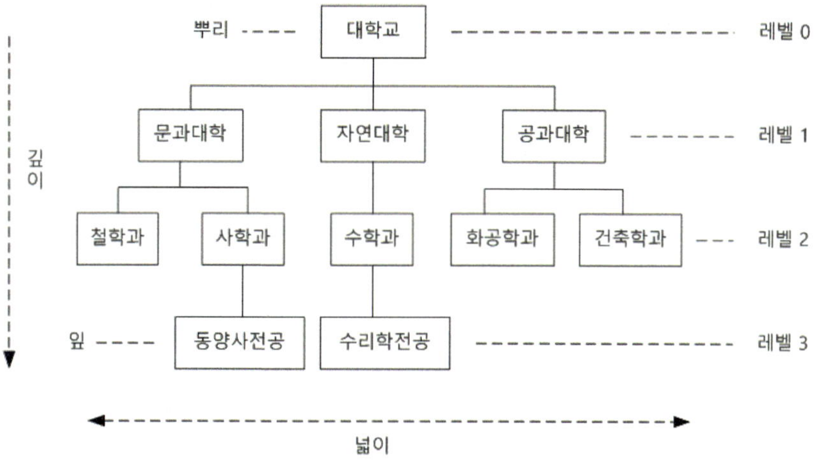

[그림 4.30] 트리 구조

[그림 4.30]은 실제 생활에서 자연스럽게 볼 수 있는 많은 형태의 업무를 표현한 트리 구조를 보여준다. 자료구조에서 트리를 사용하는 이유는 바로 실생활에서 자연스럽게 나타나는 현상이기 때문에 정보관리에서도 자연스럽게 효율적인 구조로 사용할 수 있다. 이 밖에도 군대조직, 병원조직, 행정조직 등에서 트리 구조를 많이 확인할 수 있다.

트리 구조의 특징은 다음과 같다.

첫째 트리는 비선형 구조이며 계층적 구조이므로 선형 구조인 배열이나 리스트와 다르다. 둘째 트리는 한 방향으로만 연결되기 때문에 각 노드는 특정한 경로를 통해서만 접근할 수 있다. 주로 위에서 아래로(루트에서 리프로) 접근한다. 셋째 트리 구조에서는 어떤 노드에서 출발하여 다시 같은 노드로 돌아오는 경로가 없다. 즉, 순환(cycle)이 없다. 트리가 많이 활용되는 실례는 컴퓨터의 파일 시스템, 회사나 단체의 조직도, 제품을 구성하는 부품들의 목록인 BOM(Bill of Materials) 등으로 다양하다. 트리 구조는 이처럼 다양한 분야에서 중요한 역할을 하며, 각종 알고리즘과 프로그래밍 문제해결에 널리 사용된다.

각 노드는 자료와 함께 하나 이상의 자식 노드를 가리킬 수 있는 링크(주소)를 갖고 있어, 트리의 연결 구조를 유지한다.

1 이진 트리

이진 트리(binary tree)는 모든 노드의 차수가 2 이하인 트리이다. [그림 4.31]의 트리는 자식 노드가 2개이거나 0개인 2진 트리이다. 모든 잎 노드의 높이가 같고 잎이 아닌 노드의 자식은 모두 2개인 트리가 2진 트리이다. 뿌리 노드는 자식 노드가 0개일 수 있다. 이렇게 잎 노드의 수가 2^n개인 것을 완전 2진 트리라고 한다(n은 노드의 깊이).

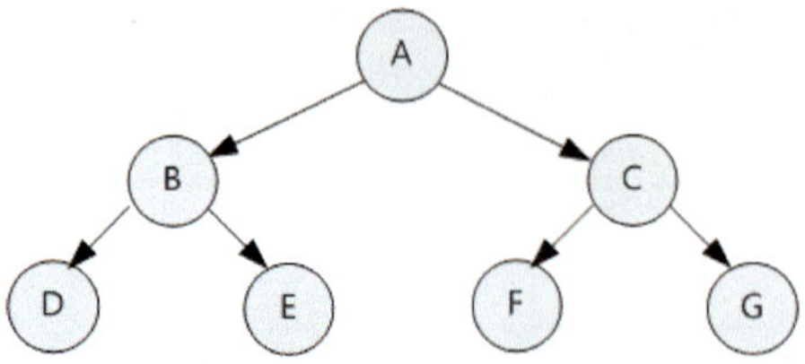

[그림 4.31] 완전 2진 트리

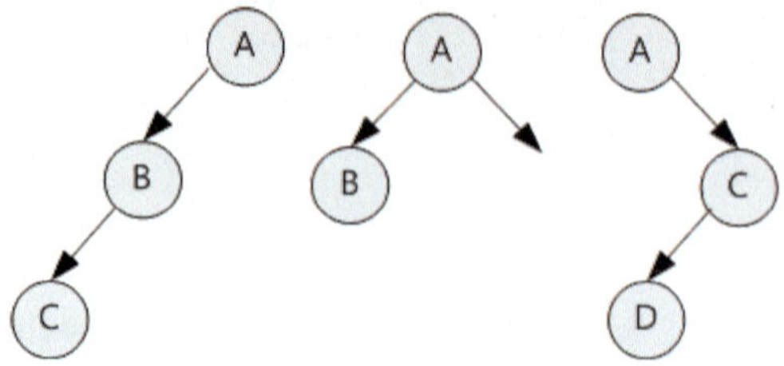

[그림 4.32] 불완전 2진 트리

[그림 4.32]의 트리는 한쪽으로 편향된 노드가 있으므로 불완전 트리라고 한다. 이진 트리의 노드 구조는 [그림 4.33]과 같이 자료 값을 저장하는 부분과 왼쪽과 오른쪽 부트리의 노드 주소를 가리키는 링크가 저장되어 있다.

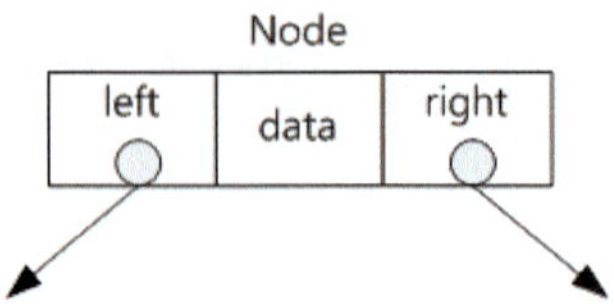

[그림 4.33] 2진 트리의 노드 구조

트리 프로그램에서 자료를 5, 3, 7, 1, 4 순서로 입력한다고 가정할 때 노드가 없으면 노드를 생성하고 자료를 저장하고, 자료가 노드 자료보다 크기가 작으면 왼쪽 부트리로 가고, 크면 오른쪽 부트리로 가서 노드를 생성하므로 트리의 구성은 [그림 4.34]와 같을 것이다.

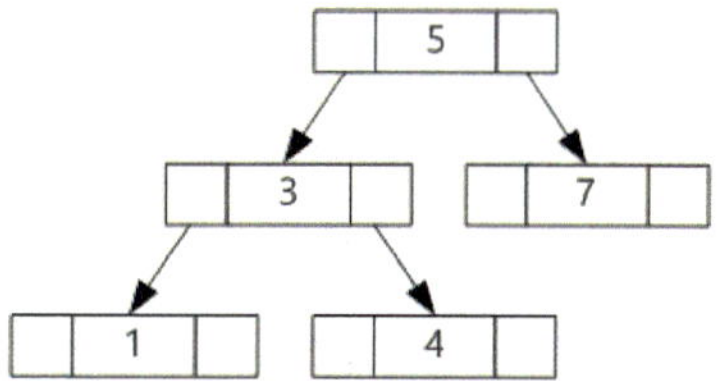

[그림 4.34] 자료 입력에 따라 생성된 이진 트리

4.5.6 그래프

그래프(graph)는 자료 항목들이 노드(nodes) 혹은 정점(vertices)으로 표현되고, 이 노드들을 연결하는 간선(edges)을 포함하는 자료구조이다. 그래프는 복잡한 네트워크 관계를 모델링하는 데 적합하며, 사물 간의 연결 관계를 표현하는 데 사용된다.

그래프는 수학적으로는 다음과 같이 정의된다.

G = (V, E), V는 정점 집합, E는 간선 집합

그래프를 사용할 때 사용되는 주요 용어는 다음과 같다.

정점(vertex)은 그래프의 기본 요소로, 위치를 나타내며 때로는 노드라고도 한다. 간선(edge)은 두 정점을 연결하는 선으로, 정점 간의 관계를 나타낸다. 인접(adjacent)이란 두 정점이 하나의 간선으로 연결되어 있을 경우 이 두 정점은 서로 인접해 있다고 말한다. 경로(path)란 간선의 연속으로 연결된 정점의 시퀀스이다. 경로는 시작 정점에서 종료 정점까지의 여정을 나타낸다.

그래프의 종류는 구성에 따라 다음과 같은 종류가 있다.

무방향 그래프(undirected graph)는 간선에 방향이 없으며, 두 정점은 서로 연결되어 있습니다. Facebook

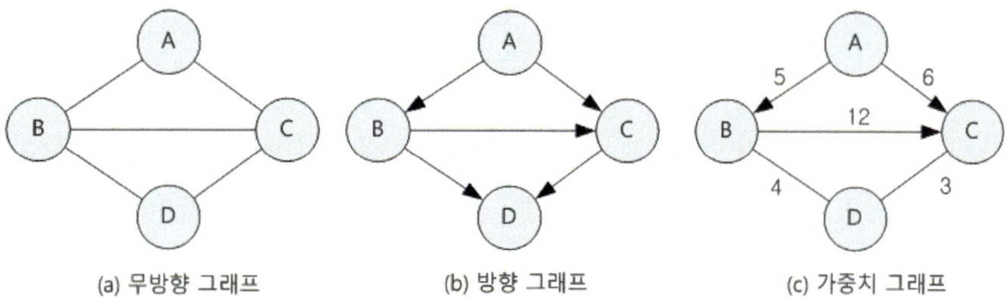

[그림 4.35] 그래프의 구조

의 친구 관계가 대표적인 사례이다. 방향 그래프(directed graph 또는 digraph)는 모든 간선에 방향이 있는 그래프다. 이것은 한 정점에서 다른 정점으로의 일방적인 관계를 나타낸다. X(구 Twitter)의 팔로잉 관계가 대표적인 사례이다. 가중치 그래프(weighted graph)는 간선에 가중치(비용, 거리 등)가 할당된 그래프이다. 도시 간 거리를 나타내는 도로망이 대표적인 사례이다. 다중 그래프(multigraph)는 두 정점 사이에 두 개 이상의 간선이 존재할 수 있는 그래프다. 여러 항공 노선이 같은 공항들을 연결하는 경우이다.

[그림 4.35]는 방향이 있는 방향 그래프와 양방향이 허용되는 무방향 그래프 구조를 보여준다. 실생활에서 도로 교통망은 일반적으로 무방향 그래프 특성을 가지지만 가끔 일방통행 도로가 있어서 방향 그래프의 성격도 가지고 있다. 그래프의 간선에 가중치를 두어서 필요한 정보로 활용하는 것이 가중치 그래프이다. 도로망에서 두 지점간의 거리를 표현할 수도 있고, 파이프의 용량을 표현할 수도 있다. 이와 같이 그래프는 트리와 달리 나름대로 사회에서 많은 경우를 볼 수 있다. 따라서 그런 사회를 표현하고 정보를 처리하기 위하여 그래프 구조가 개발되었다.

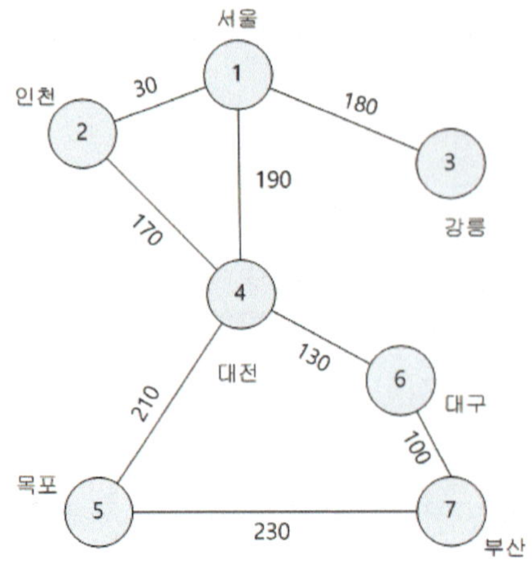

[그림 4.36] 무방향 그래프의 실례 : 도로망

[그림 4.36]은 도시 간의 도로망을 거리로 표현한 그래프이다. 도로는 양방향이 기본이므로 무방향 그래프로 작성한다. 도로망으로 여러 가지 분석하기 위해서 컴퓨터에서는 [표 4.6]과 같이 2차원 배열을 사용한다. 도시 간의 거리를 표시하고 이 배열을 이용하여 각종 분석 작업을 수행한다. 이것은 네비게이션에도 활용된다. 길 안내를 위해서는 목적지까지의 거리를 계산해야 하고, 여러 가지 경로 중에서 최단 거리를 계산하고 통행료를 계산해서 통행료 비용도 함께 제시한다. 사용자는 거리와 통행료를 고려하여

최선의 경로를 선택할 수 있다.

그래프를 활용한 대표적인 사례들은 다양하다. 소셜 네트워크는 그래프 구조로 사람들 간의 관계와 상호작용을 분석하는 데 사용된다. 인터넷 구조는 웹 페이지(정점)와 하이퍼링크(간선)를 그래프로 모델링하여 웹의 구조를 분석할 수 있다. 운송 네트워크는 [그림 4.37]과 같이 도로교통망 외에도 철도, 항공 노선 등은 모두 그래프 구조이다. 그래프 이론은 네트워크를 분석하고 최적의 경로를 찾는 데 사용된다. 유틸리티 네트워크는 전력, 가스, 수도 등의 배급과 유지 관리를 위한 네트워크 구조 분석에 적용된다.

[표 4.6] 도로망을 위한 2차원 배열

도시	1	2	3	4	5	6	7
1	0	50	180	190	400	320	420
2	50	0	230	170	380	300	400
3	180	230	0	470	500	300	600
4	190	170	470	0	130	130	230
5	400	380	500	130	0	340	230
6	320	300	300	130	340	0	100
7	420	400	600	230	230	100	0

(a) 한국 도로 교통망

(b) 서울 지하철망

[그림 4.37] 교통망 그래프

그래프는 매우 강력한 자료구조로서, 복잡한 관계와 네트워크를 효과적으로 표현하고 분석할 수 있게 해준다.

4.6 알고리즘과 자료구조의 관계

알고리즘과 자료구조는 프로그래밍에서 서로 밀접하게 연관된 개념이다. 이 두 개념은 서로 보완하면서 효율적인 소프트웨어 개발과 운영에 필수적인 요소이다. 자료구조와 알고리즘을 다시 정리하고 관계를 살펴본다. 자료구조는 자료를 조직, 관리, 저장하는 방식을 정의한다. 자료에 효율적으로 접근하고 수정하는 방법을 제공한다. 배열, 연결 리스트, 스택, 큐, 트리, 그래프 등 다양한 자료구조가 있으며, 각각 특정한 유형의 문제를 해결하는 데 적합하다. 알고리즘은 문제를 해결하기 위한 일련의 명확한 절차나 방법이다. 알고리즘은 특정 문제를 해결하는 단계를 정의하며, 입력받아 처리하여 원하는 출력을 생성한다. 예를 들어, 정렬, 검색, 최적화 및 반복 계산과 같은 작업을 수행하는 방법을 정의할 수 있다.

알고리즘과 자료구조의 관계는 서로 보완적이다. 알고리즘은 자료구조에 저장된 자료를 조작하는 방법을 제공하고, 자료구조는 알고리즘에 의해 처리될 자료를 효율적으로 조직한다. 즉, 알고리즘은 "어떻게" 문제를 해결할 것인지를 정의하고, 자료구조는 "어디에" 자료를 저장하고 "어떻게" 접근할 것인지를 정의한다.

[표 4.7] 알고리즘과 자료구조의 협력 목표

목표	내역
효율성	적절한 자료구조 선택으로 알고리즘 효율 향상
성능 최적화	CPU 실행 시간과 메모리 용량의 절충 효과와 최적화
문제 해결	복잡한 문제를 효율적으로 해결

알고리즘과 자료구조가 협력하여 얻으려고 하는 목표는 [표 4.7]과 같이 효율성, 성능 최적화, 문제 해결 등이다. 효율성이란 올바른 자료구조를 선택함으로써 알고리즘의 효율성을 크게 향상시키는 것이다. 예를 들어, 해시 테이블은 검색에 있어서 빠른 성능을 제공하므로, 검색 중심의 알고리즘에 적합하다. 성능 최적화 목표는 특정 알고리즘에 가장 적합한 자료구조를 사용함으로써, 메모리 사용과 실행 시간의 절충 효과를 통하여 최적화하는 것이다. 문제 해결이란 복잡한 현실 문제를 해결하는 데 있어서, 알고리

즘과 자료구조는 서로 의존적이기 때문에 적절한 자료구조 없이는 효과적인 알고리즘을 설계하기 어렵다. 반대로 효과적인 알고리즘의 실행을 위해서는 적절한 자료구조가 필요하다는 점이다. 결국, 알고리즘과 자료구조는 소프트웨어 개발에서 문제를 인식하고 이를 해결하는 방식을 정의하는 데 있어 서로 떼려야 뗄 수 없는 관계를 유지한다. 이들은 함께 사용될 때 가장 강력하며, 복잡한 문제를 효과적으로 해결하는 방법을 제공한다.

연습문제

1. 알고리즘의 정의와 목적을 설명하시오.
2. 알고리즘의 특징을 설명하시오.
3. 알고리즘을 표현하는 도구들을 설명하시오.
4. 알고리즘을 설계하는 기술들을 설명하시오.
5. 알고리즘을 개발하는 도구들을 설명하시오.
6. 버블 정렬의 내용과 효율을 설명하시오.
7. 선택 정렬과 퀵 정렬의 효율을 비교하고 설명하시오.
8. 선형 탐색과 이진 탐색의 효율을 비교하고 설명하시오.
9. 해싱 알고리즘의 원리와 효율을 설명하시오.
10. 선형 탐색, 이진 탐색, 해싱이 가장 적합한 응용 분야를 각각 설명하시오.
11. 동적 프로그래밍의 다른 사례를 들고 동적인 이유를 설명하시오.
12. 탐욕 알고리즘을 설명하고 실례를 들어 설명하시오.
13. 알고리즘을 분석하는 중요한 요소들에 대해 설명하시오.
14. 알고리즘이 중요한 이유를 설명하시오.
15. 자료구조가 중요한 이유를 설명하시오.
16. 자료구조의 중요성이 무엇인지 설명하시오.

연습문제

17. 배열의 장단점을 설명하시오.

18. 배열을 가장 잘 활용하고 있는 응용 분야를 예를 들어보시오.

19. 연결 리스트의 편리한 점과 불편한 점을 설명하시오.

20. 연결 리스트의 종류별로 용도를 설명하시오.

21. 연결 리스트 프로그램에서 객체지향 기법을 사용하는 이유는 무엇인지 설명하시오.

22. 스택의 필요성과 용도를 설명하시오.

23. 큐의 필요성과 용도를 설명하시오.

24. 스택과 큐의 차이점과 용도를 설명하시오.

25. 트리의 특징과 용도를 설명하시오.

26. 그래프의 특징과 용도를 설명하시오.

27. 현실에서의 트리와 그래프의 차이를 응용 분야에서 찾아보시오.

28. 알고리즘과 자료구조의 관계를 설명하시오.

29. 알고리즘과 자료구조의 협력 목표를 설명하시오.

CHAPTER 5

통신 네트워크

철새들이 철마다 떼를 지어 하늘을 날아가는 모습을 보고 있으면 매우 경이롭다. 기러기 떼가 V자를 그리면서 날아가는데 기러기들 사이의 간격이 일정해 보이고 선두 기러기가 지치면 뒤에 따라오던 기러기와 교대를 하면서 수백 km를 비행한다. 기러기들도 이동하기 위해서는 끊임없이 동료들과 통신하면서 날고 있다. 한 기러기가 낙오하면 낙오한 기러기를 돕기 위해서 다양한 행동을 하기도 한다. 이런 동작들은 기러기들의 의사소통 기술이 상당한 수준임을 암시하고 있다.

사람은 목소리를 이용해서 근거리에서 의사소통하지만 원거리 통신은 깃발, 연기, 불빛, 편지 등을 이용하였다. 전기가 출현하면서 전신기와 전화기를 사용하기 시작했고 컴퓨터가 출현한 후에 인터넷으로 전 세계를 하나의 세계로 통합하고 대화하기 시작했다. 이메일이 출현한 후에 우편물 수량이 대폭 감소하였고, 휴대폰이 보급된 후에 시중의 공중전화 시설이 거의 다 사라졌지만, 사람과 조직 간의 통신과 소통은 더욱 편리해졌다. 앞으로 유비쿼터스 기술과 사물 인터넷과 인공지능이 융합되어 통신과 소통 기회가 더욱 확대될 것이다.

5.1 통신 개요

통신은 정보를 한 장소에서 다른 장소로 이동하는 일이다. 조선시대에는 봉화로 변방의 정보를 한양도성으로 알렸고, 파발마로 서신을 보내서 알렸다. 전기가 보급되자 전신과 전화가 사용되었고, 컴퓨터가 등장하자 컴퓨터에서 컴퓨터로 정보가 교환되었다. 컴퓨터 정보 통신 기술의 핵심은 자료를 전송에 적합하도록 디지털과 아날로그 형식으로 변환하고, 다양한 전송 매체를 통해 이동시키는 것이다. 통신은 통신장비, 소프트웨어, 프로토콜 등 여러 가지 기술적 요소들이 통합하여 이루어진다.

1 통신의 구성 요소

통신을 완성하기 위해서는 전달하려는 메시지와 전송 매체, 송신자와 수신자, 프로토콜 등으로 [그림 5.1]과 같이 구성 요소들이 필요하다.

[그림 5.1] 통신의 구성 요소

메시지는 전송되는 정보 자체로, 텍스트, 숫자, 사진, 오디오, 비디오 등 다양한 형태가 될 수 있다. 송신자는 팩시밀리, 휴대폰, 전화기 등 정보를 보내는 장치 또는 사용자이다. 수신자는 팩시밀리, 휴대폰, 전화기 등 정보를 받는 장치 또는 사용자이다. 전송 매체는 송신자에서 수신자로 자료가 이동하는 물리적 또는 논리적 경로이다. 이것은 유선(동축 케이블, 광섬유) 또는 무선(라디오 전파, 마이크로웨이브, 적외선)일 수 있다. 실제로 한국에서의 유선 전화는 통신 케이블과 무선 통신망을 모두 사용한다. 프로토콜은 자료 교환을 위한 규칙과 절차를 정의한다. 이것은 자료의 형식, 타이밍, 속도 등을 규정하여, 송신자와 수신자 간에 원활한 통신을 보장한다. 사람들끼리 전화를 할 때도 '여보세요?', '안녕하세요. 여기는 어디입니다' 등과 같은 프로토콜을 지켜야 대화가 진행될 수 있는 것과 같다.

2 통신의 성립 요소

통신은 메시지를 안전하게 전달하기 위하여 [표 5.1]과 같이 세 가지 요소들을 구성하여 성립된다.

[표 5.1] 통신의 구성 요소

과정	내역
부호화	전송 형태로 변환, 암호화
전송	메시지를 안전하게 전달
해독	메시지를 평문으로 변환

메시지 부호화란 송신자가 메시지를 만든 후에 메시지를 전송 가능한 형태로 변환하는 작업이다. 변환하는 첫째 이유는 메시지를 전송 매체에 적합한 형태로 바꾸는 것이고, 두 번째 이유는 전송 속도 향상을 위해서 변환하는 것이고, 세 번째는 안전을 위하여 메시지를 암호화하는 것이다. 전송 단계의 작업은 부호화된 메시지가 전송 매체를 통해 수신자에게 보내는 것을 말한다.

자료 수신 단계에서는 수신자가 메시지를 받아, 원래의 메시지 형태인 평문으로 변환한다.

통신에서 가장 중요한 것은 메시지의 안전과 전송 시간이다. 메시지가 반드시 정해진 시간 안에 안전하게 전달되어야 한다. 메시지가 통신 과정에서 누설되거나 정해진 시간 안에 전달되지 못하면 그 정보를 사용할 수 없으므로 통신은 실패한 것이다.

3 통신의 사회·경제적 역할

통신은 현대 사회의 다양한 분야에서 [표 5.2]와 같이 중요한 역할을 한다.

통신은 기업 간, 기업과 고객 간의 효율적인 자료 교환을 가능하게 하여 산업 활동을 지원한다. 인터넷은 전 세계의 컴퓨터와 네트워크를 연결하여 국제 사회의 정보 교류를 지원한다. 이동통신은 스마트폰과 태블릿, TV 등의 통신기기를 휴대하거나 차량에 싣고 이동하면서 음성, 텍스트, 비디오 자료 등의 실시간 통신으로 정보를 교환한다. 가정 통신은 스마트 홈 장비 간의 자료 통신을 통해 사용자가 원격으로 가정의 전기 장비들을 제어할 수 있다.

[표 5.2] 통신의 사회·경제적 역할

역할	내역
산업 지원	정보 교환으로 산업 활동 지원
국제 교류	인터넷으로 전 세계를 연결하여 정보 교류
이동통신	이동 중에도 실시간으로 정보 교환
가정 통신	원격으로 가정의 가전제품과 장비 제어

전기공학의 발전으로 인한 통신 기술의 발전은 정보의 즉시성, 접근성, 그리고 효율성을 크게 향상시켜 왔다. 특히 전자 공학과 소프트웨어의 지속적인 진화로 인하여 통신의 사회적 역할이 더욱 중요해지고 있다. 카카오톡과 같은 SNS의 통신 서비스가 일시적으로 중단되면 수많은 기업과 사용자들이 사회적으로 곤란한 상황에 처하게 되고, 경제적으로 막대한 손실을 보는 것을 경험하고 있다.

5.1.1 통신의 역사

멀리 떨어진 지역의 사람과 대화를 나누고 싶은 인간의 욕망은 오래전부터 시작되었다. [그림 5.2]와 같이 기원전에 마라톤에서는 사람이 직접 달려서 소식을 전달했다. 몽골제국은 13세기에 유럽과 아시아에 광대한 영토의 많은 나라들을 효과적으로 다스리기 위해 효율적인 역참 제도를 운용하였다. 황제가 살고 있는 곳에서 시작하여 제국의 모든 지역에 신속하게 명령을 전달하고 보고받을 수 있도록 일정 거

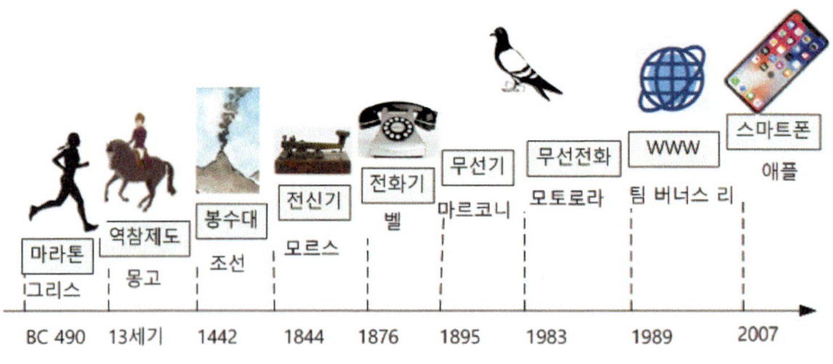

[그림 5.2] 통신의 역사

리마다 역을 만들고 숙소와 말들을 관리하였다. 이것은 제국의 중앙 집권적 관리와 효율적 운영을 가능하게 했다.

역참 제도는 고려와 조선에도 도입되어 중앙과 지방 사이에 명령 전달, 관리의 사행과 화물 운송을 위해 운영되었다. 조선 세종 때(1442년)는 봉수대[1]를 정비하여 변방의 위급한 정보를 도성에서 수신하였다. 조선은 1884년에 우정총국이 설립하여 우편물 배송을 시작하였고, 1885년에는 전화를 설치하여 서비스를 시작하였다. 1960년대에 자동전화 교환기가 도입되어 대중적인 서비스가 시작되었다.

현대적인 통신은 전기장치의 발전으로 시작되었다. 사무엘 모스[2]는 1844년에 워싱턴과 볼티모어 사이의 60km 거리에서 점'.'과 선'-'을 이용하여 모스 부호를 만들었고, 이것으로 정보를 전달하였다. 알렉산더 그라함 벨[3]은 1876년에 전화기를 발명하였고, 마르코니[4]는 1895년에 헤르츠의 전자파를 기초로 무선 통신에 성공하였다. 1920년대에 전화 기술과 무선 기술이 융합되어 휴대용 전화가 개발되었다. 이때는 무선 전화 장비가 너무 크고 무거워서 자동차와 기차에 설치하고 통화를 하였다. 1973년에는 모토로라가 실제로 휴대할 수 있는 무선 전화를 개발하였고 1983년에 상업적으로 보급하였다. 1980년대에는 전자 기술의 발전으로 모바일 전화가 소형화되어 대중적으로 보급되기 시작했다. 휴대폰 기술은 여러 개의 소규모 기지국을 이용하여 전화 신호를 처리하고, 사용자가 이동 중에도 연속적으로 서비스받을 수 있도록 했다.

1990년대에는 디지털 기술의 도입으로 휴대폰의 음성 품질과 자료 전송 속도가 크게 향상되었다. 또한 SMS(short message service)와 같은 텍스트 메시지 서비스가 도입되었다. 2000년대에는 스마트폰의 등장과 함께 모바일 기술이 급격히 발전했다. 현재는 음성 통화뿐만 아니라 인터넷 접속, 멀티미디어 전송, 위치 기반 서비스 등 다양한 기능을 지원하는 복합적인 통신기기로 자리를 잡았다.

---

1 烽燧臺 : 삼국시대부터 내려와 고려 의종 때 확립. 높은 산봉우리에 설치하여 밤에는 횃불을 피우고, 낮에는 연기를 올려 변방의 위급한 소식을 중앙에 전달. 부산 다대포에서 한양까지 38개 봉수대를 거쳐 12시간 소요. 조선 세종 때 목멱산(남산)을 중심으로 정비. 전국에 5개 망에 650개의 봉화대를 구축하였고 1894년 폐지.

2 Samuel Morse(1791~1872) : 미국의 화가이며 전신 발명가, 뉴욕대학교 미술교수. 전자기학을 공부하여 1837년에 독자적인 알파벳 기호와 자기장치를 완성. 그 기호를 개량하여 모스 부호를 발명.

3 Alexander Graham Bell(1847~1922) : 미국의 발명가, 보스턴대학 발성학 교수. 음성을 연구하다가 원거리 통화법을 개발. 1875년 최초의 자석식 전화기 발명, '벨 전화 회사' 설립.

4 Guglielmo Marconi (1874~1937) : 이탈리아 발명가, 노벨물리학상 수상자. 독일 물리학자 헤르츠(H. Hertz)의 전자파를 응용하여 무선전신 발명. 1897년

5.1.2 컴퓨터 통신과 통신망

컴퓨터가 보급되면서 통신에 획기적인 발전이 이루어지기 시작했다. 컴퓨터가 정보를 저장하고 있는 창고라면 컴퓨터 통신은 컴퓨터 정보를 공유하고 교환하는 최고의 수단이 되었다. 컴퓨터 통신망이 지구 전체를 덮으면서 인류는 새로운 정보 시대로 들어가서 문명의 발전을 더욱 촉진하였다.

1 컴퓨터 통신

초기의 컴퓨터는 컴퓨터 시스템 앞에 모니터를 설치하고 사용하였다. 점차 멀리 떨어진 지역에서도 모니터를 설치하고 사용하고 싶은 욕구가 생겼기 때문에 통신 기술이 필요하게 되었다. 즉, 컴퓨터를 컴퓨터실에 설치하고 인접한 건물이나 지역에 모니터를 설치하고 통신으로 접속하게 된 것이 컴퓨터 통신의 시초이다.

(1) 컴퓨터 통신의 3요소

컴퓨터 통신은 컴퓨터와 기타 전자장치들이 서로 정보를 교환하는 기술이다. 통신은 자료를 전송하는 방법, 사용되는 통신 매체, 자료 형식, 그리고 자료를 주고받는 장치들 사이의 상호작용에 관한 규약(프로토콜) 등을 포함한다. 컴퓨터 통신의 기술적 핵심 요소는 [표 5.3]과 같이 크게 하드웨어, 소프트웨어, 프로토콜의 3개이다.

[표 5.3] 컴퓨터 통신의 3요소

핵심 요소	내역
하드웨어	컴퓨터와 라우터, 스위치, 허브, 모뎀, 브리지, 리피터 등
소프트웨어	코드화 및 해독, 전송 프로세스 관리 프로그램 등
프로토콜	TCP/IP, UDP, HTTP, FTP 등과 같은 통신 규약

하드웨어는 컴퓨터, 라우터, 스위치, 허브, 모뎀 등의 물리적 장치를 포함한다. 이 장치들은 자료의 전송과 수신을 담당한다. 여기서 유무선 통신장치와 통신 선로 등은 제외한다. 소프트웨어는 자료를 송수신할 때 필요한 프로세스를 관리한다. 이것은 운영체제 일부로 구현되거나 독립적인 응용 프로그램으로 제공된다. 프로토콜은 자료 통신에서는 TCP/IP[5], UDP[6], HTTP[7], FTP[8] 등과 같은 통신 규약이 사용된다. 프로토콜은 자료의 형식, 전송 방법, 오류 검사, 수정 방법 등을 정의한다.

(2) 컴퓨터 통신의 처리 과정

컴퓨터 통신의 기술적인 처리 과정은 [그림 5.3]과 같다.

자료 부호화를 위해 전송하기 전에 메시지를 디지털 신호로 변환(encode)한다. 디지털 코드로 변환할 때 암호화를 함으로써 메시지의 안전을 도모한다. 코드화된 메시지는 네트워크를 통해 수신자에게 전송된다. 이때 다양한 전송 매체(유선 또는 무선)가 사용될 수 있으며 누설될 가능성이 있다. 수신한 메시지는 디지털 신호이므로 사람이 이해하기 위해 원래의 형태로 변환(해독 decode)한다. 컴퓨터 통신 처리 과정에서 가장 중요한 것은 메시지의 안전이며 안전은 코드화에 있다.

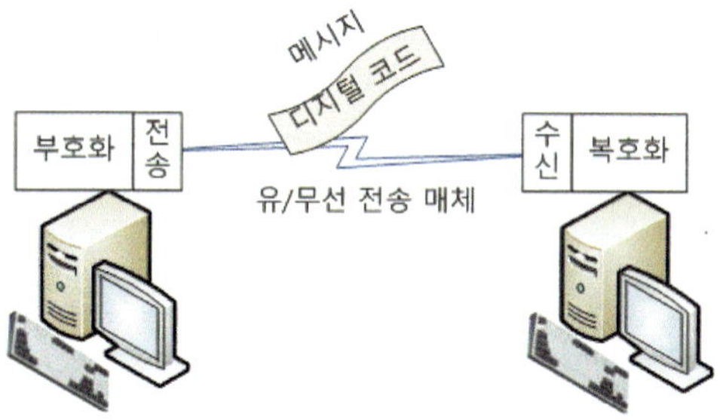

[그림 5.3] 컴퓨터 통신의 처리 과정

(3) 컴퓨터 통신의 경제적 역할

컴퓨터 통신은 정보기술과 디지털 경제의 핵심이 되어 [표 5.4]와 같이 경제적 역할을 수행한다.

---

5 TCP/IP(transmission control protocol/internet protocol) : 다른 시스템을 가진 컴퓨터들을 연결하고, 자료를 전송하는 통신 프로토콜의 집합. 1980년대 초 미국 국방부에서 제정. 네트워크 자료 전송 표준.

6 UDP(user datagram protocol) : 인터넷에서 정보를 주고받을 때, 일방적으로 보내는 방식의 통신 프로토콜. 송신하고도 수신을 확인할 수 없다.

7 HTTP(hypertext transfer protocol) : 인터넷에서 하이퍼텍스트(hypertext) 문서를 교환하기 위하여 사용되는 통신 규약.

8 FTP(file transfer protocol) : 인터넷에서 컴퓨터끼리 파일을 송수신할 수 있도록 지원하는 방법과 그런 프로그램.

[표 5.4] 컴퓨터 통신의 경제적 역할

역할	내역
정보 접근성	언제 어디서나 정보에 쉽게 접근
통신비용 절감	전통적 통신 방식보다 매우 저렴
협업 향상	원거리에 있어도 협업 가능
기업 모델 증가	다양한 비즈니스 모델로 확장 가능

컴퓨터 통신으로 인하여 정보 접근성이 증대되어 전 세계 어디서나 경제 활동을 지속할 수 있다. 세계 각국으로 출장을 다녀도 컴퓨터만 있으면 통신이 자유롭다. 디지털 통신은 통신비용이 절감되어 전통적인 우편 서비스보다 저렴하고, 신속하고 효율적이다. 인터넷이 없었을 때 한국과 미국 간의 전화는 인공위성 통신을 사용했는데 가격이 비싸서 일반인들은 사용하기 어려웠다. 다양한 지리적 위치에 있는 사람들이 실시간으로 협업할 수 있도록 지원해준다. SNS를 이용하면 영상 통화가 무료이기 때문에 원거리에서도 협업이 쉽게 이루어질 수 있다. 비즈니스 기회가 전자 상거래, 원격 서비스, 자택 근무, 클라우드 서비스 등으로 확장되어 다양한 비즈니스 모델이 가능하다.

컴퓨터 통신은 현대 사회에서 정보를 신속하고 저렴하게 교환하고, 협력을 증진시키며, 기술적 발전을 이끄는 데 중요한 역할을 수행하고 있다.

2 컴퓨터 통신망의 확장

컴퓨터 통신망은 컴퓨터와 컴퓨터가 연결되어 각 컴퓨터의 사용자들이 다른 컴퓨터 사용자들과 정보를 교류하고 공유하게 하는 네트워크를 말한다. 컴퓨터 통신망은 정보기술과 전 세계적인 연결성의 변화에 큰 영향을 미쳤다. 컴퓨터 통신망은 몇 가지 주요 단계를 거쳐 왔으며 각 단계는 기술적 혁신과 사회적 수용의 증가를 반영하고 있다.

(1) ARPANET과 TCP/IP

컴퓨터 통신망은 1960년대에서 1970년대 사이에 ARPANET과 통신 프로토콜 TCP/IP로 시작되었다. ARPANET[9]은 1969년에 미국 국방성의 고등연구계획국(DARPA)[10]에 의해 추진되었다. ARPANET은 세계 최초의 패킷 교환 네트워크이며, 여러 대학과 연구소가 연결되었다. 통신 프로토콜 TCP/IP가 1974

9 ARPAnet : 1969년 미국 국방부가 관련 기관 간의 정보 공유를 위해 추진한 ARPA(The Advanced Research Project Agency) 프로젝트에 의해 개발된 컴퓨터 통신망.

10 DARPA : Defense Advanced Research Projects Agency. 미국 국방부 첨단 연구 프로젝트국.

년에 도입되어 인터넷의 기초를 마련했다. 이것은 네트워크 간 통신을 표준화하고, 다양한 시스템 간의 호환성을 보장했다. ARPANET은 TCP/IP 프로토콜을 사용하여 다른 네트워크와의 호환성을 가능하게 했다.

(2) 상업화와 글로벌 확장

1980년대와 1990년대 사이에 여러 기술이 접목되어 상업화와 글로벌 확장이 이루어졌다. 인터넷의 기반인 ARPANET의 프로토콜이 1983년에 TCP/IP로 전환하면서, 현대 인터넷의 기반이 구축되었다. 1989년에 팀 버너스 리에 의해 월드 와이드 웹 (WWW)이 발명되었고, 이것은 정보의 글로벌한 공유와 웹브라우저의 등장으로 이어졌다. 이와 함께 1990년대 초부터 인터넷 서비스 제공자(ISP, Internet Service Provider)가 등장하여 인터넷 접속이 대중화되기 시작했으며, 이것으로 많은 상업적 성공을 거두기 시작했다.

(3) 인터넷과 모바일의 확장

[표 5.5] 인터넷과 모바일의 확장

통신 기법	내역
광대역 인터넷	DSL, 동축 케이블, 광섬유, 무선망 등의 확장
모바일 인터넷	3G, 4G, 5G 등 휴대폰 통신망의 확장
클라우드 컴퓨팅	개인과 기업의 서버들을 클라우드로 확장

2000년대에서 현재까지는 고속 인터넷과 모바일 연결이 [표 5.5]와 같이 확장되고 있다. DSL[11], 동축 케이블, 광섬유 등 고속 인터넷 기술이 대중화되면서 광대역 인터넷이 보급되었으므로 온라인 활동이 폭발적으로 증가했다. 스마트폰과 모바일 자료 네트워크의 발전으로 인하여 모바일 인터넷이 제공되어 언제 어디서나 인터넷을 사용할 수 있게 되었다. 3G, 4G, 그리고 최근에는 5G 네트워크가 도입되며 자료 전송 속도와 연결성이 크게 향상되었다. 자료와 서비스를 원격 서버에 저장하고 처리하는 클라우드 컴퓨팅 기술이 발달하면서, 비즈니스와 개인 사용자 모두에게 유연성과 접근성을 제공했다. MS, 구글,

11 DSL(Digital Subscriber Line) : 기존 전화선을 사용하여 고속 인터넷 서비스를 제공하는 기술. 자료와 음성을 동시에 전송 가능.

메타 등 클라우드 기업들이 세계 IT산업을 주도하고 있다. 컴퓨터 통신망의 발달은 글로벌 정보 접근성을 증대시키고, 다양한 산업에서 디지털 혁신을 촉진했다. 또한 사회적 상호작용, 교육, 엔터테인먼트, 정부 행정 등 다양한 분야에서 혁신적 변화를 가져왔다.

(4) 컴퓨터 통신의 미래

컴퓨터 통신의 미래 전망은 낙관과 비관이 혼재되어 있다. 컴퓨터 네트워크가 확장되면서 사물 인터넷(IoT)의 확산을 지원하고 있다. 가정용 기기, 산업 장비, 차량 등이 인터넷에 연결되어 자료를 주고받으며, 자동화와 효율성을 향상시키고 있다. 네트워크를 통한 대규모 자료 수집과 분석은 인공지능과 머신 러닝 기술의 발전을 가능하게 했다. 이 기술들은 맞춤형 서비스, 예측 분석, 자동화된 의사결정과 같은 분야에서 사용된다. 컴퓨터 통신망의 확장과 함께 보안과 사생활 보호에 대한 위협도 증가하고 있다. 이에 대응하기 위해, 보안 프로토콜과 개인정보 보호법이 지속적으로 발전하고 있다.

컴퓨터 통신망의 발달은 세계를 통합하고 변화시키고 있으며, 앞으로도 과학의 발전은 가속화 할 것이다. 이와 함께 국가 안보와 금융, 교통, 상거래 등 보안의 위험성이 증대되어 세계를 위협할 수 있다. 따라서 컴퓨터 통신의 중요성은 더욱 커질 것으로 예상된다.

5.2 통신 방식

통신 방식이란 송신자와 수신자가 정보를 주고받기 위해 양자 간에 규정된 송·수신 작업의 절차와 방법이다. 규정된 통신 절차에 의해서 통신 효율과 속도 등이 결정되므로 프로토콜이라는 이름으로 발전하게 된다. 통신 방식은 전기가 사용되면서 획기적으로 발전하기 시작하였다. 특히 반도체와 컴퓨터 기술이 발전함에 따라 다양한 방식으로 통신 방식이 다양화되고 대폭 개선되었다. 통신 방식의 개선은 통신 속도를 개선하고 통신비용을 대폭 절감시키고 있으므로 통신이 활성화되고 있다.

5.2.1 통신 방식의 분류

통신 방식은 자료를 전송하는 방향에 따라 또는 회선을 접속하는 방식에 따라 또는 자료를 보내는 회선의 수에 따라 여러 가지 방식으로 분류할 수 있다.

1 전송 방향에 의한 분류

자료의 전송은 통신장치 사이 신호의 흐름에 따라 단방향, 반이중, 전이중 방식으로 구분한다.

(1) 단방향 통신

단방향 통신(Simplex Transmission)은 [그림 5.4](a)와 같이 한쪽은 송신 기능만 있고 다른 쪽은 수신 기능만 있는 방식이다. 방송국은 일방적으로 전파를 송신하고 라디오나 TV는 일방적으로 수신만 하므로 단방향 통신이다. 리모컨도 단방향 통신이다.

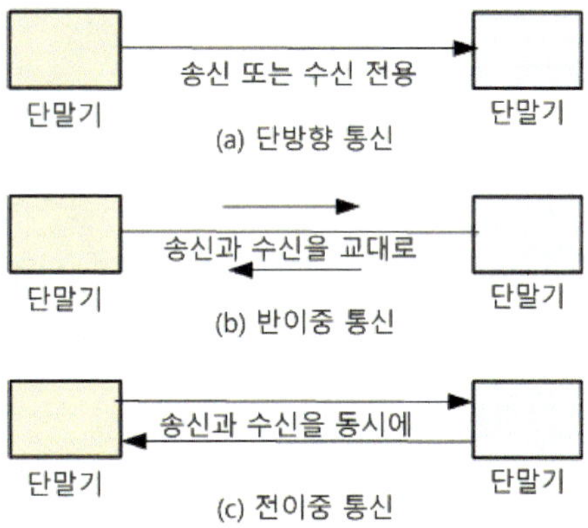

[그림 5.4] 단방향 통신과 양방향 통신

(2) 반이중 통신

반이중 통신(Half-Duplex Communication)은 [그림 5.4](b)와 같이 한쪽에서 송신할 때 다른 쪽에서는 수신만 하면서 송신과 수신을 교대로 진행하는 방식이다. 예를 들면, 휴대용 무전기(Walkie-Talkie)는 말을 할 때는 상대방의 말을 듣지 못하고 들을 때는 같이 말할 수가 없다. 그래서 자기 말이 끝나면 '오버'라고 하여 말이 끝났음을 알려준다.

(3) 전이중 전송

전이중 통신(Full-Duplex Communication)은 [그림 5.4](c)와 같이 한쪽에서 송신할 때도 수신할 수 있고 다른 쪽에서도 송신과 수신이 동시에 가능한 방식이다. 전화가 전이중 방식의 대표적인 사례이다. 이더넷(Ethernet)[12] 통신을 비롯해서 오늘날 자료 통신은 송수신이 동시에 가능한 전이중 통신이다. 다만 송신과 수신을 동시에 하려면 두 개의 통신 회선이 필요하다.

[그림 5.4](c)의 전이중 통신은 기본적으로 송신과 수신을 위한 회선이 별도로 필요하다. 그러나 하나의 회선으로도 [표 5.6]과 같이 전이중 통신이 가능하다.

[표 5.6] 전이중(Full-Duplex) 통신 기법

통신 기법	내 역
시분할 기법	일정 시간 간격으로 송신과 수신하는 것을 반복
주파수 분할 기법	송신 주파수 대역과 수신 주파수 대역을 달리하여 통신

시분할 통신(TDD, Time Division Duplex) 기법은 시간을 나누어 송신과 수신을 교대로 통신하는 방법이다. 처음 100밀리초에는 송신하고 다음 100밀리초에는 수신만 하는 방식을 반복하는 기술이다. 주파수 분할 통신(FDD, Frequency Division Duplex)은 주파수 대역을 분할하여 동시에 송신과 수신을 같이 하는 통신 기술이다. 송신은 2000MHz로 전송하고 수신은 1900MHz로 전송하면 주파수가 다르므로 서로 간섭을 일으키지 않고 동시에 통신을 할 수 있다.

2 회선 접속 방식에 의한 분류

자료 통신을 할 때 통신 회선 접속 방식에 따라 1대1 방식과 1대다 방식을 선택할 수 있다.

(1) 1대1 통신

1대1 통신(Point-to-point Transmission)은 송신자와 수신자가 1대1로 직접 연결하는 방식이므로 유니캐스트(Unicast) 통신이라고도 한다. 따라서 전용 회선을 사용해야 한다. 예를 들어, 전화 통화는 1대1 통신이고, 비디오 통신도 1대1 통신이다. 이메일도 개인과 개인 간의 메시지 전달은 1대1 통신에 해당한다. [그림 5.5]의 컴퓨터는 프린터와 1대1 통신하며, 모뎀을 통하여 다른 컴퓨터와 1대1 통신을 할 수 있다.

12 Ethernet : 버스 구조 방식의 근거리통신망(LAN). 1980년 제록스(Xerox), Intel 등의 회사들이 공동으로 개발. CSMA/CD(carrier sense multiple access with collision detection) 방식을 사용.

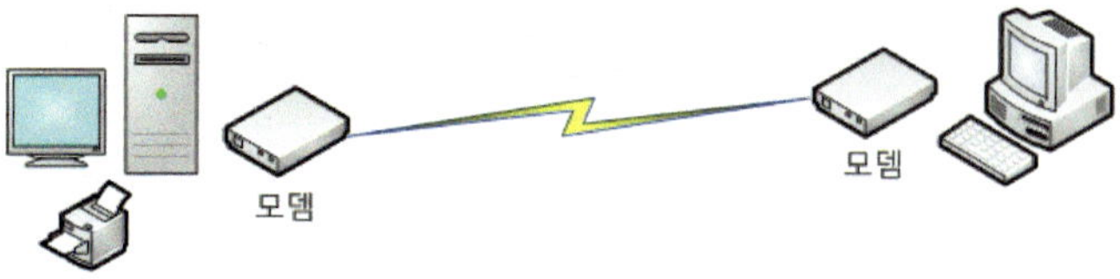

[그림 5.5] 1대1 통신

(2) 1대다 통신

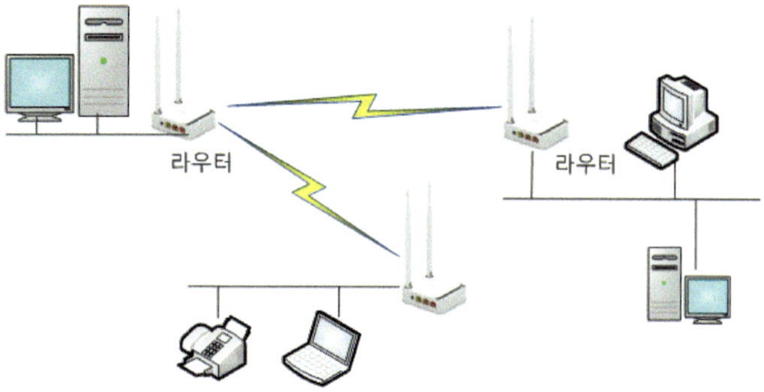

[그림 5.6] 1대다 통신

1대다 통신(Multipoint Transmission)은 하나의 회선에 여러 대의 통신장치가 연결되는 방식이므로 멀티캐스트라고도 한다. 대표적인 브로드캐스트(Broadcast)가 텔레비전 방송이다. 회선은 하나지만 필요할 때만 통신장치가 회선을 독점적으로 회선을 점유하는 방식이다. 통신량이 적을 때 적합한 방식이다. 예를 들어, SNS에서 팔로워들에게 소식을 전달하는 것은 1대다 통신에 해당한다. [그림 5.6]은 한 컴퓨터가 모뎀을 통하여 다른 지역의 설치된 모뎀을 통하여 그 지역의 통신망을 이용하여 여러 장비들과 1대다 통신을 수행할 수 있는 것을 보여준다.

3 자료 전송 방식에 의한 분류

자료 전송은 전송 회선의 수에 따라 직렬 전송과 병렬 전송으로 구분할 수 있다.

(1) 직렬 전송

직렬 전송(serial transmission)은 [그림 5.7](a)와 같이 하나의 통신 회선에 2진수 비트 자료를 1비트씩 차례대로 전송한다. 각 비트마다 다른 회선을 사용하는 병렬 전송보다 오류가 적다. 원거리 전송에 적합하지만 전송 매체에 따라 속도가 제한된다. 대표적인 직렬 통신 인터페이스로 RS-232C가 있으며 컴퓨터와 모뎀 간의 전송 등에 사용된다.

▪ 동기 전송

동기식 전송에서는 전송할 자료와 함께 시계 신호도 함께 전송한다. 이 시계 신호는 자료 비트가 언제 시작하고 끝나는지를 정확하게 나타내주므로, 송신기와 수신기는 자료의 정확한 타이밍을 알 수 있다. 동기식 전송은 대량의 자료를 빠르고 연속적으로 전송할 때 사용한다.

▪ 비동기 전송

비동기식 전송에서는 시계 신호 없이 자료를 전송한다. 각 자료 단위(주로 1바이트)는 시작 비트와 정지 비트로 둘러싸여 있어, 이 비트들이 자료의 시작과 끝을 표시한다. 비동기식 전송은 자료의 양이 적고 불규칙적일 때 유용하다.

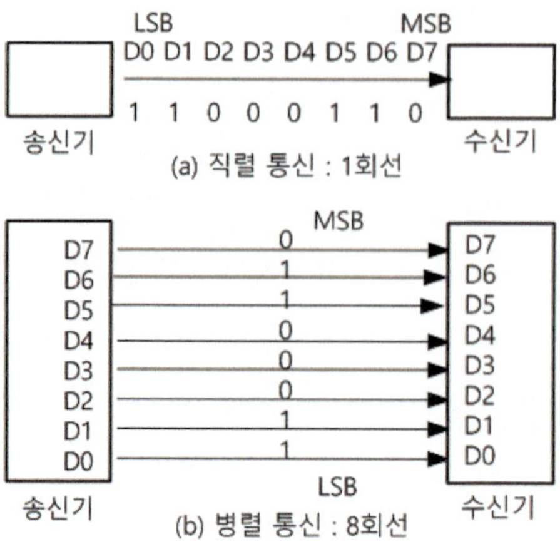

[그림 5.7] 직렬 통신과 병렬 통신

(2) 병렬 전송

병렬 전송은 [그림 5.7](b)와 같이 각 비트에 전선이 연결되어 문자의 8비트들을 한꺼번에 전송하는 방식이다. 대량의 자료를 전송할 수 있으나 전송 거리가 멀면 수신하는 쪽에 도착하는 비트들의 시간이 조금씩 달라질 수 있으므로 오류가 예상된다. 이런 이유로 주로 단거리 용도로 사용된다.

5.2.2 통신 방법

통신 방식이 결정되면 같은 방식에서도 여러 가지 기술적인 방법들이 적용될 수 있는데 이런 기술을 통신 방법이라고 한다. 통신 방법에 따라 통신 효율이 개선될 수 있다. 현재 사용되는 통신 방법에는 종합정보통신망(ISDN), 디지털 가입자 회선(ADSL과 VDSL), 케이블 라인 등이 있다.

1 종합정보통신망 ISDN

1837년 사무엘 모스가 전신기를 발명한 이후에 전 세계적으로 전신망 구축이 활발하게 추진되었고 이것이 나중에 자료 통신망으로 확장되었다. 1876년 그라함 벨이 전화를 발명된 이후에 전 세계적으로 음성 통신을 위한 전화망이 구축이 활발하게 진행되었다. 전신망과 전화망은 별도로 구축되었다. 1960년대에 미국 국방성은 자료 통신망 확충을 위해 ARPANET을 개발했으며 이것이 인터넷 통신망의 원조가 되었다.

[표 5.7] 종합정보통신망이 통합한 기존 통신망

기존 통신망	내 역
PSTN	음성 전송을 위한 공중전화망
CSDN	자료 전송을 위한 회선 교환 자료망
PSDN	패킷 교환 자료망
FCN	팩시밀리 전송을 위한 공중망
TN	텔렉스 전송을 위한 공중망

종합정보통신망(ISDN, Integrated Service Digital Network)은 [표 5.7]과 같이 기존에 사용하던 공중 교환 전화망(PSTN, Public Switched Telephone Network), 회선 교환 자료망(CSDN, Circuit Switching Data Network), 패킷 교환 자료망(PSDN, Packet Switched Data Network), 팩시밀리망, 텔렉스망 등을 하나로 통합한 것이다. 종합정보통신망은 [그림 5.8]과 같이 하나의 가입자 회선을 이용하여 기존의 음성과 비음성 서비스(문자, 영상 등)를 동시에 수용할 수 있는 디지털 방식의 종합 통신망이다. 기존에는 음성과 영상과 데이터가 모두 별개의 통신망으로 운용되었다. 디지털 교환기와 디지털 전송로에 의하여 구성된 하나의 통신망으로 전화, 자료, 팩시밀리, 영상 등 복수의 통신 서비스를 제공한다. 전국 통신망을 디지털로 바꾸는 것은 매우 비용이 많이 드는 사업이다. 따라서 기존 전화망을 순차적으로 디지털화하면서 ISDN 서비스를 확대한 것이다.

국제 전기 통신 연합(ITU)은 디지털 통신이 발전함에 따라 음성, 자료, 비디오 등 다양한 서비스를 하나의 통합된 디지털 네트워크로 제공하기 위해서 1984년에 종합정보통신망을 위한 표준을 발표하였다. 이것은 기존의 전화망과 전신망을 하나로 통합하는 작업이었다. 1980년대 후반부터 ISDN 보급이 추진되기 시작하였다. ISDN은 비용이 상대적으로 높아서 개인과 소규모 사업자에게 부담이 되므로 정보 격차가 우려된다.

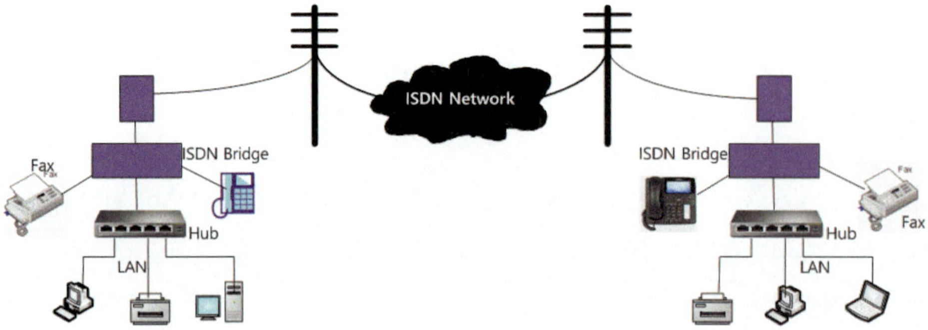

[그림 5.8] 종합정보통신망 ISDN의 구성

1990년대 중반에는 DSL과 같은 고속 인터넷 접속 기술들이 등장하여 ISDN과 경쟁하게 되었다.

2 디지털 가입자 회선 : ADSL과 VDSL

디지털 가입자 회선(DSL, Digital Subscriber Line)은 기존 전화선을 이용하여 고속의 데이터 통신을 가능하게 해주는 기술이다. 1989년 미국의 Bellcore사에서 기존의 전화 꼬임 쌍선(twisted pair cable)을 사용하여 비디오, 영상, 고밀도 그래픽 등을 Mbps 속도로 정보를 전송하기 위해 제안한 개념이다. 고속으로 인터넷을 접속하는 기술로 ADSL과 VDSL이 제공된다. DSL 서비스는 일반 전화선에 연결하여 사용할 수 있어 설치가 간편하다. 별도의 광케이블 등을 필요로 하지 않기 때문에 추가 비용이 발생하지 않는다.

(1) ADSL

ADSL(Asymmetric Digital Subscriber Line)에서 비대칭(Asymmetric)이란 다운로드 속도와 업로드 속도가 다른 것을 의미한다. 일반적으로 다운로드 속도가 업로드 속도보다 높다. 이것은 기존의 전화망과 공유할 수 있으며, 전화와 동시에 인터넷 접속이 가능하다. 주로 가정용으로 주거지역에서 널리 사용되며, 일반적인 인터넷 사용자의 요구를 충족시키기 위해 설계되었다. 다운로드 속도는 일반적으로 최대 몇 Mbps까지 지원되며, 실제로는 사용자의 거리에 따라 다를 수 있다.

업로드는 일반적으로 다운로드 속도보다 낮은 속도를 제공한다. 가정에서의 인터넷 접속, 동영상 스트리밍, 온라인 게임 등의 일반적인 인터넷 활동을 지원한다.

(2) VDSL

VDSL(Very High Bitrate Digital Subscriber Line)은 ADSL보다 더 빠른 자료 전송 속도를 제공한다. VDSL은 대칭형과 비대칭형 모두 가능하지만, 주로 비대칭형으로 사용된다. ADSL보다 짧은 거리에서 더 높은 속도를 제공할 수 있다. 다운로드에서 최대 100Mbps 이상의 속도를 제공할 수 있다. 업로드도 ADSL보다 높은 속도를 제공할 수 있으며, 대칭형일 경우 더욱 높은 속도가 가능하다. 동시에 많은 자료 사용이 필요한 비즈니스 환경, 대형 건물 또는 멀리 떨어진 사용자를 위한 높은 속도의 인터넷 접속을 제공한다. IPTV(인터넷 프로토콜 텔레비전) 등 고화질 영상 스트리밍에 적합하다.

ADSL과 VDSL을 비교하면, ADSL은 주로 비대칭형(다운로드 속도가 업로드 속도보다 빠름)이며, VDSL은 대칭형 또는 비대칭형 모두 가능하다. VDSL이 더 높은 속도를 지원하며, 특히 짧은 거리에서 더욱 효과적이다. ADSL은 주로 가정용으로, VDSL은 비즈니스 및 대형 건물에서의 사용에 적합하다. 이렇게 ADSL과 VDSL은 각기 다른 특성을 가지고 있으며, 사용자의 요구와 환경에 따라 적절한 기술을 선택하여 인터넷 접속 속도를 최적화할 수 있다.

3 케이블 라인 방식

케이블 라인 방식은 전화망처럼 가장 많이 설치되어 있는 케이블이나 광케이블을 이용하는 유선 서비스 용도이다.

5.3 통신장비

컴퓨터 통신을 위해서 다양한 통신 장치들과 유무선 전송 도구들이 사용된다. 이들은 컴퓨터 네트워크의 구성 요소로 자료를 전송하고 수신하기 위해 필요하다.

5.3.1 자료 통신 장치

통신장치는 컴퓨터 네트워크의 구성 요소로 자료를 전송하고 수신하는 데 필요한 전자장치이다. 통신을 하기 위해서는 아날로그 자료와 디지털 자료를 다루면서 서로 변환할 필요가 있고, 먼 거리를 전송하려면 신호를 전송 용도로 변조해야 하고, 신호를 증폭하고, 프로토콜이 다른 네트워크와 자료를 공유하려면 자료의 형식을 변환해야 하므로 다양한 장치들이 필요하다.

(1) 모뎀

모뎀(MODEM)은 [그림 5.9]와 같이 MOdulator/DEModulator의 약자로 아날로그 신호를 디지털 신호로, 또는 그 반대로 변환하는 장치이다. 주로 인터넷 서비스 제공자(ISP)로부터 자료를 받아 컴퓨터나 라우터에 전달하는 데 사용한다. 모뎀을 사용하는 이유는 디지털 신호는 아날로그 신호에 비하여 매우 민감하여 전송 중에 쉽게 왜곡되기 때문에 아날로그 신호로 변환하여 전송해야 안전하기 때문이다. 수신하는 쪽에서는 아날로그 신호를 다시 디지털 신호로 바꾸어야 하므로 또 모뎀을 사용해야 한다. 주로 인터넷 연결을 위해 사용한다.

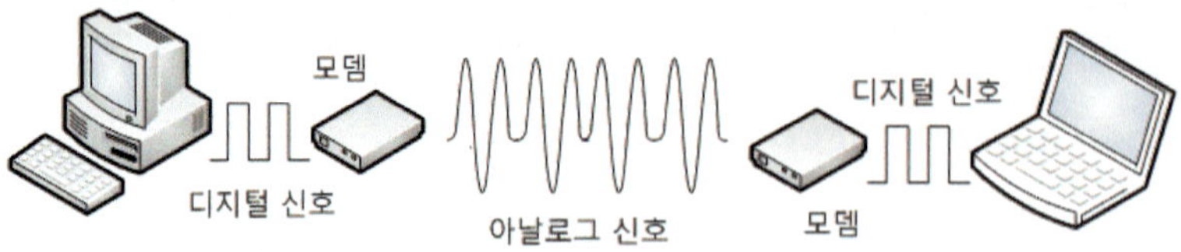

[그림 5.9] 모뎀의 역할

(2) 라우터 : 공유기

라우터(Router)는 네트워크 간의 자료 패킷을 전송하고, 여러 장치가 인터넷에 동시에 접속할 수 있도록 해준다. IP 주소를 기반으로 자료를 올바른 목적지로 전달한다. 홈 네트워크나 사무실 네트워크에서 인터넷을 공유할 때 사용한다. 와이파이 라우터는 무선으로도 인터넷을 공유할 수 있게 해준다. 인터넷 서비스 제공업체(ISP)로부터 모뎀을 통하여 받은 인터넷 연결을 여러 장치에 공유하기 때문에 공유기라고도 한다. [그림 5.10]은 모뎀과 라우터 겸용 장치로 유선과 무선을 동시에 제공하는 장치이다.

[그림 5.10] 모뎀 겸 라우터(공유기)

(3) 네트워크 카드

네트워크 카드(NIC, Network Interface Card)는 컴퓨터를 네트워크에 연결될 수 있게 해주는 [그림 5.11]과 같은 하드웨어 장치이다. 자료를 전송하고 수신하며, 물리적 연결을 지원한다. 유선 또는 무선 네트워크에 컴퓨터를 연결할 때 사용된다. LAN 카드, 이더넷 카드(ethernet card), 이더넷 어댑터, 이더넷 카드 등으로 불린다.

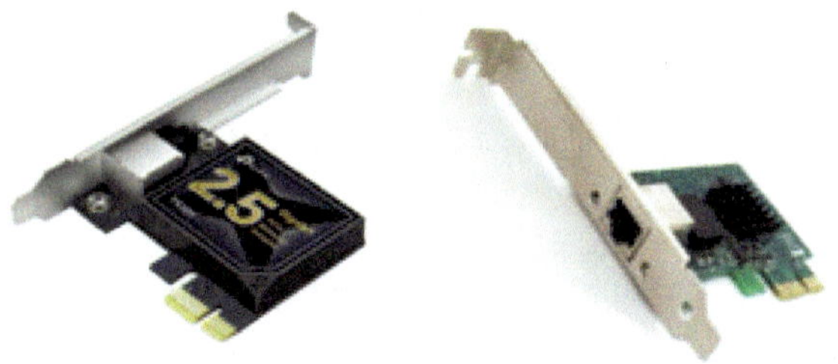

[그림 5.11] 랜카드

(4) 허브

허브(Hub)는 [그림 5.12](a)와 같이 네트워크 내의 여러 장치들을 연결하는 기능을 한다. 허브는 스위치와 비슷하지만, 자료 패킷을 특정 대상에게만 보내는 것이 아니라 네트워크 내 모든 장치에 방송한다. 모든 장치가 자료를 받으므로 네트워크 트래픽이 증가하고 충돌 가능성이 커진다. 허브는 네트워크의 여러 장치를 연결하지만, 요즘은 스위치로 대체되는 경우가 많다.

(a) 허브 (b) 스위치 (c) 리피터

[그림 5.12] 허브와 스위치와 리피터

(5) 스위치

스위치(Switch)는 [그림 5.12](b)와 같이 네트워크 내에서 여러 장치들(컴퓨터, 프린터 등) 간의 자료 통신을 연결한다. 스위치는 Mac 주소[13]를 기반으로 특정한 장치에만 자료 패킷을 전송한다. 허브가 자

13 Mac 주소(Media Access Control Address) : 네트워크상에서 각 네트워크 인터페이스 카드(NIC)를 고유하게 식별하는 주

료를 방송(broadcast)하는 반면에 스위치는 특정 장치로 전송한다. 보다 큰 네트워크에서 사용되며, 트래픽을 효율적으로 관리하여 네트워크 성능을 향상시킨다. 스위칭 허브는 스위치와 허브의 결합이 아니고 속도가 빠르고 안정성을 제공하는 기능이 좋은 스위치이다.

(6) 브리지

브리지(Bridge)는 두 개의 네트워크 세그먼트를 연결하여 하나의 네트워크처럼 사용하도록 만든다. 각 세그먼트 사이의 트래픽을 필터링하여 네트워크 효율성을 높인다. 단, 같은 네트워크 프로토콜을 사용하는 네트워크 간의 연결에 사용된다. 주로 네트워크의 분산된 부분을 통합할 때 사용된다. 브리지는 자료 패킷이 올바른 네트워크로 전달되도록 하여 네트워크 세분화를 도와준다.

(7) 리피터

리피터(Repeater)는 [그림 5.12](c)와 같이 자료를 더 멀리 또는 더 깨끗하게 전송할 수 있도록 신호를 증폭한다. 장거리 네트워크 연결에서 신호 손실을 방지한다.

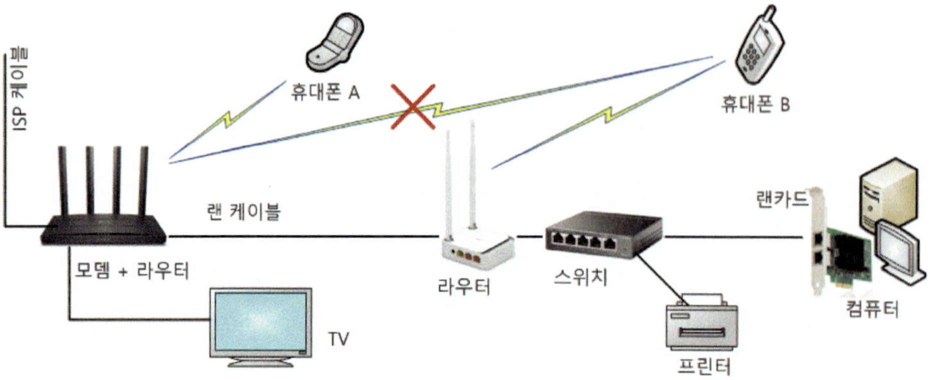

[그림 5.13] 가정에 설치한 통신장치 사례

[그림 5.13]은 가정에 설치하는 통신 장치들의 한 가지 사례이다. ISP 사업자가 제공하는 ISP 케이블을 모뎀(+라우터)에 연결하면 TV와 휴대폰과 컴퓨터를 인터넷에 연결할 수 있다. 요즘에는 모뎀에 WiFi 라우터를 통합시키는 경향이 있다.

소. 48비트로 구성되며, 보통 12자리 16진수로 표현. 각 장치의 MAC 주소는 전 세계적으로 유일함.

한 집에서도 모뎀(+라우터)과 거리가 먼 방에서는 WiFi 신호가 약해서 휴대폰과 컴퓨터가 연결되지 않을 수 있다. WiFi 사각지대를 해결하는 방법은 먼 방에 라우터를 설치하면 해결된다. 그림과 같이 휴대폰 B는 모뎀과 거리가 멀어도 근처 라우터와 연결하여 통화를 할 수 있다. 프린터를 설치하고 싶을 때는 그림과 같이 스위치를 설치하여 사용할 수 있다.

5.3.2 통신 회선

통신 회선은 자료 전송 장치의 하나이며, 송신자와 수신자 사이를 연결하는 물리적인 통로이다. 유선 통신과 무선 통신 선로로 구분한다. 유선 통신에서는 일반쌍선, 꼬임 쌍선(twisted pair), 동축 케이블, 광섬유 등이 있고, 무선 통신에는 지상 마이크로파[14], 위성 마이크로파[15] 등이 있다.

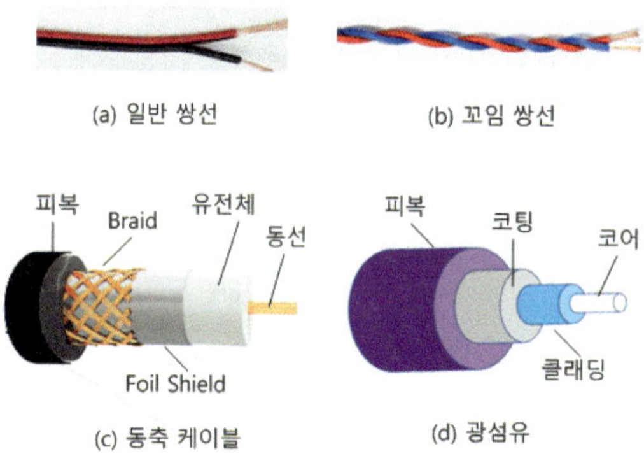

[그림 5.14] 유선 통신 회선의 종류

(1) 일반쌍선

일반쌍선은 두 개의 구리선의 옆면을 평행하게 절연체로 붙여놓은 것이다. 이것은 전자기파의 영향을 받으면 전파 간섭을 일으킬 수 있다.

(2) 꼬임쌍선

꼬임 쌍선(Twisted Pair Cable)은 [그림 5.14](b)와 같이 두 개의 구리 선이 서로 꼬여 있는 회선이다. [그림 5.14](a)의 일반 쌍선은 두 선이 외부의 전파를 받아서 간섭을 일으키지만 꼬임 쌍선은 서로 꼬여 있어서 균일하게 간섭받으므로 상대적으로 안전하다 하나의 쌍이 하나의 통신을 담당하는데 여러 쌍이 다발로 묶여 하나의 케이블을 형성한다.

---

14 Terrestrial Microwave : 약 50km 간격으로 설치된 중계탑을 통하여 자료를 전송. 전화 회사와 통신업자들이 이용.

15 Satellite Microwave : 지상에서 약 35,860km 상공에 있는 위성에서 지상의 송수 신 국을 연결한다. GPS 등 대용량 자료 전송을 위해 사용.

(3) 동축 케이블

동축 케이블(Coaxial Cable)은 아날로그 신호와 디지털 신호를 동시에 전송할 수 있는 통신 회선이다. [그림 5.14](c)와 같이 중앙의 동선을 포일(foil)이 감싸고 있고, 다시 지그재그로 철삿줄이 감싸고(braid) 있어서 외부 간섭을 막아준다.

외부 간섭뿐만 아니라 전력 손실이 적다. 꼬임 쌍선보다 주파수 범위가 넓다.

(4) 광섬유

광섬유(Optical Fiber)는 [그림 5.14](d)와 같이 코어가 머리카락보다 가늘고 유연한 회선으로 빛을 전송한다. 코어 밖에는 글래딩이 빛을 100% 반사해서 손실을 방지하고, 코팅과 피복으로 광섬유를 보호한다. 구리 선보다 많은 정보를 전송하며 전자기 간섭을 받지 않으므로 도청에 안전하다.

이와 같은 통신장치들은 각각의 목적을 가지고 네트워크 내에서 중요한 역할을 수행한다. 자료의 효율적인 전송과 안정적인 네트워크 유지를 위해 각각의 기능이 중요하다.

5.4 컴퓨터 네트워크

컴퓨터 네트워크는 여러 컴퓨터와 기타 장치들이 서로 연결되어 자료를 교환할 수 있는 시스템이다. 네트워크를 통해 사용자들은 파일을 공유하고, 웹에 접속하고, 이메일을 주고받으며, 다양한 네트워크 기반의 서비스를 이용할 수 있다.

5.4.1 네트워크 접속 방식

네트워크에서 자료 교환 방식은 자료가 어떻게 전송되고, 네트워크 장치들 사이에서 어떻게 처리되는지를 결정하는 중요한 요소이다. 주요 네트워크 접속 방식에는 [표 5.8]과 같이 회선 교환(Circuit Switching), 패킷 교환(Packet Switching), 그리고 메시지 교환(Message Switching) 등의 세 가지 유형이 있다. 각 방식의 특징과 작동 원리는 장점과 단점들이 있으므로 응용 분야와 필요성에 따라 적절하게 활용할 필요가 있다.

[표 5.8] 네트워크 접속 방식

접속 방식	내 역
회선 교환 방식	송신에서 수신 단말기까지 전체 회선을 확보해야 통신 가능
메시지 교환 방식	메시지 헤더에 수신자 주소를 넣고 목적지를 향하여 송신
패킷 교환 방식	자료를 패킷으로 나누어 목적지를 향하여 보내고 수신지에서 결합

1 회선 교환 방식

회선 교환(Circuit Switching) 방식은 통신을 시작하기 전에 통신을 원하는 호스트가 먼저 두 점 사이에 물리적 경로(회로)를 미리 설정하는 방식이다. 이 경로는 통신이 끝날 때까지 유지되며, 다른 자료는 이 경로를 공유할 수 없다. 즉, 물리적으로 통신 노드와 노드 간에 전용 통신 선로를 설정하고 자료를 교환하는 것이다. 이 방식의 장점은 일단 연결이 설정되면 자료 전송은 지연 없이 일관되게 이루어진다. 단점은 회선을 설정하고 유지하는 데 시간이 걸리며, 사용하지 않는 동안에도 자원을 점유하게 된다. 따라서 음성 통화 같은 실시간 자료나 긴 메시지 전송과 같이 자료 전송량이 많을 때 유용하다.

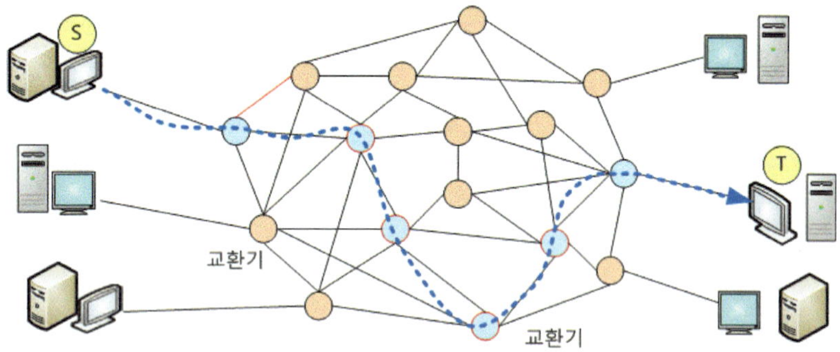

[그림 5.15] 회선 교환 네트워크

[그림 5.15]와 같은 네트워크에서 'S' 호스트에서 'T' 호스트와 통신하기 위해서는 중간의 교환기들을 모두 확보해야 연결할 수 있다. 모든 교환기가 사용 중이라면 통신할 수 없지만 어떤 경로든지 연결이 되면 통신할 수 있다.

2 메시지 교환 방식

메시지 교환(Message Switching) 방식은 경로를 미리 설정하지 않고 메시지의 헤더에 목적지 주소를 표기하고 목적지 쪽을 향하여 전송하는 방식이다. [그림 5.16]처럼 전체 경로가 확보되지 않더라도 가능한 한 메시지를 목적지에 가깝게 전진시키려는 것이다. 회선 교환 방식의 제약조건을 피하려고 고안된 방식이다. 전체 메시지를 네트워크 교환기에 임시로 저장하고, 전송이 허용되면 메시지를 다음 교환기로 전달한다. 이 방식은 패킷 교환과 유사하지만, 메시지 전체를 한 번에 보낸다는 차이가 있다. 이 방식의 장점은 메시지를 중간 노드에 저장하고 검사할 수 있기 때문에 오류 검출과 수정이 쉽다. 단점은 메시지의 크기가 클 경우, 중간 노드의 저장 공간을 많이 차지하며, 처리 지연이 발생할 수 있다.

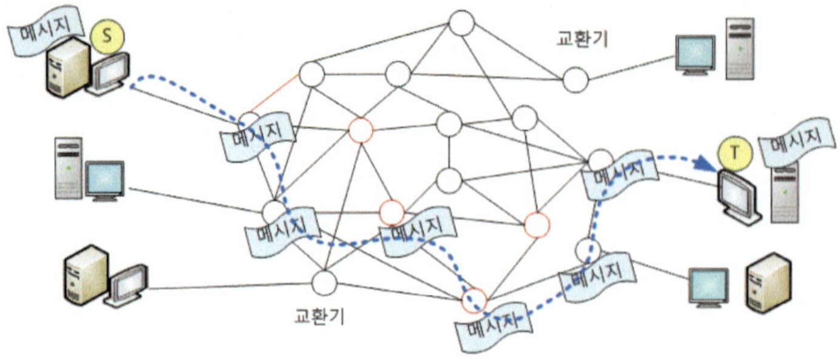

[그림 5.16] 메시지 교환 네트워크

이러한 각각의 교환 방식은 특정 상황과 요구에 따라 선택되며, 효율성과 신뢰성을 결정하는 데 중요한 역할을 한다. 현재 인터넷은 주로 패킷 교환 방식을 사용하고 있다. 그 이유는 유연성과 효율성 때문이다.

3 패킷 교환 방식

패킷 교환(Packet Switching) 방식은 회선 교환 방식과 메시지 교환 방식의 장점을 취합하여 만든 방식이다. 회선 경로를 확보하지 않은 상태에서 자료를 작은 단위인 패킷으로 나누어 전송한다. 각 패킷은 송신자 주소와 수신자 주소 그리고 자료 블록으로 구성되어 독립적으로 목적지로 전송되며, 네트워크의 상황에 따라 다른 경로를 통해 전송될 수 있다. 이 방식의 장점은 네트워크 자원을 효율적으로 사용할 수 있으며, 네트워크의 부하 분산이 자연스럽게 이루어진다. 또한, 특정 경로에 장애가 발생해도 다른 경로를 통해 자료를 전송할 수 있다. 단점은 각 패킷이 서로 다른 경로로 이동할 수 있기 때문에, 패킷들이 목적지에 도착하는 순서가 뒤바뀔 수 있으며, 이를 다시 정렬하는 과정이 필요하다.

[그림 5.17]과 같이 메시지를 짧은 크기의 패킷으로 나누어서 일련번호를 붙여서 발송한다. 패킷들은 순서와 관계없이 교환기에 여유가 있는 곳으로 이동하고 교통에 여유가 있을 때마다 목표 호스트 쪽으로 전진한다. 목표 호스트에서는 모든 패킷이 모이면 일련번호에 따라서 완성된 메시지를 만든다.

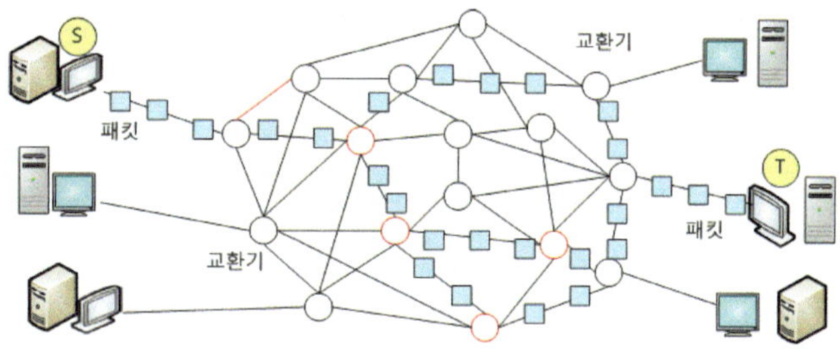

[그림 5.17] 패킷 교환 네트워크

5.4.2 네트워크 유형과 형태

네트워크를 구성하는 유형과 형태는 네트워크를 사용하는 목적과 통신 거리 그리고 네트워크의 크기에 따라 달라질 수 있다.

1 네트워크 구성 개념

네트워크는 노드와 링크와 통신 장치 간의 프로토콜로 구성된다.

노드(Node)는 네트워크에 연결된 모든 장치(컴퓨터, 프린터, 서버 등)를 말한다. 링크(Link)는 노드들을 연결하는 통신 경로를 의미한다. 유선(예: 이더넷 케이블) 또는 무선(예: Wi-Fi)이 될 수 있다. 프로토콜(Protocol)은 네트워크상에서 자료를 교환하는 규칙이나 표준이다. 네트워크에서 자료를 전송하려면 두 가지 요소가 충족되어야 한다. 하나는 하드웨어적인 연결이고, 다른 하나는 자료를 전송하는 규칙인 프로토콜이다. 예를 들어, 인터넷 표준 규약인 TCP/IP, 웹 페이지 사용규약인 HTTP, 파일을 전송하기 위한 규약인 FTP 등이 주로 사용되는 프로토콜들이다.

네트워크를 크기에 따라 빌딩 안이나 빌딩 사이를 연결하는 근거리통신망(LAN), 원격지를 연결하는 원거리 통신망(WAN), 도시나 대도시 범위의 중간 규모인 도시 통신망(MAN, Metropolitan Area Network), 개인 사용자의 작은 범위 내에서 장치들을 연결하는 개인 통신망(PAN, Personal Area Network) 등으로 나눌 수 있다. 예를 들어, 개인 통신망은 스마트폰, 노트북, 블루투스 장치 등이 연결될 수 있다.

네트워크는 정보의 신속한 교환과 자원의 공유를 가능하게 하여, 통신과 협업을 효율적으로 만들어준다. 비즈니스 환경에서는 워크플로의 자동화, 자료관리, 원격 접근 등을 통해 생산성을 크게 향상시킬 수 있다. 또한, 교육, 정부, 의료 등 다양한 분야에서 중요한 역할을 한다. 컴퓨터 네트워크는 현대 사회의 기본적인 인프라로 자리 잡고 있으며, 이를 통해 많은 기술적 발전과 혁신이 이루어지고 있다.

(1) 근거리통신망

근거리통신망(LAN, Local Area Network)은 [그림 5.18]과 같이 가까운 빌딩이나 학교, 공장, 연구소같이 비교적 가까운 지역 안에 설치되어 있는 워크스테이션, 호스트 컴퓨터, 개인용 컴퓨터 등을 연결하는 네트워크이다. 거리상으로 가깝다는 것도 있지만 같은 조직이나 같은 일을 하는 사람들이 정보를 공유하기 위해서 만든 통신망이다. LAN은 보통 스위치와 라우터를 사용해 구성된다. LAN은 컴퓨터 사이에 정보를 교환한다는 점에서 원거리 통신망과 같지만, 세부 기술이나 응용하는 차원이 상당히 다르다. LAN이 주로 사용하는 이더넷은 통상 10Mbps 또는 고속 이더넷의 경우 100Mbps 이상의 속도를 내기도 한다.

근거리통신망(LAN)의 특징은 [표 5.9]와 같다.

근거리통신망은 거리가 짧기 때문에 고품질의 전용선을 설치하여 사용하는 것이 보통이다. 프로토콜이 간단하고 거리가 짧기 때문에 전송 속도가 매우 빠르다. 같은 이유로 인하여 오류 발생율이 매우 낮다. 전송 거리가 가까워서 전송 지연이 매우 낮다. 확장과 재배치가 용이하고 다양한 통신장치와 연결이 용이하다.

[표 5.9] 근거리통신망(LAN)의 특징

구분	특 징
1	고품질의 전용선 사용
2	고속의 전송 속도
3	낮은 오류 발생률
4	낮은 전송 지연

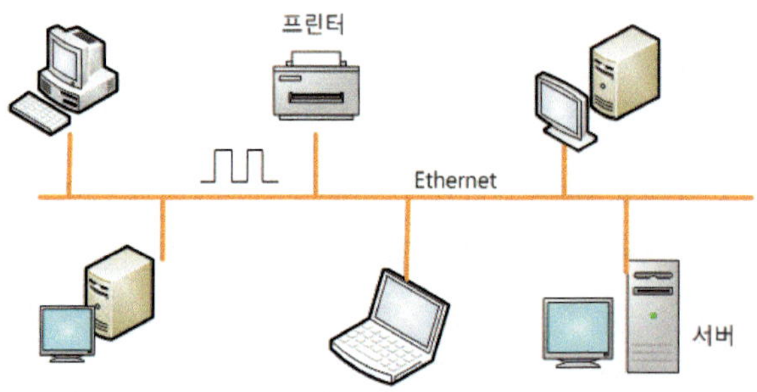

[그림 5.18] BUS 형태의 근거리통신망

근거리통신망은 이상과 같은 특징으로 인하여 작은 규모의 조직에서는 쉽게 설치하여 사용하고 있다. 근거리통신망 형태에는 버스형, 원형, 스타형 등이 있다. 버스형은 방송 형식으로 자료를 전송하기 때문에 여러 노드가 전송하면 충돌 문제가 야기되는 단점이 있다. 그러나 네트워크가 작기 때문에 충돌 발생이 많지 않고, 현실적으로 가장 쉽게 설치할 수 있다는 장점이 있다.

(2) 원거리 통신망

원거리 통신망(WAN, Wide Area Network)은 먼 거리에 위치하는 컴퓨터들과 정보를 교환하기 위하여 만든 통신망이다. 도시, 국가, 전 세계와 같이 광범위한 지역에 걸쳐 구축된 네트워크이다. 인터넷이 WAN의 가장 대표적인 사례이다. LAN이 보편화되면서 원거리 통신망은 LAN과 LAN을 연결하는 수단으로 사용되기 시작하였다. 원거리 통신망은 통신회사에 의해 공중망(Public Network) 형태로 운영되며 원거리 통신망 통신을 원하는 사람은 특정 통신회사의 원거리 통신망에 가입하고 통신 서비스를 받는다. 원거리 통신망은 요즈음 주로 패킷 통신 방식으로 구현된다. 원거리 통신망의 특징들은 다음과 같다.

- WAN은 일반적으로 LAN보다 훨씬 속도가 느리다.
- WAN 장비들은 가격이 비싸다.

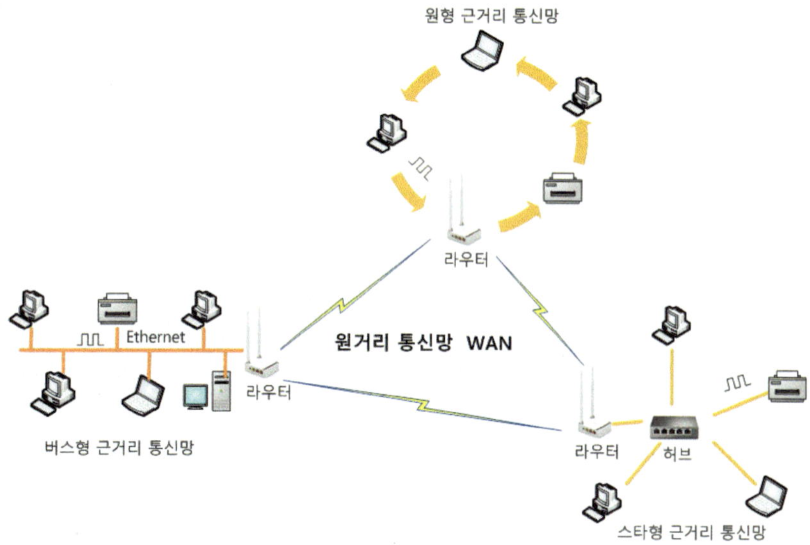

[그림 5.19] 근거리 통신망들을 결합한 원거리 통신망

[그림 5.19]는 근거리 통신망들을 결합하여 원거리 통신망을 구축한 사례이다. 각 근거리 통신망들은 버스형과 원형과 스타형들이 보이는데, 내부적으로는 근거리통신망을 사용하며 원거리 업무용으로는 원거리 통신망을 사용할 수 있다.

5.5 이동통신

이동통신이란 사용자가 이동하는 중에도 통신할 수 있게 해주는 통신 시스템이다. 이동하는 중에 통신하려면 당연히 무선 통신(wireless communication)을 이용해야 한다. 이동하는 도중에 다른 통신장치와 통신하기 위해서는 무선 네트워크를 구축해야 한다. 무선 네트워크는 적용하는 기술에 따라 속도, 전송 거리, 전력 소비 특성들이 모두 다르므로 적절한 기술을 적용해야 한다. 대표적인 무선 네트워크 기술로는 이동통신, 와이파이, 무선 PAN 기술 등이 있다.

5.5.1 이동통신

이동통신(mobile communication)이란 모바일 기기에서 자료를 전송할 수 있도록 파장이 짧은 고주파를 이용하는 무선 네트워크 기술이다. 이동성을 위해 네트워크 서비스 지역을 여러 개의 셀(cell)로 나누고, 셀을 이동할 때는 서비스가 끊이지 않도록 통신 채널 인도(handover) 기술을 사용한다. 이동통신 기술은 1970년대부터 개발이 시작되어 [표 5.10]과 같이 계속 발전하고 있다.

(1) 1세대 이동통신

1세대 이동통신은 1984년에 상용화된 아날로그 방식의 음성 통화만 가능한 서비스이다. 서비스 지역을 셀(cell)로 나누고 셀마다 중앙에 교환기를 세워 교환기를 이용하여 통신하는 구조라서 휴대폰을 cellular phone이라고 했다.

(2) 2세대 이동통신

2세대 이동통신은 1996년대에 미국의 퀄컴(Qualcomm) 사가 개발한 디지털 방식의 CDMA(Code Division Multiple Access) 방식과 유럽전기통신표준협회가 주관한 GSM(Global System for Mobile Communications) 방식이 개발되었다. 모두 고품질의 음성과 문자 메시지를 서비스했고 인터넷이 가능해졌다.

[표 5.10] 이동통신의 세대(G) 발전

세대	시기	내 역
1G	1984	아날로그 방식, 음성 통화, 셀 단위 기지국
2G	1996	퀄컴의 디지털 방식의 CDMA, 고품질 음성, 문자
3G	1990대 말	멀티미디어(음성, 문자, 영상, 동화상) 서비스.,2~2.4Mbps
4G	2011	LTE : 1Gbps, 위성망, 무선 LAN, 인터넷 가능
5G	2020	초고속 통신 : 1~10Gbps 자료 전송, 저 전력, 저 비용
6G	2020년대초	연구 중 : 1,000Gbps 이상. 지연 시간은 몇 밀리초(ms) 이하

(3) 3세대 이동통신

3세대 이동통신은 1990년대 말부터 문자, 음성, 동영상 등 멀티미디어 자료를 유선 인터넷과 같은 속도와 화질로 서비스하기 시작했다. 이 서비스는 자료를 다운 받고, 메일을 주고받을 수 있고, 메시지를 보낼 수 있게 되었다. 또한 와이파이 기술이 개발되어 근거리에서 초고속 인터넷을 무선으로 서비스하게 되었다.

(4) 4세대 이동통신

4세대 이동통신은 2011년부터 하나의 단말기에서 위성망, 무선랜, 인터넷 등을 모두 사용할 수 있게 되었다. 이 서비스는 정지 상태에서 1Gbps, 60km/h 이동시 100Mbps 이상의 속도를 제공한다.

(5) 5세대 이동통신

5세대 이동통신은 2020년부터 초당 1~10Gbps) 이상의 자료를 전송하는 초고속 서비스이다. 4세대 이동통신이 2GHz 이하의 주파수를 사용하는 LTE(Long Term Evolution)와 달리 5세대 이동통신은 28GHz의 초고 대역 주파수를 사용한다.

(6) 6세대 이동통신

6세대 이동통신은 2020년대 초부터 세계 각국의 선두 주자들이 이동통신을 주도하기 위하여 경쟁적으로 연구하고 있다. 초당 1,000Gbps 이상의 전송 속도에 지연 시간을 몇 밀리초(ms) 이하로 줄이는 것이 목표이다. 홀로그램 통신, 초고해상도 가상현실, 원격 로봇 제어 등의 혁신 기술을 가능하게 할 것이다.

5.5.2 와이파이와 블루투스

와이파이(Wi-Fi)와 블루투스(Bluetooth)는 근거리 이동통신을 위한 수단이다. 와이파이는 블루투스보다 먼 거리에서 인터넷에 연결하는 데 사용되고, 블루투스는 상대적으로 가까운 거리에서 휴대용 장치끼리 연결하는데 사용되는 이동통신 수단이다.

1 와이파이

와이파이(Wi-Fi)는 무선 근거리 통신망(Wireless LAN)을 의미하며, 전자기기들을 인터넷에 접속하기 위해 사용되는 기술이다. 유선 네트워크 같은 통신 서비스를 무료로 사용하게 해준다. 스마트폰과 노트북, 컴퓨터 같은 기기에 무선 랜 카드를 장착하여 인터넷을 사용하므로 대중에게 익숙한 기술이다. 보통 무선 공유기를 이용하여 연결된다.

주파수 대역은 2.4GHz와 5GHz 대역을 주로 사용한다. Wi-Fi는 최신 표준에 따라 매우 높은 속도를 지원한다. 예를 들어, Wi-Fi 6(802.11ax)은 최대 9.6 Gbps의 속도를 제공한다. Wi-Fi의 통달 범위는 일반적으로 실내에서 약 30~50미터, 실외에서는 최대 100미터까지 도달할 수 있다. 주로 인터넷 접속, 대용량 자료 전송, 스트리밍, 온라인 게임 등 다양한 용도로 사용된다. 하나의 공유기(라우터)를 통해 여러 장치가 인터넷에 연결될 수 있다. WPA3[16] 같은 최신 보안 프로토콜을 사용하여 네트워크 보안을 강화하고 있다.

2 블루투스

블루투스(Bluetooth)는 휴대폰, 노트북, 이어폰, 헤드폰 등의 휴대기기를 서로 연결해 정보를 교환하는 근거리 무선 기술 표준이다. 1994년 에릭슨, 노키아, IBM, 도시바, 인텔 등으로 구성된 '블루투스 SIG(Special Interest Group)'를 통해 본격적으로 개발한 PANs(Personal Area Networks)의 일종이다. 블루투스는 IEEE 802.15.1 규격을 사용하며 전 세계적으로 사용할 수 있는 무선 주파수를 이용하여 저렴하게 통신할 수 있다. 블루투스는 USB를 대체하는 개념이고, 와이파이는 이더넷을 대체하는 개념이다.

16 WPA3(Wi-Fi Protected Access 3) : Wi-Fi 네트워크의 보안을 강화하기 위해 개발된 최신 보안 프로토콜. 암호를 강화하여 WPA2의 보안 취약점을 개선.

T·I·P 블루투스Bluetooth

블루투스라는 이름은 10세기경 스칸디나비아 지역(덴마크와 노르웨이)을 통일한 '해럴드 블루투스(Harold Bluetooth Gormsson)' 왕의 이름에서 유래하였다. 그는 푸른 이빨이라는 별명을 가지고 있었는데 그 이유는 블루베리를 좋아해서 이가 물들었다는 설도 있고, 파란색 의치를 해 넣었다는 설도 있다. 블루투스 개발 그룹 SIG는 블루투스가 스칸디나비아를 통일한 것처럼 자신들이 개발한 기술이 무선 기술 규격으로 통일하기를 바라는 마음에서 이름을 정했다고 한다. 결과적으로 블루투스는 근거리 무선 기술 규격을 통일해서 전 세계적으로 사용되고 있다. 블루투스 로고도 블루투스 왕의 이름에서 나왔다고 한다.

[표 5.11] 와이파이와 블루투스 비교

속성	와이파이	블루투스
용도	인터넷 연결	전자기기 연결
연결 대상	컴퓨터, 스마트폰, 태블릿	헤드폰, 키보드, 마우스, 스마트 워치
속도	최대 9.6Mbps	최대 2.0Mbps
범위	약 50~100미터	약 10~30미터
전력 소비	고전력	저 전력
보안	강력	미약

[표 5.11]과 같이 와이파이가 인터넷을 연결하기 위한 것이라면 블루투스는 짧은 거리에 있는 기기들을 서로 연결하여 자료를 무선으로 전송하기 위한 기술이다. 주파수 대역은 와이파이와 마찬가지로 2.4GHz 대역을 사용한다. 속도는 Bluetooth 5.0 기준으로 최대 2Mbps의 속도를 제공한다. 일반적으로 약 10미터 내외의 거리에서 사용되지만, 최신 Bluetooth 5.0은 40미터 이상 도달할 수 있다. 주로 장치 간의 파일 전송, 무선 이어폰/헤드셋 연결, 스마트폰과 웨어러블 기기 연결, 무선 키보드 및 마우스 연결 등에 사용된다.

블루투스는 저 전력 소비로 장시간 사용이 가능하도록 설계되었다. 전력 소모를 줄이기 위해서 짧은 거리에서는 더 느린 속도로 동작한다. 두 장치를 서로 연결하기 위해 초기에 페어링 과정을 거쳐야 한다. AES 암호화와 같은 보안 기능을 통해 자료 전송의 안전성을 보장한다. 블루투스는 소비 전력이 낮다는 장점이 있으나 전송 속도와 비용 면에서 충분한 경쟁력을 갖추지 못했다는 비판이 있다. 블루투스는 '와이파이 다이렉트'와 경쟁하고 있고, 보안이 취약하다는 약점도 있다. 그러나 블루투스는 사물 인터넷에서 중요한 역할을 하고 있으며 계속 발전하고 있으므로 앞으로 지켜봐야 할 것이다.

와이파이는 상대적으로 넓은 범위에서 사용되고, 블루투스는 짧은 거리에서 사용된다. 와이파이는 대용량 자료 전송에 유리하지만, 블루투스는 소형 자료 전송과 저 전력 통신에 적합하다. 와이파이는 인터넷 접속과 대규모 네트워크 구성에 주로 사용되고, 블루투스는 개인 장치 간의 간편한 연결에 주로 사용된다. 이 두 기술은 상호 보완적으로 사용되어, 현대 생활에서 다양한 무선 통신 요구를 충족시키고 있다.

5.6 인터넷

인터넷(internet)은 internetwork의 약자로 네트워크의 네트워크라는 의미이다. 인터넷은 전 세계의 수많은 컴퓨터가 연결되어 정보와 자원을 공유하는 거대한 네트워크이다. 인터넷에 연결된 컴퓨터들은 TCP/IP 통신 프로토콜을 사용하여 연결되어 있다. 인터넷을 이루는 컴퓨터들은 IP 주소라는 고유의 식별번호를 이용하여 모든 컴퓨터와 장비들을 식별하고 있다. 인터넷은 전화선, 케이블 또는 인공위성 등의 통신 수단을 이용하여 연결하고 있다. 사용자는 인터넷을 통해 웹사이트에 접속하거나 이메일을 주고받으며, 파일을 다운로드하거나 업로드 할 수 있다. 인터넷은 모든 직장의 컴퓨터와 모든 가정의 컴퓨터들을 연결하고 있으므로 세계를 하나로 통합하는 최선의 수단이 되고 있다.

인터넷의 핵심은 정보의 송수신이다. 송수신은 다양한 통신 프로토콜을 통해 이루어지는데 대표적으로 HTTP(HyperText Transfer Protocol)와 FTP(File Transfer Protocol) 프로토콜이 널리 사용된다. 인터넷은 이러한 프로토콜을 사용하여 전 세계의 다양한 컴퓨터와 네트워크 장치들이 서로 통신할 수 있다.

인터넷의 TCP/IP 프로토콜은 자료를 전송할 때 '패킷(packet)'이라고 불리는 작은 자료 조각들로 나누어 전송한다. 이 패킷들은 인터넷을 통해 여러 경로를 거쳐 목적지에 도착하고 목적지에서는 이들이 다시 원래의 자료 형태로 조합된다.

5.6.1 인터넷의 역사

인터넷의 역사는 [표 5.12]와 같이 1960년부터 개발이 시작되어 지금도 계속 발전하고 있다. 미국 국방성 고등연구계획국(DARPA)은 전 세계에 주둔하고 있는 미군 기지들의 효율적 통신을 위하여 1960년대 후반에 ARPANET 프로젝트를 시작했다. 이것이 인터넷 개발의 시작이다. 1969년에 UCLA와 스탠포드 연구소 등 몇 개의 대학 간에 처음으로 네트워크를 성공적으로 구축하였다. 이것은 원격지 컴퓨터 간에 자료를 주고받을 수 있는 최초의 실용적인 네트워크였다.

[표 5.12] 인터넷의 역사

주요 사항	시 기	비 고
인터넷 개발 착수	1960년대 후반	미국방성 고등연구계획국(DARPA)
TCP/IP의 도입	1980년대	패킷 교환 프로토콜의 통일
월드 와이드 웹의 등장	1990년대 초	팀 버너스 리
상업적 확장	1990년대 중반	ISP 등장
사회적, 문화적 영향	2000년대 이후	소셜 미디어

인터넷 초기에는 여러 네트워크가 각기 다른 통신 프로토콜을 사용하였으므로 문제가 많이 발생하였다. 이를 통합하기 위해 TCP/IP 프로토콜이 개발되었고, 1983년 1월 1일에 ARPANET에서 TCP/IP를 공식적으로 채택하면서 인터넷의 기본 프로토콜로 자리를 잡게 되었다. 영국의 컴퓨터 과학자 팀 버너스-리(Tim Berners-Lee, 1955~)가 1990년대 초에 스위스의 CERN에서 월드 와이드 웹(WWW)을 발표하였다. 이것은 텍스트, 이미지, 비디오 등 다양한 형식의 정보를 하이퍼링크를 통해 서로 연결하고 사용자가 쉽게 접근할 수 있게 만든 시스템이다. 이것으로 인하여 웹브라우저의 등장과 함께 인터넷 사용이 대중화되기 시작했다.

인터넷 초기에는 주로 연구와 교육 목적으로 사용되었으나, 1990년대 중반부터 상업적 이용이 본격화되었다. 인터넷 서비스 제공자(ISP)들이 등장하고, 다양한 온라인 서비스와 사업들이 생겨나기 시작했다. 인터넷은 정보의 전달 방식을 근본적으로 변화시켰으며, 2000년대 이후에는 소셜 미디어의 등장과 함께 사람들의 소통 방식에도 큰 변화를 가져왔다. 인터넷은 글로벌 커뮤니케이션과 정보 교환의 필수적인 수단으로 자리 잡았다. 이처럼 인터넷은 기술적 발전뿐만 아니라 사회와 문화 전반에 걸쳐 광범위한 영향을 미치며 발전해 왔다.

5.6.2 인터넷의 주소 체계

인터넷에서 특정한 컴퓨터와 통신을 하기 위해서는 상대방 컴퓨터의 주소를 정확하게 알아야 한다. 전 세계의 모든 컴퓨터를 식별해야 하므로 인터넷 주소는 매우 복잡할 수밖에 없다. 인터넷의 주소 체계는 크게 두 가지로 나눌 수 있다.

하나는 IP 주소이고 다른 하나는 도메인 이름이다.

1 IP 주소

IP 주소(Internet Protocol Address)는 인터넷에 연결된 모든 장치가 가지고 있는 고유한 번호이다. 이 주소를 통해 자료가 올바른 목적지로 전송될 수 있다.

IP 주소는 크게 두 가지 버전으로 구성된다.

첫째, IPv4는 32비트 주소 체계로, 대략적으로 43억 개의 고유 주소를 제공한다. 예를 들어 192.168.1.1과 같이 네 개의 숫자 그룹으로 표현된다.

둘째, IPv6는 IPv4 주소가 부족해지면서 도입된 128비트 주소 체계로, 거의 무한에 가까운 주소를 생성할 수 있다.

2 도메인 이름

도메인 이름(Domain Name)은 사람이 기억하기 쉽도록 IP 주소를 문자로 표현한 것이다. 예를 들어, IP 주소가 192.168.1.1인 서버의 도메인 이름은 'seoul.com'과 같을 수 있다. [표 5.13]은 최상위 도메인 이름이다. DNS (Domain Name System)는 도메인 이름과 IP 주소를 연결하는 시스템이다. DNS 서버는 사용자가 웹브라우저에 도메인 이름을 입력했을 때 해당 이름을 IP 주소로 변환해주는 임무를 수행한다. 이 과정을 '이름 해석'이라고 한다.

[표 5.13] 최상위 도메인 이름

도메인	기관 이름	도메인	국가 이름
edu	교육기관	kr	한국
com	회사	jp	일본
gov	정부 기관	tw	대만
int	국제기구	cn	중국
org	비영리 공공기관	uk	영국
net	네트워크 관련 기관	fr	프랑스
mil	미국 국방성 관련 기관	kp	북한

도메인 이름은 다음과 같이 여러 부분으로 구성된다.

- Top-Level Domain(TLD) : 도메인 이름의 가장 오른쪽에 위치하며, 예를 들면 [표 5.13]과 같이 ".com", ".org", ".net" 등이 있다.
- Second-Level Domain(SLD) : TLD 바로 앞에 위치하며, 기업 이름이나 조직을 식별하는 데 사용된다. 예를 들어, "google"의 "google.com"과 같다.
- Subdomain(SD) : 필요에 따라 추가로 구성할 수 있으며, SLD의 왼쪽에 위치한다. 예를 들어, "mail.google.com"의 "mail"과 같다.

이러한 주소 체계는 전 세계의 수많은 컴퓨터와 네트워크 장치가 서로를 정확하게 식별하고 통신할 수 있게 만들고 인터넷의 기능을 원활하게 해준다.

5.6.3 월드와이드웹

월드와이드웹(World Wide Web)은 줄여서 웹(Web)이라고 한다. 웹은 인터넷상에서 정보를 연결하고 공유하는 시스템이다. 웹은 텍스트, 이미지, 비디오, 음악 등 다양한 형태의 콘텐츠를 포함하는 하이퍼텍스트 문서들을 전 세계적으로 연결하는 방식으로 구성되어 있다.

1 월드와이드웹 구성 요소

월드와이드웹의 주요 구성 요소들은 HTML, URL, HTTP 등으로 내역은 [표 5.14]와 같다.

[표 5.14] 월드와이드웹의 구성 요소

구성 요소	비 고
HTML	웹 페이지를 구성하는 기본 언어
URL	웹상의 자원을 찾기 위한 주소 체계
HTTP	웹브라우저와 웹서버 간에 정보를 주고받는 통신 규약

HTML(HyperText Markup Language)은 웹 페이지를 구성하는 기본 언어로, 문서의 구조를 정의한다. 텍스트, 링크, 이미지 등을 포함하는 방법을 지정한다. 이것을 이용하여 홈페이지를 만든다. URL (Uniform Resource Locator)은 웹상의 자원을 찾기 위한 주소 체계로, 특정 웹 페이지나 파일을 가리키는 데 사용된다. 예를 들어, https://www.example.com는 웹서버의 위치를 나타낸다. HTTP(HyperText

Transfer Protocol)는 클라이언트(예: 웹브라우저)와 서버 간에 정보를 주고받는 통신 규약이다. 사용자가 웹브라우저를 통해 웹 페이지에 접속하면, HTTP를 통해 서버로부터 자료를 요청하고 받아온다.

월드와이드웹의 작동 방식은 서버와 클라이언트 모델을 기반으로 작동한다. 사용자는 웹브라우저(클라이언트)를 통해 웹 페이지에 접속한다. 사용자가 URL을 통해 특정 페이지를 요청하면, 해당 요청은 인터넷을 통해 해당 웹서버로 전송된다. 웹서버는 요청된 페이지의 HTML 문서와 필요한 콘텐츠(이미지, 동영상 등)를 브라우저로 전송하고, 브라우저는 이를 해석하여 사용자에게 보여준다.

2 웹브라우저

웹브라우저(Web Browser)는 웹서버의 하이퍼텍스트 문서를 사용자가 볼 수 있도록 지원해주는 클라이언트 프로그램이다. 이것은 문자, 소리, 영상, 동영상 등의 멀티미디어 자료까지 처리할 수 있으므로 하이퍼미디어 기능을 하고 있다. 그러나 처음에는 텍스트만 지원하다가 다음과 같이 점차 발전하였다.

(1) Nexus

1990년에 팀 버너스-리가 최초의 웹브라우저인 Nexus를 개발했다. 이 브라우저는 텍스트 기반의 사용자 인터페이스를 갖추고 있었고, 웹 페이지를 만들고 편집할 수 있는 기능을 제공했다.

(2) Internet Explorer(IE)

1995년에 마이크로소프트가 Windows 95와 함께 Internet Explorer를 출시했다. IE는 윈도우 운영체제와의 통합으로 점차 시장 점유율을 확대해 갔으며, 2000년대 초반까지 가장 인기 있는 웹브라우저가 되었다.

(3) Google Chrome

2008년에 구글이 Chrome을 출시하며 브라우저 시장에 뛰어들었다. 빠른 속도, 안정성, 사용의 편리함을 내세워 빠르게 사용자 기반을 확장했고, 현재는 세계에서 가장 많이 사용되는 웹브라우저이다.

(4) Microsoft Edge

Edge는 Explorer의 후속 제품으로 2015년에 Windows 10과 함께 처음 출시되었다. 2019년부터 구글의 오픈 소스 브라우저 엔진인 Chromium을 기반으로 재개발되었다. 이후 Edge는 더욱 빠르고 호환성이 높아졌으며, 크롬 확장 기능도 사용할 수 있게 되어 널리 사용되고 있다.

각 브라우저의 등장과 발전은 인터넷의 사용 방식을 크게 변화시켰으며, 오늘날 우리가 누리는 디지털 정보의 세계를 형성하는 데 중요한 역할을 수행했다. 웹브라우저는 사용자에게 인터넷 콘텐츠를 탐색하고 접근할 수 있는 도구로서, 다양한 기능과 확장성을 제공함으로써 디지털 정보의 접근성을 개선했다.

3 월드와이드웹 창안

월드와이드웹은 1989년에 영국의 컴퓨터 과학자 팀 버너스-리(Tim Berners-Lee)가 창안하였다. 그의 목표는 전 세계의 정보를 서로 연결하여 접근을 용이하게 하는 것이었다. 그는 이 아이디어를 실현하기 위해 최초의 웹브라우저와 웹서버 소프트웨어를 개발했다. 월드와이드웹의 발명은 정보의 접근성을 혁명적으로 개선하였으며, 인터넷의 사용을 대중화하는 데 결정적인 역할을 하였다. 이는 교육, 비즈니스, 커뮤니케이션 등 많은 분야에 깊은 영향을 미쳤다.

5.7 사물인터넷

사물인터넷(IoT, Internet of Things)은 다양한 장치들이 인터넷에 연결되어 자료를 주고받는 기술이다. 이 기술은 일상적인 사물들인 각종 물체에 센서와 통신장치를 내장하고 소프트웨어를 설치하여 인터넷으로 소통하는 것이다. 따라서 인터넷을 통하여 자료 수집과 교환을 가능하게 한다. 사물인터넷은 생활 속 다양한 장치들을 인터넷을 통해 제어하고 관리함으로써, 효율성을 증대시키고, 경제적 이익을 창출하며, 인간의 삶의 질을 향상시킨다. 사물인터넷은 네트워크의 성격상 모든 사물이 해킹의 대상이 되기 때문에 보안이 중요한 과제가 된다.

5.7.1 사물인터넷의 구성과 특징

사물인터넷은 일반적인 사물에 전자장치를 부착하고 인터넷에 연결하여 사물에서 일어나는 변화를 중앙에서 인식하고 필요한 조치를 취할 수 있는 컴퓨터 네트워크 환경이다.

1 사물인터넷 구성 요소

사물인터넷은 주변 환경의 정보를 수집하고, 관리자와 대화하는 인터페이스를 통하여 정보를 처리하고, 즉각적인 명령이나 사전에 준비된 절차대로 적절한 조치를 취해야 하므로 관련 장치들을 [표 5.15]와 같이 갖추어야 한다.

[표 5.15] 사물 인터넷 구성 요소

구성 요소	비고
센서/구동기	현장에서 자료를 수집하거나 결과를 반영하는 장치
자료 처리기	수집한 자료를 분석하여 결론을 도출하는 장치
통신 인프라	자료 현장과 처리 장소 등을 연결하는 통신 네트워크
사용자 인터페이스	사용자가 사물인터넷을 관찰하고 제어하는 도구

센서(sensor)는 주변 환경으로부터 자료를 수집하는 장치이고, 구동기(actuater)는 자료처리 결과에 따라 특정한 동작을 실행하는 장치이다. 자료 처리기는 수집된 자료를 클라우드나 로컬 서버에서 처리하는 장치이다. 자료 분석과 처리 결과를 통해 유용한 정보를 도출할 수 있다. 통신 인프라는 자료 전송을 가능하도록 인공위성, 인터넷에 연결하고, 장치 간의 통신을 위해 Wi-Fi, 블루투스, 이동통신 네트워크 등과 연결한다. 사용자 인터페이스는 최종 사용자가 스마트폰 앱이나 웹 인터페이스를 통해 사물인터넷 장치를 모니터링하고 제어할 수 있는 도구이다.

2 사물인터넷 기술

사물인터넷 기술은 센싱 기술, 네트워크 기술, 서비스 인터페이스 기술, 보안 기술 등으로 [표 5.16]과 같이 구성된다. 사물인터넷의 감지(sensing) 기술은 사물이 가진 자료를 인식하고 추출하여 인터넷으로 전송하는 기술이다. 중력, 온도, 습도, 열, 가스, 조도, 초음파 등 다양한 현상을 감지하여 정보를 얻는 물리적 센서와 화학적 센서들을 포함한다. 네트워크 기술은 사람과, 사물, 서비스 등의 자원들에서 얻은 정보를 유무선 통신으로 연결하여 처리하는 기술이다. 서비스 가공 기술은 각종 센서와 네트워크를 통하

[표 5.16] 사물인터넷 기술

요소 기술	비고
감지 기술	정보를 수집하는 물리적 센서와 화학적 센서들
네트워크 기술	여러 장치에서 얻은 정보를 통신으로 전달하는 기술
서비스 가공 기술	여러 장치에서 얻은 정보로 결론을 얻기 위해 처리하는 기술
보안 기술	사물인터넷 구성 요소와 정보를 보호하는 기술

여 얻은 정보를 가공, 처리, 융합하는 기술이다. 보안 기술은 사물인터넷 구성 요소에 대한 해킹이나 정보 유출을 방지하기 위한 기술이다.

3 사물인터넷의 특징

사물인터넷은 유비쿼터스 환경과 유사한 측면이 많이 있으나 대표적인 특징들은 [표 5.17]과 같다.

[표 5.17] 사물 인터넷의 특징

특징	비고
연결성	다양한 장치들이 연결되어 정보 교환 가능
자동화	네트워크에 연결된 장치들을 원격으로 자동제어
효율성	현장 상황에 맞게 에너지 사용을 최적화
경제성	산업 공정을 최적화하고 생산성 향상
보안	장치들이 네트워크에 연결되므로 보안에 취약

연결성이란 다양한 사물인터넷 장치들이 인터넷이나 다른 네트워크를 통해 서로 연결되어 있다는 점이다. 이러한 연결을 통해 장치들은 자료를 실시간으로 교환할 수 있다. 자동화란 사물인터넷 시스템이 원격으로 또는 자동으로 전기장치들을 제어할 수 있는 기능을 제공한다. 예를 들어, 스마트 홈 시스템에서는 조명, 난방, 에어컨 등을 사용자의 위치나 스케줄에 따라 자동으로 조절할 수 있다. 효율성이란 사물인터넷 기술은 에너지 사용을 최적화하고 운영 방식을 개선한다. 예를 들어, 스마트 그리드는 전력 소비를 실시간으로 모니터링하고 관리하여 에너지 효율을 높여준다. 경제성이란 사물인터넷은 산업 공정을 최적화하고, 생산성을 향상시키며, 새로운 수익 창출 기회를 제공한다. 예를 들어, 스마트 농업에서는 사물인터넷 기술을 통해 작황 상태를 모니터링하고 물과 비료와 살충제 사용을 최적화할 수 있다. 사물인터넷의 보안은 큰 도전 과제 중 하나이다. 장치들이 네트워크에 연결되어 있기 때문에 보안 취약점이 발생할 수 있으며, 개인 정보 보호에도 신경 써야 한다.

5.7.2 사물인터넷의 활용

사물인터넷의 응용 분야가 계속 다방면으로 확장되고 있지만 장점과 함께 단점도 있으므로 적용 분야마다 적절하게 구성 요소들을 취사선택하는 작업이 요구된다. 사물인터넷은 기술적으로 유비쿼터스 환경과 유사한 측면이 많으므로 서로의 기술을 활용하는 것이 요구된다.

1 사물인터넷의 응용 분야

사물인터넷의 주요 응용 분야는 스마트 홈에서 시작해서 스마트 시티와 환경 모니터링까지 매우 다양하게 확장되고 있다.

- **스마트 홈** : 조명, 난방, 에어컨 등의 가정 내의 장치들을 자동으로 제어하여 생활을 편리하게 하고 에너지 효율을 높여준다. 외부에서도 원격으로 제어하여 사용자의 편리성을 증진시킨다.
- **산업 자동화** : 제조 공정의 모니터링과 제어를 통해 효율성을 높이고 생산성을 향상시킨다. 최적화, 자산 추적, 유지보수 예측 등 산업 활동을 자동화하고 효율화한다.
- **건강관리** : 웨어러블 기기를 통해 환자의 건강 상태를 실시간으로 파악하고 의료 자료를 수집하고 분석하여 맞춤형 의료 서비스를 제공한다.
- **스마트 도시** : 교통 관리, 에너지 관리, 공공 안전 등 도시의 인프라를 통합 관리하여 다양한 문제를 효율적으로 관리하고 해결한다.
- **환경 감시** : 공기 질, 수질, 수량, 기후 변화 등 환경 관련 자료를 실시간으로 파악하고 분석한다.
- **농업** : 농작물의 생장 조건을 파악하고, 필요한 시간에 급수, 비료, 방제 작업을 수행하고 자원을 효율적으로 관리한다.

사물인터넷은 우리의 일상과 산업 전반에 걸쳐 혁신적인 변화를 가져오고 있으며, 국방 분야에서도 큰 도움을 줄 수 있다. 향후 더욱 다양한 분야에서 그 영향력이 확대될 것으로 예상된다.

2 사물인터넷의 장단점

사물인터넷은 장점이 많아서 잘 보급되고 있으나 이와 함께 단점도 많이 있으므로 [표 5.18]에서 함께 검토한다.

사물인터넷의 장점은 첫째, 자동화와 원격제어를 통해 시간과 자원을 절약할 수 있다. 둘째, 실시간 자료 분석을 통해 얻은 정보를 기반으로 신속하게 의사결정을 내릴 수 있다. 셋째, 사용자의 요구에 맞춰 서비스를 제공함으로써 일상생활의 편리성을 증진 시킬 수 있다. 사물인터넷의 단점은 첫째, 네트워크에 연결된 기기가 많아질수록 해킹의 위험이 증가한다. 둘째, 대량의 개인 자료 수집과 처리는 사생활 침해 문제를 초래할 수 있다. 셋째, 다양한 기기와 시스템의 통합은 시스템 장애 등의 기술적인 어려움을

[표 5.18] 사물인터넷의 장단점

구분	내역
장 점	자동화와 원격제어로 시간과 자원 절약
	실시간 자료 분석으로 신속한 의사결정
	사용자 요구를 충족하는 일상생활의 편리성
단 점	네트워크에 연결된 기기가 많아지면 해킹 위험 증가
	개인 자료 수집과 처리로 인한 사생활 침해
	다양한 기기와 시스템 통합으로 기술적 난제 발생

초래할 수 있다. 사물인터넷은 그 적용 범위가 넓고 영향력이 크며, 앞으로도 기술의 발전과 함께 그 가능성이 계속 확장될 것으로 보인다. 이러한 기술적 진보는 산업, 생활, 환경 등 다양한 분야에서 혁신을 가져올 것이다.

T·I·P 사물인터넷과 유비쿼터스 환경의 관계

사물인터넷은 물리적 객체들이 네트워크를 통해 자료를 주고받을 수 있게 해주는 기술적 구조이고, 반면에 유비쿼터스 환경은 모든 것이 연결되고, 언제 어디서나 서비스를 제공할 수 있는 환경이다. 둘이 비슷한 기능을 하는 것 같지만 상당한 차이가 있다.

사물인터넷의 자료 수집과 처리 능력은 유비쿼터스 환경에서 지능적이고 자동화된 서비스를 제공한다. 유비쿼터스 환경에서 사물인터넷 기기들(센서, 구동기, 스마트 디바이스 등)이 서로 정보를 교환하고 상호작용함으로써 효율성과 사용자 편의성을 극대화한다. 따라서 언제 어디서나 정보와 서비스에 접근할 수 있는 유비쿼터스 환경과 모든 사물에 설치된 기기들의 자료 수집과 처리 능력이 있는 사물인터넷의 기능을 양쪽 모두에게 보강해준다.

결과적으로 유비쿼터스 환경은 사물인터넷의 외연을 확장시켜주고 사물 인터넷은 유비쿼터스 환경의 내부 구조를 충실하게 지원한다. 사물인터넷은 유비쿼터스 환경을 위한 중추적인 기술이며, 이 두 기술은 서로를 보완하며 발전하고 있다. 사물인터넷이 발전함에 따라 우리의 일상생활 속에서 유비쿼터스 환경이 더욱 현실화 되고 있다.

3 사물인터넷과 유비쿼터스 환경의 관계

사물인터넷(IoT)은 유비쿼터스 환경은 밀접하게 연관되어 있다. 이 두 개념은 정보와 기술이 우리 생활 곳곳에 퍼져 있으므로 어디서나 접근할 수 있다는 비전을 공유한다. 유비쿼터스 환경은 '언제 어디에나 존재하는 컴퓨팅'을 의미한다. 이는 컴퓨팅 기능이 일상생활의 모든 객체와 환경에 통합되어, 사용자가 의식하지 않아도 자연스럽게 기술과 상호작용할 수 있는 환경을 말한다. 사용자는 특별한 노력을 기울이지 않고도 정보기술을 사용할 수 있으며, 기술은 사람들의 일상생활을 더 편리하고 효율적으로 만드는 데 도움을 준다.

사물인터넷은 유비쿼터스 환경을 실현하기 위한 기술적 기반을 제공한다. 사물 인터넷은 물리적 객체들이 센서, 소프트웨어, 네트워크 연결을 통해 자료를 수집하고 교환할 수 있게 함으로써 이들 객체가 스마트하게 작동할 수 있도록 지원한다. 예를 들어, 스마트 홈, 스마트 시티, 스마트공장 등에서 사물인터넷 기술은 일상의 다양한 장치와 시스템을 자동화하고 최적화하는 데 사용된다.

유비쿼터스 환경은 사물인터넷의 실제 응용을 통해 구현된다. 사물인터넷 기술이 제공하는 연결성과 지능은 유비쿼터스 환경에서 요구하는 세밀하고 자동화된 상호 작용을 가능하게 한다. 즉, 사물인터넷 장치들은 유비쿼터스 환경에서 "스마트"함을 실현하는 역할을 하며, 이를 통해 사용자는 자연스럽게 정보 시스템의 지원을 수 있다.

결론적으로 사물인터넷과 유비쿼터스 환경은 상호 보완적인 관계에 있다. 사물 인터넷은 유비쿼터스 컴퓨팅이 요구하는 지능화된 연결성과 통합을 제공하며, 유비쿼터스 환경은 사물인터넷 기술이 활용될 수 있는 실제적인 응용 분야를 제공한다. 이러한 시너지는 향후 기술 발전을 통해 더욱 확장될 것이다.

연습문제

1. 통신을 정의하고 통신의 구성 요소를 설명하시오.

2. 통신의 사회·경제적 역할을 설명하시오.

3. 통신 프로토콜을 정의하고 필요성을 설명하시오.

4. 무선 전화가 발전한 역사를 설명하시오.

5. 컴퓨터 통신의 핵심 요소들을 설명하시오.

6. 컴퓨터 통신의 처리 과정을 설명하시오.

7. 컴퓨터 통신의 경제적 역할을 설명하시오.

8. 컴퓨터 통신망의 확장에 대해 설명하시오.

9. 컴퓨터 통신의 미래를 설명하시오.

10. 통신 방식을 분류하시오.

11. 통신 방식의 전이중 통신 기법을 설명하시오.

12. 통신에서 동기 전송과 비동기 전송 기법을 설명하시오.

13. 직렬 전송과 병렬 전송의 효율과 신뢰성을 설명하시오.

14. 종합정보통신망 ISDN 기술에 대해 설명하시오.

15. 디지털 가입자 회선에 대해 설명하시오.

16. ADSL과 VDSL의 기술적 차이를 설명하시오.

연습문제

17. 모뎀의 기능에 대해 설명하시오.

18. 라우터의 기능에 대해 설명하시오.

19. LAN 카드에 대해 설명하시오.

20. 허브와 스위치의 차이점을 설명하시오.

21. 통신 회선의 종류와 기능에 대해 설명하시오.

22. 네트워크의 접속 방식에 대해 설명하시오.

23. 네트워크의 회선 교환 방식에 대해 설명하시오.

24. 네트워크의 메시지 교환 방식에 대해 설명하시오.

25. 네트워크의 패킷 교환 방식에 대해 설명하시오.

26. 네트워크의 회선 교환, 메시지 교환, 패킷 교환 방식의 장단점과 용도를 설명하시오.

27. 인터넷은 네트워크 접속 방식 중에서 어느 것을 사용하는지 설명하시오.

28. 근거리통신망의 특징을 설명하시오.

29. LAN의 구성 형태를 설명하시오.

30. 원거리 통신망의 특징을 설명하시오.

31. LAN과 WAN의 차이점을 설명하시오.

32. 3세대 이동통신과 4세대 이동통신의 차이점을 설명하시오.

연습문제

33. 와이파이와 블루투스의 특징과 차이점을 설명하시오.

34. 월드와이드웹의 구성 요소를 설명하시오.

35. 인터넷의 IP 주소 체계를 설명하시오.

36. IP 주소 방식과 도메인 이름 방식의 차이점을 설명하시오.

37. 사물 인터넷의 구성 요소를 설명하시오.

38. 사물 인터넷의 기술적 특징을 설명하시오.

39. 사물 인터넷의 장단점을 설명하시오.

40. 사물 인터넷과 유비쿼터스 환경의 특징을 비교 설명하시오.

CHAPTER 6

데이터베이스

현대 사회는 자료를 기반으로 이루어진 사회다. 모든 주의와 주장은 확실한 근거 자료가 있어야 설득력이 있고 인정받을 수 있다. 일상적으로 얻어지는 자료들을 잘 정리하고 분석하면 정보로 활용할 수 있고, 정보를 잘 분석하고 연구하면 새로운 지식을 얻을 수 있다. 지식이 많이 쌓이면 지혜가 되어 통찰력을 갖춘 사회의 등불이 될 수 있다. 기업에서 사업을 하면 고객 자료, 상품 자료, 회계 자료, 금융 자료, 경기 변동 자료 등이 쌓인다. 사업을 잘하기 위해서는 관련 자료를 잘 분석하고 활용해야 한다. 자료를 잘 관리하기 위해서는 자료를 체계적으로 수집하고 저장하고 분석할 수 있는 데이터베이스를 갖추어야 한다. 컴퓨터는 군대의 필요성에 의해 개발되었고 병기 개발과 군수 보급을 위해 도입되었지만, 민간분야에 보급되면서 가장 많이 적용된 분야가 자료 관리를 위한 데이터베이스이다. 항공기회사들은 항공 여행 예약을 위하여 대형 컴퓨터를 설치하고 전 세계를 대상으로 예약관리 업무를 개발하였다. 정부와 지자체에서도 민간 기업보다 먼저 데이터베이스를 도입하고 자료를 수집하고 행정 전산화를 시도하였다. 정부 전산화의 시작은 행정업무 중의 주민등록이었다. 국민의 기본정보인 주민등록 자료를 데이터베이스로 관리하는 것이 행정 전산화의 시작이었다.

모든 사회 현상은 통계와 확률로 표현할 수 있고, 통계와 확률 자료가 있어야 행정이나 경영을 예측하고 수행할 수 있다. 통계와 확률은 자료를 기반으로 하고 있기 때문에 모든 계통에서 기반이 되어 활용되고 있다. 정치, 사회, 경제 분야에서의 모든 주장은 근거가 있어야 하며 근거는 자료를 기반으로 하기 때문이다. 인공지능이 발전하면서 자료의 중요성이 날로 더해지고 있다. 인공지능은 학습을 통해서 지식을 쌓아가고 있는데 학습과 지식은 많은 자료를 기반으로 하기 때문이다.

국가의 경제 정책, 교육 정책, 인구 정책, 국방 정책 등 모든 정책이 대량의 자료를 기반으로 하고 있다. 자료의 수량이 많을수록 신뢰성이 높아지기 때문에 빅데이터의 중요성이 대두되고 있다.

6.1 개요

정부 기관과 대기업들은 오래전부터 데이터베이스 시스템을 구축하고 운영하고 있다. 정부 기관과 기업들은 규모가 클수록 자료 관리를 위하여 데이터베이스에 투자를 많이 하고 있다.

6.1.1 자료의 계층

플라톤 철학에서 보면 이 세계는 우리가 감각적으로 인식할 수 있는 경험의 세계와 경험을 넘어선 이데아의 세계로 나뉘어 있다. 우리가 살고 있는 이 세계는 수많은 기호가 가득 차 있는 공간이다. [그림

6.1]과 같이 이 기호 세계는 우리가 경험적으로 인식할 수 있는 것과 인식할 수 없는 것들로 나눌 수 있다. 우리가 인식할 수 없는 것들은 이데아의 세계라고 해서 우리의 경험 바깥에 있는 세계에 속한다. 우리가 인식할 수 있는 것들을 기호라 하고 인식할 수 없으면 단지 모르는 것일 뿐이다.

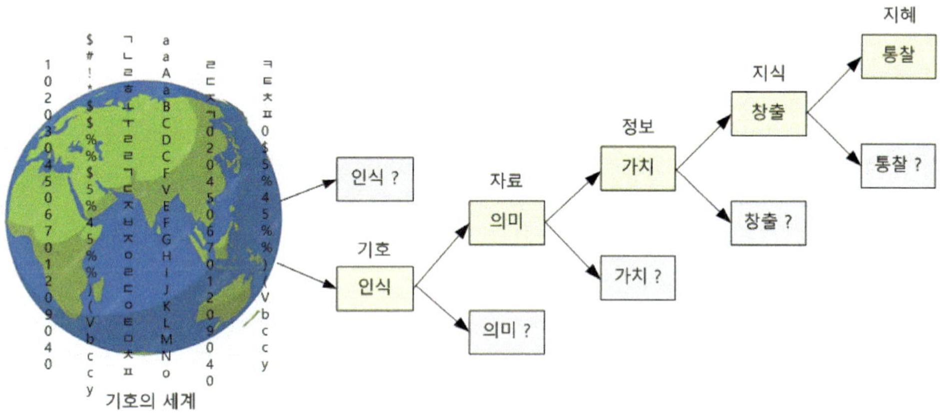

[그림 6.1] 기호와 정보의 세계

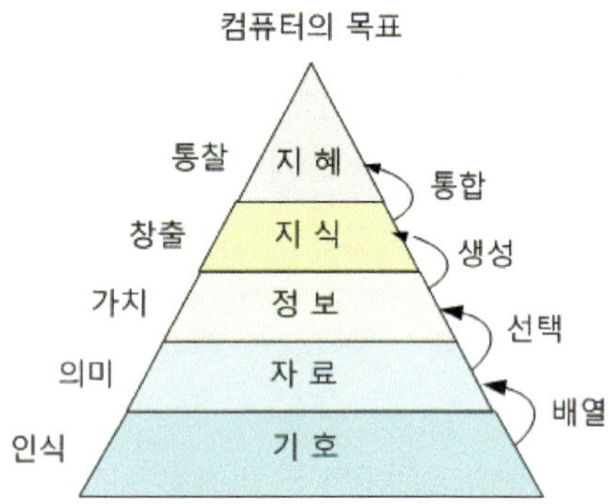

[그림 6.2] 정보 피라미드

[그림 6.2]의 정보 피라미드에서 우리가 인식할 수 있는 기호들이 잘 배열되어 있고 의미가 있다고 선택되면 자료가 된다. 자료 중에서 사용할 가치가 있다고 판단되면 정보가 된다. 정보들이 쌓여서 새로운 정보를 생성할 수 있으면 지식이 된다. 지식은 새로운 지식을 창출할 수 있다. 지식들이 통합되어 전체를 통찰할 수 있는 능력이 생기면 지혜라고 부른다. 역사 이래 조선인들은 학식과 덕망을 쌓아서 지혜로운 성인이 되는 것을 꿈꾸어 왔다. 컴퓨터 초기에는 컴퓨터가 자료와 정보를 위주로 다루었지만, 인공지능

이 발전하면서 컴퓨터는 인공지능의 목표인 지식과 지혜를 다루기 시작했다. 인공지능은 수많은 자료를 학습하면서 정보를 추출하고 지식을 쌓아가더니 점차 지혜의 세계를 목표로 전진하고 있다. [표 6.1]은 정보의 피라미드를 구성하는 요소들의 내역과 구체적인 사례들이다.

[표 6.1] 정보 피라미드의 구성과 사례

종류	내역	사례
기호	사물의 성질을 직접 나타내는 표시	알파벳, 음소, 화소
자료	사람이 인식할 수 있는 사물	문자열, 음성, 그림, 동영상
정보	의미가 있는 자료	선택 및 가공된 자료
지식	정보를 만들어낼 수 있는 정보	정보 생산 능력
지혜	통찰할 수 있는 지식	신속하고 현명한 판단 능력

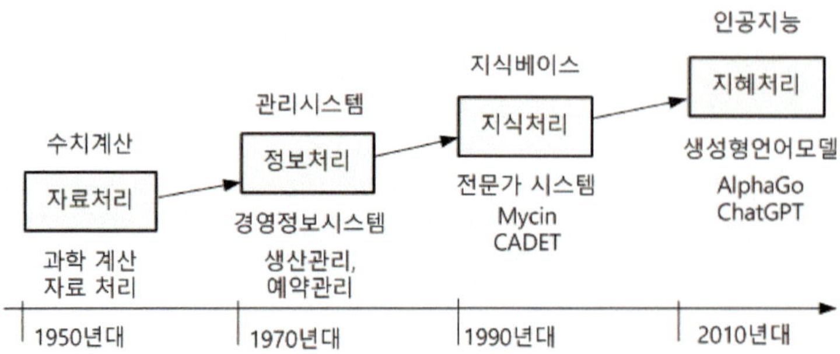

[그림 6.3] 컴퓨터 응용 분야의 변천

[그림 6.3]과 같이 컴퓨터 초창기인 1950년대에는 컴퓨터를 자료처리 용도로 사용하였으므로 암호 해독, 포탄의 궤도 계산과 같은 과학계산과 단순한 자료처리를 위해 사용하였다. 컴퓨터가 널리 보급되는 1970년대부터 컴퓨터가 다량의 자료를 처리하면서 대기업과 정부 행정기관의 사무관리 업무를 지원하는 경영정보시스템(MIS, Management Information System)과 같이 정보처리를 위주로 사용하게 되었다. 대형 공장에서의 생산관리 업무, 국제선 항공기를 운항하는 항공사들의 항공 예약 업무 등이 컴퓨터로 처리되기 시작했다. 정보처리 경험이 쌓이자 1990년대부터 지식관리를 위주로 컴퓨터를 이용하기 시작하여 전문가 시스템 등의 지식베이스를 개발하기 시작하였다. 이 시기의 대표적인 프로그램이 Mycin[1]과 Cadet[2] 등이다. 2010년대에는 신경망을 이용한 인공지능이 발전하면서 AlphaGo와 ChatGPT 처럼 인

간처럼 지적인 능력을 구사할 수 있는 생성형 언어모델 프로그램들이 선을 보이기 시작했다. 이러한 모든 처리에는 대량의 자료를 기반으로 하고 있으므로 데이터베이스의 중요성이 더욱 커지고 있다.

6.1.2 데이터베이스 개념

데이터베이스 시스템이 출현한 것은 기존에 사용하던 파일 처리의 문제점에서 비롯되었다. 소량의 자료를 다룰 때는 파일 처리가 아무런 문제가 되지 않았다. 그러나 자료의 규모가 대형화하면서 곤란한 문제들이 발생하기 시작했다.

1 파일 처리의 문제점

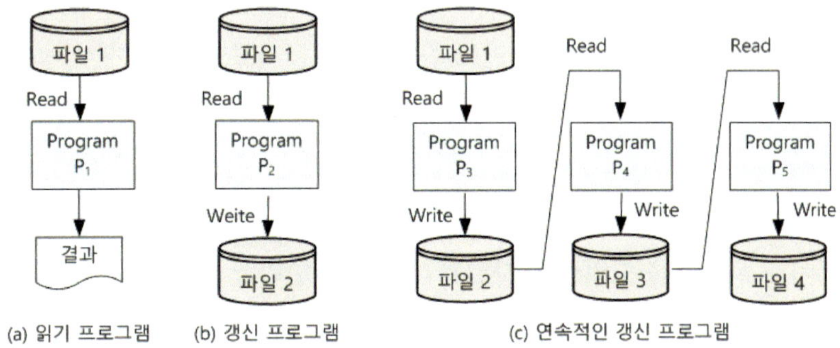

[그림 6.4] 파일 처리 프로그램의 실례

데이터베이스가 출현하기 전에는 프로그램을 중심으로 자료를 처리했다. 처리해야 할 업무가 있으면 프로그램을 개발해서 처리했다. 자료를 읽기만 하면 상관이 없지만, 자료 일부를 갱신할 때는 새로운 파일이 생성되었다. [그림 6.4]의 P_1 프로그램과 같이 파일을 읽기만 하는 업무가 있을 수 있고 (b)의 P_2 프로그램과 같이 파일을 읽어서 자료를 갱신하는 프로그램은 새로운 파일을 만든다. 만약 파일 갱신이 계속되면 (c)의 P_3, P_4 P_5 프로그램과 같이 새로운 파일을 계속 만들어낸다.

---

1 Mycin : 1970년대에 미국 스탠포드대학에서 만든 전문가 시스템. 의료분야에서 전문가 수준으로 진단과 처방을 하고, 사용자에게 설명해준다.

2 Cadet : 1980년대에 미국 공군의 전문가 연구소가 공군 생도들에게 주도적으로 문제를 해결하고 의사결정을 하는데 필요한 훈련을 하는 전문가 프로그램.

따라서 파일 갱신 업무를 처리할 때마다 새 파일이 생겨서 파일의 수가 증가한다. 비슷한 내용의 파일이 많이 생기는 것은 자료의 중복을 의미한다. 새로운 파일이 현재 상태를 반영하고 있으므로 새 파일을 잘 관리해야 한다. 파일이 많아지면 값비싼 저장장치를 많이 사용해야 하고, 버전 관리를 잘해야 하고 여기서 버전을 혼동하면 커다란 업무 차질이 발생하여 큰 문제가 야기될 수도 있다.

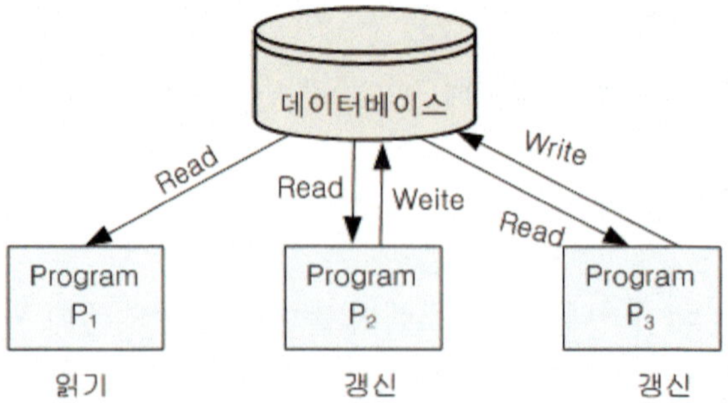

[그림 6.5] 자료 중심의 데이터베이스

데이터베이스 시스템은 파일을 자꾸 만들지 않고 하나의 파일을 사용하는 시스템이다. [그림 6.5]의 P_1 프로그램과 같이 자료를 읽기만 하는 경우에도 문제가 없다. 자료를 갱신하는 P_2와 P_3 프로그램과 같은 경우에도 기존 파일(데이터베이스)에 직접 갱신하므로 새로운 파일을 만들지 않는다. 즉, 파일(데이터베이스)을 업무의 중심에 두고 자료를 처리하면 프로그램들은 자료를 읽고 직접 갱신하기 때문에 파일의 수가 증가하지 않으므로 파일 관리가 간단하고 버전관리가 필요 없다.

그 대신 데이터베이스 시스템을 도입하여 자료관리를 해야 한다.

파일 처리의 문제점을 정리하면 다음과 같다.

- 파일은 사용 중에 다른 프로그램이 사용할 수 없다.
- 사용자마다 파일을 관리하며 여러 개의 파일들이 계속 만들어진다.
- 중복이 많이 발생하여 일관성에 문제가 발생한다.
- 많은 파일 들을 관리하기 힘들다.
- 자료 파일이 응용 프로그램에 종속된다.
- 자료 파일들의 병행제어, 보안, 회복 등이 어렵다.
- 절차 언어를 사용하므로 응용 프로그램 개발이 어렵다.

이상과 같은 문제들을 해결하기 위하여 데이터베이스가 출현하게 되었다.

[표 6.2] 데이터베이스의 목적

항목	내역
추상화	상세한 부분을 감추고 사용하기 쉽게 구조화
중복 최소화	같은 자료의 중복을 피하여 효율화
무결성	오류가 발생하지 않도록 제약조건 강화
보안	자료 접근 권한과 인증 강화로 안전 유지
복구	고장 발생 시 회복할 수 있도록 준비

2 데이터베이스 개념

데이터베이스는 자료의 집합 즉, 자료 그 자체이고 데이터베이스 시스템은 자료를 관리하는 장치와 프로그램이다. 그러나 일반적으로 말하는 데이터베이스는 구조화된 정보 또는 데이터의 집합을 체계적으로 조직, 저장, 관리하고 접근을 용이하게 하는 시스템이다. 데이터베이스 관리 시스템(DBMS, Database Management System)은 이러한 데이터베이스의 생성, 수정, 삭제, 검색 등을 가능하게 하는 프로그램이다. 데이터베이스의 주요 목적은 대량의 자료를 효율적으로 관리하며, 사용자에게 자료에 대해 빠르고 안정적인 접근을 제공하는 것이다. 데이터베이스의 주요 목적은 [표 6.2]와 같이 사용자 위주의 관리와 안전과 효율화를 추구하는 것이다.

(1) 자료 추상화

자료 추상화(data abstraction)는 자료의 복잡한 내용을 감추고 쉽게 사용하려는 개념이다. 데이터베이스를 개념 스키마, 내부 스키마, 외부 스키마 등으로 3단계로 구조화하여 사람들은 간단한 외부 스키마를 사용하게 하고, 복잡한 내부 스키마를 감추는 것이다. 추상화는 사물의 복잡한 사항을 감추고 외부에서는 사물을 간단하게 보거나, 쉽게 사용할 수 있게 만드는 기능이다.

(2) 중복 최소화

데이터베이스 설계의 핵심 원칙 중 하나는 자료 중복(data redundancy)을 최소화하는 것이다. 이를 통해 자료의 일관성과 정확성을 유지할 수 있다. 기존의 파일 처리에서는 프로그램을 중심으로 많은 파일이 생성되고 중복이 많이 발생하기 때문에 문제가 많았다.

(3) 자료 무결성

데이터베이스는 자료의 정확성과 일관성을 유지하기 위한 자료 무결성(data integrity) 제약조건을 지원한다. 예를 들어, 자료가 데이터베이스에 입력되려면 여러 가지 점검을 통하여 자료의 오류를 사전에 예방한다. 입학 일자와 졸업 일자가 있다면 모두 yyyymmdd 형식을 갖추어야 하고 입학 일자가 졸업 일자보다 빨라야 한다. 외부 키 제약조건은 한 테이블에서 사용하는 필드가 다른 테이블에서 키가 되려면 과연 다른 테이블에서 키가 되는지를 점검해주는 기능이다. 이것은 테이블 간의 관계를 정확하게 유지하는 데 도움을 준다.

(4) 보안

데이터베이스는 사용자와 응용 프로그램이 자료에 접근할 때 사용자 인증과 권한 부여를 통해 보안을 제공한다. 보안(security) 작업을 통하여 데이터베이스의 자료가 신뢰를 얻을 수 있게 되었다.

(5) 백업 및 복구

자료의 손실을 방지하기 위해 데이터베이스는 정기적인 백업(backup)과 자료 복구(recovery) 기능을 지원한다. 컴퓨터 시스템은 전기기계이므로 언제든지 사고가 발생할 수 있고, 실수와 함께 악의적인 접근이 있을 수 있기 때문에 주기적으로 자료를 백업하여 안전한 곳에 보관해야 한다.

3 데이터베이스의 특징

데이터베이스는 종래의 파일 처리 기법의 문제점을 해결하기 위해 만들어졌다. 따라서 기존의 문제점들을 해결하기 위해서 [표 6.3]과 같이 세 가지 측면에서 개선하였다.

[표 6.3] 데이터베이스의 특징

특징	내역	목적
자료 독립	프로그램과 자료의 분리	프로그램과 자료의 변경용이
자기 정의	자료 편성과 제약조건 명시	자료 파악용이 및 오류 방지
자료 추상화	복잡한 세부 사항 감추기	쉽게 사용하기

(1) 자료 독립

자료 독립(data independence)이란 자료가 프로그램에 종속되지 않도록 만드는 것이다. 자료가 프로그램에서 분리되면 자료가 변경되어도 프로그램을 수정할 필요가 없다. 과거에는 자료가 조금이라도 바뀌면 모든 프로그램을 수정하느라 비용이 많이 발생했다. 자료가 독립되면 프로그램은 필요한 자료만 요구하고 자료 전체에 대해 요구를 하지 않는다.

(2) 자기 정의

자기 정의(self definition)란 데이터베이스가 스스로 자료를 정의하는 기능이다. 자료가 프로그램에서 독립하였으므로 자료의 의미와 제약조건 등을 데이터베이스에서 직접 정의하게 되었고 프로그램에서는 정의된 자료를 불러와서 사용하면 된다. 따라서 같은 자료를 프로그램마다 다르게 선언하는 일을 피할 수 있게 되었다. 자료가 입력될 때마다 데이터베이스 스스로 자료 오류를 검사할 수 있으므로 자료의 정확성이 대폭 향상하였다.

(3) 자료 추상화

자료 추상화(data abstraction)는 프로그램 개발자들이 데이터베이스 자료의 복잡한 구성을 모르고도 자료 이름만 알고 사용하는 기능이다. 이것은 자동차 운전자들이 자동차의 기계적인 복잡한 구조를 모르고도 단순히 운전대와 페달 사용법만을 알면 자동차를 잘 운전하게 만든 것과 같은 개념이다. 이것으로 데이터베이스 사용이 매우 쉬워졌다. 데이터베이스는 정보처리의 근간을 이루며, 조직의 중요한 의사 결정 과정에 필수적인 역할을 수행한다. 자료의 효과적인 관리와 분석을 통해, 경영자는 빠르고 정확한 의사결정을 내릴 수 있게 되었다.

6.1.3 데이터베이스 구조

데이터베이스는 다양한 기능을 제공하기 때문에 복잡한 구조(스키마)로 구성된다. 스키마를 간단히 설명하면 '데이터베이스의 논리적 정의'를 의미하며, 구체적으로 표현하면 '데이터베이스의 전반적인 구조와 제약조건'을 의미한다. 여기서 제약조건이란 데이터베이스에서 허용할 수 있는 자료 값들과 자료 간의 관계를 의미하며, 데이터베이스의 무결성을 지원하는 도구이다.

DBMS의 구조는 [그림 6.6]과 같이 3단계의 추상화로 기술된다. DBMS 스키마의 목적은 사용자들이 데이터베이스의 복잡한 내부 구조를 모르고도 외부 형식만 알면 쉽게 사용하도록 하는 것이다. DBMS 스키마를 설계하는 순서는 데이터베이스의 전반적인 구조를 기술하는 개념 스키마, 데이터베이스의 물리적인 상세 구조를 기술하는 내부(물리) 스키마, 사용자들이 외부 형식만 알고도 사용할 수 있는 외부 스키마(view)로 구성된다. [표 6.4]는 세 가지 스키마의 개념을 간단하게 요약한 것이다.

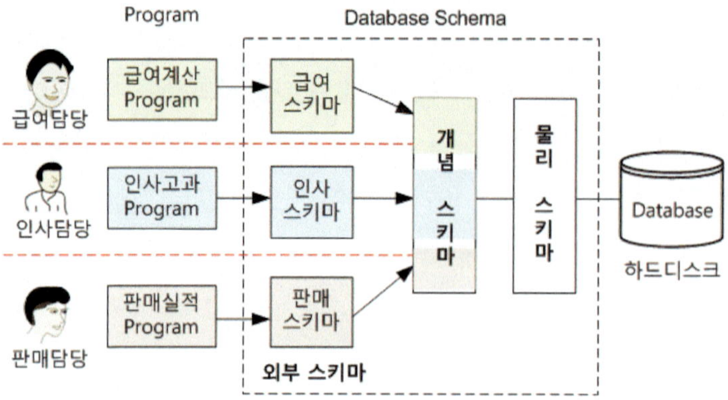

[그림 6.6] 데이터베이스 추상화 : 3단계 스키마

[표 6.4] 데이터베이스의 3단계 추상화 스키마

종류	내역
내부 스키마	데이터베이스를 디스크에 구현하기 위한 물리 구조
개념 스키마	데이터베이스의 전반적인 논리 구조
외부 스키마	사용자가 외부에서 접근할 수 있는 가상 구조

1 개념 스키마

응용업무를 위한 데이터베이스를 만들려면 우선 자료의 전반적인 구조를 설계한다. 이 작업의 결과를 개념 스키마라고 한다. 개념 스키마에는 데이터베이스를 구성하는 테이블들을 기술하고, 테이블 간의 관계를 기술하고, 테이블을 구성하는 자료들의 구성 내용을 정의한다. 아울러 각 테이블과 자료들의 제약조건을 기술한다. 말 그대로 데이터베이스의 전체적인 윤곽을 결정하는 내용이 개념 설계이다. [그림

6.6]과 같이 개념 스키마가 있어야 물리 스키마를 통하여 기억장치에 데이터베이스 파일을 구축할 수 있고, 외부 스키마를 만들 수 있다.

2 물리(내부) 스키마

내부 스키마는 [그림 6.6]과 같이 데이터베이스(개념 스키마)를 구체적으로 기억장치 안에 생성하기 위해 물리적인 세부 사항들을 정의한 것이다. 자료 파일의 형태, 접근 구조, 키의 종류와 특성들을 하드 디스크에 구현하기 위한 세부적인 명세서이다. 내부 스키마는 저장장치를 제어하여 자료를 관리한다. 따라서 내부 스키마는 운영체제의 파일 시스템을 사용한다. 하드 디스크에 물리적으로 구성하기 때문에 물리 스키마라고도 한다.

3 외부 스키마

외부 스키마는 사용자가 외부에서 사용해야 하는 데이터베이스 자료만 정의한다. [그림 6.6]과 같이 급여 담당자에게는 데이터베이스의 급여 계산 부분만을 노출 시키고 인사 담당자에게는 인사 부분만 노출 시키고, 판매 담당자에게는 판매 관련 정보만을 노출 시켜서 해당 자료만 접근하도록 허용한다. 외부 스키마가 있기 때문에 급여 담당자는 인사나 판매 업적에 관한 정보에 접근할 수 없다. 꼭 필요한 담당자들만 관련 자료에 접근하게 함으로써 데이터베이스의 보안을 유지한다.

6.1.4 데이터베이스 언어 기능

데이터베이스를 관리하려면 세 가지 언어가 필요하다. 첫째 자료를 정의하는 자료 정의어, 둘째 자료를 조작하는 자료 조작어, 셋째 자료를 제어하는 자료 제어어 등이 있다. 자료 조작어는 사용자가 요구하는 대로 자료를 입력하고, 갱신하고, 삭제하고, 검색하는 언어이다. 응용 프로그램에서 자료 조작어를 주로 사용한다.

1 자료 정의어

자료 정의어(DDL, Data Definition Language)는 데이터베이스의 전체 구조와 자료의 속성들을 정의하는 언어이다. 대표적으로 SQL에서 Create 명령어가 여기에 속한다. Create 명령어는 테이블의 구조와 필드와 기본 키 등을 [그림 6.7]과 같이 정의해준다.

```
CREATE TABLE products (
    p_id  int,
        name     char(20),
        model    char(30),
        maker   char(20),
        price     integer,
        primary key(p_id)   // 기본 키 설정
 );
```

[그림 6.7] 자료 정의어

2 자료 조작어

자료 조작어(DML, Data Manipulation Language)는 데이터베이스에 자료를 입력하거나, 갱신하거나, 삭제하는 일을 하는 언어이다. 자료를 처리하는 방식에 따라 절차 언어와 비절차언어로 구분한다. 절차 언어는 자료를 조작하는 순서와 절차를 기술해야 하는 언어이고, 비절차언어는 순서와 절차는 생략하고 자료의 이름만 기술하는 언어이다. 따라서 당연히 비절차언어가 사용자들에게 편리하다.

(1) 절차 언어

절차 언어(procedural language)는 프로그램에서 원하는 자료를 지정하고 접근하는 방법까지 기술해야 하는 언어이다. 예를 들어 순차 접근 방식으로 특정 레코드를 읽을 수도 있고, 기본 키를 이용하여 색인으로 원하는 레코드를 읽도록 프로그램을 작성하는 것이 가능하다. BASIC, C, C++ 등 사칙연산을 수행하는 모든 프로그래밍 언어가 이에 해당한다.

(2) 비절차언어

비절차언어(non-procedural language)는 프로그램에서 원하는 자료를 지정하고 접근하는 방법은 지정하지 않는 언어이다. 따라서 데이터베이스 시스템이 자료에 접근하는 방법을 결정해야 하므로 프로그래머는 편리하지만 데이터베이스 시스템은 더 많은 일을 해야 한다. 예를 들어 SQL, QBE처럼 원하는 자료의 이름만 지정하면 DBMS가 접근 방식을 결정하여 원하는 자료를 처리하고 가져다준다.

3 자료 제어어

자료 제어어(DCL, Data Control Language)는 데이터베이스에 오류를 예방하거나, 안전을 강화하거나, 고장 시에 회복하거나, 여러 제약조건 등을 설정하는 언어이다. 데이터베이스에 자료를 삽입, 갱신, 삭제할 때마다 오류가 없도록 제약조건을 자동으로 검사하거나, 권한이 없는 접근으로부터 데이터베이스를 보호하거나, 시스템의 오류 발생 시에 데이터베이스를 회복시키거나, 여러 사용자가 동시에 데이터베이스를 공유할 수 있도록 공유 기능을 제공할 수 있는 언어이다.

6.1.5 데이터베이스의 변천

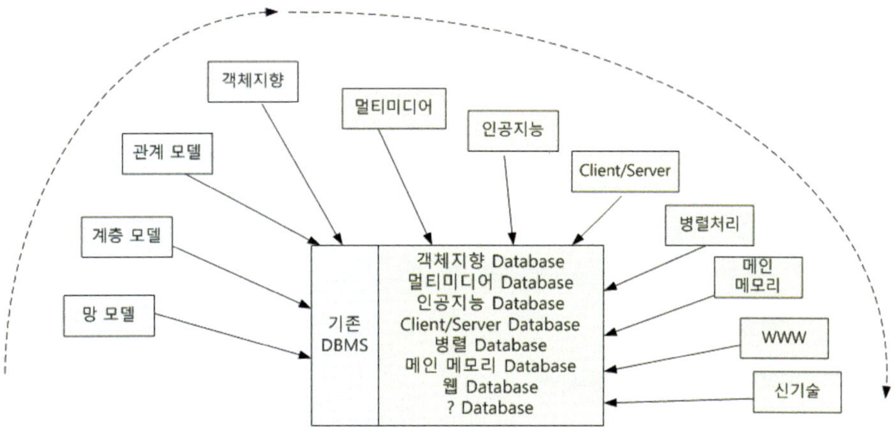

[그림 6.8] 데이터베이스 시스템의 변천

데이터베이스 시스템은 [그림 6.8]과 같이 컴퓨터 기술 환경에 따라서 계속 변천하고 있다. 망 모델, 계층 모델, 관계 모델로 데이터베이스가 보급된 이후 객체지향, 멀티미디어, 인공지능 등의 기술이 새롭게 선을 보이자 이 환경에 적합한 객체지향 데이터베이스, 멀티미디어 데이터베이스, 인공지능 데이터베이스 등이 개발되었다. 최근에는 병렬처리와 메인 메모리와 인터넷이 주목받자 병렬처리 데이터베이스와 메인 메모리 데이터베이스와 인터넷 데이터베이스가 각광을 받고 있다. 이와 같이 데이터베이스는 기술 환경에 매우 민감하게 반응하는 분야이다.

그 이유는 모든 정보처리가 데이터베이스를 기반으로 실행되기 때문이다.

6.2 데이터 모델

아파트 건설회사가 아파트를 분양하려면 모델 하우스를 지어서 고객들에게 보여주고, 의류회사들은 신상품을 생산하기 전에 패션쇼를 열어 모델들이 입은 옷을 보여주며 고객들의 반응을 타진한다. 여기서 모델이란 제품을 생산하기 전에 시제품을 만들어서 고객들의 반응을 미리 알아보기 위한 것이다. 마찬가지로 데이터베이스 시스템을 만들기 전에 완성된 모습을 미리 보여주기 위해서 만드는 것이 데이터 모델이다. 데이터 모델은 시스템을 설계하는 과정에서 필요한 설계도이면서 동시에 개발자와 사용자 간의 의사소통을 돕기 위한 도구로 사용된다.

[표 6.5] 데이터 모델의 구성 요소

구성 요소	내역
엔티티	데이터베이스에 저장되는 주요 자료 항목
속성	세부 자료 항목
관계	엔티티 간의 상호작용
제약조건	자료의 무결성을 요구하는 규칙

데이터 모델(data model)은 자료의 구조, 관계, 제약조건, 처리 방식 등을 개념적으로 표현하는 추상화된 구조이다. 이 모델은 자료와 자료 사이의 관계, 데이터베이스의 논리적 구조를 정의하며, 데이터베이스 설계의 청사진 역할을 한다. 데이터 모델을 사용함으로써 개발자와 사용자들이 데이터베이스구조를 명확히 이해할 수 있으므로 자료 간의 관계를 효율적으로 조직할 수 있다.

데이터 모델을 구성하는 주요 요소는 [표 6.5]와 같다.

엔티티(Entity)는 데이터베이스에서 거래 단위로 다루어지는 관련된 자료 항목으로 파일의 레코드에 해당한다. 예를 들어 고객관리에서 고객 정보, 제품관리에서 제품 정보, 주문관리에서 주문 정보가 엔티티에 해당한다. 고객이 10명이면 고객 엔티티도 10개이고, 주문이 20건이면 주문 엔티티도 20개이다. 속성(Attribute)은 엔티티를 구체적으로 기술하는 자료의 세부 사항이다. 예를 들면 고객 엔티티에서 고객 이름, 주민번호, 전화번호, 주소 등이다. 파일 처리의 필드에 해당한다. 관계(Relationship)는 서로 다른 엔티티 간의 연결 또는 상호작용을 나타내는 정보이다. 학과와 학생의 관계는 수량적으로 1대다 관계이며, 내용상으로는 학생들이 학과에 소속되는 관계이다. 제약조건(Constraint)은 데이터베이스에서 자료의 무결성을 유지하는 규칙이나 제한 사항이다. 예를 들면, "이름은 문자로 구성되어야 한다," "입대 일자는 제대 일자보다 빨라야 한다" 등의 속성에 관한 제한 사항이 제약조건이다.

6.2.1 데이터 모델의 종류

데이터 모델은 컴퓨터와 네트워크 환경 그리고 기술의 진보에 따라 시스템 안의 데이터 모델과 시스템 사이의 데이터 모델로 분류할 수 있다. 이 두 가지는 전혀 다른 분야이므로 양쪽에서 각자 적합한 모델을 선정하고 데이터베이스를 개발하고 사용해야 한다.

1 시스템 내 데이터 모델

데이터베이스 테이블들이 계층 구조를 이루는 계층 모델, 네트워크 구조를 이루는 네트워크 모델, 독립적인 구조를 이루는 관계 모델, 객체 구조를 이루는 객체 모델, 관계 모델과 객체 모델의 절충형인 객체-관계 모델 등이 시차를 두면서 발전하고 있다.

(1) 계층 데이터 모델

계층 모델은 파일(테이블)들이 트리 구조를 갖는 데이터 모델이다. 이 모델이 생긴 이유는 사회에 트리 구조를 갖는 업무가 많이 있기 때문이다. [그림 6.9]와 같이 사회의 많은 조직들이 계층 구조를 갖고 있다. 예를 들면 대학이나 회사, 군대, 병원들도 모두 계층적인 조직이다. 계층 모델은 IBM의 IMS/DB가 주도하면서 1960~1970년대에 많이 사용되었다.

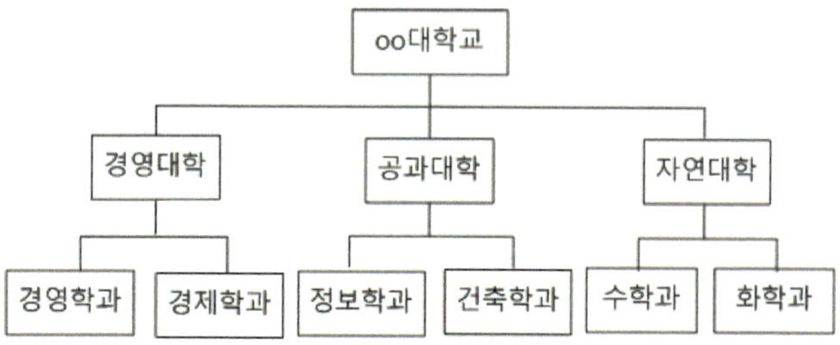

[그림 6.9] 계층 모델의 실례

(2) 네트워크 데이터 모델

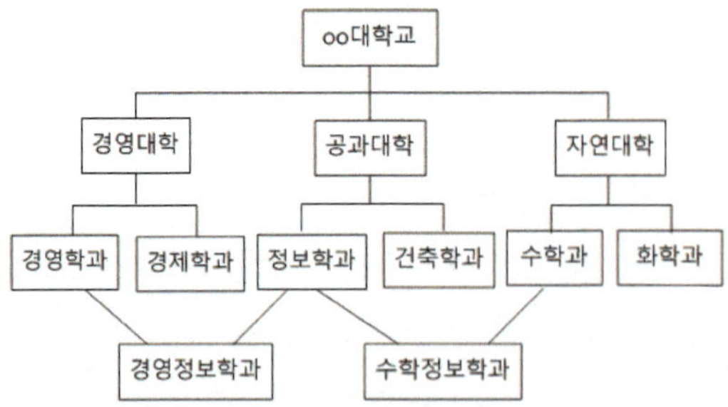

[그림 6.10] 네트워크 모델의 실례

네트워크 모델은 파일(테이블)들이 그래프 구조를 갖는 데이터 모델이다. 이 모델이 생긴 이유는 사회에서 그래프 구조를 갖는 업무가 많이 있기 때문이다. [그림 6.10]과 같이 사회의 많은 조직들이 네트워크 구조를 갖는다. 예를 들면 그림과 같은 대학이나 회사, 군대, 병원들도 모두 네트워크 조직이다. 네트워크 모델은 1960~1970년대에 계층 모델과 경쟁하면서 발전하였다. 그림과 같이 경영학과 컴퓨터공학의 학문을 융합한 경영정보학과가 생겼고, 수학과 컴퓨터공학의 학문을 융합한 수학 정보 학과가 생겼으며 이것을 잘 표현할 수 있는 구조가 그래프 구조이다. 사회가 복잡해질수록 네트워크 구조가 필요해진다. 네트워크 모델은 CA Technologies사에서 개발한 IDMS가 1960~1970년대에 많이 사용되었다.

(3) 관계 데이터 모델

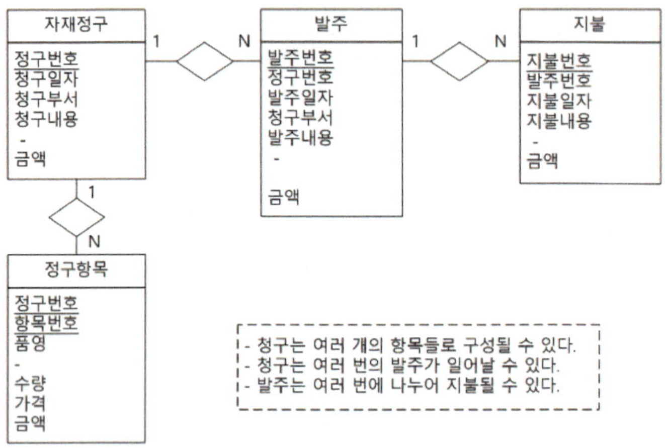

[그림 6.11] 관계 모델의 실례

계층 구조와 네트워크 구조는 구조적으로 너무 경직되어 있어서 유연성이 적다는 불만이 있다. 모든 파일을 독립적으로 설정하고, 키를 이용하여 연결하는 관계 모델이 1980년대 초반에 출현하였다. 관계 모델은 수학의 집합론을 기반으로 설계되었기 때문에 매우 안정적이고 효율적으로 사용할 수 있다. 자료를 테이블 형태로 구성하며, SQL(Structured Query Language)을 사용하여 자료에 접근한다. 대표적인 모델의 예로는 Oracle, SQL Server, MySQL 등이 있다. 관계 모델이 성장하면서 계층 모델과 네트워크 모델은 점차 사라졌다. [그림 6.11]은 현업부서에서 자재부로 자재를 청구하면 자재부에서 자재를 발주하고 대금을 지급하는 자재구매업무를 위해서 설계한 테이블들이다.

(4) 객체지향 데이터 모델

복잡한 자료를 쉽게 표현하고 자료 처리를 단순화해주는 객체지향 개념이 데이터베이스에 도입된 것이 객체지향 데이터 모델이다. 이 개념은 1980년대 후반에 객체지향 프로그램에서 도입되었다. 객체지향 모델은 객체지향 개념을 기반으로 자료를 저장하고 관리한다.

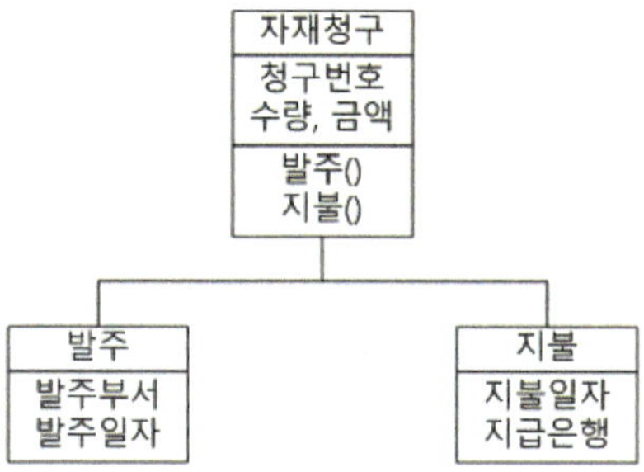

[그림 6.12] 객체지향 데이터 모델

객체지향 모델은 [그림 6.12]와 같이 자재 청구업무는 자재 청구 자료와 함께 자재 청구업무를 집행하는 발주() 메소드와 자재가 모두 입고되면 대금을 지불하는 지불() 메소드로 구현한다. 자료를 객체로 표현하며, 객체들 사이의 관계는 클래스 상속과 같은 객체지향 개념을 사용하여 관리한다. 객체 지향 프로그래밍 언어와 호환성이 좋다. 대표적인 모델에는 ObjectDB, db4o, Versant 등이 있다. 객체지향 데이터베이스는 특히 금융, 엔지니어링, 의료분야의 복잡한 응용 프로그램에서 유용하게 사용된다. 복잡한 형태의 자료 처리에 효과적이지만, 처리 속도와 포인터 사용 등에서 불편함도 있다.

(5) 객체-관계 데이터 모델

객체-관계(object-relational) 데이터 모델은 관계 데이터 모델에 객체지향 개념을 도입한 모델로 1990년대 후반에 등장하였다. 두 모델의 장점을 모아서 만든 모델이다. 멀티미디어 자료를 처리해야 할 일이 많아져서 도입된 모델이다. 아직까지는 기술적인 문제들이 있어서 전체적으로는 관계 데이터 모델의 확장으로 볼 수 있다. PostgreSQL이 대표적인 시스템이다.

현재 시중에서는 관계 모델, 관계-객체 모델, 객체 모델의 순서로 많이 보급되고 있다. 멀티미디어 자료가 많으면 객체 모델을 선호하고 아니면 관계 모델을 선호하고, 멀티미디어 자료가 섞여 있으면 객체-관계 모델을 선호하고 있다. 업무의 내용에 따라 선정할 필요가 있다.

2 시스템 간 데이터 모델

시스템 간 데이터 모델이란 시스템 사용자들이 여러 공간에 흩어져 있을 때 시스템을 공유하는 방식을 말한다. 컴퓨터 초기에는 중앙 집중식 모델을 사용했으나 다운사이징이 진행되면서 점차 분산하는 방식으로 바뀌었다.

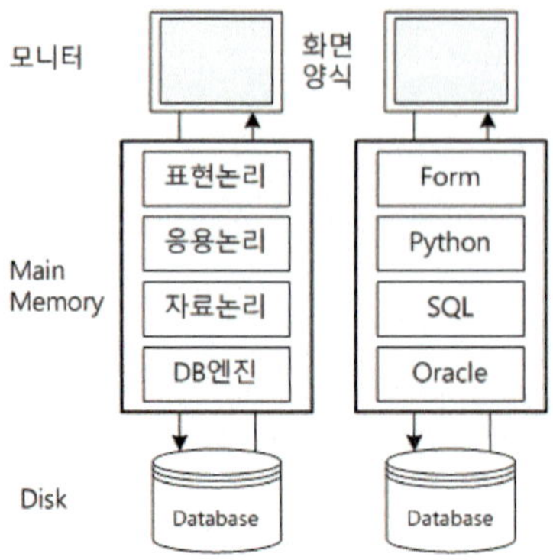

[그림 6.13] 데이터베이스 시스템의 소프트웨어 구성 요소

데이터베이스 시스템이 가동되기 위해서는 [그림 6.13]과 같이 하드 디스크에 자료를 저장하고, 사용자들은 모니터를 통하여 필요한 자료를 보면서 작업을 한다. 이를 위해서 메인 메모리에 DBMS가 설치되고, 데이터베이스를 조작하기 위해 데이터베이스 언어인 SQL을 사용하고, 응용 프로그램에서는 응용논리가 실행되어야 하고, 모니터에 필요한 화면을 보여주기 위해서는 필요한 디스플레이 양식을 작성해야 한다. 시스템 구성 방식에 의한 분류는 이들 DB엔진, 자료논리, 응용논리, 표현논리 등의 4가지 구성

요소들을 배치하는 방식을 기준으로 한다.

[표 6.6] 데이터베이스 시스템 구성 요소

구성 요소	내역
표현 논리	모니터에 DB 정보를 보여주기 위해 디스플레이 자료 구축
응용 논리	사용자가 원하는 업무를 처리하기 위한 응용 프로그램
자료 논리	데이터베이스의 자료를 정의, 조작, 제어하기 위한 SQL 논리
DB 엔진	데이터베이스 전체를 관리하는 데이터베이스 관리 프로그램

데이터베이스 시스템을 설계하는 것은 [표 6.6]의 구성 요소들을 어떻게 어디에 배치하는 방안을 결정하는 것이다. 네 가지 논리가 한 컴퓨터에 모여 있으면 중앙집중식 모델이 될 수도 있고, 개인용 컴퓨터 모델일 수도 있다. 클라이언트/서버 모델도 구성 요소들이 다양하게 배치될 수 있으므로 설계의 융통성이 많이 있다. 구성 요소들의 배치 방식에 따라 [표 6.7]과 같은 다양한 시스템 간 데이터 모델들이 개발되었다. 실제로는 이 모델을 기반으로 많이 변형 모델들이 사용되고 있다.

(1) 중앙 집중식 모델

초기에는 컴퓨터가 다양하지 못하였으므로 [그림 6.14]와 같이 센터에 대형 컴퓨터(main frame)를 설치하고 가까운 거리에는 지역 단말기를 설치하고, 원격지에는 단말기에 전화선을 연결하여 중앙 집중식으로 사용하였다. 단말기에는 모니터만 있고 모든 서비스(DBMS, 자료 논리, 응용 논리, 표현 논리)는 중앙에서 담당하였다. 이렇게 온라인으로 자료 입·출력 기능만 담당하는 단말기를 단순 단말기(dumb terminal)라고 한다.

[표 6.7] 시스템 간 데이터 모델의 종류

종류	내역
중앙집중식	중앙의 대형 컴퓨터를 다수의 단순 단말기들이 연결
클라이언트/서버	클라이언트 컴퓨터는 작업을 요청하고 서버는 작업을 수행
웹서버	웹사이트에 서버를 설치하고 많은 웹 클라이언트들이 접속
분산	동등한 자격의 DBMS들이 자료를 분산하여 처리

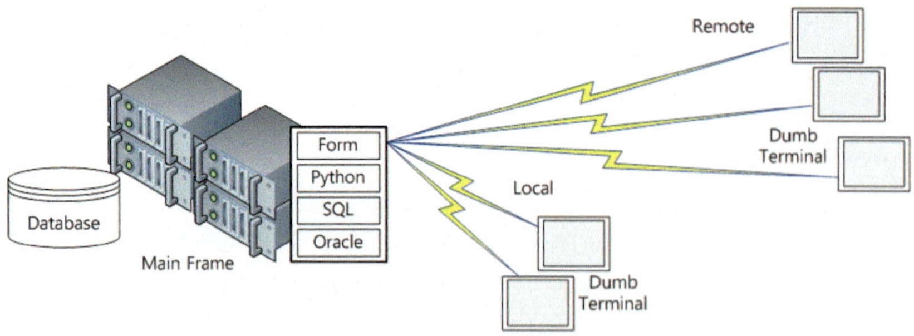

[그림 6.14] 중앙집중식 모델

(2) 클라이언트/서버 모델

마이크로-컴퓨터 기술이 발전하여 다운사이징[3]이 시작되었다. 개인용 컴퓨터가 발전하여 중앙처리장치와 메인 메모리가 확장되었으므로 클라이언트에서도 작은 업무를 처리할 수 있게 되었다. 따라서 클라이언트가 수행한 작은 작업을 중앙의 서버가 종합할 수 있게 되었다. [그림 6.15]와 같이 클라이언트에는 응용 프로그램과 표현 논리를 실행하기 위해 CPU와 기억장치가 있는 단말기가 필요하다. 이렇게 처리 기능이 있는 단말기를 지능형 단말기(intelligence terminal)라고 하는데 실제로는 개인용 컴퓨터를 사용한다.

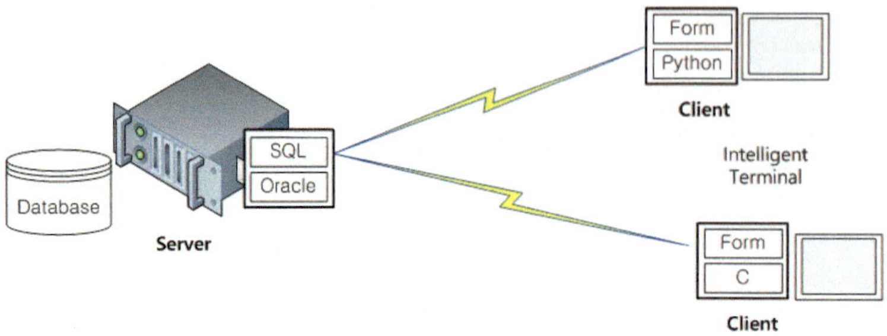

[그림 6.15] 클라이언트/서버 모델

3 Downsizing : 마이크로-컴퓨터 기술의 발전으로 인하여 대형 컴퓨터로 하던 일들을 개인용 컴퓨터와 워크스테이션 등 작은 컴퓨터로 대신하게 된 경향. 크기만 줄인 것이 아니라 업무 자체를 세분하여 그 업무에 적합한 크기의 컴퓨터로 대신하게 함.

(3) 웹서버 모델

인터넷이 발전하여 통신 속도가 대폭 개선되었다. 다양한 사용자들이 지능형 단말기에서 웹서버를 활용하는 웹서버 모델이 보급되었다. [그림 6.16]과 같이 단말기에는 웹브라우저가 설치되어 디스플레이 기능을 담당하고 나머지 기능들은 모두 웹서버에서 실행한다. 웹서버 모델도 클라이언트/서버 모델의 한 종류이다.

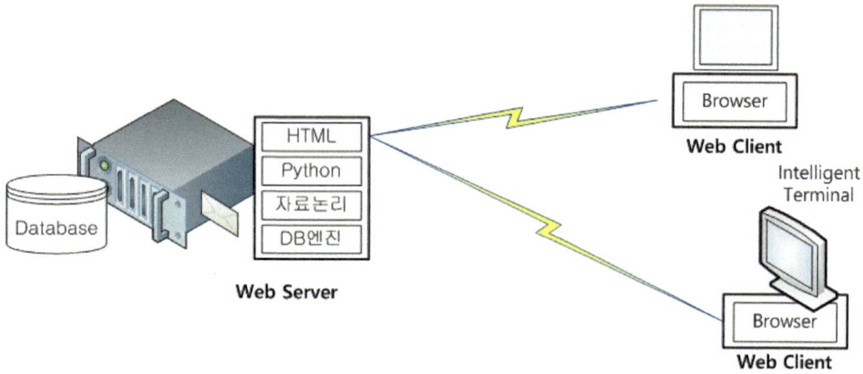

[그림 6.16] 웹서버 모델

(4) 분산 모델

분산 시스템이란 지리적으로 떨어져 있는 여러 시스템을 마치 하나인 것처럼 사용하는 시스템이다. 여러 지역에 있는 사용자들이 어떤 자료가 어느 시스템에 있는지 전혀 알지 못해도 전체 시스템이 마치 내 컴퓨터 안에 있은 것처럼 사용할 수 있기 때문에 사용자들은 매우 편리하다. 고속 네트워크 기술이 보급되자 시스템의 안전과 보안과 처리 효율을 고려하여 여러 지역의 서버들에 분산 데이터베이스를 설치하고 운영하는 모델이 확산되고 있다. 분산 모델은 자료를 여러 위치에 분산하여 저장하고 관리한다. 이것은 자료의 가용성과 접근성을 향상하는 데 유용하다. Apache Cassandra, MongoDB, Google Cloud Spanner, Amazon DynamoDB 등은 모두 분산 자료 저장 및 관리에 특화되어 있다.

[그림 6.17]과 같이 클라이언트에는 표현 논리만 설치하고 각 지역의 서버에는 나머지 모듈들을 설치한다. 클라이언트에서는 어느 서버를 사용하는지 전혀 알 필요도 없이 분산 데이터베이스 시스템에서 적절한 데이터베이스 서비스를 제공해준다. 각 클라이언트는 전체 Database(Database 1 + Database 2 + Database 3)를 하나의 데이터베이스로 인식하고 편리하게 사용할 수 있다.

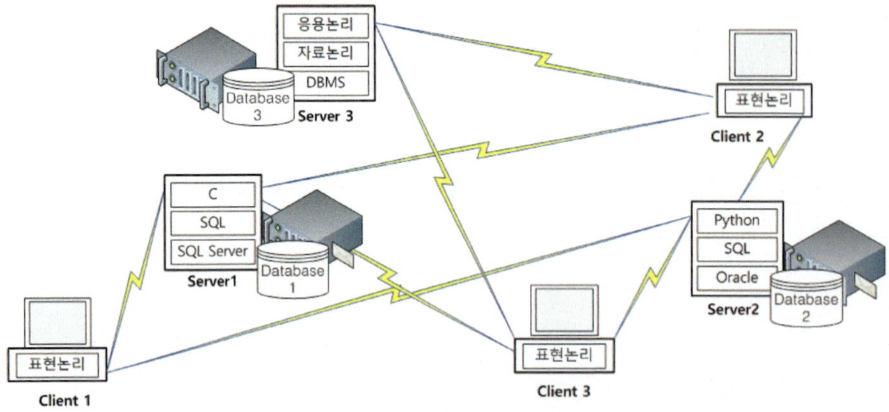

[그림 6.17] 분산 모델

시스템 간 데이터 모델은 업무의 성격에 따라 결정된다. 중앙에서 모든 서비스가 이루어지는 시스템에서는 중앙 집중식이나 웹-서버 모델이 적절하다. 업무와 서비스가 여러 곳에서 발생하면 클라이언트-서버 모델이나 분산 모델로 가는 것이 바람직하다. 지역적으로 가까우면 클라이언트-서버 모델이 유리할 수도 있으나 거리가 멀수록 웹-서버 모델이 편리할 경우가 많다.

6.2.2 관계 자료 모델

관계 자료 모델은 표(table)를 기반으로 하는 데이터 모델이다. 이 모델은 1970년에 E.F. Codd[4]에 의해 처음 소개되었으며, 관계 데이터베이스 관리 시스템(RDBMS)의 기초가 되었다. 관계 자료 모델은 기존의 계층 모델과 네트워크 모델을 밀어내고 데이터베이스 시장을 주도하였다. 기존 모델들의 약점은 경험을 기반으로 만들어져서 이론적 기반이 취약했는데 관계 모델은 수학의 집합론을 기반으로 구축되었기 때문에 큰 장점으로 작용하였다. 관계 모델의 주된 목적은 자료를 효율적으로 저장하고 검색할 수 있는 구조를 제공하는 것이다. 관계 자료 모델의 구성 요소는 [표 6.8]과 같다.

4 Edgar F. Codd(1923-2003) : 영국의 컴퓨터학자. IBM San Jose 연구소에서 관계 자료 모델을 발명.

[표 6.8] 관계 자료 모델의 구성 요소

요소	내역
테이블	자료를 보관하는 2차원의 저장 공간
기본 키	행 자료를 고유하게 식별할 수 있는 속성
외부 키	다른 테이블에서 행 자료를 고유하게 식별할 수 있는 속성

테이블은 자료들을 레코드 단위로 보관하는 2차원의 저장 공간이다. 자료는 테이블 형태로 저장되며, 각 테이블은 특정한 유형의 자료를 나타낸다. 테이블은 열(column)과 행(row)으로 구성된다. 열은 테이블의 필드를 나타내며, 각 열에는 동일한 자료 유형의 값이 저장된다. 행은 실제 자료 레코드를 나타내며, 각 행은 해당 테이블의 하나의 자료 항목을 나타낸다. 기본 키(Primary Key)는 테이블에서 자료들을 고유하게 식별할 수 있는 속성이다. 각 테이블은 적어도 하나의 열을 기본 키로 지정해야 한다. 기본 키는 테이블 내의 각 행을 유일하게 식별하는 역할을 하며, 중복된 값을 가질 수 없다. 외부 키(Foreign Key)는 한 자료의 속성으로 다른 테이블의 기본 키가 될 수 있는 속성이다. 외부 키는 한 테이블의 행이 다른 테이블의 행과 관계를 맺을 때 사용된다. 외부 키는 한 테이블의 필드(열)가 다른 테이블의 기본 키를 참조하는 속성이다.

[표 6.9] 학생 테이블

학번	이름	전화	주소	지도교수
001	강감찬	09-1234	평양성	080
002	서희	03-1245	개성부	010
003	권율	05-4325	한성부	200
004	이성계	02-7763	한성부	153

[표 6.9]는 학생 테이블의 실례이다. 학생들을 개별적으로 식별하기 위해서 학생 번호를 기본 키로 설정하였다. 지도교수 열은 보호자 테이블에서 지도교수를 식별할 수 있는 지도교수 번호이므로 외부 키로 설정할 수 있다.

[표 6.10] 관계 자료 모델의 장점

장 점	내 역
자료 관리	체계적이고 명확한 자료 구조
자료 무결성	기본 키, 외부 키, 제약조건 등으로 오류 제거
복잡한 질의	SQL로 복잡한 질의 처리 가능
보안	다양한 접근 제어와 보안 기능
확장성	스키마의 일관성 유지로 확장성 용이

관계 자료 모델의 장점은 [표 6.10]과 같아서 다양한 분야에 적합하게 사용된다.

첫째, 자료관리가 편리하다. 자료를 테이블로 구성하고, 열(속성)과 행(레코드)으로 정의하여 체계적이고 명확한 자료구조를 제공한다.

둘째, 자료 무결성이 우수하다. 관계형 데이터베이스는 자료 무결성을 보장하는 다양한 기능(기본 키, 외부 키, 제약조건 등)을 제공하여 자료의 정확성과 일관성을 유지한다.

셋째, 복잡한 질의 처리가 가능하다. SQL(Structured Query Language)을 사용하여 자료를 효과적으로 조회, 수정, 삭제할 수 있으며, 복잡한 질의와 트랜잭션을 쉽게 처리할 수 있다.

넷째, 보안 기능이 뛰어나다. 자료 접근 제어를 위한 다양한 보안 기능을 제공하여 민감한 자료를 보호할 수 있다.

다섯째, 확장성이 좋다. 데이터베이스 스키마를 일관되게 유지하면서 데이터베이스를 확장하거나 변경하는 것이 상대적으로 쉽다.

관계 자료 모델의 단점은 [표 6.11]과 같으므로 초기에 정확한 설계가 중요하고, 주 기억장치와 보조 기억장치를 충분히 준비해야 한다.

[표 6.11] 관계 자료 모델의 단점

단 점	내 역
유연성 부족	엄격한 스키마 구조로 인하여 변경 곤란
대규모 처리 부담	분산 시스템에서 대규모 조인 연산 곤란
대량의 자원 수요	복잡한 질의에 기억장치 수요로 성능 저하 가능성

첫째, 관계 모델은 유연성이 부족하다. 자료가 미리 정의된 스키마에 따라 엄격하게 저장되어야 하므로, 스키마가 자주 변경되거나 비정형 자료를 다루는 경우에는 효율이 저하되는 어려움을 겪을 수 있다.

둘째, 대규모 자료를 분산 처리하려면 어려움을 겪을 수 있다. 대규모 분산 환경에서 자료를 연결하려면 관계형 데이터베이스는 조인 연산(join operation)을 많이 해야 하는데 이것은 비 관계형 데이터베이스에 비해 더 많은 공간과 시간을 소비해야 한다. 이것은 성능 저하로 연결될 수 있다.

셋째, 대량의 자료를 처리할 때는 자원을 집약적으로 투입해야 한다. 복잡한 질의나 많은 자료를 처리할 때 기억장치를 많이 소모할 수 있으며 이에 따라 성능 저하가 발생할 수 있다. 관계 자료 모델은 여전히 많은 기업과 응용 분야에서 선호되고 있으나, 사용 현장의 요구사항과 자료의 특성에 따라 적절한 데이터베이스 모델을 선정하는 것이 중요하다.

6.3 관계 데이터베이스

관계 데이터베이스(Relational Database)는 자료를 관계로 구조화하여 관리하는 데이터베이스이다. 가장 핵심적인 특징은 자료를 테이블 형식으로 조직화하고, 이 테이블 간의 관계를 통해 자료의 조직성과 접근성을 높이는 것이다.

6.3.1 관계 데이터베이스 시스템

데이터베이스가 자료 그 자체라고 한다면 데이터베이스 관리 시스템(DBMS)은 자료를 생성하고, 조작하고, 관리하는 프로그램이다. 데이터베이스 시스템은 DBMS가 실행되기 위해 필요한 컴퓨터 저장장치와 이를 지원하는 모든 자원들의 총합을 의미한다. 데이터베이스 시스템을 구축하기 위해서 구성 요소와 기능부터 살펴보기로 한다.

1 관계 데이터베이스 구성 요소

관계 데이터베이스는 테이블이라고 하는 릴레이션(relation)과,릴레이션을 이루는 투플(tuple)과, 투플을 이루는 속성(attribute)으로 이루어진다. 다수의 릴레이션들이 모여서 전체 시스템을 이룬다.

(1) 릴레이션

릴레이션(relation)은 테이블과 같은 의미로 사용되지만 몇 가지 차이점이 있다. 관계 데이터베이스는 집합 개념이므로 모든 속성들은 원자값을 가진다. 따라서 배열을 포함할 수 없다. 집합이므로 속성들의 순서는 의미가 없다. 테이블에서 모든 투플들은 서로 다른 값을 가진다.

(2) 투플

테이블의 행(row)을 투플(tuple)이라고 한다. 파일의 레코드와 유사한 개념이다. 릴레이션에서 n개의 속성을 가지는 투플을 n-투플이라 하고, 이 릴레이션을 n차 릴레이션이라고 한다.

(3) 속성

속성(attribute)은 테이블의 열(column)을 의미하고, 파일의 필드와 유사한 개념이다. 속성은 데이터베이스에서 자료의 가장 작은 단위이다. 속성은 자료 객체의 특성을 나타내기 때문에 부여된 이름이다. 그러나 혼자서는 큰 의미가 없으므로 속성들이 모여서 터플을 구성하여 사용한다.

2 관계 데이터베이스 시스템의 기능

[표 6.12] 관계 데이터베이스 시스템의 기능

기능	내역
자료 언어	SQL로 자료 정의, 조작, 제어어를 지원
트랜잭션 관리	트랜잭션의 ACID 특성[5]을 지원
자료 무결성	여러 제약조건으로 자료의 오류를 제거
보안	악의적인 접근이나 무단 접근을 차단
회복	고장 발생 시 고장 이전의 상태로 복구

관계 데이터베이스 시스템의 주요 기능은 [표 6.12]와 같이 자료 언어를 지원하고, 트랜잭션을 관리하고, 자료 무결성을 지원하며, 악의적인 접근으로부터 보안을 유지하고, 고장 발생 시에 회복하는 것이다.

첫째, 관계 데이터베이스의 자료 언어 SQL은 자료 정의어, 자료 조작어와 조작 제어어들 지원한다. 데이터베이스 릴레이션을 생성하고 제약조건을 부여한다. 릴레이션에 자료를 추가하고, 갱신하고, 삭제

5 ACID 특성 : 데이터베이스의 트랜잭션이 자료를 완전하게 처리할 수 있는 4가지 특성. A는 원자성을 의미하고, C는 일관성을, I는 고립성, D는 지속성을 의미한다.

한다. 이와 같은 자료 정의와 조작은 SQL을 사용하여 해결한다. SQL은 자료를 질의, 갱신, 삭제 등 다양한 방법으로 조작할 수 있게 해준다.

둘째, 관계 데이터베이스는 트랜잭션 관리를 지원한다. 트랜잭션이란 데이터베이스에 접근하는 프로그램이다. 관계 데이터베이스는 트랜잭션을 지원하여 데이터베이스 작업의 완전성을 보장한다. 트랜잭션은 모두 적용되거나 아무것도 적용되지 않는 'ACID 특성'을 충족시킨다.

셋째, 관계 데이터베이스는 자료 무결성을 지원한다. 관계 데이터베이스는 자료의 정확성과 일관성을 유지하기 위해 다양한 제약조건(기본 키, 외부 키, 고유 제약조건 등)을 지원한다. 이들 제약조건에 의하여 데이터베이스는 자료에 오류가 포함되는 것을 예방할 수 있다.

넷째, 관계 데이터베이스는 보안 기능을 제공한다. 사용자 권한 관리를 통해 자료에 대한 접근을 제어한다. 이것은 데이터베이스에 대한 무단 접근을 방지하고, 사용자별로 허용된 작업만을 수행할 수 있게 한다.

넷째, 관계 데이터베이스는 회복을 지원한다. 사고에 대비하여 자료를 백업하고 준비함으로써 사고 발생 후에 데이터베이스를 사고 발생 전으로 회복하는 기능을 갖추고 있다.

6.3.2 관계 데이터베이스 설계

데이터베이스 스키마를 설계하는 방법은 여러 가지가 사용되었으나 개체관계 데이터 모델은 개체(entity)의 관계와 구성을 표기하는 수단이므로 데이터베이스를 개념적으로 설계하기 편리하다. 개체관계 데이터 모델은 외부 스키마와 개념 스키마 설계에 매우 효과적이다.

1 개체 관계 모델 설계

개체 관계 모델은 개체관계 도표(ERD, Entity Relationship Diagram)를 이용하여 관계 데이터베이스를 설계한다. 개체관계 도표는 현실 세계에의 자료 업무에서 자료 간의 관계와 자료 구성 내용을 그림으로 표현한다. 개체관계 도표는 간단한 도형을 이용하여 각 릴레이션들과 속성들을 편리하게 설계한다. 데이터베이스를 설계하는 과정에서 각 릴레이션들의 관계를 설계한다. 개체관계 도표는 1976년 Peter Chen[6]이 자신의 학위 논문에서 제안한 것이다. 이 논문에서 기존의 여러 표기법을 수용하여 [그림 6.18]과 같은 표기법을 만들었다.

6 Peter Pin-Shan Chen(1947~) : 자유중국의 대만대학 출신, 하버드대 컴퓨터학 박사. 관계 모델(ER 모델)의 창작자

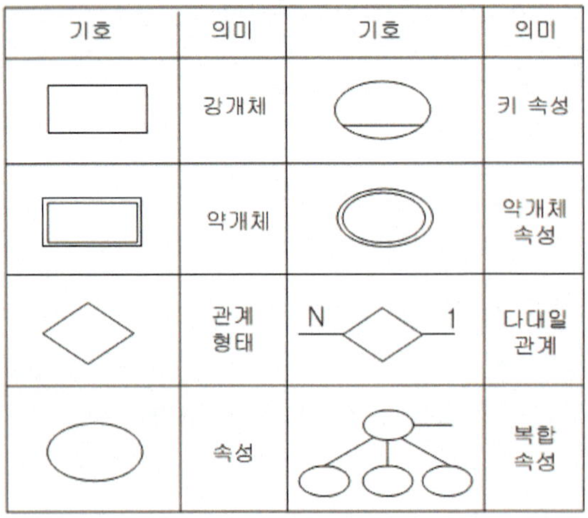

[그림 6.18] 개체관계 도표의 표기법 요약

개체관계 도형을 그릴 때는 릴레이션을 위주로 하기 때문에 릴레이션들 간의 관계를 설정하는데 필요한 속성들을 위주로 한다. [그림 6.19]는 대학의 학생업무를 지원하기 위한 데이터베이스 설계이므로 학과 릴레이션과 학생 릴레이션을 설계하는 과정을 보여준다. 한 학과에는 다수의 학생이 소속되므로 [그림 6.20]의 학과 릴레이션과 학생 릴레이션의 관계는 1:N이다. 학과 릴레이션에는 학과번호가 기본 키가 되고, 학생 릴레이션에는 학생 번호가 기본 키가 된다. 학생 릴레이션에서 학과번호는 학생의 소속을 알려주는 것이므로 외부 키로 설정할 필요가 있다.

그림 윗부분에 있는 도형과 아랫부분에 문자로 기술한 학과(학과번호, 학과 이름, 대학 이름)와 학생(학생 번호, 학생 이름, 학과번호)는 같은 의미이다. 그러나 릴레이션의 수가 많을 때는 시각적인 효과가 있기 때문에 설계하기 편리하다는 장점이 있다.

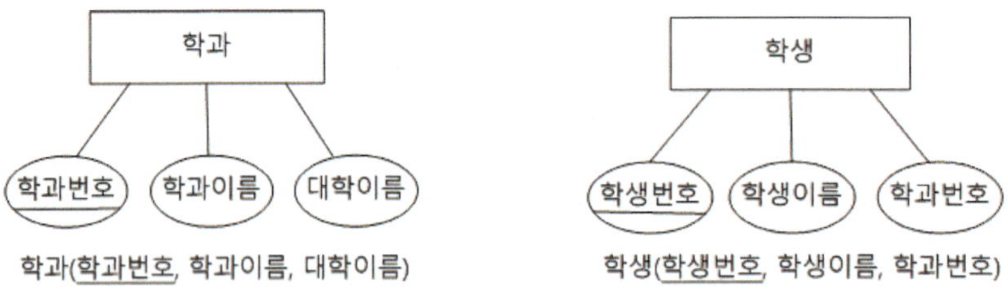

[그림 6.19] 학생과 학과 릴레이션 설계

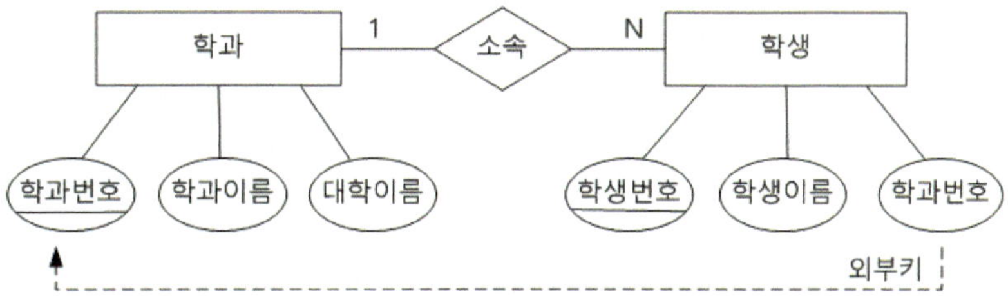

[그림 6.20] 학과와 학생 릴레이션의 통합

(1) 관계 모델 설계 절차

관계 모델을 설계하는 절차는 먼저 릴레이션을 개별적으로 설계한 다음에 릴레이션들을 하나씩 통합해 나가는 것이다.

▪ 개별 릴레이션 설계

업무를 분석하는 과정에서 업무별로 릴레이션을 설계한다. 릴레이션을 구성하고 있는 속성들을 나열하고 속성들의 자료형과 실례들을 기재한다. 릴레이션이 완성되면 객체 관계 도표를 작성한다. 릴레이션마다 기본 키와 외부 키를 검토하고 설정한다. 릴레이션을 설계할 때는 정규형 이론이 필요하다.

▪ 릴레이션 통합

릴레이션들이 완성되면 릴레이션과 릴레이션을 연결하는 객체 관계 도표를 확장한다. 대형 데이터베이스의 경우에는 수백 개의 객체 관계가 통합된다.

관계 모델을 설계하는 절차는 [그림 6.19]와 같이 개별적인 릴레이션을 설계하고 설계된 릴레이션들을 [그림 6.20]과 같이 통합하여 점차 대형 개체관계 도표를 만들어간다. 릴레이션을 만들면서 정규형 이론을 적용하여 관계 자료 모델의 문제점들을 사전에 제거한다.

6.3.3 관계 데이터베이스 시스템

세계 시장에 보급된 관계 데이터베이스 시스템들은 매우 많이 존재하지만 가장 대표적인 시스템들은 [표 6.13]과 같이 Oracle, MySQL, SQL Server 등이다.

[표 6.13] 대표적인 관계 데이터베이스 시스템

이름	공급자	규모	내역
Oracle	오라클	대형	고성능, 확장성, 보안이 강점
DB2	IBM	대형	복잡한 질의 처리, 자료 무결성
PostgreSQL	PostgreSQL	대형	오픈 소스, 객체-관계형,
SQL Server	MS	중대형	Windows 기반,
MySQL	오라클	중소형	오픈 소스, 간편한 설정과 운영
SQLite	Richard Hipp	소형	오픈 소스, 모바일용, 별도 서버 불필요

(1) Oracle

Oracle은 1979년에 Oracle 사가 개발하여 출시하였으며 데이터베이스 시장을 지배하고 있다. 엔터프라이즈급 애플리케이션을 위해 널리 사용되는 매우 강력한 관계형 데이터베이스 관리 시스템이다. 대규모 트랜잭션 처리, 복잡한 질의와 데이터 웨어하우징에 적합하다.

(2) MySQL

MySQL은 1995년에 스웨덴에서 오픈 소스로 개발되었으며 선 마이크로 시스템스를 거쳐서 Oracle 사에 인수되었다. 관계형 데이터베이스로, 웹 기반 애플리케이션에서 가장 인기 있는 선택 중 하나이다. 사용하기 쉽고, 확장성이 뛰어나며, 오픈 소스 이므로 다양한 플랫폼에서 무료로 지원된다.

(3) Microsoft SQL Server

Microsoft SQL Server는 엔터프라이즈급 기능을 제공하는 관계형 데이터베이스 시스템이다. 특히. NET 프레임워크와 통합되어 Microsoft 환경에서 운영되는 애플리케이션에 적합하다.

(4) PostgreSQL

1986년에 UC 버클리 컴퓨터학과 교수들이 연구용으로 PostgreSQL을 개발하였다. 이것은 고급 기능을 제공하는 오픈 소스 객체-관계형 데이터베이스이다.

복잡한 질의, 외부 키, 조인, 뷰, 트리거 등을 지원하며, 확장성과 안정성이 높다.

(5) IBM DB2

IBM Db2는 대규모 기업 환경을 위한 데이터베이스 솔루션으로, 높은 성능과 자료 압축 기능을 제공한다. 인공지능과의 통합도 지원하여 자료 관리와 분석이 더욱 효율적이다.

수많은 데이터베이스 시스템들이 세계 시장에서 경쟁하고 있다. 이미 사라진 유명한 데이터베이스 시스템들도 많이 있으며 계속 새로운 시스템들이 생산되고 있는 역동적인 분야이다. 현재 서비스되고 있는 대표적인 RDBMS 제품들은 [표 6.13]에 있다. 관계형 데이터베이스 시스템은 기업 환경에서 매우 중요한 역할을 하며, 다양한 응용 프로그램과 서비스의 자료를 관리하는 데 널리 사용된다. 자료의 구조화, 효율적인 질의 처리, 뛰어난 무결성 및 보안 기능 덕분에 많은 조직에서 기본 자료 스토리지 옵션으로 선택하고 있다.

6.4 SQL

SQL(Structured Query Language)은 관계형 데이터베이스를 관리하고 조작하는 질의용 자료 언어이며, 표준 프로그래밍 언어이다. SQL은 데이터베이스에서 자료를 검색, 삽입, 갱신, 삭제하는 데 주로 사용된다. SQL은 1970년대 초에 IBM에서 처음 개발되었으며, 이후 데이터베이스 관리의 표준이 되었다. SQL의 특징은 프로그래밍 언어처럼 무슨 자료를 어떻게 처리해달라고 자세하게 지시하는 것이 아니라 사용자가 원하는 조건과 함께 자료 이름만 기술한다는 점이다. 원하는 자료와 원하는 작업만 지시하고 자세한 처리 절차를 언급하지 않기 때문에 비절차언어라고 한다. 처리 절차를 기술하지 않기 때문에 사용자들은 매우 편리한 반면에 시스템이 나머지 일을 수행해야 한다. SQL의 주요 특징은 [표 6.14]와 같이 관계 데이터베이스를 지원하는 언어이고, 이미 국제적으로 표준화 되어 보급되어 있고, 확장성과 다양성이 풍부하다는 점이다.

[표 6.14] SQL의 특징

특징	내역
관계 DB 지원	유일한 관계 데이터베이스 지원 언어
표준화	미국 표준(ANSI)과 국제 표준(ISO) 획득
확장성	다양한 시스템과 환경에서 확장과 지원 가능

SQL의 특징은 첫째, 세계적으로 거의 유일하게 관계 데이터베이스 모델을 지원하는 언어이다. 물론 다른 언어들도 개발되었지만, 전혀 관심을 끌지 못하고 있다. 자료는 테이블 형태로 저장되며, 각 테이블은 여러 열(column)과 행(row)으로 구성된다. 둘째, SQL은 미국 표준인 ANSI(American National Standards Institute)와 국제 표준인 ISO(International Organization for Standardization)에 의해 표준화되었다. 셋째, SQL은 다양한 시스템과 환경에서 사용할 수 있으며, 대부분의 상용 및 오픈 소스 데이터베이스 시스템에서 지원된다. SQL은 이상과 같은 특징으로 인하여 관계 데이터베이스 언어의 명실상부한 표준이 되었다.

6.4.1 SQL 명령어

SQL의 데이터베이스 기능을 수행하는 주요 명령어들은 [그림 6.21]과 같이 5개이다.

```
생성(CREATE) : 새로운 테이블을 생성한다.
삽입(INSERT) : 테이블에 새로운 자료를 입력한다.
조회(SELECT) : 테이블에서 특정 자료를 검색한다.
수정(UPDATE) : 테이블 내의 특정 자료를 수정한다.
삭제(DELETE) : 테이블에서 특정 자료를 삭제한다.
```

[그림 6.21] SQL의 5가지 명령어

[그림 6.22]는 간단한 사용자 테이블 users를 생성하고, 테이블에 자료를 입력하고, 특정 사용자를 검색하고, 특정 사용자의 자료를 갱신하고, 특정 사용자의 자료를 삭제하는 SQL 질의의 예시이다. 여기에 사용되는 명령은 매우 간단한 5개이다. 이들 명령어를 이용하여 새로운 테이블을 생성하고, 자료를 입력하고, 특정 자료를 검색하고, 수정하고, 삭제하는 사례를 보여준다.

```
-- 특정 테이블 생성 --
CREATE TABLE users (user_id  int,
                                     name     char(20),
                                     email     char(30),
                                     primary key(user_id));    // 기본 키 설정

-- 새 사용자 추가 --
INSERT INTO users  VALUES (124, 'Jane Doe', 'jane.doe@example.com');

-- 특정 사용자의 정보 검색 --
SELECT * FROM users WHERE user_id = 123;

-- 특정 사용자 정보 업데이트 --
UPDATE users SET email = 'new.email@example.com' WHERE user_id = 123;

-- 특정 사용자 삭제 --
DELETE FROM users WHERE user_id = 124;
```

[그림 6.22] SQL 명령의 실례

6.4.2 SQL 실습

SQL은 절차 언어와 달리 절차를 기술하지 않는 비 절차 언어이므로 배우고 익히는 데 큰 어려움이 없다. 그러나 실제 DBMS로 실습을 해야 데이터베이스 시스템을 이해할 수 있다. 데이터베이스 시스템은 수없이 많이 있지만 초보자들이 공부하기 좋은 시스템은 MySQL과 SQLite 등이다. 두 시스템은 크기가 작아서 배우기 쉽고 다루기 쉽다는 장점이 있어 초보자들에게 좋다. 특히 오픈 소스라고 무료로 설치할 수 있고 YuoTube 등에 사용법이 잘 소개되어 있어 접근하기 쉽다. 둘 다 훌륭한 시스템이지만 적용 분야와 기능 면에서 장단점이 있으므로 사용자 또는 학습자의 필요에 따라 설치하여 사용하는 것이 좋다. MySQL과 SQ Lite를 다음과 같이 비교한다.

1 MySQL

MySQL은 가장 인기 있는 오픈 소스 관계 데이터베이스로, 초보자가 사용하기에 친근한 문서와 많은 온라인 자원이 있다. 웹 개발에 자주 사용되며, 다양한 운영체제에서 쉽게 설치하고 사용할 수 있다. MySQL은 서버 기반의 데이터베이스로, 복수 사용자의 동시 접근을 지원한다. 이는 협업 환경이나 웹

기반 프로젝트에 적합하다. MySQL은 업계에서 널리 사용되는 산업표준이며, 대형 웹사이트 및 애플리케이션에서 선호되는 데이터베이스이다. 강력한 질의 최적화와 트랜잭션 처리 기능을 제공하여, 대규모 자료 작업과 복잡한 데이터베이스 관리에 적합하다. MySQL은 설치와 관리가 SQ Lite보다 복잡할 수 있으나, 실제 산업 환경에서 많은 경험을 제공한다. MySQL을 설치하려면 http://www.mysql.com/download.html에 접속하여 설치한다. 설치 파일을 클릭하고 주어진 기본값을 위주로 따라가면서 설치하면 된다. 중간에 암호를 설정하라고 하는데 이것은 MySQL 실행 시에 필요하므로 꼭 기억해야 한다.

2 SQLite

SQLite는 가볍고, 서버가 필요 없이 작동하는 데이터베이스로 설치가 필요 없다. 매우 단순하며, 모바일 애플리케이션, 작은 웹 프로젝트, 개인 프로젝트에 아주 적합하다. SQL을 처음 시작할 때 매우 편리하다. SQLite는 모든 자료를 단일 파일에 저장한다. 설치와 설정이 간편하다. 모바일 임베디드 애플리케이션 또는 데스크톱 애플리케이션 내부 데이터베이스로 적합하다. 동시성과 대규모 자료처리에는 한계가 있으나, 소규모 응용에 적합하다. SQLite는 간단한 구성과 빠른 시작이 가능하여, 데이터베이스 기초를 가르치는 데 이상적이다.

SQLite를 설치하려면 https://www.sqlite.org/download.html에 접속하여 설치한다. 설치 파일을 클릭하고 주어진 기본값을 위주로 따라가면서 설치하면 된다.

두 시스템을 선택하는 결정 요소는 다음과 같이 두 가지이다.

첫째, 학습 목표가 실제 산업 환경에서의 데이터베이스 사용을 경험하려면 MySQL이 적합하고, 데이터베이스 기본 개념과 간단한 구현을 배우려면 SQLite가 편리하다. 둘째, 프로젝트의 성격이 웹 개발이나 서버 사이드 애플리케이션이라면 MySQL이 좋고, 임베디드 프로그래밍이나 클라이언트용 또는 간단한 응용이라면 SQLite가 좋다. SQL을 배우는 것은 데이터베이스 관리, 자료 분석, 소프트웨어 개발 등 다양한 분야에서 중요한 기술 자산이 될 수 있다. 자료와 정보 시스템의 이해를 깊게 하고 싶다면 SQL을 배우는 것이 매우 유용하다.

6.5 분산 데이터베이스

데이터베이스가 출현한 이후에 각 분야의 대형 조직체들은 조직 안에서 사용하는 자료들을 데이터베이스 시스템으로 집중시키는 작업이 진행되었다. 중앙정부 부처와 대기업을 중심으로 자료를 집중하는 작업이 어느 정도 성과를 이루면서 다시 자료를 지역으로 분산시키는 작업이 진행되었다. 데이터베이스의 짧은 역사 속에서 집중화와 분산화를 같이 경험하게 되었다. 자료를 분산시키게 된 이유는 다음과 같은 두 가지이다.

첫째, 통신비용과 시간을 절약할 수 있다. 지역의 거리가 먼 경우에는 통신비용과 통신 시간이 많이 소요되므로 비용과 시간을 절약하기 위해서 분사화가 진행되었다. 둘째, 자료의 안전성을 높일 수 있다. 집중식 데이터베이스에서 사고가 발생하면 복구가 어렵기 때문에 여러 지역에 자료를 중복하여 분산시키는 것이 안전하고 바람직하다. 구글과 같은 세계적인 기업들은 세계 곳곳에 구글 서버들을 배치하고 지역 서비스와 함께 글로벌 서비스를 제공하고 있다.

다국적 기업의 경우에는 전 세계에서 데이터베이스를 서비스해야 하기 때문에 데이터베이스를 분산화하는 것은 어쩔 수 없는 일이다. 분산 데이터베이스는 여러 위치에 흩어져 있는 컴퓨터 네트워크에 데이터를 저장하는 데이터베이스 시스템이다.

분산의 개념은 다음과 같다.

분산이란 여러 개체를 하나인 것처럼 사용하는 기술이다.

분산 데이터베이스는 여러 곳에 자료가 나누어져 있지만 사용자에게는 모두 하나의 데이터베이스로 보이므로 사용하기에 매우 편리한 개념이다. 이러한 시스템은 자료를 여러 노드(서버)에 분산시켜 처리하는데, 이것은 자료의 가용성을 높이고, 접근성을 개선하며, 장애에 대한 복원력을 강화하는 데 도움이 된다.

[표 6.15]는 분산 데이터베이스의 주요 특징으로 내용은 다음과 같다.

[표 6.15] 분산 데이터베이스의 특징

특징	내역
자율성	각 사이트는 자체적인 DBMS 운영
투명성	사용자는 데이터베이스가 어디 있는지 모르고 사용 가능
확장성	새로운 시스템을 추가하는 것이 용이

첫째, 분산 데이터베이스 시스템은 모든 사이트의 자율성이 보장된다. 각 사이트는 자체적인 데이터베이스 관리 시스템(DBMS)을 운영할 수 있고, 지역에서 자료관리 작업을 수행한다.

둘째, 투명성이 보장된다. 사용자와 응용 프로그램은 자료가 어디에 위치하는지 모르고도 자료에 접근할 수 있다. 즉, 자신의 사이트에 모든 자료가 존재하는 것으로 보인다. 이것을 자료의 위치 투명성이라고 한다.

셋째, 확장성이 좋다. 시스템은 쉽게 확장할 수 있으며, 새로운 시스템이나 사이트를 추가하거나 기존 노드에서 자료를 분산시키는 것이 비교적 간단하다.

분산 데이터베이스의 유형은 다음과 같이 동질적인 것과 이질적인 것이 있다. 동질 분산 데이터베이스는 모든 사이트가 같은 DBMS 소프트웨어를 사용한다.

이질 분산 데이터베이스는 서로 다른 유형의 DBMS 소프트웨어를 사용한다.

[표 6.16]은 분산 데이터베이스의 장점으로 내용은 다음과 같다.

[표 6.16] 분산 데이터베이스의 장점

장점	내역
신뢰성, 가용성	자료가 중복되어 있으므로 신뢰성과 가용성이 높다.
부하 분산	큰 작업은 여러 사이트에서 분산하여 처리 가능
지역 최적화	사용자는 가까운 사이트에서 자료를 처리

분산 데이터베이스는 신뢰성이 높고 가용성이 향상된다. 하나의 사이트에 문제가 생겨도 시스템의 다른 부분이 계속 작동할 수 있다. 분산 시스템은 부하를 분산시킬 수 있다. 자료와 트랜잭션을 여러 사이트에 분산시켜 전체 시스템의 부하를 줄일 수 있다. 분산 시스템은 지역을 최적화하여 통신 시간을 절약

[표 6.17] 분산 데이터베이스의 단점

문제점	내역
복잡성	자료와 장비들을 중복으로 배치하면 시스템이 복잡해진다.
비용	자료와 장비를 중복으로 투자해야 하므로 비용이 높아진다.

할 수 있다. 사용자는 더 가까운 사이트에서 자료를 관리하고 처리함으로써 응답 시간을 줄일 수 있다.

분산 데이터베이스의 단점은 [표 6.17]과 같다.

분산 데이터베이스는 시스템 구성이 복잡해질 수 있다. 자료의 일관성을 유지하고, 다양한 사이트에서 트랜잭션을 관리하는 것은 복잡한 작업이 될 수 있다. 분산 시스템은 비용이 많이 소요된다. 많은 하드웨어 자원을 투자해야 하고, 높은 수준의 기술적 지원을 필요로 할 수 있다. 분산 데이터베이스는 큰 규모의 기업, 금융 기관, 글로벌 서비스를 운영하는 회사에서 주로 사용된다. 이러한 시스템은 대규모 데이터를 효율적으로 관리하고 사용자에게 빠른 서비스를 제공하는 데 중요한 역할을 수행한다.

연습문제

1. 자료와 정보와 지식의 차이점을 설명하시오.

2. 컴퓨터 개발의 최종 목표를 기술하시오.

3. 컴퓨터 응용 분야의 변천 과정을 설명하시오.

4. 데이터베이스가 출현한 동기를 설명하시오.

5. 데이터베이스의 목적을 설명하시오.

6. 데이터베이스와 DBMS와 데이터베이스 시스템을 구분하여 설명하시오.

7. 데이터베이스 개념 3가지를 설명하시오.

8. 데이터베이스의 특징을 설명하시오.

9. 데이터베이스를 3단계 스키마 구조로 만든 이유를 설명하시오.

10. 개념 스키마를 사용하는 이유를 설명하시오.

11. 물리 스키마를 사용하는 이유를 설명하시오.

12. 외부 스키마를 사용하는 이유를 설명하시오.

13. 데이터베이스에서 추상화가 필요한 이유를 설명하시오.

14. 데이터베이스 언어의 특징을 설명하시오.

15. 데이터 모델이 필요한 이유를 설명하시오.

16. 데이터 모델의 정의하고 용도를 설명하시오.

연습문제

17. 데이터베이스 모델의 변천 과정을 설명하시오.

18. 계층 데이터 모델의 필요성을 설명하시오

19. 네트워크 데이터 모델의 필요성을 설명하시오

20. 관계 데이터 모델의 필요성을 설명하시오

21. 객체지향 데이터 모델을 정의하고 용도를 설명하시오.

22. 데이터베이스 시스템의 소프트웨어 구성 요소들을 설명하시오.

23. 중앙집중식 모델의 구조를 설명하시오.

24. 클라이언트/서버 모델의 구조를 설명하시오.

25. 웹서버 모델의 구조를 설명하시오.

26. 분산 모델의 구조를 설명하시오.

27. 관계 자료 모델의 장점을 설명하시오.

28. 관계 데이터베이스 시스템의 구성 요소들을 설명하시오.

29. 개체 관계 모델을 정의하고 용도를 설명하시오.

30. ERD를 사용하는 이유를 설명하시오.

31. 관계 모델을 설계하는 절차를 설명하시오.

32. 관계 자료 모델의 장점과 단점을 설명하시오.

연습문제

33. 자료 종속과 함수 종속을 정의하고 용도를 설명하시오.

34. SQL의 특징을 설명하시오.

35. 주요 관계 데이터베이스 시스템 중에서 실습에 적합한 것을 찾아서 설명하시오.

36. 분산 개념이 왜 필요한지 설명하시오.

37. 분산 데이터베이스의 특징을 설명하시오.

38. 분산 데이터베이스의 장점을 설명하시오.

39. 분산 데이터베이스의 단점을 설명하시오.

40. 데이터베이스를 개발하고 싶은 응용 분야 2가지를 찾아서 기술하시오.

CHAPTER 7

멀티미디어

정부는 1980년대 말에 전자정부 사업의 하나로 주민등록업무 전산화를 추진하면서 고심했던 부분의 하나가 사진과 인감도장이었다. 당시 컴퓨터 기술로는 인감도장 같은 영상을 관리하는 것이 어려웠다. 그래서 주민이 가져온 도장을 투명한 셀로판지에 찍어서 주민등록부에 찍혀있는 도장과 눈으로 비교해 보고 인감증명서를 발급해주었다. 1980년대까지 컴퓨터는 텍스트 자료를 위주로 다루었으므로 소리, 영상, 동영상 등을 다루는 것은 매우 어려웠다.

1990년대부터 컴퓨터 관련 장비와 성능이 획기적으로 향상되면서 영상을 다루는 기술과 함께 압축 기술이 개선되었다. 소리와 영상 압축 기술이 향상되면서 자료 저장과 통신 등의 멀티미디어 환경이 개선되었다. 이와 함께 반도체 기술의 혁신으로 저장 매체의 대용량화가 진행되었고, 인터넷 등의 통신 속도가 크게 개선되어 멀티미디어 보급이 확산되었다.

지금은 각종 시설에서 지문으로 출입을 감시하거나 얼굴 인식을 통하여 출입을 통제하는 것을 쉽게 볼 수 있다. 중국에서는 14억 인구를 대상으로 얼굴 인식을 통하여 신분을 확인하는 시스템을 운용하고 있다. 이것은 멀티미디어 기술이 계속 발전하고 있기 때문에 가능한 일이다.

7.1 멀티미디어 개요

근대 사회를 문자 시대라고 한다면 현대 사회를 영상 시대라고 한다. 문자로 정보를 전달하는 것은 시간과 정성이 많이 드는데 그림으로 전달하면 이해가 빠르고 효과가 크다. 10여 년 전의 캄보디아 길거리 사진을 보니 상점 간판에 문자가 없고 그림으로 꽉 차 있었다. 크메르루주 공산당 정권이 수백만 명의 지식인들을 숙청하는 바람에 글을 읽을 수 있는 사람들이 없어져서 그림을 그렸다고 한다. 그림과 소리는 순간적인 정보 전달력이 문자보다 훨씬 뛰어나다. 컴퓨터 기술이 발전하면서 여러 방면에서 멀티미디어를 활용하려는 노력이 펼쳐지고 있다.

멀티미디어는 텍스트, 음성, 음향, 영상, 동영상, 애니메이션 등이 서로 조화를 이루어 하나로 종합된 정보를 의미한다. 멀티미디어는 사전적으로 여러 개의 미디어를 함께 다룬다는 뜻이지만 IT 환경에서 종합적으로 의미를 정의하면 다음과 같다.

- 두 가지 이상의 미디어를 동시에 결합하여 정보를 제공하는 기술
- 하나의 시스템으로 여러 가지 미디어들을 다루는 기술
- 여러 가지 형식의 자료를 종합적으로 사용하는 기술

- 여러 가지 형식의 자료를 동시에 전달하는 매체
- 다른 형식의 자료들을 함께 제공하는 환경

이상과 같은 여러 정의들의 공통점은 여러 가지 형식이나 형태의 자료들을 함께 사용한다는 의미이다. 여러 자료를 함께 사용하는 이유는 특성이 다른 각각의 자료들이 승수 효과를 일으켜 긍정적인 효과를 볼 수 있기 때문이다. 시각, 청각, 촉각 등의 감각 기관들이 여러 가지 미디어를 통하여 함께 자극받을 수 있기 때문에 정보 전달 효과가 몇 배로 증가할 것이다.

멀티미디어는 인간의 여러 가지 감각기관들에 정보를 전달하기 때문에 직관적으로 인식하는 데 효과적이다. 따라서 멀티미디어는 사용자에게 풍부한 경험을 제공하고 기계와 상호작용하는 데 유리하다. 문자는 두뇌의 이성적인 기능을 필요로 하기 때문에 직관성과 즉시성이 떨어진다. 멀티미디어는 여러 매체에 동시에 전달되기 때문에 동기화 기술과 여러 매체를 결합하는 기술이 필요하다.

7.1.1 멀티미디어 특징과 분류

멀티미디어를 이루고 있는 텍스트, 소리, 그림, 동영상 등의 미디어들은 다양한 특성을 갖고 있으며 표현 방식에 따라 매우 다른 의미를 전달하고 있다. 이들의 특징과 분류를 살펴본다.

1 멀티미디어 특징

멀티미디어의 제일 큰 특징은 첫째, 정보 전달 효과가 매우 크다는 점이고, 둘째 파일 크기가 크다는 점과 셋째 여러 가지 미디어들을 통합하려면 동기화 기술이 필요하다는 점이다. 또한 멀티미디어는 통합하는 과정과 방법에서 새로운 기술과 노력이 요구된다. 멀티미디어는 [표 7.1]과 같이 디지털화, 동기화, 영상화, 양방향, 통합화 등의 다양한 특징들이 있으므로 이들을 잘 살려야 한다.

(1) 디지털화

소리와 영상 등의 자료들은 기본적으로 아날로그 형식이므로 컴퓨터에서 다루기 어렵다. 따라서 멀티미디어 자료들은 필수적으로 디지털 형식의 자료로 변환(디지털화)해야 한다. 미디어들이 디지털화되면 컴퓨터를 이용하여 가공, 처리, 편집이 편리해지고 교환과 공유가 쉬워진다. 따라서 미디어마다 다양한 디지털 파일 형식이 개발되었다.

[표 7.1] 멀티미디어의 특징

특징	내역
디지털화	미디어들이 디지털로 변환되어야 컴퓨터 처리 가능
동기화	미디어들이 시간상으로 동기화되어야 통합 효과
영상화	시각적인 효과를 위해 미디어들을 영상 위에 표현
양방향	미디어들이 서로 주고받아야 효과와 의미
통합화	미디어들이 방송과 통신과 컴퓨터로 통합되어야 효과적

(2) 동기화

멀티미디어 자료들은 여러 개로 구성되므로 시간상으로 동기화되어야 사용할 수 있다. 텍스트, 오디오, 이미지, 비디오 등을 통합하려면 동기화 시키는 작업이 필요하다. 특정한 영상이 나가는 시간에 오디오가 나가야 하고, 텍스트가 나가야 하므로 미디어별로 시간을 맞추는 것이 동기화의 기본이다.

(3) 영상화

우리 사회는 역사적으로 문자 시대에서 그림 시대로 바뀌었고, 다시 동영상 시대로 바뀌었다. 텍스트로 정보를 전달하는 것보다는 소리로 전달하는 것이 효과적이고, 소리보다는 영상으로 전달하는 것이 효과적이고, 동영상으로 전달하면 더욱더 효과적이다. 따라서 많은 미디어가 영상으로 제작되고 서비스되고 있다. 텍스트, 음성, 영상, 동영상 등이 모두 하나의 영상 안에서 표현되어 컴퓨터 화면으로 전달된다.

(4) 양방향

멀티미디어는 일방적으로 주어지는 것보다 서로 미디어를 주고받는 양쪽에서 서로 반응을 보내줌으

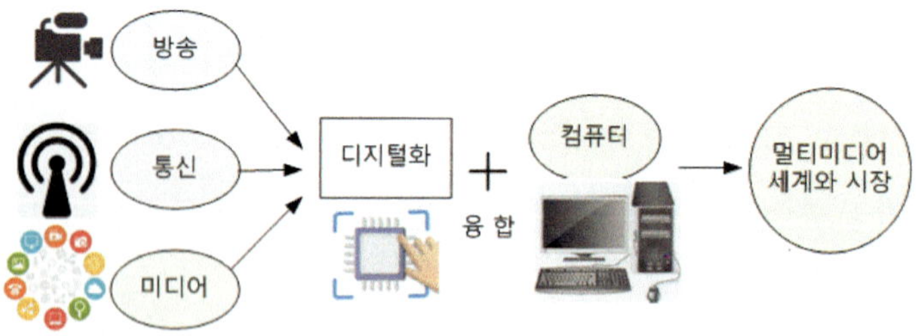

[그림 7.1] 멀티미디어 세계와 시장

로써 효과를 극대화할 수 있다. 따라서 멀티미디어는 양쪽 방향으로 정보가 전달되어야 미디어의 효과와 의미가 살아난다.

(5) 통합화

멀티미디어는 자료를 다루는 기술이므로 텍스트, 오디오, 영상, 동영상 등이 하나의 전송 수단으로 전달되어야 한다. 이들이 컴퓨터로 통합하기 위해서는 디지털로 변환되어야 한다. 종합정보통신망 ISDN은 멀티미디어를 하나의 통신망으로 전송하기 위해 디지털화 되어 개발된 것이다. 종합정보통신망과 함께 텔레비전 방송도 디지털화가 진행되었고, 이들이 [그림 7.1]과 같이 컴퓨터와 융합하여 멀티미디어 세계를 구축하였다.

2 멀티미디어의 분류

[표 7.2] 멀티미디어 분류

분류	내역
저장 미디어	미디어를 저장하기 위한 대용량 저장장치. ex. CD, DVD
전송 미디어	미디어를 전송하기 위한 통신장치. ex. 유무선 통신망
표현 미디어	TV, 휴대폰에 표현되는 텍스트, 음성, 영상 등
재현 미디어	저장된 미디어를 관객에게 보여주는 장치. ex. TV, PC, 휴대폰

멀티미디어는 여러 가지 미디어가 하나의 묶음으로 제공되는 기술이다. 따라서 미디어의 특성 상 [표 7.2]와 같이 저장하고, 전송하고, 표현하고, 재현하는 작업에 따라 가장 적합한 형태의 미디어 장치와 소프트웨어 기술이 요구된다.

저장 미디어(Storage media)는 멀티미디어 자료를 저장하기 위해서는 대용량의 저장 미디어 기억장치가 요구된다. 사진작가가 촬영한 사진을 보관하는 미디어, 가수의 노래를 저장하는 미디어들이다. 대부분 하드 디스크, CD-ROM, DVD, USB 등이다. 전송 미디어(Communication media)는 멀티미디어 자료를 정보통신망을 이용해 전달하는데 사용되는 미디어이다. 인터넷, 이동통신망, 유무선 방송망, 유무선 통신망 등이다. 표현 미디어(Presentation media)는 멀티미디어 자료를 디지털 형식으로 변환하는데 사용되는 미디어이다. 라디오 아나운서의 음성이나, 경기 장면을 중계하는 텔레비전 화면 등이 있다. 이때 사용되는 텍스트, 음성, 영상 등이 표현 미디어이다. 재현 미디어(Representation media)는 제작된 멀티미디어 자료를 꺼내서 관객에게 보여줄 때 사용되는 매체이다. 라디오, 텔레비전, 컴퓨터 화면, 휴대폰 화면 등이 있다.

7.1.2 멀티미디어 구성 요소

멀티미디어를 구성하는 요소들은 텍스트, 오디오, 이미지, 그래픽, 비디오, 애니메이션 등 다양하며, 기본적으로 다른 특성과 구성을 이루고 있다. 개별적인 미디어의 특성을 잘 이해해야 이들을 통합하는 멀티미디어를 효과적으로 구성하고 제작할 수 있다.

1 텍스트

텍스트는 멀티미디어의 기본이 되는 정보 전달 기능을 수행하며, 주로 키보드를 통하여 입력된다. 다른 멀티미디어 요소와 함께 사용되어 콘텐츠의 이해를 돕는다. 문자로 이루어진 파일 형식은 HWP(흔글), DOC(마이크로소프트 word), TXT(텍스트), PDF(Adobe Acrobat) 등이 있다.

(1) 텍스트 코드

텍스트는 다양한 코드 시스템에 의하여 이진 코드로 변환되어 전송되고 저장된다. 텍스트를 위한 코드 시스템은 다양하다. 컴퓨터에서 가장 많이 사용되는 문자 코드 시스템들은 다음과 같다.

- **ASCII 코드**

아스키(American Standard Code for Information Interchange)코드는 1962년에 미국표준국(ANSI, American National Standards Institute)에서 정의한 정보 교환 코드이다. 이전에는 다양한 방식으로 컴퓨터 회사마다 코드를 만들어 사용했기 때문에 불편이 커서 정부가 개입하여 표준화한 것이다. 이 코드는 국제표준기구(ISO)가 인정하는 세계 표준이 되었다. 한 문자를 표현하는데 7비트를 사용하여 $2^7 = 128$개 문자를 표현할 수 있었다. 실제로는 1비트를 추가하여 8비트 단위로 문자를 구성하였다.

- **EBCDIC 코드**

EBCDIC(Extended Binary Coded Decimal for Interchange Code) 코드는 IBM사에서 중대형 컴퓨터에 사용하기 위해서 만든 문자 코드이다. 8비트를 사용하므로 $2^8 = 256$개의 문자를 표현할 수 있다. 숫자는 4비트를 사용하여 2^4은 16이므로 16진법을 사용한다.

■ 유니코드

유니코드(Unicode)[1]는 세계 각국의 언어를 컴퓨터에서 통일된 방법으로 표현할 수 있게 만든 문자 코드이다. 유니코드는 애플, MS, IBM, Novell 등 미국 기업들이 중심이 되어 설립한 유니코드 컨소시엄이 제창했다. 1993년에는 ISO의 표준이 되었다. 16비트를 사용하므로 2^{16} = 65,536개의 문자를 표현할 수 있다. 이전에는 나라마다 다른 코드를 사용했으므로 매우 복잡하고 혼란스러웠으나 이 코드로 안정되었다. 한글도 이전에는 컴퓨터 회사마다 여러 가지 코드를 사용해서 어려움이 많았으나 이제는 모두 유니코드로 통일되었다.

(2) 텍스트의 파일 형식

텍스트 파일을 컴퓨터에 저장할 때 같은 유니코드라 할지라도 폰트 모양 등은 얼마든지 바뀌므로 다음과 같이 여러 가지 파일 형식이 개발되었다.

■ TXT

TXT 파일은 대부분 운영체제에서 기본으로 제공하는 텍스트 편집기를 사용하여 만들 수 있는 파일 형식이다. 윈도우의 메모장으로 파일을 만들면 파일 확장자는 '.txt'이다. TXT 파일은 아스키코드나 한글코드로 구성되어 있어 다른 편집기에서도 읽을 수 있다. 그러나 텍스트 코드만 저장하므로 폰트 모양 등은 저장되지 않는다.

■ HWP

한글과컴퓨터사의 문서 편집기 '한글'이 사용하는 파일 형식이다. 한글은 한글의 고어를 포함하여 많은 폰트를 갖추고 있으며 파일 확장자는 '.hwp'이다. 다양한 문자 모양, 특수 기호, 수식, 그림 등을 사용할 수 있다. 따라서 기본적인 코드만 저장하는 txt 파일보다 크기가 크다.

■ DOCX

마이크로소프트사의 문서 편집기 MS워드가 사용하는 형식으로 세계에서 가장 큰 시장을 점유하고 있다. 파일 확장자는 '.docx'이다. 문서 표준을 공개하였으므로 모든 문서 편집기의 파일과 호환이 가능하다.

---

1 Unicode : 1993년에 ISO의 표준이 된 세계 모든 나라의 언어 코드. 미국 애플사, 마이크로소프트사, IBM사, 썬 마이크로시스템즈사, 노벨사 등 운영체제를 직접 다루는 미국 기업이 중심이 되어 설립한 유니코드 컨소시엄이 제창했음.

■ PDF

PDF(Portable Document Format)는 Adobe사에서 만든 문서 파일 형식이다. PDF 문서는 대부분 운영체제에서 읽기가 가능하고, 원본의 폰트, 영상 등을 그대로 유지한다. 문서를 확대하거나 축소해도 해상도가 변하지 않아서 인쇄업계에서 많이 사용한다.

2 소리

자연에서 나오는 소리나 인공적으로 나오는 소리나 모두 물리적으로 공기를 진동시켜서 나오는 파동이 고막을 두드릴 때 얻는 정보를 소리(사운드)라고 한다.

오디오는 사운드를 녹음, 전송, 재생하는 기술을 포함하는 보다 기술적인 용어이다. 멀티미디어는 컴퓨터에서 다루는 것이므로 오디오라고 한다. 오디오는 음성, 음악, 효과음 등을 모두 포함한다. MP3, Wave, MIDI 등의 파일 형식이 있다. 오디오는 디지털 오디오와 MIDI로 분류할 수 있다.

(1) 소리의 전달

소리는 공기를 진동시켜서 파동 형태로 전달되므로 음파라고 한다. 소리는 음파로 전달되므로 일정한 주파수를 가지며 거리가 멀어질수록 음파가 약해져서 소멸된다. 소리는 주파수, 음폭, 음색 등에 의해서 구분되며, [그림 7.2]와 같이 같은 형태의 파형이 반복된다.

■ 주파수

파동에서 진폭이 가장 높은 곳에서 다음 높은 곳까지의 거리를 파장(wave length)이라고 하고, 1초에 반복되는 파장의 수를 주파수(cycle)라고 한다. 여기서 주파수는 소리의 높낮이를 결정한다. 주파수가 높을수록 고음이 되고 낮을수록 저음이 된다. 사람이 귀로 들을 수 있는 소리의 주파수는 대체로 20Hz에서 20,000Hz이다. 이 주파수 범위를 가청 주파수 대역이라고 한다. 사람은 이 범위를 벗어나는 주파수의 소리를 듣지 못한다.

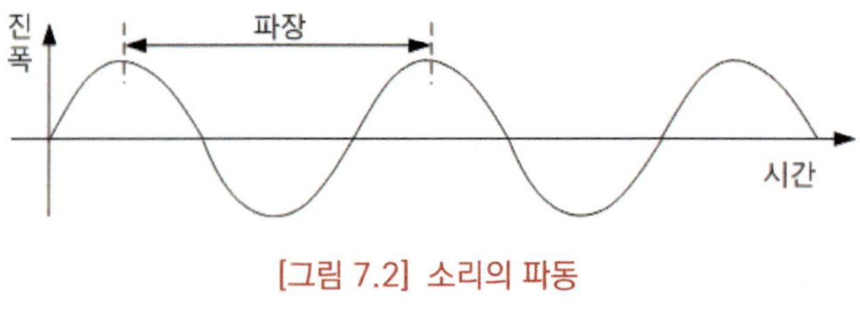

[그림 7.2] 소리의 파동

▪ 진폭

진폭은 소리 파동의 기준선에서 최고점까지의 거리이며, 소리의 크기를 결정한다. 진폭이 클수록 소리가 크고, 진폭이 작을수록 소리가 작다.

▪ 음색

음색은 소리의 파동이 가지는 고유한 특징으로 파동의 형태인 파형과 주파수에 의하여 차이가 난다. 사람들이 서로의 목소리를 식별할 수 있는 것도 모두 주파수와 파형의 차이에서 나온다. 진폭과 주파수가 같아도 파형이 다를 수 있기 때문에 음색이 달라진다.

(2) 디지털 오디오

디지털 오디오 파일은 컴퓨터에서 처리하기 위해 사운드 신호를 아날로그에서 디지털 신호로 변환한다. 마이크에 소리를 입력하면 마이크는 소리의 진동을 아날로그 전기 신호로 바꾸어준다. 아날로그 신호를 디지털 신호로 바꾸기 위해서는 [그림 7.3]과 같은 표본화 작업이 필요하다. 이 결과로 얻은 것은 '4 4 3 3 3 3 4 5 6 7 7 7 6 6'이라는 디지털 신호이다. 아날로그 신호를 디지털 신호로 바꾸는 것을 AD(Analog to Digital) 변환이라고 하고, 그 반대를 DA(Digital to Analog) 변환이라고 한다.

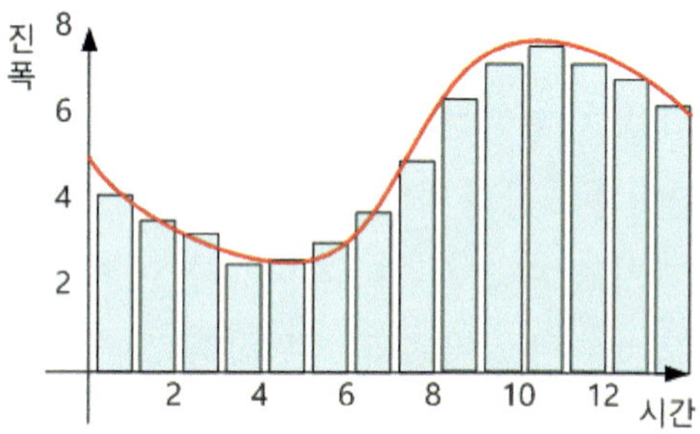

[그림 7.3] 아날로그 신호의 디지털 변환

3 이미지

이미지는 정적인 그림이나 사진으로 시각적 정보를 제공한다. 컴퓨터에서 사용할 이미지는 컴퓨터에서 그래픽 소프트웨어를 이용하여 생성하거나 스캐너나 디지털카메라를 통하여 얻을 수 있다. 이미지는 비트맵 이미지와 벡터 이미지로 표현할 수 있다. 비트맵은 그림을 작은 점으로 구성하여 표현하는 방식이고, 벡터 이미지는 수학식으로 그림을 정의하여 그리는 방식이다. 비트맵 형식에는 JPEG, PNG, GIF, BMP 등이 있고, 벡터 형식에는 SVG, EPS, PDF 등이 있다.

(1) 이미지 표현 방식

이미지를 표현하는 방법은 그림을 수많은 점으로 분해를 하고 점들을 하나의 픽셀(pixel)로 표현하는 래스터 방식과 이미지를 구성하는 점과 선들을 수학식으로 표현하는 벡터 방식으로 구분된다.

■ 래스터 이미지

래스터(Raster) 방식은 작은 점(픽셀)으로 색채를 설정하여 그림을 구성하므로 비트맵 방식이라고도 한다. 래스터 방식의 장점은 화면에 보여주는 속도가 빠른 점이고, 픽셀의 수가 증가할수록 화면의 질이 향상된다. 단점은 이미지를 확대하거나 축소할 때 화질에 손실이 생길 수 있고, 픽셀을 증가시키면 파일 용량이 커지는 것이다.

이 방식에는 JPEG, GIF, PNG, TIFF, BMP 등이 있다.

■ 벡터 이미지

벡터(vector) 방식은 그림을 힘과 방향을 가진 벡터의 조합으로 보고 수학식으로 그린다. 벡터 이미지는 점과 선들의 연결을 좌표와 좌표의 연결로 보고 거기에 필요한 변수들을 기억하는 방식이다. 벡터 이미지는 그림을 이동하거나 회전할 때 변형이 매우 쉽다. 특히 이미지를 확대하거나 축소해도 화질의 손상이 거의 없는 것이 장점이다. 단점은 색상의 자연스러운 변화나 세밀한 표현이 어렵다. 복잡한 계산이 필요한 경우에는 처리 속도가 느려지고, 편집 시간이 길어진다. 이 방식에는 AI, SVG, VML, CGM 등이 있다. PDF와 EPS 파일은 래스터와 벡터 방식을 모두 지원한다.

(2) 이미지의 색상 표현

국제조명위원회(CIE)[2]는 컴퓨터 환경에서 다양한 색을 효율적으로 처리하기 위해 천연색 모델(color model)을 개발했다. 컴퓨터에서 구현할 수 있는 색 공간을 정의한 것으로 RGB와 CMYK가 대표적이다.

---

2 Commission Internationale de I'Eclairage : 1913년 프랑스에서 설립된 측광과 측색을 결정하는 국제기구.

■ RGB

RGB는 빛의 삼원색인 빨간red, 녹색green, 파란색blue을 이용해서 색을 표시하는 방식이다. [그림 7.4]와 같이 세 가지 색을 모두 섞으면 흰색이 되고, 모두 섞지 않으면 검은색이 되는 가산 혼합법을 사용한다. 세 가지 색에 각각 1바이트 8비트씩 할당했으므로 $2^8 = 256$종류의 색을 표현할 수 있다. 특정한 색을 표현하는 방법은 (0~255, 0~255, 0~255)로 빨간색과 녹색과 파란색을 섞어서 표현한다. 따라서 $2^{24} =$ 16,777,216종류의 색을 표현할 수 있다.

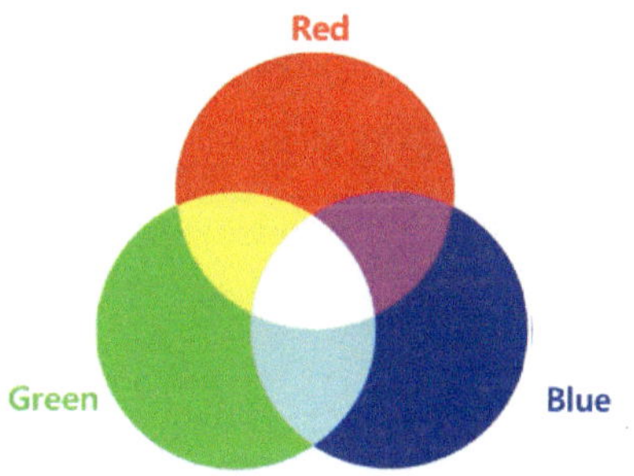

[그림 7.4] RGB : 빛의 삼원색의 가산혼합

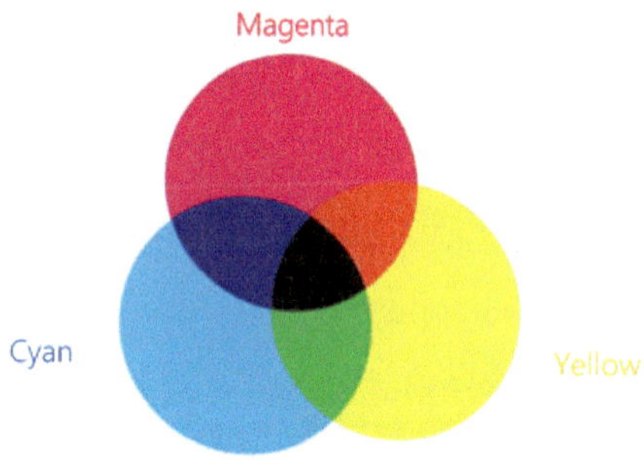

[그림 7.5] CMYK : 물감의 삼원색의 감산혼합

■ CMYK

CMYK는 물감의 삼원색인 청록색Cyan, 선홍색Magenta, 노란색Yellow, 검은색Black으로 구성되어 있다. [그림 7.5]와 같이 청록색과 선홍색과 노란색을 모두 합하면 검은색이 되는 감산 혼합법을 사용한다. 종이와 나무와 같은 물체에 인쇄나 페인팅해야 하는 인쇄업계에서는 빛의 3원색을 사용하는 RGB를 사용할 수 없으므로 CMYK를 사용한다.

4 비디오

비디오는 정지 영상들을 짧은 시간에 순차적으로 보여주어 시각적으로 움직이는 정보를 제공한다. 정지 영상 하나를 프레임이라고 하는데 인접한 프레임끼리는 영상이 매우 비슷하다. 비디오는 이미지와 오디오가 결합된 형태로, 가장 강력한 멀티미디어 요소이다. 1초에 24~30장의 이미지를 연속으로 보여주면 시각은 정지 영상을 동영상으로 착각한다. 정지된 이미지를 연속으로 움직이게 하여 생동감을 부여하는 기술이다. 용량이 크기 때문에 저장, 전송, 압축 기술 등을 이용해야 한다. MPEG, DVI, QuickTime 등의 파일 형식이 있다.

비디오에서는 시간당 영상의 전송률에 따라 비디오 품질이 결정되며 이와 함께 처리 효율도 결정된다. 비디오는 초당 24에서 30장의 정지 영상이 전송되어야 사람의 시각이 자연스럽게 움직임을 인식할 수 있다. 초당 전송되는 정지 영상의 수를 대역폭이라고 한다.

(1) 비디오 압축

소리와 영상은 파일의 용량이 크기 때문에 압축을 한다. 하지만 비디오는 소리와 영상보다 최소 30배 이상 용량이 크기 때문에 압축 기술이 더욱 필요하다. 더구나 비디오는 영상과 함께 오디오도 압축한 다음에 재생할 때는 다시 압축 기술을 이용하여 해제해야 하기 때문에 처리 절차가 복잡하다. 더구나 재생했을 때 소리와 영상의 품질이 유지되어야 하므로 더욱 중요하다. 압축할 때는 인코딩(encode)을 하고, 재생할 때 복원하면서 디코딩(decode)하기 때문에 이 과정을 합하여 코덱(Codec)이라고 한다. 다른 의미로는 압축했다가(compress) 해제(decompress)하므로 코덱(Codec)이라고 한다.

코덱의 처리 과정은 [그림 7.6]과 같으므로 컴퓨터에서 음성이나 동영상을 재생할 때는 제작 시에 사용했던 코덱을 사용해야 한다. 다른 코덱을 사용하면 재생이 되지 않는다. 코덱은 회사마다 다르고 제품과 버전마다 다르기 때문에 선택의 번거로움을 피하기 위해서는 통합 코덱을 사용해야 한다. 원본 영상과 소리는 아날로그 신호였지만 압축하면서 디지털로 변환되었고, 압축을 해제하면서 다시 아날로그 신호로 변환된다.

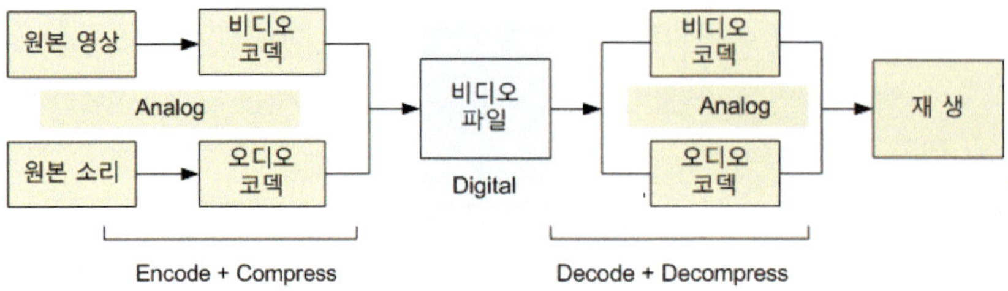

[그림 7.6] 코덱의 처리 과정

5 애니메이션

애니메이션은 개별적으로 디자인된 이미지를 순차적으로 재생하여 움직임을 만들어내는 기술이다. 정지 영상을 만들어서 이들을 잘 연결하면 죽은 생물이 살아나듯이 활동을 하기 때문에 'animation(생기, 활기)'이라는 용어가 탄생한 것이다. 애니메이션은 전통적인 것과 디지털 애니메이션으로 구분된다.

전통적인 애니메이션은 모든 과정을 수작업으로 만드는 것이고, 디지털 애니메이션은 컴퓨터 그래픽 기술과 도구들을 이용하여 만드는 영상 작품들이다.

[표 7.3] A4 용지 한 장에 소요되는 메모리 용량

종류	크기	비고
텍스트	약 2k 바이트	한글 1,000자 기준
오디오	약 3메가바이트	MP3 기준
이미지	약 26메가바이트	300DPI 기준
비디오	이미지의 30배 이상	1프레임에 30화면 기준

비디오와 애니메이션은 같은 동영상으로 볼 수 있지만 제작하는 관점에서 보면 큰 차이가 있다. 비디오는 실제 현장에서 사물이 움직이는 모습을 촬영하는 기술이고, 애니메이션은 개별적으로 디자인된 이미지를 순차적으로 재생하여 움직임을 만들어내는 기술이다. 애니메이션은 실제로 존재하지 않는 사물을 상상으로 만들어서 표현하는 것이므로 창의력이 매우 요구된다. [표 7.3]과 같이 텍스트 파일의 크기에 비하여 오디오, 비디오, 애니메이션의 크기가 매우 크다. 텍스트가 종이 한 장에 담기는 양은 크게 다르지 않지만, 소리와 영상의 크기는 매체의 속성에 따라서 큰 차이가 난다. 이 표에서 비교한 것은 평균적인 크기로 비교한 것이다.

7.2 멀티미디어 기술

멀티미디어 기술은 크게 멀티미디어 저작물을 만드는 기술과 저작물을 효율적으로 저장하고 전송하기 위한 압축 기술과 미디어들을 동기화하는 기술로 나눌 수 있다. 저작물을 만드는 기술은 그래픽 디자인 기술, 오디오와 비디오 등을 편집하는 기술, 3D 모델링과 렌더링 기술, 자료를 압축하는 기술 등이 있다. 멀티미디어 저작과 창작은 미술 음악 등의 예술 분야에서 다루기 때문에 여기서는 다루지 않는다. 여기서는 컴퓨터를 이용하여 압축하는 기술과 동기화 기술을 위주로 다룬다. 멀티미디어 파일은 여러 매체가 동시에 제공되기 때문에 시간적인 동기화가 필요하다. 또한 여러 매체의 특성이 다양하기 때문에 다양한 파일 형식이 제공되고 있다. 영화를 보면 동영상이 나오고, 배경 음악과 음성이 들리고, 외국 영화라면 자막이 함께 나오는데 이들은 철저하게 동기화되어야 한다.

7.2.1 멀티미디어 동기화

멀티미디어의 제일 큰 특징은 동기화 필요성에 있다. 여러 가지 매체들이 제공되므로 매체들끼리 동기화를 잘 이루어야 멀티미디어 효과를 달성할 수 있기 때문이다. 오디오와 비디오는 자료를 제공하는 시간이 중요하기 때문에 이들이 텍스트와 이미지가 결합할 때 특히 동기화 기술이 중요하다.

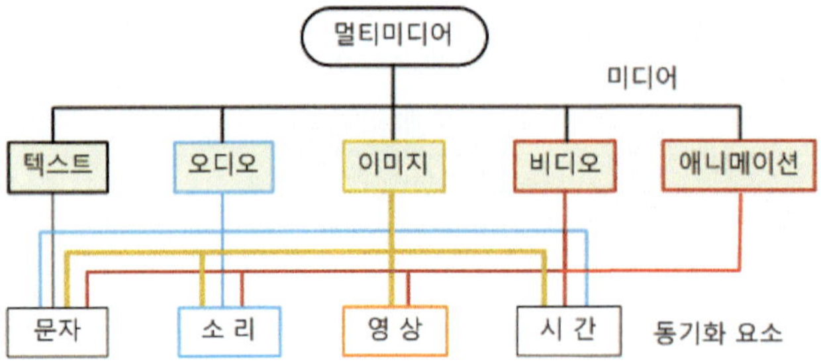

[그림 7.7] 멀티미디어 동기화

멀티미디어는 [그림 7.7]과 같이 문자, 소리, 영상, 시간의 요소들이 동기화되어야 표현이 가능한 매체이다. 오디오는 소리와 문자가 시간에 동기화 되어야 하고, 이미지는 슬라이드에서 표현될 때 영상이 바뀔 때마다 적절한 소리와 문자와 영상이 동기화되어야 효과적이다. 비디오와 애니메이션도 마찬가지로 텍스트 자막과 소리와 영상이 시간에 동기화되어야 효과적이다.

[그림 7.8]은 비디오를 오디오와 동기화 시키는 객체와 시간을 보여준다. 비디오는 동영상의 한 장면이 여러 장의 프레임으로 구성되어 출력된다. 오디오도 여러 개의 세그먼트로 구분되어 출력된다. 동영상이 출력될 때 오디오 세그먼트를 특정 프레임에 맞추어 출력하는 것이 동기화 작업이다.

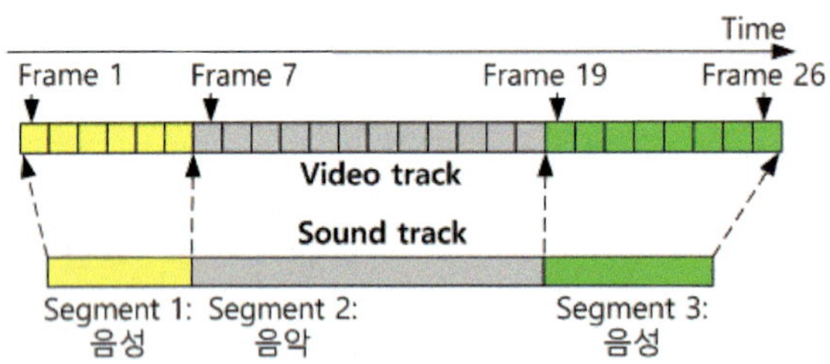

[그림 7.8] 오디오와 비디오의 동기화

[그림 7.9]는 영화에서 동영상이 나오면서 화면에 맞추어 오디오가 흘러나오고 거기에 맞추어 화면에 자막을 띄우는 것이 바로 멀티미디어의 동기화이다. 영화는 같은 주제를 갖는 샷(shot) 단위로 진행되므로 사운드트랙과 텍스트 트랙은 샷에 맞추어 동기화를 진행한다.

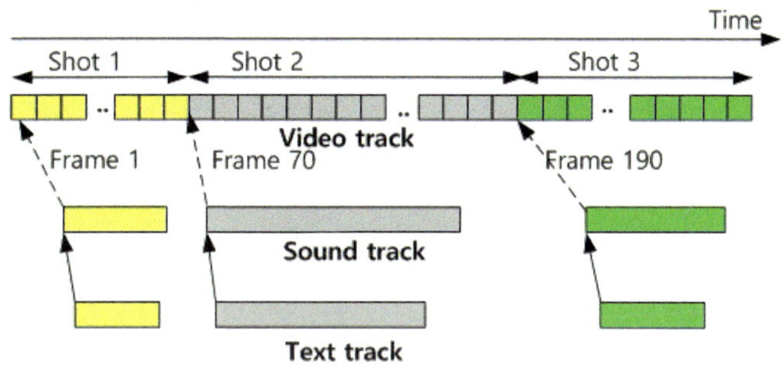

[그림 7.9] 영화의 자막과 오디오와 비디오의 동기화

동기화 기술은 여러 기기나 플랫폼 간에 자료를 일관성 있게 유지하는 데 사용된다. 멀티미디어 파일을 여러 기기에서 접근하고 수정할 수 있도록 동기화하는 것이 중요하다. 저장장치를 관리하고 동기화하는 기술은 Dropbox[3], Google Drive, OneDrive 등이 있다. 실시간 동기화하거나 협업하는 기술은 Google Docs, Microsoft Teams, Slack 등이 있다.

7.2.2 멀티미디어 자료 압축

멀티미디어 파일 중에서 오디오, 이미지, 비디오는 새로운 용도에 따라 다양한 파일 형식이 제공되고 있다. 멀티미디어 파일은 크기가 너무 커서 저장하거나 전송하거나 가공하기에 어려움이 많으므로 압축해서 사용하는 경우가 많다. 멀티미디어를 다루기 위해서는 다음과 같은 압축 기술이 필요하다.

1 손실 압축과 무손실 압축

컴퓨터 파일의 압축 기술은 자료 일부가 손실되는 손실 압축과 손실이 일어나지 않는 무손실 압축으로 구분된다. 손실 압축은 압축 비율이 좋은 반면에 압축해제 시에 멀티미디어에 작은 변화가 있을 수 있다.

3 Dropbox : 미국의 Dropbox Inc사가 제공하는 클라우드 기반 파일 저장 서비스. 2008년부터 서비스를 개시.

손실 압축 시에도 사용하기에 지장이 없을 정도로 압축하기 때문에 많이 사용되는 기술이다. [그림 7.10]과 같이 인코더는 압축하고 디코더는 압축을 해제하는 프로그램을 통하여 저장이나 전송을 수행한다.

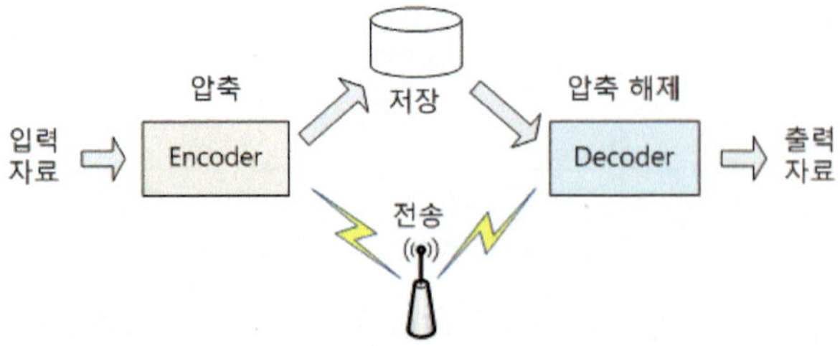

[그림 7.10] 자료의 압축과 해제 절차

(1) 무손실 압축

무손실 압축(Lossless Compression)은 압축된 자료를 완벽히 복원할 수 있는 압축 방식이다. 텍스트 파일이나 자료 파일 등에 주로 사용되며, 이미지 파일에서는 PNG와 같은 형식이 있다. 대표적인 알고리즘으로는 ZIP, RAR, Huffman coding, Lempel-Ziv-Welch(LZW) 등이 있다.

(2) 손실 압축

손실 압축(Lossy Compression)은 압축 후 일부 자료가 손실되지만, 인간의 감각으로는 크게 인지되지 않도록 설계된 압축 방식이다. 예를 들어, 사람을 들을 수 없는 고주파수 대역의 음을 삭제하면 사람에게는 별 차이를 주지 않고 파일의 크기를 줄일 수 있다. 주로 이미지, 오디오, 비디오 파일 등에 사용된다. 대표적인 예로 JPEG, MP3, H.264/AVC(비디오) 등이 있다.

2 오디오

소리의 파일 형식은 소리의 진동수를 나타내는 파형을 그대로 표현하는 웨이브 형식, 악기의 음악 기호와 연주 시간을 표현하는 미디 형식, 영상 압축 기술을 소리에 적용한 MP3, MP3보다 압축률이 뛰어난 WMA 등이 있다.

(1) WAV

WAV는 'Waveform Audio File Format'의 약자로, 마이크로소프트와 IBM이 개발한 표준 저장 형식이다. 이 형식은 가공되지 않은 소리를 윈도우에서 재생하는 무손실 압축의 표준 형식이다. 오디오 파일의 원본 품질을 그대로 유지하며, 파일 크기가 큰 편이며, 전문적인 오디오 편집과 작업에 주로 사용된다. 확장명은 '.wav'이고 스튜디오 녹음, 오디오 편집, 프로페셔널 오디오 작업 등에 사용된다.

(2) MP3

MP3는 MPEG Audio Layer III의 약자이며, 손실 압축 방식으로 인간의 청각 특성을 이용하여 중요하지 않은 자료를 제거하고 파일 크기를 획기적으로 줄인다. 다양한 비트 전송속도(bitrate)를 지원하여 품질과 파일 크기 사이의 균형을 조정할 수 있다. 이 때문에 품질이 다소 저하될 수 있으나, 대중적으로 널리 사용되고 있다. 음악 스트리밍, 포터블 미디어 플레이어, 인터넷 오디오 배포 등에 사용된다.

(3) MIDI

MIDI(Musical Instrument Digital Interface)는 컴퓨터를 이용하여 전자 악기를 연기하려고 만든 파일 형식이다. 이것은 음악을 연주하기 위해 악기, 음표, 박자 등의 자료를 일정한 코드로 표현한 것이다. 미디 형식은 주로 게임 사운드와 스튜디오 녹음 등으로 사용된다. 전자 악기의 정보만 표현하므로 소리를 명확하게 제어할 수 없다는 단점이 있다.

(4) WMA

WMA(Windows Media Audio)는 마이크로소프트사가 개발한 음악 자료 압축 형식이다. WMA는 용량에서 MP3의 절반 정도를 차지하면서 음질은 같은 정도로 제공하는 형식이다. WMA는 전화 사운드부터 7.1 서라운드 사운드까지 디지털 음악을 압축하거나 보호, 배포, 재생할 수 있는 고급 형식이다.

이 외에도 FLAC, OGG 등 다양한 형식이 있으므로, 사용 목적과 요구사항에 따라 적절한 오디오 파일 형식을 선택하는 것이 중요하다. 각 형식은 저장 공간, 오디오 품질, 호환성 측면에서 장단점을 가지고 있다.

3 영상

영상(image) 파일의 형식은 디지털 이미지를 저장하고 전송하는데 다양한 기술을 적용하고 있다. 각각의 형식은 특정 사용 사례와 요구사항에 최적화되어 있으므로 용도에 따라 적절한 형식을 선택하는 것이 중요하다.

(1) JPEG

JPEG(Joint Photographic Experts Group)은 손실 압축을 사용하고, 연속적인 색상의 변화를 효과적으로 압축하여 파일 크기를 줄인다. 이로 인해 상세한 부분들이 손실될 수 있지만, 파일 크기가 작아지므로 웹 사용에 적합하다. 24비트 컬러를 지원하며, 품질과 파일 크기 사이의 균형을 조정할 수 있다. 웹사이트, 소셜 미디어, 이메일 등에 사용되며, 사진과 같은 복잡한 색상의 이미지에 주로 사용된다.

(2) PNG

PNG(Portable Network Graphics)는 JPEG보다 높은 품질의 이미지를 제공하며, 손실 없는 압축으로 이미지의 품질을 유지한다. 또한 투명도를 지원하여 웹 그래픽 디자인에 자주 사용된다. 디자인, 로고, 웹 그래픽 등 품질 유지가 중요한 경우나 배경 투명도가 필요한 이미지에 적합하다.

(3) GIF

GIF(Graphics Interchange Format)는 256가지 색만 지원하는 제한된 색상 팔레트를 가지고 있으며, 간단한 애니메이션을 만드는 데 적합하다. 간단한 웹 애니메이션, 아이콘, 로고 등에 사용된다.

(4) BMP

BMP(Bitmap Image File)는 마이크로소프트에서 개발한 형식으로, 손실 없는 압축을 제공한다. 파일 크기가 크기 때문에 저장 공간을 많이 차지한다. 디지털 페인팅, 인쇄, 아카이브 등 이미지 품질을 훼손하지 않아야 하는 경우에 사용된다.

(5) TIFF

TIFF(Tagged Image File Format)는 고품질의 이미지를 저장하는 데 사용되며, 손실 없는 압축을 제공한다. 파일 크기가 매우 크며, 전문적인 사진과 인쇄 산업에서 널리 사용된다. 출판, 인쇄, 사진 아카이빙, 의료 이미지 등 고해상도 이미지가 필요한 분야에서 주로 사용된다. 이 외에도 다양한 전문 이미지 형식들이 있으므로 각각의 필요에 맞춰 적절한 형식을 선택하는 것이 중요하다. 이미지의 용도와 요구사항에 따라 적절한 파일 형식을 선택하면 저장 공간을 효율적으로 사용하고, 이미지의 품질을 유지할 수 있다.

4 비디오

비디오 파일 형식은 다양한 코덱과 컨테이너의 조합으로 구성되며, 각각은 특정 용도와 요구사항에 맞추어 설계되었다. 비디오 파일 형식을 이해하는 것은 파일의 호환성, 품질, 편집 용이성 등을 고려하는 데 중요하다.

(1) MP4

MP4(MPEG-4 Part 14)는 현재 가장 널리 사용되는 비디오 파일 형식 중 하나이다. 우수한 압축 비율과 높은 품질을 제공하며, 오디오, 비디오, 자막, 정적 이미지 등을 하나의 파일로 저장할 수 있다. 온라인 스트리밍, 휴대형 장치, 소셜 미디어 플랫폼 등 다양한 매체에서 널리 사용된다.

(2) AVI

AVI(Audio Video Interleave)는 마이크로소프트에 의해 개발되었다. 개발된 후 시간이 많이 지났어도 여전히 널리 사용되고 있다. 높은 호환성을 지니지만 파일 크기가 큰 편이다. 주로 데스크탑 기반의 미디어 플레이어와 전문적인 비디오 편집에 사용된다.

(3) WMV

WMV(Windows Media Video)는 마이크로소프트가 개발한 스트리밍 오디오/비디오 형식으로 스트리밍 애플리케이션에 최적화된 형식이다. 마이크로소프트사의 Windows Media Player의 주 스트리밍 형식이다. 파일 크기가 작으나 품질은 MP4보다 일반적으로 낮다. 인터넷 스트리밍, 이메일을 통한 비디오 공유 등에 적합하다. 각 비디오 파일 형식은 장단점을 가지고 있으므로 사용 목적에 따라 선택하는 것이 중요하다. 편집 용이성, 호환성, 파일 크기, 비디오 품질 등을 고려하여 선택해야 한다.

5 압축 기술

압축 기술은 매우 다양하지만, 기본적인 원리는 중복 제거나 중요하지 않은 부분을 삭제하거나, 자료 형태를 변환하여 축소하는 것 등이다.

(1) 중복 제거

자료를 더 작은 크기로 줄이기 위해 중복된 정보를 제거한다. 같은 색상이 반복되는 이미지 부분을 간단하게 표현한다. 자주 사용되는 단어들은 대표적인 문자로 치환한다. 예를 들어, 수많은 문자로 된 자료

(BBBBBFFFFFFEEEEE .... TTTTPPPPPRRRRRR)가 있을 경우, 같은 문자가 반복되는 횟수를 표기하는 방식으로 소수의 문자로 된 자료 (5B6F5E...4T5P6R)로 압축을 한다. 영상에서는 공백이 많은 경우에 공백의 개수를 저장하여 압축한다.

(2) 전송속도 제어

비트 레이트(Bitrate)란 초당 처리해야 하는 비트(bit) 단위의 자료 크기를 말한다. 측정 단위는 초당 비트 수(bps, bit per second)를 사용한다. 전송속도 제어는 파일의 비트 레이트를 조정하여 압축하는 방식이다. 압축을 수행할 때 각 프레임에서 움직임이 많으면 높은 비율로 저장하고, 움직임이 적으면 낮은 비율로 저장하여 압출 비율을 결정한다.

(3) 양자화

양자화(Quantization)는 자료를 특정 범위로 나누어서 근사치로 표현하는 방식이다. JPEG 압축에서 색상 정보를 양자화하여 파일 크기를 감소한다. [그림 7.11]은 아날로그 신호를 양자화하여 결과 값으로 '-1 0 1 2 3 3 2 1 2 3 2 1'을 얻는 것을 보여준다. 여기서 샘플링 시간을 두 배로 늘리면 결과 값이 반으로 줄어들면서 파일 크기가 1/2로 압축된다. 대신 자료의 정밀성이 떨어질 것이다.

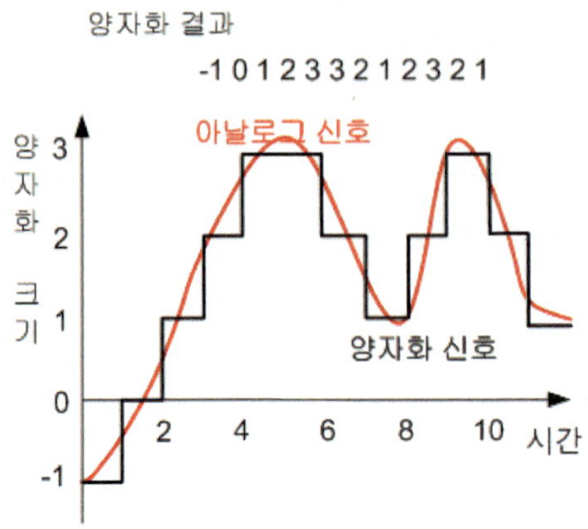

[그림 7.11] 양자화 압축 과정

(4) 퓨리에 변환

퓨리에 변환(Fourier Transformation)[4]은 신호를 시간 도메인에서 주파수 도메인으로 바꿀 수 있다. 주파수 도메인에서는 불필요한 고주파 부분을 제거하고, 축소된 주파수 성분을 양자화하여 파일의 크기를 줄이는 방식이다. 실제로는 퓨리에 변환보다 이산 코사인 변환(DCT, Discrete Cosine Transform)[5] 기술을 이용하여 이미지와 비디오 자료를 압축한다. 이러한 멀티미디어 압축 기술들은 저장 공간을 획기적으로 절약하고, 통신망에서 빠른 전송을 가능하게 하여 오늘날의 디지털 미디어 환경에서 필수적인 역할을 수행하고 있다.

7.3 멀티미디어 데이터베이스

멀티미디어 데이터베이스(MMDB, MultiMedia DataBase)는 텍스트뿐만 아니라 이미지, 오디오, 비디오, 그래픽 등 다양한 형태의 멀티미디어 자료를 체계적으로 저장, 관리, 검색하는 시스템이다. 멀티미디어가 현대 사회의 방송과 통신에서 중요한 역할을 하면서 멀티미디어 데이터베이스는 다양한 분야에서 중요한 역할을 하게 되었다. 기존 데이터베이스 시스템이 멀티미디어를 체계적으로 지원하지 못하기 때문에 멀티미디어 데이터베이스라는 새로운 역할과 분야가 생성된 것이다.

7.3.1 멀티미디어 데이터베이스 개념

멀티미디어 데이터베이스는 기존 데이터베이스에서 지원할 수 없는 여러 가지 기능과 특징이 필요해서 새롭게 개발된 기술이다. 멀티미디어 데이터베이스 시스템은 기존의 시스템을 개량하거나 전혀 새롭게 구축하는 것이 필요하다. 멀티미디어 데이터베이스가 갖추어야 할 주요 개념을 살펴본다.

1 멀티미디어 데이터베이스의 새로운 요소

멀티미디어 데이터베이스는 기존 시스템과 달리 추가적으로 [표 7.4]와 같이 다양한 자료 유형, 복잡한 자료 구조, 대용량 자료처리, 메타자료 관리 등을 해결하고 다루어야 한다.

4 Fourier Transformation : 프랑스 이론 물리학자이며 수학자인 퓨리에(1768~1830)가 만든 신호 변환 이론. 아날로그 신호를 시간 도메인에서 주파수 도메인으로 변환하고 주파수 도메인을 다각적으로 조작하여 신호를 수월하게 변형하고 관리할 수 있다.

5 Discrete Cosine Transform : 퓨리에 변환의 일종으로 영상 압축을 위하여 많이 사용됨. 영상 전체를 주파수 형태로 보고, 영상을 디지털 신호로 규정하고 이 신호를 이용하여 영상을 압축한다.

[표 7.4] 멀티미디어 데이터베이스의 새로운 요소

새로운 요소	검색 내역
자료 유형	텍스트 외에 이미지, 오디오, 비디오, 애니메이션 등
자료구조	이미지와 오디오, 비디오 등의 복잡한 자료구조
대용량 처리	대용량 파일 크기에 적합한 저장장치와 처리 방식 필요
메타 자료	미디어마다 자료 형식과 정보에 관한 메타 자료가 많다

멀티미디어 데이터베이스는 텍스트, 이미지, 오디오, 비디오, 애니메이션 등 여러 형태의 다양한 자료 유형을 저장하고 관리해야 한다. 멀티미디어 자료는 일반 텍스트 자료보다 복잡한 구조를 가질 수 있다. 예를 들어, 비디오 자료는 여러 프레임으로 구성되고, 각 프레임은 이미지 자료와 오디오 자료로 구성된다.

멀티미디어 자료는 대개 파일이 크기 때문에 대용량 자료를 효율적으로 저장하고 검색할 수 있는 시스템이 필요하다. 멀티미디어 자료는 기존 데이터베이스와 달리 더 다양한 메타 자료(자료에 대한 자료)를 관리된다. 메타데이터는 파일 크기, 형식, 생성 날짜, 저작권 정보 등을 포함할 수 있다. 따라서 멀티미디어 데이터베이스 시스템은 기존 시스템을 개량하는 것보다 새로 개발할 필요가 있다.

2 멀티미디어 데이터베이스 기능

멀티미디어 데이터베이스에 추가해야 하는 새로운 기능들은 [표 7.5]와 같이 저장관리, 검색, 자료 변환, 스트리밍 등으로 다음과 같다.

[표 7.5] 멀티미디어 데이터베이스의 새로운 기능

새로운 기능	검색 내역
내용 기반 검색	키 기반 검색보다 내용 기반 검색이 위주
자료 형식 변환	자료 형식이 다양하여 자료 변환 기능이 많이 필요
스트리밍	파일이 대용량이라 다운로드 대신 스트리밍으로 해결
저장관리	압축과 동기화를 위한 저장 기술과 일관성, 무결성 필요

기존 데이터베이스는 주로 키 기반 검색이 위주였으나 멀티미디어는 키보다 내용 기반으로 검색하는 일이 많다. 따라서 키워드, 메타 자료, 내용 기반 검색(Content-Based Retrieval) 등 여러 가지 기준을 통

해 자료를 검색할 수 있다. 실제로 이미지 검색에서는 색상, 질감, 모양 등의 내용을 기반으로 검색한다.

기존 데이터베이스와 달리 자료를 다양한 형식으로 변환하거나 처리해야 하는 경우가 많이 있다. 저작물의 제작자마다 다양한 형식으로 자료를 제작하기 때문에 통합을 위해 자료 형식 변환에 대한 요구가 많이 발생한다. 오디오나 이미지 파일의 형식을 변환하거나 비디오를 편집하는 일이 많다.

Spotify, YouTube 등은 오디오와 비디오 자료를 인터넷에서 실시간으로 전송하고 재생하는 과정에서 스트리밍 기능을 사용한다. 파일 용량이 크기 때문에 다운로드 대신에 스트리밍으로 해결한다. 다양한 형태의 멀티미디어 자료를 압축하여 저장하고 개별 미디어들을 조직화하고 동기화할 수 있도록 관리한다. 아울러 자료의 일관성, 무결성, 보안 등을 유지하는 기능을 추가한다. 이상과 같은 기능들은 기존 데이터베이스에서는 지원하기 힘든 요소이므로 새롭게 개발할 필요가 있다.

3 데이터 모델과 검색

멀티미디어 데이터베이스의 데이터 모델은 멀티미디어의 속성으로 볼 때 객체지향 개념이 적합할 수 있다. 그러나 현실에서는 관계 모델을 활용해서 사용하거나 객체 지향형을 사용한다. 관계 자료 모델을 기반으로 사용하는 경우에는 전통적인 행과 열의 테이블 구조를 활용하고 크기가 큰 멀티미디어 자료는 파일로 연결한다. 객체지향 모델을 사용하는 경우에는 멀티미디어 객체를 클래스로 정의하고, 객체 간의 관계를 유지하고, 메소드를 이용하여 기능들을 처리한다. 관계형 모델과 객체지향 모델의 장점을 모두 이용하여 객체-관계형 모델을 만들어서 사용할 때는 복잡한 점이 있지만 기능적으로 개선되는 측면이 있다.

멀티미디어 데이터베이스의 저장 구조는 파일 시스템에 자료 파일로 저장하거나, 대용량 스토리지 시스템을 이용한다. 블롭(BLOB)[6]을 이용하여 데이터베이스에 저장하기도 한다. 검색하는 경우에는 다중 색인을 구축하여 빠른 검색을 지원한다. 텍스트 인덱스, 이미지 인덱스, 오디오/비디오 인덱스 등 다양한 색인 기법을 사용한다. 멀티미디어별로 여러 가지 색인들을 설치하여 종합적으로 운용할 필요가 있다. 멀티미디어 데이터베이스의 구조는 기존 시스템과 달리 복잡한 구조를 취하지 않을 수 없다.

6 BLOB(Binary Large Object) : 데이터베이스에 저장되는 파일 형식의 하나. 최고 2GB의 가변 길이로, 문자가 아닌 2진 자료로 데이터베이스에 저장. 이미지, 비디오, 사운드 등과 같은 멀티미디어 객체들을 저장.

7.3.2 멀티미디어 데이터베이스와 활용

멀티미디어 데이터베이스는 기술이 진보함에 따라 점차 확산하고 있다. 다양한 멀티미디어 데이터베이스(MMDBMS, Multimedia DBMS)가 출시되고 있으며, 다양한 분야에서 활용되고 있다.

1 멀티미디어 데이터베이스

멀티미디어 데이터베이스는 텍스트, 이미지, 오디오, 비디오 등의 다양한 형태의 자료를 효과적으로 관리하고 검색할 수 있다. 실제로 보급되는 제품들은 [표 7.6]과 같다.

[표 7.6] 멀티미디어 데이터베이스 제품

제품	내역
Oracle Multimedia	대규모 멀티미디어 자료 관리에 적합
MySQL + Sphinx	MySQL에 Sphinx 검색 엔진을 통합: 텍스트와 이미지 검색
MongoDB	NoSQL[7] 데이터베이스로, 빅데이터 자료처리에 적합
ElasticSearch[8]	대용량 자료에 강력한 오픈 소스 검색 엔진

2 멀티미디어 데이터베이스 활용

멀티미디어 데이터베이스가 활용되는 분야는 주로 교육과 연구 분야에 집중되고 있으며, 엔터테인먼트 분야로 확산하고 있다.

- 도서관 : 대량의 디지털 서적, 논문, 연구 자료 등을 저장하고 관리한다.
- 교육 : 멀티미디어 교육 자료(비디오 강의, 대화식 학습 도구)를 지원하고 관리한다. 멀티미디어는 교육적 상호작용을 향상시키고, 학습자의 관심을 유지하는 데 도움을 준다. 예를 들어, 대화식 코스웨어, 교육 게임, 시뮬레이션 등이 있다.
- 의료 : 인체와 동물의 해부를 위한 교육과 실습을 위해 멀티미디어 시스템을 시뮬레이션 차원에서

7 NoSQL, non SQL : 빅데이터 처리를 위해 설계된 비관계형(non-relational) DBMS. 관계형 DBMS와 달리 대규모의 데이터를 유연하게 처리할 수 있다.

8 Elasticsearch : Apache Lucene 기반의 검색 엔진. 자료를 저장할 수 있으므로 NoSQL 저장소로 활용 가능.

활용하면 효과적이다. 의료 영상 자료(MRI, CT 스캔 등)를 저장하고 검색하여 의료 진단에 활용한다. 신경계의 동작과 영향, 내장 체계의 기능과 활동에 대한 실습 교육과 연구에 큰 도움이 된다. 영상과 소리가 지원되기 때문에 의료 시설이 부족한 원격지의 환자들이 원격지의 의료 기관에서 원격 의료 지원이 가능하다.

- 엔터테인먼트 : 게임, 영화, 음악, TV 프로그램 등 다양한 형태의 미디어 콘텐츠를 저장하고 스트리밍을 지원한다. 엔터테인먼트 콘텐츠에 멀티미디어가 활용된다. 멀티미디어 데이터베이스는 다양한 형태의 자료를 효율적으로 관리하고, 사용자가 필요한 정보를 빠르게 검색할 수 있도록 지원하는 시스템으로, 현대의 디지털 환경에서 매우 중요한 역할을 한다.

7.4 멀티미디어 검색

기존의 검색이 주로 키를 기반으로 검색하거나 특정한 용어를 중심으로 검색했다면 멀티미디어 검색은 텍스트, 이미지, 오디오, 비디오, 애니메이션과 같은 다양한 형식의 멀티미디어 콘텐츠를 찾기 위한 기술과 프로세스를 포함한다. 이 분야는 정보 검색 기술의 확장으로, 사용자가 원하는 멀티미디어 정보를 효과적으로 찾을 수 있도록 지원한다.

7.4.1 멀티미디어 검색 기술

멀티미디어 검색은 기존의 속성 데이터베이스와 달리 내용 기반 검색 등을 위주로 사용한다. 내용 기반 검색의 특성상 검색되는 대상 자료의 수가 너무 많을 것에 대비하여 검색 속성을 여러 개 준비하여 검색 효율을 향상시킨다.

1 내용 기반 검색

전통적인 검색에서는 키값을 이용하여 원하는 자료를 찾는 키 기반 검색이 보통이다. 그러나 다양한 멀티미디어 데이터베이스에서 정확한 키값으로 검색하는 것은 쉬운 일이 아니다. 이미 알고 있는 자료의 내용을 기반으로 원하는 자료를 찾는 기법이 내용 기반 검색이다.

(1) 내용 기반 텍스트 검색

내용 기반 텍스트 검색(CBTR, Content Based Text Retrieval)은 텍스트 데이터베이스에서 키값을 모르고도 알고자 하는 자료 일부분으로 원하는 자료를 검색하는 기술이다. 기존의 텍스트 검색 방식은 멀티미디어 파일에 연관된 파일의 제목, 제작자 이름, 공연자 이름 등의 속성을 저장한 메타데이터나 설명 텍스트를 검색한다. 이미지의 태그나 비디오의 제목 및 설명을 사용하면 관련 콘텐츠를 검색할 수 있다.

(2) 내용 기반 오디오 검색

내용 기반 오디오 검색(CBAR, Content Based Audio Retrieval)은 오디오 클립 내의 특정 사운드 패턴, 음악, 음성 등을 분석하여 유사한 오디오 파일을 찾는다. 소리 일부분을 이용하여 원하는 소리 전체를 검색할 수 있는 기술이다. 이 방법은 음성인식과 음악 분석 기술을 사용한다. 라디오에서 흘러나오는 노래 일부분으로 검색하면 노래의 원곡이 무엇인지 찾을 수 있는 기술이다. 작곡가와 가수들이 음악의 저작권을 확보할 수 있는 수단으로 활용하고 있다.

(3) 내용 기반 이미지 검색

내용 기반 이미지 검색(CBIR, Content Based Image Retrieval)은 이미지의 시각적 내용, 예를 들어 색상, 질감, 형태 등을 분석하여 유사한 이미지를 찾는다. 길을 가다가 이름 모르는 꽃이 피어있으면 사진을 찍어서 포털 사이트에서 검색하여 자세한 정보를 찾을 수 있는 것도 내용 기반 이미지 검색이다. 이미지에도 텍스트로 작성한 설명문이 있을 수 있으므로 텍스트 검색도 병행할 수 있다.

(4) 내용 기반 비디오 검색

내용 기반 비디오 검색(CBVR, Content Based Video Retrieval)은 비디오 클립의 시각적 및 오디오 요소를 분석하여 유사한 비디오를 검색한다. 이 과정은 동작, 색상 변화, 사운드 패턴 등을 포함할 수 있다. 비디오에도 자막이 있으면 텍스트 검색을 병행한다. 따라서 텍스트, 오디오, 이미지 검색을 별도로 수행한 다음에 결과를 종합하여 선택한다.

2 멀티미디어 검색의 특징

멀티미디어 검색은 내용 기반 검색을 위주로 진행하기 때문에 유일한 검색 키를 사용하기 힘들다. 따라서 특징이 될만한 자료들을 이용해야 하고 그것도 한 개가 아니라 여러 개의 특징을 추출해서 사용해야 검색 효율을 향상할 수 있다. 대표적으로 텍스트 검색에서 원하는 문서를 찾기 위해서는 키워드를 여러 개 투입해서 여러 개가 모두 적합한 문서를 찾는 것과 마찬가지 방법이다. 예를 들어, 정치에 관한 문서를 찾기 위해서는 정치에 관한 단어들을 여러 개 검색하는 것이다. 즉, '선거', '정책', '정당'과 같은 단어들을 여러 개 이용해서 검색하는 것이다. 마찬가지로 오디오, 이미지, 비디오를 검색하는 것도 색상, 모양, 질감 등의 여러 가지 특징들을 함께 찾아야 검색 효율이 향상된다. 멀티미디어 검색의 특징은 [표 7.7]과 같이 특징으로 색인을 만들고, 특징으로 벡터를 만들고, 유사도로 검색하고, 여러 가지 특징들을 통합하여 검색하는 것이다.

[표 7.7] 멀티미디어 검색의 특징

검색 특징	검색 내역
특징 색인	멀티미디어 자체에서 특징을 추출하여 색인을 구성
특징 벡터(다차원 색인)	정확성 향상을 위해 특징을 여러 개 사용하여 색인 구성
유사도 검색	정확하게 일치하는 검색이 아니라 유사한 자료를 검색
통합 검색	매체별로 개별적으로 검색한 결과를 종합하여 선택

(1) 특징 추출

텍스트 문서에서 검색을 위한 특징(feature)은 키워드들이다. 키워드들을 몇 개 지정해서 검색하면 효율적이다. 오디오 문서의 특징은 음의 진동수, 음폭, 음색 등이 특징이 될 수 있다. 이미지에서는 색상이 특징이 될 수 있다. 어떤 이미지에서 빨간색이 30%, 청색이 20%, 노란색이 30%인 것을 특징으로 찾으면 효과적이다. 또는 삼각형과 사각형과 원형이 각각 25%, 30%, 13%가 들어있는 이미지를 찾으면 된다. 비디오는 화면에 자막으로 나오는 텍스트와 소리에서 나오는 음의 진동수와 이미지에서 나오는 색상을 특징으로 검색하면 효과적이다. 자료 자체에서 얻은 특징을 이용하여 색인을 구축하고 색인을 이용하여 검색한다.

(2) 특징 벡터

멀티미디어는 여러 개의 특징들을 이용하기 때문에 특징들을 이용하여 벡터를 만들어서 사용한다. 특징 벡터를 만드는 방법은 여러 개의 특징으로 다차원 색인을 만들어서 검색하는 것이다. 검색에 효과적인 특징들을 여러 개 추출하여 특징 벡터를 만들고 다차원 색인으로 활용할수록 검색의 정확성과 효율이 향상될 것이다.

```
텍스트 문서1 : sv = (용어1, 용어2, ... 용어n)
오디오 문서1 : sv = (진폭1, 진폭2, ... 진폭n)
오디오 문서2 : sv = (주파수1, 주파수2, ... 주파수n)
영상   문서1 : sv = (색상1, 색상2, ... 색상n)
영상   문서2 : sv = (모양1, 모양2, ... 모양n)
동영상 문서1 : sv = (질감1, 질감2, ... 질감n)
```

[그림 7.12] 멀티미디어 특징 벡터의 구성

[그림 7.12]는 멀티미디어 특징 벡터의 실례를 보여준다. 멀티미디어에 있는 자막 자료는 텍스트 자료이므로 찾고 싶은 용어들을 필요한 수만큼 검색하고, 오디오 자료는 진폭으로도 찾고 주파수로도 찾는다. 영상 자료는 색상으로도 찾고 모양을 같이 넣어서 찾을 수도 있다. 동영상 자료는 동영상에 나오는 질감을 여러 가지 넣어서 검색할 수 있도록 만들 수 있다.

(3) 특징 벡터를 위한 다차원 색인

멀티미디어 검색은 여러 개의 매체를 동시에 검색해야 하므로 다차원 색인이 필요하다. 다차원 색인을 구축할 수 있는 자료 구조는 많이 개발되어 있으나 여기서는 가장 이해하기 쉬운 자료 구조의 하나인 k-d 트리를 소개한다. k-d 트리는 이진 트리를 확장하여 만든 다차원 자료 구조다. k-d 트리에서 키는 하나의 값을 가지는 대신에 k-차원의 벡터를 의미한다. 이진 트리를 k-d 트리로 확장하기 위해서는 각 노드 수준(level)에서 분기하는 방법을 결정해야 한다. k-d 트리에서 k는 차원의 수를 의미하며 트리의 뿌리를 수준 1로 정하고 한 수준 내려갈 때마다 수준을 1씩 증가한다. 수준 1에서는 첫 번째 차원의 자료 값에 의하여 트리가 분기된다. 두 번째 수준에서는 두 번째 차원의 자료 값에 의하여 트리가 분기되고 계속 이런 방식으로 트리가 분기된다. [그림 7.13]은 세 개로 구성된 특징 벡터를 활용하기 위해 구성한 k-d 트리로 만든 다차원 색인이다. 이 색인에 입력되는 자료들은 다음과 같다.

```
(10,13,7), (9,14,8), (20,9,17), (7,13,6), (8,12,7), (6,10,9), (11,8,14), (15,13,11),
(10,6,17), (16,12,21), (17,3,15)
```

이들 세 가지 자료들은 텍스트, 오디오, 영상 자료들의 값이 될 수 있다. 이 자료들이 입력되면 [그림 7.13]과 같이 노드가 좌우로 분기하면서 3차원의 k-d 트리를 형성한다. 트리가 만들어지고 검색되고 갱신되는 방식은 제4장 자료 구조에서 언급한 이진 트리와 같다.

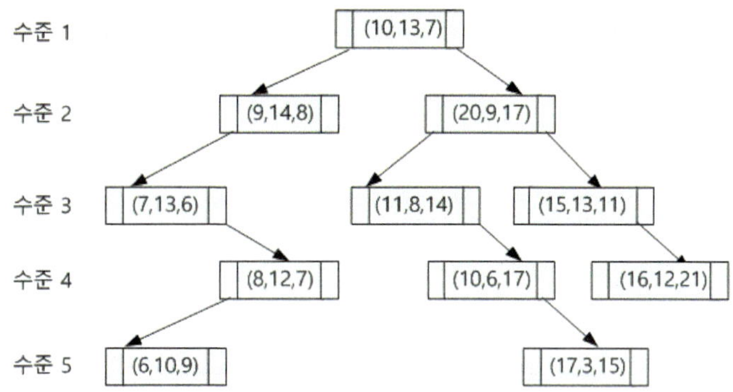

[그림 7.13] 특징 벡터를 검색하기 위한 3차원 색인(k-d 트리)

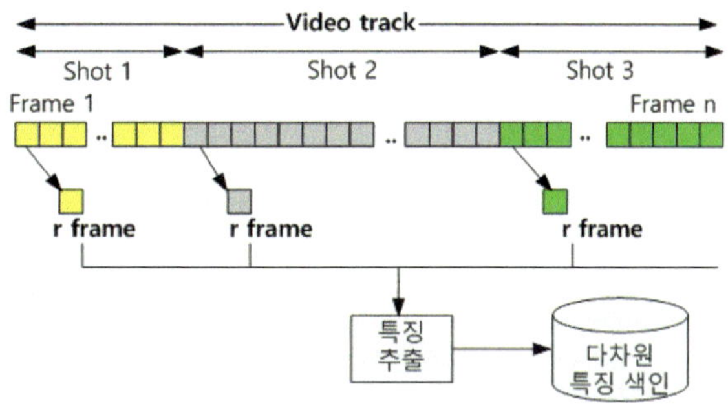

[그림 7.14] 샷기반 동영상 검색 기법

(4) 동영상 색인과 검색

동영상에서 특정한 영상을 선발하여 특징을 추출하고 색인으로 만들어서 검색하는 방법은 여러 가지가 있다. 특히 샷(shot)을 대표하는 프레임인 r frame을 선발하는 방법이 대표적이다. 샷이란 같은 주제를 가진 프레임들이 연속된 짧은 프레임들의 집합이다. [그림 7.14]와 같이 각 샷에서 샷을 대표할 수 있는 r frame을 선발하여 특징을 추출하고 다차원 특징 색인에 입력한다. 그림에서는 각 샷에서 첫 프레임을 r frame으로 선발하였다. 사용자가 원하는 동영상을 검색하려면 영상을 입력받아서 특징을 추출하여 다차원 특징 색인에서 검색하면 찾을 수 있다.

(5) 유사도 검색

멀티미디어 검색은 속성 데이터베이스와 달리 정확하게 한 개의 자료를 찾는 것이 아니다. 원래부터 특정한 것을 찾으려고 하기보다는 대체로 원하는 자료들을 여러 개 찾으려는 것이 멀티미디어 검색의 특색이다. 따라서 멀티미디어 자료를 검색할 때마다 유사도를 계산해서 어느 점수 이상이 되면 선택하는 방식으로 검색한다. 기준 점수를 높이면 정확도가 올라가지만 검색되는 자료의 수가 적어질 것이다. 기준 점수를 낮추면 정확도는 내려가고 검색 자료는 증가한다.

(6) 통합 검색

멀티미디어 검색은 텍스트, 오디오, 이미지, 비디오 검색을 모두 할 수 있다. 따라서 개별적 특징을 이용한 검색을 수행한 다음에 여러 개의 결과들을 종합하여 최종 결과를 선택하는 것이다.

3 멀티미디어 검색의 도전 분야

멀티미디어 검색의 도전 과제는 [표 7.8]과 같이 새로운 개념들을 해결하는 것이다.

[표 7.8] 멀티미디어 검색의 도전 분야

과제	내역
다양성과 복잡성	콘텐츠가 복잡하여 의미와 맥락을 파악하기 곤란
시맨틱 갭	콘텐츠의 표현과 사용자들의 인식에 차이
속도와 자원	멀티미디어 처리 속도는 느리고, 자원 소요는 많다.
사용자 교감	신속 정확한 검색을 위해 사용자와 교감이 필요

다양성과 복잡성은 멀티미디어 콘텐츠가 매우 다양하고 복잡하여, 콘텐츠의 진정한 의미나 맥락을 정확히 파악하기 어려운 분야이다.

시맨틱 갭(Semantic Gap)은 콘텐츠의 시각적 또는 청각적 표현과 사용자가 인식하는 의미 사이에 간극이 존재한다는 것이다. 이것을 해결하려면 검색하려는 객체의 의미를 찾을 수 있는 고급 패턴 인식과 스스로 학습할 수 있는 기계학습 기술이 필요하다. 높은 음질과 높은 화질의 멀티미디어 파일은 처리하려면 빠른 처리 속도와 많은 자원을 요구한다. 따라서 신속한 검색 알고리즘과 효율적인 저장 기술의 개발이 필요하다. 사용자가 원하는 목표를 신속하고 정확하게 찾아서 제공하려면 사용자와의 교감이 필요하다. 이를 위해 사용자 인터페이스와 상호작용 설계에 주의를 기울여야 한다.

멀티미디어 검색 기술은 지속해서 발전하고 있으며, 인공지능과 머신 러닝의 발전으로 인해 점차 더 정교하고 효율적인 검색이 가능해지고 있다. 이 분야의 연구는 디지털 라이브러리, 온라인 광고, 엔터테인먼트 산업 등 여러 분야에서 중요한 역할을 하고 있다

7.4.2 멀티미디어 검색 응용 기술

컴퓨터 기술이 발전할수록 멀티미디어 검색 기술도 발전하여 사회 모든 분야에서 멀티미디어를 응용하고 있다. 멀티미디어 기술 중에서 3차원 그래픽스와 가상현실 기술이 주로 응용 기술에 영향을 주고 있다. 이들 기술이 게임, 영화, 광고, 상거래, 로봇, 교육 등에서 다양하게 활용되고 있다.

1 3차원 그래픽스

3차원 그래픽스는 2차원 공간에 있는 이미지를 3차원 공간에 있는 이미지로 만드는 기술이다. 3차원 이미지로 만들기 위해서는 이미지를 3차원으로 변환하는 3차원 모델링 작업이 필요하다. 3차원 모델이 완성되면 이미지를 화면이나 용지에 출력하는 렌더링(rendering) 작업을 진행한다. 렌더링이란 2차원의 이미지에 조명과 위치와 색상 등 외부 정보를 고려하여 3차원 이미지를 만드는 작업이다. 렌더링에는 물체를 선으로 그리는 와이어 프레임(wire frame)이나 빛을 추적하는 레이 트레이싱(ray tracing) 등의 기법을 사용한다.

3차원 그래픽스는 현실 세계를 시뮬레이션하거나 가상 환경을 생성하는 데 매우 유용하다. 3차원 그래픽스는 비디오 게임 산업에서 가장 중요한 요소이다. 게임 내에서 사실적이고 몰입감 있는 환경을 제공하기 위해 복잡한 3D 모델과 환경이 사용된다. 3D 애니메이션과 특수 효과는 영화 제작에서 시각적으로 인상적인 장면을 만드는 데 필수적이다. 최근의 많은 블록버스터 영화들은 복잡한 3D 그래픽 기술을 활용하여 관객에게 놀라움을 선사하고 있다. 건축가와 엔지니어는 3D 모델링을 사용하여 건물, 구조물 또는 제품의 시각적 모형을 만들고, 설계를 평가하며, 고객이나 이해관계자에게 제시한다. 이를 통해 설계하기 전에 또는 시공하기 전에 문제점을 미리 발견하고 수정할 수 있다.

3D 그래픽스는 의료 분야에서도 중요한 역할을 한다. 의사들은 복잡한 수술을 계획하거나 진단을 위해 환자의 내부 영상을 3D로 변환하여 사용한다. 우주, 기상, 생물학적 과정 등 복잡한 과학적 현상을 시뮬레이션하는 분야에도 3D 그래픽스가 사용된다. 이를 통해 과학자들은 현상을 더 잘 이해하고, 예측할

수 있다. 교육 분야에서 3D 그래픽스는 학습자가 보다 직관적으로 정보를 이해하고, 복잡한 개념을 시각적으로 학습할 수 있도록 지원한다. 예를 들어, 역사적 장소나 과학적 개념을 3D로 시각화하여 제공할 수 있다. 이러한 분야에서 3차원 그래픽스의 활용은 더욱 발전하고 있으며, 기술의 발전과 함께 그 적용 범위도 계속 확대되고 있다.

2 가상현실과 증강현실

가상현실이란 컴퓨터로 입체적으로 보이는 디스플레이 공간을 만들고 사람이 그 공간에서 기계와 상호작용하도록 만드는 기술이다. 예전에는 컴퓨터에서 자동차 게임을 할 때 2차원의 모니터로 보면서 운전했다. 가상현실에서는 눈으로 모니터를 보는 것이 아니라 헤드마운트를 쓰고 매우 입체적인 공간에서 현실감과 몰입감을 느끼면서 운전하는 것이다.

증강현실이란 실제 환경에서 가상적인 사물을 합성하여 원래 실물인 것처럼 보이도록 하는 그래픽 기술이다. 가상현실이 현실 세계와 완전히 격리된 환경에서의 체험이라면 증강현실은 현실 세계에서 가상적인 컴퓨터 영상을 보면서 체험하는 기술이다. '포켓몬 GO'는 대표적인 증강현실 게임이다. 가상현실과 증강현실 기술은 3D 그래픽스를 필수적으로 활용한다.

가상현실은 주로 영화, 영상 분야에서 활용되는 반면에 증강현실은 게임과 엔터테인먼트 등 더 폭넓은 분야에서 활용되고 있다. 이들 기술은 다양한 산업에서 활용되며, 각기 다른 방식으로 사용자 경험과 작업 효율성을 향상시키고 있다. 이 기술들은 교육, 훈련, 마케팅, 게임 등 다양한 분야에서 사용자에게 현실적이고 상호 작용 가능한 경험을 제공한다.

이 기술들이 실제로 적용되는 주요 분야는 다음과 같다.

- **교육과 훈련** : 가상현실은 학생들이 실제로 방문하기 어려운 곳, 예를 들어 우주나 고대 역사적 장소를 가상으로 방문할 수 있게 함으로써 교육적 경험을 풍부하게 한다. 증강현실은 교과서의 이미지가 살아 움직이는 효과를 제공하여 학습 내용을 더욱 명확하게 이해할 수 있도록 돕는다.
- **의료** : 가상현실은 의료 훈련에서 외과 수술 시뮬레이션 등 복잡한 의료 절차를 연습하는 데 사용되며, 환자에게 치료 과정을 설명하기 위해 사용된다. 증강현실은 실시간으로 환자의 의료 이미지를 보면서 수술을 진행할 수 있게 함으로써 정확도를 높이고, 의료 시술의 위험성을 감소시킨다.
- **부동산과 인테리어** : 가상현실은 가상의 부동산 투어를 통해 구매자가 실제로 방문하지 않고도 건축물이나 아파트를 둘러볼 수 있다. 증강현실은 가구나 장식품을 실제 공간에 배치해 보면서 인테리

어 디자인을 시험해 볼 수 있다.

- **전자상거래** : 가상현실은 가상의 매장을 통해 사용자가 온라인 쇼핑을 경험할 수 있도록 한다. 증강현실은 온라인 쇼핑 시 사용자가 옷이나 액세서리를 가상으로 착용해보고 구매를 결정할 수 있도록 돕는다.
- **엔터테인먼트** : 가상현실은 게임, 영화, 음악 경험 등을 가상현실에서 제공하여 사용자에게 몰입감 있는 경험을 제공한다. 증강현실은 실제 환경에 가상의 객체나 캐릭터를 표시하여 게임 및 기타 엔터테인먼트 경험을 향상시킨다. 예를 들어, 포켓몬 고와 같은 게임이 이에 해당한다. 가상현실과 증강현실 기술은 계속해서 발전하고 있으므로, 앞으로 더 많은 산업에서 더욱 다양한 형태로 활용될 것이다.

7.5 멀티미디어 시스템

멀티미디어 제품을 만들고 활용하기 위해서는 기존과 다른 다양한 도구들이 개발되어 사용되고 있다. 대표적인 저작 도구와 활용 도구들을 살펴본다.

7.5.1 멀티미디어 시스템

멀티미디어는 기존의 텍스트 자료와 달리 여러 가지 특징을 갖고 있다. 이들 특징들을 잘 활용해야 멀티미디어 시스템을 구축할 수 있다. 멀티미디어 시스템은 [그림 7.15]와 같이 미디어를 지원하는 소프트웨어 환경에서 멀티미디어 콘텐츠를 만들고 이들을 활용하려는 사용자들과 응용 프로그램과 연결되어 있다.

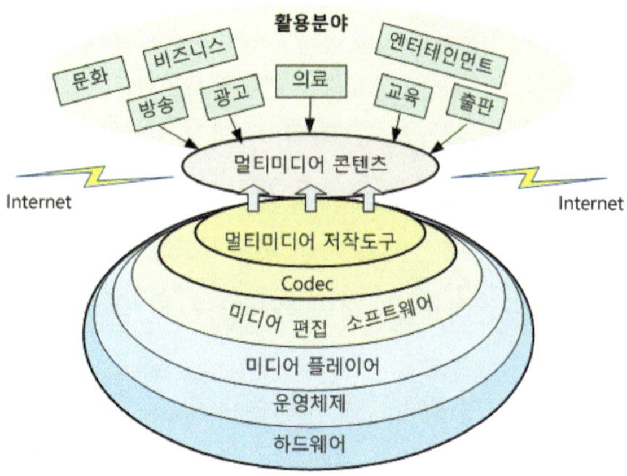

[그림 7.15] 멀티미디어 시스템 환경

1 멀티미디어 시스템 구성 요소

멀티미디어 자료들은 시간이 지날수록 다양해지고 대용량화되고 복잡해지고 있다. 이들을 빠르게 처리하고, 효율적으로 입력, 편집, 저장, 전송, 출력하려면 새로운 장치들과 운용 기술이 요구된다. 멀티미디어들을 동기화하고 관리하기 위해서는 전반적인 관리를 용이하게 해주기 위해 멀티미디어 관리 시스템으로 발전하였다. 즉, 멀티미디어를 가공하고 처리하는 장치들과 이들을 제어하는 소프트웨어가 개발되었다.

(1) 입출력장치

입력장치는 다음과 같이 멀티미디어 자료를 컴퓨터로 읽어 들이고 가공하고 처리하기 위해 디지털로 변환한다.

- **카메라** : 비디오와 이미지 자료를 입력한다.
- **마이크로폰** : 오디오 자료를 입력한다.
- **스캐너** : 이미지와 텍스트를 디지털 형식으로 변환한다.
- **키보드 및 마우스** : 텍스트 입력 및 그래픽 인터페이스를 제어한다.

멀티미디어 자료를 입력하기 위해서는 기존 장비 이외에도 디지타이저(digitizer), 터치스크린(touch screen), 키오스크(kiosk), 3차원 카메라 등을 효과적으로 사용하는 것이 좋다. 이를 위해 새로운 기능을 가진 입력장치 들이 계속해서 개발되고 있다.

출력장치는 다음과 같이 주 기억장치에 있는 멀티미디어 자료를 사람이 인식할 수 있는 형태로 표현하는 장치이다.

- **모니터** : 텍스트, 그래픽, 비디오, 애니메이션을 표시한다.
- **스피커** : 오디오 출력을 제공한다.
- **프린터** : 텍스트와 이미지를 물리적 매체에 인쇄한다.
- **3D 프린터** : 입체적인 물체를 인쇄 방식으로 만든다.

멀티미디어 결과물을 사람들에게 제시하기 위해서 다양한 출력 장치들이 개발되고 있다. 기존의 모니터, 스피커 등과 달리 가상공간에서 몰입 효과를 높여주는 HMD(Head Mounted Display), 3D 프린터, 프로젝터 등이 계속 성능과 기능을 향상하고 있다.

(2) 저장장치

저장장치는 다음과 같이 멀티미디어 자료를 컴퓨터에 저장하기 위해서는 저장 효율을 위해 압축 기술이 요구된다.

- 하드 디스크 : 전통적인 기계식 대용량 저장장치이다.
- 반도체 드라이브(SSD[9]) : 반도체를 이용한 대용량 저장장치이다.
- 광학 드라이브 (CD/DVD/Blu-ray[10]) : 대용량 자료를 저장하고 재생한다.
- 플래시 메모리[11](USB[12], SD카드[13]) : 휴대용 저장장치로 사용된다.

대용량의 멀티미디어 자료를 저장하기 위해서 전통적인 기계식 장치와 반도체 장치들이 계속 용량과 성능을 향상시키고 있다.

(3) 처리장치

처리장치는 기존 자료들은 CPU로 가공하고 처리하지만, 멀티미디어 자료들은 동시에 여러 자료를 처리해야 해서 다음과 같이 GPU를 추가적으로 사용한다.

- 중앙 처리 장치(CPU) : 시스템의 주요 연산 작업을 수행한다.
- 그래픽 처리 장치(GPU) : 병렬 처리로 그래픽과 비디오 렌더링을 가속화 한다.
- 사운드 카드 : 오디오 처리를 담당한다.

미디어 가공을 위하여 사운드 카드가 계속 개발되고 향상되고 있다. 멀티미디어 정보를 효과적으로

---

9 SSD(Solid State Drive) : '고체 상태'라는 뜻으로 트랜지스터와 집적 회로 등의 반도체를 의미.

10 Blu-ray : 고선명(HD) 비디오를 저장하도록 Sony가 개발한 디지털 방식의 광 기록 저장매체.

11 Flash Memory : 1984년 일본 도시바에서 발명한 비휘발성 기억장치. 전원이 끊겨도 정보가 유지됨.

12 USB(Universal Serial Bus) : 1994년 컴팩 등 7개 회사가 공동 개발한 직렬 버스 규격. USB 메모리는 휴대성이 좋아서 광범위하게 보급됨.

13 SD카드(Secure Digital Card) : 파나소닉, 도시바, 샌디스크 등이 만든 표준 규격의 플래시 메모리 카드. 우표 크기의 SD카드 대신 손톱 크기의 마이크로SD 카드가 시장을 평정했다.

전달하기 위해서 성능이 뛰어난 음향 기기가 필요하다. 사운드 카드의 성능에 따라 사용자에게 주는 감동 효과가 달라지기 때문이다. 그래픽 카드는 복잡한 이미지를 효과적으로 신속하게 디스플레이시키기 위해서 사용하는 장치이다. 이미지가 복잡하고 클수록 그래픽 카드의 성능이 더욱 요구된다. 대용량의 자료를 병렬 처리해야 하므로 그래픽 카드가 중요하다.

(4) 멀티미디어 소프트웨어

멀티미디어 소프트웨어는 다음과 같이 멀티미디어를 제작하거나 활용하는데 필요한 소프트웨어들이다. 여기에는 운영체제와 함께 오디오, 이미지, 비디오 등을 전문적으로 편집하고 가공하는 소프트웨어들이 있다. MS와 같은 운영체제 회사에서 내장하여 지원하는 미디어 플레이어 같은 것도 있지만 상당수는 외부에서 오픈 소스로 설치하거나 구매해야 한다.

- **운영체제** : 멀티미디어 장치들과 소프트웨어 자원을 전반적으로 관리한다.
- **미디어 플레이어**(Media Player) : 오디오 및 비디오 파일을 재생한다.
- **편집 소프트웨어**(Editing Software) : 오디오, 이미지, 비디오 등의 편집을 지원한다.
- **멀티미디어 저작 도구**(Multimedia Authoring tool) : 다양한 멀티미디어 요소들을 통합하여 디지털 콘텐츠를 생성, 편집 및 발표하는 것을 지원한다.
- **코덱**(Codec) : 미디어 자료를 인코딩과 디코딩을 통하여 압축과 압축해제 작업을 수행하고 저장과 전송 작업을 최적화한다.
- **멀티미디어를 활용 도구**(Multimedia Utilizing tool) : 멀티미디어 콘텐츠를 간단하게 편집하고, 표현하고, 배포하도록 지원한다.

멀티미디어를 효과적으로 처리하기 위해서는 앞에서 언급한 하드웨어 장치들을 효과적으로 운용하는 소프트웨어가 필요하다. 다양한 멀티미디어 자료들을 동기화하고 가공하고 출력하기 위해 전담할 수 있는 소프트웨어 시스템이 개발되고 있다. 멀티미디어 저작 도구와 활용 도구와 저장도구들이 효율적인 시스템으로 발전하고 있다. 멀티미디어 구성 요소들은 멀티미디어 시스템을 구성하여 멀티미디어 콘텐츠를 제작하는 것을 지원한다. 사용자들은 멀티미디어 활용 도구들을 이용하여 멀티미디어를 효과적으로 소비할 수 있다.

7.5.2 멀티미디어 저작 도구

멀티미디어 저작 도구(Multimedia Authoring tool)는 텍스트, 이미지, 오디오, 비디오 등 다양한 멀티미디어 요소를 통합하여 디지털 콘텐츠를 생성, 편집, 발표하는 데 사용되는 소프트웨어이다. 이러한 도구들은 사용자가 대화식 발표 자료, 교육 자료, 웹 페이지, 비디오 게임 등 다양한 형식의 멀티미디어 콘텐츠를 쉽게 만들 수 있도록 지원한다. 멀티미디어 제품을 만들 수 있는 주요 멀티미디어 저작 도구들은 다음과 같다.

(1) Adobe Creative Cloud

Creative Cloud는 Photoshop, Illustrator, Premiere Pro, After Effects 등 다양한 프로그램을 포함하고 있어 이미지, 비디오, 오디오 편집 및 그래픽 디자인에 광범위하게 사용된다. 전문적인 그래픽 디자인, 비디오 편집, 웹 디자인 등 다양한 크리에이티브 작업에 적합하다.

(2) Final Cut Pro

애플에서 개발한 이 비디오 편집 소프트웨어는 빠른 성능과 향상된 비디오 편집 기능을 제공한다. 주로 맥 사용자들에게 인기가 많다. 전문 비디오 편집, 영화 제작, 광고 등에 사용된다.

(3) Autodesk Maya

3D 모델링, 애니메이션, 시각 효과를 생성할 수 있는 강력한 도구입니다. 게임 개발, 영화 및 TV 산업에서 광범위하게 사용됩니다. 3D 애니메이션, 영화 제작, 비주얼 이펙트, 게임 개발 등에 적합하다.

멀티미디어 저작 도구는 각각의 목적과 사용자의 요구에 따라 다양하게 선택될 수 있다. 이 도구들은 창의적인 콘텐츠 제작을 위한 강력한 기능을 제공하여 사용자가 자기 아이디어를 시각적으로 표현할 수 있도록 지원한다. 사용자의 목표와 기술 수준에 맞는 도구를 선택하는 것이 중요하다.

7.5.3 멀티미디어 활용 도구

멀티미디어를 활용 도구(Multimedia Utilizing tool)는 텍스트, 이미지, 오디오, 비디오 등으로 제작된 멀티미디어 콘텐츠를 간단하게 편집하고, 표현하고, 배포할 수 있게 도와주는 소프트웨어이다. 이러한 도구들은 교육, 마케팅, 엔터테인먼트 및 전문적인 미디어 제작 등 다양한 분야에서 폭넓게 사용된다. 다음은 대표적인 멀티미디어 활용 도구들이다.

(1) Adobe Photoshop

어도비 사의 포토샵(Photoshop)은 이미지 편집 및 조작을 위한 업계 표준 도구이다. 포토샵은 복잡한 디지털 아트워크, 사진 수정(photo-retouching), 복합 이미지 제작 등에 사용된다.

(2) Adobe Premiere Pro

프리미어 프로(Premiere Pro)는 전문적인 비디오 편집을 위한 강력한 도구이다. 프리미어 프로는 영화, TV 프로그램, 웹 비디오 등을 편집하는 데 사용되며, 다양한 형식과 해상도를 지원한다.

(3) Adobe After Effects

애프터 이팩트(After Effects)는 비디오 포스트 프로덕션을 위한 도구로, 복잡한 애니메이션과 시각 효과를 생성할 수 있다. 이 도구는 광고, TV 쇼, 영화의 시각 효과 작업에 주로 사용된다.

이러한 도구들은 각자의 목적에 맞게 설계되었으며, 사용자는 자신의 필요에 따라 적절한 소프트웨어를 선택하여 멀티미디어 콘텐츠를 제작하고 관리할 수 있다. 도구 선택 시 사용의 용이성, 지원 기능성, 호환성, 가격 등을 고려해야 한다.

7.5.4 멀티미디어 도구 선택 시 고려 사항

멀티미디어 도구들은 대부분 가격이 높고 자원을 많이 소모하기 때문에 선택 시에 [표 7.9]와 같이 엄격하게 효율성과 가성비를 검토하는 것이 좋다.

[표 7.9] 멀티미디어 선택 시 고려 사항

항목	내역
편의성	직관적인 사용자 편의성과 학습 도구
기능성	3D 모델링 도구와 같은 주요 기능 지원 여부
호환성	다른 공급자들의 도구들과 호환성 여부
지원	기술 지원 제공과 협조적인 커뮤니티 여부
가격	구독 형태의 요금제가 대부분이므로 예산 범위 확인

편의성이란 사용자의 기술 수준에 맞는 도구를 선택하는 것이 중요하다. 초보자에게는 직관적인 인터페이스와 간단한 학습 곡선을 제공하는 도구가 적합할 수 있다. 기능성이란 필요한 작업을 수행할 수 있는 충분한 기능을 갖춘 도구를 선택해야 한다. 예를 들어, 복잡한 3D 애니메이션을 만들고 싶다면 Blender와 같은 강력한 3D 모델링 도구가 필요할 수 있다.

호환성이란 제작한 콘텐츠가 다양한 플랫폼과 장치에서 잘 작동하는지 여부에 있다. 특히, 웹 또는 모바일 환경을 대상으로 할 경우, 교차 플랫폼 호환성을 제공하는 도구를 선택하는 것이 중요하다. 공급자가 제공하는 지원 수준이 높을수록 좋고, 그 도구를 사용하는 커뮤니티가 얼마나 활발한지를 확인하는 것이 좋다.

활발한 사용자 커뮤니티와 좋은 기술 지원을 제공하는 도구는 학습과 문제 해결에 큰 도움이 된다. 많은 고급 도구들이 구독 기반의 요금제를 채택하고 있다. 예산 범위 내에서 최고의 가치를 제공하는 도구를 선택해야 한다.

이러한 요소들을 고려하여 자신의 프로젝트 요구 사항과 가장 잘 맞는 도구를 선택하면 멀티미디어 콘텐츠 제작 과정이 더 효율적이고 즐거운 경험이 될 것이다.

연습문제

1. 멀티미디어를 정의하고 특징을 설명하시오.
2. 멀티미디어 구성 요소들을 설명하시오.
3. 텍스트를 구성하는 코드들을 설명하시오.
4. 텍스트를 구성하는 대표적인 파일 형식들을 설명하시오.
5. 소리의 구성 요소들을 설명하시오.
6. 소리를 디지털 신호로 변환하는 작업을 설명하시오.
7. 디지털 신호를 소리로 변환하는 작업을 설명하시오.
8. 래스터 방식과 벡터 방식의 차이를 설명하시오
9. 이미지의 색상을 표현하는 방법들을 설명하시오.
10. 비디오를 디지털로 표현하는 방법을 설명하시오.
11. 애니메이션을 만드는 방법을 설명하시오.
12. 같은 정보를 텍스트, 소리, 영상, 동영상 등으로 표현했을 때 각 파일의 크기를 비교하시오.
13. 손실 압축에서 손실이 발생하는 이유는 무엇인가?
14. 손실 없이 압축할 수 있는 기술에 대해 설명하시오.
15. 오디오 파일에서 손실과 무손실 압축한 파일 형식들을 구분하여 설명하시오.
16. 영상 파일에서 손실과 무손실 압축한 파일 형식들을 구분하여 설명하시오.
17. 압축 기술에서 사용하는 기법들을 설명하시오.

연습문제

18. 양자화 기법은 손실 압축인가 아니면 무손실 압축인가? 설명하시오.

19. 퓨리에 변환으로 압축할 수 있는 방법을 설명하시오.

20. 영화에서 동영상과 소리와 텍스트를 동기화 시키는 방법을 설명하시오.

21. 멀티미디어 데이터베이스가 기존 데이터베이스와 다른 점들을 설명하시오.

22. 멀티미디어 데이터베이스 응용 분야에 대해 설명하시오.

23. 내용 기반 검색을 사용하는 이유는 무엇인지 설명하시오.

24. 멀티미디어 검색의 특징을 설명하시오.

25. 멀티미디어 검색에서 다차원 색인을 사용하는 이유를 설명하시오.

26. 멀티미디어 검색에서 어떤 도전 과제가 있는지 설명하시오.

27. 내용 기반 검색의 종류와 원리를 설명하시오.

28. 3차원 그래픽스 기술에 대해 설명하시오.

29. 멀티미디어에서 가상현실과 증강현실의 필요성을 설명하시오.

30. 가상현실과 증강현실의 활용 분야를 각각 설명하시오.

31. 멀티미디어 시스템의 구성 요소들을 설명하시오.

32. 멀티미디어에 사용되는 주요 소프트웨어들을 설명하시오.

33. 멀티미디어 저작 도구에 대해 설명하시오.

34. 멀티미디어 활용도구에 대해 설명하시오.

CHAPTER 8

인공지능

[그림 8.1] 생체 신경망과 인공 신경망의 대화

인간의 두뇌는 [그림 8.1]과 같이 로봇의 인공 신경망과 자연스러운 대화가 가능할 것인가? 생체 신경망(NN: Neural Network)은 동물의 간단한 신경세포들로 이루진 망이다. 생체 신경세포는 신호를 받아들이는 수상돌기와 세포핵 그리고 신호를 출력하는 축삭돌기로 구성된 매우 간단한 구조이다. 그러나 간단한 세포들이 수백억 개를 넘어가면 상상할 수 없었던 복잡한 일을 할 수 있다. 인간과 물고기의 두뇌 차이는 신경세포 수에 있다. 신경세포의 수가 매우 많아지면 인간과 같아지고 적으면 짐승이나 물고기, 곤충이 될 수 있다. 매우 단순한 세포라도 무수하게 많이 모이면 복잡한 일을 할 수 있다.

신이 자신의 형상에 따라 인간을 만들었다고 하듯이 인간도 자신과 같은 기계를 만드는 꿈을 꾸었다. 중장비가 개발되어 인간을 중노동에서 해방해주었듯이 인조인간을 만들어 힘든 정신노동에서 해방해주기를 바랐고 그 노력의 결과가 컴퓨터이다. 초기 컴퓨터는 계산 자체는 간단하지만, 수량이 많은 계산 업무들을 해결해주었다. 컴퓨터는 점차 복잡한 업무를 처리하더니 이제는 생각을 깊이 해야만 풀 수 있는 어려운 문제들을 해결하는 인공지능 프로그램이 등장하였다.

세상 사람들을 두 부류로 나눈다면 생성형 언어 모델인 CHAT GPT 같은 인공지능을 이용하는 사람과 이용하지 않는 사람으로 나눌 수 있다. 인공지능을 이용하는 그룹은 그렇지 않은 그룹보다 생산성이 매우 높다고 한다. 업무를 수행하면서 모르는 부분이 나타날 때마다 즉시 지식을 채워주고 뇌를 활동시키는 지적인 친구가 있다면 당연히 생산성이 높을 수밖에 없다. 현대 사회는 기계가 단순노동을 맡아서 해주기 때문에 인간이 하는 일들은 갈수록 창의력을 요구한다. 스티브 잡스가 말하기를 "창의력이란 여러 가지 지식을 연결하는 것으로 시작된다"라고 말하였다. 의문이 발생할 때마다 즉시 의문이 해결된다면 당연히 사고력이 높아지고 창의력과 함께 업무 생산성도 향상될 것이다.

인공지능은 점차 다양한 분야로 파급되어 여러 방면에서 인간 생활에 큰 영향을 주고 있다. 어떤 사람은 인공지능을 너무 좋아하게 되어 사랑한다고 하더니 결혼하고 싶다고 청혼까지 하였다. 과연 인공지능의 미래는 사회를 어떻게 변모시킬 것인가?

8.1 인공지능 개요

인공지능이라는 말이 처음 나온 지는 100년도 안 되었지만 많은 사람이 여러 가지 의미로 사용하여 애매해진 측면이 있다. 요즈음 사용되는 의미를 정의하면 다음과 같이 다양한 주장들이 있다.

- 인간의 생각을 기계를 통하여 구현하는 기술
- 인간의 지적 능력을 인공적으로 구현하는 기술
- 컴퓨터를 이용하여 인간의 지능을 모델링하는 기술
- 컴퓨터가 인간의 지능적 행동을 모방하는 기술
- 인간의 인지 기능을 기계가 모방해서 수행하는 기술

이상과 같은 정의들의 공통점들을 정리하면 인간의 지적인 능력을 인간이 아닌 기계에서 수행한다는 것이다. 인공지능은 인간의 인지 기능인 사고, 학습, 추론, 문제 해결, 음성인식, 영상인식, 자연어 이해 등을 기계에서 구현하려는 학문과 기술이다. 인공지능은 기계에게 인간과 유사한 방식으로 정보를 처리하고 반응하는 능력을 키워주려고 한다.

8.1.1 인공지능 개념의 변화

[표 8.1] 인공지능 개념의 시대적 변화

구분	개념	내역
1980년대	자동제어	전자제품 자동화: 세탁기, 청소기, 에어컨
1990년대	지식기반	전문가 시스템, 퍼즐 프로그램, 대화 프로그램
2010년대	기계학습	검색 엔진, 영상인식, 빅데이터 기반 학습
2020년대	심층학습	기계학습: 음성인식, 문서분류, 대화 서비스 등

인공지능은 1950년대 컴퓨터 초창기부터 논의되기 시작되었다. 그러나 초기에 의미했던 인공지능은 시간이 지나감에 따라 점차 다른 개념으로 바뀌어 갔다.

초기에 컴퓨터의 가능성에 무한한 기대를 하고 인간을 추월하는 인공지능이 출현할 것을 예상하였으나 여러 차례의 기대와 좌절을 거쳐 오늘에 이르렀다. 인공지능 학계에서는 1950년대에 많은 연구가 진행되었지만, 일반 사회에서는 컴퓨터조차 구경하기 힘든 상황이었으므로 인공지능에 대한 개념과 이해가 전혀 없었다. [표 8.1]은 인공지능이 일반인들에게 시대적으로 소개된 개념을 보여준다.

1980년대에는 개인용 컴퓨터가 보급되어 세계적으로 컴퓨터에 대한 이해가 높아진 상황이 되었다. 이때 전자 회사들이 가전제품을 고급화하면서 인공지능이라는 용어를 사용하기 시작했다. '인공지능 세탁기', '인공지능 냉장고'라는 말이 유행어가 될 정도였다. 세탁물의 양과 종류에 따라 세탁 방법을 스스로 알아서 결정하고 실행하는 것을 인공지능이라고 주장하였다. 그러나 이것은 제어공학이나 시스템공학이라는 이름으로 이미 산업계에서 활용되고 있는 기술이었다. 다만 인공지능이라는 새로운 단어를 사용하여 마케팅에 활용했을 뿐이다.

1990년대에 웹이 보급된 것과 때를 맞추어 인터넷으로 적절한 판단을 하기 위하여 추론이나 탐색을 활용하기 시작하였다. 규칙과 지식을 활용하기 위해 전문가 시스템(expert system)이 소개되었다. 일반인들도 의료계나 법조계에 전문가 시스템이 곧 도입될 것이라고 예상하였다. MYCIN[1]과 같은 전문가 시스템은 지식베이스를 활용하여 환자의 상태를 입력하면 적절한 처방을 내주는 것으로 유명하다.

2010년대에는 웹이 많이 보급된 상태에서 기계학습이 검색에 활용되었고 빅데이터가 인공지능에 활용되기 시작하였다. 기계학습(ML, machine learning)은 표본이 되는 자료를 바탕으로 규칙이나 지식을 스스로 학습하는 기술이다. 수많은 신문 기사들이 입력되었을 때 각 문서를 대표하는 키워드들을 기준으로 문서를 분류하고 검색한다.

2020년대에는 딥러닝(deep learning)이 도입되어 인공지능이 자료에서 스스로 특징을 만들어내고, 특징을 이용하여 자료를 분류하고, 검색하는 기능을 사용한다. 이것은 투자관리, 인사관리 등 다양한 자료를 입력하여 복잡한 처리 과정을 수행하여 문제를 해결하는 기능들을 수행한다. 영상인식과 음성인식이 정밀하게 처리되어 챗봇과 전자상거래, 홈쇼핑 등에 활용되었다. 인공지능의 개념은 시대와 기술 변천에 따라 달라지고 있다. 새로운 기술이 도입되어 활성화되면 인공지능 개념은 다시 바뀐다. 따라서 인공지능의 정의도 시대에 따라 달라지고 적용 방식도 달라진다.

8.1.2 인공지능 기술의 범위

OPenAI[2] 회사가 ChatGPT를 발표해서 세상을 놀라게 하더니 이제는 주식시장의 판도를 바꾸고 있다.

1 MYCIN : 1970년대 초 스탠포드대학에서 개발한 전문가 시스템. 의사 처방 프로그램.

인공지능이 확산하자 인공지능을 처리할 수 있는 GPU 반도체 시장이 활성화되어 NVIDIA의 시가총액이 세계 1위의 Apple과 Microsoft 등과 경쟁하는 수준이 되었다. 이것은 인공지능이 많은 분야에 영향력을 확대하고 있다는 증거이다. 실제로 인공지능 기술의 범위가 [표 8.2]와 같이 다양한 분야로 확산하며 세상을 변화시키고 있다.

[표 8.2] 인공지능 기술의 범위

범 위	내 역
기계학습	많은 자료에서 직접 학습 능력을 구축하는 기술
딥러닝	자료에서 심층 신경망을 통하여 지식을 얻는 기술
로보틱스	복잡한 작업을 스스로 수행하는 기계를 만드는 기술
지식 표현과 추론	자료로부터 지식을 표현하고 추론하는 기술
추천	사용자 취향에 적합한 일, 상품, 투자 등을 추천하는 기술

기계학습(ML, Machine Learning)은 자료를 기반으로 학습 알고리즘을 개발하고 예측을 수행하는 기술이다. 이를 통해 기계는 명시적인 프로그램이 없어도 경험을 통해 성능을 향상시킬 수 있다. 세부적으로 지도학습, 비지도 학습, 강화학습 등이 있다. 지도학습은 선생님의 지도를 받듯이 단계적인 훈련을 통하여 배우는 방법이고, 비지도 학습은 선생님 없이 스스로 자료를 분석하여 배우는 학습이다. 강화학습은 환경과 상호작용하면서 보상을 최대화하는 행동을 학습하는 방법이다. 게임, 자율주행 등에 응용된다.

딥러닝(Deep Learning)은 심층 신경망을 사용하여 복잡한 문제를 해결하는 기계학습의 한 분야이다. 이미지 인식, 음성인식, 자연어 처리 등 다양한 분야에서 활용된다. 자연어 처리는 인간의 언어를 이해하고 해석하고 생성하는 기술로, 텍스트 번역, 감정 분석, 챗봇 등에 사용된다.

로보틱스(Robotics)는 물리적 로봇을 설계, 제작, 제어하는 기술이다. 로봇의 자율주행, 작업 자동화, 컴퓨터 비전 등을 개발한다. 컴퓨터 비전(Computer Vision)은 이미지나 비디오 자료에서 유용한 정보를 추출하고 해석하는 기술이다. 자율주행 자동차나 객체 인식, 얼굴 인식 시스템 등에 활용된다.

2 OpenAI : 일론 머스크와 샘 올트먼, 그렉 브록만이 인공지능 대표주자인 구글에 대항하기 위하여 세운 인공지능 회사. 2022년 ChatGPT 3.5를 발표하여 세상을 놀라게 하였다.

기계학습과 딥러닝을 구현하려면 지식을 표현하고 추론해야 한다. 이것은 컴퓨터가 이해하고 처리할 수 있는 형태로 지식을 표현하고 이를 기반으로 논리적 추론을 수행한다. 추천이란 사용자의 취향을 분석하여 맞춤형 콘텐츠를 추천하는 기술이다. 사용자 취향에 맞는 영화, 상품, 서비스 등을 추천한다. 이것은 전자상거래, 주식투자 등의 비즈니스 분야에서 활용하고 있는 분야이다.

인공지능 기술은 의료, 금융, 자동차, 엔터테인먼트 등 거의 모든 산업에 걸쳐 사용되며, 혁신적인 변화를 이끌고 있다. 특히 다양한 학문과 융합되어 새로운 기술을 창출하고 있다. 그러나 인공지능의 발전은 윤리적, 법적, 직업 안전 등 다양한 문제를 동반하기도 한다. 따라서 인공지능 기술의 발전과 함께 이러한 주제들에 대해 지속적으로 논의하는 것이 필요하다.

8.2 인공지능의 역사

인공지능은 컴퓨터가 보급된 이후 여러 단계의 발전과정을 거쳐 왔으며 지금도 계속 발전하고 있다. 초기의 철학적 질문에서 시작해 오늘날의 복잡한 알고리즘과 시스템에 이르기까지 다양한 변화를 겪고 있다. 인공지능 역사의 주요 사건과 발전과정을 살펴본다.

T·I·P 인공지능에 대한 철학적, 윤리적 질문

인공지능이 태동하면서 기계와 인간 사이의 지능적 행동과 의식의 본질에 관한 문제가 야기되었다. 이와 관련된 철학적 고민은 다음과 같다:

① "기계가 생각할 수 있는가?"

앨런 튜링이 1950년에 발표한 논문 "Computing Machinery and Intelligence"에서 제기된 질문이다. 이 질문을 검증하기 위해 튜링 테스트를 제안했다. 그는 기계가 인간과 구분할 수 없는 수준으로 대화를 수행할 수 있다면 '기계도 생각할 수 있다'고 주장했다.

② 윤리적, 도덕적 문제

기계가 인간과 유사한 수준의 지능을 갖게 되면, 그 기계에 대한 윤리적, 도덕적 책임을 어떻게 다룰 것인가에 대한 질문이다. 기계에 인권과 기계의 결정에 대한 책임은 누가 지는가 등의 문제가 포함된다.

이러한 질문들은 인공지능의 기술적 발전뿐만 아니라, 철학적, 윤리적 차원에서 깊은 사고와 논의를 요구하는 주제들이다.

8.2.1 1950년대 초 : 규칙기반 인공지능

1950년대는 컴퓨터가 충분히 보급되기 전이었으므로 희망과 기대에 부풀어 꿈을 쫓던 시기였다. 그러나 한편으로는 희망과 좌절의 역사였다.

1 1956년 다트머스 컨퍼런스 : 제1차 인공지능 붐

1950년 앨런 튜링은 기계가 인간과 구분할 수 없는 수준으로 지능적인 행동을 보일 수 있는지 평가하는 방법인 튜링 테스트를 제안했다. 이는 인공지능 연구의 중요한 기준이 되었다.

1956년에 당시 저명한 학자들이 미국 뉴햄프셔주에 있는 다트머스대학 학술회의에 모여 인공지능을 논의하였다. 인공지능이라는 용어가 처음 사용된 이 회의에서 존 매카시, 마빈 민스키, 앨런 뉴웰, 허버트 사이먼 등의 연구자들이 모여 미래 기술에 대한 아이디어를 교환했다. 이들은 기계가 인간의 지능적 행동을 모방할 수 있다고 믿었다.

T·I·P 튜링 테스트Turing Test

튜링 테스트는 컴퓨터가 인공지능을 갖추었는지를 판별하는 시험으로 1950년에 튜링이 제안하였다. 그는 자신의 논문에서 사람들이 컴퓨터와 대화를 나누어 컴퓨터의 반응을 인간의 반응과 구별할 수 없다면 그 컴퓨터는 인간처럼 사고할 수 있다고 간주해야 한다고 주장했다. 이 견해는 오랫동안 인공지능의 개념적 기반을 제공했다.

튜링은 2000년에는 인간처럼 사고하는 컴퓨터가 나올 것이라고 예상하였다. 실제로 2014년에 영국 대학에서 개발한 프로그램이 튜링 테스트를 통과한 사례가 있었으나 미흡했다는 견해도 있다. 이후 튜링 테스트를 주관하는 연구소에서 10만 달러의 상금을 걸고 시험을 진행하고 있으나 지금까지 수상자는 없다.

(1) 추론과 탐색 알고리즘

알고리즘(algorithm)이란 문제 해결을 위하여 수행할 작업들을 순서대로 나열한 유한한 절차이다. 인공지능 알고리즘도 마찬가지로 해결할 사항들을 순서도, 유사 코드, 언어 등으로 기술한다. 알고리즘을 특정 언어의 문법에 따라서 명령어로 기술한 것이 프로그램이다. 당시에는 게임 프로그램, 일반 문제 해결기(GPS)[3]와 같은 것을 만드는 프로그램, 수식의 미분, 적분, 인수분해 등의 수식 처리 프로그램 등 많은 지능적인 프로그램들이 만들어졌다. 이 시기에는 추론과 탐색이 중심 역할을 하였다. 추론은 사람의 사고 과정을 기호로 표현하고 실행하는 것이지만 그 과정이 탐색에 가까웠다. 탐색 중에서도 미로를 빠져나오는 것이 대표적이었다. 탐색 알고리즘으로는 넓이 우선 탐색과 깊이 우선 탐색이 있다.

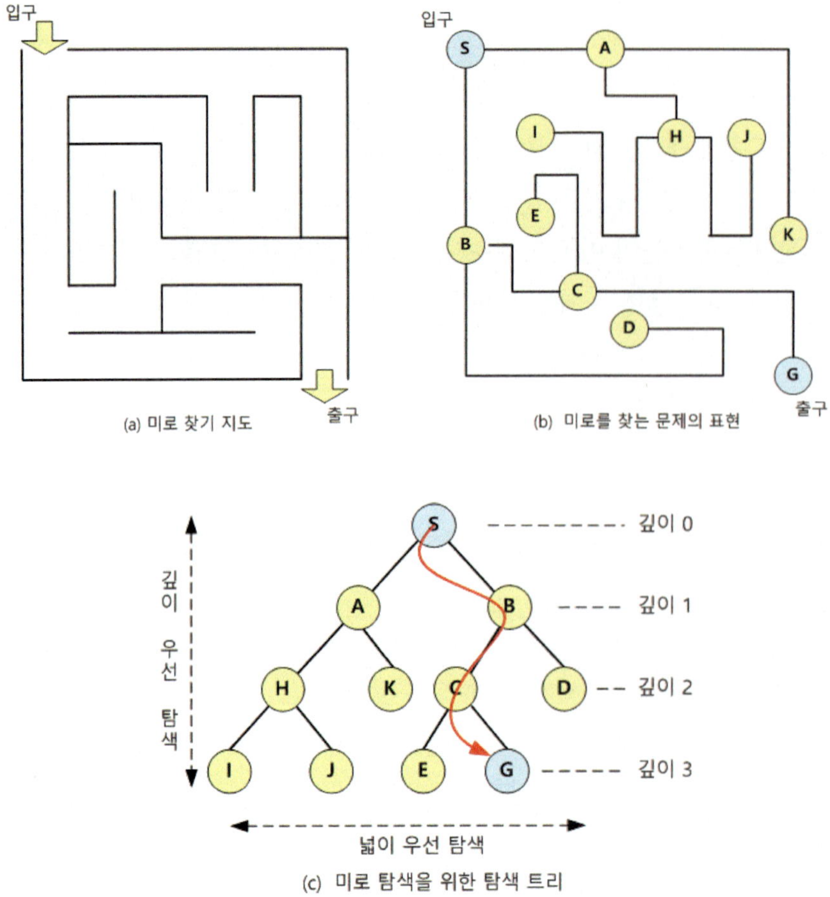

[그림 8.2] 미로 찾기

[그림 8.2]의 미로 찾기는 추론과 탐색의 대표적인 문제이다. (a)와 같은 지도에서 입구로 들어선 후에 갈라지는 골목길들을 찾아서 출구로 빠져나오는 것이 미로 찾기 문제이다. 문제가 주어지면 갈림길에서

3 GPS(general problem solver): 1950년대 말에 개발된 프로그램. 특정 문제만 해결하는 것보다 일반적인 문제 해결 기술을 이용하여 광범위한 문제를 해결하는 프로그램. 주요 특징은 엄격한 규칙보다 경험과 직관을 기반으로 문제를 해결하는 휴리스틱 검색 방법을 사용.

갈 길을 선택하고 막다른 골목에서 막히면 다시 갈림길까지 되돌아와서 새로운 길을 찾아 나서야 한다. 이때 갈림길마다 어느 쪽으로 갈 것인가를 결정하기 위하여 갈림길을 기준으로 분기하는 자료를 만드는 것이 (b)와 같은 문제의 표현이다. 미로 찾기 문제를 표현한 것을 (c)와 같은 탐색 트리로 탐색 방법을 결정해야 한다. 탐색 트리는 트리의 성격상 레벨이 높아질수록 노드(갈림길)들이 넓게 퍼진다. 탐색 방법에는 깊이 우선 탐색과 넓이 우선 탐색의 두 가지가 있다. 깊이 우선 탐색은 탐색 트리의 깊이를 높여가면서 목표를 찾는 것이고, 넓이 우선 탐색은 깊이가 같은 갈림길(노드)을 모두 탐색한 다음에 더 긴 깊이의 노드를 찾는 방식이다. 목표 노드 G가 나타나면 입구부터 거쳐 온 노드들이 미로를 찾는 해답이 된다. 여기서는 S → B → C → G가 탐색 결과의 해답이다.

(2) 1960~1970년대 : 제1차 인공지능의 겨울

인공지능 연구는 1970년대에 들어서 침체하게 된다. 그 이유는 '간단한 문제'는 풀려도 복잡한 현실 문제는 풀리지 않았기 때문이다. 미로를 찾는 것, 하노이 탑과 같은 퍼즐을 푸는 것, 체스를 두는 것 등은 명확하게 정의된 규칙안에서 한 수 한 수를 생각하면 된다. 하지만 현실 문제를 푸는 것은 너무 범위가 넓고 복잡하며, 규칙도 없고 논리를 세우는 것조차 힘들었다. 예를 들어, 어떤 주식을 사면 돈을 벌 수 있는가? 회사에서 어떤 신상품을 개발하면 좋을까? 어떤 질병에 걸렸는데 어떤 치료법이 좋은가? 하는 문제들은 도저히 인공지능으로 풀 수가 없었다.

미국 정부가 기계 번역은 당분간 성과가 없을 것으로 판단하여 연구비 지원을 중단하였다. 사람들은 실망과 함께 점점 지치기 시작했고 인공지능 관련 문제들이 관심 밖으로 떠나갔다. 이렇게 1차 붐은 가라앉고 1970년대의 1차 겨울이 왔다.

1차 붐의 성과를 찾는다면 인간의 생각을 컴퓨터로 구현하는 것이 매우 어렵다는 사실을 확인했다는 점이다.

8.2.2 1980년대 : 규칙기반 인공지능의 새로운 도약

1980년대에 들어서자 새로운 기술이 제시되었고 가능성이 보이자 새 희망으로 다시 출발했다. 그러나 현실 문제를 해결하기에는 소프트웨어 기술이 너무 부족했다. 그래도 진전은 있었다.

1 전문가 시스템의 부상 : 제2차 인공지능 붐

1980년대에는 침체에서 벗어나기 위해 문자인식이나 음성인식, 전문가 시스템 등을 개발하였고 성과가 있었다. 문자와 음성인식에서는 패턴 인식 기술이 성장하였고 의료계와 법조계에서는 전문가 시스템이 주목받았다. 이와 함께 인터넷이 보급되어 웹이 등장하였고, 국제간 교류가 활발하게 되면서 번역의 필요성이 부각되었으며, 번역 작업에 통계학이 도입되었다. 인공지능의 역할이 갑자기 증대되었다.

(1) 전문가 시스템

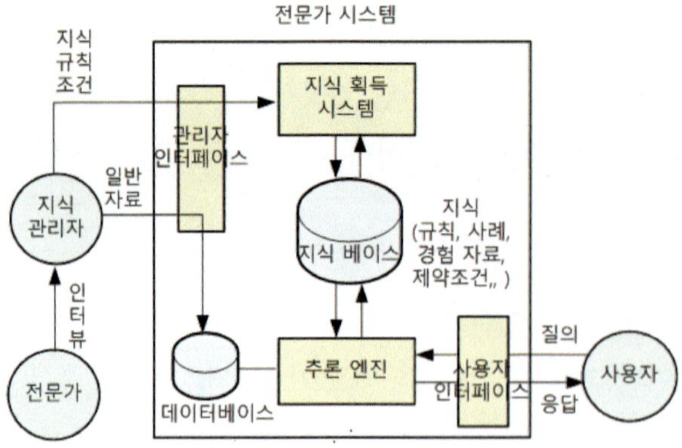

[그림 8.3] 전문가 시스템

전문가들의 지식을 체계적으로 저장해두면 인공지능이 전문가 역할을 할 수 있을 것으로 생각하고 많은 투자가 이루어졌다. 의사들의 전문 지식으로 병을 진찰하는 의료 서비스, 법률가들의 전문 지식을 이용하여 판례에 따른 법률 서비스 등을 개발하였다. [그림 8.3]과 같이 지식 관리자는 특정 분야의 기본적인 자료들을 데이터베이스에 대량으로 저장하고 전문가들의 지식을 관리한다. 전문가들은 관리자를 통하여 자신들의 지식과 관련 규칙과 제약조건들을 지식베이스(knowledge base)에 저장한다. 일반 사용자들이 정보를 요구하면 전문가 시스템은 지식베이스를 기반으로 질의와 답변을 거친 후에 처방이나 결론을 제공하는 구조이다.

전문가 시스템의 핵심은 지식 획득 시스템과 추론 엔진에 있다. 지식 획득 시스템은 전문가들의 지식과 규칙들을 체계적으로 입력하고 분류하여 지식베이스를 구축하는 모듈이다. 추론 엔진은 지식베이스와 데이터베이스의 정보를 활용하여 사용자들의 요구를 추론하여 결과를 제공하는 모듈이다. 두 모듈 모두 정확한 지식베이스 구축과 사용자의 요구를 명확하게 이해하기 위하여 인터페이스를 정교하게 구축해야 한다. 지식베이스에는 지식과 규칙이 있고, 데이터베이스에는 객관적인 자료들이 있다. 전문가의 지식을 지식베이스에 반영하는 작업을 지식 획득(knowledge acquisition)이라고 하는데, 지식 획득에는 확립된 방법이 없으며 이것이 전문가 시스템 구축에 큰 장애가 되고 있다.

전문가 시스템의 대표적인 것으로 스탠포드 대학의 Mycin이 있다. Mycin은 전염성 혈액 환자를 진단하고 항생 물질을 처방하는 시스템이다. 500가지 규칙이 준비되어 질문에 따라 대답해가면 감염된 세균을 특정하고 처방을 내놓는다. 이른바 전문의를 대신하는 전문가 시스템이다.

금융 분야의 시스템으로는 주택 융자 전문가 시스템이 있어서 대출 여부를 판단하는 자동 시스템이 있다. 융자 신청서를 입력하면 준비된 규칙에 따라 시스템이 대출 여부를 판단해줌으로써 직원들의 업무 효율을 향상 시키고 실수를 예방할 수 있었다. 1980년대엔 미국 대기업의 2/3가 일상 업무에서 인공지능을 사용한다고 보았다. 1970년대에는 한국의 생명보험 회사들도 신계약 보험의 보험료 계산과 계약 심사 등을 컴퓨터 프로그램으로 처리하기 시작하였다. 그러나 그때는 그것이 인공지능 개념이라고 생각하지 못했다.

(2) 2000년대 : 딥러닝과 빅데이터, 제2차 인공지능 겨울

제2차 인공지능 붐에서는 '지식'을 많이 저장할수록 잘 활용할 수 있었지만 입력한 지식 이상의 것을 얻을 수는 없었다. 더구나 비용이 너무 많이 들었다. 이런 이유로 사람들은 스스로 학습하고 새로운 지식을 만들어낼 수 있는 저렴한 인공지능을 기대하게 되었다. 그러나 이 기간 동안에 컴퓨터 하드웨어는 엄청난 발전을 이루었고 나중에 인공지능이 발전할 수 있는 튼튼한 기반이 되었다.

빅데이터와 강력한 컴퓨팅 파워, 신경망 기술의 발전으로 딥러닝이 인공지능 연구의 주류로 자리를 잡았다. 구글, IBM, 페이스북 등 대형 기술 회사들이 이 분야에 큰 투자를 하기 시작했다.

(3) 2010년대 : 실용화와 통합

인공지능은 의료, 금융, 자동차, 엔터테인먼트 등 다양한 산업 분야에 통합되면서 일상생활의 많은 부분에서 중요한 역할을 하게 되었다. 자율주행 자동차, 개인 비서, 의료 진단 지원 시스템 등이 대표적인 사례이다. 2016년 바둑 경기에서 Google의 DeepMind가 개발한 인공지능 알파고(AlphaGo)가 이세돌 9단을 물리치는 것을 보고 전 세계는 충격을 받았다.

8.2.3 2020년대 : 신경망기반 인공지능, 제3차 붐

몇몇 학자들의 연구로 신경망 연구가 결실을 보아 많은 가능성을 보여주기 시작했다. 기계학습과 딥러닝은 새로운 희망을 불러왔으며 상당한 성과를 보이고 있다.

1 기계학습과 딥러닝

전문가 시스템에서 지식을 컴퓨터에 저장하고 인공지능으로 활용하는 것은 어디까지나 저장된 만큼만 가능하였다. 지식을 실용적으로 활용하기 위해서는 예외 처리도 가능해야 하는데 그럴수록 지식의 양이 방대해지고 지식 관계가 복잡해진다. 지식베이스에 있는 자료를 응용하려면 지식이 가리키는 이름(기호)과 의미(기의)를 잘 알아야 하지만 기호와 기의를 연결하는 것은 훨씬 어려운 일이다. 기계가 사람처럼 스스로 학습하는 새로운 돌파구가 필요한 시점이었다.

(1) 기계학습 시대

지식베이스가 어려움을 겪고 있는 동안 손 글씨를 인식하는 분야가 조금씩 진척을 보이고 있었고, 그 영향으로 패턴 인식이 성장하고 있었다. 1990년대에는 인터넷이 보급되고 웹이 활성화되면서 국가 사이에 웹 문서를 공유하게 되었다.

이것은 국가 간의 정보 유통으로 인하여 자연어 처리와 번역이 중요해지는 계기가 되었다. 언어 번역에는 다음과 같이 두 가지 방식이 사용되었다.

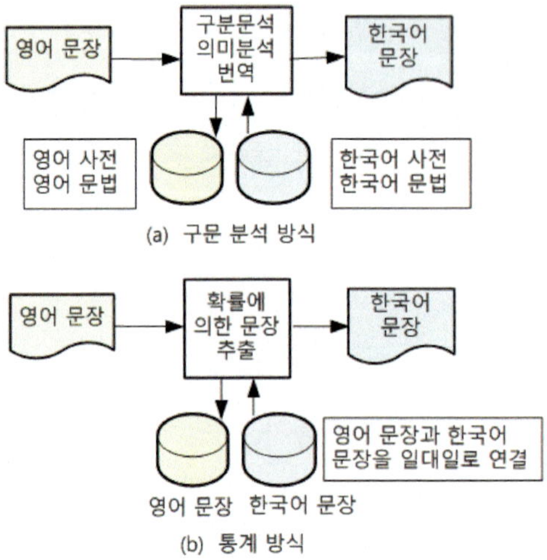

[그림 8.4] 외국어 번역의 두 가지 방식

- **구문 분석 방식**

문장을 번역할 때 [그림 8.4](a)와 같이 구문론을 도입하여 문장을 분석하고, 의미론을 도입하여 해석하고, 사전을 찾아서 번역했다. 이것은 문장을 문법적으로 이해하고, 내용에 맞는 외국어 단어를 찾아서 변환하는 방식이다. 이 방식으로 번역하면 문장들이 어색하거나 이해하기 힘들어서 사람이 다시 손을 보아야 하는 경우가 많았다. 사람들은 기계 번역을 멀리하기 시작했다.

■ 통계 방식

1990년대에는 통계학이 자연어 처리와 번역에 적극적으로 도입되었다. 기존에 두 가지 언어로 작성된 문서들을 대량으로 기억한 다음에 인공지능 프로그램이 [그림 8.4](b)와 같이 이런 영어 문장은 이런 한국어 문장으로 번역하는 확률이 높으므로 이렇게 번역한다는 식으로 번역하는 것이다. 통계 방식으로 인하여 언어 번역 문제가 확률 문제로 바뀌었고 번역 속도와 정확도가 대폭 향상되었다. 이 작업은 문법론이나 의미론을 따지지 않기 때문에 작업이 간단하고 효율이 향상되었으며 사용자들의 반응도 좋았다.

(2) 신경망 시대

2000년 이후에는 신경망이 다시 관심을 끌기 시작했다. 다층 퍼셉트론에 은닉층을 추가하였더니 정확도가 증가한다는 사실이 알려졌기 때문이다. 학습 결과와 정답과의 차이를 오차라고 하는데 각 노드의 가중치를 변경하면 오차가 변하기 때문에 은닉층을 늘려서 오차를 줄이는 노력이 시작되었다.

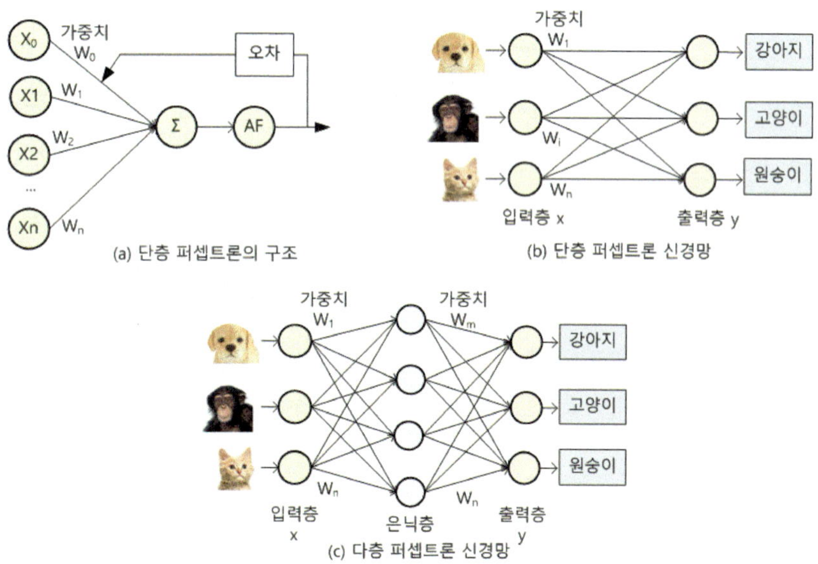

[그림 8.5] 가중치를 조절하는 신경망(퍼셉트론)

[그림 8.5](a)에서 각 노드에 들어오는 입력 값과 가중치의 합계가 어떤 기준에 도달하지 못하면 출력을 내놓지 못하고 기준을 넘으면 출력을 내서 다음 노드에 전달된다. 출력이 원하는 값이 아니면 오류로 간주하고 다시 가중치를 조절하여 오류를 감소시키는 것이 학습이다. (b)는 단층 퍼셉트론 신경망의 실례이다. 강아지 영상을 입력했을 때 결과가 '강아지'로 나오면 않으면 오차가 발생한 것이므로 가중치를 조절하여 '강아지'를 찾는다. (c)는 은닉층을 두어서 가중치를 조절할 수 있는 기회를 증가함으로써 신경망의 유연성을 증가시키는 다층 퍼셉트론이다.

다층 퍼셉트론은 단층 퍼셉트론보다 검색 능력이 훨씬 증가하였다.

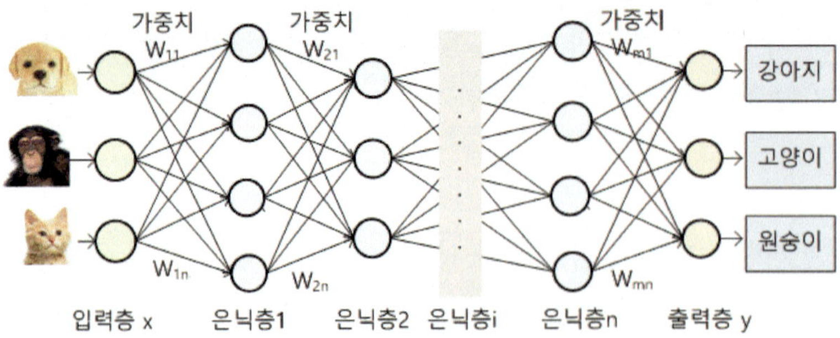

[그림 8.6] 딥러닝을 위한 심층 신경망

캐나다 토론토대학의 제프리 힌턴[4] 교수팀은 ILSVRC[5] 2012년 대회의 딥러닝 이미지 인식 프로그램 성능 평가에서 도쿄대학을 누르고 1위를 차지했다. 이것으로 제3차 인공지능 붐이 시작되었다. 이 대회는 주어진 이미지들이 무엇인지를 컴퓨터가 맞추는 것으로 정답률이 높은 팀이 이기는 경기이다. 각 팀은 천만 장의 이미지 자료를 기계학습하고 15만 장의 이미지를 테스트하고 정답률을 측정하였다. 토론토 대학팀은 기존의 통계 기반 기계학습 방식이 아닌 신경망을 이용하여 승리한 것이다. 이 승리의 원인은 제프리 힌턴 교수가 개발한 딥러닝(심층학습) 방식으로 점차 정확률을 더욱 높여 가면서 인공지능의 대세로 자리를 잡는다.

4 Geoffrey Everest Hinton(1947-): 영국 인지심리학자, 컴퓨터 과학자. 캐나다 토론토 대학교 교수. 오류 역전파 알고리즘, 딥러닝, 힌턴 다이어그램 발명.

5 ImageNet Large Scale Visual Recognition Challenge: 객체를 인지하고 이미지를 분류하는 알고리즘을 평가하는 대회.

딥러닝은 [그림 8.6]과 같이 은닉층을 많이 두어 검색의 탄력성을 대폭 강화한 신경망이다. 이 시기는 빅데이터(Big data)가 출현하는 시기였으므로 딥러닝은 빅데이터와 함께 학계 주류로 등장하였다. 딥러닝은 이미지뿐만 아니라 음성인식과 자연어 처리에도 활용되어 효과를 보기 시작하였다. 딥러닝은 자료를 읽고 특징을 스스로 만들어낸다. 자신이 만든 특징을 기준으로 자료들을 분류한다. 딥러닝 이전에는 사람들이 특징을 만들어주고 정답도 알려주면서 인공지능에 정답 맞추는 방법을 학습시켰었다. 그러나 딥러닝에서는 사람들이 특징을 만들거나 추출하는 데 관여하지 않는다. 사람의 도움을 받지 않으므로 인력을 절감할 뿐만 아니라 객관성을 얻게 되었다. 지금까지 사람들이 관여하던 일을 인공지능이 전담하게 된 것이다. 인공지능 역사에서 딥러닝은 매우 혁명적인 사건이다. 그전에는 조금씩 발전하면서 침체기를 겪었지만, 딥러닝은 혁신적으로 발전하였고 계속 발전이 지속되고 있다. 알파고에 이어서 2022년에 OpenAI의 ChatGPT가 발표되자 세계는 다시 인공지능에 흥분하기 시작하면서 제3차 인공지능 붐을 일으키고 있다. 이와 함께 인공지능에 대한 공포가 등장하여 윤리와 도덕에 대한 문제가 대두되었다.

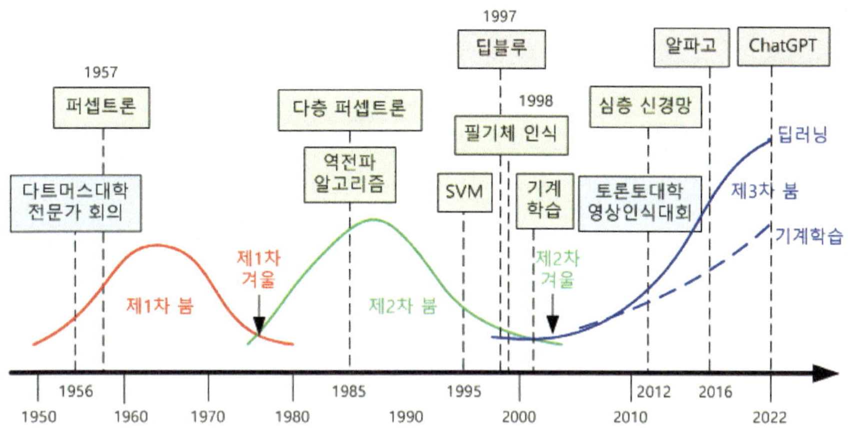

[그림 8.7] 인공지능 기술 혁신의 역사

인공지능의 역사는 [그림 8.7]과 같이 붐과 침체의 연속이었다. 새로운 기술이 발표되면 붐을 일으키고 문제점이 발견되면 다시 침체하는 것이 반복되었다. 그러면서 인공지능은 점차 거부할 수 없는 대세로 자리를 잡아가고 있다. 이것은 기술 발전과 사회적 수요, 경제적 투자가 어떻게 상호 작용하는지 보여주는 좋은 사례이다. 앞으로도 계속해서 발전할 이 기술은 인류의 미래에 큰 영향을 미칠 것으로 예상된다.

8.3 인공 신경망

인공 신경망은 생체 신경망에서 영감을 얻은 통계학적 학습 알고리즘이다. 다시 말하면 인간의 신경망 구조를 따라서 소프트웨어로 만든 기계학습 모델인데 통계를 많이 이용하여 학습한다.

8.3.1 인공 신경망의 발전

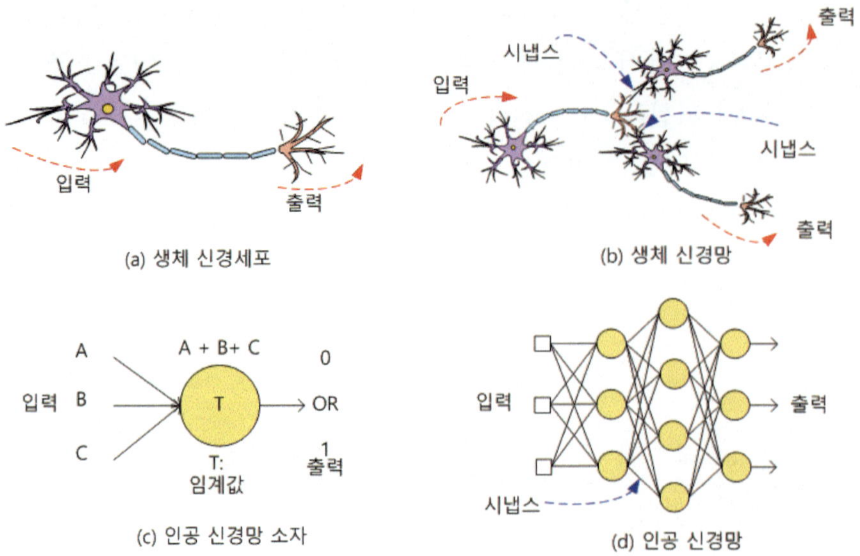

[그림 8.8] 신경망 모델

인공 신경망은 [그림 8.8]과 같이 인간 두뇌의 신경세포(neuron)와 시냅스(synaps)로 구성된 신경망을 컴퓨터 프로그램으로 구현한 것이다. 인공 신경망 소자는 입력 값들의 합계가 임계 값에 따라서 출력이 결정된다. 인간의 두뇌에는 1,000억 개 이상의 신경세포가 있고, 신경세포 사이를 100조 개 이상의 시냅스가 연결되어 동작하고 있다. 따라서 컴퓨터 신경망 모델에서도 어마어마한 양의 노드와 연결선을 설정하고 가동해야 한다.

신경망의 장점은 다음과 같이 기존 컴퓨터가 할 수 없는 두 가지 일을 할 수 있다.

첫째, 학습이 가능하다. 자료가 많으면 자료를 분석하여 자료의 특성을 파악하고 이를 기반으로 사람들이 요구하는 답을 추출하여 제공할 수 있다. 기계가 대량의 자료를 기반으로 스스로 학습할 수 있는 기계학습이 가능하다.

둘째, 신경망 일부에 오류가 발생해도 전체적인 기능에 지장을 주지 않는다. 기존 컴퓨터는 스스로 학습할 수 없으며, 일부가 고장이 나면 전체를 사용할 수 없는 약점이 있다. 신경망은 구성하는 회로가 매우 크고, 작업 특성이 달라도 적용하는 논리 구조가 모두 같으므로 작업 분담이 가능하다.

신경망은 역사적으로 [그림 8.9]와 같이 1943년에 워렌 맥컬로치(Warren McCulloch)와 월터 피츠(Walter Pitts)의 논문 발표와 함께 제안되었다. 그러나 수십 년 동안 연구가 지속되지만 몇 차례의 부흥과 함께 좌절이 있었다. 1958년에 로젠블라트(Rosenblatt)[6]가 퍼셉트론을 개발하여 지도학습을 수행할 수 있었으나 퍼셉트론은 XOR 회로의 기능 부족 등으로 좌절되었다. 1986년에는 다층 퍼셉트론이 개발되어 역전파 알고리즘을 적용하여 성과가 있었지만, 컴퓨터 처리 성능 부족으로 인하여 다시 좌절되었다. 이런 이유로 신경망은 다른 알고리즘들에 밀려 거의 사장되었다. 그러나 2000년대에 컴퓨터 처리기 성능이 대폭 향상되었고, 수십 년간 이 분야에 정진했던 학자[7]들의 노력으로 신경망 연구가 본격화되었다. 2010년대에 심층 신경망에서 딥러닝이 가능하게 되어 본격적으로 활성화되고 있다.

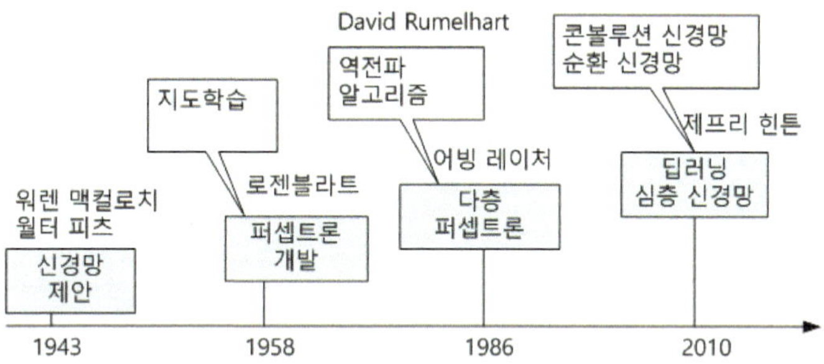

[그림 8.9] 신경망의 주요 역사

6 Frank Rosenblatt(1928~1971): 미국 심리학자, 인공지능학자, 코넬대학 교수. 퍼셉트론 개발.

7 Geoffrey Hinton(1947~): 인지심리학자, 컴퓨터학자, 캐나다 토론토대학 교수. 딥러닝 개발. 2018 Turing Award 수상.

[표 8.3] 신경망 모델의 장점과 단점

구분	명칭	내역	비고
장점	학습	대량의 자료로 스스로 학습	대량의 학습 자료 필요
	오류	오류가 있어도 지장을 주지 않음	작업 분담으로 해결
단점	기계 제작	복잡하고 수많은 노드 설치와 연결 곤란	SW로 해결할 수 있으나 계산량이 기하급수적 증가
	산술 연산	정확한 계산 곤란	튜링기계에 적합
	내부 이해	설계 및 결과 예상 곤란	알고리즘 설계가 어렵다

신경망은 기존 컴퓨터와 달리 명령어에 의해서 프로그램도 작성하지 않고 특정한 입력에 특정한 출력을 산출하는 학습 기능에 의하여 수행되는 장점이 있다. 그러나 신경망 모델은 기존 방식에 비하여 [표 8.3]과 같이 여러 가지 단점들이 있다. 신경망을 하드웨어로 구현하는 것은 너무 힘들지만, 소프트웨어로 구현할 수가 있다. 그러나 소프트웨어로 구현해도 노드 수와 연결선의 수가 기하급수적으로 증가하기 때문에 정보 처리량이 문제다. 이것은 성능이므로 고성능 반도체 개발로 극복할 수 있다. 그러나 신경망은 정확하게 계산하는 것이 곤란하고 알고리즘을 설계하기 어렵다는 문제가 있다. 따라서 신경망 연구가 계속되어야 한다.

8.3.2 신경망 구조

신경망은 두뇌의 신경세포들이 정보를 처리하는 과정을 묘사하여 만든 기술이다. 신경세포들은 시냅스를 통하여 다른 신경세포에 전기 자극을 전달한다. 신경세포가 받은 전기 자극의 합계가 임계 값에 도달하지 못하면 다음 신경세포에 자극을 전달하지 못하고, 합계가 임계 값을 넘으면 자극을 전달한다. 즉, 인간은 전기 자극이 임계 값을 넘어서 정보를 전달하는 것이 정보를 처리하는 기준이다.

자극을 전달하지 못하면 수학적으로 0을 출력하는 것이고, 자극을 전달하면 1을 출력하는 것이다. 이 방식을 그대로 이용한 것이 인공 신경망이며 간략하게 신경망이라고 부른다.

[그림 8.10](a)는 신경망 초기에 사용하던 단층 신경망이고, (b)는 입력층, 은닉층, 출력층으로 구성된 심층 신경망이다. 심층 신경망은 은닉층이 추가되어 다층으로 구성된 신경망이다. 두 신경망의 차이는 입력을 출력으로 변환하는 능력에 있다. 은닉층의 수가 많을수록 입력을 변환할 수 있는 기회가 많아서

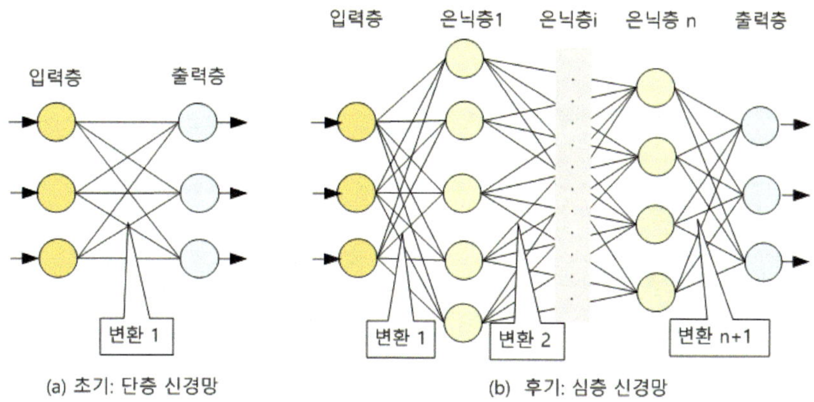

[그림 8.10] 신경망의 구조

변환을 효과적으로 수행할 수 있다. 은닉층은 다수의 층으로 구성될 수 있으므로 은닉층의 규모에 따라서 신경망의 크기가 결정된다. 각 계층은 노드로 구성되며 각 계층의 노드들은 앞 계층과 다음 계층 노드들과 연결선으로 신호를 전달한다. 노드와 노드를 연결하는 연결선은 변동이 가능한 가중치가 부여되어 있으므로 가중치에 따라서 연결하는 선로가 결정된다. 신경망으로 학습을 한다는 것은 각 노드 연결선들의 가중치를 조절하여 입력층에서 출력층으로 연결되는 선로를 결정하는 것이다. 은닉층의 크기가 클수록 연결망이 커지면서 처리 능력과 학습 능력이 향상되는 특징이 있다. 은닉층의 크기가 큰 것을 심층 신경망(DNN, Deep Neural Network)이라고 하며 심층 신경망에서 학습하는 것을 딥러닝(deep learning) 또는 심층학습이라고 한다.

8.3.3 신경망 특성

신경망 방식에서는 영상으로 입력된 자료를 토대로 어떤 물체인지 분석하여 판단하는 것이 아니라 특정한 영상이 입력되면 유사한 결과물로 연결하게 하도록 가중치를 조절하는 방식이다. 따라서 사물을 인식하기 위한 논리적인 구조나 특정한 법칙 등을 사용하지 않는다. 엄마가 어린이에게 그림책으로 동물의 이름을 가르쳐줄 때 왜 이 그림이 사자인지를 논리적으로 자세하게 설명하는 것이 아니고 이 그림은 그냥 사자이고 저 그림은 그냥 호랑이라고 반복적으로 가르쳐주는 것과 같다.

어린이가 "엄마! 이것을 왜 호랑이라고 하나요?"하고 물으면, "원래 호랑이니까 호랑이라고 부르는 거야"라고 대답한다. 추가하여 설명한다면 '사자는 털이 길다.' '얼룩말은 줄무늬가 있다' 등의 특징들

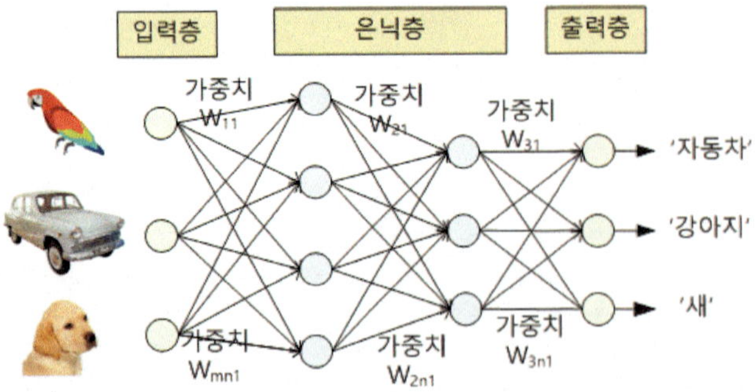

[그림 8.11] 신경망에 의한 분류

을 설명하기도 한다. 예를 들어 [그림 8.11]에서 강아지 이미지가 입력되면 강아지가 출력되도록 가중치를 조절하고 자동차 이미지가 입력되면 자동차가 출력되도록 가중치를 조절한다. 이 그림을 자세히 보면 강아지와 자동차를 인식하는 연결선들이 다른 것을 알 수 있다. 학습을 통하여 정확한 결과를 얻기 위하여 연결선들의 가중치가 변경되는 것이다.

신경망에서는 자료가 들어오면 결정적으로 어떤 물체인지를 판단하는 것이 아니라 학습에 의해 이런 정보가 들어오면 이런 출력을 하도록 연습하는 것이다.

일종의 정답 맞추기 연습을 하는 것이다. 시간이 갈수록 신경망에서는 입력과 출력이 대응되는 확률이 높아질 것이다. 이와 같은 방식을 패턴 분류 방식이라고 하며, 신경망이 학습하는 방식이다.

8.3.4 퍼셉트론

로젠블라트(Rosenblatt)는 1957년 퍼셉트론(perceptron)이라는 신경망 모델을 발표하여 학습을 강화할 수 있는 길을 열어놓았다. 퍼셉트론의 중요성은 어떤 형태의 패턴이 입력층에 주어지면 이 모델이 반응하게 하는 연결 강도의 집합을 스스로 발견하는 자동적인 학습 능력에 있다.

1 단층 퍼셉트론

로젠블라트가 처음 제안한 신경망은 단층 퍼셉트론이다. 단층 퍼셉트론은 입력층과 출력층으로 구성되어 있고, 가중치와 출력 함수로 출력을 결정한다. [그림 8.12](a)는 세 개의 입력 노드로부터 신호를 받아서 출력하는 단층 퍼셉트론의 구조이고, 그림 (b)는 실제 입력 자료를 넣었을 때의 처리 과정을 보여준다. 각 노드 a, b, c는 0.6, 1.0, 0.6 값들이 있으며 각각의 가중치는 0.5, 0.4, -1이고 bias는 0.1이다. 각 노드

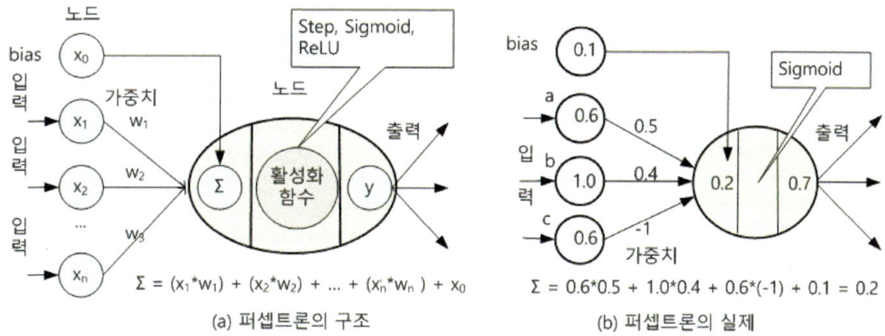

[그림 8.12] 단층 퍼셉트론

에서 출력되는 값은 노드의 신호 값과 가중치를 곱한 값이다. 따라서 노드 d로 입력되는 산호값은 0.6*0.5 + 1.0*0.4 + 0.6*(-1) + 0.1 = 0.2이다. Sigmoid 함수는 0.2를 입력받아 0.7을 출력한다.

퍼셉트론의 특징은 훈련을 반복할수록 가중치가 가감되어 점차 원하는 목표를 달성하게 되고 학습 효과가 높아진다는 점이다. 퍼셉트론은 구조가 단순하면서 가능성이 예견되어 많은 열기 속에서 환영받았다. 그러나 1969년에 민스키(Minsky)와 파퍼트(Papert)가 문제점을 비판한 이후에는 열기가 급속하게 냉각되었다. 단순 퍼셉트론의 대표적인 문제는 선형분리의 단순한 실례인 XOR 문제를 해결할 수 없었기 때문이다. 이것으로 인하여 인공지능 열기는 다시 사라지고 겨울로 접어들었다.

2 다층 퍼셉트론

1980년대에 퍼셉트론에 은닉층을 두어서 다층화하고 역전파(back propagation) 알고리즘을 사용하는 다층 퍼셉트론(MLP, MultiLayer Perceptron)을 제시하여 기존 문제점들을 해결하였다. 다층 퍼셉트론은 입력층과 출력층 사이에 하나 이상의 중간층을 두어 계층 구조를 만들었다. 다층 퍼셉트론은 은닉층을 이용하여 XOR 등의 문제를 해결하였다.

[그림 8.13]은 문자를 인식하는 다층 퍼셉트론이다. 입력 문자는 3 x 4 = 12개의 픽셀(pixel)로 구성되는 숫자이다. 입력층에는 문자 이미지 자료의 비트값이 0과 1로 12개가 입력되며 가중치가 입력층과 은닉층을 거쳐서 출력층에 반영된다. 문자 이미지가 6으로 나타나도록 가중치를 적절하게 조절해 나가면 점차 출력 노드의 6번 노드가 결정될 것이다. 가중치 값을 조절하는 과정이 바로 학습이며 이것은 반복적인 훈련을 통하여 숙달된다.

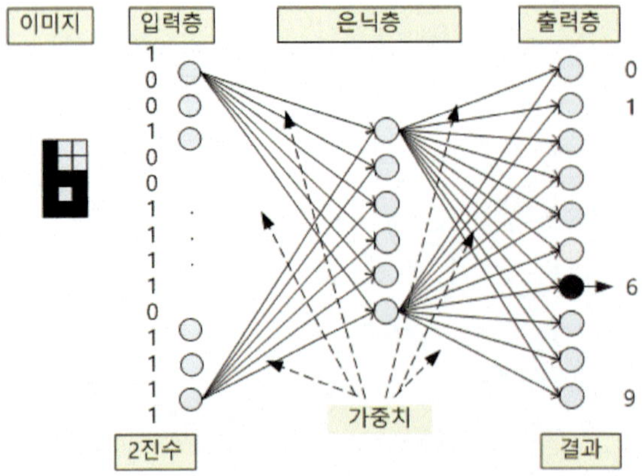

[그림 8.13] 다층 퍼셉트론의 문자인식

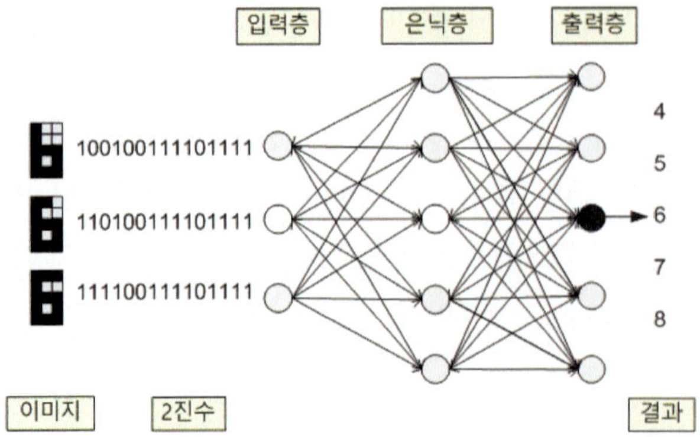

[그림 8.14] 오류에 강한 문자 이미지 인식

[그림 8.14]에는 세 가지 형태의 문자 이미지가 입력되는데 사람이 보는 이미지들의 모양은 비슷하지만 각각의 이진수 값들이 전혀 다른 값이다. 이것을 디지털 컴퓨터에서 처리하려면 한 가지 코드 이외에는 모두 오류로 처리해야 하지만 신경망에서는 모두 숫자 6으로 인식할 수 있다. '6'과 비슷한 이미지들을 모두 6으로 인식할 수 있으므로 다층 퍼셉트론은 오류에 강하다는 장점이 있다.

[그림 8.15]는 손 글씨를 인식하는 다층 퍼셉트론 회로를 보여준다. 손 글씨를 영상으로 입력하면 입력층의 각 노드에서 가중치를 임의로 설정하여 은닉층으로 출력한다. 은닉층의 각 노드는 각자의 가중치를 임의로 설정하여 출력을 내보낸다. 출력층에서는 각 노드에 입력된 수치들을 합하고 그 합계가 전체의 몇 %인지 확률로 계산한다. 결과적으로 가장 높은 확률을 가진 노드가 선택되어 출력한다. 그림에

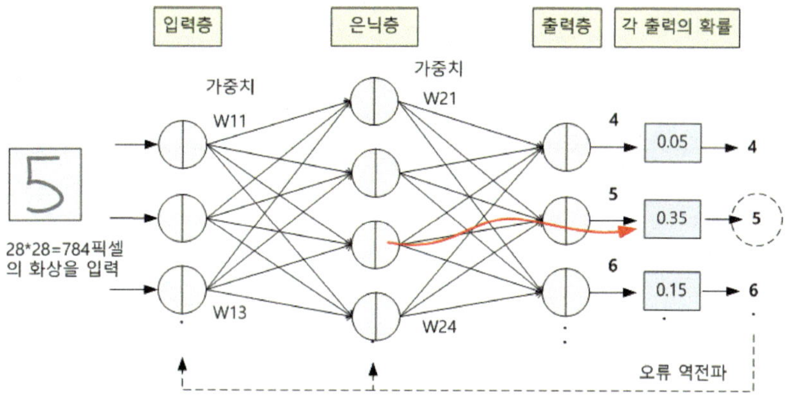

[그림 8.15] 손 글씨 인식 다층 퍼셉트론

서는 5를 가진 노드의 확률이 0.35로 가장 높으므로 '5'라고 인식한다.

출력층에서 노드 6의 확률이 더 높았다면 노드 6이 선정될 것이다. 그러면 지도학습에서는 6이 오류임을 밝히고 정답이 5라고 알려준다. 인공지능은 다시 가중치를 조절하여 5 노드로 출력되도록 수정하는 과정을 거치는데 이 과정이 바로 학습이다. 학습 과정에서는 바로 전 단계(또는 전전 단계)로 돌아가서 가중치를 조절하여 정답이 선정될 때까지 학습을 반복한다. 이렇게 전 단계로 돌아가서 오류를 수정하는 절차를 오류 역전파 알고리즘(back propagation algorithm)이라고 한다. 학습 과정을 많이 거칠수록 정답을 출력할 확률이 높아진다. 학습을 많이 할수록 정답 확률이 높아가는 대신 정보 처리 자원이 대량 소비되기 때문에 하드웨어 성능이 나빴을 때는 사용하기 어려웠다.

3 심층 신경망

다층 퍼셉트론에서 은닉층의 수를 많이 늘린 것이 심층 신경망(DNN, Deep Neural Network)이고, 딥러닝은 여기서 학습하는 기술이다. 인공지능은 오래전부터 부흥기와 침체기를 반복하면서 큰 역할을 못하고 있었지만, 딥러닝은 각광을 받으며 성장하고 있다. [표 8.4]는 퍼셉트론과 다층 퍼셉트론과 심층 신경망의 내용을 설명한 것이다. 퍼셉트론은 각 노드의 출력에 가중치를 부여하고, 활성화 함수를 이용하여 출력을 조절하여 신경망의 성능을 높였다. 다층 퍼셉트론은 은닉층을 두어서 신경망의 유연성을 향상하였고 결과적으로 XOR 문제를 해결하였다. 심층 신경망은 은닉층 수를 많이 늘려서 각 노드의 가중치를 수정하며 신호 조절 능력을 증가시킴으로써 결과적으로 정확도를 높이는 효과를 가져왔다. 심층 신경망으로 인하여 인공지능이 여러 분야에서 많은 성과를 내면서 발전하고 있다.

[표 8.4] 퍼셉트론과 심층 신경망

종류	내용	비고
퍼셉트론	출력을 활성화 함수와 가중치로 조절	유연성 증가
다층 퍼셉트론	페셉트론에 은닉층을 추가하여 유연성 증가	XOR 문제 해결
심층 신경망	다층 퍼셉트론에 은닉층을 크게 증가	신호 조절력 향상

신경망에서 학습이란 신경망에 있는 많은 노드의 가중치들을 변경하여 어떤 자료가 입력되어도 항상 정답과 가까운 결과가 나오도록 훈련하는 일이다. 처음 초기 상태에서는 각 노드의 가중치 값들을 무작위로 설정하지만, 학습하는 과정에서 점차 가중치 값들이 변경되어 결과가 항상 정답과 가깝도록 설정된다.

(1) 신경망의 작동 원리

신경망은 노드 연결선의 가중치, 활성화 함수, 손실 함수, 역전파 알고리즘 등 4가지 값들을 정교하게 수정하여 목표를 달성하는 것이 작동 원리이다.

[표 8.5] 신경망의 작동 원리

원리	내역
가중치	노드 사이의 연결 강도. 학습 과정에서 조정
활성화 함수	입력 값의 합계를 받아서 출력 값으로 변환하는 함수
손실 함수	신경망의 출력 값과 실제 값과의 차이
역전파	출력 계층에서 발생한 오류를 입력 계층에서 가중치 조정

[표 8.5]에서 가중치(Weights)는 노드들 사이의 연결 강도를 나타내며, 학습 과정에서 조정된다. 활성화 함수(Activation Function)는 노드에 들어오는 입력 값의 합을 받아 이를 다음 노드로 전달할 출력 값으로 변환하는 함수이다. 대표적인 활성화 함수로는 시그모이드(Sigmoid), 렐루(ReLU) 등이 있다. 손실 함수(Loss Function)는 신경망의 출력 값과 실제 값과의 차이를 수치화하는 함수이다. 이 값이 최소화하는 것이 학습 목표이다. 역전파 알고리즘은 출력 계층에서 발생한 오류를 입력 계층 쪽으로 거슬러 올라가며 각 노드의 가중치를 조정한다. 이 과정을 통해 신경망의 성능이 개선되는 것이 작동 원리이다.

신경망은 이미지 인식, 음성인식, 자연어 처리, 게임 플레이, 로봇 제어 등 다양한 분야에서 활용된다. 딥러닝이라고 하는 심층 신경망은 인공 신경망의 한 형태로, 더 많은 은닉 계층을 포함하며 복잡한 문제를 해결하는 데 특히 유용하다. 신경망은 복잡한 패턴을 학습하고 예측하는 능력 덕분에 많은 산업에서 중요한 기술로 자리 잡고 있으므로, 이 기술의 발전은 앞으로도 계속될 것이다.

(2) 신경망 학습

신경망의 학습 과정은 포병이 곡사포 사격 훈련을 하는 것과 유사하다. [그림 8.16]과 같이 포탄을 목표 지점을 향하여 우선 발사하고 결과를 관측한다. 관측 결과 목표 지점과의 거리와 방향 등을 고려하여 대포의 발사각과 좌우 편차와 장약의 양, 바람의 방향과 속도, 공기 온도와 습도 등을 수정하여 포탄을 다시 발사한다. 착탄 위치를 관측하고 대포의 사격 제원을 계산하여 다시 사격한다. 결과적으로 목표에 근접할 때까지 x축과 y축 오차를 줄여나가는 사격을 반복하는 것이 포병의 사격 훈련이다. 신경망 학습 과정도 포 사격 훈련과 비슷하다. 자료를 입력하고 신경망으로 처리한 다음에 출력과 정답을 비교하고, 오류를 확인하고 각 계층의 노드들의 가중치들을 조절하여 오차를 줄여 나가 최종적으로 정답에 도달하는 절차와 유사하다.

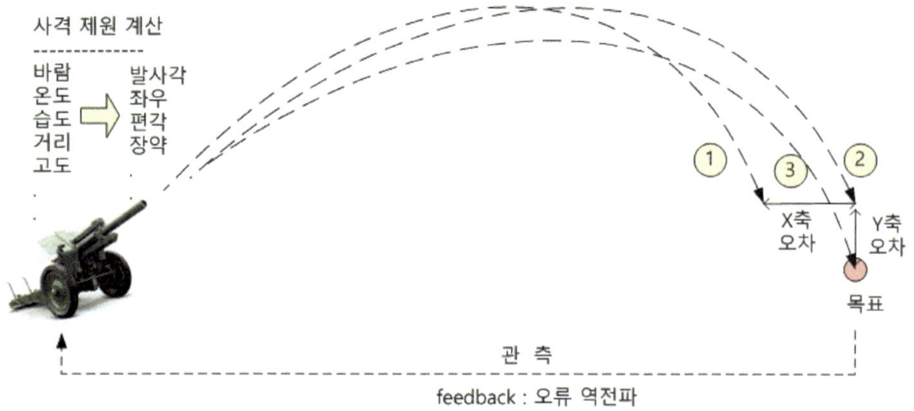

[그림 8.16] 포병의 곡사포 사격 훈련

신경망 학습의 문제점은 은닉층과 노드의 수가 많아질수록 연결선이 대폭 증가하여 가중치를 조절하고 출력 값들을 계산하는 정보처리 양이 기하급수적으로 늘어나는 점이다. 컴퓨터 자원을 너무 많이 소비하기 때문에 처리 시간이 길어져서 사용하기 곤란하였다. 신경망 이론은 오래전부터 개발되었지만 이를 해결할 수 있는 컴퓨터 자원이 없는 것이 문제였다. 2000년대에 반도체 기술이 향상되어 CPU와 GPU 처리 속도가 대폭 향상되었기 때문에 신경망 활용이 가능해진 것이다.

8.4 기계학습과 딥러닝

기계학습은 오래전부터 연구되어 왔으나 현실적인 문제를 해결하지 못하고 있었다. 인공 신경망의 발전으로 딥러닝이 현실적인 문제들을 해결하면서 기계학습과 함께 성장하고 있다. 기계학습이란 인간의 학습 능력을 컴퓨터에 부여하는 기술이다. 지금까지 기계는 사람들이 시키는 일을 수행했지만, 이제는 사람처럼 학습도 하고 스스로 일도 하게 되었다.

기계가 학습한다는 것은 두 가지 의미가 있다. 첫째 기계가 자기 능력을 스스로 향상할 수 있다는 것이고, 둘째 기계 스스로 일을 할 수 있다는 것을 의미한다. 처음 기계가 학습했을 때는 한정된 분야에만 적용되었는데 점차 그 범위를 늘려가고 있다. 2016년에 알파고가 처음 전문 바둑 기사들을 이겼을 때 사람들은 인공지능 시대가 왔다고 충격을 받았다. 그러나 인공지능이 갑자기 나타난 것은 아니었고 역사가 결코 짧지도 않았다.

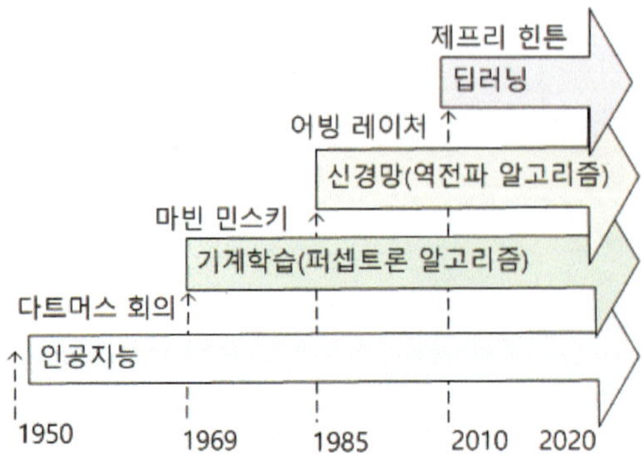

[그림 8.17] 기계학습의 역사

[그림 8.17]과 같이 1950년대에 컴퓨터 보급의 영향을 받아 생각하는 기계를 연구하기 시작했다. 인공지능은 추론과 탐색이라는 주제로 연구가 시작되었다. 당시의 인공지능은 인간의 경험을 바탕으로 빨리 원하는 정보를 탐색하는 것이었다. 인공지능은 궁극적으로 인간처럼 생각하고 행동하는 기계를 만드는 것이 목적이었다. 1960년대 말에는 기계학습에 관한 연구가 시작되었다. 처음에는 사람의 지식을 바탕으로 연역적 추론으로 결과를 얻으려 하였다. 그러나 기계학습이 지식을 서술하고 관리하는 작업이 너

무 방대하여 침체에 빠졌다. 1985년에는 다층 퍼셉트론이라고 하는 인공 신경망이 발표되어 새로운 바람을 일으켰으나 컴퓨터 성능 부족으로 다시 침체되었다. 2010년대에는 컴퓨터 처리 성능이 대폭 향상되면서 신경망을 이용하여 학습하는 딥러닝 연구가 시작되었다. 이때 알파고가 나타나서 다시 인공지능에 대한 희망과 열기를 불러왔다.

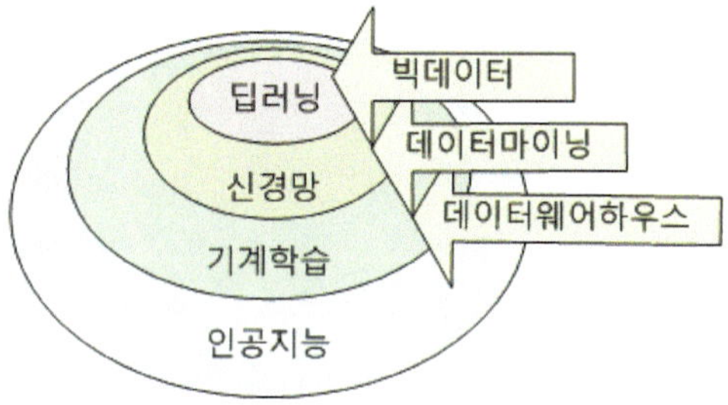

[그림 8.18] 인공지능과 자료과학의 관계

[그림 8.18]과 같이 인공지능 연구가 시작된 후에 기계학습이 성장하였으므로 인공지능 범주 안에 기계학습이 있다. 기계학습이 여러 방식으로 발전하다가 신경망이 개발되었고, 심층 신경망을 기반으로 딥러닝이 성장하였으므로 딥러닝이 가장 최근의 인공지능이다. 기계학습이 발전하는 도중에 대량의 자료에서 의미 있는 정보를 찾아내려는 데이터 마이닝(data mining) 기술이 향상하였다. 이를 위해서 정보 추출을 효과적으로 수행하기 위하여 자료를 체계적으로 정비하고 유지하기 위한 데이터 웨어하우스(data warehouse) 기술이 개발되었다. 그 후에 온라인 자료들을 기반으로 하는 빅데이터(bigdata) 기술이 출현하여 대량의 온라인 자료에서 귀중한 정보를 추출하려는 연구가 진행되었다. 딥러닝은 대량의 자료를 기반으로 학습하는 것이므로 빅데이터의 기반에서 성장하기 좋았다. 따라서 데이터 마이닝과 빅데이터는 기계학습의 중요한 자원이라 할 수 있다. 현재의 인공지능은 빅데이터와 인공 신경망 기반 위에 딥러닝이 꽃을 피우고 있는 상황이다.

[표 8.6]과 같이 기계학습은 인공지능에 포함되지만, 세부적인 사항에서 차이가 있다. 인공지능이 인간과 유사한 기능을 하는 기계를 개발하는 것이라면 기계학습은 자료에서 지식을 스스로 획득하는 프로그램을 개발하고자 한다.

[표 8.6] 인공지능과 기계학습의 차이

구분	인공지능	기계학습
목 적	기계에 인간의 지식 부여	학습에 의한 지식 습득
구현 기법	인간의 특성을 유추	대량의 자료에서 지식(규칙) 발견
방법론	인간과 유사한 기계 개발	스스로 학습하는 알고리즘 개발

8.4.1 기계학습

기계학습(Machine Learning, ML)은 컴퓨터가 명시적인 프로그래밍 없이 데이터로부터 학습하여 패턴을 인식하고 예측을 수행하는 기술이다. 기계학습은 자료를 분석하고, 그 안에서 통계적 패턴을 찾아내어, 새로운 자료에 대한 예측이나 결정을 내릴 수 있도록 모델을 구축한다. 구축한 모델로 자료를 학습하여 새로운 자료가 입력될 때 해답을 낼 준비를 한다.

기계학습 이전에는 사람이 필요한 규칙을 만들고 프로그램을 작성한 후에 프로그램이 자료를 처리하여 원하는 결과를 얻었다. 기계학습은 기계가 규칙을 찾아내어 학습하고 원하는 결과를 찾아주는 기법이다. 기계를 학습시키기 위해서는 많은 자료가 필요하다. 기계학습이라는 용어는 패턴 인식(pattern recognition) 과정에서 이미 1950년대 말부터 사용하기 시작하였다. 패턴 인식은 문자, 음성, 영상 등의 외부 정보를 컴퓨터가 인식하는 기술이다. 자동차 번호, 우편번호, 지문, 음성, 영상 등의 정보를 읽고 특징을 가려내어 그것이 어떤 정보인지를 분별하는 알고리즘으로 이미 실용화되었다. 패턴 인식 알고리즘 개발은 기계학습 발전에 큰 도움이 되었다. 컴퓨터가 많은 자료를 읽어서 분류하고 식별하는 능력은 학습을 많이 할수록 성공률이 높아진다.

1 기계학습 개요

기계학습의 정의들을 정리하면 [표 8.7]과 같이 다양하다. 이와 같이 기계학습의 정의가 다양한 것은 인공지능이 오랫동안 부흥과 침체를 거치면서 다양한 기술들이 반영되었기 때문이다. 이들 정의는 하나하나가 기계학습의 중요한 의미를 내포하고 있으므로 그 기능들을 사세하세 살펴보아야 한다. 이들 정의들을 종합하여 공통점을 추출하면, 기계학습은 자료를 기반으로 하며, 사람이 만든 규칙으로 프로그램을 작성하지 않으며, 자료에서 규칙을 찾아내며, 대량의 자료에서 통계를 활용하며, 스스로 학습한다는 점이다.

[표 8.7] 기계학습의 정의

구분	정의
1	기계학습은 자료에서 지식을 추출하는 작업
2	프로그램을 작성하지 않고 자료로부터 학습하는 기술.
3	자료에서 유용한 지식과 규칙을 추출하는 기술.
4	프로그램을 작성하기 어려운 작업을 해결하는 기술.
5	기계가 문제 해결 패턴(모델)을 자동으로 학습하는 기술.

기존 프로그램에서는 모든 규칙을 코딩해야 하지만 기계학습에서는 입력과 정답을 연결하는 학습만 수행한다. 만약 규칙이 새로 추가되거나 변경되면 기존 프로그램의 코딩을 바꾸어야 한다. 그러나 기계학습에서는 새로 추가되는 규칙을 발견하여 입력과 정답을 연결하는 연결선들을 바꿀 뿐이다. 기계학습과 마찬가지로 신경망도 대량의 자료와 관련된 분야이므로 데이터 마이닝과 빅데이터를 이해하는 것이 신경망 학습을 이해하는 데 큰 도움이 된다.

(1) 기계학습의 개념

기계학습은 종래의 추론, 탐색 또는 지식 표현 등과 전혀 다른 방식으로 접근한다. 기존 방식은 논리적으로 핵심 내용을 분석하고 구조적으로 내용을 파악한다. 이에 반해서 기계학습은 기존의 자료를 확률적 혹은 통계적으로 분석하여 가장 많이 적용되는 대상들을 찾아가는 방식이다. 번역에서도 기존에는 문법에 관한 지식을 이용하여 문장 구조와 함께 의미를 파악하는 데 반하여 기계학습에서는 문장 분석을 떠나서 외형적이나 통계적으로 가장 많이 번역된 사례들을 중심으로 번역하는 방식을 사용한다. 기

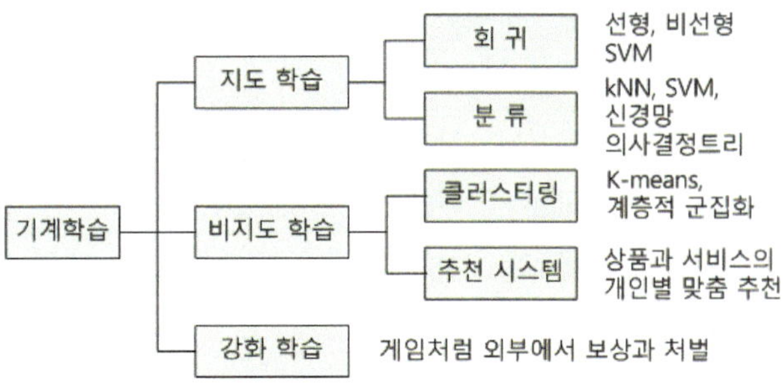

[그림 8.19] 기계학습의 종류

존 방식으로 번역했을 때는 너무 현실성이 없다는 이유로 외면을 받기도 하였으나 구글(Google)이 통계적 기계학습 방식으로 번역한 후에는 수용하기 시작했고 이제는 널리 사용되고 있다.

[표 8.8] 기계학습의 종류

종류	내용
지도학습	교사와 정답이 주어지는 학습.
비지도 학습	교사와 정답 없이 기계 스스로 자료를 읽고 학습
강화학습	잘하면 보상받고 못 하면 벌을 받는 시행착오를 통한 학습

기계학습은 [그림 8.19]와 같이 지도학습, 비지도 학습, 강화학습 등으로 구분된다. [표 8.8]과 같이 지도학습은 교사와 정답이 주어지는 학습 방식이고, 비지도 학습은 교사나 정답 없이 자료만으로 기계가 스스로 학습하는 방식이고, 강화학습은 잘하면 상을 받지 못하면 벌을 받는 식으로 시행착오를 통하여 스스로 목표를 달성하는 학습 방식이다. 지도학습에는 회귀와 분류 기법이 있고, 비지도 학습에는 클러스터링 기법이 있고, 강화학습은 게임과 같이 보상과 처벌이 주어져 목표를 달성하는 기법이다. 이들 학습 방식은 응용 분야에 따라 서로 장단점이 있다.

(2) 활용 분야

[표 8.9] 기계학습의 활용 분야

구분	분 야	활용 내용
1	음성인식	개인 비서: Bixby, Siri, Alexa, Assistant 등
2	영상인식	(차량 등) 번호판 인식, 손 글씨 인식, 물체 인식
3	얼굴 인식	얼굴 이미지를 이용한 신원확인
4	자연어처리	외국어 번역, 기사 작성
5	정보 검색	스팸 메일 검사, 대출 검사
6	검색 엔진	전자상거래, 예술 공연 등의 추천 시스템
7	로보틱스	자율주행, 시설물 경계 및 정찰, 수색

기계학습은 자료를 기반으로 학습을 통하여 지식을 추출하는 기술이므로 자료가 충분하면 [표 8.9]와 같이 산업 분야에서 다양하게 활용할 수 있다. 활용 분야는 앞으로 더 확장될 것이다. 얼굴 인식은 중국에서 신원확인뿐만 아니라 소액 지불까지 광범위하게 활용되고 있다. 음성인식은 스마트폰에서 개인 비서로 활용되고 있다. 센서가 발전할수록 스마트 워치 이상의 휴대장치에서 다양한 건강 정보를 수집하여 개인 건강을 관리할 수 있다.

2 기계학습의 종류

기계학습은 정답과 교사가 지도하는 지도학습, 정답도 없고 교사도 없이 자료만 제공되는 비지도 학습, 보상으로 교육하는 강화학습으로 분류된다.

(1) 지도학습

지도학습은 교사와 정답이 주어지는 학습 방법이다. 입력 자료와 함께 해당하는 정답을 주고 대량의 훈련 자료를 가지고 학습한다. 따라서 특정 자료가 입력되었을 때 오류가 나오면 해당하는 정답이 나오도록 다시 연결하는 작업을 반복한다. 지도학습에서는 [그림 8.20]과 같이 미리 주어진 학습 자료와 정답으로 학습하면서 지도학습 모델을 만든다.

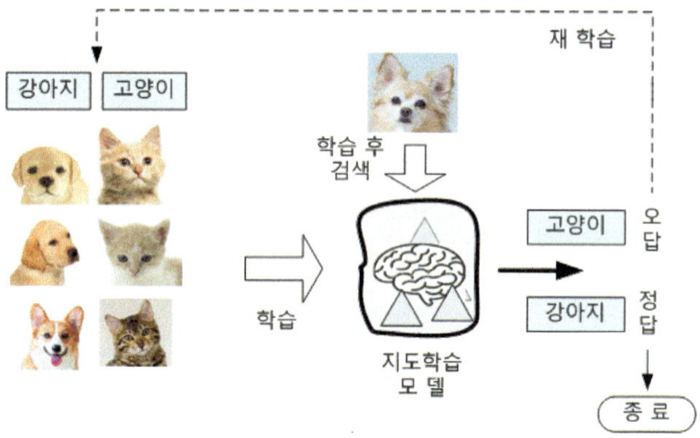

[그림 8.20] 지도학습의 검색 절차

모델이 만들어진 후에는 완전히 새로운 자료가 주어졌을 때도 정답을 예측할 수 있다. 여기서 모델이란 자료가 입력되었을 때 정답을 찾는 컴퓨터 프로그램(알고리즘)이다. 학습 모델은 입력 자료에서 특징을 추출하여 특징으로 자료와 정답을 연결하는 훈련을 한다. 따라서 지도학습이란 자료와 정답이 주어지면 어떤 문제라도 풀 수 있는 학습 모델을 만드는 방식이다. 지도학습은 크게 회귀와 분류로 구분된다. 지도학습은 매우 강력하고 가치가 높은 학습 방법이지만 자료 구축에 문제가 있다. 지도학습 알고리즘을 이용하여 어떤 물체를 인식시키려면 정답이 있는 학습 자료를 대량으로 준비해야 한다. 예를 들어, 책상을 인식하는 학습을 시키려면 적어도 1,000에서 10,000개 이상의 책상 자료를 입력시켜야 한다. 사람에게 책상을 학습시키려면 책상 몇 개만 보여주면 되는데 지도학습 알고리즘에 학습시키려면 매우 많은 양의 자료가 필요하다는 점이 다르다.

대표적인 지도학습의 종류에 회귀(回歸, regress)와 분류(分類, classification)가 있다. 회귀는 서로 관련이 있는 두 가지 변수 사이의 관계를 함수식으로 설명하는 통계 방법이다. 신발의 크기와 몸무게에 대한 많은 자료가 있을 때 특정 몸무게를 가진 사람에게 적합한 신발 크기를 예측할 수 있다. 분류는 다수의 개체를 특정한 속성에 따라서 여러 개의 군으로 나누는 것이다. 대출 신청이 있을 때 합격자와 불합격자로 구분하는 것도 일종의 분류이다. 이미지에서 물체를 식별하는 분류 작업이나, 주택 가격을 예측하는 회귀 작업이 여기에 해당한다.

T·I·P 군집화clustering

군집화를 정의하면 '유사한 성격을 가진 개체를 묶어 그룹으로 구성하는 것'이다. 클러스터링은 자료 집합에서 유사한 성질을 가진 자료들의 그룹들을 찾아내는 것이다. 자료에서 그룹을 찾는다는 것은 분류하는 것과 비슷하지만 지도학습의 분류와는 전혀 다른 것이다. 지도학습에서 분류는 사전에 정해진 그룹의 어느 쪽에 속하는지를 예측하는 것이다. 반면에 군집화는 그룹들이 정해져 있지 않은 상태에서 새롭게 그룹을 정하는 일이다. 따라서 군집화에서는 자료들을 읽어서 그룹들을 만들고 어느 자료가 어느 그룹에 속하는지를 결정해야 한다.

(2) 비지도 학습

비지도 학습은 강화학습과 마찬가지로 교사와 정답이 필요 없는 학습 방법이다. 단지 자료만 가지고 구분하는 학습 방식이다. 컴퓨터가 입력 자료만 읽고 분류하는 방식이므로 정확한 답을 제시할 수는 없다. 그러나 컴퓨터는 자료들의 상관관계를 분석하여 유사한 자료들을 구분한다. 많은 자료를 입력하면 자료들의 구조나 패턴이나 규칙을 스스로 발견하여 특징을 찾아낸다. 그리고 이 특징들을 이용하여 자료들을 구분한다. [그림 8.21]과 같이 입력 자료들의 특징을 추출하고, 특징을 기반으로 유사한 자료끼리 구분하여 군집을 만든다. 그림과 같이 여러 종류의 육상 동물과 새들이 있다. 다리가 두 개인 새들과 4개인 동물들로 구분되고, 새들은 꼬리와 몸통의 구분이 잘 안 되지만 동물들은 꼬리가 확연하게 보이는 등 구분된 자료들의 특성과 성격을 확실하게 인식할 수 있다. 비지도 학습은 군집화와 차원 축소로 구분할 수 있다. 비지도 학습은 지도학습보다 아직은 가치가 덜하지만, 레이블이 없는 자료를 사용할 수 있으므로 앞으로는 크게 발전할 것이다.

[그림 8.21] 비지도 학습: 정답 없이 자료 분류

(3) 강화학습

강화학습은 환경과 상호작용하며 보상을 최대화하는 방법을 배우는 프로세스이다. 강화학습은 성공과 실패를 반복하면서 시행착오를 통하여 보상하는 학습 방식이다. 최적의 값을 추구하기 위해 당근과 채찍을 사용하는 방법이다. 학습 내용은 학습의 주체인 에이전트가 행동과 보상 사이의 관계를 학습하는 것이다. 강화학습의 목적은 기계가 보상을 최대한 많이 받는 전략을 짜는 것이다. 따라서 지도학습이나 비지도 학습과는 전혀 다른 방식이다. 게임과 같이 컴퓨터가 작업을 수행할 때마다 게임 결과에 따라서 보상과 처벌이 주어진다. 잘하면 보상을 하고, 못하면 처벌함으로써 컴퓨터는 보상을 최대화하는 방향으로 자기 행동을 결정한다. 자율주행 자동차나 게임 플레이에 주로 사용한다.

개 훈련소에서는 항상 보상과 처벌을 병행함으로써 개가 스스로 보상을 많이 받는 쪽으로 행동하도록 교육하는 것과 유사하다. 대부분 게임들도 보상과 처벌을 통하여 승부를 가리는 방식을 많이 사용한다. 알파고도 처음에는 지도학습을 사용했지만, 나중에는 강화학습을 사용하였다. 강화학습의 문제점은 좋은 행동의 결과가 금방 나타나지 않고, 나쁜 행동의 결과도 빨리 나오지 않을 때 어려움이 있다. 당장은 이익이지만 장기적으로 보면 손해인 경우가 있고 그 반대인 경우가 있기 때문이다.

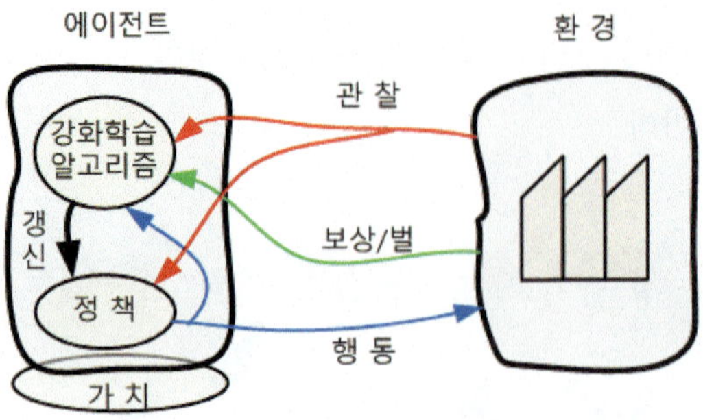

[그림 8.22] 강화학습 구조와 절차

[그림 8.22]와 같이 학습을 주관하는 에이전트는 환경을 관찰하면서 강화학습 알고리즘과 정책에 따라서 행동을 수행한다. 그 행동의 결과가 좋으면 보상받고 나쁘면 벌이 주어진다. 알고리즘은 보상의 결과에 따라서 정책을 수정한 후에 다시 행동한다. 관찰, 행동, 보상 그리고 정책 갱신의 순서가 반복되면서 장기적으로 좋은 결과를 얻는 것이 강화학습의 목적이다. 이와 같이 강화학습의 목표는 장기적인 이익을 최대화하는 것이다. 강화학습은 행동 심리학자인 스키너(Skinner)의 영향을 많이 받았다. 강화학습은 사전에 학습할 수 없으므로 늘 실시간으로 수행된다는 점과 수많은 변수가 있어서 예측이 곤란하다는 단점이 있다.

강화학습은 비지도 학습과 마찬가지로 교사와 정답이 필요 없는 학습 방법이다. 더구나 인공지능이 출력한 결과를 자동으로 채점할 수 있는 경우에만 이용할 수 있다. 또한 성공과 실패라는 시행착오를 거치면서 채점 결과를 학습해서 그 목표를 달성한다. 알파고도 처음에는 지도학습 기법을 이용했으나 나중에는 강화학습 기법을 활용하였다. 강화학습을 하는 알파고는 예전의 기보를 학습하는 것이 아니라 바둑의 규칙만 알려준 다음에 알파고끼리 바둑 게임을 한다. 좋은 바둑 수를 둔 알파고에는 보상이 주어지므로 보상을 얻기 위하여 알파고는 게임을 하고 좋은 결과를 얻는다.

8.4.2 딥러닝

딥러닝(심층학습, deep learning)은 2000년대에 제프리 힌튼[8] 교수가 발표한 심층 신경망을 이용하는 기계학습 방법이다. 일반 신경망의 은닉층의 수가 1~2개인데 반하여 심층 신경망의 달리 은닉층의 수는 최대 1,000개에 이를 정도로 많다. 은닉층을 많이 늘리는 이유는 입력 자료를 계속 변환해야 원하는 출력층 노드에 도달하는데 은닉층의 수가 많을수록 정교하게 변환할 기회가 많기 때문이다. 그러나 은닉층의 수가 많을수록 노드와 연결선들이 많아져서 실행 시간이 길어지는 단점이 있다. 딥러닝을 하기 위해서는 [표 8.10]과 같이 용도에 따라 적합한 딥러닝 알고리즘을 개발해야 하고, 실행 속도를 개선하기 위해서 고성능 처리기들을 사용해야 한다. 또한 학습을 잘하기 위해서는 대량의 학습 자료를 준비해야 한다.

[표 8.10] 신경망과 심층 신경망 비교

항목	신경망	심층 신경망
은닉층 수	1~2개	1~1,000여 개
알고리즘	역전파 알고리즘	딥러닝 알고리즘
사용 시기	1986년 이후	2000년 이후
학습 자료	보통 수량	대규모
실행 시간	보통	매우 많이 걸림(최근 빨라짐)
프로세서	병력처리용 슈퍼컴퓨터	고성능 CPU와 GPU

1 기계학습과 딥러닝

딥러닝은 기계학습에 속하지만 [표 8.11]과 같이 기계학습과는 큰 차이가 있다. 기계학습의 처리순서는 특징을 추출하고, 그 특징을 이용하여 분류하고, 결과를 출력한다. 그러나 딥러닝은 스스로 특징 추출과 분류를 함께 실행하고 결과를 출력한다는 점이 다르다. 기계학습은 사용자가 주도적으로 특징을 선정하고, 딥러닝은 기계가 스스로 특징을 추출한다.

8 Geoffrey Hinton(1947~): 토론토대학 교수, 2018년 딥러닝 공로로 Turing Award 공동 수상.

[표 8.11] 기계학습과 딥러닝 비교

항목	기계학습	딥러닝
처리순서	특징 추출 > 분류 > 출력	특징 추출과 분류 > 출력
알고리즘	다양하다	수가 적으므로 개발 중
입력 자료	작은 자료에 적합	클수록 효과적
학습 자료	보통 수량	대규모
실행 시간	보통	매우 오래 걸림(최근 빨라짐)

다층 퍼셉트론이 처음 나왔을 때는 은닉층이 하나 정도였지만 수를 늘렸더니 학습 효과가 증가했기 때문에 딥러닝이 계속 발전된 것이다. 딥러닝 이론은 신경망의 각 노드에서 가중치 값을 바꾸면 결과 값이 달라진다는 것을 결과가 좋은 쪽으로 이용한 것이다. 딥러닝은 기존의 패턴 인식 기법을 능가하며 계속 발전하고 있다.

(1) 다층 퍼셉트론과 심층 신경망

[그림 8.23]에서 고양이의 영상을 이진수 값으로 바꾸어 입력하면 결과 값이 '고양이'로 나올 확률이 높을 수도 있고 낮을 수도 있다. 지도학습에서는 결과 값으로 정답을 알려준다. '고양이' 영상이 정답을 맞히지 못하면 정답을 맞힐 수 있도록 각 노드의 가중치 값을 변경해본다. 예를 들어, 노드 N_{21}의 W_{21}의 가중치 값을 올려보고 결과 값을 살펴본다. '고양이' 확률이 높아지면 더 올려보고, 낮아지면 가중치 값

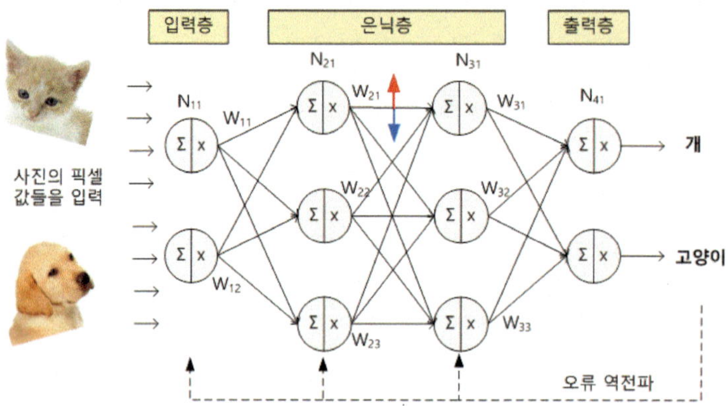

[그림 8.23] 딥러닝 신경망

을 내린다. 이와 같이 모든 노드의 가중치 값들을 올려보고 내려 보면서 '고양이' 확률값을 높여나가는 학습을 반복한다. 처음 시작할 때 각 노드의 가중치 값들은 임의로 설정한다. 많은 수의 고양이 영상들을 입력하면서 학습을 반복하면 할수록 고양이 영상을 고양이로 인식할 확률이 높아진다. 이것은 순전히 가중치를 조절한 효과이다.

결과 값이 정답과 맞지 않으면 오류이므로 전 단계로 되돌아가서 각 노드의 가중치 값들을 올리거나 내려 본다. 다시 결과 값을 확인했을 때 결과 값이 좋은 방향으로 변화하도록 단계적으로 가중치를 조절하는 것이 학습이다. 따라서 학습을 많이 할수록 신경망의 신뢰도는 높아진다.

[표 8.12] 인공지능과 기계학습과 딥러닝의 학습 방식

종류	내용
인공지능	기계가 사람처럼 생각하고 행동하며 학습
기계학습	주어진 특징들을 이용하여 학습
딥러닝	자료에서 스스로 특징들을 추출하여 학습

심층 신경망은 다층 퍼셉트론에서 나왔지만, 실용적인 면에서 큰 차이가 있다. 다층 퍼셉트론은 사람이 자료에서 특징을 추출하여 학습에 활용하고 분류하는 반면에 심층 신경망의 딥러닝은 인공지능이 직접 특징을 추출하고 학습하고 분류한다. [표 8.12]와 같이 인공지능의 핵심이 기계가 사람처럼 수행하는 학습이라면 기계학습은 사람이 추출한 특징을 이용하여 학습하는 것이고, 딥러닝은 스스로 자료에서 특징을 추출하여 학습하는 차이가 있다. 다층 퍼셉트론에서 스스로 특징을 추출하지 못했던 것은 은닉층 수가 적어서 정확도가 낮았기 때문이었다.

2 심층 신경망과 딥러닝

신경망 연구 과정에서 은닉층을 증가시킨 결과 정확성이 향상되는 것을 발견하였다. 은닉층의 수와 각 층의 노드 수가 증가할수록 가중치를 갱신하고 결과를 계산하는 절차가 기하급수적으로 증가한다. 노드와 가중치의 수가 증가하는 것 때문에 컴퓨터의 연산 수요가 폭증하는 것이 문제였다. 그러나 2000년대 이후에 고성능 GPU가 개발되었고, 심층 신경망 자료 처리를 위하여 병렬 처리를 실행할 수 있는 NPU(neural processing unit)가 개발되어 연산 수요를 감당할 수 있게 되었다. 은닉층이 하는 일은 자료를 작은 단위로 나눈 다음에 작은 단위별로 인식하고 다시 작은 단위를 합쳐서 큰 단위로 인식하고 점차

더 큰 단위로 인식과 분석의 범위를 넓혀 가는 방법으로 정확성을 높이는 데 있다.

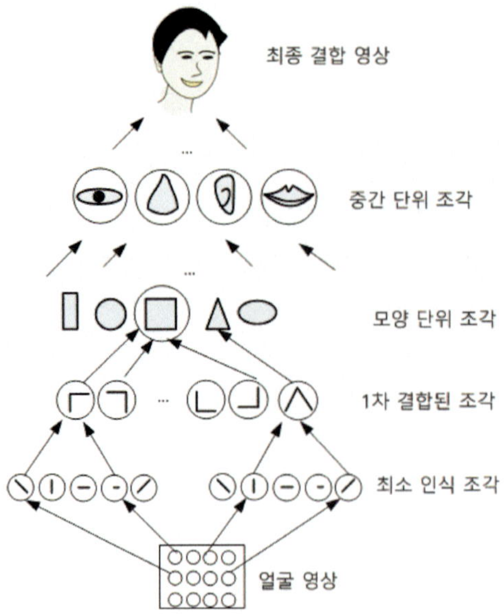

[그림 8.24] 뇌의 시각 피질이 얼굴 영상을 인식하는 과정

3 딥러닝을 위한 심층 신경망

2012년에 제프리힌튼 교수가 발표한 AlexNet은 CNN(Convolutional Neural Network, 합성곱 신경망)에서 딥러닝을 사용하였다. CNN의 영상인식 과정을 살펴보기로 한다. [그림 8.24]는 사람의 두뇌 피질이 눈을 통해 들어오는 영상을 인식하는 과정이다. 뇌의 시각 피질은 계층적으로 연결되어 있다. 낮은 계층에서는 단순한 패턴을 인식하고, 상위 계층으로 올라갈수록 패턴들을 조합하여 더 복잡한 영상으로 추상화한다. 즉 입력 영상을 작은 단위로 나누어 인식하고 이 조각들을 연결하여 점차 모양을 형성하고 최종적으로 완성된 영상을 얻는 방식이다.

처음에는 짧은 곡선, 직선, 기억자(ㄱ), 니은자(ㄴ), 꺽쇠(∧, ∨) 등의 조각을 인식하고 다음에는 이들을 연결하여 모양(ㅁ, ㅇ, △ 등)을 만들고, 중간에는 눈, 귀, 입술, 귀 등을 인식하고 최종적으로 이들을 조합하여 사람의 얼굴을 알아보게 된다. 이 과정에서 사람의 얼굴을 이루는 특징들을 파악하고 누구의 얼굴인지 알게 된다. 딥러닝에서도 이와 같은 방식으로 영상을 작은 조각부터 인식하고 조합하여 최종적으로 완성된 영상을 만들어낸다.

연습문제

1. 인공지능이 시작하게 된 동기를 설명하시오.
2. 인공지능을 정의하고 기술의 범위를 설명하시오.
3. 인공지능 개념의 변화 과정을 설명하시오.
4. 튜링 테스트를 통과하려면 어떻게 할 것인지 설명하시오.
5. 기계학습의 원리를 설명하시오.
6. 기계학습을 연구하게 된 이유를 설명하시오.
7. 제1차 인공지능 붐의 원인과 결과를 설명하시오.
8. 제2차 인공지능 붐의 원인과 결과를 설명하시오.
9. 제3차 인공지능 붐의 원인과 결과를 설명하시오.
10. 전문가 시스템의 구성 요소들을 설명하시오.
11. 전문가 시스템의 성과와 결과를 설명하시오.
12. 외국어를 번역하는 두 가지 방식에 대해 설명하시오.
13. 기계 번역이 호응을 얻지 못했던 이유와 호응을 얻게 된 이유를 설명하시오.
14. 신경망이 기대와 함께 침체를 보였다가 다시 관심을 끄는 이유를 설명하시오.
15. 신경망 모델의 장점과 단점을 설명하시오.
16. 퍼셉트론의 처리 구조를 설명하시오.

연습문제

17. 단층 퍼셉트론과 다층 퍼셉트론의 차이를 설명하시오.

18. 다층 퍼셉트론의 기능을 설명하시오.

19. 빅데이터와 딥러닝의 관계를 설명하시오.

20. 딥러닝과 신경망의 관계를 설명하시오.

21. 알파고가 관심을 끈 기술을 설명하시오

22. ChatGPT가 관심을 끈 기술을 설명하시오.

23. 생체 신경망과 인공 신경망의 차이를 설명하시오.

24. 컴퓨터와 신경망의 차이를 설명하시오.

25. 다층 퍼셉트론이 관심을 끈 이유를 설명하시오.

26. 신경망에서 은닉층의 역할을 설명하시오

27. 신경망 모델의 장점과 단점을 설명하시오.

28. 신경망과 심층 신경망의 차이를 설명하시오.

29. 기계학습을 정의하시오.

30. 지도학습과 비지도 학습의 차이를 설명하시오.

31. 비지도 학습과 강화학습의 차이를 설명하시오.

32. 딥러닝의 특징과 효과를 설명하시오.

CHAPTER 9

보안

보안이란 위험과 위협으로부터 재산과 생명을 보호하고 안전하게 지키는 것이다. 보유한 재산과 정보가 많을수록 보안의 중요성이 커진다. 컴퓨터가 보급되면서 컴퓨터에 많은 정보를 저장하게 되었고, 인터넷에 연결된 컴퓨터 정보가 외부에 누출될 가능성이 생겼다. 남의 집이나 건물에 침입하지 않고도 컴퓨터에 접근해서 정보를 훔쳐 올 수 있고, 훔친 정보를 이용해서 금품을 빼앗을 수도 있고, 남의 컴퓨터 정보를 사용하지 못하게 비밀번호를 걸어두고 금품을 요구할 수도 있다. 다른 회사의 많은 인력이 수십 년간 개발해온 기술 정보를 훔쳐서 어떤 회사를 위험에 빠지게 할 수도 있다.

컴퓨터 시대에는 컴퓨터를 잘 사용할수록 정보 접근 기회가 확장된다. 그럴수록 노출 위험이 많아지므로 정보 보안과 컴퓨터 보안에 특별히 신경을 써야 한다. 개인 정보가 유출되어도 여러 가지로 큰 피해를 볼 수 있는데, 기업이나 공공기관의 기밀 정보가 유출되면 관련 사업이 심각한 피해를 볼 수 있다. 항상 외부 경계를 철저히 하고, 귀중한 정보는 자주 백업해두고, 비밀번호를 잘 관리하고, 이상하거나 낯이 설은 정보에는 접근하지 않는 것이 좋다. 평소에도 컴퓨터가 손상을 입었을 때를 대비하여 복구할 수 있는 대책을 마련해두어야 한다.

9.1 보안 개요

보안(security)이란 자산, 시스템, 네트워크, 정보 등을 보호하기 위한 일련의 절차와 기술이다. 보안의 목적은 기밀성, 무결성, 가용성을 유지하는 것이다. 보안을 통하여 정보와 자산이 무단 접근, 변경, 파괴, 노출, 사용 또는 중단되는 것을 방지하는 것이다. 정보 보안은 정보가 무단 변경, 손실, 파괴 또는 노출로부터 보호되도록 하는 전반적인 조치이다.

정보 보안이 정보를 보호하는 것에 중심을 둔다면 컴퓨터 보안은 컴퓨터 보호에 중점을 둔다. 컴퓨터 보안은 컴퓨터 시스템과 네트워크를 해킹, 바이러스, 스파이웨어, 악성 코드 등의 사이버 위협으로부터 보호하는 조치이다. 정보 보안과 컴퓨터 보안은 서로 밀접하면서도 다른 목표를 가진다. 정보 보안과 컴퓨터 보안의 구분이 애매해 보이지만 큰 범위에서는 정보 보안이 컴퓨터 보안을 포함하고 있다. 이 두 분야는 정보와 시스템을 보호하는 데 중점을 두며, 자료, 네트워크, 컴퓨터 등을 안전하게 유지하는 방법을 포함한다.

9.1.1 정보 보안

정보 보안(Information Security)은 조직이나 개인의 정보를 무단 접근, 사용, 공개, 파괴, 변경 또는 손실로부터 보호하는 것이다.

1 정보 보안의 필수 요소

정보 보안을 유지하려면 기밀성과 무결성과 가용성은 필수적인 요소이면서 서로 모순이 되면서도 서로 협조해야 하는 관계에 있다. [그림 9.1]과 같이 기밀성을 강화하면 가용성이 저하되고, 무결성을 강화하면 가용성이 저하되고, 가용성을 강화하면 기밀성과 무결성이 저하되기 쉬운 측면이 있다. 이들 세 가지 요소들의 조화를 이루는 것이 정보 보안의 핵심이다.

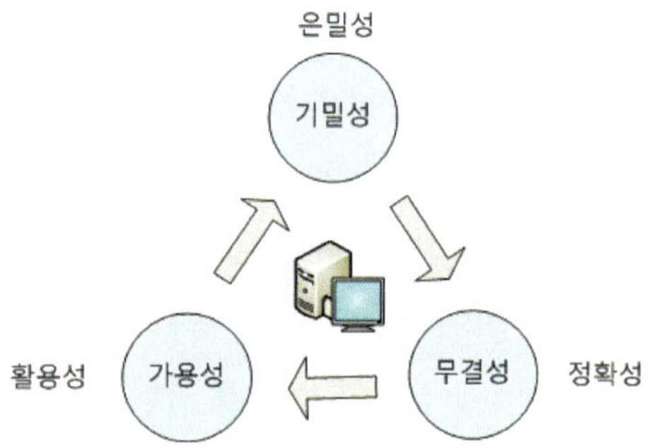

[그림 9.1] 정보 보안의 필수 요소

기밀성(Confidentiality)이란 정보를 인가된 사람이나 시스템에만 접근할 수 있도록 보호하는 것이다. 접근 권한이 없는 사용자의 접근을 제한하는 것이다. 기밀성을 강화하면 가용성과 무결성이 위축될 수 있다.

무결성(Integrity)이란 오류 정보가 발생하거나 정보가 몰래 변경되거나 손상되지 않도록 보호하는 것이다. 자료의 정확성과 일관성을 유지하기 위해 다양한 기술들이 사용된다. 자료가 정확하며 수정되지 않았음을 보장하는 기술이 요구된다. 무결성을 강화하면 가용성이 저하될 수 있다.

가용성(Availability)이란 정보가 필요할 때 언제든지 접근할 수 있도록 보장하는 것을 의미한다. 이를 위해 시스템의 안정성과 신뢰성을 유지하고 서비스 거부 공격 방어, 자료 백업, 복구 전략 등을 수행한다. 가용성을 강화하면 기밀성과 무결성이 위축될 수 있다.

2 정보 보안 과제

사람들이 관심을 두지 않거나 소홀히 하는 사이에 정보 보안을 위협하는 상황이 점점 악화되고 있다. 방어 기술은 자꾸 노출되고, 공격 기술은 계속 진보하기 때문에 우리는 여러 가지 차원에서 보안에 관심을 두고 [표 9.1]과 같이 보안 과제에 신경을 써야 한다.

[표 9.1] 정보 보안 과제

과제	내역
공격의 진화	해커들이 지속해서 해킹 기술을 진화하여 공격
자료 누출 증가	많은 개인과 기관에서 자료의 누출이 증가
법률과 규제	각 나라마다 정보 보호를 위한 법률과 규제를 강화

공격의 진화란 해커들이 지속적으로 새로운 방법을 개발하여 보안 체계를 공격한다는 점이다. 반면에 방어 기술은 점차 노출되어 방어막이 허술해지고 있다. 자료 누출 증가란 자료가 무단으로 노출되거나 접근되는 것이 계속 증가한다는 것이다. 이것은 외부의 공격자에 의해 발생할 수도 있고, 내부자에 의한 실수나 악의적 행위로 인해 발생할 수도 있다. 자료 누출은 개인 정보, 금융 정보, 기업의 영업 정보 등 중요 자료가 위험에 노출되어 개인이나 기업에 심각한 손해를 입힐 수 있는 사건으로 연결된다. 조직은 점점 더 많은 자료를 다루기 때문에, 자료 누출의 위험도 증가하고 있다. 법률과 규제란 GDPR[1], HIPAA[2] 등 다양한 정보 보안 관련 법률과 규제 요구 사항들이 증가하고 있고 이것을 준수해야 한다는 점이다.

3 정보 보안 대책

정보 보안을 위해서는 사전에 사고나 위험 문제가 발생했을 때를 가정하여 [표 9.2]와 같이 대비책을 세워두어야 한다.

1 GDPR(General Data Protection Regulation) : 유럽 의회에서 2016년에 개인 정보 보호를 위해 만든 개인정보보호 규정. 2018년부터 시행.

2 HIPAA(Health Insurance Portability and Accountability Act) : 1996년에 미국에서 제정한 건강 보험 이식성 및 책임법. 건강 정보를 처리하고 보호하는 방법을 규정한 연방법.

[표 9.2] 정보 보안 대책

대책	내역
위험 평가	보안 대상 정보 자산 식별과 위험 평가
보안 정책	적절한 보안 정책 수립과 시행
물리 보안	중요 시설과 장비에 대한 물리적 접근 제어
기술 보안	기술적 보안 장비와 소프트웨어 운영
감사와 감시	정기적인 감사와 감시 활동 수행

위험 평가는 조직의 보안 대상 정보 자산을 식별하고, 잠재적 위험과 취약점을 평가하여 보안 사항을 결정한다는 것이다. 보안 정책은 정책을 개발하고 직원들에게 교육을 통하여 보안 업무를 일관성 있게 적용할 수 있도록 하는 것이다. 물리 보안이란 데이터 센터, 서버실, 전기실 등 보안이 요구되는 장소의 물리적 접근을 통제하는 것이다. 기술 보안은 방화벽, 안티바이러스 소프트웨어, 암호화 기술, 침투 탐지 시스템(IDS)과 같은 보안 도구를 적용하는 것이다. 감사는 정기적으로 보안 시스템의 상태를 점검하는 것이고, 감시는 보안 사고에 대비하여 보안 활동을 유지하는 것이다. 컴퓨터 통신망과 인터넷이 날로 발전하고 있으므로 정보 보안은 오늘날 디지털 세계에서 더욱 중요해지고 있다. 따라서 정보 보안은 조직과 개인 모두에게 필수적인 요소이다.

9.1.2 컴퓨터 보안(Computer Security)

컴퓨터 보안은 컴퓨터 시스템, 네트워크 및 자료를 무단 접근, 변경, 파괴, 도난으로부터 보호하는 것을 목표로 한다. 이것은 조직과 개인이 자신의 정보 시스템을 보호할 수 있도록 다양한 기술과 방법을 제공한다.

1 컴퓨터 보안 대책

컴퓨터 보안 대책은 네트워크 보안에서 보안 교육까지 다양하며 [표 9.3]과 같다.

[표 9.3]에서 네트워크 보안이란 네트워크와 네트워크로 통신하는 장비들을 보호함으로써 자료 교환의 안전을 유지하는 것이다. 네트워크의 기술 요소는 방화벽, 가상 사설망(VPN), 침입 감지 시스템(IPS), 안티바이러스 소프트웨어 등이 있다. 소프트웨어 보안이란 소프트웨어와 운영체제의 취약점을 제거하거나 최소화하여 악의적인 공격으로부터 시스템을 보호한다. 기술 요소는 정기적인 소프트웨어

[표 9.3] 컴퓨터 보안 대책

대책	내역
네트워크	네트워크로 통신하는 장비 보안
소프트웨어	시스템 소프트웨어와 응용 프로그램의 취약점 보안
단말기 보안	각종 단말기기에 대한 보안 강화
자료 보안	자료 암호화, 접근제어 강화
보안 교육	보안 공격에 대비하여 직원들의 인식과 능력 개선

갱신 및 패치, 보안 코드 리뷰, 개발 초기 단계에서의 보안 통합 등이 있다. 단말기 보안이란 개별 단말기(컴퓨터, 태블릿, 스마트폰 등)가 위험에 노출되지 않도록 보호하는 것이다. 기술 요소는 암호화, 안티바이러스 프로그램, 멀티팩터 인증 등이다. 자료 보안이란 컴퓨터에 저장되거나 전송 중인 자료를 보호하는 것이다. 자료 암호화, 강력한 자료 접근 권한 관리, 자료 분류 등이 있다. 보안 교육이란 사용자가 보안 사고의 주요 원인이 될 수 있으므로, 보안 인식 교육을 통해 사용자들이 보안 위협에 대한 인식을 개선하고, 위험에 올바르게 대응할 수 있도록 실력을 갖추는 것이다. 기술 요소는 피싱 방지 교육, 안전한 인터넷 사용 관행, 비밀번호 관리 등이다.

T·I·P 멀티팩터 인증 MFA Multi-Factor Authentication

멀티팩터 인증(MFA)이란 사용자가 시스템에 접근할 때 두 가지 이상의 서로 다른 인증 수단을 요구하는 보안 절차를 말한다. 이것은 보안을 철저하게 강화하는 수단이다. 멀티팩터 인증 수단은 다음과 같이 크게 세 가지로 나눌 수 있다.

① 지식 요소
사용자가 알고 있는 요소를 말한다. 예를 들어, 비밀번호, PIN번호, 보안 질의 등이 있다.

② 소유 요소
사용자가 가지고 있는 물체를 말한다. 예를 들어, 스마트폰, 보안 토큰, 인증 애플리케이션 등이 있다. 사용자에게 발급된 인증 코드(일회용 비밀번호나 OTP) 등이 있다.

③ 본인 요소
사용자가 갖고 있는 신체적인 특징을 말한다. 예를 들어, 지문, 홍채, 얼굴 인식 등이 있다.
멀티팩터 인증은 이상의 여러 가지 요소들을 함께 확인함으로써 사용자의 계정과 자료를 더욱 확실하게 보호할 수 있다.

2 컴퓨터 보안의 문제점

[표 9.4] 컴퓨터 보안의 문제점

문제점	내역
사이버 공격의 지능화	공격자들의 기술이 다양화하고 지능화
사물인터넷 보급	사물인터넷 기기의 증가로 취약점 증가
법적 요구 사항	정보 보호 규정의 강화

컴퓨터 보안의 문제점이 커진다고 판단하는 이유는 새로운 공격 요소들이 계속 증가하고 있기 때문이다. 따라서 기술 발전 경향에 상응하여 새로운 공격 요소들을 예상하고 미리 예방 대책을 세워야 문제점을 예방할 수 있다.

[표 9.4]에서 사이버 공격의 지능화란 해킹 공격자들은 계속해서 새로운 기술과 방법을 개발하여 보안 시스템을 넘거나 우회하려 시도한다. 사물인터넷(IoT) 기기가 폭발적으로 증가하여 새로운 보안 취약점들이 생겨나고 있다. 새롭게 등장하는 사물 인터넷 기기들의 보안 특성에 맞추어 새로운 예방 대책들을 세워야 한다. 국제적으로 개인정보보호 규정(GDPR[3]) 규정이 강화되면서 법적 요구사항이 증가하고 있다. 기업들의 보안 준수 수준이 더욱 요구되고 있다.

컴퓨터 보안은 단순히 기술적 문제뿐만 아니라 조직의 정책, 문화, 그리고 교육에 이르기까지 포괄적인 접근을 요구하는 중요한 영역이다. 보안을 강화하고 지속적으로 관리하며 현대 기술 환경에서 발생할 수 있는 위협으로부터 자신을 보호하는 것은 매우 중요하다.

9.1.3 정보 보안과 컴퓨터 보안의 관계

정보 보안과 컴퓨터 보안은 같은 보안을 주제로 하지만 집중하는 부분이 다르다. 정보 보안이 소프트웨어를 위주로 하고, 컴퓨터 보안이 하드웨어를 위주로 하는 것 같다. 그러나 정보 보안을 잘 지키면 컴퓨터 보안도 잘 지켜지며 그 역으로도 성립하므로 두 보안은 상호의존 관계에 있다.

3 GDPR(General Data Protection Regulation) : 2016년 유럽 의회에서 공포되어 2018년 시행된 개인정보보호 규정.

1 정보 보안과 컴퓨터 보안의 관계

두 보안의 관계는 다음과 같이 상호 보완적이며 서로 종속적이기도 하다.

(1) 상호 보완적

정보 보안은 컴퓨터 보안을 포함한 넓은 범위를 다루는 반면, 컴퓨터 보안은 정보가 컴퓨터에서 저장되고 처리되는 방식을 보호하는 데 집중한다. 컴퓨터 보안은 정보 보안의 중요한 부분을 구성하며, 정보 보안의 원칙과 정책이 컴퓨터 보안 기술을 통해 실현된다고 볼 수 있다.

(2) 종속적

정보 보안의 성공적인 구현은 강력한 컴퓨터 보안 체계에 의존한다. 예를 들어, 자료 암호화, 접근 통제, 네트워크 보안 등의 컴퓨터 보안 기술은 정보를 안전하게 보호하는 데 필수적이다. 정보 보안을 충실하게 하면 컴퓨터 보안이 잘 지켜지고, 컴퓨터 보안을 충실하게 하면 정보 보안이 잘 지켜지는 경향이 있다. 따라서 두 가지 보안을 모두 철저하게 수행할 필요가 있다.

2 두 보안의 공통적 위협 요소

정보 보안과 컴퓨터 보안을 안전하게 지키기 위해서는 안에서의 우발적인 사고와 외부의 악의적인 공격에 대해 관리 차원에서 항상 대비해야 한다.

(1) 우발적 사고

우발적 사고는 [표 9.5]와 같이 내부에서의 실수와 철저하지 못한 관리에 의해서 발생하는 것이 대부분이다. 업무 매뉴얼을 확보하고 수시로 지켜지는지를 확인하는 것이 중요하다.

[표 9.5] 보안의 우발적 사고

사고 원인	내역
자료 오류	자료 입력부터 착오 예방과 확인을 위한 장치 필요
조작자 실수	담당자가 실수로 오류를 범하는 것을 막을 대책 필요
장비 고장	장비에 대한 예방 정비 규정을 수립하고 시행
소프트웨어 오류	소프트웨어를 점검하고 갱신 시 확인 절차 강화

[표 9.5]에서 자료 오류란 자료가 컴퓨터에 입력할 때부터 발생할 수 있으므로 처음 입력하는 모든 자료는 각별하게 유의해야 한다. 자료를 입력받는 프로그램에서 철저하게 검사를 해야 하지만 모든 처음 입력 자료는 반드시 인쇄해서 눈으로 확인을 해야 한다. 조작자 실수란 자료를 다루는 담당자가 실수로 오류를 발생시키더라도 점검할 수 있는 대책을 마련한다. 장비 고장이란 장비 담당자들은 항상 장비 고장을 확인하는 내부 규정을 만들고 지켜야 한다. 소프트웨어 오류란 소프트웨어를 잘못 작성하거나 갱신하는 경우 그리고 운영을 잘못하여 오류가 발생할 수 있다. 주기적으로 소프트웨어의 정상 가동을 검사하는 절차를 만들어야 한다.

(2) 악의적 위협

악의적인 위협은 보안에 철저하게 대비하지 못하여 외부 공격에 노출될 때 발생하기 쉽다. 관리 차원에서 정보 보안에 대한 매뉴얼을 강화하고 지키려는 노력이 필요하다. 위협의 대표적인 것이 악성 코드와 해킹이다.

■ 악성 코드

악성 코드(malicious code)는 악의적인 목적으로 정보와 컴퓨터에 접근하는 프로그램이다. 이들은 바이러스, 웜, 트로이 목마 등으로 구분된다. 악성 코드에 감염되면 시스템 성능 저하, 처리 속도 저하, 파일 변경 또는 삭제, 개인 정보 유출 등이 발생한다.

■ 해킹

해킹(hacking)이란 다른 조직이나 개인의 정보 시스템에 접근하여 정보를 빼내거나 변경시키는 행위이다. 해킹의 종류는 디도스, 스푸핑, 스니핑 등이 있다. 유형에 따라 절취형, 변조형, 인터넷형 등이 있다. 절취형은 자료나 소프트웨어나 금전을 도둑질하는 것이고, 본조형은 자료나 소프트웨어를 변조하여 금품을 횡령하는 행위이다. 인터넷형은 허가 없이 다른 조직이나 개인의 컴퓨터에 접근하여 자료 등을 손상하는 행위이다. 정보 보안과 컴퓨터 보안은 서로 보완적인 성격이 강하므로 두 가지 보안을 모두 철저하게 운용하는 것이 당연하고, 바람직하다.

9.2 악성 코드

악성 코드(Malicious Code)는 컴퓨터 시스템이나 네트워크에 공격을 가하는 악의적인 소프트웨어를 말한다. 악성 코드는 사용자의 동의나 인지 없이 설치되며, 컴퓨터 시스템이나 사용자 데이터를 훼손하거나 도용하는 등의 악의적 목적을 갖고 제작된다. 과거에는 단순히 바이러스라고 했지만, 점차 감염 방식과 피해 범위가 다양해지면서 기능에 따라 상세하게 분류되고 있다. 현재는 컴퓨터 바이러스, 웜, 트로이 목마, 스파이웨어, 랜섬웨어 등으로 분류된다.

1 악성 코드 종류

실제로 활동 중인 악성 코드는 많이 있으나 대표적으로 바이러스, 웜, 트로이 목마, 스파이웨어, 랜섬웨어, 애드웨어, 스퀘어웨어 등이 우리 사회에 위협을 많이 주고 있다.

(1) 바이러스

[표 9.6] 바이러스 행동의 특징

유형	내역
자가 복제	자신을 복제하여 널리 퍼트리다.
은밀성	자신의 존재를 숨기려고 노력
파괴적	파일을 수정하거나 삭제하거나 도용

바이러스(Virus)는 프로그램이 실행할 때 활성화되어 컴퓨터 시스템, 프로그램 또는 파일을 감염시킬 수 있는 악성 코드이다. 바이러스는 주로 다른 프로그램이나 파일에 자신을 삽입하여 그 프로그램이 실행될 때 같이 활성화되고, 다른 파일이나 시스템으로 자신을 복제해 퍼지는 특징을 가지고 있다. 바이러스 행동의 행동 특징은 [표 9.6]과 같다.

자가 복제란 바이러스가 자신의 복사본을 만들어 다른 파일이나 프로그램, 장치 등에 붙어 널리 퍼트리는 것이다. 은밀성이란 바이러스가 사용자 몰래 활동하며, 자신의 존재를 숨기기 위해 다양한 방법을 사용한다는 뜻이다. 파괴적인 행동이란 바이러스가 파일을 수정하거나, 삭제하거나 정보를 도용하는 등 해로운 행동을 할 수 있다는 것이다.

[표 9.7] 바이러스 활동 유형

바이러스 유형	내역
매크로	응용 프로그램에서 사용하는 매크로를 이용하여 확산
부트 섹터	컴퓨터 부트 섹터를 감염하여 부팅 할 때마다 활성화
네트워크	이메일, 파일 공유 등을 통해 네트워크를 통해 전파
파일 감염	실행 파일(.exe)을 감염시켜 파일이 실행될 때마다 활성화

바이러스가 활동하는 유형은 [표 9.7]과 같다. 여기서 매크로 바이러스란 주로 마이크로소프트 오피스와 같은 응용 프로그램에서 사용되는 매크로를 이용하여 확산한다. 부트 섹터 바이러스는 컴퓨터의 부트 섹터에 감염되어 시스템이 부팅될 때마다 활성화된다. 네트워크 바이러스는 네트워크를 통해 전파되며, 이메일이나 파일 공유를 통해 확산 된다. 파일 감염 바이러스이란 실행 파일(.exe)을 감염시켜 해당 파일이 실행될 때마다 바이러스가 활성화된다. 바이러스는 시스템의 정상적인 기능을 방해하고 중요한 정보를 훼손할 수 있다. 이를 막으려면 이들의 활동 상황에 따라 나타나는 현상들을 관찰하고, 적절한 예방조치를 취하는 것이 중요하다.

(2) 웜

웜(Worm)은 자기 복제 기능을 가지고 컴퓨터 네트워크를 통해 자동으로 복제되며, 다른 시스템으로 스스로 퍼져 나가는 악성 프로그램이다. 이들은 이메일, 파일 공유, 또는 운영체제의 보안 취약점을 이용하여 확산된다.

웜이 확산되는 주요 특징은 다음과 같다.

[표 9.8] 웜의 특징

웜의 특징	내 역
자가 복제	웜이 스스로 복제하고 확산 가능
네트워크 확산	네트워크를 통하여 빠르게 확산
자원 소모	처리기나 메모리 자원을 소모 시켜 시스템을 지연 또는 정지

[표 9.8]의 자가 복제란 웜이 독립적으로 복제하고 확산할 수 있으며, 사용자의 개입 없이도 스스로 행동한다는 것이다. 네트워크 확산이란 웜이 네트워크 연결을 통해 빠르게 퍼질 수 있다는 것이다. 시스템 자원 소모란 웜이 대량의 네트워크 트래픽을 일으키거나 시스템 자원을 과도하게 사용하여 시스템을 느리게 하거나 정지시킬 수 있다는 것이다.

웜은 전파 형태에 따라 다음과 같이 분류된다.

[표 9.9] 웜의 전파 형태

전파 형태	내역
매스메일러 웜	대량의 메일을 발송하여 서버를 정지시킴
시스템 공격 웜	운영체제의 약점을 공격하여 시스템 고장 야기
네트워크 공격 웜	네트워크를 공격하여 서비스를 못 하게 함

[표 9.9]의 매스메일러(Mass Mailer) 웜이란 대량의 메일을 발송하여 서버를 다운시키거나 네트워크를 마비시켜 다른 사용자들의 접근을 방해한다. 시스템 공격 웜이란 운영체제의 약점을 공격하여 시스템에 고장을 일으키는 악성 코드를 설치하는 작업을 수행한다. 네트워크 공격 웜이란 특정한 네트워크에 공격을 가하여 다른 사용자들에게 서비스를 못 하게 하도록 작업을 수행한다. 바이러스는 보통 네트워크에 영향을 주지 않지만 웜은 네트워크를 통해 감염시키기 때문에 인터넷 속도를 느리게 하거나 정보를 탈취하기도 한다. 제목이 없거나 특정한 제목으로 전송된 메일을 열면 웜이 실행되어 감염될 수 있다.

(3) 트로이 목마

트로이 목마(Trojan Horse)는 유용한 소프트웨어처럼 보이지만 실제로는 악성 기능을 가진 프로그램이다. 사용자가 이를 유용한 프로그램으로 착각하여 설치하면, 트로이 목마는 시스템에 해를 끼치거나 추가적인 악성 코드를 설치할 수 있다.

트로이 목마의 주요 특징은 다음과 같다.

[표 9.10]에서 속임수란 사용자가 유용한 프로그램으로 오인하여 설치하도록 위장하여 침입을 유도하는 것이다. 비활성화 침입이란 트로이 목마는 보통 사용자의 지식 없이 시스템에 설치되고, 명시적인 활동 없이도 시스템에 숨어 있을 수 있다. 따라서 사용자가 침입 여부를 알 수 없도록 노력한다. 악성 행위란 트로이 목마는 개인 정보를 훔치거나, 추가 악성 코드를 다운로드하거나, 원격으로 시스템을 조종할

[표 9.10] 트로이 목마의 특징

특징	내역
속임수	유용한 프로그램으로 위장하여 침입
비활성화 침입	눈에 띄지 않게 잠입하여 시간을 기다림
악성 행위	정보 탈취, 악성 코드 추가 설치, 원격 조종 등

수 있다는 것이다. 바이러스와 달리 트로이 목마는 복제 능력이 없으므로 다른 파일을 감염시키지 못한다. 따라서 감염된 파일만 삭제하면 치료가 된다. 그러나 해커가 컴퓨터 자료를 악의적으로 활용할 수 있으므로 주의해야 한다. 악성 프로그램은 다양한 형태로 존재하므로 각각에 맞는 보안 대책을 마련하는 것이 중요하다.

(4) 스파이웨어

스파이웨어(Spyware)는 사용자의 동의 없이 비밀리에 정보를 수집하는 악성 소프트웨어이다. 사용자의 키보드 입력을 기록하거나 브라우징 습관을 추적하기도 한다. 이는 개인의 행동을 감시하고 중요한 개인 정보를 훔쳐 목적에 맞게 사용할 수 있다. 스파이웨어는 종종 키 로그인, 브라우저 자료 도용, 카메라 및 마이크 감시 등 다양한 방법으로 사용자의 활동을 추적한다.

스파이웨어의 주요 특징은 [표 9.11]과 같다.

[표 9.11] 스파이웨어의 특징

특 징	내 역
정보 도용	사용자의 정보를 탈취하여 다른 목적으로 활용
은밀한 작업	사용자 몰래 설치되어 조용히 동작
성능 저하	시스템과 네트워크 성능을 저하시킴

정보 도용이란 스파이웨어가 사용자의 인터넷 사용 기록, 로그인 정보, 신용 카드 번호 등을 포함한 개인 정보를 수집하여 다른 목적으로 사용할 수 있다는 것이다. 은밀한 작업이란 스파이웨어가 사용자 몰래 설치되며, 배경에서 조용히 작동한다는 것이다. 성능 저하란 스파이웨어가 시스템 성능을 저하시킬 수 있으며, 네트워크를 방해하여 인터넷 속도가 느려질 수 있다는 뜻이다.

(5) 랜섬웨어

랜섬웨어(Ransomware)는 사용자의 파일이나 시스템을 암호화하고, 해독키를 제공하는 대가로 금전을 요구하는 악성 코드이다. 주로 파일을 암호화하여 사용자가 데이터에 접근하지 못하도록 만든다. 이에 따라 사용자는 긴급히 사용해야 하는 중요 파일에 접근하지 못하게 되며, 종종 큰 금액을 지불해야만 자료 복구가 가능하다.

랜섬웨어의 주요 특징은 [표 9.12]와 같다.

[표 9.12] 랜섬웨어의 특징

특징	내역
자료 암호화	중요 파일을 암호화하여 업무를 마비시킴
금전 요구	파일 복구를 대가로 상당한 금품을 요구
강력한 암호화	암호가 강력하여 사용자가 해결하기 곤란

자료 암호화란 중요 파일을 암호화하여 사용자가 접근하지 못하게 하는 것이다. 회사에서 시간을 다투는 중요 업무가 마비되면 회사는 공격자의 요구를 들어주지 않을 수 없다. 금전 요구란 파일을 복구하기 위해 상당한 규모의 돈을 요구하며, 업무 마비를 미끼로 지불을 강요당하는 것이다. 강력한 암호화란 사용자 수준에서 도저히 복구할 수 없는 강력한 암호화 알고리즘을 사용하여 파일을 사용하지 못하게 하여 업무를 마비시킨다는 것이다.

(6) 애드웨어

애드웨어(Adware)는 광고가 포함된 프로그램이다. 프로그램 자체에 광고가 포함되어 있거나 같이 묶어서 배포한다. 사용자가 원하지 않아도 광고에 노출된다. 공격자는 광고비를 지출하지 않고서 광고를 하는 것이다.

(7) 스케어웨어

스케어웨어(Scareware)는 악성 코드에 감염되지 않았는데도 불구하고 악성코드에 감염되었다고 주장하면서 자기네 보안 제품을 구매하라고 종용하는 프로그램이다. 스파이웨어와 랜섬웨어는 매우 해로운 악성 소프트웨어이므로 이에 대한 각별한 주의가 필요하다. 스파이웨어는 사용자들이 모르는 사이에 업무에 막대한 지장을 주기 때문에 위험하고, 랜섬웨어는 촌각을 다투는 중요한 비즈니스 업무 시간에 맞추어 공격하기 때문에 사용자들을 크게 당황하게 만들고 심각한 피해를 준다.

T·I·P 그 밖의 악성 코드

① 드로퍼(Dropper) : 드로퍼는 다른 악성 프로그램을 숨겨서 배포하는 악성 코드이다. 이들은 주로 다른 악성 코드의 설치를 돕기 위해 사용되며, 자체적으로는 덜 위협적이지만 더 큰 위협을 시스템에 설치하는 데 사용된다.

② 백도어(Backdoor) : 백도어는 공격자가 사용자의 지식 없이 원격으로 시스템에 접근할 수 있게 해주는 악성 코드이다. 이를 통해 공격자는 시스템을 제어하거나 추가적인 악성 소프트웨어를 설치할 수 있으며, 감염된 시스템을 통해 네트워크 내 다른 시스템에 접근할 수도 있다.

③ 익스플로잇(Exploit) : 익스플로잇은 소프트웨어의 보안 취약점을 이용하여 실행된다. 이는 공격자가 취약한 시스템을 이용하여 악성 코드를 실행시키거나 원치 않는 행위를 강제로 시키는 데 사용된다. 익스플로잇은 보통 시스템을 감염시키기 위한 첫 단계로 사용된다.

④ 봇(Bot) : 봇은 자동화된 소프트웨어 애플리케이션으로, 일반적으로 네트워크를 통해 다른 악성 프로그램들과 함께 작동한다. 봇넷이라고도 불리는 이들은 보통 대규모로 조직된 네트워크를 형성하여 DDoS 공격, 스팸 메일 발송, 정보 도용 등 다양한 목적으로 사용된다.

2 악성 코드 전파 방법

[표 9.13] 악성 코드 전파 방법

전파 방법	내역
이메일	스팸 메일이나 첨부 파일로 전파
웹 사이트	위조된 웹 사이트나 해킹된 웹 사이트로 유도하여 전파
이동식 미디어	USB나 외장 하드 디스크로 감염 파일을 전파
취약점 이용	운영체제나 응용 프로그램의 취약점을 이용하여 전파

악성 코드를 전파하는 방법은 많이 있으나 대표적인 것은 [표 9.13]과 같다.
이메일에서는 스팸 메일이나 의심스러운 첨부 파일을 통해 악성 코드가 전파되는 역할을 한다. 웹 사

이트에서는 위조되었거나 해킹된 웹 사이트나 악의적인 팝업창을 통해 사용자의 컴퓨터에 악성 코드가 설치되어 전파된다. 이동식 미디어에서는 USB 드라이브나 외장 하드 디스크 등에 감염된 파일이 저장되어 있을 경우 컴퓨터에 전파될 수 있다. 취약점 이용에서는 운영체제나 소프트웨어의 보안 취약점을 이용하여 악성 코드가 컴퓨터에 침투될 수 있다는 점이다.

3 악성 코드 방어 전략

악성 코드에 대한 방어 전략은 [표 9.14]와 같은 업무를 일상적으로 수행하는 것이다.

[표 9.14] 악성 코드 방어 전략

전략	내역
보안 솔루션	안티바이러스 및 보안 프로그램 관리
소프트웨어 갱신	운영체제와 응용 프로그램의 정기적 갱신
의심 접근 회피	의심스러운 링크나 파일을 피하기
정기적 백업	중요한 자료를 정기적으로 백업
보안 강화	보안 인식을 강화하고 대응책을 강구

보안 솔루션이란 안티바이러스와 보안 프로그램을 설치하고 정기적으로 갱신하는 것이다. 실시간 보호 기능을 제공하며 악성 코드 탐지와 제거를 지원한다. 소프트웨어 갱신이란 운영체제와 응용 프로그램을 정기적으로 갱신하여 최신 상태로 유지하여 보안 취약점을 최소화하는 것이다. 의심 접근 회피란 의심스러운 링크나 파일에 접근하는 것을 피하는 것이다. 불확실한 출처의 이메일 첨부 파일이나 웹 사이트에서 확인되지 않은 링크 버튼을 클릭하지 않는 것이 좋다. 정기적인 백업이란 중요한 자료는 정기적으로 백업하여 암호화 공격이나 자료 손실에 대비하는 것이다. 보안 강화란 사용자 스스로 보안 위협을 인식하고 올바른 대응 방법을 배우고 실천하는 것이다.

악성 코드는 계속해서 진화하고 새로운 형태로 등장하므로, 사용자와 조직은 보안에 대한 지속적인 주의와 최신 보안 조치를 해야 한다. 악성 코드는 사용자의 개인 정보를 훔치거나 데이터를 파괴하는 등 심각한 피해를 줄 수 있으므로, 보안 소프트웨어를 자주 갱신하고 의심스러운 파일을 열지 않아야 한다.

T·I·P 해커Hacker와 크래커Cracker

해커는 광적으로 컴퓨터를 좋아하고 자신의 이상을 컴퓨터에 건 사람들이었다. 일반적으로 해커는 보안 시스템을 우회하거나 깨뜨리는 기술을 사용하여 정보에 접근하거나, 시스템을 조종하거나, 보안 시스템을 돌파하는 사람을 의미한다. 이제는 해커의 의미가 좀 더 다양해졌다. 해커에는 화이트 햇 해커와 블랙 햇 해커 그리고 그레이 햇 해커가 있다.

① 화이트 햇(White Hat) 해커
화이트 햇 해커는 합법적으로 해킹을 시도하거나 취약점을 점검하여 대응 방법을 찾는 해커이다.

② 블랙 햇(Black Hat) 해커
블랙 햇 해커는 악의적으로 남의 컴퓨터에 침입하여 악성 코드를 유포하거나 소프트웨어와 파일을 변조시키는 불법적인 일을 하는 해커이다.

③ 그레이 햇(Gray Hat) 해커
그레이 햇 해커는 화이트 햇과 블랙 햇 사이에서 활동하는 해커로, 때로는 윤리적인 목적으로 때로는 개인적인 목적으로 활동한다. 이들은 보안의 취약점을 찾아내지만, 발견된 취약점을 어떻게 사용할지는 그들의 재량에 달려있다.

④ 크래커(Cracker)
크래커는 주로 불법적이고 파괴적인 목적을 가지고 보안 시스템을 해킹하는 기술을 사용한다. 크래커는 소프트웨어나 시스템의 보안을 무력화시켜 불법 복제, 비밀번호 해독, 데이터 도난 등의 행위를 한다. 크래커는 일반적으로 자기 기술을 남용하여 타인에게 해를 끼치는 것이 목적이다.

9.3 해킹

해킹(Hacking)은 컴퓨터 시스템, 네트워크, 소프트웨어, 웹 사이트 등에 무단으로 침입하여 정보를 탈취하거나 시스템을 조작하는 행위를 말한다. 여기에는 주어진 권한을 넘어서 정보를 열람, 복제, 변경하는 행위가 포함된다. 해킹은 다양한 목적을 가질 수 있으며, 악의적인 목적으로 시스템에 접근하여 개인 정보를 훔치거나, 서비스를 마비시키거나, 금전적 이득을 얻기도 한다. 해킹을 시작한 초기에는 컴퓨터 실력을 과시하는 정도의 작은 조작 사건이었지만 점차 시간이 지나면서 남의 정보를 빼내서 금전적인 이득을 취하고, 컴퓨터 파일을 지우고, 전산망을 마비시키는 악의적인 수준까지 왔다. 이제는 개인과 사회와 국가를 파괴하는 대형 범죄 수준으로 성장하였다.

9.3.1 해킹의 유형과 대책

해킹에는 다양한 유형과 종류가 있으므로 유형과 종류마다 이에 대응하는 방법이 다를 수밖에 없다. 해킹의 종류와 유형이 계속 진화하고 있으므로 이들의 기본적인 기능부터 잘 파악해야 피해를 줄이고 대처할 수 있다.

1 해킹 유형

해킹은 컴퓨터 기술을 다루는 사람들이 자신이 실력을 과시하는 것부터 시작해서 경제적인 이득을 취하려는 의도까지 다양한 동기를 가지고 있다. 해킹의 주요 유형은 다음과 같다.

① 에티컬 해킹(Ethical Hacking) : 시스템의 보안 취약점을 발견하고 개선하기 위해 허가받은 전문가가 시스템에 접근하는 것을 말한다. 보안 취약점을 찾아 개선하여 보안 강화에 도움을 준다.

② 악의적 해킹(Malicious Hacking) : 악의를 가지고 컴퓨터 시스템에 무단으로 접근하여 정보를 훔치거나 시스템을 파괴하는 행위이다. 주로 개인 정보 탈취, 금전적 이득을 위한 사기, 시스템 고장 유발 등의 목적을 가진다.

③ 스파이 해킹(Spy Hacking) : 국가 또는 기업 간의 경쟁에서 정보를 탈취하기 위해 시스템에 접근하는 행위를 말한다. 주로 정부 기관, 기업, 군사 시스템 등을 대상으로 공격한다.

2 해킹의 종류

해킹의 종류에는 적용하는 기술에 따라 [표 9.15]와 같이 디도스(DDoS)공격, 스푸핑(Spoofing), 스니핑(Sniffing) 등으로 구분할 수 있다.

[표 9.15] 해킹의 종류

유 형	내 역
디도스 공격	여러 대의 컴퓨터로 특정 목표에 대량의 트래픽 야기
스푸핑	공격자가 다른 사람으로 가장하여 접근하기
스니핑	네트워크로 전송되는 자료 패킷을 도청하기

(1) 디도스 공격

디도스(DDoS: Distributed Denial of Service) 공격은 여러 대의 컴퓨터를 이용하여 특정 웹 사이트나 서버에 대량의 트래픽을 일으켜 정상적인 서비스 이용을 방해하는 공격 방법이다. 공격자는 [그림 9.2]와 같이 보통 많은 수의 감염된 컴퓨터(좀비 PC)를 사용하여 동시에 대상 서버에 접속을 시도함으로써 서버의 자원을 고갈시키고 서비스를 마비시키고 다운시키는 특징이 있다.

디도스 공격의 주요 특징은 다음과 같이 분산성과 서비스 중단에 있다.

첫째, 분산성이란 여러 대의 감염된 컴퓨터가 공격에 참여하여 하나의 서버를 목표로 삼는다. 다수의 컴퓨터에서 목표 서버에 집중적으로 접근하므로 서버가 다운되거나 다른 사용자들이 접근할 수 없는 상태가 된다.

둘째, 서비스 중단이란 다른 해킹과 달리 디도스 공격은 정상적인 사용자가 서비스를 이용할 수 없게 만드는 것이다.

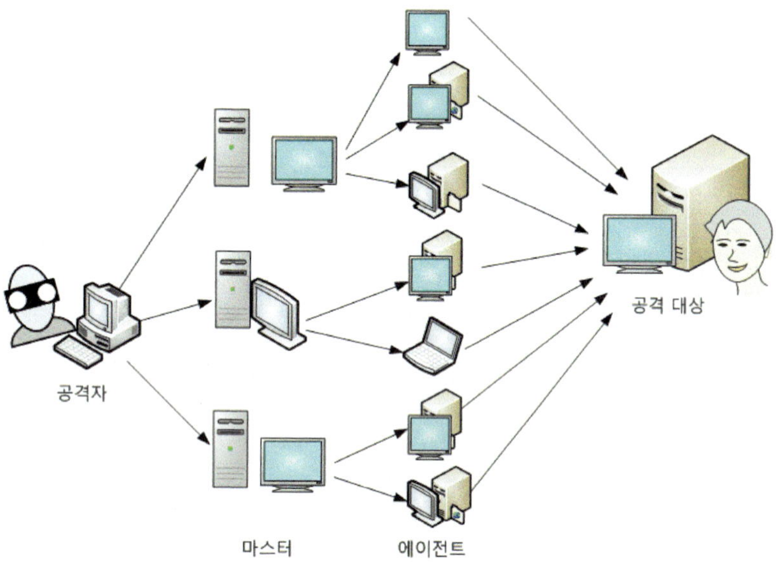

[그림 9.2] 서버 마비 공격을 위한 좀비 컴퓨터들

(2) 스푸핑

스푸핑(Spoofing)은 공격자가 다른 사람이나 다른 컴퓨터 장치로 가장하는 행위이다. 이를 통해 공격자는 네트워크에 접근하거나 자료를 훔치는 등의 악의적인 활동을 수행할 수 있다. 주소 스푸핑, 이메일

스푸핑, ARP 스푸핑[4] 등 다양한 형태가 있다. 스푸핑의 특징은 신원을 도용하여 신뢰할 수 있는 소스로 위장하여 정보를 얻거나 시스템에 접근한다는 점이다. 직접적인 해킹보다는 신원을 도용하여 간접적으로 피해를 준다는 점이다.

(3) 스니핑

스니핑(Sniffing)은 네트워크를 통해 전송되는 자료 패킷을 도청하는 행위이다. 네트워크 스니퍼라고 불리는 특수 소프트웨어나 하드웨어를 사용하여 이루어지며, 이를 통해 공격자는 중요한 정보를 포착할 수 있다. 스니핑의 주요 특징은 자료 포착과 은밀성에 있다. 자료 포착이란 전송 중인 자료 패킷을 캡처하여 정보를 획득하는 것이다. 은밀성이란 사용자는 자료가 도청되고 있음을 알지 못하게 하는 것이다.

이상과 같은 해킹을 예방하거나 방어하는 대책들은 디도스 방어, 암호화, 인증과 접근제어, 네트워크 관찰 등으로 [표 9.16]과 같은 기술들이 있다.

[표 9.16] 해킹 대책

해킹 대책	내역
방어 솔루션	디도스 공격을 감지하고 완화하기 위하여 솔루션 도입
암호화	자료를 암호화하고 자료 유출 방지
인증과 접근제어	공격을 방지하기 위한 인증 강화 & 접근제어
네트워크 관찰	네트워크 트래픽을 관찰하여 비정상적 접근 차단

[표 9.16]에서 디도스 공격을 감지하기 위해서 또는 공격을 완화하기 위해서 전문적인 디도스 방어 솔루션을 도입한다. 자료 암호화를 통해 스니핑이나 스푸핑을 못 하게 하여 자료 유출을 방지한다. 스푸핑 공격을 방지하기 위해 인증 메커니즘을 강화하고 접근제어를 철저히 수행한다. 네트워크 트래픽을 지속적으로 관찰하여 비정상적으로 접근하는 패턴들을 찾아내서 접근을 차단한다. 이러한 보안 위협은 기업이나 개인에게 심각한 피해를 줄 수 있으므로, 적극적으로 대응하고 철저한 보안 조치를 수행해야 한다.

4 ARP(Address Resolution Protocol) Spoofing : MAC 주소를 사용자의 컴퓨터가 아닌 다른 컴퓨터의 MAC 주소인 것처럼 조작하는 행위.

3 해킹의 공격 방법

해킹의 공격 방법은 비밀번호를 탈취하는 것부터 시작해서 전송되는 자료를 가로채는 것까지 다양하게 시도되고 있다. [표 9.17]에서 비밀번호 공격이란 비밀번호의 길이가 짧거나 숫자만 사용하는 등 보안 정도가 약한 비밀번호를 사용하는 사람들을 이용하여 비밀번호를 알아내고 시스템에 접근한다. 소셜 엔지니어링이란 소셜 네트워크에 참여하여 사람들의 신뢰를 얻은 이후에 이를 이용하여 보안 정보를 얻는 방법이다. 악성 코드란 바이러스, 웜, 트로이 목마 등의 악성 코드를 이용하여 시스템에 침투하는 것이다. 취약점 이용이란 운영체제나 소프트웨어의 보안 취약점을 이용하여 시스템에 침투하는 것이다. 자료 가로채기란 네트워크에서 전송되는 자료를 탈취하여 정보를 훔쳐 가는 것이다.

[표 9.17] 해킹의 공격 방법

공격 방법	내역
비밀번호 공격	보안성이 약한 비밀번호를 공격하여 알아내기
소셜 엔지니어링	소셜 네트워크에서 신뢰를 얻은 뒤에 정보 훔치기
악성 코드	바이러스나 웜 등을 이용하여 시스템에 침투하기
취약점 이용	운영 체제나 응용 프로그램의 보안 취약점을 공격
자료 가로채기	네트워크로 전송되는 자료를 탈취

4 해킹 방어

해킹을 예방하는 방법은 해킹 공격 방법에 대응하는 것이다. 강력한 비밀번호를 사용하는 것부터 시작해서 전문 보안 소프트웨어를 사용하는 것까지 다음과 같이 다양하다.

[표 9.18] 해킹 방어 기법

방어 기법	내역
강력한 비밀번호	길이가 길고 여러 가지 문자로 구성된 복잡한 것
보안 갱신	운영체제와 응용 프로그램의 버전을 항상 최신형으로 갱신
백업	정기적으로 중요한 자료를 별도 매체에 저장
보안 소프트웨어	방화벽, 보안 소프트웨어 등을 설치

[표 9.18]에서 강력한 비밀번호란 길이가 길고 내용이 복잡한 비밀번호를 사용하여 개인 정보를 보호하는 것이다. 비밀 번호를 만들 때는 생년월일, 전화번호, 자동차 번호 등을 피하는 것이 좋다. 보안 갱신이란 운영체제와 중요한 소프트웨어를 최신 버전으로 갱신하여 보안 취약점을 최소화하는 것이다. Windows 운영체제나 Java 같은 소프트웨어들은 주기적으로 보안 갱신을 시행한다. 바쁘더라도 보안 갱신을 미루지 말고 빨리빨리 처리하는 것이 좋다. 백업이란 중요한 자료를 정기적으로 백업하여 자료 손실에 대비하는 것이다. 되도록 주기적으로 수행하되 다른 하드웨어 저장장치에 백업하는 것이 좋다. 보안 소프트웨어란 방화벽, 암호화 프로그램, 안티바이러스 소프트웨어 등의 보안 소프트웨어를 사용하여 시스템을 보호하는 것이다. 해킹은 디지털 시대에 중요한 문제로 대두되고 있으며, 개인과 기업은 보안에 대한 경각심을 가지고 적절한 대비를 마련하고 시행해야 한다.

9.3.2 해킹 이외의 보안 위협

바이러스도 아니고 해킹도 아니지만, 정보 보안과 컴퓨터 보안을 무력화시키려고 공격하는 아이디어와 도구들이 개발되고 있다. 이들은 계속 진화를 거듭하고 있어서 정확하게 분류하는 것도 쉽지 않다. 꼭 분류한다면 바이러스 보다는 해킹에 가깝다고 할 수 있다. 바이러스나 해킹이 아니면서 우리의 사이버 보안을 위협하는 것들을 다음과 같이 살펴본다.

(1) 피싱

피싱(Phishing)은 이메일, 메시지, 전화 등을 통해 정상적인 기업이나 기관처럼 가장하고 사용자로부터 개인 정보를 빼내는 사기 행위이다. 피싱 공격은 주로 이메일을 통해 사용자에게 정상적인 서비스로 보이는 가짜 웹 사이트로 유도하여, 그곳에서 로그인 정보나 신용 카드 정보 등을 입력하도록 유도한다.

(2) 파밍

파밍(Pharming)은 사용자가 정상적인 웹 사이트 주소를 입력하더라도 악의적으로 조작된 가짜 사이트로 연결하여 개인 정보를 훔치는 방법이다. 이는 DNS 서버를 해킹하여 실제 웹 사이트의 주소를 가짜 사이트로 변경함으로써 이루어진다. 사용자는 정상적인 웹사이트를 방문한다고 생각하지만, 사실은 공격자가 조작한 사이트에 접속하게 된다.

피싱과 파밍의 예방 및 대처 방법은 [표 9.19]와 같다.

[표 9.19] 피싱과 파밍 대책

방어 기법	내역
링크 확인	이메일이나 메시지의 링크를 주의 깊게 확인하기
보안 연결	웹 사이트를 연결할 때 어떤 HTTPS인지 확인하기
보안 소프트웨어	안티피싱 기능이 있는 소프트웨어 사용하기
정보보호 교육	피싱과 파밍 공격에 대한 방어 기술 배우기

링크 확인하기란 이메일이나 메시지의 링크를 클릭하기 전에 링크가 실제로 어디로 연결되는지 주의 깊게 확인하고 또 확인하는 것이다. 보안 연결이란 웹사이트를 방문할 때 어떤 HTTPS 프로토콜이 사용되고 있는지 확인한다. 보안 소프트웨어란 안티피싱(antiphishing) 기능이 있는 보안 소프트웨어를 사용하는 것이다. 구글 크롬은 안티피싱 기능을 내장하고 있다. 이것은 신뢰할 수 있는 보안 소프트웨어를 사용하여 피싱 시도를 차단하는 것이다. 정보보호 교육이란 피싱과 파밍 공격을 인식하고 이에 대응하는 방법을 배우고 익히는 것이 중요하다. 피싱과 파밍은 모두 사용자를 속여서 개인 정보를 빼내는 사기 행위이므로, 이러한 공격에 대비하여 주의 깊게 정보를 관리하는 것이 중요하다.

(3) 보이스 피싱

보이스 피싱(Voice Phishing)은 음성을 통한 사기이므로 해킹의 일종으로 볼 수 있다. 이것은 기술적인 해킹 기법을 직접 사용하지는 않지만, 사기의 목적으로 정보 보안을 침해하는 행위이다. 보이스 피싱은 개인의 정보를 얻거나 금전적 이득을 목적으로 하는 사기 행위이며, 사람들을 속여서 그들의 개인 정보나 금융 정보를 빼내는 것을 목표로 한다. 보이스 피싱은 통화를 통해 진행되며, 사기범들은 자신을 은행, 경찰, 검찰, 은행감독원 등 신뢰할 수 있는 기관의 직원으로 가장한다. 그들은 긴급하게 조치를 해야 한다는 압박감을 주거나, 때로는 보상이나 환급을 미끼로 피해자로 하여금 개인 정보를 제공하도록 유도한다. 보이스 피싱의 주요 특징은 [표 9.20]과 같다.

[표 9.20] 보이스 피싱의 특징

특징	내역
신원 위장	신뢰할 수 있는 중요 기관의 직원으로 가장
정보나 금전 요구	금융 정보나 돈을 송금하도록 요구
감정 조작	긴급한 상황을 가장하여 빠른 행동을 요구하거나 협박

[표 9.20]에서 신원 위장이란 공격자가 신뢰할 수 있는 개인 또는 기관의 구성원으로 가장하는 것이다. 주로 금융 기관이나 경찰 또는 검찰, 금융감독원 직원으로 위장하고 보이스 피싱을 막기 위해 협조를 부탁하는 경우가 있다. 정보나 금전 요구란 안전한 조처를 하기 위해서 금융 정보를 제공하도록 요구하거나, 특정한 계좌로 직접 돈을 송금하도록 유도한다. 감정 조작이란 피해자가 보이스 피싱에 연루된 것처럼 협박하거나 긴급한 상황을 가장하여 빠른 결정을 유도한다는 점이다.

보이스 피싱 예방 방법은 기본적으로 모르는 사람의 전화를 경계하는 것으로 다음과 같다.

[표 9.21] 보이스 피싱 예방 대책

대책	내역
정보 확인	전화를 걸어온 사람의 신원을 다른 경로로 확인하기
개인 정보 보호	개인 정보나 금융 정보를 알려주지 않기
전화 신고	조금이라도 의심이 가면 즉시 다른 전화로 신고하기

[표 9.21]의 정보 확인이란 상대방이 요구하는 정보를 제공하기 전에 다른 전화번호를 통하여 전화를 걸어온 기관과 사람의 신원을 확인해야 한다. 전화를 건 개인이나 기관의 신뢰성을 확인하기 전에는 통화 자체를 피하는 것이 좋다. 개인 정보 보호란 개인 정보나 금융 정보는 전화로 절대 제공하지 말아야 한다. 전화로 송금을 요구하는 것은 반드시 보이스 피싱이므로 피해야 한다. 전화 신고란 의심 가는 전화는 관련 기관에 신고하고, 다른 경로를 통해 해당 기관에 확인을 요청해야 한다. 보이스 피싱은 기술적인 해킹과는 다르지만, 사이버 보안의 넓은 범위 내에서 중요한 위협 요소로 간주된다. 적극적인 예방 조치와 정보보호 인식을 하는 것이 중요하다.

9.4 암호와 인증

정보와 컴퓨터를 지키기 위한 보안 기술은 다양하게 발전하여 왔으나 이제는 암호화 기술, 인증 기술, 네트워크 보안 기술 등으로 세분화 되고 있다.

9.4.1 암호의 역사

암호는 정보의 내용을 관계자가 아닌 사람이 알 수 없도록 변경하는 기술이다. 암호 기술은 자료를 암호화하여 무단 접근이나 변경으로부터 보호하는 데 중점을 둔다. 암호의 역사는 인류의 통신과 보안의 역사와 뒤얽혀 있으며, 오랜 세월 동안 발전해왔다. 암호의 주요 발전과정은 다음과 같다.

1 현대까지의 암호

중요한 문서의 내용을 보호하려고 암호를 만드는 노력은 주로 군대에서 시작되었으며, 기원전부터 동서양 모든 지역에서 사용하였다.

(1) 스카이테일

스카이테일(Scytale)은 역사적으로 가장 오래된 암호로 약 2,500년 전 고대 그리스의 스파르타에서 군대에 문서를 보낼 때 사용된 암호 막대이다. 본부에서 세로로 가죽 띠에 글자를 써서 편지를 보냈는데, 야전 부대에서는 가죽 띠를 막대에 감아서 읽는 것이 [그림 9.3]과 같은 스카이테일 이다.

[그림 9.3] 스파르타의 스카이테일 암호

(2) 치환형 암호 : 시저의 암호(Caesar's Cipher)

시저는 갈리아 총독으로 있을 때 로마 군대에서 사용할 목적으로 암호를 만들었다. 예를 들어, [그림 9.4]와 같이 A를 1칸 밀면 B가 되고, 6칸을 밀면 G가 되는 식이다. 이와 같은 치환형 암호(Substitution Cipher)는 알파벳 테이블에서 각 문자를 일정한 거리만큼 뛰어서 다른 문자로 치환하는 방식이다. 여기서 암호키는 1 또는 6이 되며, 매일 암호키를 바꾸면 좀 더 안전해지는 것이다.

치환형 암호는 평문 문자를 1:1로 다른 문자로 바꾸는 것이다. 이것은 만들기는 쉬우나 원래 문자가

	0 1 3 4 5 6 7 8 9 · · · · · · 25	
평문 문자	A B C D E F G H I J K L M N O P Q R S T U V W X Y Z	
암호 문자	B C D E F G H I J K L M N O P Q R S T U V W X Y Z A	+1
암호 문자	G H I J K L M N O P Q R S T U V W X Y Z A B C D E F	+6
암호 문자	Z A B C D E F G H I J K L M N O P Q R S T U V W X Y	+25

[그림 9.4] 치 환형 암호 : 시저의 암호

남아있어서 암호 전문가들에게 해독 당하기 쉽다.

(3) 전치형 암호

전치형 암호(Transposition Cipher)는 문자를 다른 문자로 바꾸는 것이 아니라 문자의 위치를 바꾸는 방식이다. 평문 'KOREAN CULTURE'가 있다면, 이것을 [그림 9.5](a)와 같이 5칸으로 나누어 가로로 문자들을 배치한다. 그리고 (b)와 같이 문자들을 세로로 읽으면 'KNTO URCREUEAL '라는 암호문이 된다.

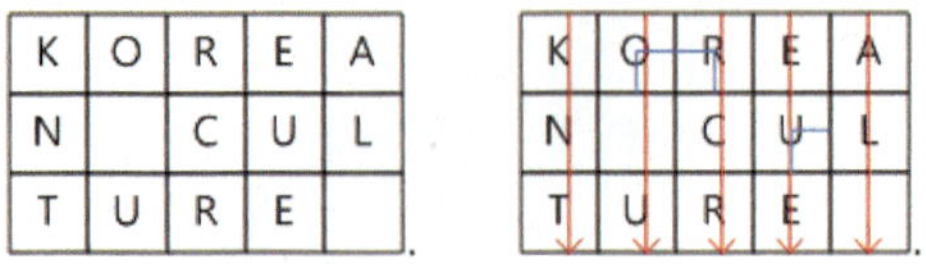

(a) 문자 배치 테이블 (b) 문자 테이블 읽기

[그림 9.5] 전치형 암호

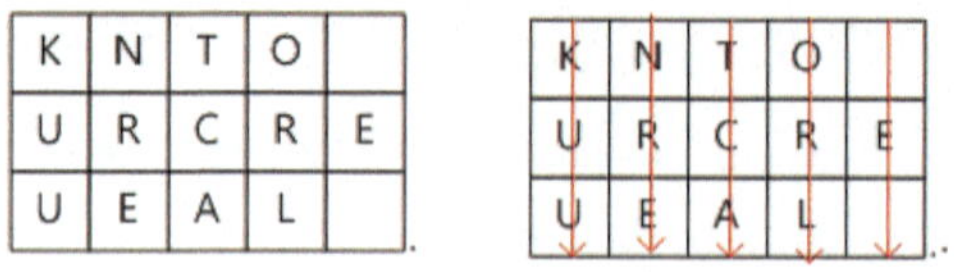

(b) 문자 재배치 (b) 문자 테이블 읽기

[그림 9.6] 전치형 암호의 재배치

전치형 암호도 암호 전문가들이 보면 평문의 문자가 남아있기 때문에 풀 수 있는 소지가 있다. 따라서 1차로 얻어진 'KNTO URCREUEAL'이라는 암호문을 [그림 9.6](a)처럼 다시 가로로 재배치하고 (b)처럼 세로로 읽으면 'KUUNRETCAORL E '라는 새로운 암호가 생성된다. 이것은 좀 더 풀기 어려운 암호가 된다.

(4) 알베르티 시스템

알베르티 시스템(Alberti System)은 중세 유럽에서 사용된 암호 방식의 하나이다. 각 문자에 대응하는 다른 문자로 바꾸어 암호화했다. [그림 9.7]과 같이 안쪽의 원판과 바깥쪽의 원판을 돌려 맞추는데 특정한 규칙을 적용하여 문자를 대치하게 만들었다. 예를 들어, 평문이 'yheb'라면 암호문은 'sadk'이 생성되는 것이다. 원판을 세 개로 만들어서 한 번은 첫 번째 원판으로 하고, 두 번째는 두 번째 원판의 문자로 바꾸면 좀 더 복잡한 암호문이 나온다.

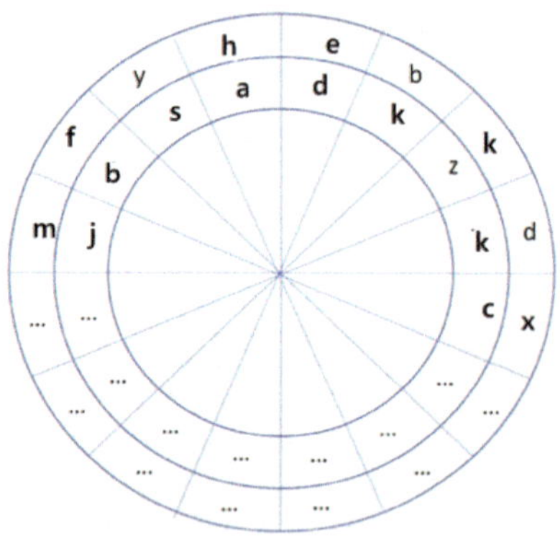

[그림 9.7] 알베르티 암호 원판

(5) 애니그마

애니그마(Enigma)는 제2차 세계 대전에서 독일이 사용한 암호기로, 매일 암호키가 변경되는 등 역사적으로 가장 유명한 암호 중 하나이다. 영국은 이 암호를 풀기 위하여 수학자들을 모집하여 컴퓨터를 만들어서 독일군의 암호를 풀었고 제2차 세계대전에서 승리하였다.

T·I·P 코드북Code book

코드북은 암호문에 사용할 단어들을 숫자로 만들어서 숫자들만으로 암호문을 만들어 통신하는 방법이다. 이렇게 만든 코드와 단어들을 책으로 묶은 것을 코드북 또는 난수표라고 한다. 예로부터 해독이 어렵고 안전성이 높기 때문에 군대에서 널리 사용되었다. 제1차 세계대전과 제2차 세계대전에서 독일은 코드북을 빼앗겨서 심각한 피해를 보았다. 코드북은 보내는 쪽과 받는 쪽에서 공유를 한다.

코드	단어
72730	안동역
62438	도착
32571	6
29485	명

예를 들어 위와 같은 코드북이 있다면 '안동역 6명 도착'이라는 암호문을 만들 수 있다. 실제로 과거 북한도 라디오로 난수표 방송을 하였다. 코드북이 유출되지 않으면 매우 안전할 것 같지만 이런 코드가 자주 노출되면 빈도분석을 통하여 암호 전문가에게 해석되기 쉽다. 따라서 안전을 위해서는 코드북을 크게 만들고, 자주 교체하는 것이 안전에 도움이 된다.

(6) 공개키 암호

1970년대 후반에 현대 암호화 기술로 비대칭 키가 개발되었다. 이것은 서로 다른 두 개의 키 즉, 공개키와 개인키를 사용하였다. 송신자는 공개키를 이용하여 평문을 암호문으로 만들어 전송하고, 암호문을 받은 수신자는 자신의 개인키로 암호문을 평문으로 변환하였다. 공개키는 외부에 공개되어 있지만 암호문을 평문으로 만들 수 없다. 암호문 수신자는 자신의 개인키가 있으면 암호문을 평문으로 만들 수 있다. 단, 개인키는 유통시키지 않기 때문에 암호문을 보호할 수 있다. 암호 기술은 인류의 통신과 보안을 위한 중요한 수단으로, 역사적으로도 그 중요성이 크다. 현재의 암호 기술은 역사적으로 발전한 다양한 기법과 원리에 기반하여 발전해 왔으며 계속해서 발전하고 있다.

9.4.2 암호와 해독 절차

암호 기술은 정보를 안전하게 보호하기 위해 사용되는 방법으로, 자료를 암호화하여 무단 접근이나 변경으로부터 보호하는 데 중점을 둔다. 암호 기술은 다양한 분야에서 사용된다. 특히 전자 통신, 자료 보안, 컴퓨터 보안 등에서 핵심적인 임무를 수행한다. 여기에는 대칭키 암호, 공개키 암호, 해시 함수 등이 포함된다.

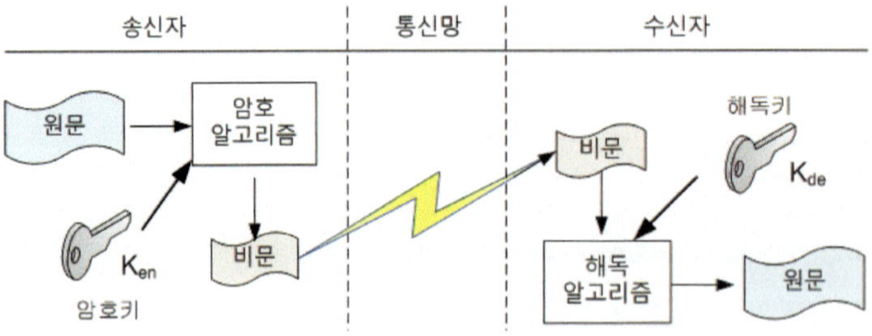

[그림 9.8] 대칭키에 의한 암호문 전송과 해독 절차

[그림 9.8]은 대칭키에 의한 암호문을 전송할 때의 해독 절차이다. 송신자는 암호키가 필요하고 수신자는 해독키가 필요하다. 암호키와 해독키가 같은 것을 대칭키 암호라고 한다. 문제는 송신자가 수신자에게 해독키를 보내는 방법이 쉽지 않다는 데 있다. 왜냐하면 암호키를 알면 비문을 해독할 수 있고, 암호키가 자주 바뀌기 때문에 수시로 암호키를 전송해야 하는 어려움이 따른다.

1 대칭키 암호

대칭키 암호(Symmetric-key Encryption)는 비밀키 암호라고 하며 암호화와 복호화에 같은 키를 사용하는 방식이다. 자료를 암호화하기 위해 사용되는 키가 자료를 복호화하기 위해 사용되는 키와 같다. 대칭키 암호는 구조가 간단하여 알고리즘을 쉽게 개발할 수 있다. 그러나 정보 교환 당사자들이 같은 키를 공유해야 하므로 키를 배급하고 관리하는 것이 불편하다.

대칭키 암호에는 다음과 같이 세 가지 표준이 개발되었다.

(1) DES

DES(Data Encryption Standard)는 1977년에 미국 정부가 표준으로 채택한 암호화 기법이다. 이 알고리즘은 56비트의 키를 사용하고, 64비트의 자료 블록을 암호화한다. DES는 당시에는 강력한 암호화 기법이었지만, 시간이 지남에 따라 컴퓨터의 처리 능력이 향상되면서 56비트 키는 더 이상 안전하지 않게 되었다.

이로 인해 더 강력한 암호화 기법이 필요하게 되었고, 그 결과 IDEA가 개발되었다.

(2) IDEA

IDEA(International Data Encryption Algorithm)는 1991년에 개발되었고, 주로 128비트의 키를 사용하여 64비트의 자료 블록을 암호화한다. 이 알고리즘은 DES의 단점을 개선하고자 만들어졌으며, DES보다 더 안전하다고 평가받았다. IDEA의 특징은 그 구조가 단순하면서도 매우 강력한 보안성을 제공한다는 점이다. IDEA는 DES와 AES와는 다른 독자적인 알고리즘 구조를 가지고 있다.

(3) AES

AES(Advanced Encryption Standard)는 2001년에 미국 정부가 새로운 암호화 표준으로 채택한 알고리즘이다. AES는 128, 192, 256비트의 키를 사용하고, 128비트의 자료 블록을 암호화한다. AES는 DES보다 훨씬 높은 보안성을 제공하며, 처리 속도도 더 빠르다. AES는 그 구조 때문에 다양한 하드웨어와 소프트웨어에서 효율적으로 구현할 수 있다. 현재 가장 널리 사용되는 암호화 표준 중 하나이다. AES가 개발된 주된 이유 중 하나는 DES와 IDEA의 키 길이가 짧아 고속의 컴퓨터에 의해 공격당할 수 있다는 가능성 때문이었다. IDEA는 AES가 채택되면서 상대적으로 덜 사용되기 시작했으나 여전히 높은 보안성을 요구하는 특정 영역에서 사용되고 있다. 그러나 현재는 AES가 더 널리 사용되고 있다.

2 비대칭키 암호 : 공개키 암호

공개키 암호(Public-key Encryption)는 암호화와 복호화에 서로 다른 키를 사용하는 비대칭키 암호 방식이다. 공개키(Public-key)와 개인키(Private-key)가 한 쌍을 이루며, 공개키로 암호화한 내용은 개인키로 해독하고, 개인키로 암호화한 내용은 공개키로 해독할 수 있다. 엄청나게 큰 숫자는 소인수분해 하기가 힘들다는 것을 이용한다. 공개키는 누구나 알 수 있지만, 개인키는 소유자만 알고 있다. 데이터를 암호화하려면 수신자의 공개키를 사용하고, 복호화하려면 해당 수신자의 개인키를 사용한다. RSA 암호[5]와 타원곡선 암호(ECC)[6]가 대표적인 공개키 알고리즘이다.

---

5 RSA 암호화 : 1977년 Ron Rivest, Adi Shamir, Leonard Adleman 세 사람의 성을 따서 RSA라고 이름이 붙은 공개키 암호 방식.

6 타원곡선 (ECC, Elliptic Curve Cryptography) 암호화 : 타원곡선 이론에 기반한 공개키 암호 방식. RSA보다 짧은 키를 사용하면서도 그와 비슷한 수준의 안전성을 제공하는 것이 장점.

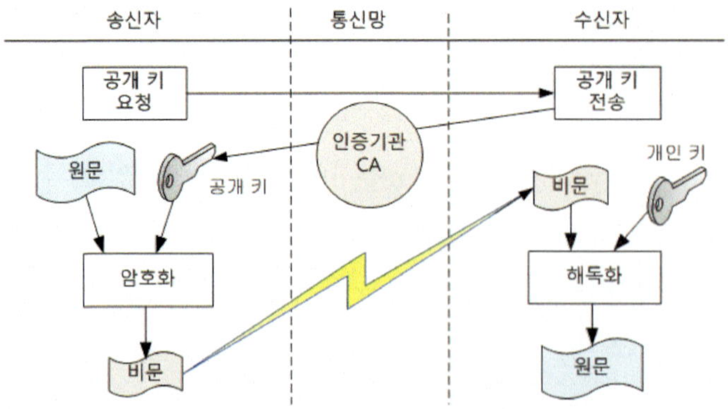

[그림 9.9] 공개키에 의한 암호와 해독 절차

[그림 9.9]의 공개키 기법의 특징은 암호화를 할 때는 수신자의 공개키를 사용하고 해독할 때는 수신자의 개인키를 사용하는데 두 키가 서로 다르다는 점이다. 공개키는 공개되어도 암호문을 해독하지 못하기 때문에 의미가 있다. 개인키는 수신자가 갖고 있는 키이고 공개키는 외부에 공개되어도 개인키만 잘 유지하면 안전이 유지된다. 공개키는 인증기관에서 전달하기 때문에 더욱 키 관리가 쉽다는 장점이 있다.

9.4.3 인증 기술

인증 기술(certification technology)은 사용자나 시스템의 정체성을 확인하는 기술로, 보안 시스템의 핵심 요소이다. 이 기술은 자료, 자원, 서비스에 접근하는 개인이나 시스템이 그들이 주장하는 바와 일치하는지를 확인하는 것이다. 인증은 여러 방법으로 수행될 수 있으며, 대표적인 인증 기법은 다음과 같다:

[표 9.22] 대표적인 인증 기법

인증 기법	내 역
지식기반	사용자가 알고 있는 지식(비밀번호, PIN번호 등)으로 인증
소유 기반	사용자가 소유한 객체(스마트카드, OPT 토큰 등)로 인증
생체기반	사용자의 생체(지문, 홍채, 얼굴 등)로 인증
위치기반	사용자의 위치(GPS 자료, IP 주소 등)로 인증
행동 기반	사용자의 행동(키보드 동작 패턴, 마우스 동작 등)으로 인증

[표 9.22]에서 지식기반 인증(Something You Know)이란 사용자가 알고 있는 지식을 기반으로 인증을 수행하는 방법이다. 예를 들어, 비밀번호, PIN 번호, 보안 질문 등이 있다. 소유 기반 인증(Something You Have)은 사용자가 소유하고 있는 물리적 또는 디지털 객체를 사용하여 인증을 수행한다. 예를 들어, 스마트카드, OTP 토큰, 스마트폰 앱 등이 이에 해당한다. 생체 기반 인증(Something You Are)은 생체 인식 기술을 이용하여 사용자의 생체 정보를 기반으로 인증한다.

지문, 홍채, 얼굴 인식, 음성 인식 등이 여기에 포함된다. 위치기반 인증(Somewhere You Are)은 사용자의 위치 정보를 이용하여 인증을 수행한다. GPS 자료나 IP 주소 등을 활용할 수 있다. 행동 기반 인증(Something You Do)은 사용자의 행동 패턴을 분석하여 인증한다. 키보드 입력 패턴, 마우스 움직임 등이 이에 속한다.

인증 기술은 단독으로 사용되기도 하지만, 여러 요소를 결합하여 더 강력한 보안을 제공하는 멀티팩터 인증(MFA, Multi-Factor Authentication)에 사용된다. 예를 들어, 비밀번호(지식)와 전화(소유)를 함께 사용하여 인증하는 것이 대표적이다. 이러한 인증 방법들은 사용자의 정체성을 더욱 정확히 확인하여 무단 접근을 방지하고, 시스템의 보안을 강화하는 데 필수적이다. 각 방법은 그 상황의 요구사항과 보안 수준에 따라 적절히 선택되어 사용된다.

1 전자 서명

전자 서명(Digital Signature)은 소유 기반 인증에 속한다. 전자 서명은 사용자가 소유한 개인키를 사용하여 자료나 문서에 서명함으로써 그 서명이 특정 사용자에 의해 생성되었음을 인증하는 기술이다. 개인키는 사용자만이 소유하고 있으며, 이 키를 사용하여 생성된 서명은 해당 사용자의 독자적인 인증 수단으로 기능한다. 전자 서명은 [그림 9.10]과 같이 개인키와 공개키를 바꾸어 사용한다.

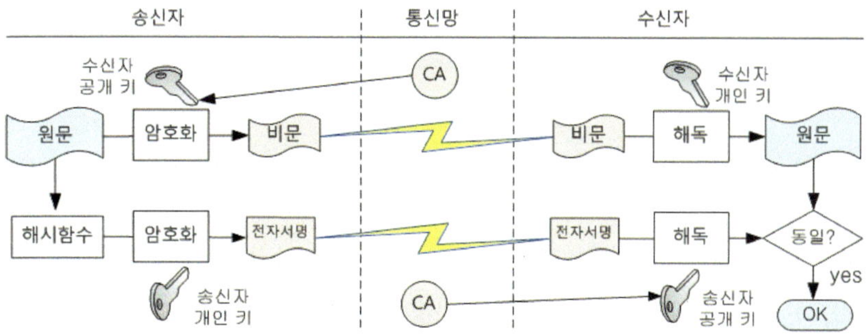

[그림 9.10] 공개키를 이용한 전자 서명 절차

전자 서명에서 사용자는 개인키를 생성하고 보관한다. 이 키는 공개되어서는 안 되는 매우 중요한 정보이다. 문서나 자료에 서명할 때, 사용자는 그들의 개인키를 사용하여 서명을 생성한다. 이 서명은 문서의 내용을 요약하는 해시값에 대해 암호화 과정을 거친다. 서명이 첨부된 문서를 받은 사람은 사용자의 공개키를 사용하여 서명을 검증할 수 있다. 공개키는 해당 서명이 유효하고, 변경되지 않았으며, 특정 개인에 의해 생성되었음을 확인하는 데 사용된다. 한 문서의 전자 서명을 다른 문서의 전자 서명으로 사용할 수 없다.

[그림 9.10]은 공개키를 이용하여 전자 서명을 처리하는 절차이다. 송신자는 원문을 수신자 공개키를 이용하여 수신자에게 전송하고, 원문에 해시함수를 적용하여 송신자 자신의 개인키를 이용하여 전자 서명 문서를 만든다. 그 이유는 두 문서를 같은 수신자 공개키로 암호화하면 안전하지 않기 때문이다. 수신자는 비문을 받아서 자신의 개인키로 해독하고, 전사 서명 문서를 받아서 송신자의 공개키로 해독을 한다. 원문과 전자 서명 문서를 해독한 것이 같으면 안전하다고 판단하는 것이다. 여기서 중요한 것은 공개키는 인증기관에서 보내주고, 개인키는 각자 보관하고 있는 것을 사용한다는 점이다.

전자 서명은 인증뿐만 아니라 자료 무결성 및 부인 방지의 기능도 제공한다.

이는 서명이 문서에 첨부되면, 서명을 한 사람이 문서의 내용을 승인했으며, 그 문서가 서명 후에 변경되지 않았다는 것을 보증하기 때문이다. 따라서 전자 서명은 법적 문서, 계약서, 이메일과 같은 중요한 통신에서 널리 사용된다.

(1) 해시함수

해시함수(Hash Function)는 임의의 크기의 데이터를 고정된 크기의 고유한 해시값으로 변환하는 함수이다. 이 함수는 입력 자료의 내용을 변경하지 않고 고유한 해시값을 생성한다. 주로 자료의 무결성을 검증하고, 패스워드 저장 및 전자 서명에 사용된다. MD5, SHA-1, SHA-256 등이 널리 사용되는 해시함수다.

2 공인인증서

공인인증서(Certificate)는 공인인증기관이 발급하는 전자 거래용 인감증명서이다. 인터넷 은행이나 각종 금융거래할 때 사용자가 누구인지 증명하는 데 꼭 필요한 전자 문서이다. 현재 전자상거래, 사이버 금융거래, 각종 증명서, 개인정보 조회 등에 널리 사용되고 있다. 공인인증서에는 인증서 버전, 일련번호, 유효기간, 발급기관, 가입자 이름과 신원 확인 정보 등의 내용이 저장되어 있다. 인터넷 뱅킹을 하거나 전자상거래를 할 때 비밀번호를 입력하면 자동으로 전자 서명이 생성되어 공인인증서가 함께 첨부되어 해킹을 방지한다. 암호 기술은 정보 보안을 유지하고 보호하기 위해 필수적이다. 이러한 기술을 사용하여 자료를 안전하게 저장하고 전송함으로써 개인정보와 기밀 정보를 보호할 수 있다.

9.4.4 네트워크 보안

네트워크 보안(Network Security)은 네트워크 인프라와 자료를 보호하기 위한 기술, 정책, 프로세스 및 관행을 포함한다. 이는 네트워크의 무결성, 기밀성 및 가용성을 유지하고, 불법적인 접근, 사용, 공개, 중단, 수정 또는 파괴로부터 보호하는 것을 목표로 한다. 네트워크 보안의 위협 요소는 해킹, 피싱, DDoS 공격, 악성 코드 등이다. 이러한 위협을 막기 위한 네트워크 보안의 주요 구성 요소는 방화벽, 침입 탐지 시스템, 침입 방지 시스템, 가상 사설망(VPN), 안티바이러스 소프트웨어, 인증 및 접근 제어, 암호화 등이다.

1 방화벽

방화벽(Firewall)은 외부 공격으로부터 시스템을 보호하고 내부의 중요한 정보가 유출되지 않도록 경로를 차단하는 장치이다. 방화벽은 [그림 9.11]과 같이 외부 네트워크의 자료 패킷을 검사하여 비 인가된 접근을 차단하고 내부 네트워크에서 적절하지 않은 사이트에 접근하는 것을 규제하는 등의 보호 기능을 수행하고, 관련 정보들을 로그에 기록한다. 방화벽은 하드웨어, 소프트웨어, 또는 두 가지 형태의 결합으로 구현될 수 있다. 주요 기능과 유형은 다음과 같다.

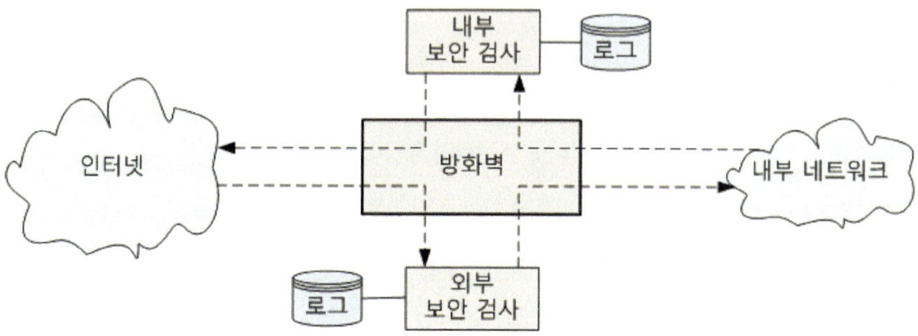

[그림 9.11] 방화벽의 내부와 외부 통제

(1) 방화벽의 주요 기능

방화벽은 네트워크 트래픽을 모니터링하고 설정된 규칙에 따라 허용하거나 차단한다. 이를 통해 해로운 트래픽이 내부 네트워크로 들어오는 것을 방지한다. 방화벽은 외부 공격으로부터 내부 네트워크를 보호하여 정보 유출과 같은 보안 위협을 최소화한다. 사용자와 시스템의 네트워크 자원에 대한 접근을 제어하여, 필요한 사용자만 특정 네트워크 서비스에 접근할 수 있도록 한다. 네트워크 트래픽에 대한 로그를 기록하고 모니터링 함으로써 비정상적인 활동을 감지하고 대응할 수 있는 기반을 마련한다.

(2) 방화벽의 유형

방화벽은 패킷과 트래픽을 검사하는 방식과 기준에 따라 [표 9.23]과 같이 다양한 유형이 개발되어 사용되고 있다.

[표 9.23]에서 패킷 필터링 방화벽은 자료 패킷의 헤더 정보를 검사하여 소스와 목적지 주소, 포트 번호, 프로토콜 등에 따라 트래픽을 허용하거나 차단한다. 상태 검사 방화벽은 연결의 상태를 추적하며, 패킷이 유효한 세션의 일부인지를 판단하여 보안을 강화한다. 이것은 패킷 필터링 방화벽보다 더 동적이고 유연하다. 프록시 서버 방화벽은 클라이언트와 서버 사이에서 중개자 역할을 하며 모든 네트워크 트래픽을 처리한다. 이 방화벽은 높은 수준의 보안을 제공하지만, 처리 속도가 느릴 수 있다. 차세대 방화벽은 전통적인 방화벽 기능에 더해 애플리케이션 레벨의 검사, 침입 방지 시스템 등을 통합한 방화벽으로, 더욱 세밀한 보안 관리가 가능하다.

[표 9.23] 방화벽의 유형

종류	내역
패킷 필터링	패킷의 헤더 정보를 검사하고 트래픽을 허용하거나 차단
상태 검사	연결 상태를 추적하여 패킷이 유효한지를 검사
프록시 서버	클라이언트와 서버 사이에서 중개자 역할로 트래픽 감시
차세대	애플리케이션 검사와 시스템 침입 방지 기능을 통합

방화벽은 네트워크의 첫 번째 방어선 역할을 하며, 다양한 형태와 기술이 결합하여 조직의 보안 정책에 맞게 구성될 수 있다. 각 유형의 방화벽은 특정 환경과 요구에 따라 선택되어야 하며, 보안 강화와 네트워크 성능 간의 균형을 맞추는 것이 중요하다.

2 침입 탐지 시스템과 침입 방지 시스템

침입 탐지 시스템(IDS, Intrusion Detection System)은 네트워크나 시스템을 모니터링 하여 의심스러운 활동이나 정책 위반을 탐지하는 보안 기술이다. IDS는 악의적인 행위나 보안 위협을 조기에 발견하여 시스템 관리자에게 경고를 보낸다.

침입 탐지 기법은 네트워크 트래픽을 모니터링하고 트래픽 패턴을 분석하여 이상 행위를 탐지한다. 이와 함께 개별 시스템의 활동을 모니터링하며 로그 파일, 시스템 콜, 파일 시스템 변경 등을 분석하여 시스템 내부의 이상 행위를 탐지한다. 침입 탐지 시스템은 의심스러운 활동을 탐지하면 관리자에게 경고 메시지를 보낸다.

침입 탐지 시스템이 경고 메시지를 보내고 대응하지 않는 것과 달리 침입 방지 시스템(IPS, Intrusion Prevention System)은 침입을 탐지한 결과를 관리자에게 경고 메시지를 보내고 즉시 트래픽을 차단하거나 세션을 종료시킨다는 점이 다르다. 이 시스템은 내부 네트워크로 패킷이 들어오는 모든 경로에 설치된다. 호스트의 IP 주소, TCP/UDP 포트 번호, 사용자 인증을 기반으로 외부 침입을 차단한다.

3 가상 사설망(VPN)

기업의 내부 네트워크에는 기업의 은밀한 정보가 많이 유통되기 때문에 외부에 노출되면 곤란하다. 본사와 지사 간에 통신할 때 보안이 취약한 인터넷 등의 공중 통신망을 사용할 수 없으므로 전용선을 임대해서 사용하는데 임대회선(leased line)의 비용이 매우 고가이다. 이런 보안을 유지해야 하는 통신망을 위해서 나온 것이 가상 사설망(VPN, Virtual Private Network)이다.

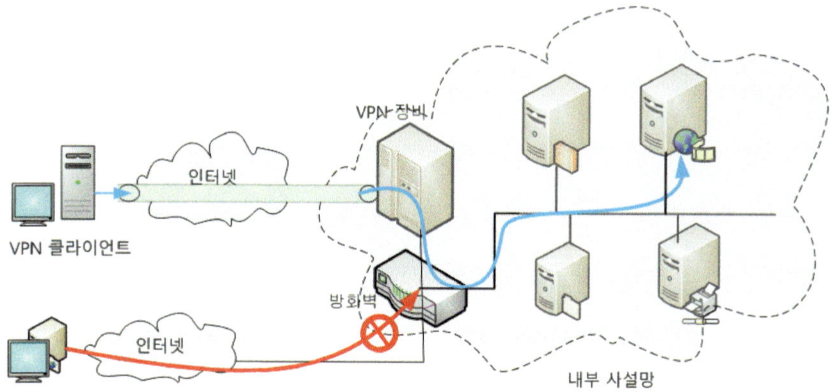

[그림 9.12] 가상 사설망(VPN)의 통신 구조

가상 사설망은 [그림 9.12]와 같이 공용 네트워크(인터넷 등)를 통해 사설 네트워크를 안전하게 연결하는 기술이다. 가상 사설망(VPN)은 원격 위치에 있는 가상 사설망 클라이언트들이 내부 네트워크에 안전하게 접속할 수 있게 해주며, 자료를 암호화하여 전송함으로써 인터넷에서도 기밀성과 무결성을 보장한다. 인증 기능을 통하여 무단 접근을 방지하고 익명성을 보장하는 기능이 있다. 외부에서 접근하는 비인가자들은 방화벽에 의해 차단되지만, VPN 클라이언트들은 안전하게 접속할 수 있다.

가상 사설망의 장점은 다음과 같다.

첫째, 공용 네트워크를 사용할 때 자료가 암호화되어 안전하게 전송된다.
둘째, 원격 근무자나 출장 중인 직원이 회사 네트워크에 안전하게 접속할 수 있다.
셋째, 사용자의 실제 IP 주소가 숨겨지므로, 인터넷 활동의 익명성이 보장된다.
넷째, 특정 국가에서만 접근 가능한 콘텐츠에 접근할 수 있다.

가상 사설망의 단점은 통신 속도가 저하되고, 자료 암호화와 복호화 과정에서 지연이 발생할 수 있고, 초기 설정이 복잡할 수 있으며, 사용자 교육이 필요할 수 있다. 무료 VPN 서비스의 경우 자료 로그를 기록하거나 판매할 위험이 있다. 따라서 신뢰할 수 있는 VPN 제공자를 선택하는 것이 중요하다. 가상 사설망을 실제로 사용하는 경우는 다음과 같다. 기업에서 원격지에 있는 지사의 근무자와 통신을 위해 VPN을 사용한다. 개인 사용자는 공공 Wi-Fi에서의 자료 보안, 프라이버시 보호, 지역 제한 콘텐츠 접근을 위해 사용한다. 중국에서는 개인들이 정부의 인터넷 규제를 피하기 위해 VPN을 통하여 외국의 뉴스와 엔터테인먼트 등을 시청하고 있다. 정부 및 군사 기관에서는 기밀 정보를 안전하게 전송하고, 원격지에서 안전하게 네트워크에 접속하기 위해 사용한다. 가상 사설망은 보안, 프라이버시, 접근성 향상을 위해 다양한 환경에서 널리 사용되고 있다. 적절한 가상 사설망 솔루션을 선택하여 사용하는 것이 중요하다.

9.5 예방과 복구

보안 공격을 예방하고, 공격받았을 때 피해를 복구하는 방법은 여러 단계와 절차를 포함한다. 이 과정은 철저한 준비와 신속한 대응이 필요하다.

9.5.1 보안 공격 예방법

평소에 보안 공격받았을 때를 가정하여 대응 방법을 준비한다. 보안 전문가의 협조에 따라 매뉴얼을 만들고 사고 발생 시 대응 방법과 연락처를 확보하고 게시해둔다. [표 9.24]와 같은 보안 공격 예방법을 수립하여 시행한다.

[표 9.24] 보안 공격 예방법

종 류	내 역
보안 정책	강력한 보안 정책을 수립하여 시행
보안 교육	직원들의 보안 의식과 기술 역량 강화를 위한 교육
비밀번호	길고 복잡한 비밀번호를 적용하고 정기적으로 갱신
보안 갱신	시스템과 소프트웨어를 주기적으로 보안 갱신하고 패치 적용
백업과 복구	중요 자료의 정기적 백업, 사고 발생 시 복구 대책 수립

[표 9.24]에서 보안 정책 수립이란 조직에서 강력한 보안 정책을 수립해야 하며, 이 정책은 직원 교육, 접근 제어, 자료 관리 및 보안 프로토콜을 포함해야 한다는 것이다. 보안 교육이란 모든 직원이 보안 위협을 인식하고, 소셜 엔지니어링 공격과 같은 트릭을 피할 수 있도록 기술 역량을 강화하도록 교육받아야 한다. 비밀번호 강화란 강력하고 복잡한 비밀번호를 사용하고, 정기적으로 변경하는 것이 필수적이다. 또한, 다중 요소 인증(MFA)을 도입하여 계정 보안을 강화해야 한다. 보안 갱신이란 소프트웨어와 시스템을 최신 상태로 유지하고, 보안 취약점을 해결하기 위해 정기적으로 패치를 적용한다. 백업과 복구란 중요한 자료를 정기적으로 백업하고, 백업 파일은 안전한 위치에 보관하여 자료 손실을 최소화한다. 사고 발생 시에는 즉시 복구할 수 있는 대책을 수립하고 주기적으로 훈련을 한다.

9.5.2 공격 대응과 복구

보안 공격받았을 때는 [표 9.25]와 같이 사전에 준비된 매뉴얼에 따라 대응하고 복구해야 한다. 준비되어있지 않을 때에는 보안 전문가에게 의뢰하여 보안 문제를 해결하는 것이 바람직하다.

[표 9.25] 공격 대응과 복구 작업

방법	내역
즉시 대응	즉시 보안팀에 알리고 위협을 격리하고 침해 범위를 파악
위협 평가 분석	공격의 유형과 원인과 영향을 평가하고 분석
복구 계획 실행	백업으로 자료를 복원하고, 시스템을 복구, 피해 파악
통신 활동	피해 관련 관계자, 고객, 파트너들에게 정보 제공과 현황 보고
후속 조치	보안 취약점을 개선하고 보안 감사를 통하여 보안 재평가

[표 9.25]에서 즉시 대응이란 보안 침해가 발견되면 즉시 보안팀에 알리고, 위협을 격리하며 침해의 범위를 파악한다. 위협 평가 및 분석이란 공격의 유형, 원인, 영향을 평가하고 분석한다. 이것은 향후 보안 정책 강화와 유사 공격 방지에 중요하다. 복구 계획 실행이란 백업에서 자료를 복원하고, 시스템을 정상 상태로 복구한다. 공격으로 인한 모든 피해를 파악하고 자료를 정리한다. 통신 유지란 공격으로 인해 영향을 받은 이해관계자, 고객, 파트너에게 투명하게 정보를 제공하고, 진행 상황을 정기적으로 알려야 한다. 후속 조치란 공격 후 발생한 보안 취약점을 개선하고, 보안 감사를 통해 시스템 전반의 보안을 재평가한다. 필요한 경우, 보안 정책과 절차를 갱신하고 강화한다. 보안 공격의 예방과 피해 복구는 지속적인 보안 감사와 평가를 통해 이루어진다. 보안은 한 번의 행동이 아니라, 지속적인 관리와 업데이트가 필요한 과정이다. 보안 위협은 계속해서 변화하므로, 조직은 항상 경계하고 최신의 보안 추세와 기술을 따라가야 한다.

연습문제

1. 보안을 정의하고 문제점을 설명하시오.
2. 정보 보안의 필수 요소를 설명하시오
3. 정보 보안과 컴퓨터 보안의 관계와 차이점을 설명하시오.
4. 우리가 당면하고 있는 정보 보안 과제는 무엇인가?
5. 정보 보안 대책을 설명하시오.
6. 컴퓨터 보안 대책을 설명하시오.
7. 정보 보안과 컴퓨터 보안의 관계를 설명하시오.
8. 정보 보안과 컴퓨터 보안의 공통적 위협 요소를 설명하시오.
9. 멀티팩터 인증 효과에 대해 설명하시오.
10. 컴퓨터 보안의 문제점을 설명하시오.
11. 보안에서 악의적 위협이 무엇인지 설명하시오.
12. 대표적인 악성 코드의 종류를 설명하시오.
13. 바이러스가 행동하는 특징을 설명하시오.
14. 바이러스의 활동 유형을 설명하시오.
15. 웜의 특징과 전파 형태를 설명하시오.
16. 트로이 목마의 특징을 설명하시오.

연습문제

17. 스파이웨어의 특징을 설명하시오.

18. 랜섬웨어의 특징을 설명하시오.

19. 악성 코드의 전파 방법을 설명하시오.

20. 악성 코드 방어 전략을 설명하시오.

21. 해킹을 정의하고 해킹의 유형을 설명하시오.

22. 해킹의 종류를 설명하시오.

23. 스푸핑과 스니핑의 차이를 설명하시오.

24. 해킹 대책을 설명하시오.

25. 해킹의 공격 방법을 설명하시오.

26. 해킹을 방어하는 기법을 설명하시오.

27. 피싱, 파밍, 보이스 피싱의 차이점을 설명하시오.

28. 치환형 암호와 전치형 암호의 차이점을 설명하시오.

28. 대칭 키 암호와 비대칭 키 암호의 차이점을 설명하시오.

30. 공개 키 암호 기법을 설명하시오.

31. 개인 키와 공개 키의 사용법을 설명하시오.

32. 인증을 정의하고 인증 기법을 설명하시오.

연습문제

33. 전자 서명을 정의하고 전자 서명의 원리를 설명하시오.

34. 전자 서명에서 개인 키와 공개 키의 사용법을 설명하시오.

35. 방화벽의 기능과 종류를 설명하시오.

36. 방화벽의 유형을 설명하시오.

37. 가상 사설망(VPN)의 기능과 용도를 설명하시오.

38. 보안 공격을 예방하는 방법을 설명하시오.

39. 보안 공격을 받았을 때 대응 방안을 설명하시오.

CHAPTER 10

소프트웨어 공학

컴퓨터 개발자들이 싫어하는 업무 중의 하나가 문서화 작업이다. 문서화는 소프트웨어 공학의 필수적인 요소이다. 소프트웨어를 개발하는 것은 좋은데 문서화를 잘하는 것은 귀찮은 일로 생각하기 쉽다. 프로그램 개발 과정에서 프로그램 내용을 바꾸는 일이 발생하는데 그때마다 문서를 수정하는 것을 번거롭게 생각한다. 머리 아픈 일을 마치고 나면 관련 문서들을 정리해야 하는데 이것을 귀찮은 일이라고 생각하기 쉽다. 잦은 설계 변경으로 프로그램이 자주 바뀌는 과제의 경우에는 더욱 그렇다. 프로젝트가 다 끝나면 다른 일로 바빠서 문서 작업은 대충 마무리하게 된다. 소프트웨어 공학은 소프트웨어 개발과 유지보수 과정을 잘 관리해서 소프트웨어 품질과 생산성을 향상하려는 학문이다. 따라서 실무자들이 즐겁게 관련 문서를 작성하도록 소프트웨어 공학을 발전시키는 것이 필요하다.

10.1 개요

소프트웨어 공학은 소프트웨어 개발과 운영에 공학 개념을 도입하여 소프트웨어 품질과 생산성을 향상하기 위한 학문이다. 소프트웨어 공학을 정의하면 다음과 같다.

- 소프트웨어의 품질과 생산성을 향상하기 위한 학문이다.
- 소프트웨어의 개발과 운영을 공학적으로 연구하는 학문이다.
- 소프트웨어의 개발 수명 주기에 공학을 적용하는 학문이다.
- 소프트웨어의 품질 향상과 개발과 유지를 위해 연구하는 학문이다.
- 소프트웨어 개발과 유지를 공학적으로 완수하기 위한 학문이다.

이들 정의의 공통점은 소프트웨어의 품질과 생산성을 향상하기 위해서 공학을 이용한다는 점이다. 결론적으로 이 분야는 소프트웨어의 설계와 개발 과정에서 나타나는 복잡성을 관리하고, 효율적이고 신뢰성 높은 소프트웨어를 경제적으로 생산할 수 있는 방법론과 도구를 개발하는 것이다. 소프트웨어 공학의 대상 업무가 소프트웨어 개발과 유지이기 때문에 소프트웨어 개발 생명주기에 대한 이해가 필요하다. [그림 10.1]은 소프트웨어를 개발할 때 필요한 프로세스를 6단계로 나누어 표현한 것으로 소프트웨어 개발 생명주기(SDLC, Software Development Life Cycle)라고 한다. 소프트웨어를 개발하려면 가장 먼저 계획을 세워야 하고, 대상 업무에 대해 분석을 하고, 계획과 분석에 따라 설계를 하고, 설계대로 구현한다.

구현 결과를 검사하여 합격하면 소프트웨어를 설치하고 운영에 들어간다. 운영 과정에서도 끊임없이 운영 상태를 점검하고 유지보수를 진행한다. 이 과정에서 문제가 발생하면 문제 발생 요인을 최소한으로 줄이고 효율을 극대화하는 것이 소프트웨어 공학의 임무이다. [그림 10.1]에서 가장 어려운 업무를 순서대로 선정하라고 하면 계획, 분석, 설계, 구현, 검사, 유지보수로 개발 순서와 같음을 알 수 있다.

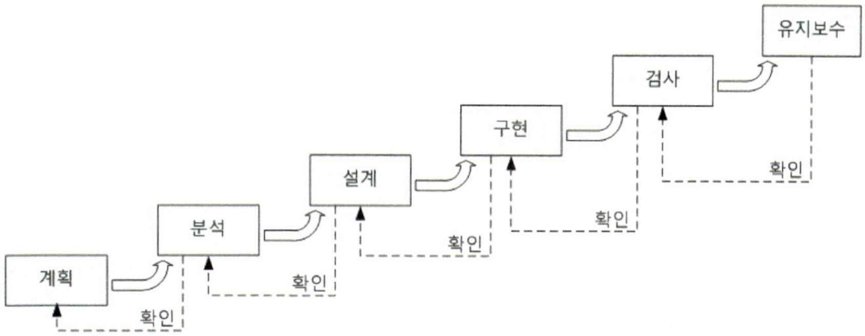

[그림 10.1] 소프트웨어 개발 생명주기(SDLC)

10.1.1 소프트웨어 공학의 역할

소프트웨어 공학은 품질이 우수한 소프트웨어를 개발하기 위해서 만들어진 학문이다. 소프트웨어 공학은 소프트웨어 산업 발전과 매우 밀접한 관계에 있다.

미국의 IT 산업이 세계 경제와 산업을 주도하고 있는 것은 미국의 소프트웨어 공학의 역할과 밀접한 관계에 있다. 소프트웨어 공학이 발전해야 소프트웨어 산업이 성장할 수 있다. 소프트웨어 공학의 목표와 구성 요소와 기능을 살펴본다.

1 소프트웨어 공학의 목표

소프트웨어 공학이 추구하는 목표는 소프트웨어의 품질과 프로젝트를 관리하고 위험을 최소화하는 것이다. [표 10.1]에서 소프트웨어 품질 향상은 소프트웨어의 성능, 신뢰성, 보안 등을 개선하는 것이므로 이를 위해 체계적인 개발 절차와 방법을 연구하는 것이다. 결과적으로 오류가 적고 사용자 요구사항을 정확히 충족하는 소프트웨어를 개발하는 것이다. 생산성 향상은 소프트웨어를 더 효율적으로 개발하기 위해 효율적인 방법과 도구 등을 사용하여 개발 시간 단축, 비용 절감 등을 달성하는 것이다. 프로젝트 관리는 시간, 비용, 인력, 물적 자원을 효율적으로 관리하여 개발 기간과 유지비용을 최소화하는 것이다. 효율적인 개발 프로세스와 도구를 사용하여 시장에 빠르게 출시한다. 소프트웨어 개발 과정과 산출물을 지속적으로 평가하고 개선한다. 요구 충족은 소프트웨어가 사용자와 고객의 요구사항을 정확히 충족하는 것이다. 유지보수란 소프트웨어를 쉽게 수정할 수 있고, 기능을 추가하며, 오류를 고칠 수 있도록 만드는 것이다.

[표 10.1] 소프트웨어 공학의 목표

목 표	내 역
품질 향상	소프트웨어의 정확성, 신뢰성, 유지보수, 확장성 향상
생산성 향상	개발 시간 단축, 비용 절감, 효율적인 도구 사용 등
프로젝트 관리	시간, 비용, 인력, 물자 등의 비용 최소화
요구 충족	사용자와 고객의 요구를 정확하게 충족
유지보수	쉽게 수정할 수 있고, 기능을 추가하고, 오류 제거 가능

2 소프트웨어 공학의 구성 요소

소프트웨어 공학은 소프트웨어 개발과 유지보수의 전체 과정에서 생산성을 높이려고 한다. 소프트웨어 공학의 주요 구성 요소들은 [그림 10.1]의 소프트웨어 개발 생명주기와 일치하며 내용은 다음과 같다.

[표 10.2]에서 계획 단계는 소프트웨어 개발 요구가 들어오면 전반적인 업무를 파악하고 일정, 인력, 기술, 장비, 비용 등에 대한 계획을 수립하는 것이다. 계획 수립 과정에서 분석 담당자들이 현장을 방문하고 발주자의 의견을 청취하고 대략적인 업무를 분석할 필요가 있다. 요구 분석(Requirements Analysis) 단계는 사용자의 요구사항을 명확히 파악하고, 이를 기반으로 시스템의 기능적 및 비기능적 요구사항을 정의하고 발주자들의 확인을 받는 것이다. 설계(Design) 단계는 요구사항을 만족시킬 수 있는 소프트웨어 아키텍처를 설계한다. 이 단계에서는 모듈 구조, 인터페이스, 자료 설계, 처리 기능 등을 결정한다. 구현(Implementation) 단계는 설계 단계에서 정의된 사항을 바탕으로 실제 프로그램 코드를 작성한다. 검사(Testing) 단계는 소프트웨어가 정상적으로 작동하는지 확인하고 오류를 찾아내어 수정한다. 단위 검사, 통합 검사, 시스템 검사, 인수 검사 등 다양한 검사 방법이 있다. 유지보수 단계는 소프트웨어를 운영하면서 발생하는 문제를 해결하고, 사용자의 변경 요구사항을 반영하여 소프트웨어 수정 계획을 세우고 갱신하는 것이다.

[표 10.2] 소프트웨어 공학의 구성 요소 : 소프트웨어 개발 생명주기

단계	구성 요소	내역
1	계획	일정, 인력, 장비, 비용 등에 대한 계획 수립
2	요구 분석	요구사항을 파악하고 정의하여 발주자의 확인 획득
3	설계	요구사항을 만족시키도록 소프트웨어 설계
4	구현	설계대로 프로그램 코드 작성
5	검사	프로그램의 정상 작동을 확인하고 오류를 찾아 수정
6	유지보수	소프트웨어를 운영하며 문제를 발견하고 수정하고 해결

이상과 같은 구성 요소들을 철저하게 수행하여 소프트웨어 개발과 유지보수 효율을 높이는 것이 소프트웨어 공학의 목표이다.

3 소프트웨어 공학의 기능

소프트웨어 공학은 기술적인 문제뿐만 아니라 프로젝트 관리, 팀워크, 예산 관리 등과 같은 다양한 요소를 포함한다. 이러한 체계적인 접근은 복잡한 소프트웨어 프로젝트의 성공적인 완수를 가능하게 하며, 프로젝트의 실패 위험을 줄여준다. 소프트웨어 규모가 커지고 중요성이 높아짐에 따라, 소프트웨어를 체계적이고 공학적으로 접근하는 것은 더욱 중요해지고 있다. 소프트웨어가 사회의 다양한 부문에서 중추적인 역할을 하므로, 신뢰성과 효율성을 보장하는 것이 필수적이다. 소프트웨어 공학은 소프트웨어 산업의 발전에 지대한 공헌을 하는 분야이다.

10.1.2 소프트웨어 개발 방법

소프트웨어 공학은 소프트웨어 개발 방법론에 관한 학문이다. 소프트웨어 개발 모델과 개발 도구를 살펴본다.

1 소프트웨어 개발 모델

소프트웨어 개발 모델은 소프트웨어 제작 과정을 체계화하여 효율적으로 관리하고 진행할 수 있도록 도와주는 프레임워크이다. 각 모델은 필요와 상황에 따라 개발 프로세스를 다르게 접근한다. 소프트웨어 개발 모델에는 주먹구구식 모델, 폭포수 모델, V-모델, 반복적 및 점진적 개발 모델, 애자일 개발, 스

크럼 모델 등이 있다.

(1) 주먹구구식 모델

주먹구구식 모델(Fist-style Model)이란 명확한 계획이나 절차를 지키지 않고 편하게 일하는 방식을 말한다. 어떤 분야에 매우 숙달된 사람들은 너무나 많은 경험을 했기 때문에 머릿속에 판단이나 계산이 떠오르면 계획이나 설계 없이 즉시 업무를 수행해도 잘하는 경우가 있다. [그림 10.2]같이 이 방식의 문제점은 업무가 끝난 다음에 설계 자료가 없기 때문에 어떻게 소프트웨어를 개발했는지 과거의 경험을 활용할 수 없다는 점이다. 프로그램을 운영하다가 고장이나 사고가 발생해도 근거 자료가 없어서 프로그램을 수정하거나 유지보수하기 매우 어렵다.

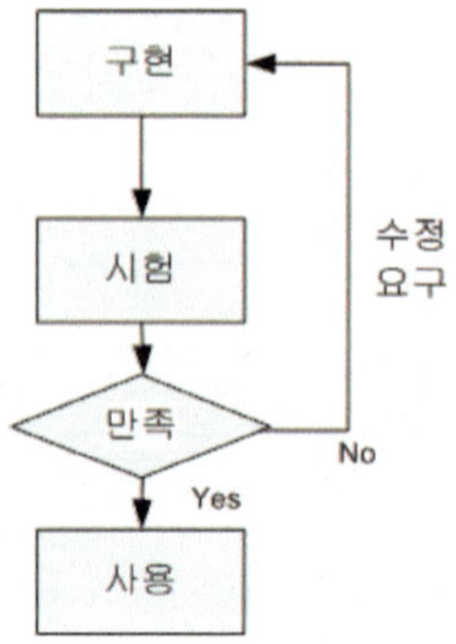

[그림 10.2] 주먹구구식 모델

(2) 폭포수 모델

폭포수 모델(Waterfall Model)은 가장 오래되고 전통적인 소프트웨어 개발 방법론이다. [그림 10.3]과 같이 선형적이고 순차적인 접근 방식을 취한다. 폭포수와 같이 한번 떨어진 물은 거슬러 올라갈 수 없듯이 소프트웨어 개발도 각 단계를 확실히 매듭짓고 그 결과를 철저하게 검토하여 승인과정을 거친 후에 다음 단계로 넘어간다.

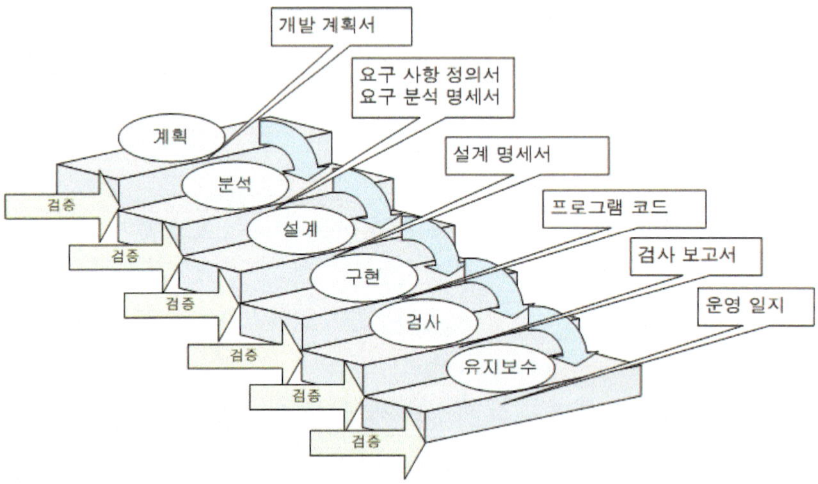

[그림 10.3] 폭포수 모델

폭포수 모델의 장점은 관리가 쉽고, 체계적으로 관리할 수 있고, 요구사항의 변화가 적은 프로젝트에 적합하다. 이 모델의 단점은 유연성이 떨어지고, 각 단계는 앞 단계가 완료되어야 수행할 수 있다. 또한 각 단계마다 산출물들이 완벽하게 작성되어야 다음 단계에 오류를 넘겨주지 않는다. 그러나 발주자가 실제로 소프트웨어 동작 모습을 보려면 구현이 끝나야 한다. 발주자가 결과에 만족하지 못하면 수정해야 하는 데 오랜 시간 개발할수록 수정 시간과 비용이 많이 든다. 프로젝트 규모가 크지 않고 요구사항들이 어느 정도 고정되어 있다면 폭포수 모델이 적합하다. 특히 명확하게 정의된 요구사항과 함께 변경이 거의 없을 때 적합하다.

(3) V-모델

V-모델(V-Model)은 폭포수 모델의 변형으로, 각 개발 단계에 대응하는 테스트 단계가 대칭을 이루는 'V' 형태로 구성된다. 초기 단계에서 검사 계획을 수립하여 품질을 보장한다. 개발 단계에서 각 단계의 결과를 검증할 수 있으므로, 고품질의 소프트웨어 제작에 적합하다.

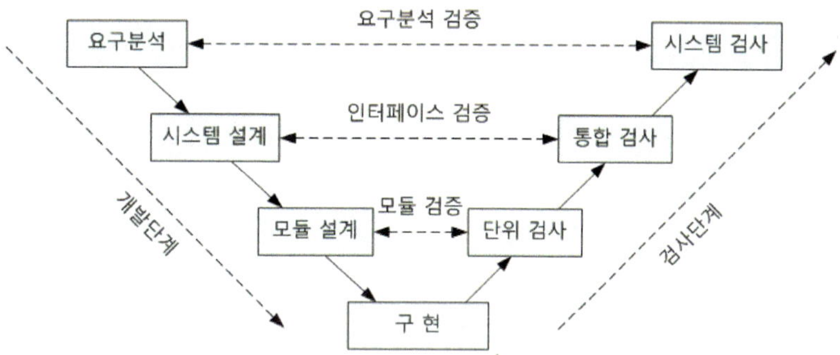

[그림 10.4] V 모델

V 모델은 [그림 10.4]와 같이 요구 분석은 시스템 검사로 확인하고, 시스템 설계는 통합 검사로 확인하고, 모듈 설계는 단위 검사로 확인하고, 내부 검사가 완료되면 발주자에게 인수 검사를 받는다.

(4) 점진적 개발과 반복적 개발

점진적 개발(Incremental Development)이란 [그림 10.5](a)같이 책을 집필할 때 한 장씩 차례대로 완성해서 마지막 장을 완성하면 작업이 끝나는 방식이다.

회사에서 전체 경영정보 시스템을 개발하기 어려운 경우에 가장 중요한 업무부터 차례대로 개발하는 방식에도 해당한다. 예를 들어, 영업업무를 정보화하고 이어서 구매업무를 개발하고 개발 여유가 생기면 계속해서 회계업무와 인사업무를 개발하는 경우가 있는데 이 방식이 점진적 개발 방식이다.

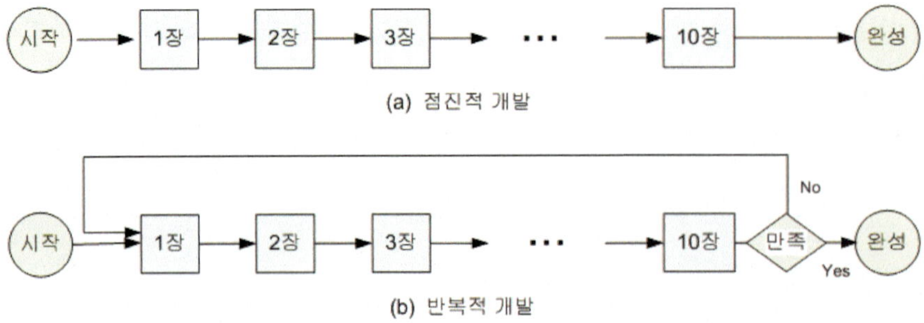

[그림 10.5] 점진적 개발과 반복적 개발 방법

반복적 개발(Iterative Development)은 소프트웨어를 작은 단위로 나누어 조금씩 개발하되 반복적으로 개발하는 모델이다. 각 반복마다 소프트웨어 일부를 설계하고 개발하고 검사를 진행한다. 요구사항이 자주 변경되거나 개발 초기에 전체 범위를 정의하기 어려울 때 유용하다. 회사에서 시간적 여유가 있을 때는 전사의 경영정보 시스템을 각 부문별로 조금씩 요구 분석을 하고, 다음에는 설계하고, 다음에는 구현하는 방식으로 전체 업무를 조율하면서 개발을 진행하는 것이다. 다른 예를 들어보면, 책을 집필할 때 [그림 10.5](b)같이 처음에는 1장부터 10장까지 장 제목과 함께 절 제목을 부여하고 각 장의 주제와 세부 목차를 집필한다. 다음 반복에서는 각 장의 개요 부분과 결론 부분을 완성하고 반복을 거듭하면서 조금씩 원고를 완성하는 방식이다.

(5) 애자일 방법론

폭포수 모델처럼 계획을 기반으로 하는 프로세스 중심의 전통적인 모델은 산출물 위주의 거대하고 무거운 방법론에 해당한다. 이러한 방법론은 요구사항의 변화에 유연하게 대처하기 어렵다는 문제점이 있다. 따라서 가볍고 비교적 변화를 수용하기 쉬운 방법론이 필요하게 됐다. 애자일(agile) 방법론은 유연하고 빠른 반응을 중시하는 개발 방법론으로, 팀원 간의 밀접한 협업과 고객의 지속적인 피드백을 중요시한다. 소프트웨어 산업과 같이 변화하는 시장 요구사항에 민첩하게 대응해야 하는 분야에서 많이 사용한다.

문서 편집기를 개발하는 경우의 예를 들어본다. [그림 10.6]과 같이 문서 편집기에서 가장 많이 사용하는 문서 작성과 편집 그리고 저장하고 인쇄하는 기능만을 빨리 개발한다. 그다음에 사용자들이 사용하고 있는 동안 나머지 모듈들을 추가로 개발하여 차례대로 기능에 첨부하는 것이 애자일 방식이다.

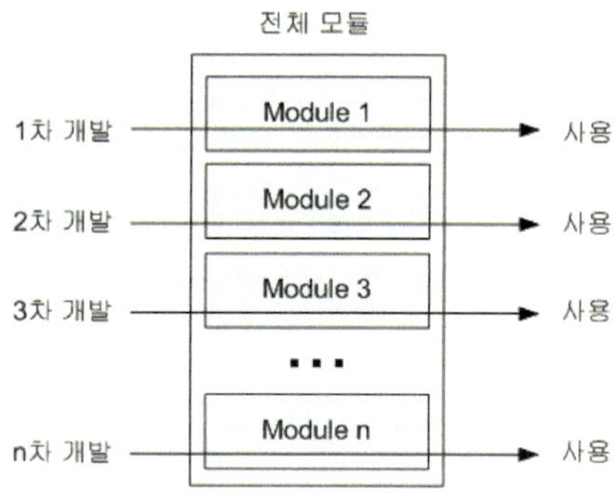

[그림 10.6] 애자일 방법론

이러한 개발 모델들은 각기 다른 프로젝트 환경과 요구사항에 따라 선택할 수 있으므로, 프로젝트의 성격을 잘 파악하고 가장 적합한 모델을 채택하는 것이 중요하다.

2 소프트웨어 설계 도구

[표 10.3] 대표적인 소프트웨어 설계 도구

도구	내역
UML	그림을 이용하여 시스템을 설계하는 모델링 언어
BPMN	비즈니스 프로세스를 모델링하는 언어
순서도 SW	순서도 작성을 도와주는 SW
프로토타이핑	대화식으로 프로토타입을 생성하는 도구

프로그램을 설계할 때 오래전에는 업무흐름도와 순서도(flow chart) 등을 많이 사용하였다. 프로그램을 설계하고 개발하는 과정에서 순서도는 여전히 유용한 도구이지만, 현대 소프트웨어 개발에서는 더 다양하고 강력한 도구들을 사용하여 복잡한 시스템을 설계하고 문서화하고 있다. 최근에 사용되고 있는 현대적인 도구들은 [표 10.3]과 같다.

UML(Unified Modeling Language)은 복잡한 소프트웨어 시스템을 모델링하기 위해 표준화된 모델링 언어이다. UML은 사용 사례 도표(diagram), 클래스 도표, 순차 도표, 상태 도표 등 여러 유형의 도표를 제공하여 소프트웨어의 구조와 행동을 시각적으로 표현한다. 이 도구는 대규모 소프트웨어 프로젝트의 요구사항을 정의하고, 시스템 설계를 계획하는 데 특히 유용하다.

BPMN(Business Process Model and Notation)은 비즈니스 프로세스를 모델링하는 데 사용되는 또 다른 표준화된 도표 도구이다. 소프트웨어와 비즈니스 프로세스의 흐름을 설계하고 문서화 하는 데 적합하며, 비즈니스 분석가, 시스템 엔지니어, 소프트웨어 개발자 모두에게 유용하다.

순서도(Flow Chart) 소프트웨어는 전통적인 순서도를 디지털 환경에서 쉽게 작성할 수 있도록 도와준다. Microsoft Visio, Lucidchart 등이 여기에 해당한다. 이들 도구는 드래그 앤 드롭 인터페이스를 제공하여 사용자가 손쉽게 순서도를 생성하고 수정할 수 있다. 프로토타이핑 도구는 사용자 경험(UX) 설계에 중점을 둔 소프트웨어로서 Axure, Sketch, Figma와 같은 도구가 유용하다. 이러한 도구는 대화식으로 프로토타입을 빠르게 만들어내어 사용자 인터페이스(UI)의 디자인과 기능을 시험해 볼 수 있게 해준다.

결론적으로 정리하면 순서도는 여전히 유용한 도구이지만, 프로젝트의 요구사항과 복잡성에 따라 이와 같은 현대적인 도구들을 적절히 활용하는 것이 효과적이다. 각 도구는 특정 작업을 지원하기 위해 설계되었으므로, 프로젝트의 목적과 필요에 맞게 선택하는 것이 중요하다고 생각한다.

10.2 UML

UML(Unified Modeling Language)은 소프트웨어 공학에서 시스템의 구조와 동작을 시각적으로 파악하는 표준 모델링 언어이다. UML은 복잡한 소프트웨어 시스템의 설계와 문서화를 돕는 다양한 도표(diagram)를 제공하여, 소프트웨어 개발자가 소프트웨어의 설계와 구현을 체계적으로 접근할 수 있도록 지원한다. UML은 전체를 판단할 수 있도록 [그림 10.7]과 같이 3개 영역에서 12개의 도표를 제시하고 있다. 12개의 도표를 이용하여 시스템을 표현하면 개발할 소프트웨어의 전체 윤곽을 파악하기 쉽다. 모든 도표를 다 사용할 필요는 없고 응용 분야에 따라 선택적으로 사용한다.

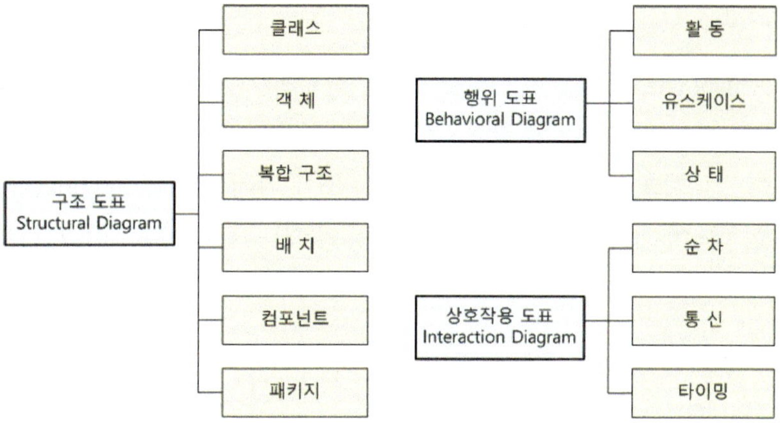

[그림 10.7] UML의 12개 도표(diagram)

10.2.1 UML의 주요 구성 요소

UML은 다음과 같은 여러 가지 도표를 포함한다. 이 도표들은 시스템의 다양한 측면을 나타내며, 각기 다른 목적으로 사용된다.

1 구조 도표

UML의 구조 도표(Structural Diagrams)는 시스템의 정적인 측면에서 구조를 설계하고 표현하는 그림을 위주로 한다.

(1) 클래스 도표

클래스 도표(Class Diagram)는 시스템의 클래스들과 그들 간의 관계를 보여준다. [그림 10.8]은 학생, 학과, 과목, 교수 클래스들과 그들 간의 관계를 보여준다.

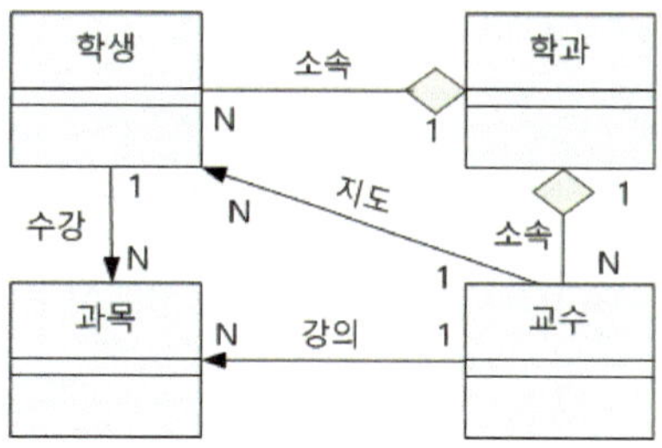

[그림 10.8] 클래스 도표의 실례

(2) 배치 도표

배치 도표(Deployment Diagram)는 하드웨어 자원을 명시적으로 정의하여 시스템의 물리적인 요소를 모델링하고 노드 간의 관계를 나타낸다. 실행 시간에 소프트웨어가 배치되는 하드웨어의 구성을 나타낸다. [그림 10.9]는 어느 대학의 대학 본부에 학사관리와 회계 관리 서버가 설치되어 있고, 중앙도서관에 도서 관리 서버가 설치되어 있다. 중앙도서관은 논문 등의 교내에서 부족한 자료를 지원받기 위해 국회도서관의 자료 관리 서버와 협정을 맺고 교류하는 것을 보여주고 있다.

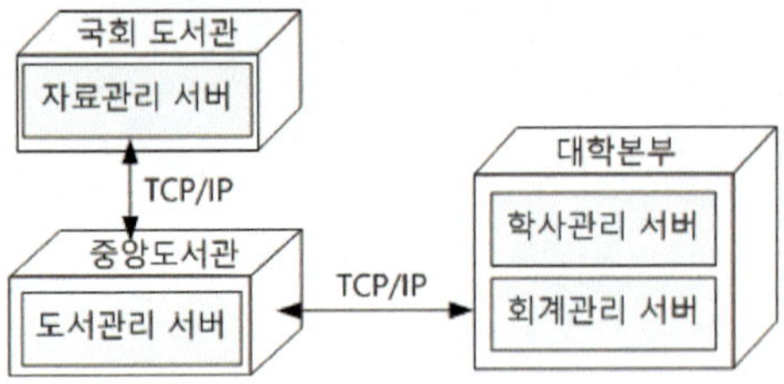

[그림 10.9] 대학의 배치 도표(diagram) 실례

2 행동 도표

UML에서 행동 도표(Behavioral Diagrams)는 시스템에서 실행되고 움직이는 부분을 설계하고 표현하는 것이다.

(1) 유스케이스 도표

유스케이스 도표(Use Case Diagram)는 시스템이 제공하는 기능을 나타내는 유스케이스와 이 기능을 사용하는 사용자인 액터(actor) 그리고 이 둘의 상호 작용을 표현한다. [그림 10.10]은 학생이라는 사용자(액터)가 수강 신청이라는 유스케이스를 등록하는 관계를 보여준다. 액터와 유스케이스는 화살표로 방향을 나타낸다.

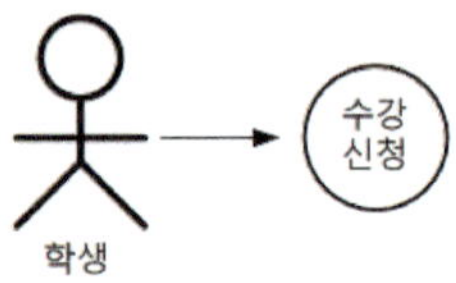

[그림 10.10] 액터와 유스케이스 관계

- 액터 : 액터(actor)는 시스템을 사용하는 역할(사람)을 의미한다. 학사관리에서 학생, 교수, 직원은 성적처리를 위하여 학사관리 시스템을 사용하므로 모두 사용자 액터가 될 수 있다. [그림 10.11](a)는 각자의 사용자 역할을 담당한 액터의 표현이다.
- 유스케이스 : 유스케이스(usecase)는 사용자가 시스템을 통해 사용하고 싶은 기능이다. 학사관리에

서 학생은 성적을 조회하고, 교수는 성적을 입력하고 갱신하는 기능을 수행한다. 유스케이스는 [그림 10.11](b) 같이 타원으로 표현하고 기능을 적어서 표현한다.

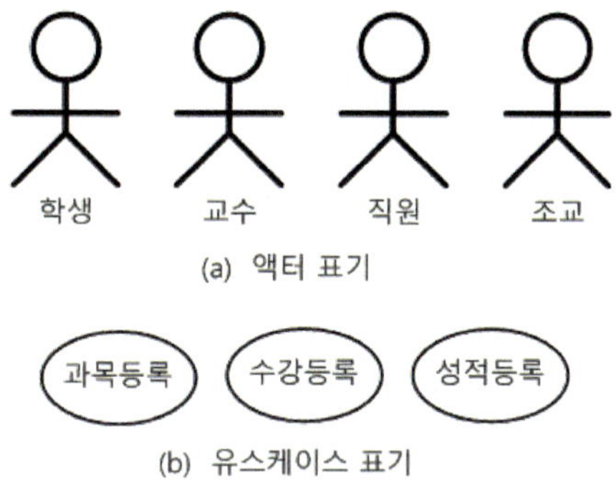

[그림 10.11] 액터와 유스케이스 표기

(2) 순차 도표

순차 도표(Sequence Diagram)는 객체 간의 상호 작용과 그 순서를 시간 흐름에 따라 나타낸다. [그림 10.12]와 같이 사용자와 시스템 간의 관계를 표현하면서 순차적으로 업무가 진행되는 관계를 표현하기 때문에 업무를 이해하기 편리하다. 일종의 업무흐름도 역할을 한다. 객체는 메시지를 보내고 받는 사람

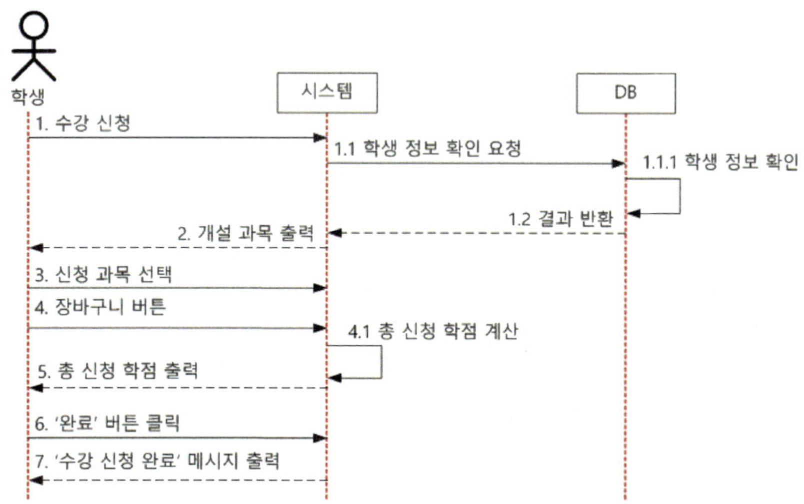

[그림 10.12] 수강 신청 순차 도표

이나 시스템이다. 객체가 주고받는 메시지는 시간 순서에 따라 위에서 아래로 내려간다. 수직선은 객체의 수를 의미하고 수평선은 메시지의 수를 의미한다.

(3) 활동 도표

활동 도표(Activity Diagram)는 프로세스 흐름 또는 작업 흐름을 표현하며, 조건부 논리와 병행 처리를 시각화한다. 활동 도표는 상위 수준에서는 정보처리의 큰 흐름을 표현하고, 분석 단계에서는 구체적인 흐름을 표현하고, 설계 단계에서는 상세한 알고리즘이나 처리 논리를 표현한다. [그림 10.13]에서는 상대적으로 큰 흐름을 표현한 것이고 [그림 10.14]에서는 비교적 구체적인 흐름을 표현한 것이다. 휴학 신청 시에 도서관에 미납 도서의 유무에 따라 두 가지 작업을 동시에 처리하는 것을 보여준다. 그림에서 속이 채워진 원은 활동의 시작점이고, 이중 원은 종료점을 표기한다. 활동은 둥근 사각형으로 일의 처리와 실행을 표기한다. 화살표는 활동 간의 이동을 나타낸다.

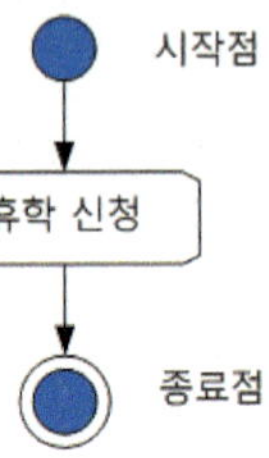

[그림 10.13] 시작/종료 상태와 활동 기호

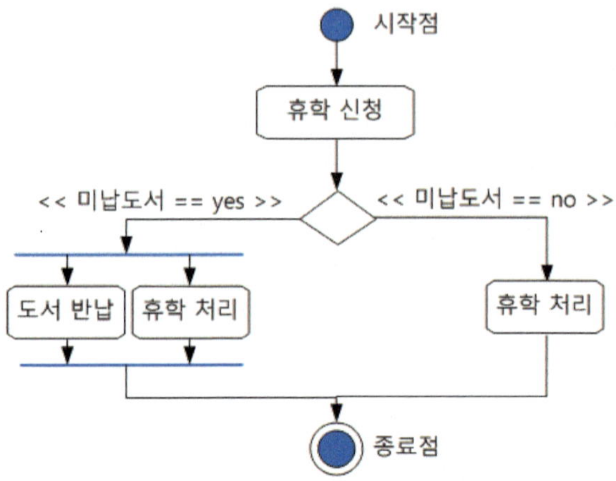

[그림 10.14] 휴학 신청에 관한 두 가지 동기화 작업

(4) 상태 도표

객체의 상태는 사건(event)이 발생하거나 시간이 흐름에 따라 바뀐다. 상태 도표(State Diagram)는 객체의 상태 변화와 사건에 따라 발생하는 전이를 보여준다. 사건은 화살표로 나타낸 전이 위에 << >> 기호로 표현한다. [그림 10.15]는 세무서에 세금 납부를 등록하기 위해서 처리하는 상태 도표이다.

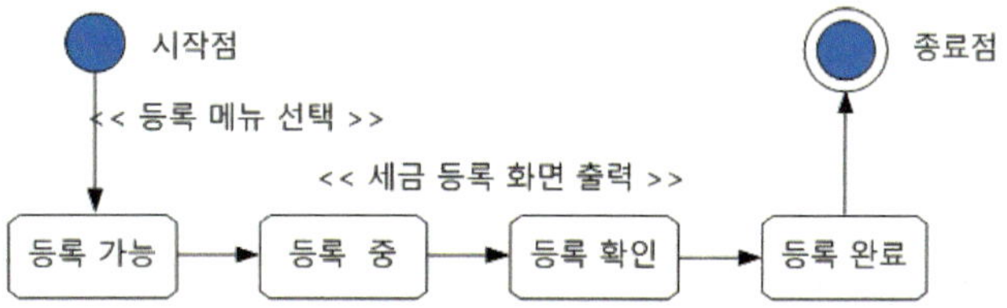

[그림 10.15] 등록을 위한 상태 도표

3 UML의 중요성

[표 10.4] UML의 중요성

중요성	내역
표준화된 표현	설계가 표준화되어 이해관계자들이 이해하기 쉽다.
문서화	UML 도표 작성을 통하여 문서화가 체계적으로 해결
재사용	잘 정리된 구성 요소들을 재사용하기용이

UML은 시스템 설계의 복잡성을 관리하고, 다양한 스테이크홀더와의 의사소통을 원활하게 하는 데 중요한 구실을 한다. 또한, UML을 사용함으로써 설계와 문서화의 표준화뿐만 아니라 재사용의 효과를 [표 10.4]와 같이 얻을 수 있다.

UML은 소프트웨어의 설계를 표준화된 방식으로 표현하여, 개발자와 사용자 등 이해관계자 간의 의사소통을 명확하게 할 수 있다. 설계 과정에서 생성된 도표들이 표준화되어 있을 뿐만 아니라 요구사항, 설계 결정 사항 및 시스템 동작 등을 체계적으로 문서화할 수 있다. UML을 잘 작성해두면 설계된 구성 요소를 다른 프로젝트에서 재사용하기 용이하게 한다. UML은 소프트웨어 개발 과정에서 시스템의 구조를 명확히 하고, 사용자와 개발자들이 효율적으로 협력할 수 있는 기반을 제공한다.

10.3 계획과 분석

소프트웨어 개발 프로세스의 초기 단계인 계획 단계와 요구 분석 단계는 프로젝트 성공을 위해 매우 중요하다. 이 단계들은 프로젝트의 기반을 형성하며, 프로젝트의 방향을 정의하고 모든 팀 구성원과 이해관계자가 공통의 목표와 이해를 공유하도록 한다.

10.3.1 계획 단계

계획 단계(Planning Phase)는 소프트웨어 개발 프로젝트의 시작으로, 프로젝트의 범위, 목표, 비용, 시간 등의 자원을 정의하는 단계이다. 계획 단계는 프로젝트의 성공을 보장하기 위해 매우 중요한 역할을 한다. 이 단계에서는 프로젝트의 목표를 명확히 정의하고, 이를 달성하기 위한 전략을 세우며, 자원을 할당하고, 시간과 비용을 예측하는 등 다양한 업무를 수행한다.

1 계획 단계의 주요 업무

계획 단계에서는 프로젝트를 성공적으로 마무리할 수 있도록 주요 업무를 준비하고 계획을 세운다. 계획 단계에서는 [표 10.5]와 같이 처음부터 끝까지 모든 주요 업무의 내용과 범위와 책임을 빈틈없이 정의한다. 계획 단계에서 업무를 명확하게 할수록 개발 과정에서 애매한 사항이 돌출해서 프로젝트에 차질이 생기는 것을 막을 수 있다.

- **범위 정의(Project Scope Definition)** : 프로젝트의 목표와 범위를 명확히 설정하는 것이다. 어떤 기능과 서비스를 포함할지, 어떤 부분은 제외할지를 명확히 규정한다. 범위 문서를 작성하여 이해관계자 간의 일관된 이해를 공유한다.
- **요구 분석(Requirement Gathering and Analysis)** : 사용자와 이해관계자의 요구사항을 수집하고 분석한다. 기능적 요구 사항과 비기능적 요구사항을 명확히 구분한다. 요구사항 명세서를 작성한다.

[표 10.5] 계획 단계의 주요 업무

구분	업무	내역
1	범위 정의	프로젝트의 목표와 범위를 명확하게 설정
2	요구 분석	관계자들의 요구사항을 수집하고 분석
3	계획 수립	전체 작업을 세부적으로 나누고 단계별 목표 수립
4	시간 관리	각 작업의 일정을 예측하고 전체 일정 계획 수립
5	비용 관리	예산을 산정하고, 비용을 추정하며, 예산을 책정
6	자원 관리	필요한 인적 물적 자원을 식별하고 할당
7	위험 관리	예상되는 위험을 식별하고 대책 수립
8	품질 관리	품질 목표를 수립하고 품질 보증과 품질 통제를 계획

- **계획 수립(Project Planning)** : 프로젝트의 전반적인 계획을 수립한다. 작업 분해 구조(WBS, Work Breakdown Structure)를 작성하여 전체 작업을 세부적으로 나눈다. 주요 마일스톤(Milestones)과 단계별 목표를 설정한다.
- **시간 관리(Time Management)** : 각 작업의 일정을 예측하고, 전체 프로젝트의 일정표를 작성한다. Gantt 차트나 PERT 차트 등의 도구를 사용하여 일정을 시각적으로 관리한다. 작업 순서와 의존 관계를 정의한다.
- **비용 관리(Cost Management)** : 프로젝트의 예산을 산정하고, 비용 추정 및 예산 책정을 수행한다. 각 작업에 필요한 자원의 비용을 계산한다. 예산을 초과하지 않도록 비용을 모니터링하고 조정한다.
- **자원 관리(Resource Management)** : 프로젝트에 필요한 인적, 물적 자원을 식별하고 할당한다. 팀 구성원들의 역할과 책임을 명확히 정의한다. 필요한 장비와 도구를 확보하고, 인프라를 준비한다.
- **위험 관리(Risk Management)** : 프로젝트 진행 중에 발생할 수 있는 위험을 식별하고 분석한다. 각 위험의 영향을 평가하고, 우선순위를 매긴다. 위험 완화 계획(Risk Mitigation Plan)을 수립하여 위험을 최소화한다.
- **품질 관리(Quality Management)** : 소프트웨어 품질 목표를 설정하고, 이를 달성하기 위한 품질 관리 계획을 수립한다. 품질 보증(QA) 및 품질 통제(QC) 활동을 계획한다. 테스트 계획과 검토 절차를 정의한다.

2 문서화

문서화는 프로젝트가 시작해서 끝날 때까지 설계, 구현, 검사, 유지 보수하는 모든 과정에서 기록을 남기는 것이다. 이 기록은 과제 참여자들의 의사소통에 도움이 되고 수정과 개정에 효과적으로 사용하려는 목적이 있다.

3 프로젝트 계획서

프로젝트 계획서(Project Plan)는 위에서 언급된 모든 계획 요소들을 종합한 문서이다. 프로젝트의 목표, 범위, 일정, 비용, 자원, 위험 관리, 품질 관리, 의사소통 계획 등을 포함한다. 계획 단계에서 철저하고 체계적인 계획을 수립하면 프로젝트 진행 중에 발생할 수 있는 문제를 최소화하고, 효율적인 자원 활용과 일정 준수를 통해 성공적인 프로젝트 완료를 도모할 수 있다.

10.3.2 분석 단계

요구 분석 단계(Requirements Analysis Phase)는 이해관계자의 요구사항을 수집하고 분석하여, 이를 명확하고 구체적인 소프트웨어 요구 사항으로 변환하는 작업이다. 여기서 설계 단계로 넘어갈 수 있는 기반을 마련한다.

1 분석 단계의 주요 업무

분석 단계에서 할 일은 [표 10.6]과 같이 요구사항 수집에서 요구사항 관리까지 요구사항에 관한 모든 일을 처리하고 문서를 작성한다.

[표 10.6] 분석 단계의 작업

순서	작업	내역
1	요구사항 수집	발주자와 이해관계자들로부터 요구사항들을 수집
2	요구사항 분석	요구사항을 분류하고 분석하여 명확하게 순서화
3	요구사항 명세화	요구사항들을 명확하게 정리하여 확인
4	검토와 승인	개발자와 사용자가 모여서 요구사항을 검토하고 승인
5	프로토타이핑	주요 기능들로 프로토타입을 만들어서 확인
6	요구사항 관리	요구사항 변경과 책임과 업무 분담 관리

(1) 요구사항 수집

요구사항 수집은 분석 단계의 시작으로 현장의 요구사항들을 수집하는 일이다. 이 과정을 소홀히 하면 시스템 배포 후에 사용을 거부당할 수도 있다. 이를 위해 다음과 같은 절차를 수행한다.

[그림 10.16]에서 프로젝트와 관련된 모든 이해관계자(고객, 사용자, 관리자 등)를 면담하고 요구사항

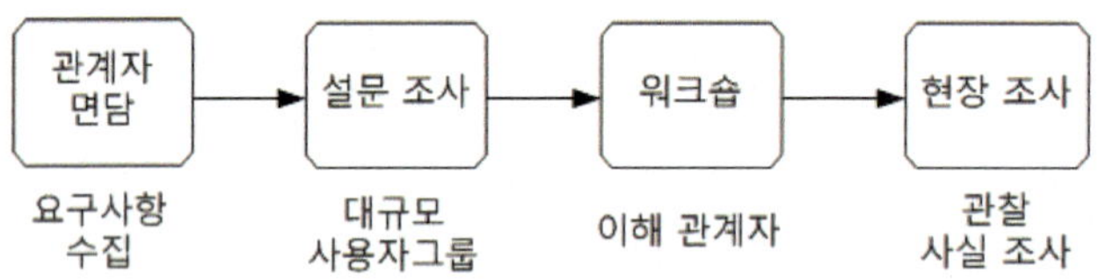

[그림 10.16] 요구사항 수집 활동

을 수집한다. 대규모 사용자 그룹의 요구사항을 수집하기 위해 설문 조사를 실시한다. 여러 이해관계자가 함께 모여 요구사항을 도출하는 워크숍을 진행한다. 현장에 가서 사용자 업무를 직접 관찰하고 숨겨진 요구사항 등 실제 사실들을 조사한다.

(2) 요구 사항 분석

요구 사항 분석은 요구사항들을 잘 분류하고 분석하여 요구 내용을 명확하게 순서화한다. 이를 위해 [그림 10.17]과 같은 분석 절차를 수행한다.

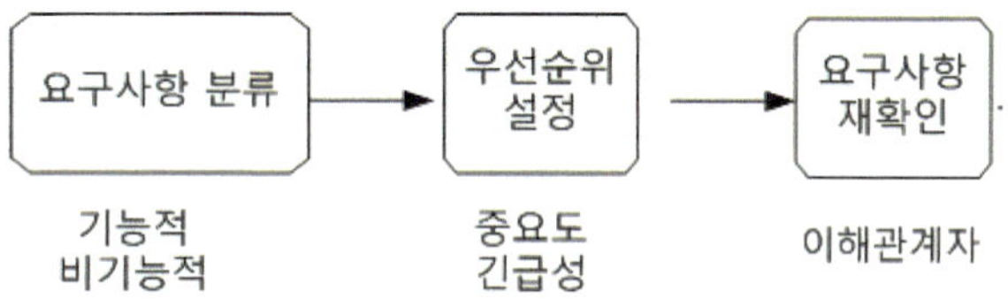

[그림 10.17] 요구사항 분석 절차

요구사항 분류에서는 수집된 요구사항을 기능적 요구 사항과 비 기능적 요구 사항으로 분류한다. 우선순위 설정은 요구사항의 중요도와 긴급성을 기준으로 우선순위를 설정한다. 명확성을 위해 모호한 요구사항들을 분명하게 하고, 불분명한 부분을 이해관계자와 재확인한다.

(3) 요구사항 명세화

요구사항 명세화는 요구사항들을 상세하게 정리하여 문제점이 없는지 파악하고 확인하는 작업이다. 이를 위해 [그림 10.18]과 같은 절차를 수행한다.

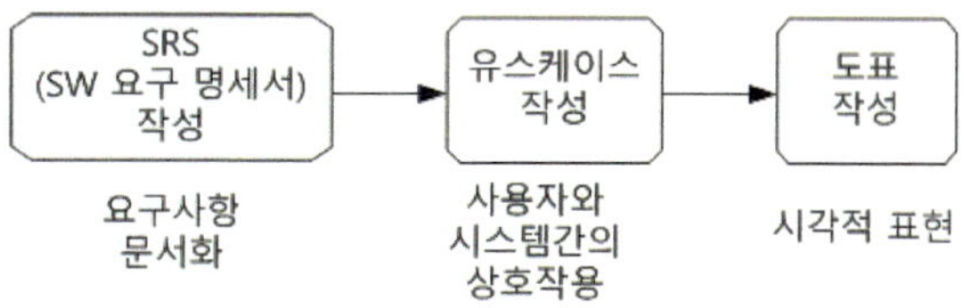

[그림 10.18] 요구사항 명세화 절차

소프트웨어 요구 명세서(SRS) 작성에서는 기능적 요구 사항과 비 기능적 요구 사항을 명확하게 문서화한다. SRS(Software Requirements Specification)는 소프트웨어 개발의 기준이 되는 중요한 문서이다.

유스케이스 작성에서는 사용자와 시스템 간의 상호작용을 구체적으로 설명하는 유스케이스를 작성한다. 유스케이스는 시나리오 기반으로 요구사항을 설명한다.

도표 작성에서는 요구사항을 시각적으로 표현하기 위해 UML 도표(유스케이스 도표, 시퀀스 도표 등)를 작성한다.

(4) 요구사항 검토와 승인

요구사항 검토와 승인은 개발 목적을 달성하기 위하여 그리고 책임 소재를 명확하게 하려고 개발자들과 사용자들이 모여서 요구사항들을 검토하고 승인을 받는다. 이를 위해 다음 절차를 수행한다. 검토 회의에서는 이해관계자와 함께 요구사항 문서를 검토하여 정확성과 완전성을 확인한다. 승인과정에서는 모든 이해관계자가 요구사항 문서에 동의하고 서명한다. 이 문서는 프로젝트의 공식적인 요구사항으로 승인된다.

(5) 프로토타이핑

개발을 시작하기 전에 주요 기능들을 대상으로 프로토타입(Prototype)을 만들어서 요구사항들이 충분히 반영되었는지를 확인한다. 이를 위해 사용자 인터페이스나 주요 기능의 초기 프로토타입을 제작하고 이해관계자의 피드백을 수집한다. 수집된 피드백을 반영하여 요구사항을 수정하고, 최종 요구사항을 확정한다.

(6) 요구사항 관리

요구사항 관리는 설계가 완성된 이후에도 요구사항들이 계속 변경될 수 있으므로 변경에 대한 책임과 업무 분담을 명확하게 관리해야 한다. 이를 위해 프로젝트 진행 중에 발생하는 요구사항 변경을 관리한다. 변경 요청을 평가하고, 변경된 요구사항을 문서화한다. 요구사항의 출처와 각 요구사항이 구현된 위치를 추적하여 요구사항의 전체 수명 주기를 관리한다.

2 분석 단계의 산출물

분석 단계에서의 산출물은 요구사항 명세서, 유스케이스 도표, 프로토타입, 요구사항 추적 매트릭스 등이다. 이를 위해 다음 문서들을 작성한다.

요구사항 명세서(SRS)는 요구사항을 체계적으로 정리한 문서로, 기능적 요구 사항과 비기능적 요구 사항을 모두 포함한다. 유스케이스 도표는 시스템과 사용자 간의 상호작용을 시각적으로 표현한 도표이다. 프로토타입은 초기 버전의 시스템이나 주요 기능을 구현한 시제품이다. 요구사항 추적 매트릭스는 요구사항과 각 요구사항의 구현 결과를 알기 쉽게 표시한 표이다.

3 분석 단계의 중요성

분석 단계에서의 중요성은 요구사항 정의, 위험 감소, 비용 절감, 이해관계자 만족도 증가 등이다. 중요성을 정리하면 다음과 같다.

요구사항 정의는 프로젝트의 성공은 명확한 요구사항 정의에 달려있기 때문에 중요하다. 잘 정의된 요구사항은 설계, 구현, 테스트 단계를 원활하게 진행할 수 있게 한다. 위험 감소란 초기 단계에서 요구사항을 명확히 함으로써 프로젝트 진행 중에 발생할 수 있는 위험을 최소화할 수 있다. 비용 절감이란 요구사항의 변경을 최소화하여 시간과 비용을 절감하는 것이다. 만족도 향상이란 이해관계자의 요구사항을 명확히 이해하고 반영함으로써 최종 제품에 대한 만족도를 높일 수 있다.

분석 단계는 프로젝트의 기초를 다지는 중요한 단계로, 철저하고 체계적인 접근이 필요하다. 이를 통해 프로젝트의 성공 가능성을 높이고, 높은 품질의 소프트웨어를 개발할 수 있다.

10.4 설계와 구현

설계 단계에서는 요구 분석 단계에서 수집된 요구사항을 기반으로 소프트웨어의 구조와 시스템 아키텍처를 구체화한다. 이 단계에서 결정된 설계는 소프트웨어의 구조를 결정하고, 향후 구현 단계에서 개발자들이 따라야 할 청사진 역할을 수행한다.

10.4.1 설계 단계의 주요 목표

설계 단계의 주요 목표는 다음과 같이 효율성, 재사용, 유지보수, 확장성 등을 확보하는 것이다.

[표 10.7] 설계 단계의 목표

순서	목표	내역
1	효율성	처리 속도, 메모리 사용량 등에서 효율 향상
2	재사용	구성 요소들을 다른 작업에서도 사용되어야!
3	유지보수	정비 시간과 비용이 적게 들어야!
4	확장성	시스템 확장이 쉬워야!

[표 10.7]에서 효율성이란 설계는 시스템의 효율성을 최대화하도록 구성되어야 하는 것이다. 이는 성능, 메모리 사용, 연산 속도 등을 포함한다. 재사용이란 잘 설계된 시스템은 그 구성 요소들을 다른 시스템이나 프로젝트에서 재사용할 수 있도록 지원해야 한다. 유지보수는 소프트웨어는 변경과 유지보수가 쉽도록 설계되어야 한다. 이를 위해 코드는 명확하고, 문서화 되어야 한다. 확장성이란 미래의 시스템 확장이 쉽도록 설계되어야 하며, 새로운 기능 추가나 성능 향상을 쉽게 할 수 있어야 한다.

10.4.2 설계 단계의 작업

설계 단계에서는 시스템 설계, 데이터베이스 설계, Ui/UX 설계, 기술 스펙 작성, 프로토타입 개발 등을 수행한다. 설계 작업은 [표 10.8]의 순서대로 진행한다.

[표 10.8] 설계 단계의 작업

작업	내역
시스템 설계	고수준 설계 : 시스템의 구성 요소와 모듈 등 전체 구조 설계.
	저수준 설계 : 개별 모듈과 컴포넌트의 내부 구조 설계
DB 설계	DB 스키마, 테이블 구조, 키, 색인 등을 설계
UI/UX 설계	와이어프레임, 목업(mockup), 프로토타입 등으로 인터페이스 설계
기술 스펙	시스템의 기술적 사양을 문서화
프로토타입	설계의 유효성 검증을 위한 프로토타입 설계

1 시스템 설계

시스템 설계는 전체 구조와 핵심 기능을 설계하는 고수준 설계와 구현을 위한 구체적인 요소들을 결정하는 저수준 설계의 2단계로 나누어 설계한다.

(1) 고수준 설계

고수준 설계(HLD, High-Level Design)는 시스템의 전체 구조를 정의한다.

이 단계에서 시스템의 주요 구성 요소와 모듈, 그리고 이들 간의 상호작용을 설계한다. 자료 흐름, 주요 아키텍처 스타일, 기술 스택 등이 이 단계에서 결정된다. 고수준 설계 작업은 [표 10.9]와 같은 순서로 진행된다.

[표 10.9] 고수준 설계 작업

작업	내역
기술 스택	사용할 언어, DB, HW 플랫폼 등을 결정
시스템 구조	시스템 전체 구조와 구성 요소 간 관계 설정
자료 흐름	시스템 안에서 자료의 이동을 정의
클래스 도표	클래스와 객체, 메서드, 관계 등을 정의
인터페이스 설계	시스템과 사용자 간의 상호작용을 정의
알고리즘 설계	주요 기능의 알고리즘을 세부 설계

- **기술 스택(Technology Stack)** : 시스템에 사용할 프로그래밍 언어, 데이터베이스, 하드웨어 플랫폼 등을 결정한다. 소프트웨어는 사용자가 직접 상호작용하는 부분을 개발하는 데 사용되는 기술들인 HTML, CSS, JavaScript 등이 있고, 서버 측에서 사용되는 Java, Python, Ruby, MySQL, MongoDB 등이 있다.
- **시스템 구조** : 시스템의 전체 구조와 주요 구성 요소 간의 관계를 설명한다. 예를 들어, 계층 모델, 클라이언트-서버 모델, 이벤트 기반 아키텍처 등이 있다.
- **자료 흐름** : 자료가 시스템 내에서 어떻게 이동하는지를 정의한다. 객체지향 설계에서는 순차 도표로 작성하는 것이 바람직하다.
- **클래스 도표** : 객체 지향 설계 단계에서 주로 사용되며, 클래스와 객체의 속성, 메서드, 관계 등을 정의하여 시스템의 구조를 설계한다.
- **인터페이스 설계** : 인터페이스 설계는 사용자와 시스템 간의 상호 작용을 정의한다. 사용자 경험 디자인(UX Design) 또는 사용자 인터페이스 디자인(UI Design)에 해당하며, 시스템의 외부와의 상호작용을 설계한다. 사용자가 시스템을 효과적으로 이해하고 사용할 수 있도록 시스템의 외부를 구성하고 설계한다.
- **알고리즘 설계** : 주요 기능을 구현할 알고리즘을 세부적으로 정의한다.

(2) 저수준 설계

저수준 설계(LLD, Low-Level Design)는 개별 모듈과 컴포넌트의 내부 구조를 정의한다. 각 모듈의 내부 논리, 자료 구조, 알고리즘 등을 상세하게 설계한다.

[표 10.10] 저수준 설계 작업

작업	내역
순차 도표	객체 간의 상호작용을 구체화
상태 도표	객체들의 생명주기 표현과 상태 간 전이 조건
클래스 도표	클래스 간의 상호작용과 세부 구현 사항
컴포넌트 도표	컴포넌트들과 그들 간의 관계
알고리즘 설계	알고리즘을 구체화하고 구현 단계 설계

클래스 도표, 순차 도표 등 UML 도표가 이 단계에서 사용될 수 있다. 저수준 설계 작업은 [표 10.10]과 같다.

순차 도표(Sequence Diagram)는 시스템 내의 객체 간의 상호 작용을 나타낸다. 저수준 설계에서는 클래스 간의 상호 작용을 더 구체적으로 나타내기 위해 사용된다. 상태 도표(State Diagram)는 상태 도표는 객체의 생명주기를 표현하고 객체가 상태 간에 전이되는 조건을 보여준다. 저수준 설계에서는 객체의 내부 상태와 상태 전이를 더 자세히 정의한다.

클래스 도표(Class Diagram)는 저수준 설계에서도 중요한 역할을 한다. 저수준 설계에서는 클래스 간의 상호 작용과 구현 세부 사항을 더 자세히 나타내기 위해 사용한다. 컴포넌트 도표(Component Diagram)는 시스템을 구성하는 컴포넌트들과 그들 간의 관계를 보여준다. 저수준 설계에서는 시스템을 더 작은 단위로 분해하고 각 컴포넌트 간의 의존성을 더 자세히 나타내는 데 사용한다.

알고리즘 설계는 알고리즘을 구체화하고 코드로 구현하는 단계의 설계를 정의한다.

2 데이터베이스 설계

요구사항을 바탕으로 데이터 모델을 설계한다. 데이터베이스 스키마, 테이블 구조, 키, 인덱스, 관계 등을 정의한다. ER(Entity-Relationship) 도표를 사용하여 데이터베이스 구조를 시각적으로 표현할 수 있다. 데이터베이스 스키마, 테이블, 관계 등을 상세하게 설계한다.

3 UI/UX 설계

사용자 인터페이스(UI)와 사용자 경험(UX)을 설계한다. 와이어프레임, 목업(mockup), 프로토타입 등을 통해 사용자 인터페이스의 레이아웃, 내비게이션, 상호작용 방식을 정의한다. 사용자 피드백을 반영하여 사용자가 쉽게 접근하고 사용할 수 있는 인터페이스를 설계한다.

4 기술 스펙 작성

시스템의 기술적 사양을 문서화한다. 여기에 사용될 프로그래밍 언어, 프레임워크, 라이브러리, API[7], 통합 방식 등이 포함된다. 사양에는 기능적 요구 사항과 비기능적 요구 사양으로 구분된다. 기능적 요구 사항은 시스템이 수행해야 할 기능과 행동을 설명한다. 예를 들어, 사용자 인증, 자료 저장과 검색, 결제 처리 등이다. 비기능적 요구사항은 시스템의 성능, 보안, 확장성, 가용성 등의 기준을 설명한다. 예를 들어, 응답 시간, 처리량, 자료 암호화, 장애 대응 등이다.

5 프로토타입 개발

중요한 기능이나 기술적 타당성을 검증하기 위해 프로토타입을 개발할 수 있다. 이를 통해 설계의 유효성을 검증하고, 잠재적인 문제점을 조기에 발견할 수 있다. 프로토타입의 유형에는 손으로 그린 화면과 인터페이스 요소를 사용하여 초기 설계를 시각화하는 페이퍼 프로토타입이 있고, 디지털 도구를 사용하여 화면의 구조와 레이아웃을 설계하는 디지털 와이어 프레임(Digital Wireframe)이 있다. 프로토타입을 시연하고 사용자와 이해관계자들로부터 피드백을 수집하여 프로토타입을 개선하고 반복적으로 갱신한다. 소프트웨어 프로토타이핑은 빠른 피드백과 반복적인 개선을 통해 최종 제품의 품질을 높이는 데 매우 유용한 과정이다.

10.4.3 설계 검증과 문서화

설계 작업이 끝나면 설계가 성공적인지 아닌지를 검증하는 작업과 문서화가 잘 진행되었는지를 확인하는 절차가 필요하다.

1 설계 검증

설계 단계에서의 검증은 주로 설계가 요구사항을 제대로 반영하고 있는지, 논리적 오류가 없는지를 확인하는 데 초점을 맞춘다. 설계 검증의 핵심은 디자인 리뷰(Design Review)로서 설계 문서, 도표, 모델 등을 검토하여 설계가 요구사항을 충족하고 있는지, 논리적 일관성이 있는지를 확인한다. 설계 단계의 결과물은 다양한 기법(예: 설계 검토, 프로토타이핑, 시뮬레이션)을 사용하여 검증한다. 이 과정을 통해

7 API(Application Program Interface) : 라이브러리에 접근하기 위한 규칙들을 정의한 것. 운영체제 API를 알면 운영체제의 다양한 기능을 활용할 수 있다.

설계가 모든 요구사항을 충족하는지, 실제 구현에 문제가 없을지를 확인한다. 설계 검증 방법은 설계 문서와 도표를 공식회의에서 검토하는 디자인 리뷰 방식이 있고, 설계자가 다다른 팀원들에게 설계를 설명하고 피드백을 받는 비공식적인 회의가 있다. 시뮬레이션 소프트웨어를 이용하여 가상 환경에서 시험하는 방법과 함께 실제로 중요한 모듈들을 시험하기도 한다.

검증을 설계와 구현에 깊은 이해를 갖고 있는 내부 팀이 수행할 수도 있고, 객관적이고 중립적인 시각을 위해서 외부 전문가들에게 의뢰할 수도 있다.

2 문서화

[표 10.11] 설계 단계의 문서화

문서 종류	내 역
요구사항 문서	요구사항을 문서화 : SW 기능을 명확하게 정의
설계 문서	시스템의 전체적인 구조와 기능을 설계
기술 문서	시스템에 적용된 기술들을 명세화
API 문서	외부 시스템과 협업을 위한 API도 문서화
사용자 안내서와 튜토리얼	사용자를 위한 매뉴얼과 시스템 사용법을 문서와

설계 단계의 문서화는 프로젝트의 설계 결정과 추진 과정을 기록하고 공유하는 과정이다. 문서화는 개발자, 디자이너, 이해관계자 및 향후 유지보수를 위해 프로젝트에 참여하는 모든 사람이 이해할 수 있도록 정보를 제공하는 데 중요한 역할을 한다. 다음은 설계 단계에서 꼭 필요한 문서들이다.

[표 10.11]에서 요구사항 문서는 프로젝트 시작부터 요구사항을 문서로 만들어 개발 목표와 기능을 명확히 정의한다. 요구사항 문서에는 시스템의 주요 기능, 사용자 요구사항, 비기능적 요구사항(성능, 보안 등), 제약 사항 등이 포함된다.

설계 문서는 시스템의 아키텍처, 구성 요소, 모듈, 인터페이스, 데이터베이스 스키마 등을 문서화한다. 설계 문서는 시스템의 전체적인 디자인과 구조를 설명하고, 개발자들이 시스템을 이해하고 구현할 수 있도록 도와준다.

기술 문서는 개발하는 시스템에 적용된 기술적인 측면을 문서로 만든 것이다. 이는 사용된 프로그래밍 언어, 프레임워크, 라이브러리, 데이터베이스 등을 포함할 수 있다. 기술 문서는 향후 유지보수를 위해 필요한 기술적인 정보를 제공하며, 새로운 개발자들이 프로젝트에 참여할 때 도움이 된다. API 문서는 만약 시스템이 외부 시스템과 상호 작용하는 API를 제공한다면, 해당 API를 문서화해야 한다.

API 문서는 API 엔드포인트, 요청 및 응답 형식, 인증 방법 등을 설명하여 외부 개발자가 API를 이해하고 사용할 수 있도록 돕는다.

사용자 안내서와 튜토리얼은 최종 사용자들이 시스템을 올바르게 사용하는 데 도움을 주는 문서이다. 사용자 매뉴얼은 시스템의 기능, 화면 및 작업 흐름 등을 설명하며, 튜토리얼은 실제로 시스템을 사용하는 방법을 보여준다.

설계 단계는 소프트웨어 개발의 성공에 결정적인 영향을 미치는 중요한 단계로, 이 단계를 통해 개발 비용과 시간을 절약하고, 최종 제품의 품질을 향상시킬 수 있다.

10.4.4 구현 단계

구현 단계는 소프트웨어 개발 과정에서 작성된 설계 문서를 바탕으로 실제 코드를 작성하고, 설계된 소프트웨어 구성 요소를 개발하는 과정이다. 이 과정에서는 프로그래머들이 설계된 시스템의 구성 요소를 구현하고, 테스트를 통해 기능의 정확성을 확인한다.

1 구현 단계의 작업

구현 단계에서는 설계 문서를 기반으로 프로그램을 코딩, 테스트, 데이터베이스 관리, 라이브러리, 버전관리, 디버깅과 최적화, 문서화 등을 수행하여 완전한 소프트웨어를 완성한다. 구현 단계의 작업은 [표 10.12]와 같다.

[표 10.12] 구현 단계의 작업

작업	내역
코딩	요구 분석과 상세설계를 기반으로 프로그램 작성
테스트	프로그램을 단위별로 테스트하고 통합하여 테스트한다.
DB 관리	데이터베이스 스키마를 설계하고 테이블을 구축
라이브러리	라이브러리와 API를 이용하여 코드 재사용
버전관리	여러 개발자가 개발할 수 있도록 버전을 관리
디버깅	프로그램의 오류를 찾아서 최적화 수행
문서화	개발자와 사용자를 위해 구현된 프로그램을 문서화

코딩 단계에서 개발자들은 설계 단계에서 작성된 상세설계 문서와 요구사항을 기반으로 소프트웨어 코드를 작성한다. 프로그래밍 언어를 사용하여 각 모듈의 기능을 구현하고, 필요한 자료 구조와 알고리즘을 구현한다. 이때, 프로젝트에 정의된 코딩 규칙과 표준을 따라 일관성 있고 읽기 쉬운 코드를 작성하는 것이 중요하다. 테스트 단계는 개발자가 작성한 코드가 올바르게 작동하는지 확인하고, 오류를 빨리 발견하고 수정하는 데 중점을 둔다. 주로 코드 수준에서의 오류를 찾아내고 수정하는 것이 목표이다. 테스트 작업은 다음과 같이 단위 시험과 통합 시험으로 구분된다.

- **단위 시험**(Unit Testing) : 각 기능이나 메서드, 클래스 등의 개별 단위를 테스트합니다. 개발자가 작성하며, 코드의 작은 부분들이 기대대로 작동하는지 확인한다.
- **통합 시험**(Integration Testing) : 단위 테스트를 통과한 모듈들이 통합되었을 때 상호 작용이 올바르게 이루어지는지를 테스트한다. 모듈 간의 인터페이스와 자료 흐름을 확인한다. 예: 데이터베이스 모듈과 사용자 인증 모듈이 함께 올바르게 작동하는지 확인한다.

구현된 코드는 테스트 되어 시스템이 기대한 대로 작동하는지 확인해야 한다. 단위 테스트, 통합 테스트 등 다양한 종류의 검사를 수행하여 코드의 오류를 발견하고 수정한다. 작은 모듈이나 구성 요소를 개발한 후, 테스트하고 이들을 큰 시스템 일부로 통합한다. 이 과정에서 인터페이스 문제나 통합 문제를 확인하고 수정한다. 기능적인 요구사항 외에도 비기능적인 요구사항(성능, 보안, 안정성 등)을 확인한다.

데이터베이스 관리 단계는 자료 관련 작업을 수행하며, 필요한 데이터베이스, 테이블, 스키마를 구축하고, 자료 통합과 이관 작업을 진행한다. 라이브러리 단계에서는 필요한 외부 라이브러리나 API를 통합하여, 기능 개발을 가속화하고 코드의 재사용을 높인다. 버전관리 단계는 코드의 버전을 관리하며, 여러 개발자가 동시에 작업할 수 있도록 돕는다. 이는 변경사항을 추적하고, 필요한 경우 이전 버전으로 돌아갈 수 있게 한다.

디버깅 단계에서는 코드의 오류를 찾아 수정하고, 성능을 최적화한다. 이 과정은 소프트웨어의 안정성과 효율성을 보장하는 데 필수적이다. 문서화 단계에서는 구현된 소프트웨어에 대한 문서화를 진행한다. 소프트웨어의 사용 방법, 기능 설명, API 문서, 코드 주석 등을 작성하여 개발자 및 사용자들이 이해하고 사용할 수 있도록 한다.

2 구현 단계의 중요성

구현 단계는 설계가 실제로 작동하는 소프트웨어로 변환되는 과정이다. 이 단계에서의 작업은 소프트웨어의 기능성, 신뢰성, 사용성에 직접적인 영향을 미치므로, 코드의 품질과 함께 개발 프로세스의 효율성이 중요하다. 잘못된 구현은 나중에 많은 유지보수 비용을 발생시킬 수 있으므로, 초기에 품질 관리에 집중하는 것이 중요하다. 결과적으로, 구현 단계는 소프트웨어 개발의 성공을 좌우하는 결정적인 단계로, 정확한 구현과 철저한 시험 통해 최종 제품의 품질을 확보해야 한다. 이는 다음 단계인 검사와 배포 단계로 원활하게 넘어가는 데 필수적인 기반을 제공한다.

10.5 검사와 배포

소프트웨어 개발 과정에서 프로그램 구현이 완성되면 구현된 것이 확실한지 검사를 하고 이상이 없으면 배포한다.

10.5.1 검사 단계

소프트웨어 개발 프로세스에서 검사 단계(Testing Phase)는 개발된 소프트웨어가 요구사항을 만족하는지, 예상치 못한 버그나 결함 없이 올바르게 작동하는지 확인하는 매우 중요한 단계이다. 이 단계는 소프트웨어의 품질을 보장하고, 최종 사용자에게 안정적인 제품을 제공하기 위해 필수적이다.

1 검사 단계의 주요 목적

검사 단계의 테스트는 소프트웨어 전체 시스템이 요구사항을 충족하는지, 기능이 예상대로 작동하는지 확인하는 데 중점을 둔다. 소프트웨어에서 오류나 결함을 찾아내어 수정한다. 사용자 관점에서의 테스트와 실제 운영 환경에서의 테스트를 포함하여 소프트웨어의 전반적인 품질을 확인한다. 운영 환경에서 발생할 수 있는 잠재적 위험을 최소화한다. 최종 사용자의 요구와 기대를 만족시키는 제품을 제공한다. 검사 작업은 다음과 같이 진행된다.

- **시스템 검사(System Testing)** : 시스템 검사는 통합된 전체 시스템이 예상대로 작동하는지를 검사한다. 기능 검사, 성능 검사, 보안 검사 등을 포함하여 시스템 전체의 동작을 검증한다. 시스템 전체가 요구사항 명세서에 따라 작동하는지 확인한다.
- **인수 검사(Acceptance Testing)** : 인수 테스트는 최종 사용자가 시스템을 테스트하여 요구사항을 충족하는지를 확인한다. 실제 운영 환경에서 테스트를 수행하며, 시스템이 실제 사용자의 기대와

요구에 맞는지 확인한다. 사용자가 시스템의 주요 기능을 실제로 사용해 보고, 모든 요구사항이 충족되는지 확인한다.

- **알파 테스트와 베타 테스트** : 알파 테스트(Alpha Test)는 개발팀 내부에서 수행하며, 베타 테스트(Beta Test)는 외부 사용자가 실제 환경에서 수행한다. 사용자 피드백을 받아 시스템의 결함을 식별하고 개선한다.

2 검사 단계의 주요 활동

검사 단계에서는 검사 계획을 수립하고 계획대로 검사를 진행하고 검사 보고서를 작성한다. 검사 계획 수립 업무는 테스트 목표를 설정하고, 테스트 자원과 일정을 계획합니다. 또한, 테스트 범위와 방법을 정의한다. 테스트 케이스 및 시나리오 작성 업무는 테스트를 수행할 구체적인 케이스와 시나리오를 작성한다. 이는 소프트웨어의 모든 기능이 올바르게 작동하는지 확인하는 데 사용한다. 테스트 수행 단계에서는 실제로 테스트 케이스를 실행하여 소프트웨어의 기능과 성능을 평가한다. 이 단계에서는 다음과 같이 다양한 종류의 테스트가 수행될 수 있다.

- **단위 테스트(Unit Testing)** : 가장 낮은 수준의 코드 구성 요소(함수, 메서드)를 검사한다.
- **통합 테스트(Integration Testing)** : 다양한 모듈이나 컴포넌트가 서로 올바르게 작동하는지 확인한다. 통합 테스트에는 다음과 같이 시스템 테스트와 인수 테스트가 있다.
  - **시스템 테스트(System Testing)** : 완성된 소프트웨어 시스템이 전체적으로 요구사항을 만족하는지 검사한다.
  - **인수 테스트(Acceptance Testing)** : 최종 사용자나 고객이 참여하여 실제 운영 환경에서 소프트웨어가 요구사항을 만족하는지 확인한다.

결과 분석 단계에서는 테스트 결과를 분석하고 문제가 발견되면 이를 문서화한다. 필요한 경우, 결함 보고서를 작성하여 개발팀에 전달한다. 결함 수정 및 재테스트 단계에서는 발견된 결함을 수정한 후, 해당 부분의 테스트를 다시 수행하여 문제가 완벽히 해결되었는지 확인한다.

3 테스트 자동화

테스트 자동화는 반복되는 테스트 작업을 자동으로 수행하게 해 주어, 테스트의 효율성과 정확성을 향상시킬 수 있다. 자동화 도구를 사용함으로써, 소프트웨어 개발 주기를 단축하고, 테스트 커버리지를 확장하며, 빈번한 배포에 대응할 수 있다. 검사 단계는 소프트웨어 개발의 중요한 부분으로, 이를 통해 고객의 신뢰를 얻고, 소프트웨어의 안정성과 신뢰성을 보장한다. 철저한 테스트는 결함이 적고 사용자 경험이 우수한 소프트웨어를 제공하는 데 결정적인 역할을 수행한다.

10.5.2 배포 단계

배포 단계는 개발된 소프트웨어를 최종 사용자 또는 운영 환경에 전달하고 설치하는 과정이다. 이 단계는 프로젝트의 마지막 단계 중 하나로, 개발된 소프트웨어가 실제로 사용되기 시작하는 중요한 시점이다. 배포 단계의 핵심은 안정적이고 원활하게 소프트웨어를 사용자에게 전달하는 것이다.

1 배포 단계의 업무

배포 단계의 업무는 배포 계획을 세우고 계획대로 배포를 추진한 후에 배포 결과를 문서를 작성하여 보고하는 것이다.

(1) 배포 계획

소프트웨어를 어떻게, 언제, 어디에 배포할 것인지에 대한 계획을 수립한다. 이 계획에는 배포 일정, 필요한 하드웨어 및 소프트웨어 요구 사항, 자원 배정, 지원 계획 등이 포함된다. 다운타임 최소화와 롤백 전략 등을 포함하여 배포의 리스크를 관리한다.

(2) 배포 준비

소프트웨어가 배포될 프로덕션 환경을 준비한다. 서버, 데이터베이스, 네트워크 구성 등을 설정하고 최적화한다. 이와 함께 최종 제품의 배포 버전을 준비한다. 소스 코드를 작업하여 실행 가능한 형태로 패키징한다. 종속성, 설정 파일, 문서화 등을 포함하여 배포 패키지를 생성한다. 이 과정에서는 테스트 결과를 기반으로 버그 수정, 최적화 및 마지막 품질 검증이 이루어진다.

(3) 배포

배포 단계((Deploy)는 준비된 배포 패키지를 프로덕션 환경에 배포한다. 가능한 경우 배포 자동화 도구(예: Jenkins, GitLab CI/CD, Ansible 등)를 사용하여 자동화하여 오류 가능성을 줄이고 효율성을 높인다. 자동화 도구는 반복적인 작업을 처리하고, 배포 시간을 단축하며, 일관된 배포 프로세스를 제공한다.

계획된 배포 전략에 따라 소프트웨어를 사용자의 시스템에 설치한다. 이는 수동 또는 자동화된 방법으로 이루어질 수 있으며, 클라우드 서비스를 이용하는 경우, 해당 플랫폼을 통해 소프트웨어가 배포된다.

2 배포 후속 작업

배포 단계는 소프트웨어가 실제 사용 환경에서의 성능과 사용자 만족도를 평가받는 중요한 시점이다. 이 단계를 통해 개발팀은 소프트웨어가 설계대로 잘 작동하는지 확인하고, 사용자 요구에 맞게 추가적인 개선을 계획할 수 있다.

(1) 검증과 피드백

검증(Verification)이란 배포가 완료되면 시스템이 올바르게 작동하는지 확인하는 것이다. 기본 기능, 성능, 보안 등을 검증하는 테스트를 수행한다. 배포 후 사용자로부터의 피드백을 수집하고, 소프트웨어의 성능을 지속적으로 관찰한다. 이 정보는 추후 업데이트나 버전 개선에 활용된다.

(2) 사용자 교육

사용자가 새로운 소프트웨어를 효과적으로 사용할 수 있도록 교육 자료와 도움말을 제공한다. 또한, 사용자의 질문이나 문제에 대응할 수 있는 지원 시스템을 마련한다. 배포 단계는 소프트웨어가 최종 사용자에게 안정적으로 전달되도록 하는 매우 중요한 과정이다. 이를 위해 철저한 계획과 준비, 자동화 도구의 활용, 모니터링 및 검증이 필요하다. 배포 단계의 효과적인 관리는 소프트웨어의 성공적인 시장 진입을 위해 필수적이며, 사용자 경험을 최적화하고 비즈니스 목표를 달성하는 데 중요한 역할을 수행한다.

10.6 프로젝트 관리

프로젝트 관리는 목표를 달성하기 위해 프로젝트를 계획하고, 조직하고, 실행하고, 모니터링하고, 종료하는 과정이다. 프로젝트 관리의 목적은 정해진 시간, 예산, 범위 내에서 프로젝트 목표를 성공적으로 달성하는 것이다. 이를 위해 여러 가지 기법과 도구가 사용됩니다. 프로젝트 관리는 프로젝트의 성공적인 완료를 보장하기 위해 필수적인 과정이다. 이 과정은 프로젝트의 범위를 정의하고, 자원을 배정하며, 시간을 관리하고, 품질을 유지하는 일련의 활동을 포함한다. 프로젝트 관리의 목표는 비용, 시간, 품질의 제약 내에서 소프트웨어를 성공적으로 개발하고 배포하는 것이다.

10.6.1 프로젝트 관리의 주요 작업

소프트웨어 프로젝트를 관리할 때 필요한 주요 작업들은 [표 10.13]과 같은 순서를 따른다.

[표 10.13] 프로젝트 관리의 주요 작업

작업	내역
계획 수립	프로젝트의 최종 목표와 목적을 명확하게 정의
일정 관리	요구 분석에 따라 작업을 세분화하고 시간 배정
자원 관리	인력, 기술, 기자재, 재정 소요를 추정하고 배정
시간 관리	관리 도구를 이용하여 일정 계획을 수립하고 시행
품질 관리	품질 관리 계획을 세우고 실행
위험 관리	예상되는 위험을 식별하고 대책 수립
소통 관리	개발자와 이해관계자들 간의 커뮤니케이션 유지
변경 관리	프로그램 수정 사항을 문서로 관리하고 통제
관리 도구	Gantt 차트, PERT 차트 등의 도구로 프로젝트를 관리

계획 수립 단계에서는 프로젝트의 최종 목표와 목적을 명확히 정의한다. 구체적이고 측정 가능하며, 달성 가능하고, 현실적인 목표를 설정한다. 프로젝트의 범위를 정의하고 문서화하여 프로젝트에서 무엇이 포함되고 제외되는지 명확히 한다. 명확한 목표와 범위 안에서 필요한 자원과 일정을 계획한다. 계획 달성을 위하여 범위 변경 요청을 철저하게 관리하고 통제한다.

일정 관리 단계는 프로젝트의 요구사항을 분석하고, 작업을 세분화하여 작업 분할 구조(WBS, Work Breakdown Structure)를 작성한다. 작업 분할 구조(WBS)를 통해 프로젝트를 구성 요소와 작업으로 나누고, 각 작업의 소요 시간을 추정하고, 프로젝트 일정을 작성한다. 자원 관리 단계는 프로젝트를 수행할 인력, 기술, 자재, 재정적 자원을 효과적으로 배정한다. 자원의 효율적 사용은 프로젝트 비용을 관리하고 일정을 준수하는 데 중요하다.

시간 관리 단계는 프로젝트의 모든 단계에서 일정을 철저히 관리한다. 갠트 차트나 크리티컬 패스 방법론(CPM[8]) 등의 도구를 사용하여 중요한 마일스톤과 전체 프로젝트 일정을 추적한다.

8 CPM(critical path method) : 프로젝트를 일정 날짜 안에 완성하고 해당 계획이 원가의 최솟값에 의해 보증되는 최적 스케

품질 관리 단계는 소프트웨어 품질을 보장하기 위해 품질 관리 계획을 수립하고 실행한다. 이는 코드 검토, 테스팅, 사용자 피드백의 통합 등을 포함할 수 있다.

위험 관리 단계는 가능한 위험을 식별하고 평가하여 이에 대응하는 전략을 개발한다. 위험 관리는 예상치 못한 문제에 신속하게 대응하고 프로젝트의 성공 가능성을 높이는 데 중요하다. 소통 관리 단계는 프로젝트팀, 이해관계자와 고객 간의 효과적인 커뮤니케이션을 유지한다. 이는 프로젝트의 변화, 진행 상황 및 문제를 모든 관련자에게 명확하게 전달하는 데 필수적이다.

변경 관리 단계는 프로젝트를 진행하는 과정에서 프로그램을 수정하는 일은 항상 있을 수 있는 일이다. 중요한 것은 변경한 사항을 잘 관리하고 문서화 하는 것이다. 변경 관리는 프로젝트를 진행하는 중에 발생할 수 있는 변경 요청을 문서로 관리한다. 변경 관리는 승인된 변경이 프로젝트의 다른 요소에 미치는 영향을 평가하고, 이를 통제하는 과정을 포함한다.

관리 도구 단계는 프로젝트 관리 도구에는 Gantt 차트, PERT 차트, Microsoft Project, Trello, Asana 등이 있으나 가장 많이 사용되는 것은 아래에 기술한 순서이다.

- Gantt 차트[9] : 프로젝트 일정을 시각적으로 표현하고, 작업 간의 관계와 진행 상황을 추적한다.
- PERT 차트[10] : 프로젝트 작업의 순서와 소요 시간을 분석하여, 일정 관리에 활용한다.
- Microsoft Project : 일정, 자원, 비용 등을 관리할 수 있는 종합적인 프로젝트 관리 도구이다.

10.6.2 프로젝트 관리의 중요성

프로젝트 관리는 소프트웨어 개발의 복잡성과 범위가 증가함에 따라 더욱 중요해지고 있다. 효과적인 프로젝트 관리를 통해 프로젝트팀은 명확한 목표를 가지고 일할 수 있으며, 프로젝트가 예산과 일정 내에 완료될 수 있도록 보장한다. 또한, 품질과 고객의 만족을 보장하며, 비용을 효과적으로 관리하고 예상치 못한 문제에 신속하게 대응할 수 있다.

줄을 구하는 관리 방법. 1957년 제안됨.

9 Gantt chart : 목적과 시간의 두 기본적 요소를 이용하여 만드는 공정관리 기법.

10 PERT(program evaluation and review technique) : 프로젝트의 달성에 필요한 전 작업을 작업 관련 내용과 순서를 기초로 하여 네트워크상으로 파악하는 공정관리 기법.

프로젝트 관리는 체계적인 접근을 통해 목표를 효율적으로 달성하는 데 필수적인 수단이다. 이를 통해 프로젝트의 성공 가능성을 높이고, 예산 및 일정을 준수하며, 품질 높은 결과물을 제공한다. 결론적으로, 소프트웨어 개발에서의 프로젝트 관리는 프로젝트의 성공을 보장하는 핵심적인 요소로, 계획, 실행, 감시, 제어 및 마감 단계를 포함하는 포괄적인 접근 방식을 요구한다.

10.7 문제점과 대책

소프트웨어 공학은 중요한데 문서화를 많이 하게 돼서 싫어하는 경향이 있다. 따라서 개발자들이 싫어하지 않도록 문서화 의식을 강화하고 편리한 방법과 대책을 마련해야 한다. 소프트웨어 공학에서 문서화는 프로젝트의 성공에 매우 중요한 역할을 한다. 문서화 과정이 번거롭고 시간이 많이 소요될 수 있지만, 장기적으로는 개발 과정을 더욱 체계적이고 효율적으로 만드는 데 도움이 된다는 것을 인식하게 한다.

1 문서화 방법 개선

다음은 문서화 과정을 개선하고, 이를 좀 더 관리하기 쉽고 효과적으로 만들 수 있는 [표 10.14]와 같은 방법을 도입하는 것이 바람직하다.

[표 10.14] 문서화 방법 개선

개선안	내역
도구 사용	문서화를 자동화해주는 도구 사용
점진적 방식	작은 단위로 문서화를 나누어 추진
템플릿 사용	문서 형식을 만들어서 채우는 방식으로 추진
협업 강화	문서 작업을 팀 전체의 공동 작업으로 추진
인식 강화	문서화 결과의 경제적 효과 인식

도구 사용 측면에서 현대의 소프트웨어 개발 도구는 문서화 과정을 자동화하고 통합하는 기능을 제공한다. 예를 들어, 코드 내에 주석을 추가하면 자동으로 API 문서를 생성해주는 도구를 사용할 수 있다. 이러한 도구들은 문서화의 부담을 줄이고 일관성을 유지하는 데 도움이 된다. 점진적 방식이란 개발 과정에서 바로 문서화 작업을 하면, 큰 부담이 되는 것을 피할 수 있다. 즉, 작은 단위로 문서화 작업을 진행하면 전체적인 부담이 줄어들고, 정보가 누락 되는 것을 방지할 수 있다.

템플릿은 일관된 문서 형식을 유지하는 측면에서 중요하다. 템플릿을 사용하면 문서화 과정에서 필요한 요소를 빠뜨리지 않고, 시간도 절약할 수 있습니다. 팀 내에서 문서 템플릿을 공유하여 사용하면 더욱더 효과적이다.

협업 강화란 문서화 과정을 팀 전체의 책임으로 만든다. 모든 팀원이 문서화 과정에 참여하면, 한 사람에게 부담이 집중되는 것을 방지할 수 있다. 또한, 피어리뷰를 통해 문서의 품질을 검증하고 개선할 수 있다.

인식 강화란 문서화의 중요성을 팀 내에서 강조한다. 좋은 문서는 유지보수 시간을 단축시키고, 새로운 팀원이 프로젝트에 빠르게 적응하는 데 도움을 줄 수 있다. 문서화 작업이 프로젝트의 성공에 기여하는 방법을 인식하면, 이 작업에 대한 동기 부여가 될 수 있다. 이상과 같이 문서화를 효율적으로 관리하면, 소프트웨어 개발 과정에서의 부담을 줄이고 프로젝트의 성공 가능성을 높일 수 있다.

2 문서화 대책 : 템플릿

템플릿(template)을 사용한다는 것은 소프트웨어 개발이나 문서 작업에서 일정한 형식이나 구조를 미리 정해 놓고, 그것을 기반으로 일관되게 내용을 채워 넣는 방식을 의미한다. 템플릿은 반복적인 작업을 효율적으로 처리할 수 있게 도와주는 형식의 틀이다. 탬플릿이 적용되면 문서화에서 [표 10.15]와 같은 이점을 제공한다.

[표 10.15] 템플릿 문서화의 장점

장점	내역
일관성	문서들이 같은 형식 유지하므로 가독성과 작성용이
시간 절약	새로운 문서 작성용이, 개발 시간 단축
오류 감소	문서화의 필수 내용 점검과 확인용이
협업 증대	문서 형식과 내용에 대한 이해가 넓어짐

템플릿을 사용하면 일관성 측면에서 모든 문서가 같은 형식을 따르기 때문에 전문성을 높이고, 문서 간의 일관성을 유지할 수 있다. 이것은 문서를 읽고 이해하는 데 도움을 준다. 템플릿을 사용하면 기본적인 구조가 미리 설정되어 있기 때문에, 새로운 문서를 작성할 때 매번 형식을 만드는 데 시간을 들일 필요가 없다. 필요한 내용을 탬플릿에 맞추어 채우기만 하면 된다. 동일한 템플릿을 사용하면, 필수적인 항목이 빠지는 것을 방지할 수 있다. 탬플릿에는 필요한 모든 섹션과 필드가 포함되어 있어, 중요한 정보를

빠트리지 않고 문서화할 수 있다. 모든 팀원이 같은 문서 템플릿을 사용함으로써, 팀 내에서 문서의 형식과 내용에 대한 이해가 좁혀진다. 이는 협업을 더욱 원활하게 만든다. 이러한 템플릿을 미리 준비해 두고 필요할 때마다 활용함으로써, 문서 작업의 효율성과 정확성을 높일 수 있다.

연습문제

1. 소프트웨어 공학을 정의하시오.
2. 소프트웨어 개발 생명주기를 설명하시오.
3. 소프트웨어 개발 생명주기에서 가장 어려운 일부터 순서대로 기술하고 그 이유를 설명하시오.
4. 소프트웨어 공학의 목표를 설명하시오.
5. 소프트웨어 개발 모델에 대해 설명하시오.
6. 주먹구구식 모델의 장점과 단점을 설명하시오.
7. 폭포수 모델의 장단점을 비교하시오.
8. V-모델의 장단점을 비교하시오.
9. 점진적 개발의 장단점을 비교하고 가장 적합한 응용 분야를 찾아보시오.
10. 반복적 개발의 장단점을 비교하고 가장 적합한 응용 분야를 찾아보시오.
11. 민첩한 방법론의 장단점을 비교하고 가장 적합한 응용 분야를 찾아보시오.
12. 소프트웨어 개발 모델 중에서 가장 마음에 드는 것을 추천하고 이유를 설명하시오.
13. 대표적인 소프트웨어 설계 도구에 관해 설명하시오.
14. UML의 특징과 장점을 설명하시오.
15. UML의 구조와 기능을 설명하시오.
16. UML이 중요한 이유를 설명하시오.
17. 액터와 유스케이스의 관계를 설명하시오.

연습문제

18. 계획 단계의 주요 업무를 설명하시오.

19. 분석 단계의 주요 업무를 설명하시오.

20. 설계 단계의 주요 업무를 설명하시오.

21. 고수준 설계와 저수준 설계의 차이점을 설명하시오.

22. 고수준 설계 작업의 내용을 설명하시오.

23. 저수준 설계 작업의 내용을 설명하시오.

24. 설계 단계에서 검증 방법을 설명하시오.

25. 설계 단계의 문서화에 대해 설명하시오.

26. 구현 단계의 주요 업무를 설명하시오.

27. 검사 단계의 작업을 설명하시오.

28. 구현 단계의 테스트와 검사 단계의 테스트 차이점을 설명하시오.

29. 배포 단계의 작업을 설명하시오.

30. 배포 후속 작업에 대해 설명하시오.

31. 프로젝트 관리의 주요 작업을 설명하시오.

32. 문서화의 중요성을 설명하시오.

33. 탬플릿의 목적을 설명하시오.

34. 문서화 대책을 설명하시오.

CHAPTER 11

문명과 기술

인류의 문명은 유사 이전부터 끊임없이 발전해왔다. 인류 문명의 가장 큰 원동력은 기술력이다. 맨손으로 살아가던 인류가 간단한 도구를 사용하다가 점점 복잡한 도구를 사용하면서 문명이 발달하고 삶의 질이 개선되기 시작한 것이다. 석기시대에 석제 농기구를 사용하다가 철기시대에 철제 농기구를 사용하면서 농업 생산성이 대폭 향상되었고 농경지에서 정착 생활을 할 수 있었다. 금속 가공 기술이 인류의 문명을 수렵 문명에서 농경 문명으로 바꾸었듯이 증기기관 같은 기계 기술의 발전은 농업 문명을 산업 문명으로 바꾸었고, 컴퓨터 기술의 발전은 정보 문명을 몰고 왔다. 기술이 인류의 문명을 전환시키고 있다. 지금 불고 있는 인공지능 기술은 인류를 새로운 문명사회로 변환시킬 것이다.

11.1 문명의 전환

현대인들은 세상이 너무 빠르게 변하기 때문에 적응하기 힘들다고 한다. 고속버스를 타려면 예약을 해야 하는데 스마트폰에 익숙하지 않은 사람들은 디지털에 약해서 예약을 못 한다. 그래서 버스 터미널에 가서 빈자리가 나오기만 기다린다고 한다. 휴게소에서 식사하려고 해도 터치스크린에서 주문해야 하는데 서툴러서 고생한다. 온누리 상품권을 신용카드로 구매하면 10~15% 절약할 수 있는데 인증을 하지 못해서 사용하지 못하는 사람들이 있다. 학교, 행정기관, 병원 등에서 모든 일이 디지털로 이루어지기 때문에 적지 않은 사람들이 어려움을 겪고 있다.

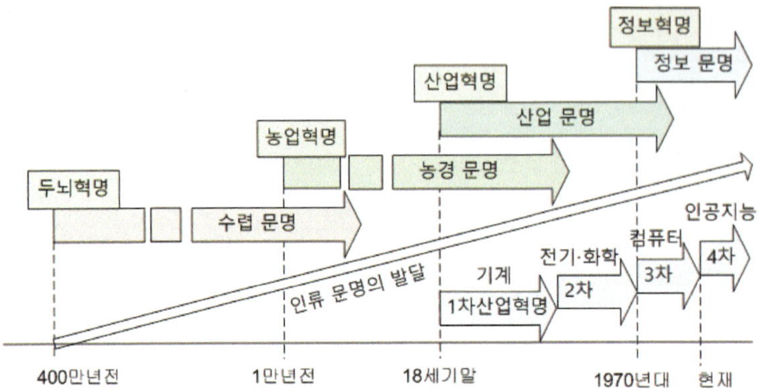

[그림 11.1] 문명과 산업혁명의 전환기

세상이 너무 빨리 변하는 이유는 현재 시점이 인류의 4대 문명 변환기와 4차 산업혁명 변환기라는 두 가지 변환기에 맞물려 있기 때문이다. [그림 11.1]과 같이 약 400만 년 전에 인류의 두뇌는 약 1,000CC에서 1,500CC 이상으로 확대되면서 지능이 비약적으로 발달하였다. 그 이유는 인류가 불을 사용함으로써 음식을 익혀 먹었기 때문에 소화에 드는 에너지가 절약되어 두뇌로 사용되었을 것이다. 약 1만 년 전에는 농업혁명이 일어나서 농경지에 정착을 시작해서 농경문화를 이루기 시작했다. 이것은 석기의 사용과 금속의 사용으로 더욱 발전하였을 것이다. 18세기 말에 영국에서 산업혁명이 일어나서 기계 문명이 발전하기 시작했다. 1970년대에는 컴퓨터가 발명되어 정보 혁명이 일어났으므로 기계가 육체적인 노동뿐만 아니라 정신적인 노동에도 참여하기 시작하였다.

T·I·P 앨빈 토플러의 제3의 물결

미국의 문명 평론가 앨빈 토플러[1]는 인류의 문명을 [그림 11.2]와 같이 3개의 물결로 보았다.

제1의 물결은 인류가 농업혁명을 일으켜서 농업 문명을 일으켰다고 보았다. 인류가 신석기 시대를 거치면서 돌로 만든 농기구를 이용하여 농업혁명을 일으켜서 수렵 시대를 마감하고 농업 시대로 전환 시켰다.

제2의 물결은 증기기관을 발명하여 산업혁명을 일으킨 것이다. 산업혁명은 농부들을 공장 근로자로 바꾸었다. 석탄과 석유가 에너지의 중심이 되었고 공업화는 대도시를 만들어냈다.

제3의 물결은 컴퓨터의 발명으로 정보 혁명을 이루어 정보사회로 바뀐 것이다. 세계는 지식 정보사회로 접어들어 지식이 사회의 중심으로 이동하게 되었다.

앨빈 토플러는 정보 문명과 3차 산업혁명을 언급하였으나 인공지능 혁명에 대해서는 언급하지 않았다.

인류는 현재 산업 문명에서 정보 문명으로 전환되는 문명 전환 시기에 살고 있다. 동시에 4차 산업혁명이 일어나서 인공지능이라고 하는 전대미문의 혁명을 동시에 마주하고 있다. 약 50년 전에 일어난 정보 혁명에 적응하고 있는 상황에서 인공지능 혁명까지 마주하고 있기 때문에 세상의 빠른 변화를 실감하고 있는 것이다.

1 Alvin Toffler(1928~2016) : 미국의 미래학자. 미래의 충격(1970).

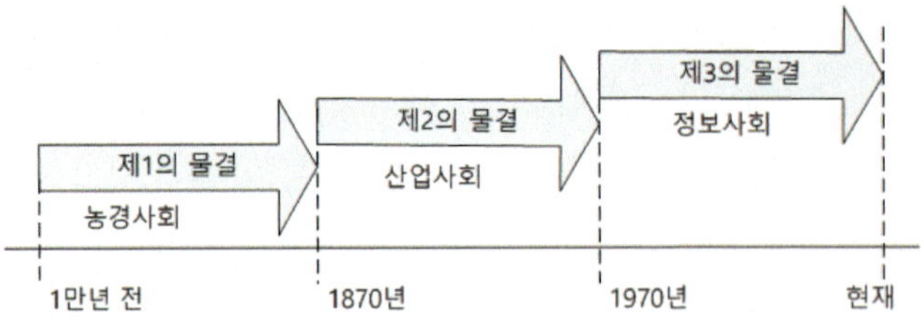

[그림 11.2] 앨빈 토플어의 제3의 물결

[표 11.1] 미국의 2024년 초 주식 시가총액 10위

순위	기 업	시총(억$)	비고
1	Apple	29,940	IT
2	Microsoft	27,950	IT
3	Alphabet	1,756	IT
4	Amazon	15,700	IT
5	NVIDIA	12,230	IT
6	Meta	9,100	IT
7	Tesla	7,900	전기차
8	Berkshire Hathaway	7,770	투자
9	Eli Lilly	5,530	제약
10	TSMC	5,390	대만 반도체

출처 : Bloomberg

[표 11.1]은 2024년 초에 발표된 미국의 주식 시가총액 10위까지의 목록이다. 놀라운 점은 10개 회사 중에서 7개 회사가 IT 대기업이며, 이 중에서 4위까지는 변하지 않는다는 것이다. 나머지 3개 회사 중에서 하나는 Tesla 전기차이므로 이 회사도 IT 성격이 크다. 나머지는 투자회사와 비만 약을 생산하는 제약회사이다.

또 하나 눈길을 끄는 것은 대만의 반도체 회사 TSMC가 역사상 처음으로 10위에 올랐다는 것이다. 이것은 정보 문명의 전환기와 인공지능 혁명의 와중에서 나타난 사실이라는 점이다. 인류의 문명이 수렵 문명에서 농경 문명, 산업 문명, 정보 문명 등으로 전환된 것은 혁명적인 기술의 발전이 있었기 때문이고, 산업혁명이 4차까지 전진한 것도 모두 기술력이 원천이었다. [표 11.1]과 같이 현대 사회를 이끌어가는 것은 IT 대기업들이다. 기술력이 있어야 경제력을 키울 수 있고, 기술력이 있어야 첨단 무기로 국방력을 키울 수 있다. 기술력이 바로 국력의 기반이다.

11.2 가상현실과 메타버스

가상현실은 컴퓨터가 보급된 1960대 이후에 헤드 마운트 디스플레이(HMD)를 사용하면서 컴퓨터 안에서 몰입하는 체험으로 시작되었고, 증강현실은 1990년대에 미국 공군의 기계적 작업을 보조하기 위해 시작되었다. 이들 두 가지는 서로 다른 목적으로 발전하고 있지만 서로 융합하면서 협력하고 있다. 혼합현실은 가상현실과 증강현실을 결합한 기술이다. 메타버스는 현실 세계와 같은 사회, 경제, 문화 활동이 이뤄지는 3차원 가상 세계를 일컫는 말이다. 메타버스는 가상현실, 증강현실, 혼합현실 등의 기술이 융합하여 만든 새로운 세상이다.

11.2.1 가상현실

가상현실(VR, Virtual Reality)은 컴퓨터 기술을 이용하여 실제와 유사한 가상의 환경을 만들어내는 기술이다. 사용자가 그 가상 환경에서 실제와 비슷한 체험을 할 수 있다. 이 환경은 컴퓨터 기술을 사용하여 생성되며, 사용자는 특별히 설계된 헤드셋, 손잡이, 특수복 등을 사용하여 이 환경과 상호 작용한다. 모의실험(simulation)이 가상 환경에서 현실과 유사한 물체를 대상으로 실험을 하는 것이라면 가상현실은 가상 환경에서 가상적인 물체를 대상으로 사람이 체험하는 것이다. 가상현실의 대표적인 사례는 FMS(Flight Management System), Phoenix 등의 항공기 비행 실험 프로그램이다.

1 가상현실을 위한 환경

가상현실이 가능하게 된 것은 컴퓨터 관련 장비가 발달하여 입체적인 공간 안에서 가상 이미지를 만들 수 있었고, 가상 이미지를 조작할 수 있는 소프트웨어를 만들 수 있었기 때문이다. 가상현실의 동작 원리는 헤드셋 등의 다양한 하드웨어와 소프트웨어의 융합에 있다.

(1) 헤드셋

가상현실을 경험하기 위한 가장 중요한 장비이다. 헤드셋은 [그림 11.3]과 같이 착용하면 사용자의 눈앞에 고해상도 스크린을 제공하며, 사용자의 시각을 외부와 차단하고, 마이크와 스테레오 스피커와 여러 가지 센서를 장착하여 정보를 공유한다. 머리 움직임을 추적하여 시야를 조정해준다. 헤드셋에 스마트폰을 탑재해 스마트폰 패널을 활용하는 기기를 다이브(dive)라고 부른다.

[그림 11.3] HMD, Head Mount Display

(2) 입력 장치

장비를 조종할 수 있는 조이스틱, 장비의 움직임을 제어하는 모션 컨트롤러, 손의 반응을 감지하기 위한 자료 장갑, 위치를 인식할 수 있는 웨어러블 위치 센서 등 다양한 입력 장치들이 사용될 수 있다. 이런 장치들이 사용자의 몸동작과 행동을 가상 환경에 전달한다.

(3) 오디오 시스템

3D 오디오를 통해 현실감을 더하며, 방향과 거리에 따른 소리 변화를 구현해준다.

(4) 가상현실 동작 원리

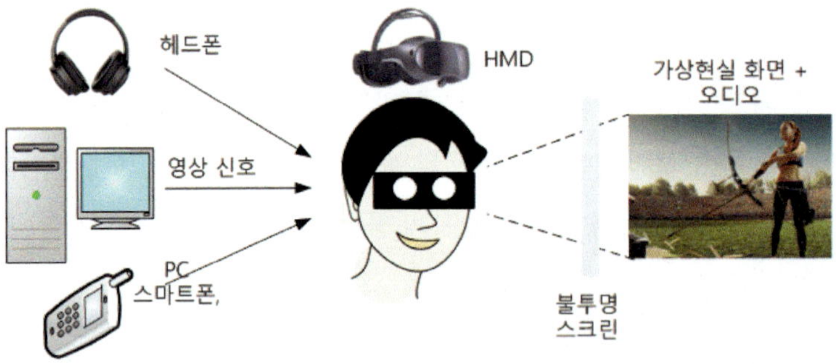

[그림 11.4] 가상현실의 동작 원리

가상현실의 동작 원리는 [그림 11.4]와 같이 입체적 오디오와 컴퓨터나 휴대폰에서 오는 영상을 입력받아서 사용자가 HMD를 머리에 쓰고 화면을 본다. HMD 스크린은 불투명해서 현실 세계를 가리고 가상 영상을 제공한다. 가상 영상은 3차원으로 만들어진 영상이므로 사용자는 3차원 영화를 보는 것과 같다.

2 가상현실의 활용 분야

가상현실은 컴퓨터 기술이 발전함에 따라 활용 분야가 계속 확장되고 있다. 특히 인공지능이 발전하면서 과거에는 상상만 했던 일이 다음과 같이 현실로 나타나고 있다.

- **엔터테인먼트** : 가상현실이 가장 먼저 도입된 분야가 게임이다. 입체적으로 구성된 화면 속에 게임을 하는 사람이 들어가서 게임의 주인공이 되어 문제를 해결하는 것이다. 가상현실은 게임에서 사용자에게 몰입감을 주는 경험을 제공한다. 사용자는 가상 세계에서 직접 모험을 경험하고, 다양한 활동을 할 수 있다.
- **교육과 훈련** : 복잡한 수술 절차, 비행 시뮬레이션 훈련 등 실제와 같은 환경에서 훈련이 가능하다. 이를 통해 위험한 상황이나 접근하기 어려운 기술을 안전하게 연습할 수 있다. 항공기 운전 교육과 전투기의 전투 훈련은 시뮬레이터를 충분히 경험한 후에 실제 항공기와 전투기에서 훈련할 수 있게 되었다.
- **부동산과 건축** : 건축물의 설계도를 입력하면 가상현실이 제작되는 소프트웨어가 개발되었다. 실제 건물이 지어지기 전에 가상 환경에서 건물의 내부와 외부를 둘러보고 평가할 수 있어, 설계 변경이 필요한 부분을 미리 파악하고 조정할 수 있다.
- **심리 치료** : 공포증, PTSD[2], 중독 치료 등에 사용되어 환자가 제어된 환경에서 점진적으로 자신의 문제를 극복할 수 있도록 도와준다. 가상현실이 도움이 되는 이유는 환자에게 현실처럼 느낄 수 있는 환경을 제공할 수 있고, 안전하게 힘든 상황을 반복적으로 재현할 수 있고, 환자 상태에 따라 맞춤형 치료가 가능하고, 객관적인 피드백을 줄 수 있기 때문이다.

가상현실은 다양한 분야에서 그 활용도가 증가하고 있으며, 향후 더욱 발전할 기술의 하나로 평가받고 있다. 이 기술은 특히 사용자의 경험을 확장 시키고, 실제로는 접근하기 어려운 환경이나 상황을 안전

2 PTSD(post traumatic stress disorder) : 외상 후 스트레스 장애. 사람이 충격적인 사건을 경험한 후 발생할 수 있는 정신과 신체 증상들로 이루어진 증후군.

하고 효과적으로 체험 할 수 있는 방법을 제공한다.

11.2.2 증강현실

가상현실은 자신과 배경과 환경이 모두 현실이 아닌 가상의 이미지를 사용한다. 반면에 증강현실(AR, Augmented Reality)은 현실의 이미지나 배경에 3차원 가상 이미지를 겹쳐서 하나의 영상으로 보여주는 기술이다. 사용자는 증강현실 기기를 통해 현실 세계를 볼 수 있으며, 그 위에 컴퓨터로 생성된 이미지나 정보가 추가되어 현실과 가상이 혼합된 환경을 경험하게 된다. 비행기 제조사인 '보잉' 사에서 1990년경 비행기 조립 과정에 가상의 이미지를 첨가하면서 '증강현실'이 처음으로 세상에 소개되었다.

증강현실은 다양한 분야에서 활용된다. 예를 들어, 게임 산업에서는 포켓몬 고(Pokémon GO)[3]와 같은 모바일 게임에서 실제 환경에 가상의 캐릭터를 배치해 플레이어가 실제 세계를 탐험하도록 한다. 교육 분야에서는 복잡한 과학적 개념이나 역사적 장소를 가상으로 재현해 학습 효과를 높일 수 있다. 또한 의료 분야에서는 수술을 진행할 때 실시간으로 환자의 체내 정보를 보여 주어 수술의 정확성을 높이는 데 사용할 수 있다.

증강현실 기술은 감지, 처리, 표현 등 [그림 11.5]와 같이 세 가지 요소로 나눌 수 있다.

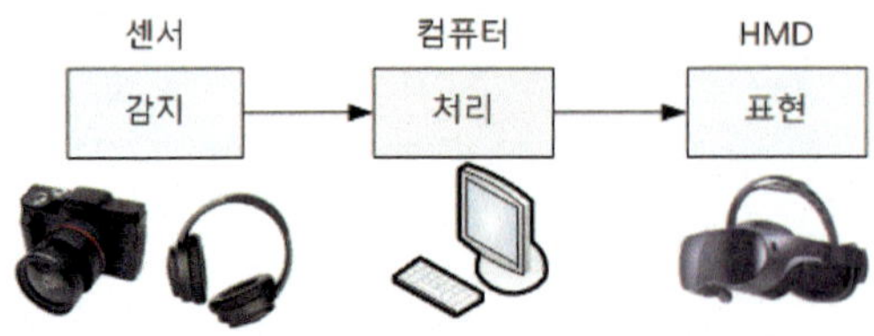

[그림 11.5] 증강현실 장비

카메라나 센서를 이용하여 사용자의 주변 환경과 상호작용을 감지한다. 감지된 정보를 기반으로 필요한 가상의 객체나 자료를 생성하고, 이를 어떻게 표현할지를 결정한다. 스마트폰, 태블릿, 증강현실 안경 등의 장치를 통해 현실 세계에 가상 정보를 투영시키는 것으로 표현한다. 증강현실과 가상현실은 서로 비슷하게 보이지만 그 주체가 허상이냐 실상이냐에 따라 명확히 구분된다. 컴퓨터 게임의 예를 들면, 가상현실 격투 게임은 '나를 대신하는 캐릭터'가 '가상의 공간'에서 '가상의 적'과 대결하지만, 증강현실

3 Pokémon GO : 2016년에 Niantic Labs에서 출시한 위치기반 증강현실 모바일 게임.

격투 게임은 '현실의 내'가 '현실의 공간'에서 가상의 적과 대결을 벌이는 형태가 된다. 이런 이유로 인하여 증강현실이 가상현실에 비해 현실감이 뛰어나다고 할 수 있다. 증강현실은 사용자에게 더욱 풍부하고 상호작용적인 경험을 제공하여, 일상생활 및 전문적인 작업에서 새로운 방식의 접근을 가능하게 하는 혁신적인 기술이다.

1 가상현실과 증강현실의 관계

가상현실(VR, Virtual Reality)과 증강현실(AR, Augmented Reality)은 서로 밀접한 관련이 있지만, 기술적으로 다른 방식으로 현실을 확장한다. 이 두 기술은 혼합현실(MR, Mixed Reality)의 스펙트럼에 포함되며, 각각 사용자에게 제공하는 경험의 차이를 통해 구분됩니다.

(1) 가상현실

가상현실(VR)은 사용자를 가상 환경으로 몰입시키는 기술이다. 사용자는 가상현실 헤드셋을 착용하고 모든 시각적, 때로는 청각적 요소가 컴퓨터로 생성된 가상 세계에 의해 대체되는 경험을 체험한다. 가상현실은 현실 세계와의 모든 연결을 차단하며, 사용자가 가상의 환경 안에서 완전히 다른 현실을 경험하게 해준다.

(2) 증강현실

증강현실(AR)은 현실 세계에 디지털 정보를 '추가'하는 기술이다. 사용자는 여전히 현실 세계를 볼 수 있으며, 그 위에 가상의 이미지, 텍스트, 자료가 겹쳐진다. 이것은 스마트폰, 태블릿, 증강현실 전용 안경 등 다양한 장치를 통해 실행될 수 있다. 증강현실은 현실 세계를 기반으로 추가 정보를 제공함으로써 사용자의 현실 경험을 향상시킨다. 가상현실과 증강현실의 관계와 상호작용하고 있다.

가상현실과 증강현실은 혼합현실의 양 끝에 위치한다. 가상현실은 가상 콘텐츠에 더욱 집중하는 반면, 증강현실은 현실 세계와 가상 콘텐츠의 통합에 중점을 둔다. 일부 기술은 가상현실과 증강현실의 경계를 모호하게 만든다. 예를 들어, 일부 증강현실 플랫폼은 사용자가 가상 객체와 상호 작용할 수 있도록 하는 동시에 가상현실과 같이 몰입감 있는 경험을 제공할 수 있다.

두 기술은 교육, 엔터테인먼트, 의료, 건축 등 다양한 분야에서 서로 보완적으로 사용될 수 있다. 예를 들어, 의료 훈련에서는 가상현실을 사용하여 완벽히 통제된 환경에서 수술 절차를 연습할 수 있으며, 증강현실을 사용하여 실제 수술 중에 실시간 데이터를 제공할 수 있다. 전투기 조종사의 앞 유리창에 적군 전투기의 제원과 비행 상태를 보여주는 것도 증강현실 기술이다.

이러한 차이점과 상호작용을 통해 가상현실과 증강현실은 사용자에게 현실을 넘어서는 새로운 방식의 경험과 상호작용을 제공하며, 미래 기술 발전에 중요한 역할을 하고 있다.

11.2.3 혼합현실

혼합현실(MR, Mixed Reality)은 현실 세계에 가상현실(VR)을 접목하여 현실의 물리적 객체와 가상의 객체가 상호 작용하는 기술이다. 가상현실과 증강현실의 특성을 결합한 기술이다. 혼합현실은 현실을 기반으로 가상 정보를 부가하는 증강현실과 가상 환경에 현실 정보를 부가하는 증강 가상(AV, Augmented Virtuality)의 의미를 포함한다. 즉, 현실과 가상이 자연스럽게 연결된 스마트 환경을 제공하여 사용자는 풍부한 체험을 할 수 있다. 실례를 들면, 사용자의 손바닥에 놓인 가상의 애완동물과 교감한다거나, 현실의 방 안에 가상의 게임 환경을 구축해 게임을 할 수 있다. 또 집안의 가구를 가상으로 재배치해 본다거나, 원격에 있는 사람들이 함께 모여 함께 작업하는 듯한 환경을 구축할 수 있다.

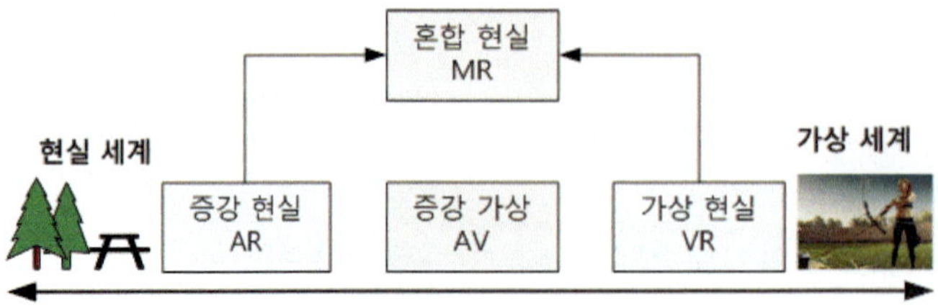

[그림 11.6] 혼합현실의 구성

[그림 11.6]과 같이 가상 세계를 현실에서 구현하면 가상현실(VR)이 되고, 현실 세계에 가상현실을 추가하면 증강현실(AR)이 되고, 가상현실에 현실을 추가하면 증강가랑(AV)이 되고, 증강현실과 가상현실을 통합하면 혼합현실(MR)이 된다.

이 기술은 사용자가 실제 세계와 가상 객체들이 상호 작용하는 새로운 환경을 경험하게 해주며, 물리적 및 디지털 객체가 공존하고 상호 작용할 수 있는 공간을 생성해준다. 가상현실의 각 현실과의 개념적 차이는 [표 11.2]와 같다.

[표 11.2] 가상현실의 개념 구분

구분	내용
가상현실	가상의 3차원 공간에서 사용자가 참여하여 경험하는 기술
증강현실	현실 세계에 가상현실을 추가하여 활용하는 기술
증강 가상	가상현실에 현실을 추가하여 활용하는 기술
혼합현실	실제 세계가 가상 객체들과 상호작용하는 기술

1 혼합현실의 주요 특징

혼합현실의 특징은 상호작용, 실시간 통합, 확장된 현실 등으로 다음과 같다.

[표 11.3]의 상호작용이란 사용자는 가상 객체를 실제 세계에서 볼 수뿐만 아니라, 이 객체들과 상호작용할 수 있다는 것이다. 예를 들어, 가상의 도구를 사용하여 실제 벽에 구멍을 뚫거나, 가상의 가구를 실제 공간에 배치해 볼 수 있다.

[표 11.3] 혼합현실의 특징

특 징	비 고
상호작용	실제 세계에서 가상 객체와 상호작용
실시간 통합	실시간으로 실제 환경과 가상 환경을 통합
확장된 현실	현실에서 가상 세계를 넘나든다.

실시간 통합이란 혼합현실은 실시간으로 물리적 환경과 가상 환경을 통합한다는 것이다. 이는 매우 정교한 추적 기술과 센서를 필요로 하며, 사용자의 움직임과 환경 변화에 따라 가상 콘텐츠가 즉각적으로 반응하도록 한다. 확장된 현실이란 혼합현실은 때로 확장된 현실(XR, Extended Reality)로 불리기도 하는데, 이것은 현실과 가상을 넘나드는 모든 기술을 포괄하는 용어이다.

혼합현실을 구현하기 위해서는 고급 컴퓨터 비전, 인공지능, 디스플레이 기술, 그리고 센서 기술이 필요하다. 이러한 기술은 사용자와 환경의 복잡한 상호작용을 파악하고 처리하는 데 사용된다. 대표적인 예로, 마이크로소프트의 홀로렌즈(HoloLens[4])가 있으며, 이는 사용자의 머리를 착용하는 형태의 장치로, 실제 환경에 3D 가상 객체를 투영한다.

2 혼합현실의 응용

혼합현실을 응용할 수 있는 분야는 아래와 같이 교육, 의료, 엔터테인먼트, 산업 설계 등으로 계속 응용 분야가 확장되고 있다. 교육 분야에서는 복잡한 기계의 작동 방법을 학습하거나, 역사적 사건을 재현하는 데 사용될 수 있다. 의료 분야에서는 수술 계획 해부 및 훈련, 환자 교육 등에 활용될 수 있다. 엔터테인먼트 분야에서는 게임이나 오락 등 인터랙티브 미디어에서 현실적인 상호 작용을 제공한다. 산업 설계 분야에서는 복잡한 제품 설계와 시뮬레이션에 사용되어, 실제 조건에서의 성능을 예측하고 검증한다. 혼합현실은 이와 같이 다양한 분야에서 현실과 가상의 경계를 허물면서 새로운 유형의 사용자 경험을 제공하고 있다. 이 기술은 향후 더욱 발전하여 우리 생활에 깊숙이 통합될 잠재력을 가지고 있다.

11.2.4 메타버스

메타버스(Metaverse)는 사람들이 가상 세계에서 상호작용하고, 경제 활동을 하며, 다양한 경험을 공유할 수 있는 디지털 세계이다. 메타버스는 단순한 가상공간 이상의 개념으로, 현실 세계와 가상 세계가 융합된 형태라고 볼 수 있다. 메타버스 내에서는 아바타를 통해 다른 사용자와 소통하고, 게임을 하고, 가상 쇼핑을 하고, 회의를 할 수도 있다. 메타버스는 인터넷의 발전된 형태로 볼 수 있으며, 가상현실, 증강현실(AR), 인공지능(AI) 등의 기술이 결합한 환경이다. 이 용어는 원래 1992년 닐 스티븐슨의 소설 "스노 크래시"에서 처음 등장했으며, 인터넷 기반의 3차원 가상공간을 지칭하는 데 사용되었다. 메타버스는 '추상', '초월' 등을 뜻하는 '메타'(meta)와 우주를 뜻하는 '유니버스'(universe)의 합성어이다. 메타버스는 현실에서 가능한 사회, 경제, 교육, 문화, 과학 기술 활동을 아바타(avatar)를 통하여 할 수 있도록 지원하는 가상의 3차원 공간 플랫폼이다. 다른 의미로는 현실 세계와 가상 세계가 융합된 세계라는 뜻으로, '확장 가상 세계'라고도 한다. 오늘날 메타버스는 단순한 가상현실 환경을 넘어서, 게임을 하거나, 사회적 상호작용을 하거나, 업무나 교육할 때 다양한 활동을 할 수 있는 상호 연결된 디지털 환경을 의미한다.

---

4 Hololens : 머리에 쓰는 디스플레이 장치로 MS의 '윈도우10' 전용이다. 컴퓨터 그래픽이 만드는 영상을 디스플레이에서 볼 수 있는 증강현실 기기. 모니터 안에 있던 영상을 가지고 나와서 현실과 중첩하도록 만드는 기술.

1 메타버스의 특징과 구현

(1) 메타버스의 특징

[표 11.4] 메타버스의 특징

구분	특징	비고
1	지속성	현실에서 지속된다.
2	상호작용	다른 사용자와 실시간으로 상호작용
3	경제 시스템	상품과 서비스를 가상 화폐로 거래 가능
4	다양한 활동	가상공간에서 게임, 교육, 회의 등을 수행

메타버스는 가상현실과 달리 다음과 같은 현실적인 특징이 있다. [표 11.4]에서 지속성이란 메타버스는 지속적으로 존재하는 세계이다. 사용자가 로그아웃해도 메타버스 내의 활동과 변화는 계속된다. 상호 작용이란 사용자는 다른 사용자들과 실시간으로 상호 작용할 수 있으며, 사회적 관계를 형성하고 유지할 수 있다. 경제 시스템이란 많은 메타버스 플랫폼에는 자체 경제 시스템이 구축되어 있으며, 가상 화폐를 이용하여 상품과 서비스를 거래할 수 있다. 다양한 활동이란 사용자는 게임, 쇼핑, 공연 관람, 학습, 업무 회의 등의 활동을 가상공간에서 수행할 수 있다. 이런 특징들이 모여서 메타버스를 만들고 있다.

(2) 메타버스의 구현

메타버스는 가상현실의 헤드셋, [그림 11.7]의 증강현실용 구글의 글래스, 스마트폰, 컴퓨터 등 다양한 장치들을 통하여 구현할 수 있다. 이러한 장치들은 사용자에게 몰입감 있는 경험을 제공하며, 현실 세계와 비슷한 수준의 상호 작용을 가능하게 한다.

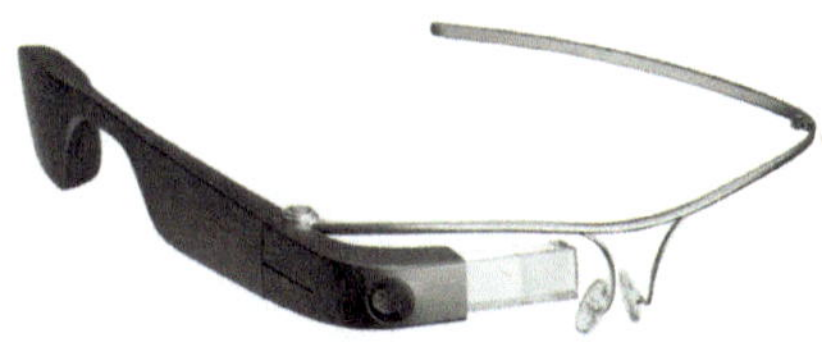

[그림 11.7] 구글의 글래스

2 메타버스의 응용 분야

메타버스는 현실 세계에서 실제로 구현하기에는 너무 인력과 시간과 비용이 많이 소요되는 분야를 가상적인 세계에서 경제적으로 활용하는 것을 목적으로 한다. 따라서 응용 분야는 게임, 엔터테인먼트, 교육과 훈련, 비즈니스 등으로 다음과 같이 다양하며 앞으로도 계속 확장될 것이다. 메타버스는 게임과 엔터테인먼트의 새로운 형태를 제공한다. 예를 들어, 가상 콘서트나 이벤트가 실시간으로 진행될 수 있다. 교육 기관이나 기업들은 메타버스를 활용하여 학습자에게 보다 효과적이고 몰입감 있는 교육 경험을 제공할 수 있다. 메타버스는 지리적인 제약을 넘어서 팀원들이 가상공간에서 비즈니스를 만나 협업할 수 있는 환경을 제공한다. 사용자는 메타버스에서 사회적 네트워크를 형성하고, 다양한 문화적, 사회적 활동에 참여할 수 있다.

3 가상현실과의 관계

가상현실은 메타버스를 실현하는 중요한 기술 중 하나이다. 메타버스 내에서 사용자들은 가상현실 기술을 통해 더욱 몰입감 있는 경험을 할 수 있다. 가상현실은 메타버스의 일부로, 메타버스 환경에서 사용자가 물리적으로 현실에 존재하지 않더라도 가상의 공간에서 다양한 활동을 할 수 있게 해준다. 메타버스는 여러 기술이 융합된 디지털 세계로서 가상현실을 포함한 다양한 기술이 사용될 수 있는 플랫폼이다. 가상현실과 메타버스는 서로 보완적인 관계이며, 함께 발전해가는 관계이다.

11.3 빅데이터

빅데이터(Big Data)는 규모, 속도, 다양성 때문에 전통적인 데이터베이스 시스템으로는 관리하거나 분석하기 어려운 매우 큰 자료 집합이다. 빅데이터는 정보의 크기(Volume), 속도(Velocity), 다양성(Variety)의 세 가지 주요 특징을 갖고 있다. 이를 '3V'라고 부른다. 때로는 이에 정확성(Veracity)과 가치(Value)를 추가하여 '5V'로 부르기도 한다. 빅데이터가 나온 배경에는 컴퓨터가 출현한 이후에 정보의 수량이 기하급수적으로 증가하여 전통적인 정보처리 기술로는 감당할 수 없는 상황에 다다랐기 때문이다. 기술 시장조사 기관인 IDC[5] 조사에 의하면 2년마다 제타바이트(2^{70}바이트) 단위로 두 배씩 증가하고 있다. 따라서 수없이 생산되는 자료들을 신속하고 효과적으로 처리하여 정보로 활용하는 기술을 모색하지 않을 수 없었고 그 대안으로 빅데이터가 출현하게 되었다.

5 IDC(Interactive Data Corporation) : 보스턴에 소재한 미국의 컴퓨터 산업 조사 회사.

11.3.1 빅데이터의 개념

[표 11.5] 기존 데이터베이스와 빅데이터의 비교

구분	기존 데이터베이스	빅데이터
자료	수치 중심의 정형화된 자료	음성, 영상, 동영상 등 비정형 자료
하드웨어	일반적 저장장치	클라우드 컴퓨팅 장비
소프트웨어	주로 관계형 데이터베이스	다양한 형태의 소프트웨어

빅데이터는 기존의 데이터베이스 기술로는 처리할 수 없는 방대한 양의 다양한 자료들을 다루는 기술이다. 숫자와 문자로 구성된 기존의 자료와 달리 소리와 영상을 위주로 하는 비정형 자료가 주류를 이룬다. [표 11.5]와 같이 기존 데이터베이스는 주로 수치 중심의 정형화된 자료를 다루는 데 반하여 빅데이터는 비정형화된 자료를 다룬다. 따라서 기존 데이터베이스는 관계 데이터베이스를 사용하고, 빅데이터는 여러 가지 형태의 자료 저장 방식을 사용한다.

빅데이터는 [그림 11.8]과 같이 크게 세 가지 특징인 3V를 가진다.

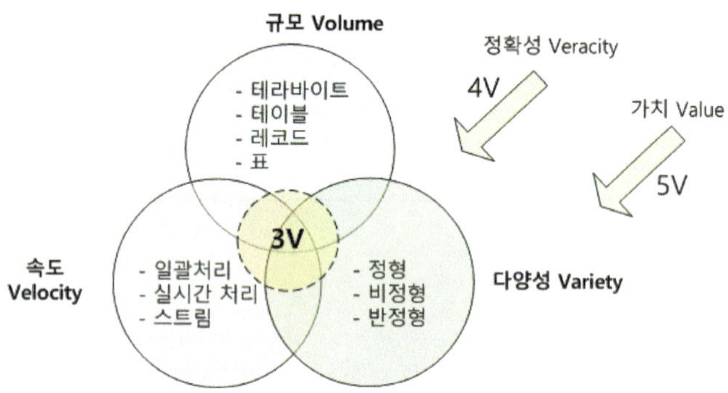

[그림 11.8] 빅데이터의 특징 3V(4V, 5V)

(1) 볼륨(Volume)

빅데이터의 자료 수량은 기존 정보 세계의 자료들과 달리 매우 방대하다. 수없이 오고 가는 SNS 자료와 수없이 송출되고 있는 개인 방송과 뉴스 등으로 인하여 기가바이트에서 테라바이트, 페타바이트에 이르기까지 다양하다. 멀티미디어 자료가 많아서 파일의 크기가 대부분 매우 클 수밖에 없다.

(2) 속도(Velocity)

자료가 생성되고 수집되는 속도가 매우 빠르다. 휴대폰과 인터넷으로 통신하는 경우가 많아서 실시간 또는 거의 실시간으로 자료를 처리하고 분석해야 하는 경우가 많다.

(3) 다양성(Variety)

수집되는 자료의 유형이 매우 다양하다. 구조화된 자료(예: 데이터베이스의 테이블), 비구조화된 자료(예: 비디오, 이미지, 텍스트 문서), 반구조화된 자료(예: XML, JSON) 등이 모두 포함된다.

11.3.2 빅데이터 기술

빅데이터는 자료 생성과 수집, 저장, 처리, 분석, 표현까지 여러 과정에서 [표 11.6]과 같이 새로운 기술을 도입하여 적용하고 있다.

[표 11.6] 빅데이터 기술 분야

기술	내역
데이터 마이닝	통계를 이용하여 원시자료에서 중요한 정보를 추출
자료 분석	분석 도구를 사용하여 기업의 의사결정 자료 산출
자료 시각화	그래프, 차트, 지도 등으로 자료의 경향성과 패턴 제시
저장 기술	자료를 정형 및 비정형 자료로 나누어 효율적으로 저장

(1) 데이터 마이닝

데이터 마이닝(data mining)은 원시자료에서 유용한 정보를 추출하고 분석하는 기술이다. 추출한 자료를 다양한 관점에서 분석하고 그 결과를 유용한 정보로 변환한다. 데이터 마이닝 방법은 자료들의 패턴과 상관성을 통계적 수법들로 식별해내어 가치를 부여하는 일이다. 일반적으로 빅데이터 자료는 규모가 크고 변동성이 높으며 매우 빠른 속도로 이동한다. 따라서 특별한 기술 없이는 자료 추출이 거의 불가능하다.

(2) 자료 분석

자료 분석에서는 기술을 사용하여 자료를 정리하고 변환하여 비즈니스 의사결정을 지원할 가치 있는 정보로 만든다. 빅데이터 분석 도구를 사용하면 고객 선호도와 시장 경향에 대한 통찰력을 제공할 수 있다. 대부분 통계학과 전산학 그리고 기계학습과 데이터 마이닝 분야에서 사용하고 있는 기술들이다. 기존의 분석 알고리즘을 대규모 자료처리 방식에 맞게 개선한 후에 사용하고 있다.

(3) 자료 시각화

자료 시각화 기술은 그래프, 차트 및 지도와 같은 시각적 요소를 사용하여 자료의 경향성, 패턴, 이상치를 설명한다. 자료가 처리되어 대규모 정보를 몇 초 만에 파악할 수 있는 그래픽 표현을 만든다. 어렵고 복잡한 정보를 쉽게 이해할 수 있도록 간단한 도표나 3차원 이미지로 표현하는 기술이 요구된다.

(4) 저장 기술

대용량의 자료를 나중에도 사용할 수 있도록 안전하고 효율적으로 저장한다. 대량의 자료를 파일 형태로 저장하는 기술과 비정형 자료를 정형화된 형태로 저장하는 기술이 필요하다.

빅데이터를 처리하고 분석하기 위한 기술과 도구가 다양하게 발전하고 있다. 대표적인 예로는 아파치 Hadoop은 자료 저장 기술에 속한다. Facebook에서 개발한 Presto는 데이터 마이닝 기술에 속하는데 동시에 대규모 자료의 SQL 질의 분석을 허용하는 오픈 소스 SQL 질의 엔진을 제공한다. 아파치의 Spark는 SQL, 기계학습, 그래프 처리와 스트림 분석을 수행한다. Oracle의 NoSQL 데이터베이스는 비관계형 테이블과 다른 형식으로 자료를 저장하고, 선언적 구조의 질의 언어와 질의별 언어를 지원한다. 이러한 도구들은 대량의 자료를 저장, 처리, 분석할 수 있도록 설계되었다.

11.3.3 빅데이터 활용

빅데이터는 비즈니스와 마케팅, 의료, 금융, 선거 등 다양한 분야에서 활용된다.

- **비즈니스와 마케팅** : 소비자 행동과 시장 동향을 분석하여 맞춤형 광고, 고객 서비스 개선, 신제품 개발 등에 사용된다. 카카오 TV에서는 사용자의 시청 기록을 분석하여 사용자에게 맞는 콘텐츠를 추천한다. 이 덕분에 사용자는 자신이 관심을 가질 가능성이 큰 새로운 콘텐츠를 발견할 수 있다.

- **금융** : 거래 자료, 시장 동향, 위험 관리, 사기 탐지 등의 분야에서 중요한 역할을 수행한다. 금융기관에서 수많은 대출 자료들을 분석하여 대출 미납 경우에는 원인을 밝혀내고 대출 의사결정에 많은 도움을 줄 수 있었다. 이와 함께 신상품 개발에도 활용할 수 있다.
- **의료** : 환자 자료, 임상 연구, 질병 패턴 등을 분석하여 질병 예방, 치료법 개발, 의료 서비스 개선에 기여한다. 수백만 명의 환자로부터 수집된 자료를 사용하여 근거에 따른 진단을 하므로 치료비를 절감할 수 있다. 실제로 질병 자료 분석 사례는 유행병의 발생을 예측하고 그 영향을 최소화하기 위해 어떤 예방책을 마련할지를 결정하는 데 도움이 된다.

11.3.4 빅데이터 활용의 장점

빅데이터를 활용했을 때 얻을 수 있는 장점들은 정확한 현황 파악, 과제 해결책 도출, 새로운 사업 기회 발굴 등 의외로 다음과 같이 많다.

- **정확한 현황 파악** : 기업의 현황을 사람의 감정과 느낌만으로 예측을 하는 것은 불안한 일이다. 빅데이터 활용으로 다양한 자료의 수집과 저장은 쉬워지고 자료 분석이 가능해진다. 현황 파악에 필요한 정보를 자료 분석 및 가시화 툴로 알기 쉬운 보고서로 전환하면 전체 경영상황과 특정 업무의 진척 상황을 알게 된다.
- **해결 방안 도출** : 사업 과정에서 수집한 자료들을 기반으로 자료를 분석하면 업무의 법칙을 발견할 수 있다. 문제가 발생했을 때 신속하게 적절한 대응 조치를 취하는 것이 가능하다. 또한 시책의 효과를 자료 분석을 통하여 검증하고 시책을 개선할 수 있는 장점이 있다.
- **신사업 개발** : 빅데이터를 활용하는 과정에서 기존 제품과 서비스, 바이어와 공급자, 소비자의 취향에 대한 정보를 수집하고 통합적인 분석을 함으로써 기업들이 새로운 비즈니스 기회를 발견하고 완전히 새로운 서비스를 창출할 수 있다.

빅데이터는 그 자체로 가치가 있는 것이 아니라, 그 안에서 유용한 정보와 통찰을 추출하고, 이를 통해 의사결정을 개선하고 가치를 창출할 때 진정한 의미를 발휘한다. 이러한 프로세스는 자료과학, 머신러닝, 통계 분석 등과 결합되어 더욱 강력한 결과를 가져올 수 있다.

11.4 3D 프린팅

3D 프린팅, 또는 적층 제조(additive manufacturing)는 물체를 연속적인 층(layer)으로 차례대로 쌓아 올려 만드는 공정이다. 이 기술은 각종 재료(플라스틱, 금속, 세라믹 등)를 사용하여 다양한 형태와 구조의 제품을 직접 제작할 수 있게 해주며, 디지털 3D 모델로부터 직접 물리적 객체를 만들어낸다.

1980년대 초에 미국의 3D 시스템즈 회사는 시제품을 만들기 위하여 플라스틱 액체를 굳혀서 물체를 만드는 3D 프린터를 최초로 개발하였다. 영국 사우샘프턴대학에서는 시속 160㎞로 비행하는 무인비행기를 제작한 바 있고, 건축계에서는 건축물을 만들었고, 의료계에서는 인공 관절과 인공 장기를 만들고 있다. 3D 프린터는 더욱 다양한 분야로 용도가 확장되고 있다.

3D 프린터는 STL(Stereo Lithography) 파일을 주로 사용한다. STL은 3D 시스템즈 회사가 개발한 CAD 파일의 표준 형식이다. STL 파일을 3D 프린터에 읽히면 프린터는 주어진 소재를 층별로 미세하게 출력하여 물체를 만들어 나간다. 3D 프린터를 사용하기 위해서는 부품의 설계 도면을 3D 파일로 만들어야 한다. 3D 소프트웨어마다 사용하는 형식이 다르지만 대부분 STL 형식과 호환된다.

11.4.1 3D 프린팅 개요

3D 프린터는 [그림 11.9]와 같은 장치로 입체적인 설계 도면의 3차원 물체를 제작하는 기계이다. 3D라고 하는 것은 입체적인 도면으로 3차원의 물체를 만든다는 뜻이고, 프린터라고 하는 것은 인쇄기가 잉크를 2차원의 문자들을 출력하듯이 가루나 액체 등을 출력하여 물체를 만들기 때문에 붙여진 이름이다. 3D 프린터의 원리는 제작하려는 물체를 컴퓨터 안에 3차원으로 표현하는 파일을 만들고 이것을 읽어서 조금씩 재료를 출력하여 물체를 만드는 작업이다. 3D 프린터 작업은 다음과 같이 3단계로 진행한다.

[그림 11.9] 3D Printer

1 3D 프린팅 절차

3D 프린팅은 인쇄할 객체를 컴퓨터로 설계하는 것으로 시작해서 인쇄할 때까지 모두 컴퓨터 작업으로 진행된다. 중요한 것은 객체를 3차원으로 설계한 파일을 만들어서 조금씩 인쇄하는 것이다. 3D 프린

터의 처리 절차는 [그림 11.10]과 같이 3차원 모델링으로 시작해서 마감 처리로 끝난다. 3차원 모델링에 앞서서 3차원 카메라로 입체 영상을 입력할 수도 있다.

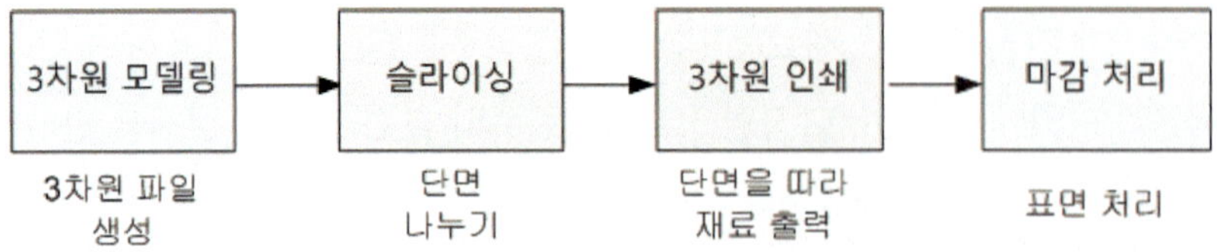

[그림 11.10] 3D 프린팅 절차

(1) 3차원 모델링 : 디자인

3차원 모델링은 대상 물체의 설계 도면을 3차원의 컴퓨터 파일로 작성하는 단계이다. 모델링은 3D CAD 또는 3D 모델링 프로그램을 이용하여 3D 파일을 만드는 작업이다. 모든 3D 프린팅 과정은 3D 모델링 소프트웨어를 사용하여 생성된 디지털 디자인으로 시작한다. 이 모델은 프린터가 해석할 수 있는 자료로 변환되어야 한다.

(2) 슬라이싱

3D 모델을 수평층으로 나누는(단면 나누기) 과정이다. 슬라이싱 소프트웨어는 각 층에 해당하는 인쇄 지시를 생성하여 프린터가 적절한 위치에 재료를 적층할 수 있도록 한다.

(3) 3차원 인쇄

3차원 인쇄는 3D 모델을 여러 계층으로 나누어 각 층별로 재료를 조금씩 출력함으로써 재료를 층층이 쌓아서 물체를 만드는 작업이다. 여기에 사용하는 재료는 플라스틱, 석고, 나일론 가루, 금속 등이 사용된다. 프린터는 모델을 층별로 출력하여 물리적 객체를 생성한다. 이 과정은 재료를 녹이거나 경화시켜 각 층을 차례로 쌓아 올리는 방식으로 이루어진다.

(4) 마감 처리

프린팅이 완료된 객체는 종종 추가적인 마감 처리가 필요하다. 마감 처리는 출력이 끝난 물체에 붙어 있는 부수적인 재료를 떼어내고 다듬거나 색채를 입히는 작업이다. 이외에 지지 구조 제거, 표면 마무리, 열처리 등의 표면처리에 해당한다.

11.4.2 3D 프린팅의 응용 분야

3D 프린터가 새로운 기술로 무장하고 새로운 영역을 확장하고 있다. 3D 프린터의 응용 분야와 장단점을 살펴본다.

1 3D 프린팅 응용 분야

3D 프린팅의 응용 분야는 산업 디자인, 의료, 건축, 패션, 교육 등 다양하다.

산업 디자인 분야에서는 프로토타입 제작, 소수의 복잡한 부품 제작 등에 편리하다. 의료 분야에서는 맞춤형 의료 기기, 인공 장기, 의료 모델링, 인공치아 개발 등에 적합하다. 건축 분야에서는 건축 모델, 복잡한 디자인 요소 등을 쉽게 구축할 수 있다. 패션 분야에서는 맞춤형 액세서리, 의류 등의 견본 제작에 편리하다. 교육 분야에서는 교육 도구, 실험적 학습 자료, 연구용 기구 등을 만들기 편리하다.

3D 프린팅은 제조 방식을 변화시키고 있으며, 소량 생산이나 맞춤 제작이 필요한 다양한 분야에서 그 가능성을 확장하고 있다. 이 기술은 생산 속도를 높이고, 비용을 절감하며, 설계의 유연성을 제공함으로써 많은 산업에 혁신을 가져오고 있다.

2 3D 프린터의 장점

3D 프린터를 이용하여 제품을 만들 때 얻을 수 있는 장점의 주요 내용은 [표 11.7]과 같다.

[표 11.7] 3D 프린터의 장점

장점 요소	비고
다양한 구조와 형태	다양한 구조와 형태를 쉽게 해결
상세 설계도면	작업을 하려면 반드시 설계 도면이 있어야함
균일한 품질	모든 출력물의 품질은 동일
미려한 외관	외관이 매끈하고, 수려함
자체 제작	설계 도면을 외부에 유출할 가능성이 없음

- **다양한 구조와 형태** : 3D 프린터는 다양한 구조와 형태의 부품들을 만들 수 있다. 새로운 형태의 부품이 필요할 때 그것을 만들어 주는 공장을 찾는 것은 쉽지 않다. 주문 수량이 많지 않기 때문에 쉽게 만들어 주지 않는다. 그러나 3D 프린터는 하나의 작은 부품이라도 저렴하게 빨리 만들 수 있으며,

형태가 복잡하더라도 시간만 있으면 얼마든지 만들 수 있기 때문이다. 따라서 개인의 창의력을 발휘하기 쉬워서 발명품을 제작하기 편리하다.

- **상세 설계도면** : 3D 프린터로 기계의 부품을 만들기 위해서는 기계의 상세 설계 도면을 정확하게 작성해야 한다. 도면이 정확해야 3D 프린터 기술자가 드론 설계 도면을 보고 3차원 모델링을 하고 3D 모형을 만들 수 있기 때문이다. 목재를 수작업으로 만들 때는 도면이 정확하지 않아도 임의로 만들면서 수정할 수 있기 때문에 정확한 도면을 만들지 않을 수 있다. 작업 도중에 설계 내용이 달라졌는데 도면을 수정하지 않으면 나중에 도면과 실물이 달라서 고생을 할 수 있다.
- **균일한 품질** : 3D 프린터로 부품을 만들면 몇 개를 만들더라도 같은 품질이 유지된다. 목재를 수작업으로 가공하면 작업할 때마다 부품들이 조금씩 다를 수 있다. 즉, 수작업으로는 같은 품질을 유지하기 어렵다.
- **미려한 외관** : 3D 프린터의 출력물은 표면이 매끄러워서 미관상 보기에 좋다. 또한 락커칠 등을 이용하여 새로운 색상을 입히기 좋으므로 상품성이 좋다.
- **자체 제작** : 시제품 제작을 외부 공장에 위탁하지 않아도 되기 때문에 디자인의 유출을 막을 수 있다. 3D 프린터의 가격이 저렴하여서 스스로 제작하기 좋다.

예전과 달리 3D 프린터의 가격이 많이 하락하여 이제는 직장이나 학교, 연구소 등에 3D 프린터가 많이 설치되어 있으므로 작은 비용으로 3D 프린터를 이용할 수 있게 되었다. 3D 프린터를 이용하여 드론을 만드는 과정은 목재를 소재로 할 때보다 좀 더 간단하다. 그 이유는 목재를 소재로 할 때는 부품 제작까지 스스로 완성해야 하지만 3D 프린터를 이용하면 설계 이후의 제작은 기계가 해주기 때문이다.

11.5 로보틱스

로보틱스(Robotics)는 로봇의 설계, 제작, 운용, 응용을 다루는 학문이다. 로봇은 인간을 위해 설계된 자동화 기계이므로, 프로그래밍이 가능하며, 복잡한 작업을 수행할 수 있다. 로봇은 인간처럼 이동하고, 대화하면서 일을 할 수 있는 기계로 개발되었다. 로봇을 만들기 위해서는 다양한 학문과 기술들이 융합되어야 한다. 로보틱스는 기계, 전기, 컴퓨터 등 다양한 분야의 과학이 결합한 학문이다.

'로봇'이라는 단어는 1920년에 출판된 체코의 작가 카렐 차페크의 희곡 '로섬의 만능 로봇(Rossum's Universal Robots)'에서 처음 사용되었다. 'Robot'의 어원은 슬라브어로 노동을 뜻하는 'Robota'에서 유래되었다.

11.5.1 로보틱스의 개념

로보틱스는 로봇을 설계하고, 제작하고, 운용하는 기술이다. 로봇은 주어진 임무를 수행하는 자동기계이다. 로봇은 센서, 구동기(actuater), 정보처리를 통해 사람처럼 물리적 세상과 상호작용하는 기계이다. 로봇은 인간과 교류하기 위해 지능이 필요하다. 휴머노이드(humanoid)는 인간의 신체와 유사한 모습을 갖춘 로봇이다. 로봇은 인간과 대화하므로 음성인식을 해야 한다. 로봇은 하드웨어와 소프트웨어로 구성된 컴퓨터이다. 하드웨어는 로봇을 구성하는 물리적인 객체이고, 소프트웨어는 로봇을 움직이는 지능이다. 로봇은 이동하지 않고 작업을 하는 고정식 로봇과 이동하면서 작업을 하는 이동식 로봇으로 구분할 수 있다. 공장에서 제품을 조립하는 산업용 로봇은 위치가 고정된 로봇이고, 움직이는 로봇은 의료 로봇, 생활 로봇, 구조 로봇, 드론 등이다.

1 휴머노이드 : 인간과 유사한 기계

휴머노이드(humanoid)는 인간을 닮은 자동 인형이므로 사람과 비슷하게 동작하는 로봇이다. 관절의 위치와 움직임이 사람의 운동 신경을 모방해서 만들었으므로 두 다리로 직립 보행을 한다. [그림 11.11]과 같이 사람과 함께 여러 기계의 기능을 모아서 만들었으므로 사람의 말을 알아듣고 사람과 대화를 할 수도 있다. 휴머노이드의 가장 중요한 연구개발 주제는 인공지능이다. 공항에서 로봇이 여행객들에게 대화를 통하여 여러 가지 안내를 하고 있고, 식당에서는 주문된 음식을 배달하는 로봇들이 운영되고 있다.

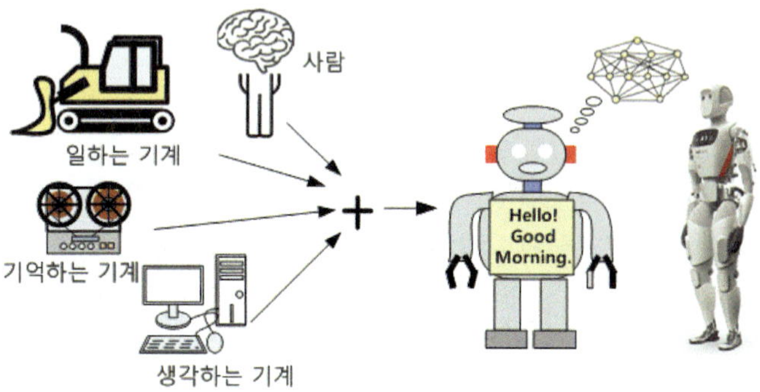

[그림 11.11] 인간처럼 생각하고 행동하는 기계

로봇은 사람과의 음성, 동작, 얼굴 표정 등을 통한 상호작용이 갈수록 더 중요해지고 있다. 로봇이 갖추려고 하는 인간의 외적인 모습은 [표 11.8]과 같이 음성 인식, 동작 인식, 얼굴 표정 인식, 인공 감정 그리고 인공 인격 등이다.

- **음성 인식** : 많은 챗봇이 인간과 대화하듯이 로봇도 음성을 인식하고 음성으로 대화하려고 한다.
- **동작 인식** : 주변 사람들과 장비의 움직임을 파악하고 대응할 수 있어야 한다. 실시간으로 상대방의 동작을 해석할 수 있어야 원활하게 작업을 할 수 있다.

[표 11.8] 로봇이 갖추어야 할 인간의 외적인 모습

능력	비고
음성 인식	인간의 음성을 듣고 말할 수 있어야 한다.
동작 인식	사람처럼 동작하고 사람의 동작을 인식한다.
얼굴 표정	사람의 얼굴을 보고 기분을 파악한다.
인공 감정	사람처럼 좋고 나쁜 감정을 느끼고 표현한다.
인공 인격	상대방의 말과 행동과 기분을 파악하고 대응한다.

- **얼굴 표정** : 사람들이 대화할 때는 상대방의 표정을 보면서 감정을 파악한다. 따라서 사람의 다양한 표정의 의미를 인식하고 로봇도 적절한 표정을 지어야 한다.
- **인공 감정** : 로봇이 사람의 감정을 인식하고 감정을 표현하는 방법을 학습하고 있다. 다양한 자극에 대하여 자신의 상태에 따라 사람과 같이 다양한 반응을 표현할 수 있으면 감정이 있는 로봇이 된다. 좋은 감정을 갖도록 설계된 로봇은 사람들의 친구가 될 수 있으며, 일부 환자들에게 큰 치료 효과를 줄 수도 있다.
- **인공 인격** : 로봇은 몸짓과 함께 상대방의 눈동자를 추적하고 반응할 수 있다. 상대방이 말을 하면 몸을 앞으로 기울이고, 좋은 말을 들으면 반가워할 수 있다. 로봇도 감정을 갖추고 점차 인격적으로 행동할 수 있다. 실제로 음성 로봇과 대화에 빠진 사람이 로봇에게 청혼하기도 한다.

휴머노이드 로봇은 인공지능의 기계학습이 발전할수록 더 현실적으로 인간 세계로 다가올 것이다. 미국과 일본 등 인공지능 선진국에서는 많은 연구가 진행되고 있고 유사한 로봇 상품들이 출시되고 있다.

2 로봇의 물리적 구성 요소 : 하드웨어

로봇을 구성하는 물리적인 주요 구성 요소와 그 기능들은 [표 11.9]와 같다.

[표 11.9] 로봇의 물리적 구성 요소

구성 요소	기능
센서	주변 환경에서 온도, 음향, 빛 등을 입력
구동기	로봇이 해야 할 움직임을 행사한다.
제어	로봇의 기계적 부분을 조정하고 제어

센서(sensor)는 로봇이 주변 환경에 대한 정보를 입수한다. 광학, 음향, 온도, 압력, 거리 측정 등 다양한 센서가 사용된다. 구동기(actuator)는 전기 모터, 유압, 공기압 장치 등을 이용하여 로봇의 움직임을 실행한다. 제어(control는 로봇의 모든 기계적 부분을 조정하고 제어한다. 제어장치는 로봇의 두뇌 역할을 하며, 소프트웨어 프로그램으로 구동된다. 이들 구성 요소들의 기능이 다양해지고 성능이 향상될수록 로봇의 성능이 개선되고 있다.

(1) 센서

여러 가지 센서들을 통합한 로봇은 물리적, 화학적으로 주변을 인식하고 전기 신호로 변환한다. 로봇은 센서를 사용해서 온도, 동작, 압력, 빛, 습도, 등 중요한 환경 요인을 감지할 수 있다. 내부 센서는 속도나 하중 등의 정보를 제공하며, 외부 센서는 상호작용이나 내비게이션에 사용될 수 있다.

- **토크(torque) 센서** : 그리퍼(gripper)에 사용되어 물체가 회전하는 힘을 측정할 수 있다. 토크 센서는 마이크로미터까지 변량을 측정할 수 있다. 토크 센서는 변량에 대한 센서 자료를 필터링하여 토크를 계산한다. 가장 많이 사용되는 센서이다.
- **촉각(touch) 센서** : 물리적 접촉이 감지되면 전기 신호를 생성한다. 그리퍼는 촉각 센서가 보내는 신호를 이용하여 물체의 형태와 위치를 판단할 수 있다. 아직은 센서가 사람의 감각보다 부족하지만, 혁신적인 촉각 센서는 사람 손가락의 기계적 특성을 모방할 수 있다.

- 광학(optical) 센서 : 영상 정보를 획득할 수 있으므로 이것을 분석하면 물체를 식별할 수 있다. 하나 이상의 카메라(2D 또는 3D)나 스캐너를 사용해서 자료를 기록하고 활용한다. 광학 센서는 로봇의 주변 탐색과 내비게이션 관련해서 중요한 역할을 한다.

(2) 로봇 구동과 제어

로봇에게 일을 시키려면 구동기(actuater)를 정확하게 제어해야 한다. 구동을 하면서 동시에 센서로 구동 결과를 확인해야 한다.

가. 구동

로봇의 구동기는 기본적으로 전기 모터와 유압식 구동기로 구분된다.

대부분 로봇은 전기 모터를 사용한다. 휴머노이드 로봇과 소형 로봇들은 주로 직류 모터를 사용하고, 산업용 로봇과 CNC[6] 기계는 3상 교류 모터를 사용한다. 로봇이 팔을 회전하는 것과 같은 동일한 동작을 반복하는 자동화 시스템은 전기 모터를 사용한다. 유압식 구동기는 인공 근육처럼 동작한다. 이것은 사람의 근육을 모방한 것으로서, 기존의 압축 공기 대신 유압식으로 움직인다. 유압식 근육의 장점은 효율적이며 섬세하게 움직이고 전기 모터보다 튼튼하다는 점이다.

나. 제어

로봇은 인지, 처리, 동작의 3단계로 동작한다. 로봇은 사전에 프로그래밍 된 소프트웨어나 학습 알고리즘을 사용하여 이들 동작을 제어한다. 휴머노이드 로봇은 센서를 통해서 주변 환경을 인식하고, 정보를 처리한 신호로 모터를 제어한다.

로봇을 제어하는 방식은 사람이 직접 또는 원격으로 제어하거나, 사람의 작업 지시에 따라 로봇이 주어진 범위 안에서 반자율적으로 제어하거나, 로봇이 완전히 자율적으로 전체 과정을 제어하는 방식들이 적용되고 있다. 기술이 진척될수록 로봇의 자율제어 범위가 계속 확장될 것이다.

3 로봇의 정신적 구성 요소 : 소프트웨어

휴머노이드 로봇이 인간처럼 행동하고 상호작용하기 위해서는 고도로 발달한 정신적인 소프트웨어가 필요하다. 이러한 소프트웨어는 [표 11.10]과 같이 다양한 인지 기능과 감성을 포함한다.

---

6 CNC(computer numerical control) : 컴퓨터 수치 제어 기술로 공작기계를 자동화한 기술.

- **인지 기능** : 시각, 청각, 촉각을 느끼고 구별할 수 있는 인지 기능이 필요하다. 입력한 정보를 이용하여 학습과 기억을 하고, 이를 바탕으로 추론하고 문제 해결을 한다. 자연어를 이해하고 언어를 구사한다.
- **감성 기능** : 얼굴 표정을 보고 음성을 듣고 감정을 이해하는 능력이 있으며, 소리와 얼굴로 감정을 표현할 수 있다.

[표 11.10] 로봇의 정신적 구성 요소

구성 요소	기능
인지 기능	시각, 청각, 촉각 그리고 학습하고 기억하고 추론하고 언어처리
감성 기능	얼굴 표정과 음성을 듣고 감정을 이해하고 표현
사회적 기능	사람과 자연스러운 대화 가능, 도덕적 윤리적 결정 가능
자율 기능	자신의 목표를 설정하고 계획을 수립하고 판단하는 능력

- **사회적 기능** : 사람들과 자연스러운 대화를 유지하고 분위기를 전환하는 능력을 갖춘다. 도덕적 상황에서 적절한 결정을 내릴 수 있으며, 윤리적 판단을 할 수 있다. 팀워크를 위해 노력하고 협상으로 해결책을 찾는 능력이 있다.
- **자율 기능** : 자신의 목표를 설정하고 이를 달성하기 위한 계획을 수립하는 능력이 있다. 다양한 상황에서 적절한 판단을 내릴 수 있는 능력을 갖춘다.

휴머노이드 로봇은 인간처럼 행동하고 상호작용하기 위해서인지, 감정, 사회적 기능을 모두 갖춘 복잡한 정신적 소프트웨어가 필요하다. 이러한 소프트웨어는 기계학습, 자연어 처리, 감정 인식 등 다양한 기술의 융합으로 이루어지며, 계속해서 발전하고 있다.

11.5.2 로보틱스의 응용 분야

로봇이 가장 필요한 분야는 용광로처럼 사람이 취급하기 위험하거나, 취급할 물체가 너무 무겁거나, 물체의 숫자가 너무 많은 경우 등이다. 또는 신경 수술처럼 매우 미세한 것을 다루는 경우이다. 로봇은 사람이 처리하는 것보다 신속하고 더 정확하며 안전하기 때문에 점차 사용 범위가 확대되고 있다. 로봇의 응용 분야는 산업용부터 서비스 로봇, 의료 로봇, 농업 로봇, 군사 로봇 등 매우 다양하다.

- **산업용 로봇** : 산업용 로봇은 산업 환경에서 제품을 취급, 조립, 가공하는데 사용되는 기계이다. 조립 설비에서의 자동화된 작업, 용접, 페인팅, 조립 등의 과정에 널리 사용된다. 산업용 로봇은 대부분 로봇 팔, 그리퍼, 다양한 센서 및 제어 유닛으로 구성된다.
- **서비스 로봇** : 서비스 로봇은 청소 로봇, 교육 로봇, 고객 서비스를 지원하는 로봇 등 일상생활에서 다양한 서비스를 제공한다. 로봇이다. 서비스 로봇은 개인용과 직업용으로 구분된다.
- **의료 로봇** : 로봇은 수술 로봇, 재활 로봇, 병원 내 로봇 배송 시스템 등 의료 분야에서 다양한 역할을 수행한다. 의사가 직접 수술용 가위나 집게와 같은 수술 기구를 사용하는 것이 아니고, 조이스틱과 페달 등 콘솔을 사용해서 로봇을 제어한다. 수술용 로봇을 사용하면 수술 시간을 줄이고 환자의 조직 손상을 줄일 수 있다.
- **농업 로봇** : 농업은 로봇의 활용 잠재력이 큰 분야이다. 태블릿으로 제어되는 소형 파종 로봇이 씨앗을 뿌리고 모든 중요한 정보들을 기록한다. 드론을 사용해서 작물의 성장과 잡초 성장 상태를 관찰하고, 약제 살포도 가능하다.

3 로보틱스의 도전과 미래

로보틱스는 계속해서 진화하고 있으며, 인공지능의 기계학습 발전이 이 분야에 새로운 가능성을 더하고 있다. 이는 로봇이 더욱 지능적이고 자율적으로 작업을 수행할 수 있게 하며, 인간과의 상호작용을 더욱 자연스럽고 효과적으로 만들고 있다. 또한, 에너지 효율성, 안전성, 윤리적 문제 등 여러 도전적인 문제들을 해결하기 위한 연구가 지속되고 있다. 로보틱스는 기술적 진보뿐만 아니라 사회적, 경제적, 윤리적 측면에서도 큰 영향을 미치고 있으므로 더 많은 발전과 변화가 기대되는 분야이다.

11.6 드론

드론(drone), 또는 무인항공기(UAV, Unmanned Aerial Vehicle)는 조종사 없이 원격으로 조종되거나 자율적으로 비행할 수 있는 항공기를 말한다. 이제는 무인으로 공중, 지상, 수상, 수중에서 이동하는 차량은 모두 드론이라고 부른다.

따라서 드론은 이동하는 로봇의 한 가지 형태이다. 따라서 컴퓨터의 비중과 역할이 매우 크고 중요하다. 다양한 크기, 형태, 기능을 가진 드론이 개발되어 다양한 분야에서 활용되고 있다. 드론의 주요 구성 요소로는 기체 계통, 제어 계통, 전력 계통, 신호 계통, 소프트웨어 계통 등이다.

11.6.1 드론 구성 요소와 기술

드론을 구성하는 부품들은 지상의 차량을 구성하는 부품들과 큰 차이가 없다. 드론과 차량을 구성하는 부품들은 모터, 바퀴, 지렛대, 배터리, 제어장치 등으로 유사하다. 다만 부품들이 사용되는 용도가 다르고 구조가 달라질 뿐이다. 시스템이란 공동의 목적을 달성하기 위해 함께 기능하는 요소들의 집합이다. 따라서 부품들이 비슷하다면 드론과 차량을 제작하는 기술도 크게 다르지 않다.

1 드론의 구성 요소

드론은 항공기, 선박, 잠수함, 지상 차량 등 모든 형태의 이동하는 차량이 무인으로 운행하는 장치를 말한다. 여기서는 편의상 항공기만을 대상으로 하며 [그림 11.12](a)과 같은 멀티콥터를 위주로 설명한다. 드론을 구성하는 주요 구성 요소들은 [표 11.11]과 같이 6가지의 계통이 있다.

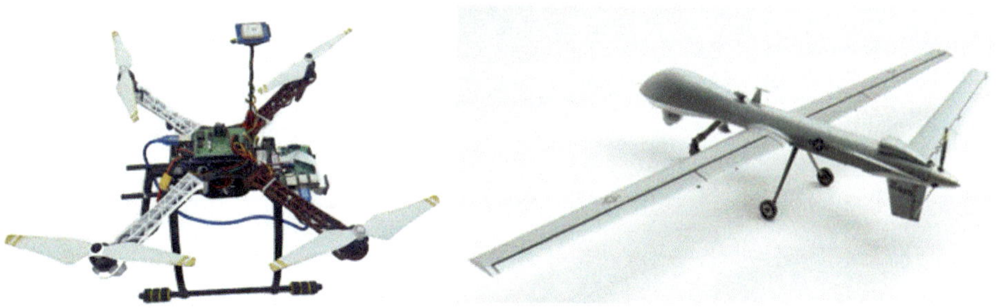

(a) 회전익 드론　　(b) 고정익 드론

[그림 11.12] 드론의 유형

[표 11.11] 드론의 구성 요소

구 성	비 고
기체 계통	드론을 구성하고 있는 물리적인 골격 구성
제어 계통	드론을 움직이는 모터와 장치를 제어
전력 계통	드론의 모터와 장치에 전력을 공급
신호 계통	유무선으로 드론과 장치에 정보 전달
SW 계통	비행을 위해 모터와 장치들을 제어하는 SW

(1) 기체 계통

드론의 기체는 고정익 항공기와 회전익 항공기로 구분된다. 고정익 항공기의 장점은 효율이 우수한 점이고 회전익의 장점은 수직 이착륙에 있다. 헬리콥터는 모터가 한 개여서 소음과 진동이 너무 크고, 공중에서 기체가 한쪽 방향으로, 흐르기 때문에 꼬리 날개가 필요하고 이것 때문에 에너지 효율이 떨어지는 점이 있어서 멀티콥터가 등장하였다. 멀티콥터는 로터가 짝수이기 때문에 서로 반대 방향으로 회전시켜서 기체 회전을 방지하고 소음과 진동을 상쇄하며, 모터의 수가 많아지는 대신, 크기가 작아져서 소음을 감소하는 장점이 있다. 멀티콥터의 비행 제어를 모터의 회전수로 제어해야 하므로 초소형 컴퓨터가 나오기 전에는 제작할 수 없었다.

(2) 제어 계통

드론의 비행은 모터 속도에 의해 제어된다. 앞으로 가려면 뒤쪽 모터들의 속도를 높이고, 뒤로 가려면 앞쪽의 모터 속도를 높인다. 왼쪽으로 가려면 오른쪽 모터 속도를 높이고 오른쪽으로 가려면 왼쪽 모터 속도를 높인다. 드론의 각 모터 속도를 측정하고 필요한 속도를 유지하게 만드는 것은 컴퓨터가 필수적으로 필요하다.

드론은 모든 비행체와 마찬가지로 균형이 중요하다. 항공기가 하늘에서 수평을 유지하지 못하면 즉시 추락으로 이어진다. 드론의 자세가 수평인지 아닌지를 파악하려면 가속도 센서(acceleration sensor)가 필요하다. 가속도 센서를 이용하여 밀리초 단위로 드론의 자세를 분석하여 모터 속도를 제어하는 것이 자세 제어의 기본이다. 드론이 목표를 향하여 비행하기 위해서는 동서남북의 방향을 파악하고 드론의 위치에 따라가는 방향을 설정해야 한다. 방향을 파악하고 유지하기 위해서는 지자기 센서(geomagnetic sensor)가 필요하다. 이들 센서를 밀리초 단위로 파악하여 드론의 방향과 속도를 제어하려면 컴퓨터가 필수적이다.

(3) 전력 계통

모터 속도를 제어하고, 각종 센서를 제어하기 위해서는 전력 공급이 필수적이다. 장거리 비행이라면 엔진 모터가 필수지만 단거리 비행이라면 배터리를 사용한다. 드론의 중량이 결정되면 추력을 계산할 수 있고 추력에 따라 프로펠러의 크기가 결정되고, 프로펠러의 크기에 따라 모터 크기와 변속기 용량과 배터리 용량이 결정된다. 배터리가 부족하면 드론이 추락하기 쉽고, 배터리 전력이 과잉 공급되면 변속기, 모터 등이 불에 타기 쉽다. 가끔 최신형 자동차들이 화재에 불타는 경우는 전력 계통 제어에 실패했기 때문이다.

(4) 신호 계통

드론은 원격으로 제어된다. 원격으로 제어하기 위해서는 무선으로 모든 비행을 제어한다는 의미이므로 통신과 제반 신호 제어가 매우 중요하다. 비행기의 조종장치를 뜯어서 지상으로 가져온 것이 조종기이다. 지상에서 조종기로 비행 제어 신호를 보내면 드론에서는 수신기가 신호를 받아서 각종 전자장치를 제어하여 비행을 제어한다. 드론은 무선 신호와 함께 드론 내부에서 유선으로 많은 내부 신호를 통하여 각종 전자장치를 제어한다.

(5) 소프트웨어 계통

드론에서 제일 중요한 것은 비행 제어 소프트웨어(FCS, Flight Control Software)이다. 모터를 구동하여 드론을 이륙시키고 전진하고 착륙할 때까지의 모든 비행은 비행 제어 소프트웨어가 담당한다. 비행 제어 소프트웨어는 드론의 모든 전자장치를 제어하고, 주변 환경과 비행 상태를 파악하여 비행한다. 비행 위치와 비행 상태 등을 지상에 보고하고 지상의 지시를 수신하는 것까지 모든 것을 책임지는 소프트웨어이다.

2 드론의 기술적 특징

드론은 조종사 없이 비행하는 장치이므로 자율적으로 판단하고 실행하는 일이 많을 수밖에 없다. 무선 통신으로 지상의 지시를 수용하고, 비행 상태를 무선으로 보고해야 하는 등 자율 비행 기능이 많아지고 있다. 드론의 기술적 특징은 [표 11.12]와 같이 자율성, 통신, 에너지 효율, 안전성 등에 있다.

[표 11.12] 드론의 비행 특징

특징	비고
자율성	각종 전자장치를 이용하여 자율 비행 가능
통신	무선 통신, 위성 통신, 인터넷 등 사용 가능
에너지 효율	무인이기 때문에 가벼운 중량으로 고효율
안전성	사람 탑승이 없으므로 위험한 임무 수행 가능

- **자율성** : 드론은 조종사가 타지 않으므로 자율적인 기능이 많다. GPS와 센서를 활용해 정해진 경로를 따라 비행할 수 있으며, 장애물 회피 기능을 갖추고 있다.
- **통신** : 드론은 무선 주파수, 위성 통신, 인터넷 연결을 통해 지상 조종사와 자동 조종 시스템과 실시간으로 비행 정보를 주고받는다.
- **에너지 효율** : 사람이 타지 않으므로 그만큼 가벼워서 에너지 효율이 높다. 드론 대부분은 배터리를 전력으로 사용하며, 에너지 효율성 향상을 위한 기술 개발이 지속되고 있다.
- **안전성** : 사람이 탑승하지 않으므로 정찰비행과 곡예비행 등 위험한 임무를 수행할 수 있고, 시간과 공간 제약이 적으며, 무인 비행으로 인하여 경제성이 높다.

11.6.2 드론의 활용과 과제

드론은 군사적인 목적으로 사용되기 시작하여 민간 부문으로 확장되고 있다.
드론은 많은 역할을 담당하며 성장하고 있지만 해결해야 할 과제도 많이 있다.

1 드론의 활용 분야

드론이 활용되기 시작한 것은 군대의 정찰 업무지만 점차 민간 영역으로 확대되어 동력 기계가 동작하는 부분에는 [표 11.13]과 같이 드론이 활용되고 있다.

[표 11.13] 드론의 활용 분야

특징	비고
촬영	항공 촬영, 영화, 자원 탐사, 시설 감시 등
배송	연안의 섬, 높은 기지에 약품 배달 등
농업	농장 감시와 분석, 비료와 약제 살포 등
탐색	재해 탐색, 구조, 수색 등
연구	기후 변화, 야생 생태계, 환경오염 등
군사	정찰과 감시 및 전투

촬영 분야에서 드론은 고품질 카메라를 탑재하여 항공 촬영, 부동산 촬영, 영화 제작, 자원 탐사, 생태계 모니터링, 시설 감시 및 정찰 등에 사용된다. 배송 분야에서는 외떨어진 지역에 소규모 패키지를 고객

에게 배송하기 위해 드론을 사용하고 있다. 농업 분야에서는 드론이 살충제와 비료와 씨앗 살포, 농장 감시, 작물 상태 분석 등 농업의 효율성을 높이는 데 사용된다. 탐색 분야에서는 자연재해 시 드론이 피해 지역의 항공 조사를 수행하고, 실종자 위치를 파악하는 데 도움을 준다.

연구 분야에서는 기후변화 연구, 야생동물 조사, 환경오염 모니터링 등에 활용된다. 군사 분야에서는 정찰 목적으로 드론이 사용되기 시작하였으나 이제는 전투 목적으로 사용되고 있다. 최근의 여러 전쟁에서 드론이 주도적인 역할을 하는 경우가 증가하고 있다. 앞으로는 다양한 전투에서 더욱 역할이 커질 것으로 예상된다.

2 드론의 도전 과제

드론 기술은 여전히 여러 도전에 직면해 있다. 공공 안전, 개인 정보 보호, 공중 안전 등의 문제가 대표적이다. 또한, 드론의 활용이 증가함에 따라 공항 근처에서의 운항 안전, 날씨의 영향, 신호 간섭 등 추가적인 규제와 기술적 해결책이 필요한 상황이다. 드론 기술의 발전은 지속해서 이루어지고 있다. 특히 물류와 제조 산업 자동화에 큰 역할을 하고 있으며 방위산업으로 확장되고 있다. 앞으로도 이 분야의 혁신과 응용 가능성은 경제 성장 측면에서 매우 크다고 할 수 있다.

11.7 자율주행

자율주행 차량은 운전자의 주행 관리 없이 스스로 주변 환경을 인식하고, 결정을 내리며, 주행 경로를 조절할 수 있는 차량이다. 이 기술은 인공지능, 머신러닝, 센서 기술, 전자 지도 그리고 복잡한 알고리즘을 통합하여 차량이 자동으로 주행할 수 있게 한다. 자율주행은 앞으로의 미래 사회를 대폭 변화시킬 것이 분명하다.

11.7.1 자율주행의 목표와 기술

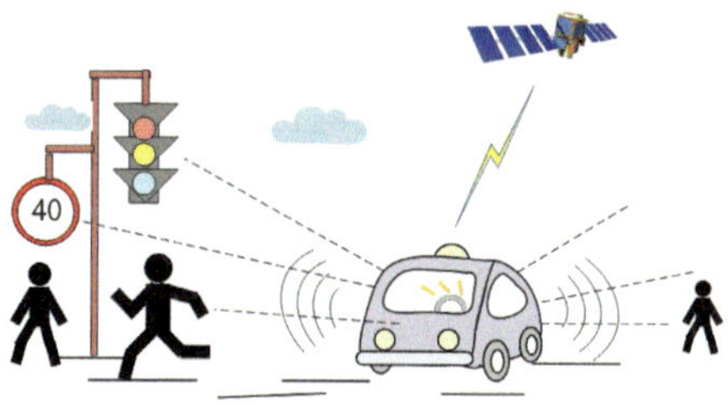

[그림 11.13] 자율주행 차량 운행

자율주행의 목표는 사람의 개입 없이 완전하게 차량 스스로 주변 환경을 파악하면서 목적지까지 운전하는 것이다. 자율주행이 성공하려면 수많이 기술들이 뒷받침되어야 한다. 자율주행 차량은 [그림 11.13]과 같이 운전자가 개입하지 않고 자체 장비와 인공위성, 전자 지도 등을 이용하여 스스로 목적지까지 운행해야 하므로 많은 기술이 소요된다.

1 자율주행 차량 자율 수준

자동차의 자율주행 기준에 관한 연구는 1960년대부터 수행되었지만, 구체적으로 국가에서 제정되어 적용되기 시작한 것은 최근의 일이다. 이전까지는 나라마다 여러 가지 기준이 제시되었으나 이제는 [표 11.14]와 같은 미국 자동차 기술학회의 기준을 따르는 경향이다.

자율주행 기준 6단계는 다음과 같다.

- **수준 0(비자동화)** : 모든 주요 시스템은 인간 운전자에 의해 제어된다.
- **수준 1(운전자 보조)** : 시스템은 스티어링 또는 가속과 같은 특정 운전 작업을 자동으로 처리할 수 있지만, 인간 운전자가 차량을 계속 감독해야 한다.
- **수준 2(부분 자동화)** : 차량이 스티어링과 가속을 동시에 관리할 수 있지만, 운전자는 언제든지 제어를 인수할 준비가 되어 있어야 한다.
- **수준 3(조건부 자동화)** : 특정 조건에서 운전자의 개입 없이 차량이 전체 주행을 제어할 수 있다. 하지만, 시스템이 운전자에게 제어를 요청할 수 있는 상황에서 운전자는 대응할 준비가 되어 있어야 한다.
- **수준 4(고도 자동화)** : 특정 조건에서 완전 자율주행이 가능하며 운전자 개입이 필요 없다. 일부 제한된 환경(예: 지리적 경계가 설정된 도심 지역)에서는 운전자 없이도 운행할 수 있다.
- **수준 5(완전 자동화)** : 레벨 5는 완전 자동화 단계로서 어떠한 환경에서도 인간 운전자 없이 주행할 수 있다.

[표 11.14] 미국 자동차 기술 학회(SAE)의 자율주행기술 6단계

기준	내 역	비 고
수준 0	완전 수동	운전수가 100% 운전
수준 1	운전자 보조	운전대나 가속 페달을 기계가 보조
수준 2	부분 자동화	운전대와 크루즈 제어를 하지만, 운전자가 계속 감시
수준 3	조건부 자동화	특정 조건에서만 주행을 담당, 필요시 즉시 운전을 인수
수준 4	고도 자동화	특정 조건에서만 완전히 자율주행
수준 5	완전 자동화	기계가 100% 운전

2 자율주행 핵심 기술

자율주행 차량에 필요한 핵심 기술은 [표 11.15]와 같이 인지, 계획, 제어, 위치추적 등의 네 가지 기술로 구성된다.

[표 11.15] 자율주행을 위한 핵심 기술

기술 종류	비고
인지 기술	차량 운행과 관련된 차량 주변의 정보를 인지하는 기술
계획 기술	출발지에서 목적지까지 운행 경로를 계획하는 기술
제어 기술	전진과 관련된 종방향 제어와 방향을 결정하는 횡방향 제어 기술
위치추적 기술	고정밀지도와 연결하여 현재 위치를 추적하는 기술

- **인지 기술** : 카메라는 차량 주변의 시각 정보를 수집하여 객체 인식, 차선 인식 등에 사용한다. 라이다 (Lidar)는 레이저를 사용하여 3D 환경을 스캔하여 높은 정밀도의 거리 정보를 제공한다. 레이더 (Radar)는 전파를 이용해 물체의 거리와 속도를 측정한다. 날씨에 영향을 덜 받는다. 초음파 센서는 주로 근거리 장애물 감지에 사용된다. 주차 보조 시스템으로 많이 사용된다. 컴퓨터 비전은 카메라로부터 얻은 영상을 분석하여 객체 인식, 차선 인식 등을 수행한다. 딥러닝은 대량의 자료를 학습하여 객체 인식 및 분류, 행동 예측 등을 수행한다.
- **계획 기술** : 경로 계획은 출발지에서 목적지까지 전체적인 경로를 계획한다. 전자 지도와 GPS 정보를 활용한다. 지역 경로 계획은 현재 차량의 위치와 주변 환경을 고려하여 짧은 거리 내에서의 경로를 계획한다. 현재 주행 상황을 분석하여 필요한 행동을 결정한다. 예를 들어, 다른 차량의 움직임을 예측하고 이에 대응하는 방안을 마련한다. 다양한 주행 시나리오에서 적절한 결정을 내린다. 예를 들어, 차선을 변경하거나, 속도를 줄이거나, 정지하는 등의 행동을 결정한다.
- **제어 기술** : 종방향 제어(Longitudinal Control)는 차량의 가속과 감속을 제어한다. 횡방향 제어 (Lateral Control)는 차량의 방향을 제어한다. 차선 유지 및 차선 변경 등을 포함한다. 전자 제어장치 (ECU, Electronic Control Unit)는 다양한 제어 시스템을 통합하여 전체 차량을 제어한다. 안전 시스템으로 긴급 상황에서의 제어, 예를 들어 긴급 제동 시스템 등이 포함된다.
- **위치추적 기술** : 매우 정확한 고정밀지도를 사용하여 자율주행차가 주변 환경을 정확히 인식하고 위치를 파악할 수 있게 한다. SLAM(Simultaneous Localization and Mapping) 기술은 차량이 주행하

면서 주변 환경의 지도를 생성하고 동시에 자신의 위치를 추적한다.

V2X(Vehicle-to-Everything) 기술은 차량과 차량(V2V), 차량과 인프라(V2I), 차량과 보행자(V2P) 간의 통신 기술을 통해 정보를 교환하고, 더욱 안전한 주행을 도모한다. 이러한 다양한 기술들이 결합하여 자율주행차가 환경을 인식하고, 적절한 주행 경로를 계획하며, 안전하게 제어할 수 있다. 현재 자율주행 기술은 빠르게 발전하고 있으며, 완전 자율주행에 가까워지고 있다.

11.7.2 도전과 전망

자율주행 기술이 가장 잘 적용되고 있는 곳은 장거리 고속도로의 화물차량들이다. 미국과 유럽에서는 대륙을 횡단하는 고속도로에 화물차량들이 오랜 시간을 운행해야 하므로 운전기사들을 고용하기 힘들다고 한다. 차량의 교통량도 많지 않은 곳에서 밤낮으로 주행하기 때문에 자율주행이 가장 필요한 곳이다. 이런 곳에서는 차량이 대열을 지어서 달리기 때문에 관리 기사들이 보조로 승차하고 운행하면 매우 효율적일 것이다. 이미 많은 시험 운행을 통하여 성공하고 있다.

자율주행 기술은 아직 여러 도전 과제를 안고 있다. 이에는 기술적 한계, 법적 규제 문제, 보안 우려, 그리고 도덕적 문제 등이 포함된다. 그런데도, 자율주행 기술은 교통사고 감소, 교통 효율성 향상, 환경 영향 감소 등 여러 면에서 큰 잠재력을 보여 주고 있다. 이 기술이 성숙하고 법적 및 사회적 문제들이 해결되면, 미래의 교통 체계에 혁명적 변화를 가져올 것으로 기대된다.

11.8 블록체인

블록체인(Blockchain)은 분산 원장 기술의 일종으로 자료를 디지털 정보로 안전하고 투명하게 기록하고, 분산된 방식으로 공유할 수 있는 기술이다. 이 기술은 자료를 투명하고 변경할 수 없는 방식으로 관리하여 보안성을 극대화한다. 블록체인은 기본적으로 정보를 저장한 '블록'(즉, 자료 레코드)들이 '체인' 형태로 구성된 자료 구조를 사용하여 정보를 관리한다. 각 블록은 특정 시간대에 수집된 자료를 포함하며, 이전 블록을 참조하는 방식으로 연결되며, 자료의 무결성을 보장한다.

11.8.1 블록체인 특징과 작동 원리

블록체인은 블록을 체인으로 연결하여 분산된 원장을 관리하는 기술이다. 블록체인은 [표 11.16]과 같이 3개의 개념으로 구성된 기술이다.

[표 11.16] 블록체인의 개념

개념	비고
블록	거래 자료가 저장되는 독립 공간
체인	블록들을 생성된 순서대로 연결하는 고리
분산 원장	거래 정보가 분산되어 저장되는 데이터베이스

블록(Block)은 거래 자료가 저장되는 단위이다. 각 블록은 여러 개의 트랜잭션(거래) 정보를 포함하고 있다. 체인(Chain)은 블록들이 생성된 순서대로 연결된 구조이다. 각 블록은 이전 블록과 연결되어 있어 체인을 형성한다. 분산 원장(Distributed Ledger)은 네트워크에 참여하는 모든 노드에 의해 복제되어 공유되는 분산된 데이터베이스이다. 블록체인은 블록에 거래 기록을 저장하고 블록을 네트워크의 각 노드에 저장하고 체인으로 연결한 분산된 구조이다.

1 블록체인의 특징

블록체인은 처음에 설계할 때부터 중앙관리를 피하고 각 지역 노드에 분산하여 관리하는 것을 원칙으로 하였다. 설계 목적부터 [표 11.17]과 같은 특성이 반영되었다.

[표 11.17]블록체인의 목적과 특징

특징	비고
탈중앙화	중앙 기관의 통제 없이 참여자 중심으로 운영
투명성	모든 참여자에게 거래를 공개하고 검증
변경 불가능	한 번 기록된 자료는 변경 불가능
보안	강력한 암호로 보호

탈중앙화(Decentralization)란, 블록체인은 중앙에서 관리하는 기관이 없으므로 참여하는 모든 노드가 동등한 자격으로 자료에 접근하고 관리하는 것이다.

즉, 중앙 집중식 서버가 아닌 네트워크 참여자(노드)들에 의해 운영된다. 각 참여자는 전체 블록체인의 복사본을 보유하고 있으므로 중앙 기관의 간섭 없이도 네트워크가 유지된다. 투명성(Transparency)

이란 거래의 신뢰성을 위해 모든 거래 기록은 네트워크에 참여하는 모든 사람에게 공개되며, 각 참여자는 복사본을 갖고 있으므로 거래의 추적과 검증을 할 수 있다.

변경 불가능성 (Immutability)이란 자료의 안전을 위해 한 번 블록체인에 기록된 자료는 변경하거나 삭제할 수 없게 만들었다. 이것은 암호학적 해시 함수와 연결 구조를 통해 보장된다. 자료를 변경하려면 네트워크의 과반수의 동의가 필요하며, 모든 관련 블록을 재계산해야 한다.

보안이란 각 블록은 암호학적으로 안전한 해시 함수를 사용하여 이전 블록과 연결한다. 이것으로 인하여 자료가 네트워크를 통하여 안전하게 전송되는 것을 보장한다. 암호화 기법과 분산 네트워크를 통하여 자료의 무결성과 안전이 유지된다.

2 블록체인의 구성과 작동

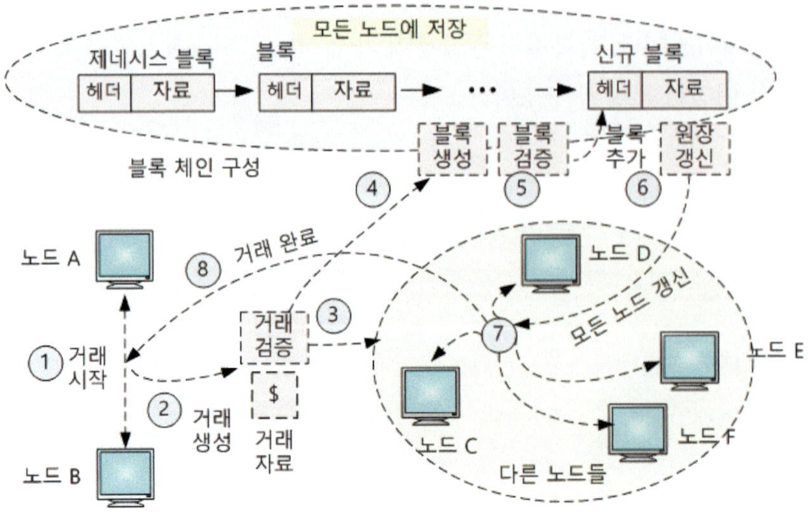

[그림 11.14] 블록체인의 생성과 거래

[그림 11.14]와 같이 노드 A와 노드 B가 블록체인 거래를 시작하면①, 거래(트랜잭션)가 생성된다②. 거래가 생성되면 모든 노드들이 거래 자료를 검증하고③, 검증을 통과하면 블록을 생성한다④. 생성된 블록을 검증하면⑤, 블록체인의 끝에 블록을 추가하는 것으로⑥ 원장 갱신이 완성된다. 원장이 갱신되면 모든 노드들에게 갱신을 통보하고⑦, 노드 A와 B가 블록체인 거래를 완료한다⑧.

블록체인의 개념과 특징을 간략하게 설명하면 [그림 11.15]와 같다. 암호화폐의 코인 생성과 같이 새로운 거래가 발생하면 트랜잭션을 생성하고, 블록을 생성하고, 블록을 블록체인에 연결한 후에 원장을 갱신하는 것으로 종료된다.

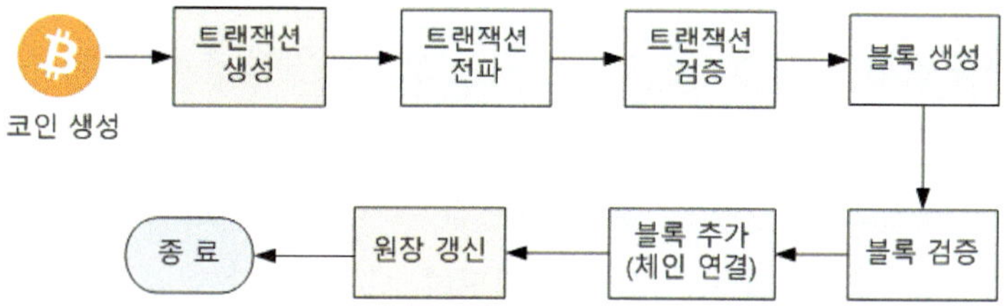

[그림 11.15] 블록체인의 간략한 작동 순서

어떤 거래가 발생하면 사용자가 블록체인 네트워크에서 트랜잭션을 생성한다. 예를 들어, 비트코인을 전송하는 경우를 생각할 수 있다. 생성된 트랜잭션은 네트워크의 모든 노드로 전파하여 참여자들에게 알려준다. 각 노드는 전파된 트랜잭션의 유효성을 검증한다. 이 과정에서 디지털 서명과 기타 검증 기법이 사용된다.

유효한 트랜잭션들은 모여서 블록을 생성한다. 이 과정은 일반적으로 특정 시간 간격으로 이루어진다. 생성된 블록은 네트워크의 모든 노드에 의해 검증된다.

이 과정은 작업 증명(Proof of Work)이나 지분 증명(Proof of Stake) 같은 합의 알고리즘을 통해 이루어진다. 검증이 완료된 블록은 블록체인에 연결하는 것으로 추가된다. 각 블록은 이전 블록의 해시값을 포함하고 있어 체인 구조를 형성한다. 새로운 블록이 추가되면 네트워크의 모든 노드는 자기 원장을 갱신한다.

11.8.2 블록체인의 활용 분야

블록체인의 활용 분야는 디지털 시대에 발맞추어 금융, 공급망관리, 의료, 전자투표, 스마트 계약, 개인 정보 보호 등의 분야로 다음과 같이 점점 확장되고 있다.

금융 분야에서는 전통적인 금융 거래보다 더 빠르고, 저렴하며, 투명하게 거래를 처리할 수 있다. 비트코인, 이더리움과 같은 암호화폐는 블록체인 기술을 사용하여 금융 거래를 안전하고 투명하게 기록하고 관리한다. 공급망관리(Supply chain)에서는 상품의 생산, 유통, 판매 과정을 블록체인에 기록하여 추적성과 투명성을 높인다. 제품의 출처부터 소비자에게 도달하기까지의 원산지 증명과 함께 유통 경로를 투명하게 추적할 수 있다. 의료 분야에서는 환자의 의료 기록을 안전하게 저장하고 공유하여 진료의 효율성을 높인다. 전자투표에서는 블록체인을 이용하여 투표의 투명성과 무결성을 보장한다. 투표의 보안성을 높이는 데 사용될 수 있다. 스마트 계약에서는 조건이 충족되면 자동으로 실행되는 계약을 통해 중개자 없이 안전한 거래를 가능하게 한다. 스마트 계약은 계약 조건이 충족될 때 자동으로 실행되는 계약이다. 개인 정보 보호 차원에서 개인 자료의 소유권과 제어권을 개인에게 돌려줄 수 있다.

블록체인은 다양한 분야에서 혁신적인 변화를 일으킬 수 있는 기술로 주목받고 있다. 기술이 계속 발전함에 따라 더 많은 응용 분야가 등장할 것으로 기대된다.

블록체인 기술은 여전히 발전 중이며, 그 가능성은 매우 넓은 범위의 산업 활동에 영향을 미칠 것으로 예상된다. 기술이 계속 발전함에 따라, 그 적용 가능성과 이점은 더욱 확대될 것이다.

11.9 암호화폐와 NFT

암호화폐(cryptocurrency)는 블록체인 기술을 기반으로 하는 디지털 자산으로, 거래를 안전하게 보호하기 위해 분산된 방식으로 관리되는 화폐이다. 암호화폐는 가상 통화로서, 암호학을 이용해 보안을 강화하고 거래를 검증한다. 암호화폐는 전통적인 물리적 화폐와 달리 중앙 집중식 권한이나 기관에 의존하지 않는다. 대신, 분산 원장 기술인 블록체인을 사용하여 거래 기록을 공개적으로 유지하고, 변조 불가능하게 만들어서 신뢰도를 얻는다.

대체 불가능 토큰(NFT, Non-Fungible Token)은 블록체인 기술을 기반으로 하는 디지털 자산이다. 이것은 각각의 토큰이 고유한 가치를 가지기 때문에 서로 대체될 수 없다는 의미이다. 암호화폐와 NFT는 블록체인을 기반으로 생성되어 각각 독자 영역을 구축하며 성장하고 있다. NFT는 주로 암호화폐 이더리움(Ethereum) 블록체인상에서 발행된다.

11.9.1 암호화폐

암호화폐는 여러 국가가 정부 차원에서 규제를 많이 하는데도 불구하고 끊임없이 생명력을 이어가며 번영을 누리고 있다. 그 이유는 무엇일까? 암호화폐를 만드는 사람들은 기본적으로 중앙정부의 화폐 통제에 대한 불만이 많다. 시장 경제에 대한 권력의 지배를 싫어하는 사람들이 주도적으로 금융을 일구고 싶은 욕망을 표현한 것이 암호화폐이다.

1 암호화폐의 동기

암호화폐가 필요하다고 주장하는 사람들은 중앙 금융 시스템의 권위에 대한 불만, 기존 금융 시스템의 접근 곤란, 기존 시스템의 고비용과 저효율에 대한 불만이 쌓여있었다. 여기에 디지털 화폐에 대한 새로운 투자 기회 등 여러 가지 장점을 들어서 암호화폐를 지지하고 있다.

- **중앙 금융 시스템에 대한 불만** : 중앙 금융 시스템에 대한 불만에 대한 대응으로 나온 것이 탈중앙화이다. 전통적인 금융 시스템은 은행, 중앙은행, 결제 네트워크 등의 중앙 권위에 의해 통제된다. 암호화폐는 이러한 중앙 통제나 권위 없이 작동하므로 사용자들이 직접 자신의 자산을 관리하려고 한다. 암호화폐는 거래의 정보 보호와 익명성을 보장하여 사용자들이 자신의 금융 거래를 더 안전하고 비공개적으로 관리하려고 한다.
- **금융 접근성과 비용** : 많은 사람이 전통적인 은행 시스템에 접근할 수 없는 상황에서 불만을 느끼고 있다. 암호화폐는 인터넷만으로 금융 서비스에 접근할 수 있는 수단을 제공한다. 전통적인 금융 시스템에서는 해외 송금이나 거래에 높은 수수료가 부과될 수 있다. 암호화폐는 이러한 수수료를 줄이고 더 저렴한 금융 서비스를 제공한다.
- **빠르고 효율적인 거래** : 암호화폐는 국경을 넘어서 빠르고 쉽게 거래할 수 있다. 특히 국제 송금에서 수수료와 시간 절약에서 큰 장점이 된다. 전통적인 은행 송금은 며칠이 걸릴 수 있지만, 암호화폐 거래는 인터넷으로 통제 없이 거래하므로 몇 분 또는 몇 초 안에 완료된다.
- **자산의 디지털화와 새로운 투자 기회** : 암호화폐는 새로운 형태의 디지털 자산을 창출하여 자산 관리와 투자의 새로운 기회를 제공한다. 디파이(DeFi)[7] 플랫폼은 전통적인 금융 시스템의 기능을 탈중앙화하여 대출, 차입, 이자 등의 금융 서비스를 제공한다.

이와 같은 이유로 인해 많은 사람이 암호화폐를 만들고 사용한다. 암호화폐는 기존 금융 시스템에 대한 도전과 혁신을 통해 더 나은 금융 서비스와 더 많은 기회를 제공하려는 목적으로 발전하고 있다. 물론, 암호화폐는 여전히 많은 규제와 도전 과제를 안고 있지만, 그 가능성과 잠재력 때문에 많은 사람이 이 기술에 주목하고 있다.

7 DeFi : 'decentralize'와 'finance'의 합성어. 탈중앙화된 금융 시스템. 중앙 기관의 통제를 받지 않는 금융 생태계.

2 암호화폐의 핵심 요소

암호화폐의 핵심은 [표 11.18]과 같이 디지털 자산, 분산 관리, 암호, 익명성, 갱신 불가 등의 기술을 통하여 중앙정부의 화폐 통제를 벗어나서 자유를 누리려고 하는 것이다.

암호화폐는 물리적 형태가 없는 디지털 자산이다. 따라서 모든 거래는 온라인에서 이루어진다. 중앙 집중식 기관 없이 분산 관리하기 때문에 네트워크 참가자들의 컴퓨터가 거래 기록을 관리하고 검증한다. 모든 거래는 강력한 암호로 보호되어, 보안성이 매우 높다. 익명성이 보장되어 거래자의 신원은 공개되지 않으며, 주소는 숫자와 문자의 조합으로만 표현된다. 한 번 확인된 거래는 되돌릴 수 없으며, 이것은 사기 거래의 위험을 감소시킨다.

[표 11.18] 암호화폐의 핵심 요소

핵심 요소	비고
디지털 자산	물리적 실체가 없으므로 온라인으로 처리 가능
분산 관리	모든 참여자에게 거래가 공개되어 분산 관리된다.
암호학적 보안	강력한 암호로 거래 내용을 보호
익명성	거래자의 신원 미공개
비가역성	한 번 거래되면 되돌릴 수 없으므로 위험이 적다.

3 암호화폐의 작동 원리

블록체인은 암호화폐의 바탕을 이루는 기술로, 모든 거래가 기록되는 분산 원장이다. 각 블록에는 여러 개의 거래 내용이 포함되며, 블록들은 체인 형태로 연결된다. 암호화폐는 [그림 11.16]과 같이 채굴 또는 구매 거래(트랜잭션)를 통하여 확보하고, 디지털 지갑에 보관하고, 블록을 만들어서 블록 안에 디지털 지갑 보관한다. 거래가 발생하여 얻은 블록을 블록체인에 추가(연결)한다.

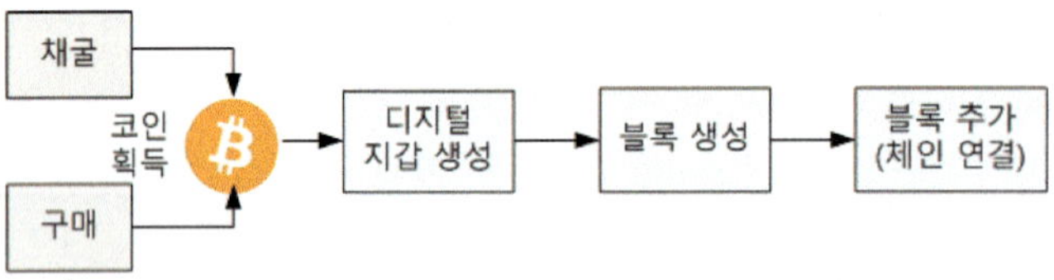

[그림 11.16] 암호화폐 작동 순서

(1) 지갑

암호화폐를 보관하는 디지털 지갑(digital wallet)에는 공개키와 개인키가 포함되어 있으며, 이를 통해 암호화폐를 송수신할 수 있다. 공개 키(Public Key)는 계좌 번호와 같은 역할을 하며, 다른 사람들이 이 키를 이용해 암호화폐를 보낼 수 있다. 개인 키(Private Key)는 비밀번호와 같은 역할을 하며, 암호화폐를 사용할 때 서명을 하는 데 필요하다. 개인 키는 절대 외부에 노출되지 않도록 해야 한다.

(2) 트랜잭션

트랜잭션(Transaction)은 데이터베이스 자료를 조작하는 프로그램의 기본 단위이다. 암호화폐의 송금 또는 교환 행위인 트랜잭션은 전자 서명을 통해 인증되며, 네트워크상의 모든 노드가 검증을 수행한다. 이 과정에서 다음과 같은 알고리즘을 사용하여 신뢰를 확보한다.

- **합의 알고리즘(Consensus Algorithm)** : 네트워크의 모든 노드가 거래의 유효성을 검증하고 합의에 도달하기 위해 사용된다.
- **작업 증명(Proof of Work, PoW)** : 작업 증명을 통하여 문제를 해결한 노드가 블록을 생성할 수 있는 권한을 얻는다. 비트코인이 대표적이다.
- **지분 증명(Proof of Stake, PoS)** : 지분 증명은 노드의 지분(보유량)에 따라 블록을 생성할 수 있는 권한을 얻는다. 이더리움 2.0이 대표적이다.

(3) 채굴

채굴(Mining)은 새로운 블록을 생성하고 이를 블록체인에 추가하는 과정이다. 채굴자는 블록을 생성한 대가로 암호화폐를 보상으로 받는다. 작업 증명(PoW)에서는 연산 능력을 사용해 문제를 해결하고, 지분 증명(PoS)에서는 지분을 활용해 블록을 생성한다.

4 암호화폐의 종류

암호화폐의 종류는 무수하게 많이 존재하지만, 대표적인 것은 다음과 같다.

- **비트코인 Bitcoin** : 첫 번째이자 가장 널리 알려진 암호화폐로, 2009년 사토시 나카모토에 의해 창시되었다.
- **이더리움 Ethereum** : 스마트 계약 기능을 제공하는 플랫폼으로서, 이더리움 블록체인 위에서 동작

하는 암호화폐인 이더(ETH)를 사용한다.

- **리플 Ripple** : 빠른 국제 송금에 초점을 맞춘 암호화폐로, 특히 은행과 금융기관 사이의 거래에 사용된다.
- **라이트코인 Litecoin** : 비트코인의 파생 상품으로서, 더 빠른 거래 확인 시간을 목표로 한다.

이외에도 카르다노Cardano, 폴카닷Polkadot, 솔라나Solana 등 최근에는 더 많은 기능성과 효율성을 목표로 하는 새로운 암호화폐가 등장하고 있다.

5 암호화폐의 장단점

[표 11.19] 암호화폐의 장단점

구 분	내 역
장 점	인터넷에 의한 접근성 용이
	신속한 송금과 저렴한 비용
	블록체인으로 인한 높은 투명성
단 점	변동적인 시장으로 인한 급격한 가격 변화
	법적 장치 부족으로 법적 보호 미흡
	기술적 복잡성으로 인한 사용의 불편

암호화폐는 좋아하는 사람들과 싫어하는 사람들이 극명하게 대비되는 분야이다. 모두 장단점이 뚜렷하게 있기 때문에 장단점의 해당 여부에 따라 선호도가 바뀐다. [표 11.19]는 암호화폐의 장단점을 비교한 것이다. 암호화폐의 장점은 인터넷에 접속할 수 있는 누구나 암호화폐를 사용할 수 있으므로 접근성이 좋다. 전 세계 어디로든 빠르고 저렴하게 자금을 송금할 수 있다. 셋째, 모든 거래 내용은 블록체인에 기록되어 누구나 점검할 수 있으므로 투명성이 높다. 암호화폐의 단점은 고도로 변동적인 시장으로 인해 가격이 급격히 변할 수 있다. 많은 국가에서 아직 암호화폐에 대한 명확한 규제가 없어 법적 보호가 부족하다. 기술적으로 복잡해서 일반 대중은 이해하기 어렵고 사용하기 복잡하다는 점이다. 암호화폐는 그 사용과 기술의 진화에 따라 지속적으로 발전하고 있으므로, 투자나 사용 시 신중한 접근이 요구된다. 이러한 특성들로 인해 향후 금융 및 다양한 산업에서 큰 영향력을 발휘할 것으로 예상된다.

11.9.2 대체 불가능 토큰 NFT

대체 불가능 토큰(NFT, Non-Fungible Token)은 블록체인 기술을 기반으로 하는 디지털 자산으로, 각각의 토큰이 고유한 가치를 가지며 서로 대체될 수 없다. 이것은 비트코인과 같이 대체 가능한 자산과는 반대되는 개념이다. 각 NFT는 고유하며 다른 토큰과 교환할 수 없는 특성을 지니고 있으므로 예술 작품, 음악, 게임 아이템, 수집품 등 다양한 디지털 콘텐츠의 소유권을 표현하는 데 사용된다.

1 NFT의 주요 특징

NFT는 블록체인을 기반으로 디지털 제품을 상품화하여 재화를 유통하는 체제로 발전시켰다. NFT의 특징들은 [표 11.20]과 같이 희소성과 대체 불가능성을 디지털 기술로 확보한다는 점이다.

[표 11.20] NFT의 특징

특징	비고
대체 불가능	NFT마다 고유한 특성이 있어 대체 불가능
디지털 소유권	블록체인으로 소유권 보장
희소성	NFT 발행자가 수량을 제한함
거래 용이성	세계 많은 곳에 시장이 형성되어 거래가 용이
프로그래밍 가능	NFT 안에 프로그램을 내장하여 비용 기능 등을 포함

NFT는 각각 고유한 특성을 가지고 있어 다른 NFT나 다른 자산과 1:1로 교환될 수 없다. 예를 들어, 비트코인과 같은 암호화폐는 각 단위가 서로 같은 가치를 지니고 있어 교환할 수 있지만, NFT는 각각 다른 가치와 특성을 가진다. 이것을 대체 불가능성(Non-fungibility)이라고 한다.

NFT는 블록체인에 기록되므로 소유권 정보가 투명하고 변경할 수 없다. 이에 따라 디지털 아이템의 소유권을 명확하게 할 수 있으며, 위조나 복제를 방지할 수 있다. 이것을 디지털 소유권 증명이라고 한다. 발행자는 NFT의 수량을 제한할 수 있어, 희소성을 가진 디지털 자산을 만들 수 있다. 예술가는 자기 작품을 단 한 개만 발행하거나 제한된 수량만큼만 발행하여 희소가치를 높일 수 있다.

NFT는 블록체인을 통해 전 세계 어디에서나 쉽게 거래될 수 있다. 전통적인 예술 시장과 달리, 디지털 마켓플레이스를 통해 NFT를 구매, 판매, 거래할 수 있으며, 이 과정은 몇 분 내에 완료될 수 있다. NFT는 스마트 계약을 통해 다양한 기능의 프로그램을 내장할 수 있다. 예를 들어, 작품이 재판매될 때마다 원작자에게 일정 비율의 수수료가 지급되도록 설정할 수 있다.

2 NFT의 기술 요소

NFT를 생성하고 유지하는데 필요한 기술 요소들은 [표 11.21]과 같다.

[표 11.21] NFT의 기술 요소

기 술	비 고
블록체인	주로 이더리움 블록체인에서 발생
스마트 계약	NFT의 생성, 거래, 소유권 이전을 관리하는 코드 포함
메타데이터	디지털 자산에 대한 속성 정보 포함
지갑	NFT를 저장하고 관리하기 위한 기능

NFT는 주로 이더리움(Ethereum) 블록체인상에서 발행된다. 이더리움의 스마트 계약 기능을 활용하여 NFT의 발행, 거래, 소유권 관리를 자동화한다. 스마트 계약은 NFT의 생성, 거래, 소유권 이전을 관리하는 코드를 포함한다. 이더리움의 ERC-721, ERC-1155와 같은 표준이 널리 사용된다.

NFT는 디지털 자산의 소유권과 함께 메타데이터를 포함한다. 메타데이터는 자산의 고유한 특성과 정보를 설명한다. 예를 들어, 디지털 아트워크의 경우 이미지 파일의 링크, 작가 정보, 제작 날짜 등이 포함된다. NFT를 저장하고 관리하기 위해 디지털 지갑이 필요하다. 메타마스크(MetaMask)와 같은 이더리움 지갑이 널리 사용된다.

3 NFT 활용 사례

NFT를 활용하는 사례가 예술품에서 점차 스포츠와 엔터테인먼트 등으로 확장되고 있다. 디지털 예술 작품을 NFT로 발행하여 소유권을 증명하고, 이를 판매하거나 경매에 부칠 수 있다. 이것은 새로운 수익 모델을 창출하고 있다. 블록체인 게임에서 사용되는 고유한 아이템이나 캐릭터를 NFT로 발행하여 실제 가치가 있는 자산으로 소유하고 거래할 수 있다. 희귀한 디지털 수집품을 NFT로 발행하여 수집가들 사이에서 거래할 수 있다. 가상 세계에서의 토지나 건물을 NFT로 발행하여 소유하고 거래할 수 있다. 음악가들이 음악 트랙, 앨범, 비디오 클립 등을 NFT로 발행하여 전통적인 음악 유통 채널을 벗어나 팬들에게 판매하거나 경매하여 독립적으로 수익을 창출할 수 있다. 스포츠팀, 영화 제작사 등이 팬들과의 교류를 강화하기 위해 NFT를 활용하여 한정판 컬렉션을 제공할 수 있다.

NFT는 디지털 자산의 소유권을 안전하고 투명하게 관리할 수 있는 혁신적인 기술이다. 예술, 게임, 음악 등 다양한 분야에서 새로운 가능성을 열어가고 있다. NFT는 디지털 경제에서 중요한 혁신으로 자리 잡고 있으며, 다양한 산업에서 새로운 가능성을 열어가고 있다.

연습문제

1. 문명이 전환되는 이유를 설명하시오.

2. 현대인들이 사회에 적응하기 어려운 이유를 설명하시오.

3. 가상현실을 정의하시오.

4. 가상현실을 위한 장비들을 설명하시오.

5. 가상현실의 동작 원리를 설명하시오.

6. 증강현실을 정의하시오.

7. 가상현실과 증강현실의 차이를 설명하시오.

8. 혼합현실을 정의하고 사례를 들어 설명하시오.

9. 메타버스를 정의하고 용도를 설명하시오.

10. 메타버스와 가상현실과의 관계를 설명하시오.

11. 빅데이터를 정의하시오.

12. 빅데이터가 주목받게 된 이유를 설명하시오.

13. 빅데이터의 3대 특징을 설명하시오.

14. 빅데이터의 기술에 대해 설명하시오.

15. 빅데이터의 활용 분야를 설명하시오.

16. 3D 프린터의 필요성을 설명하시오.

연습문제

17. 3D 프린팅 절차를 설명하시오.

18. 휴머노이드를 정의하시오.

19. 휴머노이드가 갖추어야 할 인간의 능력을 설명하시오.

20. 로봇의 물리적인 구성 요소들을 설명하시오.

21. 로봇의 정신적인 구성 요소들을 설명하시오.

22. 드론을 정의하시오.

23. 드론의 구성 요소들을 설명하시오.

24. 드론의 기술적인 특징을 설명하시오.

25. 드론의 활용 분야를 설명하시오.

26. 자율주행을 정의하시오.

27. 자율주행 차량의 자율 수준을 설명하시오.

28. 자율주행을 위한 핵심 기술을 설명하시오.

29. 자율주행의 미래를 전망하시오.

30. 블록체인을 정의하시오.

31. 블록체인의 개념을 설명하시오.

32. 블록체인의 특징을 설명하시오.

연습문제

33. 블록체인의 작동 원리를 설명하시오.

34. 블록체인의 활용 분야를 설명하시오.

35. 암호화폐를 정의하시오.

36. 암호화폐를 만든 동기를 설명하시오.

37. 암호화폐의 핵심 요소를 설명하시오.

38. 암호화폐의 작동 원리를 설명하시오.

39. 암호화폐의 장단점을 설명하시오.

40. 대체불가능 토큰 NFT를 정의하시오.

41. NFT의 특징을 설명하시오.

42. NFT의 활용도를 설명하시오.

CHAPTER 12

컴퓨터의 미래

인간의 진화가 현재에서 멈출 것인가 아니면 앞으로 계속될 것인가? 전자를 주장하는 사람들은 과학기술의 발달로 인하여 진화는 멈출 것이라 주장하고, 후자는 더욱 빠른 속도로 진화를 거듭할 것이라고 주장한다. 사람이 계속 진화하면 어떻게 될 것인가? 미래 과학 소설들을 보면 기괴하게 생긴 우주인들의 모습이 나온다. 두뇌만 크게 발달하거나 감각 기관만 극단적으로 발달한 모습이 보인다.

생각하는 기계는 앞으로 어떻게 발전할 것인가? 생물학적으로 보면 무생물에서 단세포 생물로 진화하였고 단세포가 다세포 동물로 진화하고, 다세포 동물이 어류, 양서류, 파충류, 포유류를 거쳐 영장류로 진화했다. 여기까지는 어느 누구의 도움 없이 스스로 진화한 것이다. 그런데 지적으로 우수한 사람들이 적극적으로 나서서 생각하는 기계의 진화를 돕는다면 어떻게 될 것인가?

앨런 튜링은 1990년대에, 그리고 '레이 커즈와일'은 2045년경에 특이점이 올 것이라고 예언하였다. 특이점이란 기계가 인간의 지능을 뛰어넘는 시점이다. 1990년대는 이미 지나갔다. 2045년부터 기계의 능력이 사람의 능력을 초과한다면 상상하기 힘든 일들이 벌어질 것이다. 지금까지는 사람들이 모여서 자신들의 지식을 융합하였지만, 앞으로는 사람과 기계들이 모여서 또는 기계들만 모여서 지식을 창출하고 융합할지도 모른다. 많은 공상과학 소설에서 꿈꾸었던 것들이 현실화하는 것을 보아왔던 우리는 새로운 꿈을 쫓아가고 있다. 과연 기계가 인간을 지배하는 사회가 올 것인가? 온다면 언제 올 것인가? 그런 사회는 어떤 사회일까?

12.1 인공지능의 미래

공상과학(SF) 소설을 보고 많은 사람이 미래를 꿈꾸기도 하지만 두려워하기도 한다. 1960년대 한국 사회에 컴퓨터가 처음 도입되었을 때 컴퓨터를 사용할 수 있는 사람들이 별로 없었다. 당시 대학에 FORTRAN이라는 컴퓨터 프로그래밍 언어 강좌가 처음 개설되었지만, 컴퓨터가 없어서 교실에서 말로만 강의를 들었다. 그러나 지금 사회에는 컴퓨터가 넘쳐나고 사무실에서 컴퓨터나 스마트폰을 사용하지 않고 일하는 사람은 거의 없다. 현대 사회에 생존하기 위해서는 컴퓨터와 인터넷을 잘 다루어야 한다고 모두 인식하고 있다. 금융권에서는 지점과 현금자동입출금기(ATM)를 점점 폐쇄하고 있고, 대면 업무를 줄이며 인터넷을 사용하라고 권장한다. 고속버스나 열차표도 인터넷으로 구매해야 하므로 디지털에 미숙한 사람들은 불편을 느끼고 있다.

미래에는 직종과 관계없이 인공지능을 다루지 않고는 더욱 일하기 어려울 것이다. 업무상 기본적으로 컴퓨터를 사용해야 하므로 인공지능 지식을 갖추는 것은 사회생활에 필수적이다. 예전에는 첨단 기계나 새로운 것을 싫어하는 사람들이 노골적으로 컴퓨터를 배척하기도 했다. 그러나 이제는 인공지능을 좋아하든 싫어하든 인공지능이 우리 사회를 점령해 나가고 있다. 대통령이 생성형 인공지능으로 대통령 담화문을 작성했다고 자랑하는 시대이다. 정부나 기업이나 인공지능이 잘할 수 있는 것은 인공지능에게 맡기는 방향으로 흘러가고 있다. 인공지능은 이미 현대인들에게 필수품이 되고 있다. 인공지능 환경과 미래를 살펴본다.

12.1.1 인공지능 환경

1980년대에는 인공지능 세탁기, 인공지능 에어컨 등과 같은 용어로 인공지능이라는 말이 유행어가 되었다. 지금은 빅테크 기업마다 챗봇을 만들어서 보급하고 있어서 음성 인공지능과 매우 익숙해져 있다. 집에서 쉬거나 TV를 시청하다가 챗봇을 불러서 날씨를 물어보고 모르는 상식들을 물어보고 전화를 거는 것을 부탁하기도 한다. 우리는 이미 인공지능과 대화를 나누면서 살고 있다. 예전에는 주차장에 들어갈 때 주차권을 뽑고 들어가서 나올 때 주차권을 제시하고 주차비를 지불했다. 지금은 주차장에 들어갈 때 카메라가 차량을 인식하고, 나올 때는 주차 정산 기계에서 결제하기 때문에 주차장 직원을 만날 일이 없다. 전에 사람이 하던 일을 기계가 대신하고 있다. 그 대신 문제가 발생하면 해결해줄 사람을 기다리는 불편을 감수해야 한다.

사람들이 하던 일을 점차 기계가 스스로 대신하고 있다. 전에는 물리적인 일만 하던 기계가 이제는 정신적인 일을 하면서 일의 범위를 늘려가고 있다. 인공지능의 역할이 점차 확대되고 있다. 인공지능 환경이란 인간이 정신적으로 하던 일을 기계가 대신할 수 있는 환경이다. 이제는 사람이 머리로 처리하던 일을 컴퓨터 프로그램으로 처리해야 한다. 따라서 어릴 때부터 컴퓨터 프로그램을 코딩하는 교육이 필요하다. 사람의 생각을 프로그램으로 바꾸는 훈련이 필요하다.

인공지능을 간단하게 정의하면 "사람처럼 생각하고 행동하는 컴퓨터 프로그램"이다. 인공지능의 기반은 1차적으로 신경과학, 심리학, 기계공학, 컴퓨터공학, 언어학 등이다. 2차적으로는 생물학, 뇌과학, 철학, 인류학, 자동제어, 물리학, 전기·전자공학, 수학, 논리학, 의미론 등이다. 따라서 이들 학문과 기술을 폭넓게 이해하고 융합할 필요가 있다. 다시 말하면 자연과학과 인문과학, 사회과학 그리고 예술 분야가 하나로 융합되어야 한다.

1 인공지능의 문제점

인공지능은 양날의 칼이 될 수 있다. 잘 활용하면 매우 훌륭한 도구 역할을 하지만 잘못 사용하면 매우 위험한 도구가 될 수 있다. 다이너마이트와 원자력이 좋은 역할과 나쁜 역할을 모두 할 수 있듯이 인공지능도 마찬가지이다. 항상 부정적인 사용을 염두에 두고 대비해야 한다. [표 12.1]과 같은 문제가 인공지능의 걸림돌이 되고 있다.

[표 12.1] 인공지능의 문제점

문제점	내역
사고 책임	인공지능 제품이 사고를 냈을 때 책임 소재
저작권	인공지능이 만든 작품의 저작권
보안 문제	인공지능에 의한 정보 유출

(1) 사고 책임

자율주행 차량이 사고를 냈을 때 책임은 누구에게 있는가? 차량을 만든 제조업자인가? 아니면 차량을 구매하거나 임대한 사용자인가? 제조업자는 사용자가 사용법을 지키지 않아서 생긴 사고라 주장할 것이고, 사용자는 차량이 잘못 만들어져서 그런 것이라고 주장할 것이다. 제조업자와 사용자 사이의 책임 경계가 분명하지 않기 때문에 분쟁이 발생할 수 있다. 따라서 예상되는 분쟁을 미리 점검하고 책임 소재를 분명하게 가리는 지침을 갖추어야 한다. 차량 사고 발생 시에는 우선 차량이 자율 운전 상태였는지 아니면 사람이 운전하는 상태였는지에 따라 책임이 달라진다. 자율 운전 상태였다면 어느 단계에서 운행되고 있었는지에 따라 책임이 달라진다.

[표 11.14]와 같이 자율주행은 0에서 5단계까지 나누어진다. 0단계는 온전하게 사람이 운전하는 단계이고 5단계는 완전한 자율주행 단계이므로 사람의 개입이 필요하지 않다. 그러나 0단계에서 4단계까지는 부분적으로 사람의 개입이 필요하다. 따라서 0단계에서 4단계까지 완전 자율주행 단계가 아닌 경우에는 사람이 책임을 져야 하고, 5단계에서는 제조회사가 책임을 져야 한다. 이것은 사고 당시의 운전 상황이 매우 중요하다는 뜻이다.

(2) 저작권

인공지능의 능력이 사람의 능력을 뛰어넘으면 사람처럼 예술 작품을 만들 수도 있다. 만약 인공지능이 책이나 미술 창작품을 만들었다면 저작권은 누구에게 부여할 것인가? 인공지능을 제작했거나 구매한 사람인가? 아니면 인공지능 자신인가? 한국의 저작권법 제2조 제1호는 저작물의 정의를 '인간의 사상이나 감정을 표현한 창작물'이라고 규정하고 있다. 따라서 한국에서는 인간이 만들지 않은 것은 저작물로 인정받기 어렵다. 미국 저작권 청에서는 인간 저작자 요건을 갖추지 못했기 때문에 인공지능의 저작권을 거절한 사례가 있다. 미국 연방항소법원에서도 원숭이가 찍은 사진에 대해 저작권을 인정하지 않은 사례가 있다. 인도와 캐나다 같은 일부 국가에서는 인공지능에게 저작권을 인정한 사례가 있지만 상당수 국가에서는 인정하지 않고 있으므로 앞으로 많은 연구가 필요하다.

(3) 보안 문제

SNS가 많이 보급되어 여러 나라에서 사용되면서 보안 문제가 대두되고 있다. TikTok(抖音)은 중국의 ByteDance 회사에서 제작한 인공지능 SNS 플랫폼이다. TikTok은 휴대폰만 있으면 15초에서 1분 사이의 짧은 영상을 쉽게 만들고 공유할 수 있어서 미국에서 10대들에게 인기가 많다. 문제는 미국 정부에서 TikTok을 국가 보안상 매우 위험하다고 판단한 것이다. 중국 공산당에서 TikTok을 통하여 미국의 개인정보를 대량으로 수집한다고 판단하고 국가 차원에서 TikTok을 퇴출하기로 했다. 단순한 SNS 같으면 별문제가 없는데 인공지능이 들어간 SNS는 매우 정교하게 개인정보를 훔쳐 가기 때문에 국가의 안보에 위협이 된다는 것이다. 적성국과의 인공지능이 SNS를 이용하여 안보를 위협하는 일들이 얼마든지 발생할 수 있기 때문에 국가 차원에서 경계하는 것이다.

2 인공지능과 일자리

과학기술이 발전하면 새로운 일자리가 생기고 그에 따라 어떤 일자리는 사라진다. 자동차가 나오면서 마부와 말과 마차 공장의 일자리가 사라지고 자동차 공장과 운전사 그리고 정비공장의 일자리가 생겼다. 자동차가 생기니까 도로가 필요해서 산업도로와 고속도로가 생겼다. 산업도로에는 느린 화물차가 다니고 고속도로에는 빠른 화물차와 고속버스들이 달린다. 대한통운, 한진고속 등이 운수 산업을 발달시켰고, 각 지역에는 화물을 보관하는 창고업까지 생겼다. 따라서 새로운 산업이 생기면 기존 산업이 없어지기도 하지만 새로운 산업이 더 많은 일자리를 창출하기도 한다. 중요한 것은 어떤 일자리가 사라지고 어떤 일자리가 생길 것인지를 미리 파악할 수 있어야 한다. 인공지능 기술이 발전하면 어떤 일자리가 사라지고 어떤 일자리가 생길 것인가?

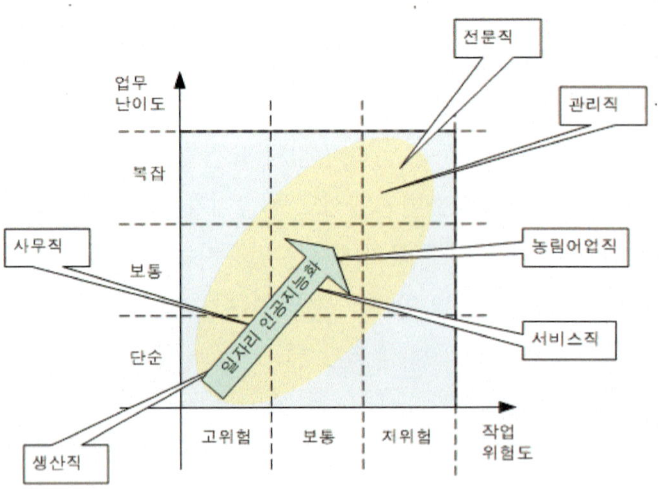

[그림 12.1] 인공지능과 일자리 변화

인공지능이 발전하면서 일자리가 변화하는 것은 [그림 12.1]과 같이 업무의 난이도와 위험도의 관계로 볼 수 있다. 산업화가 진행되면서 생산 기계 자동화에 이어 사무 기계 자동화를 추진하여 생산성을 향상하였다. 기업의 공장 생산성 향상을 위하여 생산 공정에 설치된 기계와 관련된 작업은 주로 위험도가 높은 업무들이다. 이들 기계 작업을 자동화함으로써 생산성을 향상하고 생산직 근로자들의 중노동과 사고를 미연에 방지할 수 있었다. 업무 난이도가 높고 작업 위험도가 낮은 업무를 자동화하는 것은 쉽지 않은 일이다. 변호사들의 법률 서비스, 의사들의 진료 서비스들은 고도의 지식이 요구되는 일로 기계화나 자동화로 해결하기 힘든 분야이다. MYCIN과 같은 의료 전문가 시스템들이 있지만 의사는 의사 지식만 필요한 것이 아니라 환자를 격려하면서 인간적으로 소통하는 일이 매우 중요하기 때문에 자동화로 해결하기 어렵다. 정부와 기업의 관리자 업무도 고도의 통찰력이 필요하므로 인공지능으로 처리하기 어려운 분야이다.

1970년대 이후에 컴퓨터로 사무관리를 자동화함으로써 사무직들의 단순한 작업이 기계화되기 시작하였다. 기업의 급여 계산, 회계, 판매관리 등의 업무는 정해진 절차와 규칙에 따라 처리되는 일이므로 자동화가 쉽게 진행되었다. 정보통신 기술의 발달로 인하여 전자상거래가 활성화되면서 판매직 업무가 기계화되기 시작하였다. 코로나19로 인하여 비대면 서비스가 증가함에 따라 많은 사무와 판매업무가 자동화되었다. 금융기관과 정부 산하단체의 서비스 업무는 위험도가 높지도 않고 업무 난이도가 역시 높거나 낮지 않으므로 자동화가 천천히 진행될 것이다. 여기에는 농림어업 근로자들의 업무도 해당된다. 많은 장비가 도입되어 일손을 돕고 있지만 전적으로 장비에 일임할 수 없기 때문이다. 다만 시간상으로 볼 때 점차 작업 위험도가 낮고 난이도가 복잡한 업무에도 생산성 향상을 위하여 인공지능이 참여할 것이다. 그림에서 푸른색 영역은 인공지능이 더욱 천천히 진행될 것이다. 중앙의 노란색 부분은 생산성 향상이 예상되는 부분이다.

인공지능이 보급되고 있지만 미흡한 부분이 많이 남아있다. 자율주행 차량이 나왔지만, 아직도 가끔 사고를 내고 있다. 지금부터 단기적(5년 정도)으로는 큰 변화가 없겠지만 중기적(10년 정도)으로 또는 장기적(20년 정도)으로는 인공지능이 직업에 큰 영향을 줄 것이 틀림없다.

앞으로 10년에서 20년 사이에 현재 직업의 40~50%가 사라질 것이라고 한다. [표 12.2]와 같이 사라질 직업들은 단순 조립 생산직, 텔레마케터, 운동 경기 심판, 물류 직원, 단순 번역자, 자동 창고 관련 근로자들이 예상된다. 전화 교환원, 주차요원 등은 이미 많이 사라졌다. 무인 점포들이 증가하는 것을 볼 때 상점과 금융권의 계산대 창구 직원들도 계속 사라질 것이다.

새로 생겨나는 일자리는 인공지능과 지능 로봇 기술자, 자료를 다루는 자료과학자, 기존 학문과 새로운 기술을 융합하는 직업 등이 될 것이다. 인공지능이 성장 할 것이므로 컴퓨터 관련 일자리 역시 증가할 것이다. 현재 초등학생들의 50% 이상이 현재 존재하지 않는 새로운 직업에 종사할 것이라고 한다. 따라서 특정한 기술을 배우는 것보다 새로운 지식을 배울 수 있는 능력을 키우는 것이 더 중요하다고 한다.

센서는 하드웨어지만 센서를 다루는 인공지능 기술은 소프트웨어이므로 빨리 발전할 것이다. 센서 활

[표 12.2] 인공지능 시대 직업의 변화

사라질 직업	존속할 직업	새로운 직업
단순 반복 작업	창조적 작업	신기술 작업
조립 생산직	예술 등 창작직	인공지능 설계 개발
계산대, 창구 서비스직	경영/관리직	자료과학, 자료 관리
콜센터 서비스직	의료직	지능 로봇 개발
차량 운전직/정비직	상담직	인공지능 시스템 분석
자료 입력직	엔터테인먼트직	인공지능 프로그래머
단순 번역직	농림/어업 숙련직	인공지능 장비 정비직

용 기술이 발전하면 감시원, 경비원과 같은 역할은 충분히 수행할 수 있을 것이다. 지금도 시설 감시나 경비 초소에 근무하는 사람들이 강력해 보이지 않는 이유는 이들의 역할이 무력을 행사하는 것이 아니라 상황을 빨리 파악하여 강력한 대응팀을 불러오는 것이기 때문이다. 따라서 감시, 경비, 정찰, 수색 등에 관한 업무는 인공지능이 대신할 것으로 예상된다.

3 인공지능에 대한 기대

현재 시점에서 특이점을 불러올 수 있는 주요 기술은 심층 신경망의 딥러닝 기술이다. 딥러닝은 스스로 학습하면서 자신의 능력을 키워갈 수 있고, 어떤 특별한 지식이나 경험으로 무장하지 않아도 관련 분야의 많은 자료만 있으면 그것을 이용하여 학습할 수 있기 때문이다. 딥러닝의 기반이 수많은 자료에 있으므로 지난 20여 년 동안 빅데이터가 발전해 온 것도 딥러닝 발전에 큰 도움이 된다. 인공지능 기술의 발전은 계속해서 가속화되고 있으며, 이는 기업, 정부 또는 개인의 일상생활에 깊숙이 영향을 미칠 것이다. 사람들이 인공지능에 거는 기대와 전망은 [표 12.3]과 같다.

[표 12.3] 인공지능에 대한 기대

기대	내역
자동화	자동화로 인한 오류 감소, 맞춤형 서비스와 생산성 증대,
의료	진단과 처방, 치료, 환자 관리 개선
교육	개인별 맞춤 교육으로 교육 격차 해소
지속적인 발전	환경, 자원, 재난 등에서 지속적인 발전
기계와 협업	기계가 인간의 취약 부분을 협업으로 개선

인공지능은 자동화를 통해 다양한 업무 프로세스를 개선하고, 인간의 오류를 줄이며, 생산성을 높이는 데 중요한 역할을 할 것이다. 제조업에서는 인공지능이 생산 설비를 최적화하고, 유지보수를 예측하며, 공급망관리를 개선할 것이다. 또한, 서비스 산업에서는 고객 서비스 자동화, 자료 분석 및 맞춤형 서비스 제공이 확대될 것이다. 인공지능은 의료 진단과 처방, 치료 계획, 환자 모니터링 및 관리를 혁신할 잠재력을 가지고 있다. 인공지능은 복잡한 의료 자료를 분석하여 질병을 조기에 발견하고, 개인화된 치료 계획을 수립하도록 돕는다. 로봇 수술과 같은 분야에서도 인공지능의 정밀도와 효율성이 크게 이바지할 것이다.

인공지능 기술은 학습자의 요구에 맞춘 맞춤형 교육 콘텐츠를 제공하여 교육의 질을 향상시킬 수 있다. 인공지능은 학생들의 학습 패턴을 분석하고, 그에 맞는 자료를 제공하여 효과적인 학습 경험을 지원할 수 있다. 이를 통해 교육 격차를 줄이고, 보다 폭넓은 학습 기회를 제공할 수 있다.

인공지능은 환경 모니터링, 자원 관리, 재난 대응 등에서 중요한 역할을 할 수 있다. 지속 가능한 개발 목표(SDGs[1]) 달성을 위해 인공지능은 에너지 효율성을 개선하고, 환경친화적인 솔루션을 제공하며, 기후 변화 대응을 지원할 수 있다.

미래의 작업 환경에서 인공지능은 인간과 함께 협업하는 형태로 발전할 것이다. 이러한 협업은 인간의 능력을 보완하고, 창의적이며 전략적인 업무에 집중할 수 있도록 도와줄 것이다. 인공지능의 미래는 무한한 가능성을 제공하며, 기술적 진보와 함께 지속적으로 변화할 것이다. 그러나 이러한 기술의 발전과 적용은 적절한 윤리적 기준과 규제 하에 이루어져야 할 것이다.

12.1.2 인공지능의 성장과 미래

기존의 학문과 기술들은 이미 오래전부터 발전해왔기 때문에 더 이상 급격하게 발전하기는 어렵다. 기존 학문은 역사적으로 많은 수재들이 오랫동안 연구하고 개발했기 때문에 특별한 천재들이 새롭게 나와서 물꼬를 터주기 전에는 더 이상 발전하기 어렵다. 특히 물리적인 하드웨어 분야는 발전을 거듭하여 높은 수준에 올라와 있기 때문에 더 이상 새로운 기술을 기대하는 것이 쉽지 않다. 그러나 소프트웨어인 인공지능은 이제 시작하는 학문과 기술이며 인공지능의 특성상 인공지능의 결실이 다른 모든 기존 분야와 융합하여 새로운 영역을 창출할 수 있기 때문에 성장 가능성이 크다. 특히 여러 학문 분야에서 가장 연구하지 못하고 미지의 상태로 남아있는 부분이 뇌과학이다. 뇌과학이 발전할수록 인공지능도 발전하게 된다. 생물학, 뇌과학, 심리학 등이 발전할수록 인공지능의 성장과 적용 범위가 더욱 넓어질 것이다.

1940년대에 앨런 튜링은 컴퓨터를 만들면서 특이점(컴퓨터가 사람의 지능을 뛰어넘는 시기인)이 1990년대에 올 것이라고 예상하였다. 그러나 이 예상은 적중하지 못했고 지금은 레이 커즈와일이 2045년경에 특이점이 올 것이라고 예측하고 있다. 따라서 앞으로 20여 년이 지나면 사람의 지능을 뛰어넘는 인공지능이 나온다고 생각할 수 있다. 현재 시점에서 특이점을 불러올 수 있는 주요 기술은 심층 신경망

1 SDGs(Sustainable Development Goals) : 국가 지속가능발전 목표. 2015년 UN에서 개최한 유엔지 속 가능 발전 정상회의에서 합의한 사람과 지구의 번영, 자유와 보편적 평화를 위한 행동계획.

의 딥러닝 기술이다. 딥러닝은 스스로 학습하면서 자신의 능력을 키워갈 수 있고, 어떤 특별한 지식이나 경험으로 무장하지 않아도 관련 분야의 많은 자료만 있으면 그것을 이용하여 학습할 수 있기 때문이다. 딥러닝의 기반이 수많은 자료에 있으므로 지난 20여 년 동안 빅데이터가 발전해 온 것도 딥러닝의 발전에 큰 도움이 된다.

인공지능이 발전하면 무인 로봇이 개발되어 매우 위험한 환경이나 장소에 사람이 투입되지 않아도 되기 때문에 우주 개척이나 심해나 고산지대 연구와 오지 탐사에 큰 도움이 될 것이다. 지금은 달 여행을 하기 위하여 사람이 타고 견딜 수 있는 수단을 만들기 위해서 매우 큰 비용과 기회를 지불하고 있다. 사람과 같은 수준의 인공지능 로봇이 달 여행을 하게 되면 비용 절감과 함께 여행 기회와 안전이 크게 향상될 것이다.

1 인공지능 성장의 3단계

인공지능은 주어진 문제를 해결하는 단계를 지나 예상되는 문제를 스스로 발견하고 해결하는 방식으로 발전할 것이다. 이를 위해 여러 분야의 연구와 융합과 투자가 함께 이루어질 것이다. 매킨지[2]는 2025년 인공지능 시장 규모가 2,000조 원에 이르고 인공지능으로 인해 7,000조 원에 이르는 파급 효과가 창출될 것으로 전망했다. 인공지능은 약 인공지능으로 시작해서 강 인공지능으로 구분되며 장차 초인공지능으로 발전할 것으로 예상된다. 그러나 약 인공지능과 강 인공지능에 대해서도 조금씩 다른 견해가 있다. 약 인공지능은 현재 사용하고 있는 보조적인 도구로서의 인공지능이다. 이에 반하여 강 인공지능은 인간의 기능을 완벽하게 재현하는 인공지능이라고 본다. 초(super)인공지능은 더 강력해져서 강 인공지능이 자아를 가진 것으로 보는 견해이다. 다음의 분류는 인공지능의 성능을 기준으로 작성된 것으로 시간적인 의미가 있다.

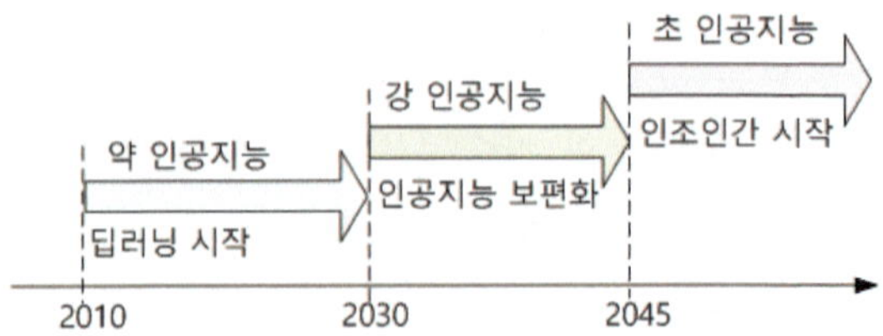

[그림 12.2] 인공지능의 미래

2 McKinsey & Company: 1926년 시카고 대학 James O. McKinsey 교수가 설립한 글로벌경영 컨설팅 회사. 세계 3대 전략 컨설팅 회사. 고객의 재정 및 운영에 중점

[표 12.4] 약한 인공지능과 강한 인공지능과 초인공지능의 차이

약 인공지능	강 인공지능	초인공지능
특정 분야에 적용	다양한 분야에 적용	다양한 분야에 적용
인간 지능 흉내	인간 지능과 유사하거나 이상	인간보다 우수
인간 두뇌의 일부 기능	인간 두뇌의 일반 지능	인간 두뇌보다 우수
현재의 인공지능 수준	2030년 수준	2045년 수준
감정, 느낌이 없음	감정과 자의식의 부분적 가능	감정과 자의식 가능
시리, 알파고, 전문가 시스템	과거 공상과학 소설 수준	현재 SF 수준

(1) 약 인공지능

약 인공지능(narrow intelligence)은 특정한 분야에서 주어진 일을 인간의 지시에 따라 수행하는 인공지능을 말한다. 즉 현재와 같이 좁은 범위에서 인간의 지능과 비슷하거나 뛰어넘는 수준이다. 외국어를 번역하고, 사진에서 물체를 찾고, 소리에서 현장 상황을 파악하는 수준의 인공지능이다. 얼굴 인식, 인터넷 검색, 자율주행차는 모두 약 인공지능이다. 예를 들어, 알파고의 바둑, 구글의 자동 번역기, IBM 닥터 왓슨, 애플의 시리, 아마존 알렉사, 페이스북의 자동 얼굴 인식, 소프트뱅크의 페퍼 로봇, 테슬라의 자율주행 차량 등이 바로 약 인공지능으로 분류된다. 이들은 범위가 좁고 기능이 부족하기 때문이 아니라 진정한 지능으로 인정되는 요소를 갖추지 않았기 때문에 약 인공지능으로 분류된다.

(2) 강 인공지능

강 인공지능(general intelligence)은 약 인공지능의 제한된 기능을 넘어서 더 발달한 인공지능이다. 앞으로 모든 영역에서 인간의 지능과 대등한 수준을 보일 수 있을 것이다. 인간이 할 수 있는 지능적인 작업을 성공적으로 수행할 수 있어야 한다. 기존의 다양한 작업이나 상황에 대한 지식을 추정할 수 있어야 한다. 따라서 알파고나 구글 번역기 등 모든 분야에서 인간보다 뛰어날 것이다. 2020년 12월에 딥마인드[3]는 강 인공지능의 초기 모델인 Muzero를 발표했는데 이것은 일체의 규칙이나 정보 제공 없이도 바둑이나 체스 등을 스스로 학습하는 능력을 보여 주었다. 세계 최초로 사우디아라비아에서 시민권을 획득

3 Deepmind: Alphabet 자회사, 영국의 인공지능 프로그램 개발 회사. 천재로 알려진 데미스 허사비스가 박사학위를 받은 후에 설립. 구글이 2014년에 4억 달러에 인수. 알파고 개발.

한 인공지능 로봇 '소피아'도 강 인공지능의 하나이다. OpenAI가 개발한 ChatGPT도 강 인공지능에 속한다.

(3) 초인공지능

초인공지능(super-intelligence)은 강 인공지능의 성능이 폭발적으로 향상된 것이다. 인간의 행동을 단순히 흉내 내거나 이해하는 정도를 벗어나 근본적으로 파악할 수 있다. 따라서 초인공지능은 모든 영역에서 인간의 지능을 뛰어넘는다. 스스로 판단하는 자유의지도 갖고 있으며, 인간의 상상을 초월하는 범위로 능력의 한계 없이 발전할 것이다. 결국 한 개의 초 인공지능이 전 인류 지능의 합을 넘어설 수 있을 것이다. 초인공지능은 인간의 특성을 활용하면서 인간을 훨씬 뛰어넘는 처리 능력과 분석 능력으로 강화된 컴퓨터이므로 점차 인간이 쓸모없는 존재가 되는 공상과학소설과 같은 반이 상향(dystopia)이 거론된다. [표 12.4]와 같이 2045년경부터는 초 인공지능이 구현되면 인류가 그동안 풀지 못했던 기아, 기후변화, 우주개발 등 난제를 해결하는 데 큰 도움이 될 것이다.

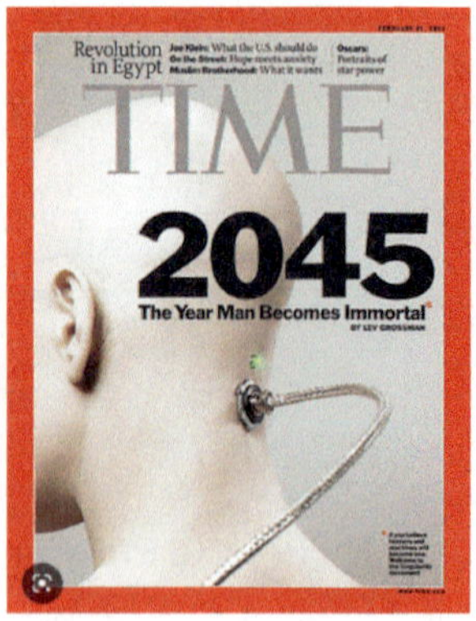

[그림 12.3] 사이보그

[그림 12.3]은 2022년 1월 TIME 잡지의 표지 사진이다. 부제에 "이 사람은 영생을 얻을 것인가?"라는 글이 있다. 레이 커즈와일은 2045년경이면 인간이 기계(컴퓨터)와 결합하여 영생을 누릴 수 있게 될 것이라고 주장한다.

12.1.3 인공지능의 영향력

인공지능은 인류 사회에 기술적 영향력뿐만 아니라 사회적 영향력도 무시할 수 없을 정도로 성장하고 있다.

1 인공지능의 기술적 영향

인공지능의 미래는 매우 다양한 가능성을 내포하고 있으므로, 기술 발전의 경로와 그에 따른 사회적, 경제적, 윤리적 영향은 상당히 폭넓게 전망된다. 여러 분야에서 인공지능의 역할이 확대되면서, 이로 인한 긍정적이고 부정적인 측면이 동시에 고려되고 있다. 인공지능은 기술 개발을 통하여 [표 12.5]와 같이 기술적 진보를 이끌 것으로 예상된다.

[표 12.5] 인공지능의 기술적 영향

요소	내역
자율성	가전제품뿐만 아니라 많은 사회적 장비들의 자율성 증대
상호작용	인공지능이 인간과의 상호작용을 늘려가도록 발전
자동화	많은 기계가 더욱 자동화되고 자율화될 것임

인공지능 시스템은 점점 더 많은 자율성을 갖게 되며, 복잡한 결정을 인간의 개입 없이 수행할 수 있게 될 것이다. 예를 들어, 자율주행 자동차, 무인 항공기 등이 더욱 발전하여 일상생활에서 흔히 볼 수 있는 기술이 될 수 있다. 인공지능은 인간의 언어와 감정을 더욱 정교하게 이해하게 되어, 사람들과의 상호작용에서 자연스러운 대화 파트너가 될 수 있다. 이는 고객 서비스, 교육, 치료 등 다양한 서비스 분야에서 인공지능의 역할을 확대할 것으로 예상된다. 업무의 자동화가 이루어져 인공지능과 로봇 기술이 발전되어 많은 전통적 직업이 자동화되어 사라지거나 변화할 것이다. 이는 특히 노동 집약적인 산업에서 큰 변화를 가져올 수 있으며, 새로운 유형의 일자리 창출도 기대된다. 인공지능은 전기, 전자, 기계, 화공, 토목, 건축 등 많은 기술 분야와 융합을 통하여 발전할 것이므로 종합적인 분야의 발전에도 크게 이바지할 것이다.

2 인공지능의 사회적 영향

인공지능은 사회적으로도 [표 12.6]과 같이 영향을 줄 것으로 예상된다.

[표 12.6] 인공지능의 사회적 영향

요소	내역
일자리	단순 근로직과 사무직 일자리 감소와 전문 기술직 일자리 증가
윤리	업무의 책임 소재 불투명으로 인한 갈등 예고
보안	초연결 사회에서 보안의 불안감 증대

일자리 변화가 대폭 이루어진다. 인공지능에 의한 자동화는 단순 업무용 일자리를 줄이는 한편, 새로운 기술이 요구하는 전문 기술 인력에 대한 수요를 증가시킬 것이다. 이는 교육 시스템에도 큰 변화를 가져올 것이며 평생 학습과 직업 훈련의 중요성이 강조될 것이다.

윤리적 고려사항이 많이 발생할 것이다. 인공지능의 결정 과정이 투명하지 않았을 때 이른바 '블랙박스' 문제가 윤리적, 법적 책임 문제로 이어질 수 있다. 인공지능의 발전은 광범위한 윤리적 및 법적 문제를 제기할 것이다. 예를 들어, 인공지능이 결정에 미치는 영향을 어떻게 관리할 것인가, 인공지능이 생성하는 저작물의 소유권은 누구에게 있는가, 인공지능에 의한 피해는 누가 책임을 질 것인가 등의 문제가 야기될 것이다. 인공지능의 공정성, 프라이버시 보호, 비차별적인 처리가 중요한 이슈가 될 것이다. 보안 위협이 증대할 것이다. 인터넷과 각종 통신망의 증대로 인하여 초 연결되는 사회에서 인공지능 시스템의 보안 취약점이 심각한 위협으로 작용할 수 있다. 인공지능을 이용한 사이버 공격과 방어 기술이 동시에 발전하면서, 보안 기술에 대한 요구가 증가할 것이다.

결국, 인공지능의 미래는 기술의 발전뿐만 아니라, 이를 어떻게 통제하고 통합할 것인지에 대한 사회적 합의와 정책에 크게 좌우될 것이다. 기술 발전이 인류에게 긍정적인 영향을 미치도록 윤리적 지침과 법적 제도와 장치의 개발이 중요하게 떠오를 것으로 예상된다.

12.2 융합의 미래

여러 국제기관에서 발표하는 국가별 평균 지능지수를 보면 한국이 최고 수준인 106 정도에 있는 반면에 이스라엘은 95 정도에 머물러 있다. 세계에서 가장 많은 노벨상을 탄 민족의 지능지수가 너무 낮은 것이 놀랍다. 반면에 노벨상이 없는 한국인들의 지능지수는 너무 높다는 생각이 든다. 지능지수는 노벨상과 아무 관련이 없는 것인가? 무슨 이유가 있는 것일까? 유태인들은 남녀노소를 불문하고 토론하고 소통하는 것이 매우 자연스러운 일인데 반하여 한국인들은 토론하고 소통하는 것이 어렵다. 융합의 전제는 소통인데 소통이 안 되니 융합이 어렵고 융합이 안 되니 새로운 발전을 이루기 어렵다.

미래 세계는 소통과 융합을 성공적으로 이루는 나라와 이루지 못하는 나라로 구별될 것이다. 소통과 융합에 성공한 나라들은 세계를 주도할 것이고 그렇지 못한 나라들은 낙오하고 쇠락할 것이다. 융합에 성공하기 위해서는 융합이 활성화되는 사회 환경을 만들어가야 한다. 융합이 활성화되는 사회는 남녀노소를 불문하고 대화와 소통이 원활한 민주 사회이다. 권위와 권력이 지배하는 사회에서는 소통과 융합이 활성화되기 어렵다.

T·I·P 한국인과 유대인의 공부법

한국 도서관들의 구조는 대부분 칸막이를 해서 사람들 사이를 구분하고 있다. 사람들이 아주 조용한 분위기에서 각자 책을 읽고 글을 쓰며 공부를 한다. 큰 시험을 준비하는 사람들은 고시촌에 가서 아주 좁은 쪽방에서 공부하거나 아예 산속에 들어가 외부와 단절한 채 공부하기도 한다. 이스라엘 도서관(예시바)에는 여러 사람이 모여서 시끄럽게 떠들며 토론할 수 있도록 넓은 공간을 마련하고 있다. 여러 사람이 질문하고 답변하면서 토론하는 과정에서 다른 사람들의 아이디어를 듣고 수용하고 교환하는 것을 중시하는 모습이다. 다른 선진국들의 도서관들도 떠들며 토론할 수 있는 크고 작은 방들이 많이 배치되어 있어서 학생 수에 따라 적당한 크기의 방에 들어가서 토론할 수 있다.

한국 사람들은 좋은 머리로 혼자서 공부하는 반면에 이스라엘 사람들은 지능은 조금 낮지만 여러 명이 모여서 대화하고 소통하면서 의견을 나누고 융합하는 경향이 있다. 한국인들은 혼자서 아무리 잘해봐야 자기 머리만큼만 결실을 내지만 유태인들은 여러 명이 서로 협력하기 때문에 자기 능력 이상으로 결실을 얻을 수 있다. 이것이 바로 소통과 융합의 효과이다.

12.2.1 융합 시대

서양 철학을 공부하는 사람들은 몇천 년 전 그리스 사람들의 세계를 이해하려고 노력한다. 철학에서 파생된 수학과 물리학을 공부하려면 고전부터 읽어야 한다. 이 학문은 긴 세월에 걸쳐 오랫동안 발전해 왔기 때문에 최근에는 두드러진 발전이 나타나지 않는다. 토목공학 같은 분야도 인류의 역사와 함께 이미 수백 년 전에 높은 수준까지 발전해 왔기 때문에 최근에는 발전 속도가 아주 느리다. 그러나 최근에 시작된 컴퓨터 분야는 지금, 이 순간에도 발전에 발전을 거듭하고 있다. 덕분에 컴퓨터를 전공하는 사람들은 수없이 바뀌는 신기술 때문에 새로운 책과 자료를 읽고 공부해야 하는 부담이 있다. 실제로 컴퓨터학과 교수 방에는 책과 자료들이 책장에 넘치도록 쌓여있는 반면 수학과 교수 방에는 상대적으로 작은 책장에 얼마 되지 않는 책과 자료들이 있는 것을 볼 수 있다.

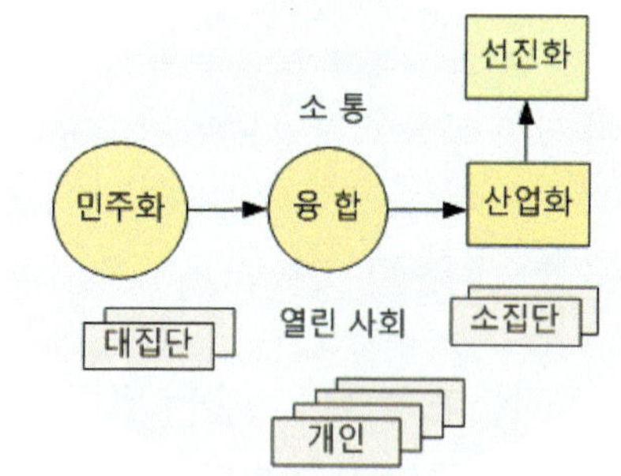

[그림 12.4] 융합과 산업화의 역할

오래된 학문이 새롭게 발전하기 위해서는 컴퓨터학과 같은 신학문과 융합을 해야 한다. 언어학, 경제학, 문학, 행정학 등은 새로운 학문과 융합함으로써 새로운 길을 찾고 발전을 기대할 수 있다.

융합을 하기 위해서 가장 필요한 것은 열린 마음이다. [그림 12.4]와 같이 서로 소통하고 교류하고 상대방을 받아들이는 사회가 열린 사회이며, 열린 사회는 융합하기 위한 전제이다. 열린 사회가 되어야 민주화를 이루기 쉽다. 권위주의적인 사회는 열린 사회의 반대로 닫힌 사회이다. 닫힌 사회에서는 문제점이 예상되고 발견되어도 관련 집단들 사이에 소통이 어렵기 때문에 문제가 해결되지 않고 누적되기 쉽다. 민주화를 이루면 대화와 교류가 활발하므로 융합하기 쉽고, 문제를 발견하고 치유하기 쉽다. 닫힌 사회에서는 민주화도 어렵고 융합하기도 어렵고, 문제 해결도 어렵다. 민주화가 이루어지면 융합이 이루어지고, 기술과 학문이 발전하면서 산업혁명을 이룬다. 산업혁명은 경제를 발전시키고 이어서 정치, 문화 등 모든 면에서 개혁이 이루어지고 선진국으로 가는 과정을 촉발한다.

융합은 작고 간단한 것으로 시작하여 크고 복잡한 것으로 발전한다. 연필에 지우개를 연결하여 지우개 달린 연필을 만들고, 자전거에 모터를 연결하여 모페드를 만드는 작업은 큰 지식이 없어도 가능한 간단한 융합이다. 제트 전투기에 레이더와 대공 미사일을 장착하여 전투기를 만드는 작업은 크고 복잡한 융합이다. 여기에는 비행 제어 컴퓨터와 사격 통제 컴퓨터를 연결하고 레이더를 이용하여 목표물을 탐지하고 추적하며 미사일을 발사하는 복잡한 융합 기술이 요구된다. 또한 아날로그 융합과 디지털 융합을 다 포함하고 있어서 많은 시간과 비용이 든다. 기존 제트 비행기에 레이더와 대공 미사일을 장착하는 융합 작업은 보통 수천만 달러 이상의 비용이 소요된다. 기술이 발전함에 따라 앞으로의 융합 환경은 점점 더 크고 복잡한 작업으로 변화한 것이다.

12.2.2 융합의 성장

인공지능과 컴퓨터 기술의 발전은 여러 학문과 기술의 융합이 필요하며, 이러한 융합은 미래 기술의 발전 방향과 성격을 결정짓는 중요한 요소이다. 다음은 융합의 주요 방향과 그 미래에 대한 방향이다.

1 융합이 필요한 분야

컴퓨터와 인공지능과 관련하여 우선하여 융합이 요구되는 분야를 [표 12.7]과같이 추려보았다. 컴퓨터 과학의 기계 학습 알고리즘은 자료 과학과 함께 인공지능의 핵심 구성 요소이다. 컴퓨터 프로그래밍 기술은 자료를 처리하고 학습하는 데 필수적이고, 자료과학은 전체 자료 집합에서 유용한 정보와 통찰력을 추출하는 데 필수적이다. 두 과학의 융합은 더 정교하고 효율적인 인공지능 시스템을 개발하는 데 중요하다.

[표 12.7] 융합이 요구되는 분야

분 야	내 역
컴퓨터와 자료과학	기계 학습 알고리즘과 자료 추출 기술의 융합
로보틱스와 인지 과학	로봇의 설계, 제작, 운용과 인공지능의 융합
생명 과학과 인공지능	유전학, 생물 정보학, 의학과 인공지능의 융합
신경과학과 인공지능	뇌의 작동 원리와 심층 학습의 융합
에너지 관리와 인공지능	에너지 생산, 분배, 소비 효율화와 인공지능의 융합

T·I·P 자료 과학Data Science

자료과학은 구조화된 자료와 비구조화된 자료에서 유용한 정보와 통찰력을 추출하여 의사 결정을 지원하는 학문 분야이다. 자료과학은 수학, 통계학, 컴퓨터 과학, 정보 과학 등 여러 분야의 기술과 방법론을 통합하여, 자료로부터 가치를 창출한다. 이 분야는 비즈니스, 과학, 정부 정책, 의료 및 많은 다른 분야에서 중요한 역할을 한다.

자료과학의 구성 요소는 다음과 같다.

① 자료 수집과 정리
② 자료 탐색 및 분석
③ 모델링 및 알고리즘 적용
④ 인사이트 도출 및 의사 결정 지원
⑤ 커뮤니케이션 및 시각화

자료과학은 자료 주도 의사 결정이 중요한 비즈니스, 과학, 공공 정책 등에서 중요한 역할을 한다. 효과적인 자료 분석은 비용 절감, 수익성 향상, 고객 만족도 증가, 제품 개선 등에서 더 나은 결과를 가져올 수 있다. 자료과학은 대규모 자료 세트에서 복잡한 문제를 해결하고, 자료 중심의 통찰력을 통해 혁신을 가속화 하는 데 필수적이다.

로봇 기술은 로봇의 설계, 제작, 운용, 응용을 다루는 학문이고, 인공지능은 인간의 지능을 로봇과 같은 기계에 이식하는 기술이다. 로봇 기술과 인공지능이 결합하여 자율성과 인지 능력을 갖춘 시스템을 만든다. 인지 과학의 원리를 통해 인간의 사고와 학습 방식을 모방하여 로봇이 더 자연스러운 상호작용을 할 수 있게 한다.

생명 과학은 유전학, 생물 정보학, 의학 등을 다루는 학문이므로 인공지능을 통해 큰 발전을 이룰 수 있다. 생명 과학 분야에서 인공지능은 복잡한 자료를 분석하고, 새로운 치료법과 진단법을 개발하는 데 기여한다. 신경과학은 뇌의 작동 원리를 이해하기 위한 연구는 인공지능 모델, 특히 심층 학습과 신경망의 발전에 영감을 제공한다. 이 융합은 인공지능이 인간의 뇌처럼 처리하고 학습하는 능력을 향상시키는 데 도움을 준다. 지속 가능한 에너지 관리와 최적화를 위한 인공지능의 적용은 에너지 생산, 분배, 소비를 효율화하는 데 중요하다. 인공지능은 에너지 수요를 예측하고, 최적의 자원 배분을 결정할 수 있다.

2 융합이 집중해야 할 분야

미래에 융합이 집중해야 할 분야는 [표 12.8]과 같다.

[표 12.8] 융합의 집중 분야

분야	내역
지능 시스템	직관적이고 자연스러운 지능 시스템 개발
맞춤형 솔루션	개인에 적합한 맞춤형 솔루션 개발
윤리적 고려	윤리 규범과 규제로 사회 문제 해결
지속 가능성	인공지능과 컴퓨터 융합의 지속 가능한 발전

지능 시스템은 컴퓨터 기술과의 융합을 통하여 보다 직관적이고 자연스러운 사용자 경험을 제공하는 지능적인 시스템을 만들 것이다. 맞춤형 솔루션은 개인의 행동, 선호도 및 필요를 반영하는 맞춤형 의료, 교육 등의 소비자 제품과 서비스가 개발될 것이다. 융합 기술의 발전은 사회적, 윤리적 문제를 수반한다. 적절한 윤리 규범과 규제가 개발되어 인간 중심의 기술 발전을 보장할 필요가 있다. 인공지능과 컴퓨터 기술의 융합은 환경 모니터링, 자원 관리 및 재활용을 최적화하여 지속 가능한 발전을 지원할 수 있다. 이러한 융합은 기술의 혁신적인 발전뿐만 아니라, 사회적, 경제적 문제에 대한 해결책을 제공할 가능성을 내포하고 있으므로, 다학제 간 협력과 지속적인 연구가 중요하다고 생각한다. 인공지능과 컴퓨터 기술의 미래는 이러한 융합을 통해 더욱 밝고, 다양한 가능성을 제공할 것이다.

3 융합의 미래

융합은 목표가 아니라 수단이다. 인공지능에 성공하려면 융합이라는 수단을 잘 활용해야 한다. 융합은 경쟁을 통해서 성장한다. 특히 위기를 맞아서 위기에서 탈출하려는 노력으로 성장할 수 있다. 실제로 융합과 혁신은 전쟁 기간에 폭발적으로 성장하였다. 국가적 위기에 직면하여 전 국민이 위기를 극복하려는 노력이 융합과 혁신을 가져왔다. 위기를 느끼지 못하는 사회는 융합이나 혁신이 요구되지 않는다. 영국이나 독일에서 산업혁명이 일어난 이유는 같다. 영국은 대륙에서의 발전 특히 네덜란드의 성장과 세계 지배에 대한 위기를 느끼고 산업화를 추진하였다. 그 결과 많은 융합을 통하여 혁신에 성공하고 산업혁명에 성공하였다. 독일은 영국과 프랑스 등의 발전에 위기를 느끼고 산업혁명에 나섰다. 일본은 서구 열강의 막강한 군사력에 위기를 느끼고 무사들이 중심이 되어 메이지 유신을 거쳐 산업혁명에 성공하였다.

선진 공업국으로 살아남기 위해서는 끊임없이 융합과 혁신을 추구해야 한다. 그러기 위해서는 항상 세계의 흐름을 파악하고 앞서가려는 노력으로 위기의식을 가져야 한다. 선진국 대열에서 낙오하면 어떤 비극이 올지 모른다는 역사의 경험을 잊지 말고 철저히 경계하고 준비해야 한다. 1차 산업혁명에서는 물리, 기계, 화학 등이 융합하여 증기기관과 직물 기계를 만들었고, 2차 산업혁명에서는 물리, 화학, 기계, 전기가 융합하여 내연기관과 화학공업을 만들었고, 3차 산업혁명에서는 컴퓨터가 제반 산업과 융합하여 정보산업을 만들었고, 4차 산업혁명에서는 인공지능이 제반 분야와 융합하여 정교한 산업화를 추진하고 있다. 앞으로 5차 산업혁명에서는 바이오 분야가 주도적으로 융합하여 제반 산업을 혁신할 것으로 예상된다.

지금까지 산업혁명은 기계와 IT를 중심으로 발전되어 왔으나 앞으로는 생명 과학 분야로 산업의 중심이 서서히 이동할 것이다. 그 이유는 눈에 보이는 모든 하드웨어와 소프트웨어들이 상당한 수준으로 성장하였기 때문에 이제는 기계에 생명을 불어넣는 일이 필요한 단계가 되었기 때문이다. 현재는 기계 같은 로봇이 등장하여 서비스하고 있으나 앞으로는 사람과 구분이 되지 않는 로봇들이 등장하여 서비스할 것이다. 지금은 침팬지 같은 로봇을 만들어서 야생 침팬지 무리에 접근해서 침팬지를 동료로 생각하게끔 속이는 기술을 사용하고 있다. 침팬지뿐만 아니라 야생의 여우나 악어 같은 동물 모형을 만들어서 야생동물을 연구하고 있다. 야생동물을 속이지 않으면 야생동물에 접근할 수 없으므로 가짜 야생동물을 만든 것이다. 그러나 미래에는 사람과 아주 비슷한 로봇을 만들어서 진짜 사람을 속이며 접근할 것이다.

지금도 애플의 시리(Siri) 등과 같은 음성 인식 서비스와 대화를 하는 사람들이 인공지능과의 대화에 빠져서 인공지능과 결혼하고 싶다고 고백하기도 한다. 앞으로는 외모까지 사람과 같아 보이는 인공지능을 만나서 사랑을 고백하는 경우가 발생할 수 있을 것이다. 2045년이 되면 특이점이 온다고 하니까 그 이후에는 정말로 가능할지도 모른다. 과거 공상과학 영화에서 나오는 것들이 앞으로 우리가 살고 있는 세상에서 구현되는 것이다.

12.3 컴퓨터의 미래

컴퓨터의 미래에 대한 예측은 많은 요인에 의해 영향을 받기 때문에 정확한 예측은 어렵다. 그러나 현재의 기술과 경향을 고려할 때 몇 가지 중요한 방향성에 대해 생각해볼 수 있다.

12.3.1 컴퓨터 기술의 발전

컴퓨터 기술의 미래는 지속적인 혁신과 기술의 발전에 의해 주도될 것이며, 이러한 발전은 우리의 작업 방식, 생활 방식 및 상호작용 방식에 근본적인 변화를 가져올 것이다. 컴퓨터 기술의 발전이 예상되는 분야는 [표 12.9]와 같다.

[표 12.9] 컴퓨터 기술의 미래 발전 분야

분야	내역
인공지능	신경망의 발전으로 딥러닝, 자연어 처리 등
가상현실	증강현실과 함께 다방면으로 보급하고 적용
양자 컴퓨팅	기상 분석, 약물 개발 등 대규모 자료 처리에 도움
사물인터넷	유비쿼터스 환경과 함께 실생활의 편리성
컴퓨터 과학	새로운 알고리즘과 자료 구조로 혁신 기술

인공지능 기술은 계속 발전하고 있으며, 머신 러닝, 딥러닝, 자연어 처리 등 다양한 분야에서 새로운 기술과 응용이 등장할 것으로 예상된다. 개인과 기업의 생산성 향상을 위한 인공지능 기반의 자동화된 서비스와 솔루션이 보급될 것으로 예상된다. 인공지능은 컴퓨터 기능을 확장하여 보다 지능적이고 자율적인 시스템을 만들어낼 것이다. 인공지능과 머신 러닝, 알고리즘은 자료 분석, 의사 결정 지원, 자동화된 작업 처리를 개선하여, 모든 종류의 산업에 걸쳐 사용될 것이다.

가상현실과 증강현실 기술은 더 많은 분야에 보급되어 실제 세계와 가상 세계 사이의 경계를 흐리게 할 것이다. 엔터테인먼트, 교육, 의료, 제조업 등 다양한 산업에서 증강현실과 가상현실 기술이 활용될 것으로 예상된다.

양자 컴퓨팅[4] 기술은 현재의 전통적인 이진 컴퓨팅 한계를 넘어서는 높은 계산 능력을 제공할 것으로 예상된다. 양자 컴퓨팅은 복잡한 계산이 필요한 암호 해독, 머신 러닝, 약물 개발, 금융 모델링, 날씨 예측 등 많은 분야에서 혁신적인 발전을 가능하게 할 것이다. 양자 컴퓨팅 기술의 성숙은 컴퓨팅 속도와 효율성을 크게 향상시킬 것이다.

사물인터넷 기술은 더 많은 장치와 센서를 연결하여 우리의 일상생활을 더 편리하게 만들 것으로 예상된다. 스마트 홈, 스마트 시티, 스마트 카 등 다양한 분야에서 사물인터넷 기술이 보급될 것으로 예상된다. 유비쿼터스 환경과 함께 승수 효과를 불러올 것이다. 컴퓨터 과학은 계속해서 발전하며, 새로운 알고리즘, 자료 구조, 프로그래밍 언어 등이 개발될 것으로 예상된다. 특히 보안, 자료과학, 클라우드 컴퓨팅, 블록체인 등의 분야에서 혁신적인 연구가 계속될 것으로 예상된다.

컴퓨터의 미래는 기술의 발전과 함께 변화할 것으로 예상된다. 이러한 변화는 우리의 삶과 사회를 더욱 편리하고 효율적으로 만들어 줄 것으로 기대된다. 컴퓨터 기술의 미래는 이러한 혁신을 통해 더욱 풍부하고 다양한 기능을 제공하며, 이는 과학, 산업, 교육 및 개인 생활의 모든 영역에 걸쳐 긍정적인 영향을 미칠 것이다. 이러한 변화는 기술적, 사회적, 윤리적 문제를 수반하므로, 이에 대한 깊은 이해와 적절한 대응 전략이 필요하다.

12.3.2 미래 컴퓨터 사회의 변화

컴퓨터 기술의 지속적인 발전은 사회에 많은 변화를 가져올 것으로 예상된다. 예상이 가능한 몇 가지 주요한 변화는 [표 12.10]과 같다.

지능화는 인공지능과 기계 학습 기술의 발전으로 우리는 더 지능화된 사회를 경험할 것이다. 우리의 생활은 더 많은 자동화와 개인화를 통해 더 효율적이고 편리한 방향으로 진화할 것이다. 일자리는 자동화 및 로봇화가 증가함에 따라 일부 직업은 사라지거나 변형될 것이고, 동시에 새로운 직업이 등장할 것이다. 더 많은 사람이 창의적이고 창의적인 분야에서 일하게 될 것이며, 과학, 기술, 엔지니어링, 수학 등의 분야가 더욱 중요해질 것입니다.

생명 과학 분야는 컴퓨터 기술의 영향으로 의료 분야와 함께 혁신을 가져올 것이다. 개인 맞춤형 의학, 신약 개발, 질병 진단 및 치료 등에서 컴퓨터 기술의 활용이 더욱 중요해질 것이다.

---

4 Quantum computing : 양자역학의 물리현상을 활용하여 계산을 수행하는 기계. 기존 컴퓨터가 0과 1의 비트를 기준으로 연산한다면, 양자 컴퓨터는 양자 중첩의 지수적인 정보 표현, 양자 얽힘을 이용하여 병렬로 연산하므로 연산 능력이 폭발적으로 증가할 것으로 예상됨.

[표 12.10] 컴퓨터에 의한 미래 사회의 변화

구분	분야	내역
1	지능화	모든 장비의 지능화와 개인화를 통한 편리성 증대
2	일자리	단순 반복 노동의 감소, 창의적 일자리 증대
3	생명 과학	의료 기술, 신약 개발, 진단과 처방 기술의 향상
4	블록체인	금융, 무력, 투표 등 다양한 분야에서 활용 증대
5	스마트 시티	사물인터넷과 빅데이터 기술로 생활의 쾌적함 증대
6	사물인터넷	컴퓨팅 기술이 다양하게 적용되어 생활 향상
7	고성능 컴퓨터	고성능 컴퓨터 증대로 제반 과학 발전 촉진
8	정보보호	사물인터넷과 초연결로 인한 정보보호 중요성 증대
9	AI 대중화	생성형 인공지능의 보급으로 정보 활용도 증대

블록체인 기술은 더 투명하고 안전한 거래 시스템을 제공할 것으로 예상된다. 금융, 국제 무역, 투표 시스템 등 다양한 분야에서 블록체인 기술이 보급될 것이다.

스마트 시티는 사물인터넷 기술과 빅데이터 분석을 통해 더욱 스마트한 도시를 경험할 것이다. 교통, 에너지, 안전, 환경 등 다양한 측면에서 도시의 기능이 최적화될 것이다.

사물인터넷은 컴퓨팅 기술이 일상의 사물과 환경에 점점 더 통합됨에 따라, 컴퓨터는 보이지 않는 형태로 우리의 생활 곳곳에 존재하게 될 것이다. 이는 스마트 홈, 스마트 시티, 웨어러블 기기 등을 통해 실현될 것이며, 편리성과 연결성을 한층 더 높일 것이다. 사물인터넷은 일상적인 다양한 물건들이 인터넷에 연결되어 자료를 수집하고 신속하게 처리하여 효율성을 증대시키고, 경제적 이득을 창출하며, 인간의 삶의 질을 향상시킨다.

고성능 컴퓨팅의 접근성이 개선됨에 따라, 복잡한 자료 집약적 작업을 수행하는 능력이 더 많은 사용자와 기업에 제공될 것이다. 이는 과학 연구, 엔지니어링, 비즈니스 분석 등 다양한 분야에서의 혁신을 촉진할 것이다. 디지털 기술의 발전으로 개인 정보 보호가 더욱 중요해질 것이다. 보안 기술의 발전과 함께 우리는 더욱 개인정보를 안전하게 보호하는 방법을 개발할 것이다. 보안 기술은 더욱 고도화되어 컴퓨터 시스템과 네트워크의 보안을 강화할 것이다. 자료 보호와 프라이버시는 사용자와 기업 모두에게 중요한 쟁점이 될 것이며, 이를 위한 새로운 기술과 규제가 개발될 것이다.

인공지능의 대중화가 더욱 진척될 것이다. 1980년대부터 인터넷이 조금씩 보급되었지만, 일반인들은 잘 모르는 일이었고 전문가들의 관심 사항이었다. 2000년대 이후에 챗봇이 가전제품과 함께 보급되면서 날씨와 뉴스처럼 간단한 정보를 챗봇이 제공해주기 시작했다. 2020년대에는 OpenAI의 ChatGPT를 필두로 생성형 인공지능이 출현하여 전 세계적으로 인기를 끌면서 Google을 위시한 기존 포털 검색 사이트들을 위기로 몰아넣고 있다. 많은 IT 기업들이 저마다 생성형 인공지능을 개발하면서 백가쟁명 시대로 접어들고 있다. 생성형 인공지능은 일반인들과 밀접하게 대화하면서 시대를 선도하면서 성장을 이룰 것으로 예상된다.

이상과 같은 변화는 우리의 삶과 사회를 긍정적으로 변화시킬 것으로 기대된다. 그러나 동시에 새로운 도전과 과제도 함께 가져올 것이다. 그러므로 적극적으로 대비하고 새로운 기술을 받아들이며 발전해 나가는 것이 중요하다.

연습문제

1. 인공지능 환경의 변화를 설명하시오.

2. 인공지능의 문제점을 설명하시오

3. 인공지능 차량이 사고를 냈을 때 책임 소재를 설명하시오.

4. 인공지능이 만든 작품의 저작권 소재를 설명하시오.

5. 인공지능과 국가 안보의 관계를 설명하시오.

6. 인공지능과 일자리의 관계를 설명하시오.

7. 인공지능이 발전했을 때 어떤 일자리들이 떠오를지 설명하시오

8. 인공지능에 거는 기대 3가지를 설명하시오.

9. 인공지능이 발전했을 때 기계와 인간의 노동관계를 설명하시오.

10. 인공지능의 기술적인 영향에 대해 설명하시오.

11. 인공지능의 사회적인 영향에 대해 설명하시오.

12. 융합과 산업화의 관계를 설명하시오.

1.3 앞으로 융합이 요구되는 분야를 설명하시오.

14. 미래에 융합에 집중해야 할 분야를 3가지 선택하여 설명하시오.

15. 융합의 미래를 전망하시오.

16. 현재 한국의 인공지능 수준에 대해 약, 강, 초인공지능을 기준으로 설명하시오.

연습문제

17. 컴퓨터 기술의 발전 분야 3가지를 설명하시오.

18. 컴퓨터 발전으로 변화하는 미래 사회를 설명하시오.

참고문헌

- <나는 미래다> 방송제작팀 지음, 권용중 옮김, “인공지능의 현재와 미래”, 보아스, 2020
- 4차산업혁명위원회, "4차 산업혁명 대응을 위한 기본 정책방향", 2017
- B. Jack Copeland, “The Church-Turing Thesis”, Stanford Encyclopedia of Philosophy, 1997.
- Emilio Soria Olivas, 「Handbook Of Research On Machine Learning Applications and Trends: Algorithms, Methods and Techniques」, 2009.
- Ernest Cline 지음, 전정순 옮김, “레디 플레이어 원”, 에이콘, 2015
- Gartner, “Gartner Top 10 Strategic Technology Trends for 2020”, 2019
- https://www.etnews.com/20160531000431(accessed Dec., 31, 2017).
- https://chat.openai.com/chat
- https://plato.stanford.edu/entries/church-turing/#Bib,
- https://sites.google.com/a/chosunbiz.com/healthcareinnovationforum/ (accessed Dec., 31, 2017
- https://www.mk.co.kr/economy/view.php?sc=50000001&year=2018&no=121638
- John Ross Quinlan,"Induction to Decision Trees", 1986 Kluwer Academic Publisher, Machine Learning 1: 81-106, 1986.
- Klaus Schwab 지음, 김민주·이엽 옮김, “The Next", 메가스터디BOOKS, 2018
- M. Yan, P. Castro, P. Cheng, and V. Ishakian, “Building a Chatbot with Serverless Computing”, Proceedings of the 1st International Workshop on Mashups of Things and AP Is, pp. 5, 2016.
- Michel Miller 지음, 정보람 옮김, “사물인터넷: IOT", 영진닷컴, 2016
- OpenAI, “Language models are few-shot Learner”, 2020
- Roland Berger 지음, 김정희·조원영 옮김, “4차산업혁명 이미 와있는 미래”, 다산, 2017
- Schmidt, E. & Cohen, J."The new digital age: Reshaping the Future of people, Nations and Business", Hodder and Stoughton, 2013
- Schwab, K,"The Fourth Industrial Revolution", World Economic Forum, 2016
- Silberschatz·Korth·Sudarshan 공저, 김형주 옮김, “Database System", 한국맥그로힐, 2006

- Stuart J. Russell and Peter Norvig, Artificial Intelligence : A Modern Approach 3rd Edition, Prentice Hall, New Jersey, 2009.
- Thomas H. Cormen 외 4인 공저, 문병로 외 4인 옮김"Introduction To Algorithms", 한빛아카데미, 2018
- Turing, A. M,"Computing machinery and intelligence", Mind, 49: 433-460, 1950
- Y. LeCun, Y. Bengio, and G. Hinton, "Deep learning", nature, Vol. 521, pp. 436-444, 2015.
- 김대수 지음, "처음 만나는 인공지능", 생능출판, 2020
- 김대수·김경동 지음, "인공지능 시대의 컴퓨터 개론", 생능출판, 2001
- 김대식 지음, "인간 VS 기계", 동아시아, 2016
- 김영순 지음, "제4차 산업혁명과 초연결사회 그리고 사물인터넷 시대", 한국콘텐츠학회지 제 17권 제3호, pp. 14-17, 2019
- 김종훈·김종진·김동균 공저, "Linux&Unix C 프로그래밍", 한빛미디어, 2003
- 김진호 지음, "빅데이터가 만드는 제4차 산업혁명", 북카라반, 2016
- 김치수 지음, "쉽게 배우는 소프트웨어 공학," 한빛아카데미, 2021
- 김형근·박덕훈 공저, "멀티미디어 시스템", KNOUPRESS, 2018
- 니시다 케이스케 지음, 김성훈 옮김, "구글을 지탱하는 기술", 멘토르, 2008
- 다다 사토시 지음, 송교석 옮김, "처음 배우는 인공지능", 한빛미디어,2017
- 데이비드 마이어스 지음, 신현정·김비아 옮김, "마이어스의 심리학 개론", 시그마프레스, 2008
- 도현진 지음, "전쟁이 발명한 과학기술의 역사", 시대의창, 2021
- 레이 커즈와일 저 김명남·장시형 옮김, "특이점이 온다", 김영사, 2007
- 레이 커즈와일 저 윤영삼 옮김, "마음의 탄생", 크레센도, 2016
- 마쓰오 유타카 지음, 박기원 옮김, "인공지능과 딥러닝", 동아엠앤비, 2021
- 박기현 지음, "쉽게 배우는 데이터 통신과 컴퓨터 네트워크", 한빛아카데미, 2022
- 박우창 지음, "알기쉬운 자료구조 - C언어", 21세기사, 2019
- 박재년 지음, "4차 산업혁명시대 컴퓨터 과학개론", 21세기사, 2018
- 손승일 지음, "기본에 집중한 파이썬 프로그래밍", 21세기사, 2022
- 숀케이시 지음, 이수겸 옮김, "기계는 어떻게 생각하는가?" 이지스 퍼블리싱, 2019
- 앨빈 토플러 지음, 원창엽 옮김, "제3의 물결", 홍신문화사, 2006
- 와쿠이 요시유키·와쿠이 사다미 지음, 권기태 옮김, "엑셀로 배우는 머신러닝", 성안당, 2021
- 요시다 슈지 지음, 심윤섭 옮김, "마음의 탄생", 시니어 커뮤니케이션, 2009
- 유수정 지음, "4차 산업혁명과 인공지능", 한국멀티미디어학회지 제21권 제4호 2017

- 이대열 지음, “지능의 탄생”, 바다출판사, 2017
- 이모토 타카시 지음, 김기태 옮김, “인공지능교과서”, 성안당, 2021
- 이병욱 지음, “데이터베이스 총론”, 도서출판 그린, 2009
- 이병욱 지음, “산업혁명과 융합”, 21세기사, 2022
- 이병욱 지음, “융합의 이해”, 생능, 2010
- 이병욱 지음, “인공지능과 융합”, 21세기사, 2023
- 이병욱 지음, “자작 드론 설계 및 제작”, 21세기사, 2020
- 이병욱 지음, “정보검색론”, 도서출판 그린, 2012
- 이병욱·최영미 지음, “융합 개론”, 21세기사, 2020
- 이병욱·황준 지음, “드론 소프트웨어”, 21세기사, 2019
- 이시카와 아키히코 지음, 신상재·이진희 옮김, “인공지능을 위한 수학”, 프레릭, 2018
- 이인식 지음, “지식의 대융합”, 고즈윈, 2008
- 이형원 지음, “데이터구조 에센스”, 21세기사, 2019
- 임용한 지음, “세상의 모든 혁신은 전쟁에서 탄생했다”, 교보문고, 1914
- 임준식 지음, “인공지능 프로그래밍”, 도서출판 그린, 2002
- 정기철 지음, “인공지능 시대를 위한 컴퓨터 과학 개론”, 한빛아카데미, 2020
- 제러미 블랙 지음, 유나영 옮김, “거의 모든 전쟁의 역사”, 서해문집, 2022
- 제리 카플란 지음, 신동숙 옮김, “인공지능의 미래”, 한스미디어, 2017
- 조민호, “인공지능의 역사, 분류 그리고 발전 방향에 관한 연구”, Journal of the KIECS. pp. 307-312, vol. 16, no. 2, Apr. 30. 2021
- 주재흠·원성현·오수환 공저, “코딩 입문자를 위한 문제해결 기반 파이선 4.0”, 21세기사, 204
- 천인국 지음, “인공지능 파이썬으로 배우는 머신러닝과 딥러닝”, 인피니티북스, 2021
- 천인국 지음, “인공지능”, 인피니티북스, 2021
- 천인국·공용해·하상호 공저, “C언어로 쉽게 풀어쓴 자료구조”, 생능출판, 2005
- 토시 월비 지음, 이기동 옮김,"AI의 미래 생각하는 기계“, 프리뷰, 2018
- 한국전자통신연구원(ETRI), “자동 기계학습(AutoML) 기술 동향”, 2019
- 한국지능정보사회연구원, “주목받는 인공지능(AI) 9대 핵심 기술 분석 주요 시사점”, IT & Future Strategy, 제1호, 2021
- 한정란 지음, “파이썬 기초와 활용”, 21세기사, 2023

INDEX

A

B

C

D

E

F

G

H

ㄴ

ㄷ

저자 약력

- 연세대학교 공학사
- George Washington University 전산학 석사
- 중앙대학교 전산학 박사
- 전 현대상선(주) 전산부장
- 전 가천대학교 컴퓨터공학과 교수
- 가천대학교 컴퓨터공학과 명예교수
- 한국인터넷정보학회 명예고문
- T&S 드론연구소 대표

저서

융합의 이해(도서출판 생능), 정보검색(도서출판 그린), 드론 소프트웨어(21세기사), 융합 개론(21세기사), 자작 드론 설계와 제작(21세기사), 산업혁명과 융합(21세기사), 인공지능과 융합(21세기사), 국제관계와 융합(21세기사) 등

컴퓨터공학 개론

1판 1쇄 인쇄 2025년 01월 25일
1판 1쇄 발행 2025년 02월 05일
저　　자 이병욱
발 행 인 이범만
발 행 처 **21세기사** (제406-2004-00015호)
경기도 파주시 산남로 72-16 (10882)
Tel. 031-942-7861 Fax. 031-942-7864
E-mail : 21cbook@naver.com
Home-page : www.21cbook.co.kr
ISBN 979-11-6833-174-7

정가 35,000원